In medias res
Lexikon lateinischer Zitate

neu herausgegeben
von Ernst Bury

Anaconda

Die Deutsche Nationalbibliothek verzeichnet diese Publikation
in der Deutschen Nationalbibliografie; detaillierte bibliografische Daten
sind im Internet unter http://dnb.d-nb.de abrufbar.

Umschlagmotiv: Detail of fountain and birds from a garden painting, House of the Golden Bracelet,
Pompeii / De Agostini Picture Library / L. Pedicini / bridgemanart.com
Umschlaggestaltung: Druckfrei. Dagmar Herrmann, Köln
Satz und Layout: Andreas Paqué, www.paque.de
Printed in Czech Republic 2013
ISBN 978-3-7306-0008-5
www.anacondaverlag.de
info@anacondaverlag.de

Vorwort

O quoties obitum linguae statuere Latinae!
Tot tamen exsequiis salva superstes erat.

Immer von Neuem sagen sie tot die lateinische Sprache,
jedes Begräbnis jedoch hat sie gesund überlebt.

Josef Eberle hat mit seinem 1964 in »Sal niger« veröffentlichten Distichon mitten ins Schwarze getroffen: Die Akzeptanz fürs Latein, insbesondere für lateinische Zitate und Wendungen, hält auch im 21. Jahrhundert unvermindert an.

Dafür gibt es unterschiedliche Gründe: Für viele mag die Erinnerung an die Schulzeit beteiligt sein, aus der das eine oder andere Relikt klassischer Gelehrsamkeit oder eingängiger Formulierung im Ohr nachklingt und dazu reizt, sich des genauen Wortlauts oder der Quelle zu vergewissern. Doch auch wer kein Latein gelernt hat, lässt gern einmal ein lateinisches Zitat in seine Rede einfließen, weil er darauf vertrauen kann, dass er damit gut ankommt. Gerade er ist natürlich darauf angewiesen, ein passendes Zitat zu finden, das auch entsprechend abgesichert ist. Dabei mag oft auch Koketterie und Wichtigtuerei im Spiel sein, aber sicher nicht nur, denn mit geeigneten Zitaten lässt sich den eigenen Worten mehr Ausdruckskraft verleihen. So vermerkt der spätrömische Rhetoriker Julius Victor: »Ein griechisches und lateinisches Sprichwort zur rechten Zeit entzückt; und Verse oder Versteile sowie Gedanken aus Reden oder anderen Schriften verleihen, an der rechten Stelle vorgetragen, der Redeweise Schmuck.« Und so haben es die Römer auch tatsächlich gehalten und ihrerseits viel zitiert.

Wer lateinische Zitate gebraucht, verleiht seinen Aussagen auch inhaltliches Gewicht, denn er stellt sich in eine über zweitausendjährige Bildungstradition, beruft sich entweder auf in langer volkstümlicher Überlieferung bewährte Erfahrungen, die sich kaum treffender und anschaulicher ausdrücken lassen, oder auf Erkenntnisse von Autoritäten, die dem Verdacht der Beliebigkeit oder gar Belanglosigkeit weit entrückt sind. Zweckmäßiger kann man seine Gedanken also kaum untermauern.

»In medias res« erweist sich dabei als Titel für eine Zitatensammlung wie geschaffen, um ohne Umschweife »mitten hinein in die Dinge«, das heißt zur Hauptsache, zum Wesenskern zu gelangen. Das leisten die meisten dieser Sätze und Satzfragmente, die heute zum Bildungsgut geworden sind, in ihrer prägnanten Zuspitzung, mit der sie ins Ohr gehen.

Natürlich darf nicht vergessen werden, dass die antiken Autoren, abgesehen vielleicht von Epigrammatikern und Satirikern, nicht wie heutige Songschreiber davon ausgehen konnten, dass ihre Formulierungen in den »Salons«, geschweige denn auf der Straße, kursieren würden. Die mittelalterlichen konnten das schon eher, da ihnen das Mittel des Reims zur Verfügung stand, besonders im leoninischen Hexameter der zwischen Zäsur und Versende. Auch ist zu berücksichtigen, dass viele prosaische Sätze und Wendungen oft aus dem ursprünglichen Zusammenhang gerissen sind und so ein Eigenleben entwickelt haben, wenn z. B. aus dem frommen Wunsch Juvenals nach »einen gesunden Geist in einem gesunden Körper« ein nicht mehr zu hinterfragendes Schlagwort der Sportbewegung geworden ist oder wenn Senecas beißende Kritik am Schulwesen: »Wir lernen nicht für das Leben, sondern für die Schule« meist als Empfehlung an die Schüler ins Gegenteil verkehrt wird.

»In medias res« war bereits der Titel einer CD-ROM, die 1999 über 12.000 Datensätzen umfasste, in der letzten Auflage 2006 über 26.000 (mit noch vielen Dubletten), die aber in dieser Form nicht mehr erscheinen kann, da der damalige Verlag sich bald darauf ins rechtsfreie Rumänien abgesetzt hat. Das vorliegende Buch bietet eine verbesserte Auswahl mit gut einem Fünftel aus einer derzeit über 38.000 Zitate und Wendungen umfassenden Datenbank.

Die alphabetische Anordnung stellte für die digitalen Ausgaben kein Problem dar, da über die Suchmöglichkeiten jedes Bruchstück eines Textes per Mausklick auffindbar war und über Stichwortangaben auch Listen verwandter Themen erstellt werden konnten. Die Buchform ließe zwar auch eine durchgängige alphabetische Nummerierung zu, das würde aber ein so ausführliches Stichwortregister voraussetzen, dass es kaum praktikabel wäre, da zu den meisten Zitaten mehrere Stichwörter eingegeben werden müssten und der Leser sich oft durch Hunderte von Verweisen durcharbeiten müsste.

Der Herausgeber entschied sich deshalb zu einer thematischen Anordnung, für die das Inhaltsverzeichnis einen groben Überblick gibt. Das bedeutet allerdings weitgehenden Verzicht
– auf die Spruchliteratur des Alten Testaments,
– auf eine Vielzahl von Vergleichen aus der Antike, wie sie etwa in den »Adagia« von Erasmus zusammengestellt sind, und auf viele Sprichwörter aus der bäuerlichen Tradition des späten Mittelalters,
– auf Wendungen, die in jedem Lexikon zu finden sind, und
– auf Wiederholung von Dateien, die mehreren dieser Bereichsstichwörter zugehörig sind – gelegentlich wird das Zeichen → für den Hinweis auf einen anderen Bereich oder andere Stellen benutzt.

Die Zitierweise entspricht den für lateinische Texte heute üblichen Gepflogenheiten. Die erste Ziffer hinter einem Titel bezeichnet bei mehrbändigen Werken das jeweilige Buch und wird durchgängig durch einen Punkt und ein Leerzeichen abgesetzt. Sonst bzw. auf der zweiten Gliederungsebene werden je nach Textsorte Gedichte, Briefe, Kapitel u. a. angezeigt. Auf der nächsten Ebene folgen dann Abschnitte und Paragrafen; lediglich bei Gesetzestexten findet sich unterhalb der Paragrafenebene noch eine weitere Absatzbildung. Mit »pr.« wird je nach Textsorte auf »praefatio«, also Vorwort, oder »prologus«, also Vorrede, verwiesen.

Auf die Buchangabe wird bei Werken mit Bucheinteilung nur verzichtet, wenn die folgende Gliederungsebene durchnummeriert ist, wie dies etwa auf Senecas

»Epistulae morales« zutrifft, so dass sich die Buchangabe für das Auffinden der Stelle erübrigt.

Soweit bei Texten die Abschnitte (3. Ebene) innerhalb eines Buchs oder einer Rede durchnummeriert sind (z. B. bei Cicero), wird auf die damit ebenfalls redundante Kapitelzählung verzichtet; Zitate aus Dramen werden ausschließlich nach der durchgängigen Verszählung bezeichnet, zumal die Einteilung in Akte und Szenen oft strittig ist.

Natürlich lassen sich auch hier einige Probleme nicht ganz ausschließen; trotz der Bemühung, möglichst genau zu zitieren, möglichst exakte Quellenangaben zu bieten, möglichst treffend zu übersetzen und mit Stichwörtern zu versehen, sind einer solchen Arbeit doch Grenzen gesetzt, und zwar bedingt

1. durch die schon erwähnte Ausschnitthaftigkeit der Zitate:
   - aufgrund der lateinischen Syntax (z. B. Infinitivkonstruktionen, Nebensätze, Konjunktive), die oft ein wörtliches Zitieren kaum zulassen;
   - aufgrund von Einschüben, die nur im originalen Zusammenhang zu verstehen sind, für das Zitat aber irrelevant sind, sein Verständnis erschweren oder im Extremfall sogar verstellen.
   - ~ vor der Quellenangabe weist darauf hin, dass das Zitat nicht wörtlich, sondern mit anderen Flexionsformen wiedergegeben ist oder auch mit Umstellungen und Auslassungen, dass aber am vorhandenen Wortmaterial nichts verändert wurde.
   - cf. dagegen zeigt an, dass es sich nur um eine sinngemäße, stärker abgewandelte Wiedergabe handelt; gelegentlich kann der Sinn sogar ins Gegenteil verkehrt sein.

2. durch die oft nicht nachvollziehbare und vielfältig abgewandelte Überlieferung bei Rechtsregeln, bildungssprachlichen und volkstümlichen Sentenzen und bei kirchlichen Formulierungen; bei Sprichwörtern wurden, soweit keine älteren Quellen erreichbar waren, Sammlungen des 19. und 20. Jahrhunderts benutzt, und zwar in der Reihenfolge Binder, Wander, Walther und Werner.

3. durch die bei der digitalen Sammlung der Suchkriterien wegen gebotenen vereinheitlichten Schreibweise, so dass die Darbietung teilweise von den gedruckten Textausgaben abweicht:
   - ›j‹ wird durchgängig (d. h. auch in mittellateinischen Texten) mit ›i‹ wiedergegeben;
   - archaische Schreibungen bleiben nur bei den Autoren des 2. vorchristlichen Jahrhunderts, bei Lukrez (›ai‹ statt ›ae‹) Publilius Syrus Sallust berücksichtigt;
   - Assimilationen sind durchgängig durchgeführt bei den Komposita mit ›ad‹ (außer bei folgendem ›m‹ und bei ›adesse‹), ›con‹ und ›in‹;
   - die Kommasetzung erfolgt nach deutschen Gepflogenheiten (soweit in Versen keine Verschränkung vorliegt, die den Einsatz von Kommas verhindert);
   - auf diakritische Zeichen, etwa ein Trema bei ›aër‹, wurde verzichtet.

4. durch die unvermeidliche Subjektivität des Bearbeiters, die durch den langen
   Zeitraum, in dem diese Sammlung entstanden ist, noch verstärkt wird:
   – bei den Übersetzungen: Hier galt es ein Mittelmaß zu finden zwischen der
     originalen Bedeutung und dem mit dem Zitat in der Regel Gemeinten. Darü-
     ber hinaus weiß jeder, dass Deckungsgleichheit hier nicht möglich ist, der
     Latinist sei nur an die Konflikte erinnert, in die einen die Vokabel »virtus« zu
     stürzen vermag: Die Übersetzung musste sich hier zwischen »Mannhaftigkeit«
     bzw. »Tapferkeit« oder »Tüchtigkeit« bzw. »Leistung« oder »Tugend« entschei-
     den. – Konjunktionen und Adverbien, die den Anschluss an den vorausge-
     henden und im zitierten Ausschnitt nicht enthaltenen Text herstellen (also
     z. B. ›et‹, ›-que‹, ›nam‹, ›enim‹, ›sed‹, ›autem‹, ›ergo‹, ›igitur‹), werden in der
     Regel nicht übersetzt, außer in fest geprägten Wendungen, besonders bei
     Bibelsprüchen.
   – bei der Auswahl der Zitate: Es dürfte sich von selbst verstehen, dass der
     Herausgeber vielen Vorgängern verpflichtet ist, die seit Erasmus von Rotter-
     dam lateinische Zitate und Wendungen gesammelt haben. Dennoch kann es
     nicht ausbleiben, dass das eine oder andere vermisst wird. Mancher könnte
     sich auch daran stören, dass eine nicht unerhebliche Menge der hier darge-
     botenen Zitate nicht mehr als zeitgemäß zu bezeichnen ist, aber auch solche
     Sätze gehören nun einmal in die vielgestaltige historische und literarische
     Tradition, die wir dem Latein zu verdanken haben, und vielleicht sucht sie
     doch der eine oder andere als Gegenpol zu heutigen Ansichten oder ganz
     einfach als kulturhistorische Zeugnisse.
   – bei der Zuordnung der Stichwörter: Um das Ganze nicht als zufälliges Sam-
     melsurium erscheinen zu lassen und den Benutzer nicht durch ein Register
     mit z. T. Hunderten von Ziffern zu einem Stichwort zu ermüden, wurde ein
     thematische Anordnung gewählt, die Zusammengehöriges in Gruppen dar-
     zubieten versucht; dass schon die Wahl der Stichwörter und erst recht die
     Zuordnung zu vielen Ungereimtheiten führen musste, wurde aus Gründen
     der Überschaubarkeit in Kauf genommen; schon eine auch nur annähernde
     Vollständigkeit des Stichwortregisters hätte den Umfang des Buchs ausufern
     lassen, denn allein der Begriff »Laster« hätte trotz der thematischen Anord-
     nung mehr als eine Seite in Anspruch genommen.

Diese Einschränkungen führen hoffentlich nicht dazu, dass die Lust der Liebhaber
der lateinischen Sprache beim Lesen und Stöbern allzu sehr gemindert wird.
Denn eines dürfte zweifelsfrei feststehen: Lateinische Zitate mögen zwar vielfach
aus der Mode gekommen sein, sie treffen aber doch – von ihrer rhetorischen Wirk-
samkeit einmal ganz abgesehen – meist den Kern des jeweiligen Problems und
werden deshalb, zumindest in einer größeren Anzahl, auch im Computerzeitalter
weiterleben, vor allem dank ihrer prägnanten, tiefgründigen, manchmal auch hin-
tergründigen Ausdrucksweise, ihrer Schlagkraft und ihrer Fähigkeit, ins Schwarze
zu treffen, eben

in medias res.

Inhalt

Inhalt

A Gott

Religion

A1 Quod supra nos, nihil ad nos.
Sokrates bei Minucius Felix, Octavius 13,1
Was über uns ist, ist nichts für uns.

A2 Mitte arcana dei caelumque inquirere, qui sit.
Disticha Catonis 2. 2
Hör auf, nach den Geheimnissen Gottes und dem Wesen des Himmels zu fragen.

A3 An di sint caelumque regant, ne quaere doceri: / cum sis mortalis, quae sunt mortalia, cura.
Disticha Catonis 2. 2
Begehr nicht zu erfahren, ob es Götter gibt und sie im Himmel herrschen: Du bist ein Mensch, kümmere dich um das Menschliche.

A4 Expedit esse deos, et, ut expedit, esse putemus.
Ovidius, Ars amatoria 1. 637
Götter sind nützlich für uns, und da es nützlich ist, wollen wir auch an sie glauben.

A5 Dei immortales ad usum hominum fabricati paene videntur.
~ Cicero, De natura deorum 1. 4
Die unsterblichen Götter scheinen fast zum Nutzen der Menschen erschaffen zu sein. *(vgl. ›Opium für das Volk‹)*

A6 Religio est praecipuum humanae societatis vinculum.
~ Bacon, Sermones fideles 3,1
Die Religion ist das wesentlichste Band der menschlichen Gesellschaft.

A7 Religionem imperare non possumus, quia nemo cogitur, ut credat invitus.
Cassiodorus, Variae 2. 27,2
Eine Religion können wir nicht befehlen, weil sich niemand zwingen lässt, gegen seinen Willen zu glauben.

A8 In rebus acerbis / acrius advertunt animos ad religionem.
Lucretius, De rerum natura 3. 53–54
In bitterer Not wendet man sich eifriger der Religion zu. *(vgl. ›Die Not lehrt beten.‹)*

A9 Adversae deinde res admonuerunt religionum.
Livius, Ab urbe condita 5. 51,9
Das Unglück hat religiöse Verpflichtungen wieder in Erinnerung gebracht.

A10 Optimus orandi magister est necessitas.
Binder, Novus thesaurus 2437
> Not ist der beste Lehrer fürs Beten.

A11 In vota miseros ultimus cogit timor.
Seneca, Agamemno 510
> Äußerste Furcht zwingt die Elenden zu Gelübden.

A12 Primus in orbe deos fecit timor.
Petronius, Satyricon frg. 27,1 (auch Statius, Thebais 3. 661)
> Die Furcht schuf als Erste auf der Welt den Glauben an die Götter.

A13 Religio peperit scelerosa atque impia facta.
Lucretius, De rerum natura 1. 83
> Furcht vor den Göttern hat oft zu gottloser Freveltat geführt.

A14 Tantum religio potuit suadere malorum.
Lucretius, De rerum natura 1. 101
> So viel Unheil konnte die Religion anraten.

A15 Nulla discordia maior, quam quae a religione fit.
Wander, Deutsches Sprichwörter-Lexikon 5. 1410
> Kein Streit ist erbitterter als einer wegen Religion.

Frömmigkeit

A16 Est enim pietas iustitia adversum deos.
Cicero, De natura deorum 1. 116
> Frömmigkeit ist Gerechtigkeit gegenüber den Göttern.

A17 Coactum servitium Deus non quaerit.
Beda Venerabilis, Proverbiorum liber C39
> Erzwungenen Dienst möchte Gott nicht.

A18 Magis deos miseri quam beati colunt.
Seneca maior, Controversiae 8. 1,1
> Die Unglücklichen verehren die Götter mehr als die Glücklichen.

A19 Neque enim ad religionem, ad dei cultum quicquam promovet magis quam assidua contemplatio mirabilium dei.
Pico della Mirandola, Oratio de hominis dignitate
> Es gibt nichts, was Frömmigkeit und Gottesverehrung mehr fördert als die ständige Betrachtung der Wunder Gottes.

Gott

A 20 Deus est in pectore nostro.
Ovidius, Epistulae ex Ponto 3. 4,93
> Gott ist in unserer Brust.

A 21 Adiutorium nostrum in nomine Domini, qui fecit caelum et terram.
Vulgata, Psalmus 124(123),8
> Unsere Hilfe kommt im Namen des Herrn, der Himmel und Erde gemacht hat.

A 22 Deus ergo est omnia complicans, in hoc, quod omnia in eo, est omnia explicans, in hoc, quia ipse in omnibus.
Cusanus, De docta ignorantia 2. 107
> Gott ist der Inbegriff von allem, insofern, als alles in ihm ist; er ist die Entfaltung von allem, da er in allem ist.

A 23 Ex ipso et per ipsum et in ipso sunt omnia.
Vulgata, Epistula ad Romanos 11,36
> Von ihm und durch ihn und in ihm sind alle Dinge.

A 24 Domine, Dominus noster, quam admirabile est nomen tuum in universa terra!
Vulgata, Psalmus 8,1
> Herr, unser Herrscher, wie wunderbar ist dein Name auf der ganzen Erde.

A 25 Ego sum alpha et omega.
Vulgata, Apocalypsis Ioannis 1,8
> Ich bin das A und das O.

A 26 spiritus sanctus
Vulgata, Evangelium secundum Marcum 13,11
> Heiliger Geist

A 27 Effigiem dei formamque quaerere inbecillitatis humanae reor.
Plinius maior, Naturalis historia 2. 14
> Sich ein Bild von der Gestalt Gottes zu machen, halte ich für ein Anzeichen menschlicher Schwäche.

A 28 Esse igitur deos ita perspicuum est, ut, id qui neget, vix eum sanae mentis existimem.
Cicero, De natura deorum 2. 44
> Die Existenz der Götter ist so offenkundig, dass ich dem, der sie leugnet, kaum gesunden Menschenverstand zubilligen kann.

A 29 Homo proponit, sed deus disponit.
Thomas a Kempis, De imitatione Christi 1. 19,2
> Der Mensch schlägt vor, aber Gott verfügt. *(vgl. ›Der Mensch denkt, Gott lenkt.‹)*

A30 Humanae superos numquam tetigere querellae / nec vaga securum penetrant convicia caelum.
Claudianus, Carmina minora 22,9–10
> Menschliche Klagen berühren die Himmlischen nie, weitschweifiges Gezänk dringt nicht bis zum sorglosen Himmel.

A31 Nemo contra deum nisi deus ipse.
Goethe, Dichtung und Wahrheit 20
> Keiner kann gegen Gott sein außer Gott selbst.

A32 coincidentia oppositorum
Cusanus, De coniecturis 76,12
> Zusammenfall der Gegensätze *(d. h. Aufhebung irdischer Widersprüche in Gott)*

A33 deus absconditus
Vulgata, Liber Isaiae 45,15
> der verborgene Gott *(der trotz aller Offenbarung letztlich unbegreiflich bleibt)*

A34 Solus Deus absolutus, omnia alia contracta.
Cusanus, De docta ignorantia 2. 150
> Allein Gott ist absolut, alles andere ist beschränkt.

A35 Solem suum oriri facit super malos et bonos et pluit super iustos et iniustos.
Vulgata, Evangelium secundum Matthaeum 5,45
> Er lässt seine Sonne aufgehen über Bösen und Guten und regnet über Gerechte und Ungerechte.

A36 Immensa est finemque potentia caeli / non habet; et quicquid superi voluere, peractum est.
Ovidius, Metamorphoses 8. 618–619
> Unermesslich und grenzenlos ist die Macht des Himmels, und was immer die Götter gewollt haben, es ist schon vollbracht.

A37 Omnia enim possibilia sunt apud Deum.
Vulgata, Evangelium secundum Marcum 10,27
> Bei Gott ist alles möglich.

Christus

A38 Nuntio vobis gaudium magnum.
cf. Vulgata, Evangelium secundum Lucam 2,10
> Ich verkündige euch große Freude.

A39 Et verbum caro factum est.
Vulgata, Evangelium secundum Ioannem 1,19
> Und das Wort ward Fleisch.

A40 **Ecce homo!**
Vulgata, Evangelium secundum Ioannem 19,5 (Pilatus über Christus)
Seht, welch ein Mensch!

A41 **Ecce, agnus Dei, ecce, qui tollit peccatum mundi.**
Vulgata, Evangelium secundum Ioannem 1,29
Siehe, das ist Gottes Lamm, welches der Welt Sünde trägt.

A42 **Iesus Christus Dei filius salvator.**
Augustinus, De civitate Dei 18. 23
Jesus Christus, Gottes Sohn, Heiland (*lat. Übersetzung der griech. Formel Ιησους Χριστος Θεου υιος σωτηρ, deren Anfangsbuchstaben ιχθυς = Fisch ergeben*)

A43 **Iesus Nazarenus Rex Iudaeorum *(I. N. R. I.)***
Vulgata, Evangelium secundum Ioannem 19,19
Jesus von Nazareth, König der Juden *(Pilatus-Inschrift am Kreuz)*

A44 **Regnum meum non est de mundo hoc.**
Vulgata, Evangelium secundum Ioannem 18,36
Mein Reich ist nicht von dieser Welt.

A45 **Venite ad me omnes, qui laboratis et onerati estis, et ego vos restaurabo.**
Vulgata, Evangelium secundum Matthaeum 11,28
Kommt her zu mir alle, die ihr mühselig und beladen seid; ich will euch erquicken.

A46 **Tollite iugum meum super vos, et discite a me, quia mitis sum et humilis corde; et invenietis requiem animabus vestris. Iugum enim meum suave est et onus meum leve.**
Vulgata, Evangelium secundum Matthaeum 11,29–30
Nehmt auf euch mein Joch und lernt von mir, denn ich bin sanftmütig und von Herzen demütig; so werdet ihr Ruhe finden für eure Seelen. Denn mein Joch ist sanft und meine Last ist leicht.

A47 **Fundamentum enim aliud nemo potest ponere praeter id, quod positum est, quod est Christus Iesus.**
Vulgata, Epistula ad Corinthios 1. 3,11
Einen anderen Grund kann niemand legen außer dem, der gelegt ist, welcher ist Christus Jesus.

A48 **Ego sum vitis, vos palmites: qui manet in me et ego in eo, hic fert fructum multum: quia sine me nihil potestis facere.**
Vulgata, Evangelium secundum Ioannem 15,5
Ich bin der Weinstock, ihr seid die Reben: Wer in mir bleibt und ich in ihm, der trägt viele Frucht, denn ohne mich könnt ihr nichts tun.

A49 Et ecce, ego vobiscum sum omnibus diebus usque ad consummationem saeculi.
Vulgata, Evangelium secundum Matthaeum 28,20
> Und siehe, ich bin bei euch alle Tage bis an der Welt Ende.

A50 Et omnia, quaecumque petieritis in oratione credentes, accipietis.
Vulgata, Evangelium secundum Matthaeum 21,22
> Und alles, worum ihr in festem Glauben im Gebet bittet, werdet ihr erhalten.

A51 Ego sum via, veritas et vita.
Vulgata, Evangelium secundum Ioannem 14,6
> Ich bin der Weg, die Wahrheit und das Leben.

A52 Ego sum panis vitae: qui venit ad me, non esuriet, et qui credit in me, non sitiet umquam.
Vulgata, Evangelium secundum Ioannem 6,35
> Ich bin das Brot des Lebens; wer zu mir kommt, den wird nicht hungern, und wer an mich glaubt, den wird nimmermehr dürsten.

A53 Ego sum pastor bonus. Bonus pastor animam suam dat pro ovibus suis.
Vulgata, Evangelium secundum Ioannem 10,11
> Ich bin der gute Hirte. Der gute Hirte lässt sein Leben für seine Schafe.

Glaube

A54 Arbitramur enim iustificari hominem per fidem sine operibus legis.
Vulgata, Epistula ad Romanos 3,28
> Wir sind davon überzeugt, dass der Mensch gerecht wird durch den Glauben ohne des Gesetzes Werke.

A55 sola fide
cf. Vulgata, Epistula ad Romanos 3,28
> allein durch den Glauben

A56 Est autem fides sperandarum substantia rerum, argumentum non apparentium.
Vulgata, Epistula ad Hebraeos 11,1
> Es ist aber der Glaube eine gewisse Zuversicht dessen, was man hofft, und ein Nichtzweifeln an dem, was man nicht sieht.

A57 Fides est habitus a Deo datus, per quem intellectus intelligit super vires suas ea, quae per suam naturam attingere non potest.
Lullus, Liber lamentationis philosophiae, De generatione
> Glaube ist eine von Gott gegebene Einstellung, durch die der Geist über seine Möglichkeiten hinaus Erkenntnisse gewinnt über das, was er seiner Natur nach nicht erfassen kann.

A58 Fides montes transfert.
~ *Vulgata, Epistula ad Corinthios 1. 13,2*
> Der Glaube versetzt Berge.

A59 Omnia possibilia credenti.
Vulgata, Evangelium secundum Marcum 9,23
> Alles ist möglich für den, der glaubt. *(vgl. ›Der Glaube versetzt Berge.‹)*

A60 Haec est victoria, quae vicit mundum: fides nostra.
Vulgata, Epistula Ioannis 1. 5,4
> Der Glaube ist der Sieg, der die Welt überwunden hat.

A61 Sic et fides, si non habeat opera, mortua est in semetipsa.
Vulgata, Epistula Iacobi 2,17
> So ist auch der Glaube, wenn er nicht Werke hat, tot an sich selbst.

A62 Fides sine operibus mortua est.
Vulgata, Epistula Iacobi 2,26
> Glaube ohne Werke ist tot.

A63 Iustus autem ex fide vivit.
Vulgata, Epistula ad Romanos 1,17
> Der Gerechte lebt aus seinem Glauben.

A64 Sed intellectui fides aditum aperit, infidelitas claudit.
Augustinus, Epistulae 137,15
> Der Glaube öffnet dem Verstand einen Zugang, der Unglaube schließt ihn.

A65 sacrificium intellectus
cf. Vulgata, Epistula ad Corinthios 2. 10,5
> Opfer des Verstandes *(d. h. Aufgabe der eigenen Überzeugung)*

Glauben

A66 Credo, quia absurdum.
cf. Tertullianus, De carne Christi 5,4
> Ich glaube, weil es widersinnig ist *(d. h. mit dem Verstand nicht begreifbar).*

A67 Ipsum credere nihil est aliud quam cum assensione mentis cogitare.
Petrus Lombardus, Sententiae 2. 26,4; cf. Augustinus, De praedestinatione sanctorum
> Glauben selbst ist nichts anderes als denken mit Zustimmung des Geistes.

A68 Nisi credideritis, non intellegetis.
Augustinus, Contra Academicos 3,43
> Wenn ihr nicht glaubt, werdet ihr nicht erkennen.

A 69   Neque enim quaero intellegere, ut credam, sed credo, ut intellegam.
Anselmus Cantuarensis, Proslogion 1
> Ich versuche nicht zu verstehen, um zu glauben, sondern ich glaube, um zu verstehen.

A 70   Credo, ut intellegam, non intellego, ut credam.
Anselmus Cantuarensis, Proslogion 1
> Ich glaube, um zu verstehen, ich verstehe nicht, um zu glauben.

A 71   Quod ergo intellego, id etiam credo; at non omne, quod credo, etiam intellego.
Augustinus, De magistro 37
> Was ich verstehe, das glaube ich auch; aber nicht alles, was ich glaube, verstehe ich auch.

A 72   Periculosum est credere et non credere.
Phaedrus, Liber fabularum 3. 10,1
> Gefährlich ist es, zu glauben und nicht zu glauben.

A 73   Vitium est omnia credere; vitium est nihil credere.
Pseudo-Seneca, Liber de moribus 77
> Es ist ein Fehler, alles zu glauben; es ist aber auch ein Fehler, nichts zu glauben.

Gottesfurcht

A 74   Religio esse non potest, ubi metus nullus est.
Lactantius, De ira Dei 11
> Religion ist nur möglich, wo es auch Furcht gibt.

A 75   Dis te minorem quod geris, imperas.
Horatius, Carmina 3. 6,5
> Du herrschst, weil du dich den Göttern beugst.

A 76   Date gloriam Deo.
Vulgata, Psalmus 68(67),35
> Gebt Gott die Ehre.

A 77   Sanctissimum est meminisse, cui te debeas.
Publilius Syrus, Sententiae 588
> Es ist heilige Pflicht, dessen zu gedenken, dem man sich selbst verdankt.

A 78   Deo parere libertas est.
Seneca, De vita beata 15,7
> Gott gehorchen bedeutet Freiheit.

A 79 Hominum enim admirationibus, adorationibus, laudibus, obsequiis caelum caelestesque delectantur.
Pseudo-Apuleius, Asclepius 9
> Der Himmel und die Himmlischen freuen sich über die Bewunderung der Menschen, ihre Anbetung, ihr Lob, ihren Gehorsam.

A 80 Bonus vero vir sine deo nemo est.
Seneca, Epistulae morales 41,2
> Ohne Gott ist niemand ein guter Mensch.

A 81 Initium sapientiae timor Domini.
Vulgata, Psalmus 111(110),10
> Die Furcht vor dem Herrn ist der Weisheit Anfang.

A 82 Dominatrix omnium pietas.
Ruricius Lemovicensis, Epistulae 3,3
> Gottesfurcht überwindet alles.

A 83 Deum colit, qui novit.
Seneca, Epistulae morales 95,11
> Gott verehrt, wer ihn kennt.

A 84 Deum time et mandata eius observa, hoc est omnis homo.
Vulgata, Liber ecclesiastes 12,13
> Fürchte Gott und halte seine Gebote, das macht den ganzen Menschen aus.

A 85 Diliges Dominum Deum tuum in toto corde tuo et in tota anima tua et in tota mente tua.
Vulgata, Evangelium secundum Matthaeum 22,37
> Du sollst Gott, deinen Herrn, lieben von ganzem Herzen, von ganzer Seele und von ganzem Gemüte.

A 86 Honestus animus deorum cultor optimust.
Publilius Syrus, Sententiae A4
> Ein redlicher Sinn ist der beste Verehrer der Götter.

A 87 Optimus ergo animus et pulcherrimus dei cultor est.
Pseudo-Seneca, Liber de moribus 28
> Der beste und schönste Charakter ist der, der Gott verehrt.

A 88 Quo melior fueris, tanto religiosior.
Publilius Syrus, Sententiae A42
> Je besser man ist, desto gottesfürchtiger ist man.

A 89 Religentem esse oportet, religiosus ne fuas.
Nigidius Figulus bei Gellius, Noctes Atticae 4. 9,1
> Man muss schon gottesfürchtig sein, um nicht abergläubisch zu werden.

A90 Semper bene geritur, si caelestis metus humanis motibus opponatur.
Cassiodorus, Variae 9. 25,11
> Man fährt immer gut damit, die Ehrfurcht vor dem Himmel den menschlichen Regungen entgegenzusetzen.

A91 Cum res trepidae, reverentia divum / nascitur.
Silius Italicus, Punica 7. 88–89
> Wenn die Lage kritisch wird, kommt Ehrfurcht vor den Göttern auf.

A92 Tanta adeo, cum res trepidae, reverentia divum / nascitur; at rarae fumant felicibus arae.
Silius Italicus, Punica 7. 88–89
> So große Ehrfurcht vor den Göttern entsteht erst in einer Notlage; bei Glücklichen rauchen die Altäre nur selten.

A93 Nemo enim caelum caelum putat, nemo ieiunium servat, nemo Iovem pili facit, sed omnes opertis oculis bona sua computant.
Petronius, Satyricon 44,17
> Keiner lässt mehr den Himmel Himmel sein, keiner hält sich an die Fastenzeit, keiner schert sich auch nur einen Deut um Jupiter, sondern alle schielen nur berechnend nach ihrem Profit.

A94 Vitium excusare humanum incusare est deum.
Publilius Syrus, Sententiae A157
> Menschliche Fehler entschuldigen heißt Gott beschuldigen.

Gottergebenheit

A95 Potire, quod dant, quando optata non danunt *(dii)*.
Caecilius Statius, Plotium frg. 10
> Nimm, was sie geben, wenn die Götter dir nicht das Erwünschte geben.

A96 Non acceditur ad altitudinem dei nisi per humilitatem.
Prosper Aquitanus, Liber sententiarum 88
> Zur Erhabenheit Gottes gelangt man nur durch Selbsterniedrigung.

A97 Ecce, ancilla Domini, fiat mihi secundum verbum tuum.
Vulgata, Evangelium secundum Lucam 1,38
> Siehe, ich bin des Herrn Magd, mir geschehe, wie du gesagt hast. *(Maria zum Engel bei der Verkündigung)*

A98 Domine, non sum dignus.
Vulgata, Evangelium secundum Matthaeum 8,8
> Herr, ich bin es nicht wert.

A 99 Non sum dignus procumbens solvere corrigiam calceamentorum eius.
Vulgata, Evangelium secundum Marcum 1,7

> Ich bin nicht wert, dass ich mich vor ihm bücke und die Riemen seiner Schuhe löse.

A 100 Si Dominus voluerit.
Vulgata, Epistula ad Corinthios 1. 4,19

> Wenn der Herr will.

A 101 sub reservatione Iacobea
Kirchenlatein

> unter dem Vorbehalt des Jakobus *(Vulgata, Epistula Iacobi 4,15: Si Dominus voluerit et si vixerimus. = So Gott will und wir leben.)*

A 102 In manus tuas commendo spiritum meum.
Vulgata, Psalmus 31(30),6 + Vulgata, Evangelium secundum Lucam 23,46 (Christus am Kreuz)

> In deine Hände befehle ich meinen Geist.

A 103 Qui autem se exaltaverit, humiliabitur; et qui se humiliaverit, exaltabitur.
Vulgata, Evangelium secundum Matthaeum 23,12

> Denn wer sich selbst erhöht, der wird erniedrigt, und wer sich selbst erniedrigt, der wird erhöht.

A 104 Sive enim vivimus, Domino vivimus: sive morimur, Domino morimur. Sive ergo vivimus, sive morimur, Domini sumus.
Vulgata, Epistula ad Romanos 14,8

> Leben wir, so leben wir dem Herrn, sterben wir, so sterben wir dem Herrn. Ob wir also leben oder sterben, wir sind des Herrn.

Gottvertrauen

A 105 Permitte divis cetera!
Horatius, Carmina 1. 9,9

> Das Übrige überlass den Göttern!

A 106 Domine, refugium factus es nobis a generatione in generationem. Priusquam montes nascerentur aut gigneretur terra et orbis, a saeculo et usque in saeculum tu es Deus.
Vulgata, Psalmus 90(89),1–2

> Herr, du warst unsere Zuflucht von Geschlecht zu Geschlecht. Ehe die Berge entstanden oder die Erde und das Weltall geschaffen wurden, bist du, o Gott, von Ewigkeit zu Ewigkeit.

A 107 Auxilium meum a Domino, qui fecit caelum et terram.
Vulgata, Psalmus 121(120),2

> Meine Hilfe kommt von Gott, der Himmel und Erde geschaffen hat.

A108 Dominus mihi adiutor.
Vulgata, Epistula ad Hebraeos 13,6
> Gott ist mein Beistand.

A109 In Deo consilium.
cf. Vulgata, Liber Ieremiae 32,19
> In Gott ist Rat.

A110 Fides tua te salvum fecit.
Vulgata, Evangelium secundum Marcum 10,52
> Dein Glaube hat dir geholfen.

A111 Hucusque auxiliatus est nobis Dominus.
Vulgata, Liber Samuelis 1. 7,12
> Bis hierher hat uns Gott geholfen.

A112 Deus est nobis refugium et virtus, adiutorium in tribulationibus.
Vulgata, Psalmus 46(45),2
> Gott ist unsere Zuflucht und Stärke, eine Hilfe in der Not.

A113 Deus providebit.
Vulgata, Liber Genesis 22,8
> Gott wird sorgen.

A114 Benedictus vir, qui confidit in Domino.
Vulgata, Liber Ieremiae 17,7
> Gesegnet ist der Mann, der sich auf den Herrn verlässt.

A115 Bonum est confugere ad Dominum quam confidere in homine.
Vulgata, Psalmus 118(117),8
> Es ist besser, Zuflucht beim Herrn zu suchen, als sich auf Menschen zu verlassen.

A116 Deus caritas est.
Vulgata, Epistula Ioannis 1. 4,16 – Benedikt XVI. (Enzyklika)
> Gott ist Liebe.

A117 Dominus pascit me, et nihil mihi deerit: In pascuis virentibus me collocavit, super aquas quietis eduxit me, animam meam refecit. Deduxit me super semitas iustitiae propter nomen suum.
Vulgata, Psalmus 23(22),1–3
> Der Herr ist mein Hirte, mir wird nichts mangeln. Er weidet mich auf einer grünen Aue und führet mich zum frischen Wasser; er erquicket meine Seele. Er führet mich auf rechter Straße um seines Namens willen.

A118 Nam et si ambulavero in valle umbrae mortis, non timebo mala, quoniam tu mecum es. Virga tua et baculus tuus, ipsa me consolata sunt.
Vulgata, Psalmus 23(22),4
> Und ob ich schon wanderte im finstern Tal, fürchte ich kein Unglück; denn du bist bei mir, dein Stecken und Stab trösten mich.

A119 Diligentibus Deum omnia cooperantur in bonum.
Vulgata, Epistula ad Romanos 8,28
> Denen, die Gott lieben, wird alles zum Besten dienen.

A120 Deus quos probat, quos amat, indurat.
Seneca, De providentia 4,7
> Wen Gott anerkennt und liebt, den macht er stark.

A121 Gaudete et exsultate, quoniam merces vestra copiosa est in caelis.
Vulgata, Evangelium secundum Matthaeum 5,12
> Seid fröhlich und getrost, es wird euch im Himmel wohl belohnt werden.

A122 Esto fidelis usque ad mortem, et dabo tibi coronam vitae.
Vulgata, Apocalypsis Ioannis 2,10
> Sei getreu bis an den Tod, und ich werde dir die Krone des Lebens geben.

A123 Iacta super Dominum curam tuam.
Vulgata, Psalmus 55(54),23
> Wirf dein Anliegen auf den Herrn.

A124 In te, Domine, speravi, non confundar in aeternum.
Vulgata, Psalmus 31(30),2
> Auf dich, Herr, setze ich meine Hoffnung, ich werde nicht zuschanden werden in Ewigkeit.

A125 Levabo oculos meos in montes: Unde veniet auxilium mihi? Auxilium meum a Domino, qui fecit caelum et terram.
Vulgata, Psalmus 121(120),1–2
> Ich hebe meine Augen auf zu den Bergen. Woher kommt mir Hilfe? Meine Hilfe kommt von dem Herrn, der Himmel und Erde geschaffen hat.

A126 Magna tamen spes est in bonitate dei.
Ovidius, Epistulae ex Ponto 1. 6,46
> Dennoch besteht große Hoffnung auf die Güte Gottes.

A127 Nec frustra sunt in deo positae spes precesque, quae cum rectae sunt, inefficaces esse non possunt.
Boethius, De consolatione philosophiae 5. p6,46
> Die auf Gott gesetzten Hoffnungen und Gebete sind nicht vergeblich; wenn sie richtig sind, können sie nicht ohne Wirkung bleiben.

A 128 Mihi enim vivere Christus est et mori lucrum.
Vulgata, Epistula ad Philippenses 1,21
> Christus ist mein Leben und Sterben Gewinn.

A 129 Placato possum non miser esse deo.
Ovidius, Tristia 1. 3,40
> Ist Gott versöhnt, kann ich nicht unglücklich sein.

A 130 Deus superbis resistit, humilibus autem dat gratiam.
Vulgata, Epistula Iacobi 4,6 + Epistula Petri 1. 5,5
> Gott widersteht den Hoffärtigen, aber den Demütigen gibt er Gnade.

A 131 Respicite volatilia caeli, quoniam non serunt neque metunt neque congregant in horrea, et pater vester caelestis pascit illa.
Vulgata, Evangelium secundum Matthaeum 6,26
> Seht die Vögel unter dem Himmel an: Sie säen nicht, sie ernten nicht, sie sammeln nicht in die Scheunen, und euer himmlischer Vater ernährt sie doch.

A 132 Scimus autem, quoniam diligentibus Deum omnia cooperantur in bonum.
Vulgata, Epistula ad Romanos 8,28
> Wir wissen aber, dass denen, die Gott lieben, alle Dinge zum Besten dienen.

A 133 Nobiscum Deus.
Vulgata, Evangelium secundum Matthaeum 1,23
> Gott mit uns. *(Übersetzung des Namens Immanuel)*

A 134 Si Deus pro nobis, quis contra nos?
Vulgata, Epistula ad Romanos 8,31
> Ist Gott für uns, wer kann gegen uns sein?

A 135 Ubi autem spiritus Domini, ibi libertas.
Vulgata, Epistula ad Corinthios 2. 3,17
> Wo der Geist des Herrn weht, da herrscht Freiheit.

A 136 Committe Domino viam tuam, et spera in eo, et ipse faciet.
Vulgata, Psalmus 37(36),5
> Befiehl dem Herrn deine Wege und hoffe auf ihn, er wird's wohl machen.

A 137 Confide, et noli timere.
Vulgata, Liber Esdrae 4. 6,33
> Vertraue und fürchte dich nicht.

A 138 Ubi est, mors, victoria tua? Ubi est, mors, stimulus tuus?
Vulgata, Epistula ad Corinthios 1. 15,55
> Tod, wo ist dein Stachel, Hölle, wo ist dein Sieg?

A 139 Certa bonum certamen fidei, apprehende vitam aeternam, ad quam vocatus es.
Vulgata, Epistula ad Timotheum 1. 6,12

> Kämpfe den guten Kampf des Glaubens, ergreife das ewige Leben, zu dem du berufen bist.

Verheißung

A 140 Seminatur in corruptione, surget in incorruptione. Seminatur in ignobilitate, surget in gloria. Seminatur in infirmitate, surget in virtute. Seminatur corpus animale, surget corpus spiritale.
Vulgata, Epistula ad Corinthios 1. 15,42–44

> Es wird gesät verweslich und es wird auferstehen unverweslich. Gesät wird armselig, auferstehen wird herrlich. Gesät wird schwach, auferstehen wird stark. Gesät wird ein natürlicher Leib, auferstehen wird ein geistlicher Leib.

A 141 Tuba canet enim, et mortui resurgent incorrupti: et nos immutabimur. Oportet enim corruptibile hoc induere incorruptionem: et mortale induere immortalitatem.
Vulgata, Epistula ad Corinthios 1. 15,52–53

> Die Posaune wird erschallen und die Toten werden unverwest auferstehen: und wir werden verwandelt werden. Denn dieses Verwesliche muss sich mit Unverweslichkeit bekleiden: und dieses Sterbliche mit Unsterblichkeit.

A 142 Multi autem erunt primi novissimi, et novissimi primi.
Vulgata, Evangelium secundum Matthaeum 19,30

> Viele aber, die jetzt die Ersten sind, werden die Letzten, und die Letzten werden die Ersten sein.

A 143 Multi enim sunt vero vocati, pauci vero electi.
Vulgata, Evangelium secundum Matthaeum 22,14

> Denn viele sind gerufen, wenige aber auserwählt.

A 144 Ego sum lux mundi: qui sequitur me, non ambulat in tenebris, sed habebit lumen vitae.
Vulgata, Evangelium secundum Ioannem 8,12

> Ich bin das Licht der Welt; wer mir nachfolgt, der wird nicht wandeln in der Finsternis, sondern wird das Licht des Lebens haben.

A 145 Ego sum resurrectio et vita: qui credit in me, etiam si mortuus fuerit, vivet: et omnis, qui vivit et credit in me, non morietur in aeternum.
Vulgata, Evangelium secundum Ioannem 11,25–26

> Ich bin die Auferstehung und das Leben: Wer an mich glaubt, wird leben, auch wenn er gestorben ist, und jeder, der lebt und an mich glaubt, wird auf ewig nicht sterben.

A146 **Hodie mecum eris in paradiso.**
Vulgata, Evangelium secundum Lucam 23,43
Heute noch wirst du mit mir im Paradies sein.

A147 **Beati pauperes spiritu, quoniam ipsorum est regnum caelorum.**
Vulgata, Evangelium secundum Matthaeum 5,3
Selig sind die Armen im Geist, denn ihrer ist das Himmelreich.

A148 **Beati, qui lugent, quoniam ipsi consolabuntur.**
Vulgata, Evangelium secundum Matthaeum 5,4
Selig sind, die da Leid tragen, denn sie sollen getröstet werden.

A149 **Beati mites, quoniam ipsi possidebunt terram.**
Vulgata, Evangelium secundum Matthaeum 5,5
Selig sind die Sanftmütigen, denn sie werden das Erdreich besitzen.

A150 **Beati misericordes, quoniam ipsi misericordiam consequentur.**
Vulgata, Evangelium secundum Matthaeum 5,7
Selig die Barmherzigen, denn sie werden Barmherzigkeit erlangen.

A151 **Beati mundo corde, quoniam ipsi Deum videbunt.**
Vulgata, Evangelium secundum Matthaeum 5,8
Selig sind, die reines Herzens sind, denn sie werden Gott schauen.

A152 **Beati pacifici, quoniam filii Dei vocabuntur.**
Vulgata, Evangelium secundum Matthaeum 5,9
Selig sind die Friedfertigen, denn sie gelten als Kinder Gottes.

A153 **Beati, qui persecutionem patiuntur propter iustitiam: quoniam ipsorum est regnum caelorum.**
Vulgata, Evangelium secundum Matthaeum 5,10
Selig sind, die Verfolgung leiden um der Gerechtigkeit willen, denn ihrer ist das Himmelreich.

A154 **Beati mortui, qui in Domino moriuntur.**
Vulgata, Apocalypsis Ioannis 14,13
Selig die Toten, die in dem Herrn sterben.

A155 **Beati, qui non viderunt et crediderunt.**
Vulgata, Evangelium secundum Ioannem 20,29
Selig sind, die nicht sehen und doch glauben.

Gericht

A 156 Dies irae, dies illa / solvet saeclum in favilla.
cf. Vulgata, Prophetia Sophoniae 1,15 (Beginn der Sequenz der römischen Totenmesse)
Jener Tag, ein Tag des Grimms, wird die Welt in Asche zerfallen lassen.

A 157 Illic erit fletus et stridor dentium.
Vulgata, Evangelium secundum Matthaeum 8,12
Da wird sein Heulen und Zähneknirschen.

A 158 Tempus enim prope est.
Vulgata, Apocalypsis Ioannis 1,3
Die Zeit ist nahe.

A 159 Venit dies magnus irae.
Vulgata, Apocalypsis Ioannis 6,17
Gekommen ist der große Tag des Zorns.

Gnade

A 160 Dona dantur desuper.
cf. Vulgata, Epistula Iacobi 1,17
›Alles Gute kommt von oben.‹

A 161 Omne datum optimum et omne donum perfectum desursum est, descendens a patre luminum, apud quem non est transmutatio nec vicissitudinis obumbratio.
Vulgata, Epistula Iacobi 1,17
Jede gute Gabe und jedes vollkommene Geschenk kommt von oben, vom Vater des Lichts, bei dem es keine Unbeständigkeit gibt und keinen Schatten von Veränderung.

A 162 Cui homini dii propitii sunt, aliquid obiciunt lucri.
Plautus, Persa 470
Wem die Götter gnädig sind, dem werfen sie Gewinn zu.

A 163 Flectitur iratus voce rogante deus.
Ovidius, Ars amatoria 1. 442
Durch ein bittendes Wort lässt sich selbst Gott in seinem Zorn umstimmen.

A 164 Petite, et dabitur vobis; quaerite, et invenietis; pulsate, et aperietur vobis.
Vulgata, Evangelium secundum Matthaeum 7,7
Bittet, so wird euch gegeben; suchet, so werdet ihr finden; klopfet an, so wird euch aufgetan.

A 165   Gratia autem Dei sum id, quod sum.
Vulgata, Epistula ad Corinthios 1. 15,10
> Von Gottes Gnade bin ich, was ich bin.

A 166   Pater, dimitte illis, non enim sciunt, quid faciunt.
Vulgata, Evangelium secundum Lucam 23,34
> Vater, vergib ihnen, denn sie wissen nicht, was sie tun.

Kirche

A 167   Habere iam non potest Deum patrem, qui Ecclesiam non habet matrem.
Cyprianus, De ecclesiae catholicae unitate 6
> Wer die Kirche nicht als Mutter hat, kann Gott nicht mehr als Vater haben.

A 168   Salus extra ecclesiam non est.
Cyprianus, Epistulae 73,21,2
> Außerhalb der Kirche gibt es kein Heil.

A 169   Semel Deo dicatum non est ad usus humanos ulterius transferendum.
Liber Sextus Decretalium 5. 13,51
> Was einmal Gott geweiht war, darf auch später nicht für menschlichen Gebrauch bestimmt werden.

A 170   Possessio ecclesiae sumptus est egenorum.
Ambrosius. Epistulae 73,16
> Der Besitz der Kirche ist das Vermögen der Armen.

A 171   Fulget ecclesia in parietibus et in pauperibus eget. ... De sumptibus egenorum servitur oculis divitum.
Bernardus Claraevallensis, Apologia ad Giullelmum 28,2
> Die Kirche glänzt mit ihren Wänden und darbt bei den Armen. ... Auf Kosten der Bedürftigen dient man den Augen der Reichen.

A 172   Ecclesia non sitit sanguinem.
cf. Decretalia Gregorii 3. 50,5
> Die Kirche dürstet nicht nach Blut.

A 173   Tu es Petrus et super hanc petram aedificabo ecclesiam meam et tibi dabo claves regni caelorum.
Vulgata, Evangelium secundum Matthaeum 16,18
> Du bist Petrus, und auf diesen Felsen werde ich meine Kirche bauen, und ich werde dir die Schlüssel des Himmelreiches geben.

A 174   Habemus papam.
Kirchenlatein (Formel für die erfolgte Neuwahl eines Papstes)
> Wir haben einen *(neuen)* Papst.

A175 Ecclesia semper reformanda.
Luther zugeschrieben
> Die Kirche muss immerfort reformiert werden.

A176 Ars artium regimen animarum.
Gregorius Magnus, Regula pastoralis 1,1; cf. Beda Venerabilis, Proverbiorum liber R25
> Anleitung der Seelen ist die Kunst aller Künste.

A177 Quid enim proderit homini, si lucretur mundum totum et detrimentum animae suae faciat?
Vulgata, Evangelium secundum Marcum 8,36
> Was nützt es einem Menschen, wenn er die ganze Welt gewinnt und an seiner Seele Schaden erleidet?

Gottesdienst

A178 Primus est deorum cultus deos credere.
Seneca, Epistulae morales 95,50
> Verehrung der Götter besteht vor allem darin, an sie zu glauben.

A179 Satis deos coluit, quisquis imitatus est.
~ Seneca, Epistulae morales 95,50
> Wer den Göttern nacheifert, verehrt sie genug.

A180 Si deus est animus, nobis ut carmina dicunt, / hic tibi praecipue sit pura mente colendus.
Disticha Catonis 1. 1
> Wenn Gott Geist ist, wie die Dichtungen erklären, muss man ihn vor allem mit reinem Herzen verehren.

A181 Bonus animus cultor est dei pulcherrimus.
Pseudo-Seneca, Proverbia 4
> Ein gutes Herz ist der beste Verehrer Gottes.

A182 Puras deus, non aspicit plenas manus.
Pseudo-Publilius, Sententiae 287
> Auf reine, nicht auf volle Hände schaut Gott.

A183 Casta placent superis: pura cum veste venite / et manibus puris sumite fontis aquam.
Tibullus, Elegiae 2. 1,13–14
> Reinheit gefällt den Göttern. Kommt mit sauberem Gewand und schöpft mit reinen Händen Wasser aus der Quelle.

A 184 Caste iubet lex adire ad deos.
Cicero, De legibus 2. 24
> Das Gesetz befiehlt, sich den Göttern rein zu nähern.

A 185 Ubi enim sunt duo vel tres congregati in nomine meo, ibi sum in medio eorum.
Vulgata, Evangelium secundum Matthaeum 18,20
> Denn wo zwei oder drei versammelt sind in meinem Namen, da bin ich mitten unter ihnen.

A 186 Stabat mater dolorosa / iuxta crucem lacrimosa, / dum pendebat filius.
Jacopone da Todi, Hymnus de Passione
> Jesu Mutter stand mit Schmerzen bei dem Kreuz und weint' von Herzen, als ihr lieber Sohn da hing.

A 187 Ego te baptizo in nomine Patris et Filii et Spiritus Sancti.
Rupertus Tuitensis, Liber de divinis officiis 10
> Ich taufe dich im Namen des Vaters und des Sohnes und des Heiligen Geistes.

A 188 Lux aeterna luceat eis, Domine.
Kirchenlatein (Totenmesse, cf. Rainaldus Vizeliazensis, Vita Hugonis Cluniazensis 45)
> Das ewige Licht leuchte ihnen, Herr!

A 189 Benedictus, qui venit in nomine Domini. Hosanna in excelsis.
Vulgata, Evangelium secundum Marcum 11,9–10
> Hochgelobt sei, der da kommt im Namen des Herrn. Hosianna in der Höhe.

A 190 Ora pro nobis.
Vulgata, Liber Iudith 8,29
> Bitte für uns.

A 191 Deo gratias!
Vulgata, Epistula ad Corinthios 1. 15,57
> Gott sei Dank!

A 192 Ite, missa est.
Consuetudines 20
> Geht, es ist entlassen. *(d. h. die Messe ist zu Ende; Schlussformel der Messe)*

Gebote

A 193 Sint tibi divitiae divinae dogmata legis.
Columbanus, Praecepta vivendi 3
> Die Lehrsätze des göttlichen Gesetzes seien dein Reichtum.

Gott

A 194 *(1) Ego sum Dominus Deus tuus. Non habebis deos alienos coram me. (2) Non assumes nomen Domini Dei tui in vanum. (3) Memento ut diem sabbati sanctifices. (4) Honora patrem tuum et matrem tuam. (5) Non occides. (6) Non mœchaberis. (7) Non furtum facies. (8) Non loqueris contra proximum tuum falsum testimonium. (9) Non concupisces domum proximi tui. (10) Nec desiderabis uxorem eius, non servum, non ancillam, non bovem, non asinum nec omnia, quae illius sunt.*
Vulgata, Liber Exodus 20,2–17

(1) Ich bin der Herr, dein Gott. Du sollst keine anderen Götter haben neben mir. (2) Du sollst den Namen des Herrn, deines Gottes, nicht missbrauchen. (3) Du sollst den Feiertag heiligen. (4) Du sollst deinen Vater und deine Mutter ehren. (5) Du sollst nicht töten. (6) Du sollst nicht ehebrechen. (7) Du sollst nicht stehlen. (8) Du sollst kein falsches Zeugnis reden wider deinen Nächsten. (9) Du sollst nicht begehren deines Nächsten Haus. (10) Du sollst nicht begehren deines Nächsten Weib, Knecht, Magd, Ochsen, Esel noch alles, was dein Nächster hat.

A 195 Non facies tibi sculptile neque omnem similitudinem.
Vulgata, Liber Exodus 20,4 (Zusatz zum 1. Gebot)
Du sollst dir kein Bildnis noch irgendein Gleichnis machen.

Sünde

A 196 In qualitate est, non in quantitate peccatum: mensuram siquidem non quaerit iniuria. Imperium, si in parvo contemnitur, in omni parte violatur.
Cassiodorus, Variae 2. 12,2
Sünde ist eine Frage der Qualität, nicht der Quantität; denn Unrecht lässt sich nicht messen. Wenn ein Gebot im Kleinen missachtet wird, wird insgesamt dagegen verstoßen.

A 197 Omnes enim peccavimus.
~ Vulgata, Epistula ad Romanos 3,23
Wir sind allzumal Sünder.

A 198 Clamitat ad caelum.
cf. Vulgata, Liber Genesis 4,10
(Die Sünde) schreit zum Himmel.

A 199 Omne autem, quod non est ex fide, peccatum est.
Vulgata, Epistula ad Romanos 14,23
Alles, was nicht aus dem Glauben kommt, ist Sünde.

Beichte

A200 Confiteor Deo omnipotenti, beatae Mariae semper virgini, beato Michaeli Archangelo, beato Ioanni Baptistae, sanctis apostolis Petro et Paulo, omnibus sanctis et tibi, Pater: quia peccavi nimis cogitatione, verbo et opere: mea culpa, mea culpa, mea maxima culpa.
Kirchenlatein

> Ich bekenne Gott, dem Allmächtigen, der seligen, allzeit reinen Jungfrau Maria, dem heiligen Erzengel Michael, dem heiligen Johannes dem Täufer, den heiligen Aposteln Petrus und Paulus, allen Heiligen und dir, Vater, dass ich vielfältig gesündigt habe mit Gedanken, Worten und Werken, durch meine Schuld, durch meine Schuld, durch meine übergroße Schuld.

A201 Initium est salutis notitia peccati.
Epikuros bei Seneca, Epistulae morales 28,9

> Anfang der Rettung ist Kenntnis der Verfehlung. (vgl. ›Einsicht ist der erste Schritt zur Besserung.‹)

A202 Vitia sua confiteri sanitatis indicium est.
Seneca, Epistulae morales 53,8

> Seine Fehler zu bekennen ist ein Anzeichen der Genesung.

A203 Pater, peccavi in caelum et coram te.
Vulgata, Evangelium secundum Lucam 15,18

> Vater, ich habe gesündigt gegen den Himmel und vor dir.

A204 Quare vitia sua nemo confitetur? quia etiamnunc in illis est: somnium narrare vigilantis est.
Seneca, Epistulae morales 53,8

> Weshalb bekennt niemand seine Sünden? Weil er noch ganz in ihnen verfangen ist: Um seinen Traum zu erzählen, muss man wach sein.

A205 Nam nihil proficit oratio, si denuo committitur, unde iam iterum venia postuletur.
Isidorus Hispaliensis, Sententiae 3. 7,6

> Nichts nützt eine Beichte, wenn man erneut begeht, wofür man wieder Vergebung erbitten müsste.

Gebet

A206 Sola est oratio, quae deum vincit.
Tertullianus, De oratione 29

> Allein das Gebet ist es, das selbst Gott besiegt.

A 207 Pater noster, qui es in caelis: sanctificetur nomen tuum. Adveniat regnum tuum. Fiat voluntas tua, sicut in caelo et in terra. Panem nostrum supersubstantialem da nobis hodie. Et dimitte nobis debita nostra, sicut et nos dimittimus debitoribus nostris. Et ne nos inducas in tentationem, sed libera nos a malo. Amen.
Vulgata, Evangelium secundum Matthaeum 6,9–13

> Vater unser im Himmel, geheiligt werde dein Name. Dein Reich komme. Dein Wille geschehe, wie im Himmel, so auf Erden. Unser tägliches Brot gib uns heute. Und vergib uns unsere Schuld, wie auch wir vergeben unseren Schuldigern. Und führe uns nicht in Versuchung, sondern erlöse uns von dem Bösen. Amen.

A 208 Domine, exaudi orationem meam!
Vulgata, Psalmus 102(101),2

> Herr, höre mein Gebet!

A 209 De profundis clamavi ad te, Domine.
Vulgata, Psalmus 130(129),1

> Aus der Tiefe rufe ich zu dir, Herr.

A 210 Deus, propitius esto mihi peccatori!
Vulgata, Evangelium secundum Lucam 18,13

> Gott, sei mir Sünder gnädig!

A 211 Domine, dirige nos!
cf. Vulgata, Liber ecclesiasticus 36,19 (Motto der City of London)

> Herr, lenke uns!

A 212 Sursum corda! Habemus ad Dominum.
Kirchenlatein (cf. Vulgata, Lamentationes Ieremiae 3,41)

> Erhebet eure Herzen! Wir erheben sie zum Herrn.

A 213 Oremus!
Kirchenlatein (Vulgata, Liber Thobis 8,4)

> Lasst uns beten!

A 214 Miserere, Domine!
Vulgata, Psalmus 51(50),1

> Erbarme dich, Herr!

A 215 Ave, Maria, gratia plena; Dominus tecum: benedicta tu in mulieribus, et benedictus fructus ventris tui Iesus. Sancta Maria, Mater Dei, ora pro nobis peccatoribus, nunc et in hora mortis nostrae. Amen
cf. Vulgata, Evangelium secundum Lucam 1,28ff.

> Gegrüßet seist du, Maria, voll der Gnade; der Herr ist mit dir: Du bist gebenedeit unter den Weibern, und gebenedeit ist die Frucht deines Leibes, Jesus. Heilige Maria, Mutter Gottes, bitte für uns arme Sünder, jetzt und in der Stunde unsres Todes. Amen.

A216 Spe gaudentes, in tribulatione patientes, orationi instantes *(este)*!
Vulgata, Epistula ad Romanos 12,12
> Seid fröhlich in Hoffnung, geduldig in Trübsal, haltet an im Gebet.

A217 Vigilate et orate, ut non intretis in tentationem!
Vulgata, Evangelium secundum Matthaeum 26,41
> Wachet und betet, dass ihr nicht in Anfechtung fallet!

A218 Grave et immutabile sanctis / pondus adest verbis et vocem fata sequuntur.
Statius, Thebais 1. 212–213
> Heilige Worte haben ein schweres und unwandelbares Gewicht, und die Geschicke folgen den Worten.

A219 Confitemini Domino, quoniam bonus, quoniam in saeculum misericordia eius.
Vulgata, Psalmus 106(105),1
> Danket dem Herrn, denn er ist freundlich, und seine Güte währet ewiglich.

Lobpreis

A220 Gloria in altissimis Deo, et in terra pax hominibus bonae voluntatis.
Vulgata, Evangelium secundum Lucam 2,14 (sog. großes Gloria)
> Ehre sei Gott in der Höhe und Friede auf Erden den Menschen seines Wohlgefallens.

A221 Gloria Patri et Filio et Spiritui Sancto. Sicut erat in principio et nunc et semper et in saecula saeculorum. Amen.
Kirchenlatein (4. Jh.; sog. kleines Gloria; ~ Ambrosius, De institutione virginis 17,114)
> Ehre sei dem Vater und dem Sohn und dem Heiligen Geist! Wie es war im Anfang, jetzt und immerdar und von Ewigkeit zu Ewigkeit. Amen.

A222 Sanctus, Sanctus, Sanctus Dominus, Deus Sabaoth. Pleni sunt caeli et terra gloria tua. Hosanna in excelsis.
Kirchenlatein (cf. Vulgata, Liber Isaiae 6,3)
> Heilig, heilig, heilig Herr, Gott der Heerscharen. Himmel und Erde sind erfüllt von deiner Herrlichkeit. Hosianna in der Höhe.

A223 Magnificat anima mea Dominum.
Vulgata, Evangelium secundum Lucam 1,46
> Hoch preist meine Seele den Herrn.

A224 Ut in omnibus glorificetur Deus. *(U. I. O. G. D.)*
Benedictus Nursinus, Regula 57,9 (Wahlspruch der Benediktiner)
> In allem möge Gott verherrlicht werden.

A225 Ad maiorem Dei gloriam *(vicit pietas)*.
Gregorius Magnus, Dialogi 1. 2,6; (Wahlspruch des Jesuitenordens)
> Zum größeren Ruhm Gottes *(siegte die Frömmigkeit)*.

A226 Cantate [Domino canticum novum, quia mirabilia fecit.]
Vulgata, Psalmus 98(97),1
> Singt [dem Herrn ein neues Lied, denn er tut Wunder.] *Bezeichnung für den vierten Sonntag nach Ostern (nach dem Anfangsvers des Introitus dieses Tages)*

A227 Laudate Deum in chordis et organo.
Vulgata, Psalmus 150,4
> Lobt Gott mit Saiten und Pfeifen.

A228 Omne, quod spirat, laudet Dominum!
Vulgata, Psalmus 150,6
> Alles, was Odem hat, lobe den Herrn!

A229 Soli Deo gloria!
~ Vulgata, Epistula ad Timotheum 1. 1,17
> Gott allein sei die Ehre!

Segen

A230 Di nostra incepta secundent.
Vergilius, Aeneis 7. 259
> Die Götter mögen zu unseren Vorhaben ihren Segen geben.

A231 Di meliora piis.
Vergilius, Georgica 3. 513
> Mögen die Götter den Guten ein besseres Los geben.

A232 Annuit coeptis.
Inschrift auf dem Siegel der USA (cf. Vergilius, Georgica 1. 40)
> *(Gott)* heißt unser Beginnen gut.

A233 Benedicat tibi Dominus et custodiat te! Illuminet Dominus faciem suam super te et misereatur tui! Convertat Dominus vultum suum ad te et det tibi pacem!
Vulgata, Liber Numeri 6,24–26
> Der Herr segne dich und behüte dich; der Herr lasse sein Angesicht leuchten über dir und sei dir gnädig; der Herr hebe sein Angesicht über dich und gebe dir Frieden!

A234 Benedictio Dei divites facit.
Vulgata, Liber proverbiorum 10,22
> Gottes Segen macht reich.

A 235 Benedictio Dei omnipotentis, Patris et Filii et Spiritus Sancti descendat super vos et maneat semper. Amen.
Kirchenlatein (Segensformel)
> Der Segen des allmächtigen Gottes, des Vaters, des Sohnes und des Heiligen Geistes komme auf euch herab und bleibe immer bei euch. Amen.

A 236 Dominus custodiet te ab omni malo; custodiet animam tuam Dominus. Dominus custodiet introitum tuum et exitum tuum ex hoc nunc et usque in saeculum.
Vulgata, Psalmus 121(120),7–8
> Der Herr behüte dich vor allem Übel, er behüte deine Seele. Der Herr behüte deinen Ausgang und Eingang von nun an bis in Ewigkeit.

A 237 Et pax Dei, quae exuperat omnem sensum, custodiat corda vestra et intellegentias vestras in Christo Iesu!
Vulgata, Epistula ad Philippenses 4,7
> Und der Friede Gottes, welcher höher ist als alle Vernunft, bewahre eure Herzen und Sinne in Christus Jesus!

A 238 Benedicat et custodiat nos omnipotens et misericors Dominus, Pater et Filius et Spiritus Sanctus. Amen.
Consuetudines 50
> Es segne und behüte uns der allmächtige und barmherzige Gott, Vater, Sohn und Heiliger Geist. Amen.

A 239 Non dimittam te, nisi benedixeris mihi.
Vulgata, Liber Genesis 32,26
> Ich lasse dich nicht, du segnest mich denn.

A 240 Rorate, caeli, desuper, et nubes pluant iustitiam!
Vulgata, Liber Isaiae 45,8
> Tauet, ihr Himmel, von oben, und die Wolken regnen Gerechtigkeit!

A 241 C. M. B. *(Christus mansionem benedicat bzw. Caspar, Melchior, Balthasar)*
Kirchenlatein
> Christus segne dieses Haus.

A 242 I pede fausto.
Horatius, Epistulae 2. 2,37
> Geh mit Erfolg versprechendem Fuß.

A 243 Vade in pace.
Vulgata, Evangelium secundum Marcum 5,34
> Geh hin in Frieden.

Ewigkeit

A 244   in saecula saeculorum
Vulgata, Liber Thobis 13,11
> bis in alle Ewigkeit

A 245   Tempus autem est pars quaedam aeternitatis.
Cicero, De inventione 1. 39
> Die Zeit ist ein Abschnitt der Ewigkeit.

A 246   Tempus est nos de illa perpetua iam, non de hac exigua vita cogitare.
Cicero, Ad Atticum 10. 8,8
> Es ist an der Zeit, dass wir an jenes ewige Leben denken und nicht mehr an dieses kurze.

A 247   Caelum et terra transibunt, verba autem mea non transibunt.
Vulgata, Evangelium secundum Marcum 13,31
> Himmel und Erde werden vergehen, aber meine Worte werden nicht vergehen.

A 248   Mille anni ante oculos tuos tamquam dies hesterna, quae praeteriit.
Vulgata, Psalmus 90(89),4
> Tausend Jahre sind in deinen Augen wie der Tag, der gestern vorübergegangen ist.

A 249   Contrariis rerum aeternitas constat.
Seneca, Epistulae morales 107,8
> Die Ewigkeit beruht auf Gegensätzen.

Christentum

A 250   anima naturaliter Christiana
~ Tertullianus, Apologeticum 17,6
> die natürlicherweise christliche Seele

A 251   Si quis vult post me venire, abneget semetipsum et tollat crucem suam et sequatur me.
Vulgata, Evangelium secundum Matthaeum 16,24
> Wer mir nachfolgen will, der verleugne sich selbst und nehme sein Kreuz auf sich und folge mir nach.

A 252   Euntes ergo docete omnes gentes: baptizantes eos in nomine Patris et Filii et Spiritus Sancti.
Vulgata, Evangelium secundum Matthaeum 28,19
> Gehet hin und lehret alle Welt und taufet sie im Namen des Vaters und des Sohnes und des Heiligen Geistes.

A253   Ex oriente lux.
cf. Vulgata, Evangelium secundum Matthaeum 2,2
> Aus dem Osten kommt das Licht.

A254   Fiunt, non nascuntur Christiani.
Tertullianus, Apologeticum 18,4
> Man wird nicht als Christ geboren, sondern man wird dazu.

A255   In hoc signo vinces. *(I. H. S.)*
nach Eusebios, Vita Constantini 1,28
> In diesem Zeichen wirst du siegen. *(Kreuzeszeichen, das Konstantin 312 den Sieg prophezeite)*

A256   Semen est sanguis Christianorum.
Tertullianus, Apologeticum 50,13
> Das Blut der Christen wirkt wie ein Samen.

A257   Martyrium est semen Christianorum.
cf. Tertullianus, Apologeticum 50,13
> Das Martyrium ist der Same des Christentums.

A258   Quo Romae propiores, sunt Christiani tepidiores.
Wander, Deutsches Sprichwörter-Lexikon 3. 1714
> Je näher Rom, desto lauere Christen.

A259   Virtutes paganorum splendida vitia.
cf. Augustinus, De civitate Dei 19. 25
> Die Tugenden der Heiden sind glänzende Laster.

Wahrsagung

A260   Augurium ratio est et coniectura futuri.
Ovidius, Tristia 1. 9,51
> Wahrsagung ist Berechnung und Vorausahnung der Zukunft.

A261   Ad nullam igitur earum rerum, quae sensu accipiuntur, divinatio adhibetur. Atqui ne in iis quidem rebus, quae arte tractantur, divinatione opus est. Etenim ad aegros non vates aut hariolos, sed medicos solemus adducere, nec vero, qui fidibus aut tibiis uti volunt, ab haruspicibus accipiunt earum tractationem, sed a musicis.
Cicero, De divinatione 2. 9
> Weissagung zieht man zu nichts, was mit den Sinnen erfasst werden kann, hinzu, und nicht einmal bei dem, was mit Sachverstand erledigt wird, ist Weissagung vonnöten. Zu Kranken zieht man keine Seher oder Wahrsager, sondern gewöhnlich Ärzte hinzu, und wer Saiteninstrumente oder Flöten spielen will, erfährt deren Handhabung nicht von Wahrsagern, sondern von Musikern.

Gott

A 262 Proinde arduum fatalia devertere, eoque futuri notio superflua.
Aurelius Victor, Epitome de Caesaribus 38,5
> Es ist unmöglich, Schicksalhaftes abzuwenden, deshalb ist die Kenntnis der Zukunft überflüssig.

A 263 Atque ego ne utilem quidem arbitror esse nobis futurarum rerum scientiam.
Cicero, De divinatione 2. 22
> Ich meine, dass die Kenntnis der Zukunft für uns nicht einmal nützlich ist.

A 264 Nihil credo auguribus, qui aures verbis divitant / alienas, suas auro locupletent domus.
Accius bei Gellius, Noctes Atticae 14. 1,34
> Ich halte nichts von Wahrsagern, die fremde Ohren mit Worten bereichern, ihre eigenen Häuser mit Gold füllen.

A 265 Miror, quod non ridet haruspex, haruspicem cum videt.
~ Cicero, De divinatione 2. 51
> Ich wundere mich, dass ein Opferschauer nicht lachen muss, wenn er einen Opferschauer sieht.

A 266 De futuris autem rebus etsi semper difficile est dicere, tamen interdum coniectura possis propius accedere, cum est res eius modi, cuius exitus provideri possit.
Cicero, Ad familiares 6. 4,1
> Obwohl es immer schwierig ist, etwas über die Zukunft vorauszusagen, kann man sie gelegentlich doch annäherungsweise erschließen, wenn es um etwas geht, dessen Ausgang sich vorhersehen lässt.

Aberglaube

A 267 Religio deos colit, superstitio violat.
Seneca, De clementia 2. 5,1
> Die Religion verehrt die Götter, der Aberglaube entehrt sie.

A 268 Imitatur religionem superstitio.
~ Cicero, Partitiones oratoriae 81
> Der Aberglaube äfft die Religion nach.

A 269 Fortuna quos miseros fecit, etiam superstitiosos facit.
Seneca maior, Controversiae 8. 1,1
> Wen das Schicksal elend gemacht hat, macht es auch abergläubisch.

A 270 Nulla res multitudinem efficacius regit quam superstitio.
Curtius Rufus, Historiae Alexandri Magni 4. 10,7
> Nichts hat mehr Macht über die Menge als der Aberglaube.

A271 Numero Deus impari gaudet.
Vergilius, Bucolica 8,75
> Gott freut sich über eine ungerade Zahl *(z. B. die Drei als Zeichen der Harmonie).*

A272 Omnia tamen omina tantum possunt, quantum excipientis fides permittit.
Johannes Saresberiensis, Policraticus 2. 1
> Alle Vorzeichen vermögen so viel, wie der Betroffene glaubt.

A273 Ad rem gerendam non superstitionem habeas, sed rationem ducem.
Cicero, De divinatione 2. 83
> Lass dich bei dem, was du tust, nicht vom Aberglauben leiten, sondern von der Vernunft.

A274 Quantum animis erroris inest!
Ovidius, Fasti 2. 789
> Wie viel Irrtum steckt doch in den Herzen!

B Welt

Schöpfung

B 1   Caeli enarrant gloriam Dei, et opera manuum eius annuntiat firmamentum.
Vulgata, Psalmus 19(18),2
> Die Himmel erzählen die Ehre Gottes, und die Feste verkünden seiner Hände Werk.

B 2   In principio creavit Deus caelum et terram. Terra autem erat inanis et vacua, et tenebrae super faciem abyssi, et spiritus Dei ferebatur super aquas.
Vulgata, Liber Genesis 1,1
> Am Anfang schuf Gott Himmel und Erde. Die Erde aber war wüst und leer, und es war finster auf der Tiefe; und der Geist Gottes schwebte auf dem Wasser.

B 3   In principio erat verbum.
Vulgata, Evangelium secundum Ioannem 1,1
> Am Anfang war das Wort

B 4   Dixitque Deus: ›Fiat lux.‹ Et facta est lux.
Vulgata, Liber Genesis 1,3
> Gott sprach: ›Es werde Licht!‹ Und es ward Licht.

B 5   Viditque Deus cuncta, quae fecit, et ecce erant valde bona.
Vulgata, Liber Genesis 1,31
> Und Gott sah alles, was er geschaffen hatte, und siehe, es war sehr gut.

B 6   Quid enim aliud est natura quam deus?
Seneca, De beneficiis 4. 7,1
> Was ist die Natur anderes als Gott?

B 7   Iovis omnia plena.
Vergilius, Bucolica 3,60
> Alles ist voll von Gott.

B 8   Mundus est Dei viva statua.
cf. Campanella, Civitas solis
> Die Welt ist das lebendige Abbild Gottes.

B 9   Deum non vides, tamen deum agnoscis ex operibus eius.
~ Cicero, Tusculanae disputationes 1. 70
> Gott sieht man nicht, dennoch kann man ihn erkennen an seinen Werken.

B 10   Certum ac dispositum est, ubi quicquid crescat et insit.
Lucretius, De rerum natura 3. 787
    Sicher und klar ist eingeteilt, wo jedes Wesen wächst und bleibt.

B 11   Aliud ex alio nectitur.
Cicero, De finibus bonorum et malorum 3. 74
    Alles ist miteinander verknüpft.

B 12   Caeli ratio in animo, terrae autem in corpore est.
Lactantius, Divinae institutiones 6. 1,10
    Das Prinzip des Himmels liegt in der Seele, das der Erde aber im Körper.

Welt

B 13   Mundus est ingens deorum omnium templum.
cf. Seneca, Epistulae morales 90,28
    Die Welt ist ein riesiger Tempel aller Götter.

B 14   Totum hoc, quo continemur, et unum est et deus; et socii eius sumus et membra.
Seneca, Epistulae morales 92,30
    Dieses Weltganze, das uns umschließt, ist das Eine und ist Gott; und wir sind seine Genossen und Glieder.

B 15   Mundum magnum hominem et hominem brevem mundum esse.
Macrobius, Somnium Scipionis 2. 12,11
    Die Welt ist ein Mensch im Großformat und der Mensch eine Welt im Kleinformat.

B 16   Nos gentes nationesque distinguimus: Deo una domus est mundus hic totus.
Minucius Felix, Octavius 33,1
    Wir unterscheiden zwischen Stämmen und Völkern. Für Gott ist diese ganze Welt eine einzige Familie.

B 17   Mundus universus exercet histrioniam.
Petronius bei Johannes Saresberiensis, Policraticus 3. 8
    Die ganze Welt treibt Schauspielerei.

Paradies

B 18   Hic ver assiduum atque alienis mensibus aestas.
Vergilius, Georgica 2. 149
    Hier herrscht ewiger Frühling und auch in ungewohnten Monaten Sommer.

B 19 Aurea prima sata est aetas, quae vindice nullo / sponte sua, sine lege fidem rectumque colebat. / Poena metusque aberant, nec verba minantia fixo / aere ligabantur, nec supplex turba timebat / iudicis ora sui, sed erant sine vindice tuti.
Ovidius, Metamorphoses 1. 89–93

> Das erste Zeitalter war das Goldene, das aus eigenem Antrieb ohne Vollstrecker, ohne Gesetz Treue und Recht pflegte. Es gab weder Strafe noch Furcht, noch waren drohende Worte in Erz festgehalten, noch fürchtete die Menge kniefällig den Mund des Richters, sondern man war auch ohne Beistand sicher.

B 20 Mox etiam fruges tellus inarata ferebat, / nec renovatus ager gravidis canebat aristis: / flumina iam lactis, iam flumina nectaris ibant, / flavaque de viridi stillabant ilice mella.
Ovidius, Metamorphoses 1. 109–112

> Bald trug die noch nicht beackerte Erde auch Früchte, und das nicht gepflügte Feld war grau von schweren Ähren: Flüsse von Milch und von Nektar flossen, und goldgelber Honig tropfte von grünen Eichen.

Natur

B 21 Salve, parens rerum omnium, natura!
Plinius maior, Naturalis historia 37. 205

> Sei gegrüßt, Mutter aller Dinge, Natur!

B 22 Idea est eorum, quae natura fiunt, exemplar aeternum.
Platon bei Seneca, Epistulae morales 58,19

> Die Idee ist das ewige Vorbild alles dessen, was in der Natur entsteht.

B 23 Corporibus caecis igitur natura gerit res.
Lucretius, De rerum natura 1. 328

> Mit unsichtbaren Körpern verrichtet die Natur ihr Werk.

B 24 Custode et cura natura potentior omni.
Iuvenalis, Saturae 10,303

> Die Natur ist mächtiger als jede Bewachung und Sorge.

B 25 Natura et ars nusquam saltum faciunt, nusquam fecerunt.
Comenius, De sermonis Latini studio

> Die Natur und die Kunst machen nirgendwo Sprünge, haben sie nirgendwo gemacht.

B 26 Meliora sunt ea, quae natura, quam illa, quae arte perfecta sunt.
Cicero, De natura deorum 2. 87

> Besser ist, was die Natur, als was die Kunst vollendet hat.

Welt

B 27 Nulla ars imitari sollertiam naturae potest.
Cicero, De natura deorum 1. 92
> Keine Kunst kann die Geschicklichkeit der Natur nachbilden.

B 28 Nihil natura portionibus parit.
Plinius maior, Naturalis historia 17. 177
> Nichts schafft die Natur stückweise.

B 29 Natura in minimis maxima.
cf. Plinius maior, Naturalis historia 11. 4
> Die Natur zeigt sich in Kleinigkeiten am größten.

B 30 Natura desiderat semper, quod melius est.
Auctoritates, Aristoteles, De generatione 47
> Die Natur strebt immer nach dem Besseren.

B 31 Cottidie nos ipsa natura admonet, quam paucis, quam parvis rebus egeat, quam vilibus.
Cicero, Tusculanae disputationes 5. 102
> Täglich erinnert uns die Natur selbst daran, wie wenige, wie geringe Dinge sie nötig hat, wie wohlfeile.

B 32 Parvo cultu natura contenta est.
~ Cicero, Tusculanae disputationes 5. 97
> Die Natur ist mit wenig Pflege zufrieden.

B 33 Sufficit ad id natura, quod poscit.
Seneca, Epistulae morales 90,18
> Die Natur bietet genug für das, was sie fordert.

B 34 Numquam aliud natura, aliud sapientia dicit.
Iuvenalis, Saturae 14,321
> Nie sagt die Natur etwas anderes als die Weisheit.

B 35 Aliquid amplius invenies in silvis quam in libris. Ligna et lapides docebunt te, quod a magistris audire non possis.
Bernardus Claraevallensis, Epistulae 106,2
> In den Wäldern findest du einiges mehr als in Büchern. Hölzer und Steine lehren dich, was du von Lehrern nicht zu hören bekommst.

B 36 Naturalia non sunt turpia.
Binder, Novus thesaurus 1978
> Was natürlich ist, ist keine Schande.

B 37 Naturam frenare potes, sed vincere numquam.
Palingenius, Zodiacus vitae 5. 694
> Die Natur kann man zähmen, aber nie besiegen.

B 38   Casus et natura in nobis dominantur.
Cicero, Ad familiares 4. 12,1
> Zufall und Naturgesetz herrschen über uns.

B 39   Reluctante natura irritus labor est.
Seneca, De tranquillitate animi 6,4
> Wenn die Natur widerstrebt, bleibt alle Mühe umsonst.

B 40   Naturam expellas furca, tamen usque recurret.
Horatius, Epistulae 1. 10,24
> Auch wenn du die Natur mit der Mistgabel vertreibst, sie wird immer wieder zurückkehren.

B 41   Sui iuris rerum natura est nec ad leges humanas componitur: modo properat, modo vota praecurrit, modo lenta est et demoratur.
Seneca maior, Controversiae 2. 5,7
> Die Natur ist unabhängig und nicht mit menschlichen Gewohnheiten vergleichbar: Bald ist sie besonders schnell, bald eilt sie den Wünschen voraus, bald ist sie langsam und lässt sich Zeit.

Jahreszeiten

B 42   Nullius rei finis est, sed in orbem nexa sunt omnia, fugiunt ac sequuntur; diem nox premit, dies noctem, aestas in autumnum desinit, autumno hiems instat, quae vere compescitur.
Seneca, Epistulae morales 24,26
> Nichts hat ein Ende, sondern alles ist im Kreis miteinander verknüpft, flieht und verfolgt uns; den Tag verdrängt die Nacht, der Tag die Nacht, der Sommer geht in den Herbst über, dem Herbst setzt der Winter zu, der durch den Frühling bezwungen wird.

B 43   Poma dat autumnus; formosast messibus aestas; / ver praebet flores; igne levatur hiems.
Ovidius, Remedia amoris 187–188
> Früchte liefert der Herbst, der Sommer glänzt mit Getreide, der Frühling beschert Blumen, mit Feuer mildert man den Winter.

B 44   Solvitur acris hiems grata vice veris et favoni.
Horatius, Carmina 1. 4,1
> Der strenge Frost lässt nach im willkommenen Wechsel von Frühling und Westwind.

B 45   Nunc frondent silvae, nunc formonsissimus annus.
Vergilius, Bucolica 3,57
> Jetzt grünen die Wälder, jetzt ist die schönste Jahreszeit.

B 46 Diffugere nives, redeunt iam gramina campis / arboribusque comae; / mutat terra vices et decrescentia ripas / flumina praetereunt.
Horatius, Carmina 4. 7,1–4
> Der Schnee ist verschwunden, schon kehren die Gräser auf die Wiesen zurück und das Laub auf die Bäume; die Erde verändert sich und abschwellend ziehen die Flüsse ihre Ufer entlang.

B 47 Si bene floruerint segetes, erit area dives: / si bene floruerit vinea, Bacchus erit; / si bene floruerint oleae, nitidissimus annus, / pomaque proventum temporis huius habent.
Ovidius, Fasti 5. 263–366
> Blühen die Saatfelder üppig, wird die Tenne reich; blüht der Weinberg üppig, wird Bacchus reich; blühen die Ölbäume üppig, gibt es ein glänzendes Jahr, und das Obst zeigt die Reife dieser Zeit.

B 48 Veris adest tempus, quod amat lasciva iuventus, / quae vitiat teneros temperies animos.
Balderich, Carmina, Providentia contra lasciviam 1–2
> Der Frühling ist da, den die wollüstige Jugend liebt, milde Wärme, die verführbare Gemüter verdirbt.

B 49 Ecce gratum / et optatum / ver reducit gaudia: / purpuratum / floret pratum, / sol serenat omnia. / Iam iam cedant tristia! / Aestas redit, / nunc recedit / hiemis saevitia.
Carmina Burana 143,1
> Schau, willkommen und herbeigesehnt bringt der Lenz die Freuden zurück; purpurfarben blüht die Wiese, die Sonne macht alles heiter. Nunmehr soll die Trübsal weichen! Der Sommer kehrt zurück, jetzt weicht die Strenge des Winters.

B 50 Una hirundo non facit ver.
Erasmus, Adagia 694 (nach Zenobios)
> ›Eine Schwalbe macht noch keinen Sommer.‹

B 51 Ver non una dies, non una reducit hirundo.
Palingenius, Zodiacus vitae 5. 322
> Ein einziger Tag oder eine einzige Schwalbe bringt noch nicht den Frühling zurück.

B 52 Veris tempore regnat amor.
Dach, Weltliche Lieder. Hochzeitsgedichte, Titel
> Zur Frühlingszeit herrscht die Liebe.

B 53 Temperie caeli corpusque animusque iuvatur.
Ovidius, Epistulae ex Ponto 2. 7,71
> Körper und Seele freuen sich über das milde Klima.

B 54 Autumni serenitas ventosam hiemem facit.
Plinius maior, Naturalis historia 18. 352
> Ein heiterer Herbst sorgt für einen stürmischen Winter.

B 55 Cogitato, quam longa sit hiems.
Binder, Novus thesaurus 524
> Denk daran, wie lange der Winter dauert.

B 56 Vides, ut alta stet nive candidum / Soracte?
Horatius, Carmina 1. 9,1–2
> Siehst du, wie der Soratte *(Berg nördlich von Rom)* steht, glänzend von hohem Schnee?

B 57 Velox in terga revolvitur annus.
Statius, Thebais 5. 460
> Das Jahr kehrt uns schnell den Rücken.

Fruchtbarkeit

B 58 Haec benigna, mitis, indulgens ususque mortalium semper ancilla; quae coacta generat, quae sponte fundit, quos odores saporesque, quos sucos, quos tactus, quos colores! quam bona fide creditum fenus reddit! quae nostra causa alit!
Plinius maior, Naturalis historia 2. 155
> Diese gütige, milde, geduldige Erde, die immer dem menschlichen Nutzen dient, was bringt sie doch aufgezwungen hervor, was spendet sie freiwillig, welche Gerüche, Leckerbissen, Säfte, Gefühle, Farben! Mit welch reichem Zins gibt sie das ihr anvertraute Kapital zurück! Was lässt sie doch unseretwegen gedeihen!

B 59 Annus producit, non ager.
Erasmus, Adagia 44 (nach Theophrastos)
> Das Jahr lässt die Saat wachsen, nicht der Acker.

B 60 Et sata cum multo fenore reddit ager.
Ovidius, Epistulae ex Ponto 1. 5,26
> Mit reichem Zins gibt der Acker die Saat zurück.

B 61 Terra] numquam recusat imperium nec umquam sine usura reddit, quod accepit, sed alias minore, plerumque maiore cum faenore.
Cicero, Cato maior de senectute 51
> Die Erde widersetzt sich keinem Befehl und gibt nie ohne Zugabe zurück, was sie empfangen hat, sondern teils mit geringerem, meist aber mit größerem Zins.

B 62 In bona segete neque nullum est spicum nequam neque in mala non aliquid bonum.
Varro, Saturae Menippeae, Lex Maenia 9
> Weder findet sich bei einer guten Saat keine taube Ähre noch bei einer schlechten nicht auch etwas Gutes.

Welt

B 63 Crescite et multiplicamini.
Vulgata, Liber Genesis 1,28 (Motto des US-Staats Maryland)
Seid fruchtbar und mehret euch.

Wetter

B 64 Sol quoque et exoriens et cum se condet in undas, / signa dabit; solem
certissima signa sequuntur, / et quae mane refert et quae surgentibus astris.
Vergilius, Georgica 1. 438–440
Auch die Sonne gibt Zeichen, sowohl beim Aufgang als auch wenn sie in die Wogen
eintaucht; der Sonne folgen sehr verlässliche Zeichen, sowohl was sie in der Frühe mit sich
bringt als auch was beim Aufgang der Gestirne.

B 65 Cum clamorem cornicis audieris matutinum, pluviam petit.
Johannes Saresberiensis, Policraticus 2. 2
Wenn man die Krähen am Morgen schreien hört, bedeutet das Regen.

B 66 Si nubes ut vellera lanae spargentur multae ab oriente, aquam in triduum
praesagient.
Plinius maior, Naturalis historia 18. 356
Wenn sich im Osten viele Nebel wie Wollflocken ausbreiten, künden sie Regen in drei
Tagen an.

B 67 Mane rubens caelum notat imbres, sero serenum.
Johannes Saresberiensis, Metalogicon 4. 34
Morgenrot verheißt Regen, Abendrot schönes Wetter. *(vgl. ›Abendrot – Gutwetterbrot.‹)*

B 68 Hodie tempestas, rutilat enim triste caelum.
Vulgata, Evangelium secundum Matthaeum 16,3
Heute gibt es Gewitter, denn der Himmel ist rot und trüb.

B 69 Nebulae montibus descendentes aut caelo cadentes vel in vallibus sidentes
serenitatem promittent.
Plinius maior, Naturalis historia 18. 357
Nebel, der von den Bergen herabkommt oder vom Himmel fällt oder sich in den Tälern
festsetzt, verspricht heiteres Wetter.

B 70 Si et occidit *(sc. sol)* pridie serenus, tanto certior fides serenitatis.
Plinius maior, Naturalis historia 18. 342
Wenn am Abend die Sonne klar untergeht, ist die Prognose für heiteres Wetter umso
zuverlässiger.

B 71 Venit post nimbos una serena dies!
Tibullus (Lygdamus), Elegiae 3. 6,32
Auf die Regengüsse folgte ein heiterer Tag.

B 72 Nubilo serena succedunt.
Seneca, Epistulae morales 107,8

> Auf trübes Wetter folgt heiteres.

B 73 Pluvia illa optima est, quae sensim descendit in terras; subitus et nimius imber praeceps arva subvertit.
Hieronymus, Epistulae 54,11

> Am besten ist der Regen, der nach und nach auf die Erde fällt; ein Platzregen, der unvermittelt und in rauen Mengen herabstürzt, vernichtet die Saatfelder.

B 74 Denique quid vesper serus vehat, unde serenas / ventus agat nubes, quid cogitet umidus auster, / sol tibi signa dabit.
Vergilius, Georgica 1. 461–463

> Die Sonne kündigt dir an, was der späte Abend schließlich bringt, woher der Wind die heiteren Wolken treibt, was der feuchte Südwind vorhat.

B 75 Frigidus implebit frumentis horrea Maius.
Egbertus Leodiensis, Fecunda navis 1. 227

> Ein kalter Mai füllt die Speicher mit Getreide.

B 76 Tempestas minatur, antequam surgat.
Seneca, Epistulae morales 103,2

> Ein Sturm droht, bevor er sich erhebt.

B 77 Nulla autem tempestas magna perdurat; procellae quanto plus habent virium, tanto minus temporis.
Seneca, Naturales quaestiones 7. 9,3

> Kein großer Sturm hält lange an; je gewaltiger Stürme sind, desto kürzer dauern sie.

B 78 Cum feriant unum, non unum fulmina terrent.
Ovidius, Epistulae ex Ponto 3. 2,9

> Wenn der Blitz auch nur einen trifft, so trifft er doch nicht nur einen Einzigen *(d. h. er setzt viele in Schrecken).*

B 79 Nihil est tam violentum, tam incontinens sui, tam contumax infestumque retinentibus quam magna vis undae.
Seneca, Naturales quaestiones 3. 30,6

> Nichts ist so gewaltsam, so unbeherrscht, so trotzig und feindselig gegen das, was sich wehrt, wie eine große Wassermasse.

B 80 Heu, quianam tanti cinxerunt aethera nimbi?
Vergilius, Aeneis 5. 13

> Weh! Warum haben so gewaltige Sturmwolken den Himmel umschlossen?

B 81 Locorum asperitas hominum quoque ingenia duraverat.
Curtius Rufus, Historiae Alexandri Magni 7. 3,6

> Das raue Klima hatte auch den Charakter der Menschen verhärtet.

Vergänglichkeit

B 82 Mors etiam saxis nominibusque venit.
Ausonius, Epitaphia 37,10
> Der Tod ereilt selbst Steine und Namen.

B 83 Nihil permanens sub sole.
Thomas a Kempis, De imitatione Christi 3. 27,18
> Nichts unter der Sonne hat Bestand.

B 84 Nec violae semper nec hiantia lilia florent, / et riget amissa spina relicta rosa.
Ovidius, Ars amatoria 2. 115–116
> Nicht immer blühen Veilchen und sich öffnende Lilien, und wenn die Rose verblüht ist, bleibt der starre Dorn.

B 85 Nihil enim semper floret, aetas succedit aetati.
Cicero, Orationes Philippicae 11,39
> Nichts blüht für alle Zeiten, eine Generation folgt der anderen.

B 86 Invidiam quod habet, non solet esse diu.
Propertius, Elegiae 2. 25,34
> Was Neid erregt, pflegt nicht von Bestand zu sein.

B 87 Nec forma aeternum aut cuiquam est fortuna perennis.
Propertius, Elegiae 2. 28,57
> Niemand hat Schönheit ewig oder Glück auf Dauer.

B 88 O formose puer! Nimium ne crede colori!
Vergilius, Bucolica 2,17
> Ach, hübscher Knabe! Verlass dich nicht zu sehr auf die Farbe! *(d. h. das Aussehen; vgl. ›Der Schein trügt.‹)*

B 89 Ista decens facies longis vitiabitur annis, / rugaque in antiqua fronte senilis erit, / inicietque manum formae damnosa senectus, / quae strepitum passu non faciente venit; / cumque aliquis dicet ›fuit haec formosa‹, dolebis, / et speculum mendax esse querere tuum.
Ovidius, Tristia 3. 7,33–38
> Dieses hübsche Gesicht wird im Lauf der Jahre entstellt werden, und greisenhafte Runzeln werden die alte Stirn durchziehen, und das verderbliche Alter, das mit geräuschlosem Schritt kommt, wird an die Schönheit Hand anlegen, und wenn jemand sagt: ›War diese mal schön!‹, wirst du dich grämen und klagen, dein Spiegel betrüge dich.

B 90 Labitur occulte fallitque volubilis aetas, / et celer admissis labitur annus equis.
Ovidius, Amores 1. 8,49–50
> Heimlich und unbemerkt entschwindet die geflügelte Jugend, und das Jahr jagt schnell dahin mit galoppierenden Pferden.

B 91 Praeclara facies, magnae divitiae, ad hoc vis corporis et alia omnia huiuscemodi brevi dilabuntur: at ingenii egregia facinora sicuti anima immortalia sunt.
Sallustius, Bellum Iugurthinum 2,2

> Strahlende Schönheit, großer Reichtum, dazu körperliche Kraft und alles andere Derartige schwinden in kurzer Zeit dahin: Aber hervorragende geistige Leistungen sind wie die Seele unsterblich.

B 92 Mortalia facta peribunt.
Horatius, De arte poetica (Epistula ad Pisones) 68

> Menschenwerk ist nicht von Dauer.

B 93 Nihil est enim opere et manu factum, quod non conficiat et consumat vetustas.
Cicero, Pro Marcello 11

> Es gibt nichts von Menschenhand Geschaffenes, was das Alter nicht aufreibt und aufzehrt.

B 94 Urbes constituit aetas, hora dissolvit. Momento fit cinis, diu silva.
Seneca, Naturales quaestiones 3. 27,2

> Die Städte haben Jahrhunderte geschaffen, eine einzige Stunde löscht sie aus. In einem Augenblick werden uralte Wälder zu Asche.

B 95 Omnia mortalium opera mortalitate damnata sunt, inter peritura vivimus.
Seneca, Epistulae morales 91,12

> Alles Menschenwerk ist zur Sterblichkeit verurteilt, wir leben mitten in Vergänglichem.

B 96 Omnia sunt hominum tenui pendentia filo: / et subito casu, quae valuere ruunt.
Ovidius, Epistulae ex Ponto 4. 3,35–36

> Alles Menschliche hängt an einem dünnen Faden, und was eben noch mächtig war, stürzt in plötzlichem Fall.

B 97 Ut sunt humana: nil est perpetuom datum.
Plautus, Cistellaria 194

> So steht es nun einmal um den Menschen: Nichts ist ihm auf Dauer gegeben.

B 98 Nil proprium ducas, quod mutari posset.
Publilius Syrus, Sententiae 379

> Nenne nicht dein Eigen, was sich ändern kann.

B 99 Nulli non senectas sua est; inaequalibus ista spatiis eodem natura dimittit: quicquid est, non erit, nec peribit, sed resolvetur.
Seneca, Epistulae morales 71,13

> Alles hat sein ihm zugehöriges Alter; in ungleichen Abständen geleitet die Natur alles ans selbe Ziel: Was ist, wird nicht bleiben, aber auch nicht umkommen, sondern sich auflösen.

B 100 Vanitas vanitatum, et omnia vanitas.
Vulgata, Liber ecclesiastes 1,2
Es ist alles ganz eitel.

B 101 Sic transit gloria mundi.
cf. Vulgata, Epistula Ioannis 1. 2,17 (Thomas a Kempis, De imitatione Christi 1. 3,29)
So vergeht die Herrlichkeit der Welt. *(Zuruf bei der Papstkrönung)*

B 102 O mihi praeteritos referat si Iuppiter annos!
Vergilius, Aeneis 8. 560
Brächte Jupiter mir doch die vergangenen Jahre zurück!

B 103 Agit nos agiturque velox dies.
Seneca, Epistulae morales 118,24
Der schnelle Tag treibt uns dahin und wird selbst getrieben.

B 104 Fluunt dies et irreparabilis vita decurrit.
Seneca, Epistulae morales 123,10
Die Tage fließen dahin, und unwiederbringlich verrinnt das Leben.

B 105 Cottidie morimur: cottidie enim demitur aliqua pars vitae, et tunc quoque,
cum crescimus, vita decrescit.
Seneca, Epistulae morales 24,20
Wir sterben jeden Tag; denn jeden Tag schwindet ein Teil unseres Lebens, und selbst dann,
wenn wir noch zunehmen, nimmt das Leben ab.

B 106 Eunt anni more fluentis aquae. / Nec quae praeteriit, iterum revocabitur unda,
/ nec quae praeteriit, hora redire potest: / utendum est aetate. cito pede
labitur aetas.
Ovidius, Ars amatoria 3. 59–62
Die Jahre gehen dahin wie fließendes Wasser. Die Welle, die vorübergezogen ist, lässt sich
nicht wieder zurückrufen, noch kann die Stunde wiederkehren, die vergangen ist: Man
muss seine Zeit nützen. Mit raschem Fuß gleitet das Leben vorbei.

B 107 Indulge genio, carpamus dulcia: nostrum est / quod vivis; cinis et manes et
fabula fies. / Vive memor leti: fugit hora; hoc, quod loquor, inde est.
Persius, Saturae 5,151–153
Hab Nachsicht mit deinem Genius, lass uns die Freuden genießen; auch das gehört zu
unserem Leben. Leichnam, Asche, Gesprächsstoff wirst du sein. Lebe im Gedenken an den
Tod: Die Zeit entflieht, was ich spreche, gehört schon der Vergangenheit an.

B 108 Infinita est velocitas temporis, quae magis apparet respicientibus. Nam ad
praesentia intentos fallit; adeo praecipitis fugae transitus lenis est.
Seneca, Epistulae morales 49,2
Die Schnelligkeit der Zeit ist grenzenlos, was noch deutlicher wird, wenn man zurückblickt.
Denn wer nur auf die Gegenwart achtet, täuscht sich, so unmerklich huscht die flüchtige
Zeit vorbei.

B 109 Sic volvenda aetas commutat tempora rerum: / quod fuit in pretio, fit nullo denique honore.
Lucretius, De rerum natura 5. 1276–1277

> So verändert die dahinrollende Zeit die Dinge: Was hoch geschätzt wurde, verliert schließlich völlig an Wert.

B 110 Stat sua cuique dies; breve et irreparabile tempus / omnibus est vitae, sed famam extendere factis, / hoc virtutis opus.
Vergilius, Aeneis 10. 467–469

> Für jeden ist der Tag bestimmt; kurz und unwiederbringlich ist für alle die Lebenszeit, doch seinen Ruhm durch Taten zu verlängern, das leistet nur der Tüchtige.

B 111 Vitae summa brevis spem nos vetat inchoare longam.
Horatius, Carmina 1. 4,15

> Die kurze Spanne unseres Lebens verbietet uns, lange Hoffnung zu hegen.

B 112 Tempora labuntur, tacitisque senescimus annis, / et fugiunt freno non remorante dies.
Ovidius, Fasti 6. 771–772

> Die Zeit verstreicht, unmerklich werden wir alt, und die Tage fliehen dahin, ohne dass ein Zügel sie aufhält.

B 113 Omnia fert aetas, animum quoque.
Vergilius, Bucolica 9,51

> Alles nimmt uns die Zeit, auch die Erinnerung.

B 114 Tota vita hominis unus est dies.
Pseudo-Quintilianus, Declamationes maiores 4,9

> Das ganze Menschenleben ist nur ein einziger Tag.

B 115 Quid non longa dies, quid non consumitis, anni?
Martialis, Epigrammata 9. 49,9

> Was verzehrt nicht ein langer Tag, was ihr nicht, Jahre?

B 116 Quasi nix tabescit dies.
Plautus, Stichus 648

> Der Tag schmilzt dahin wie Schnee.

B 117 Ruit hora.
cf. Persius, Saturae 5,153

> Die Zeit eilt dahin.

B 118 Currit enim ferox / aetas.
Horatius, Carmina 2. 5,13–14

> Die Zeit eilt ungestüm dahin.

B 119 Dies mei sicut umbra declinaverunt.
Vulgata, Psalmus 102(101),12
> Meine Tage schwinden dahin wie ein Schatten.

B 120 Dum loquor, hora fugit.
Ovidius, Amores 1. 11,15
> Während ich rede, verstreicht die Zeit.

B 121 Fortuna dat multa usu, mancipio nihil.
Publilius Syrus, Sententiae A299
> Das Glück gewährt vieles zum Gebrauch, nichts als festes Eigentum.

B 122 Fortuna vitrea est: tum, cum splendet, frangitur.
Publilius Syrus, Sententiae 189
> Das Glück ist wie Glas: Wenn es glänzt, bricht es.

B 123 Quicquid fortuna exornat, cito contemnitur.
Publilius Syrus, Sententiae 550
> Was das Glück auszeichnet, wird schnell verächtlich.

B 124 Quod fortuito evenit, instabile est.
Seneca, De brevitate vitae 17,4
> Was zufällig geschieht, ist nicht von Bestand.

B 125 Fortunam citius reperias, quam retineas.
Publilius Syrus, Sententiae 168
> Glück lässt sich leichter finden als festhalten.

Abnutzung

B 126 Ferreus assiduo consumitur anulus usu.
Ovidius, Ars amatoria 1. 473
> Ein eiserner Ring wird durch ständigen Gebrauch abgenutzt.

B 127 Anulus in digito subter tenuatur habendo.
Lucretius, De rerum natura 1. 312
> Ein Ring nutzt sich am Finger durch den Gebrauch ab.

B 128 Conteritur ferrum, silices tenuantur ab usu.
Ovidius, Ars amatoria 3. 91
> Durch den Gebrauch nützt sich das Eisen ab, Kiesel werden dünner.

B 129 Gutta cavat lapidem, consumitur anulus usu.
Ovidius, Epistulae ex Ponto 4. 10,5
> Der Tropfen höhlt den Stein, der Ring nutzt sich ab beim Tragen. *(vgl. ›Steter Tropfen höhlt den Stein.‹)*

B 130 **Ferrum rubigo consumit.**
Curtius Rufus, Historiae Alexandri Magni 7. 8,15
> Rost zehrt das Eisen auf.

B 131 **Vita humana prope uti ferrum est: si exerceas, conteritur; si non exerceas, tamen robigo interficit. Item homines exercendo videmus conteri; si nihil exerceas, inertia atque torpedo plus detrimenti facit quam exercitio.**
Cato bei Gellius, Noctes Atticae 11. 2,6
> Das Leben des Menschen ist wie das Eisen; benutzt man es, nutzt es sich ab, benutzt man es nicht, verzehrt es der Rost. Ebenso sehen wir, dass die Menschen sich durch körperliche Betätigung abnutzen; wenn du dich aber nicht körperlich betätigst, richten Nichtstun und Trägheit mehr Schaden an als Anstrengung.

Welt

Verfall

B 132 **Agnosci nequeunt aevi monumenta prioris: / grandia consumpsit moenia tempus edax.**
Namatianus, De reditu 1. 409–410
> Die Denkmäler früherer Zeit sind nicht mehr zu besichtigen: Die gefräßige Zeit hat die prächtigen Mauern zerfressen.

B 133 **Facilius quaedam vincere quam tueri.**
Curtius Rufus, Historiae Alexandri Magni 4. 11,9
> Manches lässt sich leichter ruinieren als bewahren.

B 134 **Magna repente ruunt, summa cadunt subito.**
Claudianus, Carmina minora 11,2
> Großes geht rasch zugrunde, Höchstes stürzt blitzartig.

B 135 **Nihil tam magnum est, quod perire non possit.**
Seneca, De beneficiis 6. 31,10
> Nichts ist so groß, dass es nicht zugrunde gehen könnte.

B 136 **Sed in ruinam prona sunt, quae sine fundamentis crevere.**
Seneca, De ira 1. 20,2
> Was ohne festes Fundament emporgeschossen ist, droht bald zusammenzubrechen.

B 137 **Magna repente ruunt, summa cadunt subito.**
Claudianus, Carmina minora 11,2
> Großes geht rasch zugrunde, Höchstes stürzt blitzartig.

B 138 **Post folia cadunt arbores.**
cf. Plautus, Menaechimi 375–376
> Nach den Blättern fallen die Bäume.

B 139 Florem decoris singuli carpunt dies.
Pseudo-Seneca, Octavia 550
> Jeder einzelne Tag raubt der Schönheit eine Blüte.

B 140 Nullaque non dies / formosi spolium corporis abstulit.
Seneca, Phaedra 771–772
> Es vergeht kein Tag, der von körperlicher Schönheit nichts wegnimmt.

B 141 Singuli dies aliquid subtrahunt viribus.
Seneca, Epistulae morales 26,4
> Jeder einzelne Tag mindert unsere Kraft.

B 142 Et redit ad nihilum, quod fuit ante nihil.
Maximianus, Elegiae 1,222
> Zu nichts wird, was vorher nichts war.

Veränderung

B 143 Ei mihi! qualis erat, quantum mutatus ab illo.
Vergilius, Aeneis 2. 274
> Weh mir! Wie sah er aus! Wie sehr hat er sich gegenüber früher verändert. *(im Original auf Hektors Geist bezogen)*

B 144 Non sum, qualis eram.
Horatius, Carmina 4. 1,3
> Ich bin nicht mehr, der ich war.

B 145 Haud igitur penitus pereunt, quaecumque videntur, / quando alit ex alio reficit natura nec ullam / rem gigni patitur nisi morte adiuta aliena.
Lucretius, De rerum natura 1. 262–264
> Nichts, was wir sehen, geht ganz zugrunde, weil die Natur eins aus dem anderen erneuert und nichts entstehen lässt, ohne dass der Tod eines anderen mithilft.

B 146 Lex universa est, quae iubet nasci et mori.
Publilius Syrus, Sententiae 296
> Das ist der Lauf der Welt, der entstehen und vergehen heißt.

B 147 Omnium rerum, heus, vicissitudo est.
Terentius, Eunuchus 276
> Ach, alles ist in ständigem Wechsel begriffen.

B 148 Omnia mutantur, nihil interit.
Ovidius, Metamorphoses 15. 165
> Alles verwandelt sich, nichts vergeht.

B 149 Ut unda impellitur unda / urgeturque eadem veniens urgetque priorem, / tempora sic fugiunt pariter pariterque sequuntur / et nova sunt semper; nam quod fuit ante, relictum est, / fitque, quod haud fuerat, momentaque cuncta novantur.
Ovidius, Metamorphoses 15. 181–185

> Wie eine Welle von der anderen getrieben wird und eine selbst bedrängt ankommend die vorherige bedrängt, fliehen und folgen einander die Zeiten und sind immer neu; denn was zuvor war, bleibt zurück, und es wird, was nicht war, und jeder Augenblick erneuert sich.

B 150 Mundus quoque, aeterna res et invicta, mutatur nec idem manet.
Seneca, Epistulae morales 58,24

> Auch die Welt, obwohl ewig und unvergänglich, wandelt sich und bleibt nicht immer gleich.

B 151 Nec species sua cuique manet, rerumque novatrix / ex aliis alias reparat natura figuras, / nec perit in toto quicquam, mihi credite, mundo, / sed variat faciemque novat, nascique vocatur / incipere esse aliud, quam quod fuit ante, morique / desinere illud idem. Cum sint huc forsitan illa, / haec translata illuc, summa tamen omnia constant.
Ovidius, Metamorphoses 15. 252–258

> Das Äußere hat bei keinem Bestand: Die Natur, die Verwandlerin aller Dinge, schafft aus allem wieder anderes, und nichts auf der ganzen Welt geht zugrunde, glaubt mir, sondern wandelt sich, erneuert sein Gesicht, und geboren zu werden heißt, etwas anderes, als zuvor war, zu sein beginnen, und sterben, genau damit aufzuhören. Mag sich auch das eine hierhin, das andere dorthin verwandeln, insgesamt ist doch alles beständig.

B 152 Omnia vertuntur; certe vertuntur amores. / Vinceris aut vincis: haec in amore rota est.
Propertius, Elegiae 2. 8,7–8

> Alles verwandelt sich; so verwandelt sich auch die Liebe. Du wirst besiegt oder du siegst, so dreht sich in der Liebe das Rad.

B 153 In idem flumen bis descendimus et non descendimus.
Herakleitos bei Seneca, Epistulae morales 58,23

> Wir steigen nicht zweimal in denselben Fluss.

B 154 Nihil est toto, quod perstet, in orbe. / Cuncta fluunt, omnisque vagans formatur imago: / ipsa quoque assiduo labuntur tempora motu.
Pythagoras bei Ovidius, Metamorphoses 15. 177–179

> Auf der ganzen Welt gibt es nichts, was Bestand hätte. Alles fließt, jede Erscheinung bildet unbeständig sich neu. Selbst die Zeit gleitet in ständiger Bewegung dahin.

B 155　Minimis momentis maximae temporum inclinationes fiunt.
Cicero, Orationes Philippicae 5,26
Aus recht geringfügigen Ursachen entstehen die größten Veränderungen der Umstände. (vgl. ›Kleine Ursache, große Wirkung.‹)

B 156　In nova fert animus mutatas dicere formas / corpora. Di, coeptis – nam vos mutastis et illas – / aspirate meis primaque ab origine mundi / ad mea perpetuum deducite tempora carmen.
Ovidius, Metamorphoses 1. 1–4
> Es treibt mich, die in neue Gestalten verwandelten Körper zu besingen. Götter – denn ihr habt auch diese verwandelt –, segnet mein Vorhaben und geleitet mein Lied ununterbrochen vom ersten Ursprung der Welt bis in meine Tage.

B 157　Augescunt aliae gentes, aliae minuuntur, / inque brevi spatio mutantur saecla animantum / et quasi cursores vitai lampada tradunt.
Lucretius, De rerum natura 2. 77–79
> Manche Völker vergrößern sich, andere nehmen ab, und in kurzer Zeit vertauschen sich die Generationen der Lebewesen und übergeben wie Läufer die Fackel des Lebens.

B 158　Quod hodie non est, cras erit: sic vita truditur.
Petronius, Satyricon 45,2
> Was heute nicht ist, wird morgen sein; das ist der Lauf der Welt.

B 159　Cum fueris felix, quae sunt adversa, caveto: / non eodem cursu respondent ultima primis.
Disticha Catonis 1. 18
> Lacht dir das Glück, rechne auch mit Unglück: Anfang und Ende entsprechen sich nur selten.

B 160　Ubicumque dulce est, ibi et acidum invenies.
Petronius, Satyricon 56,6
> Wo sich auch immer Süßes findet, findet sich auch Bitteres. *(vgl. ›Wo viel Licht ist, ist auch viel Schatten.‹)*

B 161　Dies habetur nunc noverca, nunc parens.
Pseudo-Publilius, Sententiae 86 (nach Hesiodos, Erga 825)
> Das Tagesgeschehen erlebt man bald wie eine Stiefmutter, bald wie eine Mutter.

B 162　Habet has vices condicio mortalium, ut adversa ex secundis, ex adversis secunda nascantur. Occultat utrorumque semina deus, et plerumque bonorum malorumque causae sub diversa specie latent.
Plinius, Panegyricus 5,9
> Menschliches Leben ist dem Wechsel ausgesetzt, sodass aus Glück Unglück, aus Unglück Glück entsteht. Die Anfänge von beidem lässt Gott im Dunkeln, und meist verbergen sich die Ursachen von Gut und Böse hinter der Maske des Gegenteils.

Welt

B 163 Hodie mihi, cras tibi.
cf. Vulgata, Liber ecclesiasticus 38,23
> Heute mir, morgen dir.

B 164 Mars dubius nec certa Venus: victique resurgunt, / quosque neges umquam posse iacere, cadunt.
Ovidius, Amores 1. 9,29–30
> Mars ist schwankend und Venus unzuverlässig: Besiegte stehen wieder auf, und es fällt, wen man für unüberwindlich hält.

B 165 Tempora gaudendi sunt tempora certa dolendi.
Anthologia Latina 1. 676,8
> ›Freud' und Leid hat seine Zeit.‹

B 166 Tranquillis rebus semper diversa timeto, / rursus in adversis melius sperare memento.
Disticha Catonis 4. 26
> Fürchte, wenn alles gut geht, immer den Wechsel, denk andererseits im Unglück daran, auf Besserung zu hoffen.

Zeit

B 167 Tempora sic fugiunt pariter pariterque sequuntur, / et nova sunt semper.
Ovidius, Metamorphoses 15. 183–184
> So fliehen in gleicher Weise die Zeiten dahin und in gleicher Weise folgen sie aufeinander und sind doch immer neu.

B 168 Tempora mutantur, nos et mutamur in illis.
Wahlspruch Kaiser Lothars I.
> Die Zeiten ändern sich, und wir verändern uns mit ihnen.

B 169 Mutat enim mundi naturam totius aetas.
Lucretius, De rerum natura 5. 828
> Die Zeit verwandelt das Wesen der Welt völlig.

B 170 Cuncta potest igitur tacito pede lapsa vetustas.
Ovidius, Tristia 4. 6,17
> Alles vermag die Zeit, die mit leisem Fuß vorübergeht.

B 171 Novator enim maximus omnium tempus.
Bacon, Sermones fideles 24,1
> Der größte Erneuerer von allem ist die Zeit.

B 172 Cuncta trahit secum vertitque volubile tempus.
Maximianus, Elegiae 1,99
> Alles reißt mit sich und zerstört die flüchtige Zeit.

B 173   Omnia tempus edax depascitur, omnia carpit, / omnia sede movet, nil sinit esse diu.
Anthologia Latina 1. 232,1–2 (Seneca)
> Alles verschlingt die gefräßige Zeit, alles zehrt sie auf, alles vertreibt sie von seinem Ort, nichts lässt sie dauern.

B 174   Et nihil est annis velocius.
Ovidius, Metamorphoses 10. 520
> Nichts ist schneller als die Jahre.

B 175   Multa ferunt anni venientes commoda secum, / multa recedentes adimunt.
Horatius, De arte poetica (Epistula ad Pisones) 175–176
> Vieles Erfreuliche bringen die Jahre mit sich, wenn sie kommen, vieles nehmen sie mit sich, wenn sie scheiden.

B 176   Nullaque res maius tempore robur habet.
Ovidius, Epistulae ex Ponto 4. 8,50
> Nichts hat mehr Kraft als die Zeit.

B 177   Omnia aliena sunt, tempus tantum nostrum est.
~ Seneca, Epistulae morales 1,3
> Alles gehört anderen, nur die Zeit gehört uns.

B 178   Quamquam longissimus dies cito conditur.
Plinius, Epistulae 9. 36,4
> Auch der längste Tag vergeht wie im Flug.

B 179   Quid est ergo tempus? Si nemo ex me quaerat, scio; si quaerenti explicare velim, nescio.
Augustinus, Confessiones 11. 17
> Was ist die Zeit? Wenn mich niemand fragt, weiß ich es, wenn ich es auf eine Frage erklären will, weiß ich es nicht.

B 180   Quod ratio non quit, saepe sanavit mora.
Seneca, Agamemno 130
> Was die Vernunft nicht zu heilen vermag, hat oft die Zeit geheilt.

B 181   Tempus enim mutat, mala digerit omnia tempus.
Anthologia Latina 1. 689b,76
> Die Zeit wandelt, die Zeit vertreibt alle Übel.

B 182   Sed fugit interea, fugit irreparabile tempus.
Vergilius, Georgica 3. 284
> Doch es flieht inzwischen, es flieht die unwiederbringliche Zeit.

B 183 Si computes annos, exiguum tempus: si vices rerum, aevum putes.
Plinius, Epistulae 4. 24,6
> Zählst du die Jahre: eine kurze Zeit, die Wechselfälle des Schicksals, eine halbe Ewigkeit.

B 184 Tanto brevius omne, quanto felicius tempus.
Plinius, Epistulae 8. 14,10
> Umso kürzer erscheint jeder Zeitabschnitt, je glücklicher er ist.

B 185 Temporis unius honesta avaritia est.
~ Seneca, De brevitate vitae 3,1
> Nur mit der Zeit zu geizen ist anständiger Geiz.

B 186 Nullius rei tanta inopia quanta temporis laboramus.
Pseudo-Seneca, Monita 151
> An keinem Mangel leiden wir so sehr wie am Mangel an Zeit.

B 187 Nec revocare potes, qui periere dies.
Ausonius, Epigrammata 14,4
> Die verlorene Zeit kann man nicht zurückrufen.

B 188 Tempus unum est, quod ne gratus quidem potest reddere.
~ Seneca, Epistulae morales 1,3
> Zeit ist das Einzige, was nicht einmal ein Dankbarer zurückgeben kann.

B 189 Truditur dies die / novaeque pergunt interire lunae.
Horatius, Carmina 2. 18,15–16
> Ein Tag wird vom anderen verdrängt, und neue Monde gehen unaufhörlich unter

B 190 Unus dies apud Dominum sicut mille anni, et mille anni sicut dies unus.
Vulgata, Epistula Petri 2. 3,8
> Vor Gott ist ein einziger Tag wie tausend Jahre und tausend Jahre wie ein einziger Tag.

B 191 Ut illum di perdant, primus qui horas repperit!
Plautus bei Gellius, Noctes Atticae 3. 3,5
> Die Götter sollen den vernichten, der die Uhr *(wörtlich: die Stunden)* erfunden hat!

B 192 Aetas cinaedum celat, aetas indicat.
Publilius Syrus, Sententiae 24
> Die Zeit verbirgt den Lüstling, die Zeit offenbart ihn.

B 193 Dandum semper est tempus: veritatem dies aperit.
Seneca, De ira 2. 22,3
> Man muss immer Zeit lassen: Der Tag bringt die Wahrheit ans Licht. *(vgl. ›Die Sonne bringt es an den Tag.‹)*

B 194 Omnia tempus revelat.
Tertullianus, Apologeticum 7,13
> Die Zeit bringt alles an den Tag.

B 195 Quicquid sub terra est, in apricum proferet aetas: / defodiet condetque nitentia.
Horatius, Epistulae 1. 6,24–25
> Was unter der Erde ruht, wird die Zeit ans Licht fördern; was glänzt, wird sie vergraben und bedecken. *(vgl. ›Es ist nichts so fein gesponnen, es kommt doch an die Sonnen.‹)*

Gegenwart

B 196 Circumcidenda ergo duo sunt, et futuri timor et veteris incommodi memoria: hoc ad me iam non pertinet, illud nondum.
Seneca, Epistulae morales 78,14
> Zwei Dinge muss man einschränken, die Furcht vor der Zukunft und die Erinnerung an vergangenes Leid: Das Erste betrifft mich noch nicht, das Zweite nicht mehr.

B 197 Solum igitur ad occupatos praesens pertinet tempus, quod tam breve est, ut arripi non possit, et id ipsum illis districtis in multa subducitur.
Seneca, De brevitate vitae 10,6
> Nur die Gegenwart gehört den Geschäftigen, weil sie so kurz ist, dass man sie nicht fassen kann, und gerade sie entzieht sich denen, die vielseitig beschäftigt sind.

B 198 Laetus in praesens animus quod ultra est / oderit curare, et amara lento / temperet risu; nihil est ab omni / parte beatum.
Horatius, Carmina 2. 16,25–28
> Froh über die Gegenwart soll man sich nicht um das Morgen sorgen und Bitteres mit leichtem Lächeln mildern: Nichts ist in jeder Hinsicht vollkommen.

B 199 Maximum vivendi impedimentum est exspectatio, quae pendet ex crastino, perdit hodiernum.
Seneca, De brevitate vitae 9,1
> Das größte Hindernis, um zu leben, ist das Abwarten, das vom Morgen abhängig ist und das Heute verliert.

B 200 Singulos dies singulas vitas puta.
Seneca, Epistulae morales 101,10
> Sieh jeden einzelnen Tag als ein eigenes Leben an.

B 201 Cum dubia incertis versetur vita periclis, / pro lucro tibi pone diem, quicumque sequetur.
Disticha Catonis 1. 33
> Da das Leben durch unsichere Gefahren fragwürdig ist, sieh jeden weiteren Tag als Gewinn an.

Welt

B 202 Omnem crede diem tibi diluxisse supremum.
Horatius, Epistulae 1. 4,13
> Glaube, dass jeder Tag, der anbricht, dein letzter sein kann.

B 203 Dimitte mortuos sepelire mortuos suos.
Vulgata, Evangelium secundum Matthaeum 8,22
> Lass die Toten ihre Toten begraben.

B 204 Omne aevum curae, cunctis sua displicet aetas.
Ausonius, Eclogae 19,10
> Jede Epoche hat ihre Sorgen, niemandem gefällt sein eigenes Zeitalter.

B 205 Vetera extollimus recentium incuriosi.
Tacitus, Annales 2. 88,3
> Das Alte heben wir in den Himmel, ohne uns ums Gegenwärtige zu kümmern.

Vergangenheit

B 206 Actum ne agas!
Terentius, Phormio 419
> Bemühe dich nicht um schon Geschehenes! *(d. h. ›Lass das Vergangene ruhen!‹)*

B 207 Nihil, nisi quod praeteriit, certum est.
Seneca, Ad Marciam de consolatione 22,1
> Nur was schon vorbei ist, ist gewiss.

B 208 De praeteritis non est querendum.
~ Cicero, Ad familiares 7. 28,3
> Über das, was vorbei ist, dürfen wir uns nicht beklagen.

B 209 Quod periit, periit.
Plautus, Cistellaria 703
> Was vorbei ist, ist vorbei.

B 210 Fuimus Troes, fuit Ilium et ingens / gloria Teucrorum.
Vergilius, Aeneis 2. 325–324
> Wir sind Trojaner gewesen, Ilion war einmal und ebenso der gewaltige Ruhm der Teukrer.

B 211 Nescire autem, quid, antequam natus sis, acciderit, id est semper esse puerum.
Cicero, Orator 120
> Nicht zu wissen, was vor deiner Geburt geschehen ist, heißt so viel wie immer Kind zu bleiben.

Zukunft

B212 Quid crastina volveret aetas / scire nefas homini.
Statius, Thebais 3. 562–563
> Was das Morgen verhängt, ist dem Menschen zu wissen verwehrt.

B213 Tu ne quaesieris, scire nefas, quem mihi, quem tibi / finem di dederint.
Horatius, Carmina 1. 11,1–2
> Frag nicht – es zu wissen ist verwehrt –, welches Ende die Götter mir, welches sie dir gesetzt haben.

B214 Adulescens cum sis, tum, cum est sanguis integer, / rei tuae quaerundae convenit operam dare.
Plautus, Mercator 550–551
> Solange du jung bist und das Blut kräftig pulsiert, musst du dir über deinen künftigen Lebensweg Gedanken machen.

B215 Maneat nostros ea cura nepotes.
Vergilius, Aeneis 3. 505
> Diese Sorge mag unseren Enkeln verbleiben. *(d. h. Darum sollen sich unsere Enkel sorgen.)*

B216 Serit / arbores, quae alteri saeclo prosint.
Caecilius Statius bei Cicero, Cato maior de senectute 24
> Er pflanzt Bäume, die in späteren Jahren Frucht tragen.

B217 Saepe autem ne utile quidem est scire, quid futurum sit; miserum est enim nihil proficientem angi.
Cicero, De natura deorum 3. 14
> Oft ist es nicht einmal nützlich, die Zukunft zu kennen. Denn es ist erbärmlich, sich ohne Aussicht auf Besserung zu ängstigen.

B218 Futura pungunt nec se superari sinunt.
Publilius Syrus, Sententiae 177
> Die Zukunft beunruhigt und lässt sich nicht beherrschen.

Tag(eszeiten)

B219 Dies a media nocte incipit et sequentis noctis media parte finitur.
Corpus Iuris Civilis, Digesta 2. 12,8 (Paulus)
> Der Tag beginnt um Mitternacht und endet in der Mitte der folgenden Nacht.

B220 Urget diem nox, et dies noctem.
Horatius, Iambi 17,24
> Den Tag drängt die Nacht und die Nacht der Tag.

Welt

B 221 Sex diebus operaberis et facies omnia opera tua; septimus autem dies sabbatum Domino Deo tuo est.
Vulgata, Liber Exodus 20,9–10

> Sechs Tage sollst du arbeiten und alle deine Dinge tun; aber am siebten Tag ist der Sabbat des Herrn, deines Gottes.

B 222 Sex diebus operaberis, septimo die cessabis.
Vulgata, Liber Exodus 23,12

> Sechs Tage sollst du arbeiten, am siebten Tag sollst du ruhen.

B 223 Consilium luce, nocte agas convivium.
Caecilius Balbus, Sententiae (F) 43

> Betreib tagsüber dein Geschäft, abends Geselligkeit. *(vgl. Goethe: ›Tages Arbeit! Abends Gäste!‹)*

B 224 Dies coeptus pro completo habetur.
cf. Corpus Iuris Civilis, Digesta 28,1,5 (Ulpianus)

> Ein begonnener Tag zählt als ganzer.

B 225 Nullus dies omnino malus.
Erasmus, Adagia 3988 (nach Hesiodos, Erga 813)

> Kein Tag ist insgesamt schlecht.

B 226 Unus dies hominum eruditorum plus patet quam imperitis longissima aetas.
Poseidonios bei Seneca, Epistulae morales 78,28

> Ein einziger Tag im Leben eines Gebildeten erschließt mehr als bei Ungebildeten ein langes Leben.

B 227 Factum non dicitur, ubi aliquid superest faciendum.
cf. Corpus Iuris Civilis, Codex Iustinianus 6. 35,11,3 (a. 531)

> Man kann nicht von getan reden, wenn noch etwas zu tun übrig bleibt.

B 228 Aurora Musis amica est.
Erasmus, Colloquia familiaria, Epistula protreptica

> Die Morgenröte ist die Freundin der Musen. *(vgl. ›Morgenstund' hat Gold im Mund.‹)*

B 229 Mane quod tu occeperis / negotium agere, id totum procedit diem.
Plautus, Persa 114–115

> Geschäfte, die man am frühen Morgen zu betreiben begonnen hat, gehen den ganzen Tag gut vonstatten.

B 230 Et iam summa procul villarum culmina fumant, / maioresque cadunt altis de montibus umbrae.
Vergilius, Bucolica 1,82–83

> Und schon steigt in der Ferne der Rauch aus den Giebeln der Häuser und längere Schatten fallen von den hohen Bergen nieder.

B 231 Nescis, quid vesper serus vehat.
Varro, Titel einer Menippeischen Satire (bei Gellius, Noctes Atticae 13. 11,1)
> Du weißt nicht, was der späte Abend noch bringt. *(vgl. ›Man soll den Tag nicht vor dem Abend loben.‹)*

B 232 Si de prandio surgens satus non fueris, ne cures, sed cogita te in cena recuperaturum, quod in prandio minus sumpsisti.
Galandus Regniacensis, Libellus proverbiorum 36
> Lass dich nicht bekümmern, wenn du noch ungesättigt vom Mittagessen aufstehst, sondern denk daran, dass du beim Abendessen nachholen kannst, was dir beim Mittagessen gefehlt hat.

B 233 Ex magna cena stomacho fit maxima poena. / Ut sis nocte levis, sit tibi coena brevis.
Regimen sanitatis Salernitanum 20–21
> Reichliches Essen zur Nacht beschert dem Magen größte Pein: Damit du nachts leicht schläfst, sei dein Abendessen kurz!

B 234 Oriente sole consilium, occidente convivium cogitato.
Caecilius Balbus, Sententiae (W) philosophorum 40
> Denk am Morgen ans Geschäft, am Abend ans Feiern.

B 235 Nunc etiam somni pingues et frigidus aer, / et liquidum tenui gutture cantat avis.
Ovidius, Amores 1. 13,7–8
> Jetzt ist der Schlaf behaglich und die Luft kühl, und die Vögel singen aus zarter Kehle ihr heiteres Lied.

B 236 Nox ruit et fuscis tellurem amplectitur alis.
Vergilius, Aeneis 8. 369
> Die Nacht bricht herein und umfängt mit dunklen Schwingen die Erde.

B 237 Nox erat et caelo fulgebat luna sereno.
Horatius, Iambi 15,1
> Es war Nacht, und am heiteren Himmel strahlte der Mond.

B 238 Multa adeo gelida melius se nocte dederunt.
Vergilius, Georgica 1. 287
> Vieles erledigt sich sogar besser in der Kühle der Nacht.

B 239 Et iam nox umida caelo / praecipitat suadentque cadentia sidera somnos.
Vergilius, Aeneis 2. 8–9
> Schon stürzt die feuchte Nacht vom Himmel, und die sinkenden Sterne laden zum Schlaf ein.

B 240 Nox erat, et somnus lassos submisit ocellos.
Ovidius, Amores 3. 5,1
Es war Nacht und der Schlaf schloss die ermüdeten Augen.

B 241 Habet et nox suas voluptates.
Pseudo-Seneca, De remediis fortuitorum
Auch die Nacht hat ihre Freuden.

B 242 Iam color unus inest rebus tenebrisque teguntur / omnia.
Ovidius, Fasti 4. 489–490
Die Dinge haben eine einzige Farbe und alles ist von Dunkelheit bedeckt.

B 243 Nocte latent fures.
Catullus, Carmina 62,34
Nachts sind die Diebe unsichtbar.

B 244 Nocte latent mendae, vitioque ignoscitur omni.
Ovidius, Ars amatoria 1. 249
Nachts bleiben die Mängel verborgen und verzeiht man jeden Fehler.

Nichts

B 245 Impossibile est aliquid fieri ex non ente.
Auctoritates, Aristoteles, Metaphysica 83
Es ist unmöglich, dass aus Nichtseiendem etwas werden kann.

B 246 Ex nihilo nihil fit.
Auctoritates, Aristoteles, De generatione 5; cf. Lucretius, De rerum natura 1. 205
Aus nichts wird nichts.

B 247 Nihili nulla sunt praedicata.
Wolff, Ontologia 67
Das Nichts hat keine Merkmale *(d. h. darüber kann nichts ausgesagt werden)*.

B 248 Non est vacuum in natura.
Auctoritates, Aristoteles, Physica 130
Die Natur kennt keine Leere.

B 249 Natura abhorret a vacuo.
cf. Cartesius, Principia philosophiae 3,25
Die Natur verabscheut die Leere.

B 250 O curas hominum, o quantum est in rebus inane!
Persius, Saturae 1,1 (nach Lucilius)
Welche Sorgen, wie viel Leere in allem!

Sein

B 251 Forma dat esse materiae.
Thomas von Aquin, De ente et essentia 4
Die Form gibt dem Stoff das Sein.

B 252 Facta, non ficta.
Pseudo-Cicero, Epistula ad Octavianum 7
Wirklichkeit, nicht Dichtung.

B 253 Factum, non fabula.
Petronius, Satyricon 76,4
Das ist eine Tatsache, kein Märchen!

B 254 Magis enim res quam verba intuenda sunt.
Corpus Iuris Civilis, Digesta 23. 3,41,1 (Paulus)
Man muss mehr auf die Sache als auf die Worte achten.

B 255 In omnibus porro, quae fiunt, quaeritur aut quare aut ubi aut quando aut quo modo aut per quae facta sunt.
Quintilianus, Institutio oratoria 5. 10,32
Bei allem, was geschieht, geht es um die Fragen warum, wo, wann, wie oder wodurch.

B 256 Eripitur persona, manet res.
Lucretius, De rerum natura 3. 58
Die Maske wird heruntergerissen, es bleibt der reine Sachverhalt.

B 257 Nulla est maior probatio quam evidentia rei.
cf. Publilius Syrus, Sententiae 355
Es gibt keinen besseren Beweis als die Eindeutigkeit der Sachlage.

B 258 Quae facta sunt, infecta fieri non possunt.
Gellius, Noctes Atticae 6. 3,42
Was geschehen ist, kann nicht ungeschehen gemacht werden.

B 259 Multum interest, res poscat an homines iure uti latius velint.
Plinius, Epistulae 10. 22,1
Es macht viel aus, ob die Sachlage etwas erfordert oder ob Leute ihre Befugnisse überschreiten wollen.

Ganzheit

B 260 ab ovo / usque ad mala
Horatius, Sermones 1. 3,5–6
vom Ei bis zu den Äpfeln *(d. h. von der Vorspeise bis zum Nachtisch = vom Anfang bis zum Ende)*

B 261 In toto et pars continetur.
Corpus Iuris Civilis, Digesta 50. 17,113 (Gaius)
Im Ganzen ist auch das Teil enthalten.

B 262 Omne totum est maius sua parte.
Thomas von Aquin, Quodlibet 3. 12,1
Jedes Ganze ist mehr als sein Teil *(vgl. ›als die Summe seiner Teile‹).*

B 263 Per partes pervenietur ad totum.
Seneca, Epistulae morales 108,2
Über die Teile gelangt man zum Ganzen.

B 264 Iniuria unius loci compago tota concutitur.
Cassiodorus, Variae 9. 2,1
Schaden an nur einer Stelle schwächt den ganzen Organismus.

B 265 Ubi partes labant, summa turbatur.
Curtius Rufus, Historiae Alexandri Magni 3. 8,29
Wenn die Teile versagen, gerät das Ganze außer Kontrolle.

B 266 Melius est, ut unus pereat quam unitas.
Bernardus Claraevallensis, Epistulae 102
Es ist besser, dass einer zugrunde geht als das Ganze.

Gleichheit

B 267 Adam fodiente, quis nobilior, Eva nente?
Binder, Novus thesaurus 70
Als Adam grub und Eva spann, war da einer vornehmer? *(d. h. alle waren gleich)*

B 268 Dum Adam agrum coleret et Eva neret, quis tunc nobilis?
Bebel, Proverbia Germanica 247
Als Adam grub und Eva spann, wo war denn da der Edelmann?

B 269 Sol omnibus lucet.
Petronius, Satyricon 100,1
Die Sonne scheint für alle.

B 270 Aequa tellus // pauperi recluditur / regumque pueris.
Horatius, Carmina 2. 18,32–34
In gleicher Weise öffnet sich die Erde dem Armen wie den Kindern von Königen.

B 271 Aequitas sine bonitate saevitia est, et iustitia sine pietate crudelitas.
Petrus Chrysologus, Sermones 145
Gleichheit ohne Güte ist Strenge, Gerechtigkeit ohne Verantwortung Grausamkeit.

B272   Difficile autem est, cum praestare omnibus concupieris, servare aequitatem, quae est iustitiae maxime propria.
Cicero, De officiis 1. 64

> Wenn man sich vorgenommen hat, alle zu übertreffen, ist nur schwer die Gleichheit zu wahren, die der Gerechtigkeit am meisten eigen ist.

B273   Prima pars est aequitatis aequalitas.
Seneca, Epistulae morales 30,11

> Basis der Gerechtigkeit ist die Gleichheit.

B274   In controversiis, quas in iudiciis moveri contigerit, aequalitatem litigatoribus volumus servari.
Corpus Iuris Civilis, Codex Iustinianus 12. 19,12,4 (a. 407)

> Bei Streitigkeiten, die vor Gericht ausgetragen werden, wollen wir, dass Gleichheit zwischen den Parteien herrscht.

B275   In iudiciis non est acceptio personarum habenda.
Liber Sextus Decretalium 5. 13,12

> Vor Gericht ist nicht auf das Ansehen der Person zu achten.

B276   Res publica siquidem iure semper aequitatis augetur, et cum temperantia diligitur, velociter profutura succedunt.
Cassiodorus, Variae 2. 26,1

> Ein Staat gedeiht immer durch das Recht auf Gleichheit, und wenn man das Maß schätzt, stellen sich schnell Erfolge ein.

B277   Valeat aequitas, quae paribus in causis paria iura desiderat.
Cicero, Topica 23

> Gelten muss der Gleichheitsgrundsatz, der bei gleichen Verhältnissen gleiche Rechte verlangt.

B278   Sed maximum est in amicitia parem esse inferiori.
Cicero, Laelius de amicitia 69

> Der größte Vorzug an der Freundschaft ist aber, dass der Höhere sich dem Niederen gleichstellt.

Kausalität

B279   Causarum enim cognitio cognitionem eventorum facit.
Cicero, Topica 67

> Die Kenntnis der Ursachen verschafft die Kenntnis der Auswirkungen.

B280   Deficiente causa deficit effectus.
Lullus, Logica nova 5,7 pr.

> Ohne Ursache keine Wirkung.

B 281 Cessante causa cessat effectus.
Thomas von Aquin, Summa theologiae 1. 96,3
> Fällt die Ursache weg, entfällt auch die Wirkung.

B 282 Semper flamma fumo est proxima.
Plautus, Curculio 53
> Ganz in der Nähe von Rauch ist immer Feuer. *(vgl. ›Wo Rauch ist, ist auch Feuer.‹)*

B 283 Numquam, ubi diu fuit ignis, defecit vapor.
Publilius Syrus, Sententiae 389
> Niemals hat es, wo es lange gebrannt hat, noch an Rauch gefehlt.

B 284 Extrema semper de ante factis indicant.
Publilius Syrus, Sententiae 163
> Das zuletzt Geschehene gibt immer einen Fingerzeig auf das, was vorausging.

B 285 Motus ergo sine causa nullus est.
Cicero, De fato 20
> Es gibt keine Bewegung ohne Veranlassung.

B 286 Nihil enim fieri sine causa potest; nec quicquam fit, quod fieri non potest.
Cicero, De divinatione 2. 61
> Nichts kann ohne Grund geschehen, und nichts geschieht, was nicht geschehen kann.

B 287 Qualis causa, tale effectum.
Comenius, Prima philosophia 4,2,6
> Wie die Ursache, so die Wirkung.

B 288 Cuiuscumque facti causam require.
Martinus Bracarensis, Formula vitae honestae 1
> Frag bei jedem Geschehen nach dem Grund.

B 289 Hinc illae lacrumae!
Terentius, Andria 126
> Daher die Tränen *(d. h. das ist der eigentliche Grund).*

B 290 Omne, quod agit, agit propter finem.
Thomas von Aquin, Quaestiones disputatae de veritate 22,1,3 Responsio
> Alles, was wirkt, wirkt wegen eines Zwecks.

B 291 Omne agens agit sibi simile.
Thomas von Aquin, Quaestiones disputatae de veritate 21,4 Responsio
> Alles Wirkende bewirkt etwas, das ihm ähnelt.

B 292 Nihil tam utile est, ut in transitu prosit.
Seneca, Epistulae morales 2,3
> Nichts ist so wirksam, dass es im Vorübergehen nützt.

B 293   Actio est reactio.
Newton (1643 – 1727)
> Kraft gleich Gegenkraft. *(Wirkung = Gegenwirkung: 3. newtonsches Axiom)*

Schein

B 294   Fallaces enim sunt rerum species.
Seneca, De beneficiis 4. 34,1
> Trügerisch sind die Erscheinungsformen der Dinge. *(vgl. ›Der Schein trügt.‹)*

B 295   Fronti nulla fides.
Iuvenalis, Saturae 2,8
> Auf das Erscheinungsbild darf man sich nicht verlassen.

B 296   Decipit / frons prima multos.
Phaedrus, Liber fabularum 4. 2,5–6
> Der erste Eindruck täuscht viele.

B 297   Non semper ea sunt, quae videntur; decipit / frons prima multos, rara mens intellegit, / quod interiore condidit cura angulo.
Phaedrus, Liber fabularum 4. 2,5–7
> Die Wirklichkeit entspricht nicht immer dem Schein; der erste Anblick täuscht viele, selten erkennt der Verstand, was sorgfältig tief im Herzen verborgen liegt.

B 298   Homo enim videt ea, quae parent, Dominus autem intuetur cor.
Vulgata, Liber Samuelis 1. 16,7
> Denn der Mensch sieht, was vor Augen liegt, Gott aber sieht das Herz an.

B 299   Nec crede sereno!
Germanicus, Prognostica 4,54
> Trau dem heiteren Himmel nicht!

B 300   Ut aliquid fieri videatur.
cf. Plautus, Mercator 493
> Damit es so aussieht, als ob etwas geschähe.

B 301   Ut aliquid fecisse videamur.
cf. Lactantius, Divinae institutiones 7. 4,4
> damit es wenigstens so aussieht, als hätten wir etwas getan

Äußerlichkeit

B 302   Cernuntur facta, nemini animus cernitur.
Publilius Syrus, Sententiae A11
> Sehen kann man nur, was jemand tut, ins Herz blickt man keinem.

B 303 Non teneas aurum totum, quod splendet ut aurum.
Alanus de insulis, Liber parabolarum 3,1

Halte nicht alles für Gold, was wie Gold glänzt. *(vgl. ›Es ist nicht alles Gold, was glänzt.‹)*

B 304 Haec, quibus delectatur vulgus, tenuem habent ac perfusoriam voluptatem.
Seneca, Epistulae morales 23,5

Das, woran die breite Masse Gefallen findet, bietet nur einen dürftigen und oberflächlichen Genuss.

B 305 Maiorque pars miratur ex intervallo fallentia, et vulgo bona pro magnis sunt.
Seneca, Epistulae morales 118,7

Die Mehrheit bewundert Dinge, die aus der Ferne täuschen, und hält allgemein nur Großes für gut.

B 306 Ista, quae spectantur, ad quae consistitur, quae alter alteri stupens monstrat, foris nitent, introrsus misera sunt.
Seneca, De vita beata 2,4

Was man anstarrt, wovor man stehen bleibt, was man einander staunend zeigt, das glänzt außen und ist im Innern jämmerlich.

B 307 Numquam credideris felicem quemquam ex felicitate suspensum. Fragilibus innititur, qui adventicio laetus est: exibit gaudium, quod intravit.
Seneca, Epistulae morales 98,1

Halte nie einen für glücklich, der von seinem Glück abhängig ist. Auf brüchigem Boden baut, wer sich an Äußerlichkeiten erfreut: Freude, die von außen kommt, geht auch wieder.

B 308 Amor formae rationis oblivio est et insaniae proximus.
Seneca bei Hieronymus, Adversus Iovinianum 1. 49

Liebe zur Schönheit bedeutet Verzicht auf Vernunft und ist recht nahe beim Wahnsinn.

B 309 Anulis nostris plus quam animis creditur.
Seneca, De beneficiis 3. 15,3

Unseren Ringen *(Kennzeichen des Senatoren- bzw. des Ritterstands)* glaubt man mehr als unserem Charakter.

B 310 Multis enim serviet, qui corpori servit, qui pro illo nimium timet, qui ad illud omnia refert.
Seneca, Epistulae morales 14,1

Vielem ist untertan, wer Sklave seines Körpers ist, wer allzu ängstlich mit ihm umgeht, wer alles auf ihn bezieht.

C **Mensch** (physisch)

Mensch

C1 bipes asellus
~ Iuvenalis, Saturae 9,92
zweibeiniger Esel

C2 Homo est animal bipes rationale.
Boethius, De consolatione philosophiae 5. p4,35
Der Mensch ist ein zweifüßiges Wesen, das mit Vernunft begabt ist.

C3 Homo animal est rationale, bipes, risus capax.
Victorinus, Explanationes in Ciceronis rhetoricam 1. 8
Der Mensch ist ein vernunftbegabtes, zweibeiniges und zum Lachen fähiges Wesen.

C4 Duo sunt, ex quibus homo constat, animus et corpus.
Lactantius, Divinae institutiones 3. 12,1
Zweierlei Bestandteile machen den Menschen aus: Geist/Seele und Körper.

C5 Tria sunt, quibus homo constat: spiritus, anima et corpus.
Augustinus, De fide et symbolo 10,23
Dreierlei ist es, woraus der Mensch besteht: Geist, Seele und Körper.

C6 Omnes homines, qui sese student praestare ceteris animalibus, summa ope
niti decet, ne vitam silentio transeant veluti pecora, quae natura prona atque
ventri oboedientia finxit. Sed nostra omnis vis in animo et corpore sita est:
animi imperio, corporis servitio magis utimur; alterum nobis cum dis, alterum
cum beluis commune est. Quo mihi rectius videtur ingeni quam virium
opibus gloriam quaerere, et quoniam vita ipsa, qua fruimur, brevis est,
memoriam nostri quam maxume longam efficere. Nam divitiarum et formae
gloria fluxa atque fragilis est, virtus clara aeternaque habetur.
Sallustius, De coniuratione Catilinae 1,1–4
Alle Menschen, die danach streben, die anderen Lebewesen zu übertreffen, sollten sich mit
aller Kraft darum bemühen, ihr Leben nicht in der Stille zu durchlaufen wie das Vieh, das
die Natur nach unten geneigt und dem Bauch hörig geschaffen hat. Unsere ganze Kraft
hingegen liegt im Geist und im Körper: Den Geist verwenden wir zum Herrschen, den
Körper mehr zum Dienen; das eine haben wir mit den Göttern gemein, das andere mit den
Tieren. Umso richtiger erscheint es mir, mit dem Einsatz des Geistes als mit dem des
Körpers Ruhm zu erwerben und, da das Leben selbst, das wir genießen, kurz ist, ein
möglichst langes Andenken an uns zu bewirken. Denn der Ruhm, der auf Reichtum und
Schönheit gründet, ist unbeständig und vergänglich, geistige Leistung behält ewig ihre
Bedeutung.

C7 Homo est minor mundus.
cf. Arnobius, Adversus nationes 2. 25
> Der Mensch ist eine Welt im Kleinen.

C8 ille pretiosus et rationibus homo augustissimis praeditus, mundus minor qui dicitur
Arnobius, Adversus nationes 2. 25
> jener wertvolle und mit den ehrwürdigsten Geistesgaben ausgestattete Mensch, sozusagen eine Welt im Kleinformat

C9 Membra sumus corporis magni.
Seneca, Epistulae morales 95,52
> Wir sind Glieder eines großen Körpers.

C10 Cuncti gens una sumus.
Claudianus, De consulatu Stilichonis 3. 159
> Wir alle sind eine große Familie.

C11 Et creavit Deus hominem ad imaginem suam: ad imaginem Dei creavit illum, masculum et feminam creavit eos.
Vulgata, Liber Genesis 1,27
> Und Gott schuf den Menschen nach seinem Ebenbild, nach dem Ebenbild Gottes schuf er ihn, und schuf sie, einen Mann und ein Weib.

C12 Exemplum dei quisque est in imagine parva.
Manilius, Astronomica 4. 895
> Jeder stellt ein Abbild Gottes im Kleinformat dar.

C13 Nos sumus quodammodo finis omnium.
Auctoritates, Aristoteles, Physica 63
> Wir sind gewissermaßen der Endzweck von allem *(vgl. ›die Krone der Schöpfung‹).*

C14 Hominis appellatione tam feminam quam masculum contineri nemo dubitat.
Corpus Iuris Civilis, Digesta 50. 16,152 (Gaius)
> Es ist unbestritten, dass mit der Bezeichnung ›Mensch‹ sowohl Frau als auch Mann erfasst werden.

C15 Homo est, et qui est futurus; etiam fructus omnis iam in semine est.
Tertullianus, Apologeticum 9,8
> Ein Mensch ist auch der, der es erst sein wird; auch die Frucht ist schon als Ganzes im Samen enthalten.

C16 Cogitavit nos ante natura, quam fecit, nec tam leve opus sumus, ut illi potuerimus excidere.
Seneca, De beneficiis 6. 23,5
> Die Natur hat uns erdacht, bevor sie uns erschaffen hat, und wir sind kein so leichtes Geschöpf, dass wir aus ihr herausfallen könnten.

C 17   Homines singillatim mortales, cunctim tamen universo genere perpetui.
Apuleius, De deo Socratis 4
> Die Menschen sind als Individuen sterblich, insgesamt jedoch als Art unvergänglich.

C 18   Omnium rerum mensura homo est.
cf. Protagoras bei Sextus Empiricus, Skeptika 7,60
> Der Mensch ist das Maß aller Dinge. *(sog. Homo-Mensura-Satz)*

C 19   Naturae humanae facultates ad quattuor genera reduci possunt: vim
corpoream, experientiam, rationem, affectum.
Hobbes, Elementa philosophiae, De cive 1,1
> Die Veranlagungen der menschlichen Natur lassen sich auf vier Gattungen zurückführen:
> Körperkraft, Erfahrung, Vernunft, Leidenschaft.

C 20   Mille hominum species et rerum discolor usus.
Persius, Saturae 5,52
> Es gibt tausend Arten von Menschen, und verschieden sind ihre Bedürfnisse.

C 21   Homo sum: humani nihil a me alienum puto.
Terentius, Heauton timorumenos 77
> Ich bin ein Mensch, nichts Menschliches achte ich mir fremd.

C 22   O quam contempta res est homo, nisi supra humana surrexerit!
Seneca, Naturales quaestiones 1. pr. 5
> Welch verächtliches Wesen ist doch der Mensch, wenn er sich nicht über Menschliches
> erhebt!

C 23   Homo animal caecum et ipsum se nesciens.
Arnobius, Adversus nationes 2. 74
> Der Mensch ist ein blindes Wesen, das sich selbst nicht kennt.

C 24   Homo homini lupus, homo homini deus.
Owen, Epigrammata 3. 23
> Der Mensch ist dem anderen Menschen ein Wolf oder ein Gott.

C 25   Vita hominum altos recessus magnasque latebras habet.
Plinius, Epistulae 3. 3,6
> Das menschliche Leben hat tiefe Abgründe und geräumige Schlupfwinkel.

C 26   Est homo grande malum: legis transgressor et audax / criminis inventor,
scelerum reppertor et auctor.
Dracontius, De laudibus Dei 2. 360–361
> Der Mensch ist eine schlimme Plage: Übertreter des Gesetzes, frecher Erfinder von Freveln,
> Schöpfer und Anstifter von Verbrechen.

C 27   Homo, natus de muliere, brevi vivens tempore, repletur multis miseriis; quasi flos egreditur et conteritur et fugit velut umbra, et numquam in eodem statu permanet.
Vulgata, Liber Iob 14,1–2

> Der Mensch, von der Frau geboren, nur kurze Zeit am Leben, wird von viel Leid heimgesucht, öffnet sich wie eine Blume und verwelkt, verflüchtigt sich wie ein Schatten und verbleibt nie in der gleichen Verfassung.

C 28   Pulvis es, et in pulverem reverteris.
Vulgata, Liber Genesis 3,19

> Aus Erde bist du gemacht und zu Erde wirst du wieder werden.

C 29   Quid est homo? Imbecillum corpus et fragile, nudum, suapte natura inerme, alienae opis indigens, ad omnes fortunae contumelias proiectum.
Seneca, Ad Marciam de consolatione 11,3

> Was ist der Mensch? Ein schwacher und zerbrechlicher Leib, nackt, an sich wehrlos, auf fremde Hilfe angewiesen, allen Gräueln des Schicksals ausgeliefert.

C 30   Sed humanum est: ad hoc genitus es, ut perderes, ut perires, ut sperares, metueres, alios teque inquietares, mortem et timeres et optares et, quod est pessimum, numquam scires, cuius esses status.
Seneca, Ad Marciam de consolatione 17,1

> Doch dies ist das Los des Menschen: Du bist dazu geboren, zu verlieren, zu hoffen, zu fürchten, andere und dich selbst zu beunruhigen, den Tod zu scheuen und herbeizuwünschen und, was das Schlimmste ist, nie zu wissen, woran du bist.

C 31   Unde superbit homo, cuius conceptio culpa, / nasci poena, labor vita, necesse mori?
Pseudo-Bernardus Claraevallensis, Meditationes piissimae 8

> Worauf soll der Mensch stolz sein, wo doch seine Empfängnis Schuld bedeutet, seine Geburt Schmerz, sein Leben Mühsal und sein Tod Zwang?

C 32   Vis tu cogitare istum, quem servum tuum vocas, ex isdem seminibus ortum eodem frui caelo, aeque spirare, aeque vivere, aeque mori.
Seneca, Epistulae morales 47,10

> Bedenke doch, dass der, den du deinen Sklaven nennst, aus dem gleichen Samen stammt wie du, unter dem gleichen Himmel lebt, genauso atmet, genauso lebt, genauso stirbt.

Leben

C 33   Iam nihil est totum, quod viximus: omnia secum / tempus praeteriens horaque summa trahit.
Maximianus, Elegiae 2,23–24

> Unser ganzes Leben ist ein Nichts: Die vorübereilende Zeit und die letzte Stunde reißen alles mit sich.

C34 Nos numerus sumus et fruges consumere nati.
Horatius, Epistulae 1. 2,27

Wir sind einer wie der andere, dazu geschaffen, uns von der Erde zu ernähren.

C35 Est pretium parvae non leve vita morae.
Ovidius, Amores 2. 14,26

Das Leben ist ein für die kurze Zeit beachtenswerter Preis.

C36 Ampliat aetatis spatium sibi vir bonus: hoc est / vivere bis, vita posse priore frui.
Martialis, Epigrammata 10. 23,7–8

Ein guter Mensch verdoppelt die Zeit seines Lebens: Zweimal leben heißt, sich seines früheren Lebens freuen zu können.

C37 Cras vives? Hodie iam vivere, Postume, serum est: / ille sapit, quisquis, Postume, vixit heri.
Martialis, Epigrammata 5. 58,7–8

Morgen willst du leben? Zu spät ist es, Postumus, erst heute zu leben: Vernünftig ist, Postumus, wer gestern schon gelebt hat.

C38 Operosius occupati sunt, ut melius possint vivere, impendio vitae vitam instruunt.
Seneca, De brevitate vitae 9,1

Man rackert sich allzu sehr damit ab, einmal besser leben zu können, und richtet sich auf Kosten seines Lebens sein Leben ein.

C39 At nostri bene computentur anni / et quantum tetricae tulere febres / aut languor gravis aut mali dolores / a vita meliore separetur: / infantes sumus et senes videmur.
Martialis, Epigrammata 6. 70,7–11

Wenn man unsere Jahre richtig zählt und vom besseren Leben abzieht, was düsteres Fieber, lästige Mattigkeit oder schlimme Schmerzen weggenommen haben, dann sind wir Kinder, obwohl wir Greise zu sein scheinen.

C40 Dies annorum nostrorum sunt septuaginta anni aut in valentibus octoginta anni, et maior pars eorum labor et dolor, quoniam cito transeunt, et avolamus.
Vulgata, Psalmus 90 (89),10

Unser Leben währet siebzig Jahre, und wenn's hoch kommt, so sind's achtzig Jahre und wenn's köstlich gewesen ist, so ist es Mühe und Arbeit gewesen, denn es fährt schnell dahin, als flögen wir davon.

C41 Exigua pars est vitae, qua vivimus.
Seneca, De brevitate vitae 2,2

Es ist nur ein geringer Teil des Lebens, in dem wir wirklich leben.

C 42 **Multum interest, quomodo vivas, non quomodo moriaris.**
Pseudo-Seneca, Monita 20
> Es macht viel aus, wie man lebt, nicht, wie man stirbt.

C 43 **Vive memor mortis, item vive memor salutis.**
Chilon bei Pseudo-Ausonius, Septem sapientum sententiae 6,2
> Lebe, ohne den Tod zu vergessen, aber lebe auch, ohne dein Wohlergehen zu vergessen.

C 44 **Nefas propter vitam vivendi perdere causas!**
~ Iuvenalis, Saturae 8,83–84
> Es ist frevelhaft, um des Lebens willen den Sinn des Lebens zu verlieren.

Mensch (physisch)

C 45 **Supplicii est minus non posse quam nescire vivere.**
Pseudo-Seneca, Proverbia 126
> Es ist weniger eine Strafe, nicht leben zu können, als zu leben nicht zu verstehen.

C 46 **Quid est autem turpius quam senex vivere incipiens?**
Epikuros bei Seneca, Epistulae morales 13,17
> Gibt es etwas Schändlicheres als einen Greis, der erst zu leben beginnt?

C 47 **Quidam ante vivere desierunt, quam inciperent.**
Seneca, Epistulae morales 23,11
> Manche haben schon zu leben aufgehört, bevor sie damit begonnen haben.

C 48 **Non est, crede mihi, sapientia dicere ›Vivam.‹ / Sera nimis vita est crastina: vive hodie.**
Martialis, Epigrammata 1. 15,11–12
> Glaub mir, es zeugt nicht von Weisheit, zu sagen: ›Ich werde leben.‹ Allzu spät ist es, morgen zu leben: Leb heute!

C 49 **Vivere est cogitare.**
Cicero, Tusculanae disputationes 5. 111
> Leben heißt denken.

C 50 **Dispar vivendi ratio est, mors omnibus una.**
Anthologia Latina 1. 716,3
> Ungleich ist die Art zu leben, der Tod ist für alle derselbe.

C 51 **Incola ego sum in terra.**
Vulgata, Psalmus 119(118),19
> Ich bin nur ein Gast auf Erden.

C 52 **Vitaque mancipio nulli datur, omnibus usu.**
Lucretius, De rerum natura 3. 971
> Das Leben ist niemandem als fester Besitz gegeben, allen nur zum Nießbrauch.

C53 Homo vitae commodatus, non donatus est.
Publilius Syrus, Sententiae 220
> Der Mensch hat das Leben nur leihweise, nicht als festes Eigentum.

C54 Vita data est utenda, data est sine faenore nobis / mutua nec certa persolvenda die.
Consolatio ad Liviam 369–370
> Das Leben ist uns zum Gebrauch gegeben, es ist uns ohne Zinsen leihweise überlassen, zu keinem bestimmten Termin zurückzuzahlen.

C55 Vita nec bonum nec malum est: boni ac mali locus est.
Seneca, Epistulae morales 99,12
> Das Leben ist weder etwas Gutes noch etwas Schlechtes: Es ist eine Gelegenheit zu Gutem oder Schlechtem.

C56 Gratus, / quod loquor et spiro caelumque et sidera solis / respicio.
Ovidius, Metamorphoses 14. 171–173
> Dankbar, dass ich noch rede und atme und den Himmel und das Gestirn der Sonne noch schaue.

C57 Vita, si uti scias, longa est.
Seneca, De brevitate vitae 2,1
> Wenn man das Leben zu nutzen versteht, ist es lang.

C58 In lucro est, quae datur, hora mihi.
Ovidius, Tristia 1. 3,68
> Jede Stunde, die mir gegönnt ist, ist mir Gewinn.

C59 Non ut edam, vivo; sed ut vivam, edo.
Quintilianus, Institutio oratoria 9. 3,85
> Ich lebe nicht, um zu essen, sondern ich esse, um zu leben.

C60 Maximum vitae vitium est, quod imperfecta semper est, quod in diem aliquid ex illa differtur.
Seneca, Epistulae morales 101,8
> Der größte Fehler des Lebens ist, dass es immer unvollendet bleibt, dass von Tag zu Tag etwas davon aufgeschoben wird.

C61 Multos vitam differentes mors incerta praevenit: itaque omnis dies velut ultimus iudicandus est.
Pseudo-Seneca, Liber de moribus 10
> Vielen, die zu leben aufschieben, kommt der ungewisse Tod zuvor: Daher muss man jeden Tag als seinen letzten betrachten.

C62 Non continuo sibi vivit, qui nemini.
Seneca, Epistulae morales 55,5
> Wer für niemanden lebt, lebt damit nicht ohne Weiteres für sich.

C 63 Summum crede nefas animam praeferre pudori, / et propter vitam vivendi perdere causas.
Iuvenalis, Saturae 8,83–84

> Halte es für das schlimmste Vergehen, das Leben der Ehre vorzuziehen und für das Leben das Recht zu leben zu opfern.

C 64 Si recte aspicias, vita haec est fabula quaedam.
Palingenius, Zodiacus vitae 6. 647

> Wenn man es recht betrachtet, ist dieses Leben eine Art Schauspiel.

C 65 Vita hominum nihil aliud est quam fabula quaedam.
~ Palingenius, Zodiacus vitae 5. 25

> Das menschliche Leben ist nur ein Theater.

C 66 Quomodo fabula, sic vita: non quam diu, sed quam bene acta sit, refert.
Seneca, Epistulae morales 77,20

> Das Leben ist mit einem Theaterstück vergleichbar: Nicht auf die Länge kommt es an, sondern auf das gute Spiel.

C 67 Totus homuncio nil est.
Petronius, Satyricon 34,10

> Das ganze erbärmliche Menschenleben ist ein Nichts.

C 68 Exspectant curaeque catenatique labores.
Martialis, Epigrammata 1. 15,7

> Sorgen erwarten uns und die daran geketteten Mühen.

C 69 Militia est vita hominis super terram.
Vulgata, Liber Iob 7,1

> Das Leben der Menschen auf der Erde ist Kriegsdienst.

C 70 Nulla tam bona est fortuna, de qua nil possis queri.
Publilius Syrus, Sententiae 384

> Kein Los ist so gut, dass man sich nicht darüber beklagen könnte.

C 71 Plena et infesta variis casibus vita est, a quibus nulli longa pax, vix indutiae sunt.
Seneca, Ad Marciam de consolatione 16,5

> Das Leben ist voll von vielfältigen bedrohlichen Schicksalsschlägen, vor denen niemand langen Frieden hat, kaum Waffenstillstand.

C 72 Tota flebilis vita est: urgebunt nova incommoda, priusquam veteribus satisfeceris.
Seneca, Ad Marciam de consolatione 10,7

> Insgesamt ist unser Leben jämmerlich: Neues Unheil bricht herein, ehe man sich mit dem alten abgefunden hat.

C73 O vita, misero longa, felici brevis!
Publilius Syrus, Sententiae 438
> Wie lang ist das Leben doch für den Elenden, wie kurz für den Glücklichen!

C74 Ubique medius caelus est.
Petronius, Satyricon 45,3
> Überall ist ein mittleres Klima. *(d. h. Es lässt sich überall leben; vgl. ›Auch anderswo wachsen die Bäume nicht in den Himmel.‹)*

C75 Nec vixit male, qui natus moriens fefellit.
Horatius, Epistulae 1. 17,10
> Nicht schlecht hat gelebt, wer von der Geburt bis zu seinem Tod nicht aufgefallen ist.

C76 Non enim habemus hic manentem civitatem, sed futuram inquirimus.
Vulgata, Epistula ad Hebraeos 13,14
> Wir haben hier keine bleibende Statt, sondern die zukünftige suchen wir.

C77 Peregrinatio est vita. Multum cum ambulaveris, domum redeundum est.
Pseudo-Seneca, De remediis fortuitorum
> Das Leben ist eine Wanderschaft. Wenn man viel gegangen ist, muss man nach Hause zurückkehren.

C78 Tota vita nihil aliud quam ad mortem iter est.
Seneca, Ad Polybium de consolatione 11,2
> Das ganze Leben ist nichts anderes als eine Reise zum Tod.

C79 Male vivunt, qui se semper victuros putant.
Publilius Syrus, Sententiae 330
> Erbärmlich lebt, wer glaubt, er würde ewig leben.

C80 Pulvis et umbra sumus: / quis scit, an adiciant hodiernae crastina summae / tempora di superi?
Horatius, Carmina 4. 7,16–18
> Wir sind nur noch Schatten und Staub; wer vermag zu sagen, ob die Götter zur heutigen Summe der Tage noch ein Morgen hinzufügen?

C81 Vita dum superest, bene est.
Maecenas, Carmina, frg. 4
> Solange man noch am Leben ist, ist es gut.

C82 Spatio brevi / spem longam reseces!
Horatius, Carmina 1. 11,6–7
> Beschränke deine Hoffnung auf eine kurze Lebenszeit!

C 83 Una est catena, quae nos alligatos tenet, amor vitae.
Seneca, Epistulae morales 26,10
> Eine einzige Kette hält uns gefesselt, die Liebe zum Leben.

C 84 Vita brevis, ars longa.
~ Seneca, De brevitate vitae 1,1 (nach Hippokrates)
> Das Leben ist kurz, die Kunst ist lang.

Tod

C 85 Memento mori!
cf. Persius, Saturae 5,153
> Denk an den Tod! *(Gegenstand, der an den Tod erinnert)*

C 86 Bene vixit is, qui potuit, cum voluit, mori.
Publilius Syrus, Sententiae 82
> Glücklich hat gelebt, wer nach Wunsch sterben konnte.

C 87 Ultima semper / exspectanda dies homini, dicique beatus / ante obitum nemo supremaque funera debet.
Ovidius, Metamorphoses 3. 135–137
> Der Mensch muss immer den letzten Tag abwarten, und vor seinem Heimgang und letzten Geleit darf keiner glücklich genannt werden.

C 88 Sed vivendi est finis optimus, cum integra mente certisque sensibus opus ipsa suum eadem, quae coagmentavit, natura dissolvit.
Cicero, Cato maior de senectute 72
> Das beste Ende eines Lebens ist, wenn die Natur selbst ihr Werk, das sie zusammengefügt hat, auflöst, solange man noch bei Verstand ist und alle seine Sinne beisammenhat.

C 89 Facilis descensus Averno: noctes atque dies patet atri ianua Ditis; / sed revocare gradum superasque evadere ad auras / hoc opus, hic labor est.
Vergilius, Aeneis 6. 126–129
> Leicht ist der Abstieg in die Unterwelt: Tag und Nacht steht die Tür zum düsteren Hades offen; aber den Schritt zurückzulenken und zur Oberwelt zu entkommen, das ist ein schweres Stück Arbeit.

C 90 Qui nunc it per iter tenebricosum / illud, unde negant redire quemquam.
Catullus, Carmina 3,11–12
> Er geht nun jenen dunklen Weg, von dem, wie es heißt, keiner wiederkehrt.

C 91 Abiit, non obiit.
Grabschrift
> Er ist fortgegangen, nicht verschwunden.

C 92 **Quem putas perisse, praemissus est.**
Seneca, Epistulae morales 99,7
Wer deiner Ansicht nach zugrunde gegangen ist, ist uns nur vorausgegangen.

C 93 **Aequat omnes cinis. Impares nascimur, pares morimur.**
Seneca, Epistulae morales 91,16
Die Asche macht alle gleich: Ungleich werden wir geboren, im Tod sind wir alle gleich.

C 94 **Omnia mors aequat.**
Claudianus, De raptu Proserpinae 2. 302
Der Tod macht alles gleich.

C 95 **Serius aut citius sedem properamus ad unam.**
Ovidius, Metamorphoses 10. 33
Früher oder später eilen wir zu ein und demselben Wohnsitz.

C 96 **Omnes eodem cogimur, omnium / versatur urna serius ocius / sors exitura et nos in aeternum / exilium impositura cumbae.**
Horatius, Carmina 2. 3,25–28
Alle werden wir an den gleichen Ort gezwungen, in der Urne wird aller Los geschüttelt, das herausspringen und uns zu ewiger Verbannung auf jenen Nachen *(zur Fahrt ins Totenreich)* bringen wird.

C 97 **Pallida mors aequo pulsat pede pauperum tabernas / regumque turres.**
Horatius, Carmina 1. 4,13–14
Der bleich machende Tod klopft gleicherweise an die Hütten der Armen wie an die Burgen der Könige.

C 98 **Deinde iniquum est queri de eo, quod uni accidit, omnibus restat.**
Seneca, Epistulae morales 99,6
Es ist ungerecht, über das zu klagen, was einem Einzelnen widerfahren ist, aber allen bevorsteht.

C 99 **Longius aut propius mors sua quemque manet.**
Propertius, Elegiae 2. 28,58
Über kurz oder lang erwartet jeden der Tod.

C 100 **Mortale igitur omne animal et dissolubile et dividuum sit necesse est.**
Cicero, De natura deorum 3. 29
Jedes Lebewesen ist zwangsläufig sterblich, auflöslich und teilbar.

C 101 **Mortem effugere nemo potest.**
cf. Cicero, Orationes Philippicae 8,29
Dem Tod kann niemand entrinnen.

C102 In hoc enim fallimur, quod mortem prospicimus: magna pars eius iam praeteriit.
Seneca, Epistulae morales 1,1
> Darin täuschen wir uns, dass wir den Tod vor uns sehen – ein großer Teil von ihm liegt schon hinter uns.

C103 Homo totiens moritur, quotiens amittit suos.
Publilius Syrus, Sententiae 215
> Der Mensch stirbt, sooft er Nahestehende verliert.

C104 In fuga foeda mors est; in victoria gloriosa.
Cicero, Orationes Philippicae 14,32
> Auf der Flucht ist der Tod schändlich, bei einem Sieg ruhmreich.

C105 Mori enim naturae finis est, non poena.
Seneca maior, Suasoriae 7,3
> Der Tod ist keine Strafe, sondern das naturgemäße Ende.

C106 Certe equidem finis vitae mortalibus adstat / nec devitari letum pote, quin obeamus.
Lucretius, De rerum natura 3. 1078–1079
> Sicher steht den Menschen das Lebensende bevor, und man kann dem Tod nicht ausweichen, um nicht zu sterben.

C107 Nec mors humano subiacet arbitrio.
Maximianus, Elegiae 1,114
> Der Tod fügt sich nicht dem Willen des Menschen.

C108 Ortus cuncta suos repetunt matremque requirunt.
Maximianus, Elegiae 1,221
> Alles strebt nach seinem Ursprung zurück und sucht nach der Mutter.

C109 Mors laborum ac miseriarum quies.
cf. Cicero, In Catilinam 4,7
> Der Tod bedeutet Ausruhen von Mühe und Elend.

C110 Mors ultima linea rerum est.
Horatius, Epistulae 1. 16,79
> Mit dem Tod hört alles auf.

C111 Pereundi scire tempus assidue est mori.
Publilius Syrus, Sententiae 482
> Seine Todesstunde zu kennen heißt, ständig zu sterben.

C112 Quem di diligunt / adulescens moritur.
Plautus, Bacchides 816–817
> Wen die Götter lieben, der stirbt jung.

Mensch (physisch)

C113 Ultimum diem non quasi poenam, sed quasi naturae legem aspicis.
Seneca, Ad Helviam matrem de consolatione 13,2
> Man betrachtet den letzten Tag nicht als eine Art Strafe, sondern als eine Art Naturgesetzlichkeit.

C114 Soles occidere et redire possunt: / nobis cum semel occidit brevis lux, / nox est perpetua una dormienda.
Catullus, Carmina 5,4–6
> Sonnen können unter- und wieder aufgehen; wenn unser kurzes Lebenslicht einmal erloschen ist, müssen wir die eine Nacht ununterbrochen durchschlafen.

C115 Sed omnes una manet nox / et calcanda semel via leti.
Horatius, Carmina 1. 28,15–16
> Alle erwartet eine einzige Nacht und der nur einmal zu betretende Weg des Todes.

C116 Post mortem nihil est ipsaque mors nihil, / velocis spatii meta novissima.
Seneca, Troades 397–398
> Nach dem Tod kommt das Nichts, der Tod selbst ist das Nichts, das letzte Ziel einer schnellen Bahn.

C117 Nil igitur mors est ad nos neque pertinet hilum.
Lucretius, De rerum natura 3. 830
> Der Tod ist nichts für uns und berührt uns nicht im Mindesten.

C118 Si nihil est post mortem, non est malum mors; aufert enim sensum mali. Si autem supersunt animae, etiam bonum est, quia immortalitas sequitur.
Lactantius, Divinae institutiones 3. 19,2
> Wenn nach dem Tod alles aus ist, dann ist der Tod kein Übel; er löscht nämlich die Empfindung des Übels aus. Wenn aber die Seelen weiterleben, dann ist er sogar etwas Gutes, weil ihm die Unsterblichkeit folgt.

C119 Sunt aliquid manes, letum non omnia finit.
Propertius, Elegiae 4. 7,1
> Die Manen *(d. h. die Seelen der Verstorbenen)* haben Macht, der Tod setzt nicht allem ein Ende.

C120 Mortem ubi contemnas, viceris omnes metus.
Publilius Syrus, Sententiae 364
> Wenn man den Tod verachtet, überwindet man alle Furcht.

C121 Scire licet nobis nihil esse in morte timendum / nec miserum fieri, qui non est, posse neque hilum / differre, an nullo fuerit iam tempore natus, / mortalem vitam mors cum inmortalis ademit. /
Lucretius, De rerum natura 3. 865–868
> Wir dürfen wissen, dass im Tod nichts zu fürchten ist und dass, wer nicht mehr ist, nicht unglücklich werden kann und dass es keinen Unterschied macht, ob man je geboren war, wenn der unsterbliche Tod das sterbliche Leben genommen hat.

C 122 Post mortem in morte nihil est, quod metuam mali.
Plautus, Captivi 741

> Außer dem Tod ist im Tod kein Übel, das ich fürchten müsste.

C 123 Nemo nisi suo die moritur.
Seneca, Epistulae morales 69,6

> Keiner stirbt vor seiner Zeit.

C 124 Desperatis etiam Hippocrates vetat adhibere medicinam.
Cicero, Ad Atticum 16. 15,5

> Bei hoffnungslosen Patienten verbietet auch Hippokrates, Medizin anzuwenden.

C 125 Quid vitam traxisse iuvat, si vivere cessas?
Orientius, Commonitorium 2. 219

> Was bringt es, das Leben hinauszuziehen, wenn man zu leben aufhört?

C 126 Vitam quidem non adeo expetendam censemus, ut quoquo modo trahenda sit.
Plinius maior, Naturalis historia 2. 9

> Wir sind der Ansicht, dass man das Leben nicht so sehr lieben darf, dass man es auf jede mögliche Weise verlängert.

C 127 Etiam qui se ipsum occidit, homicida est.
Augustinus, De civitate Dei 1. 17

> Auch wer sich selbst umbringt, ist ein Mörder.

Erlösung

C 128 Interim poena est mori, / sed saepe donum, pluribus veniae fuit.
Seneca, Hercules Oetaeus 930–931

> Sterben ist manchmal eine Strafe, oft ein Geschenk, für nicht wenige eine Gnade.

C 129 Noli timere, quia redemi te et vocavi te nomine tuo; meus es tu.
Vulgata, Liber Isaiae 43,1

> Fürchte dich nicht, denn ich habe dich erlöst; ich habe dich bei deinem Namen gerufen, du bist mein.

C 130 Valete, curae / mortales!
Petronius, Satyricon 79,8

> Lebt wohl, ihr Sorgen dieser Welt!

C131   Mors dolorum omnium exsolutio est et finis ultra quem mala nostra non exeunt; quae nos in illam tranquillitatem, in qua antequam nasceremur iacuimus, reponit. Si mortuorum aliquis miseretur, et non natorum misereatur. Mors nec bonum nec malum est.
Seneca, Ad Marciam de consolatione 19,5

> Der Tod ist die Erlösung von allen Schmerzen und die Grenze, die unsere Leiden nicht überschreiten; er bezieht uns wieder in jenen Frieden ein, in dem wir vor unserer Geburt geruht haben. Wenn die Toten jemandem leidtun, müssen ihm auch die noch Ungeborenen leidtun. Der Tod ist weder ein Gut noch ein Übel.

C132   Morsque minus poenae quam mora mortis habet.
Ovidius, Heroides 10,82

> Der Tod ist eine geringere Qual für mich als die Verzögerung des Todes.

Bestattung

C133   Grati simus in eius morte decoranda, cui nullam iam aliam gratiam referre possumus.
Cicero, Orationes Philippicae 9,15

> Lasst uns unseren Dank zeigen, indem wir das Grab dessen schmücken, dem wir keinen anderen Dank mehr abstatten können.

C134   Proinde omnia ista, id est curatio funeris, condicio sepulturae, pompa exsequiarum magis sunt vivorum solacia quam subsidia mortuorum.
Augustinus, De civitate Dei 1. 12

> All diese Formalitäten, das heißt Sorge um die Bestattung, Wahl des Begräbnisorts, feierliches Grabgeleit, dienen mehr als Trost für die Lebenden denn als Gefälligkeit für die Toten.

C135   Impensa monumenti supervacua est; memoria nostra durabit, si vita meruimus.
Plinius, Epistulae 9. 19,6

> Unkosten für ein Grabmal sind überflüssig; die Erinnerung an uns wird bleiben, wenn wir sie durch unser Leben verdient haben.

C136   Terraque securae sit super ossa levis.
Tibullus, Elegiae 2. 4,50

> Die Erde möge dir, die du dir keine Sorgen mehr zu machen brauchst, leicht auf den Gebeinen liegen.

C137   Et sit humus cineri non onerosa tuo.
Ovidius, Amores 3. 9,68

> Die Erde möge deiner Asche keine Last sein.

C138   Molliter ossa cubent.
Ovidius, Tristia 3. 3,76

> Die Gebeine mögen sanft ruhen.

C 139 Sit tibi terra levis mollique tegaris arena, / ne tua non possint eruere ossa canes!
Martialis, Epigrammata 9. 29,11–12
> Möge die Erde dir leicht sein und du von weichem Sand bedeckt werden, damit Hunde deine Knochen nicht ausgraben können.

C 140 Omnia post obitum fingit maiora vetustas, / maius ab exsequiis nomen in ora venit.
Propertius, Elegiae 3. 1,23–24
> Das Alter macht nach dem Tod alles bedeutender, bedeutender klingt nach dem Begräbnis der Name in aller Munde.

Mensch (physisch)

Notwehr

C 141 Adversus periculum naturalis ratio permittit se defendere.
Corpus Iuris Civilis, Digesta 9. 2,4 pr. (Gaius)
> Gegen Gefahr sich zu verteidigen gestattet die natürliche Vernunft.

C 142 Armaque in armatos sumere iura sinunt.
Ovidius, Ars amatoria 3. 492
> Das Recht erlaubt, mit Waffen gegen Bewaffnete vorzugehen.

C 143 Necessitati quodlibet telum utile est.
Publilius Syrus, Sententiae 404
> Die Not bedient sich jeder beliebigen Waffe.

C 144 Quod quisque ob tutelam corporis sui fecerit, iure fecisse existimetur.
Corpus Iuris Civilis, Digesta 1. 1,3 (Florentinus)
> Was ein jeder zum Schutz seines Körpers getan hat, soll als rechtmäßig gelten.

C 145 Salutis causa bene fit homini iniuria.
Publilius Syrus, Sententiae 622
> Wenn es um sein Leben geht, tut dem Menschen Unrecht gut.

C 146 Unusquisque ius etiam habet utendi omnibus mediis et agendi omnem actionem, sine qua conservare se non potest.
~ Hobbes, Elementa philosophiae, De cive 1,8
> Jeder hat das Recht, alle Mittel anzuwenden und jede Handlung vorzunehmen, ohne die er sich nicht erhalten kann.

C 147 Illum enim solum, qui vim infert, ferire conceditur, et hoc, si tuendi dumtaxat, non etiam ulciscendi causa factum sit.
Corpus Iuris Civilis, Digesta 9. 2,45,5 (Paulus)
> Gewalt darf man nur gegen den ausüben, der einem Gewalt antut, und zwar nur, um sich zu schützen, nicht aber, um sich zu rächen.

C148 Non solum taurus ferit uncis cornibus hostem, / verum etiam instanti laesa repugnat ovis.
Propertius, Elegiae 2. 5,19
> Nicht nur ein Stier greift mit krummen Hörnern den Feind an, auch ein verletztes Schaf widersetzt sich dem Angreifer.

Altersstufen

C149 Aetates cum earum moribus mutari non minus laudabile quam honestum. Tam ridenda in sene puerilitas quam obstupescenda in puero optimorum morum constantia.
Sententiae Varronis 73–74
> Dass sich die Lebensalter mit ihren Sitten ändern, ist nicht weniger lobenswert als verdienstvoll. An einem Alten ist Kindlichkeit ebenso lächerlich wie an einem Jungen Festigkeit in den besten Sitten erstaunlich.

C150 Cursus est certus aetatis et una via naturae eaque simplex suaque cuique parti aetatis tempestivitas est data, ut et infirmitas puerorum et ferocitas iuvenum et gravitas iam constantis aetatis et senectutis maturitas naturale quiddam habeat, quod suo tempore percipi debeat.
Cicero, Cato maior de senectute 33
> Der Verlauf des Lebens ist festgelegt, es gibt nur einen einzigen und ganz einfachen natürlichen Weg: Jeder Lebensphase ist die angemessene Zeit gesetzt, sodass sowohl die Schwäche der Knaben als auch die unbändige Kraft der Jugendlichen als auch der Ernst des schon gesetzten Alters als auch die Reife des Greisenalters etwas Naturgegebenes hat, das zu seiner Zeit aufgegriffen werden muss.

C151 Conversis studiis aetas animusque virilis / quaerit opes et amicitias, inservit honori, / commisisse cavet, quod mox mutare laboret.
Horatius, De arte poetica (Epistula ad Pisones) 166–168
> Mit veränderten Interessen trachtet das beherzte Mannesalter nach Freundschaften, kümmert sich um sein Ansehen, hütet sich zu unternehmen, was es bald wieder mühsam zurücknehmen müsste.

C152 Unicuique aetati sua constitutio est, alia infanti, alia puero, alia seni: omnes ei constitutioni concilientur, in qua sunt.
Seneca, Epistulae morales 121,15
> Jedes Alter hat seine besondere Beschaffenheit, eine für das Kleinkind, eine für den Jungen, eine für den Alten: Alle passen sich an die Entwicklungsstufe an, in der sie sich befinden.

C153 Exultat levitate puer, gravitate senectus.
Maximianus, Elegiae 1,105
> Die Jugend freut sich ihrer Beweglichkeit, das Alter seiner Würde.

C154 Fructuosior est adulescentia liberorum, sed infantia dulcior.
Seneca, Epistulae morales 9,7
> Produktiver ist die Jugendzeit, aber die Kindheit ist liebenswerter.

C155 Inspice et primae aetatis infantiam, quantum cibum nimio calore conficiat, et contra senes cogita facile tolerare ieiunium quasi exstincto in ipsis calore, qui nutrimentis recreari solet.
Macrobius, Saturnalia 7. 13,4

> Schau auf die Kinderzeit der ersten Altersstufe, wie viel Nahrung sie mit großer Leidenschaftlichkeit verzehrt, und betrachte dagegen, wie leicht die Alten das Fasten ertragen, da in ihnen die Leidenschaftlichkeit so gut wie erloschen ist, die durch die Nahrung wieder zu Kräften kommt.

C156 Quaere adulescens, senex utere!
Seneca maior, Controversiae 2. 6,1

> Erwirb in der Jugend, genieße im Alter!

C157 Turpis et ridicula res est elementarius senex; iuveni parandum, seni utendum est.
Seneca, Epistulae morales 36,4

> Schimpflich und lächerlich wirkt der Anblick eines Alten als ABC-Schütze; der junge Mann muss erwerben, der alte gebrauchen.

Kindheit

C158 Cum legitimae nuptiae factae sint, patrem liberi sequuntur: vulgo quaesitus matrem sequitur.
Corpus Iuris Civilis, Digesta 1. 5,19 (Celsus)

> Ist eine rechtmäßige Ehe geschlossen, folgen die Kinder dem Stand des Vaters, ein uneheliches folgt dem der Mutter.

C159 Pauperes satis stipendii pendunt, si liberos educant.
cf. Livius, Ab urbe condita 2. 9,6

> Die Armen zahlen genug Steuern, wenn sie Kinder großziehen.

C160 Cui non risere parentes, / nec deus hunc mensa, dea nec dignata cubili est.
Vergilius, Bucolica 4. 62–63

> Wem die Eltern nie zugelächelt haben, den hält auch kein Gott seines Tisches noch eine Göttin ihres Lagers für würdig.

C161 Incipe, parve puer, risu cognoscere matrem.
Vergilius, Bucolica 4,60

> Beginne, kleiner Knabe, am Lachen deine Mutter zu erkennen.

C162 Gaudet uterque parens, cum filius est bene parens.
Binder, Novus thesaurus 1229

> Beide Eltern freuen sich, wenn der Sohn recht artig ist. *(Wortspiel, nicht nachahmbar: parens von parere = erzeugen oder von parēre = gehorchen)*

Mensch (physisch)

C 163   Dextrae se parvus Iulus / implicuit sequiturque patrem, non passibus aequis.
Vergilius, Aeneis 2. 723–724
> An die Rechte schmiegt sich der kleine Julus und folgt dem Vater mit ungleichen Schritten.

C 164   Ecce hereditas Domini filii, merces fructus ventris.
Vulgata, Psalmus 127(126),3
> Kinder sind eine Erbschaft des Herrn, die Frucht des Leibes ein Geschenk.

C 165   Pueritia semper amabilis.
Wander, Deutsches Sprichwörter-Lexikon 2. 1042
> An Kindern ist alles lieblich.

C 166   In pueris ut in speculis natura cernitur.
cf. Cicero, De finibus bonorum et malorum 5. 61
> In Kindern zeigt sich wie in einem Spiegel die Natur.

C 167   Sinite parvulos et nolite eos prohibere ad me venire; talium est enim regnum caelorum.
Vulgata, Evangelium secundum Matthaeum 19,14
> Lasst die Kleinen zu mir kommen und wehrt sie nicht ab, denn ihrer ist das Himmelreich.

C 168   Sunt pueri pueri, pueri puerilia tractant.
Wander, Deutsches Sprichwörter-Lexikon 5. 1507; cf. Vulgata, Epistula ad Corinthios 1. 13,11
> Kinder sind Kinder, Kinder treiben Kindisches.

Jugend

C 169   At tu, dum primi floret tibi temporis aetas, / utere: non tardo labitur illa pede.
Tibullus, Elegiae 1. 8,47
> Doch du, solange die Zeit deines ersten Alters blüht, nütze sie; sie gleitet nicht langsamen Schrittes dahin.

C 170   Est igitur adulescentis maiores natu vereri exque iis deligere optimos et probatissimos, quorum consilio atque auctoritate nitatur.
Cicero, De officiis 1. 122
> Es ist also Aufgabe eines jungen Mannes, die Älteren zu verehren und aus ihnen die besten und bewährtesten auszuwählen, um sich deren Rat und Einfluss zunutze zu machen.

C 171   Grata senectus homini, quae parilis iuventae; / illa iuventa est gravis, quae similis senectae.
Chilon bei Pseudo-Ausonius, Septem sapientum sententiae 6,6–7
> Alter ist dem Menschen willkommen, wenn es der Jugend ähnelt; doch ist die Jugend lästig, die dem Alter ähnelt.

C 172 Iuvenes possumus discere, possumus facilem animum et adhuc tractabilem ad meliora convertere.
Seneca, Epistulae morales 108,27
> In der Jugend können wir noch lernen, können den raschen und noch wendigen Geist Besserem zuwenden.

C 173 Iuvenile vitium est regere non posse impetum.
Seneca, Troades 250
> Ein Fehler der Jugend ist es, ihr Ungestüm nicht unter Kontrolle zu haben.

C 174 Iuvenilis ardor impetu primo furit, / languescit idem facile nec durat diu.
Pseudo-Seneca, Octavia 189–190
> Jugendliche Begeisterung gebärdet sich beim ersten Ansturm wie toll, doch sie erschlafft leicht und hält nicht lange an.

C 175 Iuventus probitati et industriae, non sumptibus neque divitiis studeat.
Sallustius, Epistulae ad Caesarem senem de re publica 1. 7,2
> Die Jugend soll nach Anstand und Betätigung, nicht nach Luxus und Reichtum trachten.

C 176 Peiora iuvenes facile praecepta audiunt.
Seneca, Thyestes 309
> Auf schlechtere Lehren hört die Jugend gern.

C 177 Adulescentia deferbuit.
cf. Terentius, Adelphoe 152
> Die Jugend ist verraucht *(d. h. hat sich ausgetobt).*

Alter

C 178 Canities festina venit.
Claudianus, Epithalamium dictum Honorio Augusto et Mariae 325
> Das graue Alter kommt schnell.

C 179 Dum vires annique sinunt, tolerate labores; / iam veniet tacito curva senecta pede.
Ovidius, Ars amatoria 2. 669–670
> Solange eure Kräfte und eure Jahre es gestatten, ertragt die Strapazen; schon kommt gekrümmt und schleichenden Schrittes das Alter.

C 180 Vetustas enim pauca non depravat, multa tollit. Quem puerum vidisti formosum, nunc vides deformem in senecta. Tertium saeculum non videt eum hominem, quem vidit primum.
Varro, De lingua Latina 5. 1,5
> Das Alter verschlimmert nicht weniges, vieles nimmt es weg. Wen man als Knaben noch wohlgestaltet sah, sieht man jetzt im Alter entstellt. Der dritte Lebensabschnitt sieht nicht den gleichen Menschen wie der erste.

Mensch (physisch)

C 181 Multa senem circumveniunt incommoda, vel quod / quaerit et inventis miser abstinet ac timet uti, / vel quod res omnis timide gelideque ministrat, / dilator, spe longus, iners avidusque futuri.
Horatius, De arte poetica (Epistula ad Pisones) 169–172

> Viel Unangenehmes umringt den Greis, sei es dass er seinen Besitz mehrt, aber kummervoll ihn nicht anrührt und ihn zu nutzen fürchtet, sei es dass er alles scheu und kühl angeht, abwartend, weit vorausplanend, träge und lechzend nach weiteren Jahren.

C 182 Senectus, quam, ut adipiscantur, omnes optant, eandem accusant adepti.
Cicero, Cato maior de senectute 4

> Das Alter, das alle zu erreichen wünschen, beklagen sie, wenn sie es erreicht haben.

C 183 Heu! senibus vitae portio quanta manet!
Maximianus, Elegiae 1,16

> Ach, welch geringer Teil vom Leben bleibt doch den alten Leuten!

C 184 Exseritur opere, non nequities incipit.
Publilius Syrus, Sententiae A150

> Wenn man nicht mehr arbeiten muss, heißt das nicht, dass man damit nutzlos wird.

C 185 Iucundissima est aetas devexa iam, non tamen praeceps.
Seneca, Epistulae morales 12,5

> Am angenehmsten ist das Alter, das allmählich zur Neige geht, aber nicht jäh.

C 186 Consule, quis aetas longa magistra fuit.
Ovidius, Heroides 5,96

> Frag die um Rat, die ein langes Leben als Lehrmeister hatten.

C 187 Annorum multitudo docebit sapientiam.
Vulgata, Liber Iob 32,7

> Die Menge der Jahre wird Weisheit lehren.

C 188 Sapienti aetas condimentum, sapiens aetati cibus est.
Plautus, Trinummus 368

> Das Alter ist Würze der Weisheit, oft zehrt es die Weisheit auf.

C 189 Senesco multa in dies addiscens.
~ Cicero, Cato maior de senectute 50

> Ich werde alt, indem ich täglich viel hinzulerne.

C 190 Otium in senecta honestum est, non laboris initium.
Publilius Syrus, Sententiae A196

> Muße ist im Alter ehrenvoll, nicht erst dann mit der Arbeit zu beginnen.

C 191 Pugnandum tamquam contra morbum, sic contra senectutem.
Cicero, Cato maior de senectute 35

> Gegen das Alter muss man wie gegen eine Krankheit ankämpfen.

C 192 Sed quam continuis et quantis longa senectus / plena malis!
Iuvenalis, Saturae 10,190–191
> Doch von wie langwierigen und wie großen Leiden ist ein langes Alter erfüllt!

C 193 Senectus / debilitat vires animi mutatque vigorem.
Vergilius, Aeneis 9. 610–611
> Das Alter schwächt die Kräfte und mindert die Lebendigkeit.

C 194 Senectus ipsa est morbus.
Terentius, Phormio 575
> Das Alter stellt an sich schon eine Krankheit dar.

C 195 Senectus enim insanabilis morbus est.
Seneca, Epistulae morales 108,28
> Das Alter ist eine unheilbare Krankheit.

C 196 Mala aetas nulla delenimenta invenit.
Afranius bei Nonius Marcellus, De compendiosa doctrina 1. (Senium)
> Das üble Alter findet keine Linderung.

C 197 Inicietque manum formae damnosa senectus, / quae strepitus passu non
faciente venit.
Ovidius, Tristia 3. 7,35–36
> Das Alter greift vernichtend nach der Schönheit und kommt herbei mit lautlosem Schritt.

C 198 Mature fias senex, si diu velis senex esse.
~ Cicero, Cato maior de senectute 32
> Man sollte früh ein Greis werden, wenn man es lange sein will.

C 199 Obrepsit non intellecta senectus.
Iuvenalis, Saturae 9,129
> Unbemerkt schleicht das Alter heran.

C 200 Quam dulce est cupiditates fatigasse ac reliquisse!
Seneca, Epistulae morales 12,5
> Wie süß ist es doch, seine leidenschaftlichen Begierden ausgelebt und hinter sich gelassen
> zu haben!

C 201 sexagenarios de ponte deicere
cf. Varro bei Nonius Marcellus, De compendiosa doctrina 12. (Sexagenarios)
> alte Leute *(wörtlich: Sechzigjährige)* von der Brücke stoßen *(d. h. um die Ecke bringen bzw.
> ›sozialverträgliches Ableben‹)*

C 202 Spes altrix senectae.
Erasmus, Adagia 3363
> Hoffnung ist die Amme des Alters.

Mensch
(physisch)

C 203 Singula de nobis anni praedantur euntes: / eripuere iocos, venerem, convivia, ludum.
Horatius, Epistulae 2. 2,55–56
> Eins nach dem anderen rauben uns die Jahre, wenn sie dahingehen: Entwendet haben sie Scherze, Liebe, Trinkgelage, Spiel.

C 204 Lenit albescens animos capillus.
Horatius, Carmina 3. 14,25
> Das ergrauende Haar dämpft die Leidenschaften.

C 205 Tristis adest messis, si cessat laeta voluptas.
Anthologia Latina 1. 716,77
> Das ist eine betrübliche Ernte, wenn die Lust nachlässt.

C 206 Quanto serius peccatur, tanto incipitur turpius.
Publilius Syrus, Sententiae 561
> Späte Sünde ist doppelt so schändlich.

C 207 Ubi senectus peccat, ad quem refugiat sapientia?
Publilius Syrus, Sententiae 711
> Wenn die Alten straffällig werden, wo findet die Weisheit dann noch Zuflucht?

C 208 At sunt morosi et anxii et iracundi et difficiles senes.
Cicero, Cato maior de senectute 65
> Die Alten sind mürrisch und ängstlich und jähzornig und unzugänglich.

C 209 Aiunt solere *(senem)* rursus repuerascere.
~ Plautus, Mercator 296
> Man sagt, Greise würden wieder zu Kindern.

C 210 Ut aetas mala est, merx mala ergo est.
Plautus, Menaechmi 758
> Schlecht wie das Alter ist, ist es auch ein schlechtes Geschäft.

C 211 Turpe senex miles, turpe senilis amor.
Ovidius, Amores 1. 9,4
> Ein greiser Soldat und ein verliebter Greis sind etwas Schändliches.

Körper

C 212 Est homo bulla.
Varro, De re rustica 1. 1,1
> Der Mensch ist eine Seifenblase.

C 213 Nos non pluris sumus quam bullae.
Petronius, Satyricon 42,4
> Wir sind nicht mehr wert als Seifenblasen.

C 214 Mors sola fatetur / quantula sint hominum corpuscula.
Iuvenalis, Saturae 10,172–173
> Der Tod allein enthüllt, wie winzig der Leib des Menschen ist.

C 215 Carcer animae corpus est.
Innocentius III., De miseria condicionis humanae 1,19
> Der Leib ist der Kerker der Seele.

C 216 Certe enim domus animae caro est, et inquilinus carnis anima.
Tertullianus, De anima 38,4
> Jedenfalls ist das Fleisch das Haus der Seele und die Seele die Bewohnerin des Fleisches.

C 217 Totum corpus animo deservit.
Seneca, De clementia 1. 3,5
> Der ganze Körper dient der Seele.

C 218 Nec domum esse hoc corpus, sed hospitium.
Seneca, Epistulae morales 120,14
> Unser Körper ist kein Zuhause, sondern eine Herberge.

C 219 Contemptus corporis sui certa libertas est.
Seneca, Epistulae morales 65,22
> Geringschätzung gegenüber seinem Körper, das ist die verlässliche Freiheit.

C 220 Corporum autem bona corporibus quidem bona sunt, sed in totum non sunt bona.
Seneca, Epistulae morales 71,33
> Körperliche Fähigkeiten sind zwar für den Körper gut, doch insgesamt sind sie keine Güter.

C 221 Corpora nostra lente augescunt, cito exstinguuntur.
Tacitus, De vita Iulii Agricolae 3,1
> Unsere Körper wachsen langsam, verfallen schnell.

C 222 Corpus enim multis eget rebus, ut valeat: animus ex se crescit, se ipse alit, se exercet.
Seneca, Epistulae morales 80,3
> Der Körper hat für sein Wohlbefinden viele Bedürfnisse, der Geist wächst aus sich heraus, nährt und übt sich selbst.

C 223 Sic gerere nos debemus, non tamquam propter corpus vivere debeamus, sed tamquam non possimus sine corpore.
Seneca, Epistulae morales 14,2
> Wir sollten uns nicht so verhalten, als müssten wir für unseren Körper leben, sondern als könnten wir es nicht ohne ihn.

C 224 Vis adversus hoc corpus liber esse? Tamquam migraturus habita.
Seneca, Epistulae morales 70,16
> Willst du deinem Körper gegenüber frei sein? Dann bewohne ihn wie einer, der ausziehen wird.

C 225 Nihil est incorruptio carnis, ubi non est integritas mentis.
Collectio canonum 2. 44
> Körperliche Unversehrtheit ist nichts wert, wo die Gesinnung nicht makellos ist.

C 226 Cum caput aegrotat, corpus simul omne laborat.
Beda Venerabilis, Proverbiorum liber C64
> Ist der Kopf krank, leidet der ganze Körper mit.

C 227 Melior est animi aequitas quam corporis sanitas.
Prosper Aquitanus, Liber sententiarum 161
> Besser ein ausgeglichener Geist als ein gesunder Körper.

C 228 Pronaque cum spectent animalia cetera terram, / os homini sublime dedit caelumque videre / iussit et erectos ad sidera tollere vultus.
Ovidius, Metamorphoses 1. 84–86
> Während die übrigen Lebewesen gebeugt zur Erde schauen, gab *(Gott)* dem Menschen ein aufblickendes Gesicht und hieß ihn zum Himmel schauen und den Blick empor zu den Sternen erheben.

C 229 Unica gens hominum celsum levat altius cacumen, / atque levis recto stat corpore despicitque terras.
Boethius, De consolatione philosophiae 5. c5,11–12
> Allein das Menschengeschlecht hebt sein Haupt höher und steht leicht mit aufrechtem Körper und blickt auf das Irdische hinab.

C 230 Nihil in homine membrorum est, quod non et necessitatis causa sit et decoris.
Minucius Felix, Octavius 18,1
> Beim Menschen gibt es kein einziges Glied, das nicht zweckmäßig und schön wäre.

C 231 Namque in regali mens regia corpore regnat, / magnanimumque decent fortia membra virum.
Codex Bernensis 568 (Hagen, Carmina medii aevi 111,9–10)
> In einem herrschaftlichen Körper herrscht auch ein herrschaftlicher Geist, beherzte Glieder passen zu einem beherzten Mann.

C 232 Est procerum vere procerum corpus habere.
Binder, Novus thesaurus 988

> Vornehmen steht ein stattlicher Körper wohl an.

C 233 Fere ingenium breve est in amplo corpore.
Walther, Proverbia sententiaeque 36900k

> Im Allgemeinen ist in einem großen Körper nur ein kleiner Verstand. *(vgl. ›Klein, aber oho!‹)*

C 234 Quattuor humores in humano corpore constant. / Sanguis cum cholera, phlegma, melancholia; terra melanch., aqua phleg., aer sanguis, choler. ignis.
Regimen sanitatis Salernitanum 258–260

> Vier Säfte gibt es im menschlichen Körper: Blut und helle Galle, Schleim und dunkle Galle; Erde ist schwärzliche Galle, Wasser entspricht dem Schleim, Luft dem Blut, Feuer der leichten Galle.

Kraft

C 235 Defectio virium adulescentiae vitiis efficitur saepius quam senectutis; libidinosa enim et intemperans adulescentia effetum corpus tradit senectuti.
Cicero, Cato maior de senectute 29

> Das Schwinden der Kräfte geht öfter auf Sünden der Jugend als des Alters zurück; denn eine wollüstige und zügellose Jugend hinterlässt dem Alter einen entkräfteten Körper.

C 236 Ignavia corpus hebetat, labor firmat; illa maturam senectutem, hic longam adolescentiam reddit.
Celsus, De medicina 1. 1,1

> Untätigkeit schwächt den Körper, Arbeit stärkt ihn; jene sorgt für ein frühes Alter, diese verschafft eine lange Jugend.

C 237 Solidissima corporis pars est, quam frequens usus agitavit.
Seneca, De providentia 4,12

> Der stärkste Teil des Körpers ist der, den ständige Beanspruchung in Gang hält.

C 238 Cum tibi praevalidae fuerint in corpore vires, / fac sapias: sic tu poteris vir fortis haberi.
Disticha Catonis 4. 12

> Wenn du über starke Körperkräfte verfügst, schau, dass du auch vernünftig bist: So kannst du wirklich als stark gelten.

C 239 Viribus intentus non est vir fortis habendus, / sed quemcumque vides sapienter ducere vires.
Werner, Lateinische Sprichwörter V57

> Nicht der ist für kräftig zu halten, der ständig mit seiner Körperkraft beschäftigt ist, sondern jeder, den man klug mit seiner Kraft umgehen sieht.

C 240 Stulta est enim, mi Lucili, et minime conveniens litterato viro occupatio exercendi lacertos et dilatandi cervicem ac latera firmandi.
Seneca, Epistulae morales 15,2
> Es ist, mein Lucilius, eine für einen gebildeten Menschen völlig unpassende Beschäftigung, seine Armmuskeln zu trainieren, sein Genick zu verbreitern und seine Brust zu härten.

C 241 Ardua virtutem profert via.
Silius Italicus, Punica 2. 578
> Ein steiler Anstieg offenbart die Kraft.

C 242 Enervant vires corporis Bacchus et Venus.
Wander, Deutsches Sprichwörter-Lexikon 4. 29
> Bacchus und Venus zehren die Körperkräfte auf.

C 243 Falso queritur de natura sua genus humanum, quod inbecilla atque aevi brevis forte potius quam virtute regatur.
Sallustius, Bellum Iugurthinum 1,1–2
> Zu Unrecht beklagt sich das Menschengeschlecht über seine Natur, dass sie, schwach und nur kurzlebig, eher vom Zufall als von eigener Leistung gelenkt werde.

C 244 Nemo nostrum non peccat; homines sumus, non dei.
Petronius, Satyricon 75,1
> Keiner von uns ist ohne Fehler; wir sind Menschen, keine Götter.

C 245 Nos homunciones sumus, omnia nobis negare non possumus.
Seneca, Epistulae morales 116,7
> Wir sind nur schwache Menschen, alles können wir uns nicht versagen.

C 246 Nota habet sui quisque corporis vitia.
Seneca, Epistulae morales 68,7
> Seine körperlichen Mängel kennt jeder genau.

C 247 Corporis debilitas eorum munerum excusationem praestat, quae corpore implendae sunt: ceterum quae consilio prudentis viri vel patrimonio sufficientis in homines obiri possunt, nisi certis et receptis probabilibus causis, non remittuntur.
Corpus Iuris Civilis, Digesta 50. 5,2,7a (Ulpianus)
> Körperliche Schwäche verschafft eine Entschuldigung bei den Dienstleistungen, die mit dem Körper verrichtet werden müssen; doch was durch kluge Überlegung oder ein hinreichendes Vermögen sich für Menschen leisten lässt, wird nur aus unanfechtbaren und triftigen Gründen erlassen.

C 248 Ingenio pollet, cui vim fortuna negavit.
Wander, Deutsches Sprichwörter-Lexikon 1. 11
> Wem das Schicksal Körperkraft verweigert hat, der zeigt geistige Stärke.

C 249 Saepe latet vitium proximitate boni.
~ Ovidius, Ars amatoria 2. 662
> Ein Fehler bleibt oft verborgen, wenn ein Vorzug ihn überdeckt *(wörtlich: durch die Nähe eines Vorzugs)*.

C 250 Corporis exigui vires contemnere noli: / consilio pollet, cui vim natura negavit.
Disticha Catonis 2. 9
> Unterschätze nicht die Kraft eines schwachen Körpers; geistig ist stark, wem die Natur Kraft versagt hat.

C 251 Exiguos artus cumulata peritia pensat.
Nivardus, Ysengrimus 1. 177
> Schwache Glieder gleicht vermehrte Erfahrung aus.

Mensch (physisch)

Körperpflege

C 252 Balnea, vina, Venus conservant corpora nostra; / corrumpunt eadem balnea, vina, Venus.
cf. Corpus Inscriptionum Latinarum VI 15258
> Bäder, Wein und Liebe erhalten unseren Körper, richten ihn aber auch zugrunde.

C 253 Balnea, vina, Venus corrumpunt corpora nostra; / sed vitam faciunt balnea, vina, Venus.
Corpus Inscriptionum Latinarum VI 15258
> Bäder, Wein und Liebe zerrütten unseren Körper; doch Bäder, Wein und Liebe machen das Leben aus.

C 254 Barba viros hirtaeque decent in corpore saetae.
Ovidius, Metamorphoses 13. 850
> Zier der Männer ist Bart und struppige Körperbehaarung.

C 255 Honestum ei vile est, cui corpus nimis carum est.
Seneca, Epistulae morales 14,2
> Seine Ehre verkauft, wem sein Körper zu wenig gilt.

C 256 Sed vitate viros cultum formamque professos.
Ovidius, Ars amatoria 3. 433
> Meidet Männer, die auf Körperpflege und Schönheit Wert legen.

C 257 Totis corporibus nihil esse utilius sale et sole.
Plinius maior, Naturalis historia 31. 102
> Für den ganzen Körper gibt es nichts Nützlicheres als Salz und Sonne.

C258 Virginibus curae grataque forma sua est.
Ovidius, Ars amatoria 1. 624
Junge Mädchen freuen sich über ihre Figur und pflegen sie.

C259 Valetudo sustentatur notitia sui corporis et observatione, quae res aut prodesse soleant aut obesse, et continentia in victu omni atque cultu corporis postremo arte eorum, quorum ad scientiam haec pertinent.
Cicero, De officiis 2. 86
Gesund bleibt man, wenn man seinen Körper kennt und beachtet, was ihm gewöhnlich nützt oder schadet, und wenn man Maß hält in seiner ganzen Lebensweise und seinen Körper pflegt und schließlich die Kunst der hierin Fachkundigen in Anspruch nimmt.

C260 Cum fueris locuples, corpus curare memento: / aeger dives habet nummos, se non habet ipsum.
Disticha Catonis 4. 5
Bist du reich, dann pflege deinen Körper, ein reicher Kranker hat zwar Geld, aber nicht mehr sich selbst.

C261 Post cenam stabis aut passus mille meabis.
Regimen sanitatis Salernitanum, Ordo coenae
Nach dem Essen sollst du stehen oder tausend Schritte gehen.

C262 Potest igitur exercitatio et temperantia etiam in senectute conservare aliquid pristini roboris.
Cicero, Cato maior de senectute 34
Gymnastik und Enthaltsamkeit können auch im Alter etwas von der früheren Leistungsfähigkeit bewahren.

C263 Victus cultusque corporis ad valetudinem referatur et ad vires non ad voluptatem.
Cicero, De officiis 1. 106
Ernährung und Körperpflege müssen der Gesundheit und Leistungsfähigkeit dienen und nicht der Befriedigung der Lust.

C264 Exercendum tamen corpus et ita afficiendum est, ut oboedire consilio rationique possit in exsequendis negotiis et in labore tolerando.
Cicero, De officiis 1. 79
Man muss den Körper trainieren und ihn so behandeln, dass er beim Erledigen von Aufgaben und beim Ertragen von Strapazen Einsicht und Vernunft gehorchen kann.

C265 Munditiis capimur.
Ovidius, Ars amatoria 3. 133
Wir lassen uns von Sauberkeit beeindrucken.

C266 Sincerum est nisi vas, quodcumque infundis, acescit.
Horatius, Epistulae 1. 2,54
Wenn ein Gefäß nicht sauber ist, wird alles, was man hineingießt, sauer.

C267 Mundities corporis ad valetudinem et ingenium confert.
Wander, Deutsches Sprichwörter-Lexikon 5. 1680
> Reinlichkeit des Körpers dient der Gesundheit und regt den Geist an.

C268 Si fore vis sanus, ablue saepe manus!
Regimen sanitatis Salernitanum 64
> Willst du gesund bleiben, wasch oft die Hände!

Gesundheit

C269 Non est vivere, sed valere vita.
Martialis, Epigrammata 6. 70,15
> Nicht leben, sondern gesund sein macht das Leben aus.

C270 Orandum est, ut sit mens sana in corpore sano.
Iuvenalis, Saturae 10,356
> Man muss darum beten, dass in einem gesunden Körper ein gesunder Geist wohne.

C271 Id felicitati tribuitur, quod totum vitae spatium mente sana in corpore sano percurrere potuerimus.
Spinoza, Ethica 5. 39 Scholium
> Dem Glück haben wir es zu verdanken, wenn wir das ganze Leben mit gesundem Geist in einem gesunden Körper durchlaufen können.

C272 Parum est aegrum non esse: fortem et laetum et alacrem volo. Prope abest ab infirmitate, in quo sola sanitas laudatur.
Tacitus, Dialogus de oratoribus 23,4
> Es genügt nicht, nicht krank zu sein: Ich verlange Stärke, Fröhlichkeit, Begeisterung. Der ist so gut wie krank, an dem es nur die Gesundheit zu loben gibt.

C273 Ante omnia norit quisque naturam sui corporis.
Celsus, De medicina 1. 3,13
> Vor allem anderen sollte jeder die Beschaffenheit seines Körpers kennen.

C274 Corpori enim ad tempus bona valetudo est; quam medicus, etiam si reddidit, non praestat.
Seneca, Epistulae morales 72,6
> Nur auf Zeit ist einem Gesundheit gegeben; der Arzt kann sie nicht gewährleisten, auch wenn er sie einem zurückgegeben hat.

C275 Cura valetudinis animum humilem facit et corpori supplicem.
Bacon, De dignitate et augmentis scientiarum 6. 3, Exempla 4
> Die Sorge um die Gesundheit entwürdigt den Geist und macht ihn zum Bittsteller für den Körper.

Mensch (physisch)

C276   Colligebat bonae valitudini contraria esse alimenta varia et nostris aliena corporibus.
Seneca, Epistulae morales 108,18
> (Sotion, ein Peripatetiker,) fasste zusammen, vielfältige und unserem Körper wesensfremde Nahrung sei schädlich für die Gesundheit.

C277   Facit temperantia bonam valetudinem.
Seneca, Epistulae morales 14,15
> Mäßigung sorgt für Gesundheit.

C278   Hanc ergo sanam ac salubrem formam vitae tenete, ut corpori tantum indulgeatis, quantum bonae valitudini satis est.
Seneca, Epistulae morales 8,5
> Haltet euch an die gesunde und heilsame Lebensregel, dem Körper so viel zuzugestehen, wie zur Gesundheit ausreicht.

C279   Hoc bibe, quo possis, si vis tu vivere sanus: / morbi causa mali est homini quaecumque voluptas.
Disticha Catonis 4. 24
> Trink nur so viel, wie du verträgst, wenn du gesund bleiben willst: Auslöser für eine schlimme Krankheit ist jegliche menschliche Lust.

C280   Mortalis nemo est, quem non attingat dolor morbusque.
Euripides bei Cicero, Tusculanae disputationes 3. 59
> Es gibt keinen Menschen, der von Schmerz und Krankheit frei bliebe.

C281   Non est salus in corpore, nisi quam et membra potuerint obtinere.
Cassiodorus, Variae 9. 2,1
> Gesundheit ist einem Körper nur dann zu eigen, wenn auch seine Glieder daran teilhaben können.

C282   Quid boni habeat sanitas, languor ostendit.
Hieronymus, Epistulae 66,1
> Was Gesundheit wert ist, zeigt die Erschöpfung.

C283   Si ventri bene, si lateri est pedibusque tuis, nil / divitiae poterunt regales addere maius.
Horatius, Epistulae 1. 12,5–6
> Fühlen sich dein Magen, deine Lunge und deine Beine wohl, dann können auch königliche Schätze nichts Größeres dazutun.

C284   Una salus sanis nullam potare salutem; / non est in pota vera salute salus.
Owen, Epigrammata 2. 42,5–6
> Das einzig Gesunde für Gesunde ist, nicht ›zur Gesundheit‹ zu trinken; am Zur-Gesundheit-Trinken ist nichts gesund.

C 285 Venustas et pulchritudo corporis secerni non potest a valetudine.
Cicero, De officiis 1. 95
>> Anmut und körperliche Schönheit lasen sich nicht von der Gesundheit trennen.

Krankheit

C 286 Verum est ›morbum‹ esse temporalem corporis iubecillitatem, ›vitium‹ vero perpetuum corporis impedimentum
Corpus Iuris Civilis, Digesta 50. 16,101,2 (Modestinus)
>> Krankheit ist eine zeitweilige körperliche Schwäche, Gebrechen aber eine ständige körperliche Behinderung.

C 287 Non est bona valetudo mediocritas morbi.
Seneca, Epistulae morales 85,4
>> Eine leichte Krankheit ist noch keine Gesundheit.

C 288 Aegroto dum anima est, spes esse dicitur.
Cicero, Ad Atticum 9. 10,3
>> Solange ein Kranker noch atmet, besteht, sagt man, noch Hoffnung für ihn.

C 289 Prodest morbum suum nosse et vires eius, antequam spatientur, opprimere.
Seneca, De ira 3. 10,4
>> Es hilft viel, seine Krankheit zu kennen und ihr die Kraft zu nehmen, bevor sie sich ausbreitet.

C 290 Naturalis siquidem cura est aegris dare laetitiam: nam fac invalidum gaudere, sanatus est.
Cassiodorus, Variae 9. 6,2
>> Es ist eine naturgemäße Fürsorge, Kranken eine Freude zu machen: Denn lass einen Kranken sich freuen, schon ist er geheilt.

C 291 Morbum et pauperiem celare imprudentia est.
Publilius Syrus, Sententiae A295
>> Krankheit und Armut geheim halten zu wollen ist nicht klug.

C 292 Magnos cruciatus habet morbus, sed hos tolerabiles intervalla faciunt. Nam summi doloris intentio invenit finem.
Seneca, Epistulae morales 78,7
>> Die Krankheit verursacht große Schmerzen, doch Pausen machen diese erträglich. Denn auf seinem Höhepunkt lässt der Schmerz nach.

C 293 Dolor carnis tantummodo offensio est animae ex carne et quaedam ab eius passione dissensio.
Augustinus, De civitate Dei 14. 15
>> Körperlicher Schmerz ist nur Verdruss der Seele vonseiten des Fleischs und eine Art Auflehnung gegen diese Beschwerde.

Mensch (physisch)

C294 Gravius aegrotant ii, qui, cum levati morbo videntur, in eum de integro inciderunt.
Cicero, Ad familiares 12. 30,2
> Ziemlich schlimm leiden die Kranken, die glauben, ihre Krankheit überwunden zu haben, und dann erneut von ihr befallen werden.

C295 Habere dicimur febrem, cum illa nos habeat.
Seneca, Epistulae morales 119,12
> Man sagt, wir hätten Fieber, während doch jenes uns hat.

C296 Infirmis causa pusilla nocet.
Ovidius, Remedia amoris 730
> Kranken schadet schon der geringste Anlass.

C297 Aegrum corpus quassari etiam levibus solet offensis.
Ammianus Marcellinus, Res gestae 14. 5,2
> Ein kranker Körper wird auch schon durch leichte Unpässlichkeit erschüttert.

C298 Morbi plures ex saturitate nimia eveniunt.
Otloh, Libellus proverbiorum M47
> Die meisten Krankheiten gehen auf Übersättigung zurück.

C299 Abstinere debet aeger.
Celsus, De medicina 2. 12
> Der Kranke muss enthaltsam leben.

C300 Omnium optima sunt quies et abstinentia.
Celsus, De medicina 3. 2
> Das Beste von allem ist Ruhe und Enthaltsamkeit.

C301 Multaque corporibus transitione nocent.
Ovidius, Remedia amoris 616
> Viele Schäden erleiden die Körper durch Ansteckung.

C302 Nullum intra se manet vitium.
Seneca, Epistulae morales 95,33
> Kein Laster bleibt innerhalb seiner Grenzen.

C303 Unius pecudis scabies totum commaculat gregem
Hieronymus, Commentarii in IV epistulas Paulinas, Ad Galatas 3
> Die Räude eines Rinds steckt die ganze Herde an.

C304 Navigium corpus, mens candida rectaque nauta est. / Hic si defuerit, vae tibi, navigium!
Denis, Carmina, Elegiaca 7
> Der Körper ist das Schiff, der strahlende und aufrechte Geist ist der Seemann. Wenn dieser fehlt, weh dir, Schiff!

C 305 Ultimum malorum est e vivorum numero exire, antequam moriaris.
Seneca, De tranquillitate animi 5,5
Das größte aller Übel ist, schon vor seinem Tod die Zahl der Lebenden zu verlassen.

C 306 Nemo liber est, qui corpori servit.
Seneca, Epistulae morales 92,33
Niemand ist frei, der sich von seinem Körper beherrschen lässt.

C 307 Non liber est, qui imperio servit corporis.
Pseudo-Publilius, Sententiae 237
Wer Sklave seines Körpers ist, ist nicht frei.

C 308 Nulla servitus turpior est quam voluntaria.
Seneca, Epistulae morales 47,17
Keine Knechtschaft ist schändlicher als eine freiwillige.

C 309 Paucos servitus, plures servitutem tenent.
Seneca, Epistulae morales 22,11
Nur wenige hält die Abhängigkeit fest, viel mehr halten an der Abhängigkeit fest.

C 310 Scito etenim bene longincum mortalibus morbum / in vino esse, ubi qui invitavit dapsilius se.
Lucilius, Saturae, frg. 1073–1074
Wisse: Eine langwierige Krankheit liegt für die Menschen im Wein, sobald einer ihn sich zu reichlich hat schmecken lassen.

C 311 Terra nobis malorum remedium genuit, nos illud vitae facimus venenum.
Plinius maior, Naturalis historia 2. 157
Die Erde hat uns ein Heilmittel gegen die Übel geschaffen, wir haben es zum Gift für das Leben gemacht.

Medizin

C 312 Est medicina triplex: servare, cavere, mederi.
Ausonius, Griphus ternarii numeri 69
Die Medizin hat drei Aufgaben: Gesunderhalten, Verhüten, Heilen.

C 313 Duo sunt officia medicinae, unum, quo sanatur infirmitas, aliud, quo custoditur sanitas.
Prosper Aquitanus, Liber sententiarum 131
Die Medizin hat zwei Aufgaben: eine, Krankheiten zu heilen, die andere, die Gesundheit zu bewahren.

C314 Et aequaliter ad omnes medicina sola pertinet et nulla res tam necessaria est omni generi hominum quam medicina.
Quintilianus, Declamationes minores 268,3

> Alle geht allein die Medizin in gleicher Weise an, und nichts ist für die ganze Menschheit so notwendig wie die Medizin.

C315 Medicina enim est instrumentum vel coadiutrix naturae, ut morbum expellat: nec sanat medicina, sed natura per medicinam adiuta.
Robertus Grosseteste, De artibus liberalibus

> Die Medizin ist das Mittel oder die Helferin der Natur, eine Krankheit zu vertreiben: Die Medizin heilt nicht, sondern die Natur mithilfe der Medizin.

C316 Certe omnis medicina innovatio est, et qui nova remedia accipere nolit, nova mala exspectet.
Bacon, Sermones fideles 24

> Die ganze Medizin ist Innovation, und wer neue Medikamente nicht verwenden will, muss sich auf neue Leiden einstellen.

C317 Quotquot dieta non curantur, medicaminibus curantur; quod si medicaminibus non curantur, ferro curantur; quod ferro non curatum fuerit, igne curatur; quod igne non curatum fuerit, istud puta incurabile.
Liber aphorismorum Hippocratis 7,87

> Alles, was durch gesunde Lebensweise nicht geheilt wird, wird mit Arzneimitteln geheilt, was aber durch Arzneimittel nicht geheilt wird, wird mit dem Messer geheilt, was mit dem Messer nicht heilbar ist, wird mit Feuer geheilt, was mit Feuer nicht heilbar ist, das halte für unheilbar.

C318 Quae medicamenta non sanant, ferrum sanat, quae ferrum non sanat, ignis sanat (quae vero ignis non sanat, insanabilia reputari oportet).
cf. Liber aphorismorum Hippocratis 7,87 (Motto zu Schillers ›Die Räuber‹)

> Was Medikamente nicht heilen, heilt das Eisen, was das Eisen nicht heilt, heilt das Feuer. (Was aber Feuer nicht heilt, muss als unheilbar gelten.)

C319 Immedicabile corpus / ense recidendum est, ne pars sincera trahatur.
Ovidius, Metamorphoses 1. 190–191

> Unheilbares Gewebe muss man mit dem Messer wegschneiden, damit kein gesunder Teil befallen wird.

C320 Corpora vix ferro quaedam sanantur acuto; / auxilium multis sucus et herba fuit.
Ovidius, Remedia amoris 527–528

> Manche Wunden lassen sich kaum mit dem scharfen Skalpell heilen; vielen brachten Kräutertinkturen Hilfe.

C 321 Cuncta prius temptata, sed immedicabile vulnus / ense recidendum est, ne pars sincera trahatur.
Ovidius, Metamorphoses 1. 190–191

> Zuerst muss alles versucht sein, doch wenn die Wunde unheilbar ist, muss mit dem Messer geschnitten werden, damit kein gesunder Teil in Mitleidenschaft gerät.

C 322 Et ferrum et ignis saepe medicinae loco est.
Seneca, Agamemno 152

> Sowohl Eisen als auch Feuer tritt oft an die Stelle der Arznei.

C 323 Medicina etiam sceleratis opem monstrat; compositiones remediorum salutarium nemo suppressit, ne sanarentur indigni.
Seneca, De beneficiis 4. 18,4

> Die Medizin bietet auch Übeltätern Hilfe an; niemand stellt die Zubereitung von Heilmitteln ein, damit keine Unwürdigen geheilt werden.

C 324 Ex medicina nihil oportet putare proficisci, nisi quod ad corporis utilitatem spectet, quoniam eius causa est instituta.
Cicero, De inventione 1. 68

> Aus der Heilkunst soll man keinen Gewinn erzielen, außer für den Körper, denn dafür ist sie ja geschaffen.

C 325 Medicina soror philosophiae.
Tertullianus, De anima 2

> Die Heilkunst ist die Schwester der Philosophie.

C 326 Medicina ubivis terrarum certissimum viaticum est.
Erasmus, Colloquia familiaria, Confabulatio pia

> Die Arzneikunst ist auf der ganzen Welt der sicherste Reiseproviant.

C 327 Eripit interdum, modo dat medicina salutem.
Ovidius, Tristia 2. 269

> Manchmal raubt die Heilkunst die Gesundheit, manchmal schenkt sie sie.

C 328 Ne medicina quidem morbos insanabiles vincit, tamen adhibetur aliis in remedium, aliis in levamentum.
Seneca, Epistulae morales 94,24

> Auch die Medizin kann unheilbare Krankheiten nicht besiegen, ihre Anwendung verspricht dennoch den einen Eindämmung, den anderen Linderung.

C 329 Omnes humanos sanat medicina dolores: / solus amor morbi non habet artificem.
Propertius, Elegiae 2. 1,57–58

> Die Medizin heilt alle menschlichen Schmerzen, nur die Liebe hat für ihr Leiden keinen Arzt.

Mensch
(physisch)

C330 Non intellecti nulla est curatio morbi.
Maximianus, Elegiae 3,55
> Eine nicht erkannte Krankheit kann man nicht heilen.

C331 Curentur dubii medicis maioribus aegri.
Iuvenalis, Saturae 13,124
> Bedenklich Kranke sollen von besseren Ärzten behandelt werden.

C332 Si tarde cupis esse senex, utaris oportet / vel modico medice, vel medico modice.
Owen, Epigrammata 2. 168,1–2
> Wenn du langsam alt werden willst, musst du Maßvolles medizinisch oder Mediziner maßvoll nutzen.

C333 Si valeant homines, ars tua, Phoebe, iacet.
Ovidius, Tristia 4. 3,78
> Wenn die Menschen gesund sind, wird deine Kunst, Phöbus, nicht gebraucht. *(vgl. ›Übel ergeht es dem Arzt, wenn es niemandem übel ergeht.‹)*

Arzt

C334 Medico male est, si nemini male est.
Binder, Novus thesaurus 1819
> Dem Arzt geht es schlecht, wenn es niemandem schlecht geht.

C335 Causam morbi ignorans non potest curare morbum.
Wander, Deutsches Sprichwörter-Lexikon 2. 1586
> Wer die Ursache einer Krankheit nicht kennt, kann die Krankheit nicht heilen.

C336 Medico diligenti, priusquam conetur aegro adhibere medicinam, non solum morbus eius, cui mederi volet, sed etiam consuetudo valentis et natura corporis cognoscenda est.
Cicero, De oratore 2. 186
> Ein gewissenhafter Arzt muss, bevor er dem Kranken eine Arznei verordnet, nicht nur die Krankheit, die er heilen will, sondern auch die Lebensweise des Patienten und sein körperliches Befinden untersuchen.

C337 Quis medicus aegros in transitu curat?
Seneca, Epistulae morales 40,5
> Welcher Arzt heilt Kranke im Vorbeigehen?

C338 Non potest medicus per epistulas cibi aut balinei tempus eligere: vena tangenda est.
Seneca, Epistulae morales 22,1
> Der Arzt kann nicht über Briefe den rechten Augenblick zum Essen und Baden herausfinden: Er muss schon den Puls fühlen.

C 339 Periti medici est, non protinus, ut venit, apprehendere manu brachium: sed primum residere hilari vultu, percontarique, quemadmodum se habeat, et si quis eius metus est, eum probabili sermone lenire, tum deinde eius corpori manum admovere.
Celsus, De medicina 1. 3

> Einen erfahrenen Arzt erkennt man daran, dass er nicht gleich bei der Ankunft den Arm des Kranken ergreift, sondern sich erst mit freundlicher Miene zu ihm setzt und sich erkundigt, wie sein Befinden ist, und wenn dieser Furcht zeigt, diese mit glaubhaften Worten zerstreut und erst dann seinen Körper untersucht.

C 340 Medicus minus negotii haberet, si adhiberetur ad recens vitium.
~ Seneca, Epistulae morales 50,4

> Der Arzt hätte weniger zu tun, wenn er gleich zu Beginn des Leidens hinzugezogen würde.

C 341 Medicus enim nihil aliud est quam animi consolatio.
Petronius, Satyricon 42,5

> Ein Arzt ist nichts anderes als ein Trost für die Seele.

C 342 Consilium arcanum tacito committe sodali; / corporis auxilium medico committe fideli.
Disticha Catonis 2. 22

> Vertrau einen geheimen Plan einem verschwiegenen Freund an; die körperliche Fürsorge überlass einem zuverlässigen Arzt.

C 343 Medici officium dicimus esse curare ad sanandum apposite.
Cicero, De inventione 1. 5,6

> Wir bezeichnen es als Pflicht des Arztes, in geeigneter Weise bis zur Heilung zu behandeln.

C 344 Esse autem chirurgus debet adulescens aut certe adulescentiae propior; manu strenua, stabili, nec umquam intremescente, eaque non minus sinistra quam dextra promptus; acie oculorum acri claraque; animo intrepidus; misericors sic, ut sanari velit eum, quem accepit, non ut clamore eius motus vel magis, quam res desiderat, properet, vel minus, quam necesse est, secet.
Celsus, De medicina 7. pr. 4

> Ein Chirurg muss jung sein oder jedenfalls nicht fortgeschrittenen Alters, seine Hand sei rüstig, fest und niemals zittrig, gleich geschickt mit der Linken wie der Rechten, mit scharfem und klarem Blick, unverzagten Sinnes, so mitfühlend, dass er den heilen will, den er übernommen hat, doch nicht durch sein Jammern veranlasst entweder rascher als der Sachlage nach erforderlich handelt oder weniger als nötig schneidet.

C 345 Si omnia fecit, ut sanaret, peregit partes suas medicus.
Seneca, De beneficiis 7. 14,3

> Wenn der Arzt alles zur Heilung getan hat, hat er seine Aufgabe erfüllt.

C 346 At medici quoque saepe falluntur.
Cicero, De natura deorum 3. 15

> Auch Ärzte täuschen sich oft.

C347 Quaedam pluris esse, quam emuntur. Emis a medico rem inaestimabilem, vitam ac bonam valetudinem, a bonarum artium praeceptore studia liberalia et animi cultum; itaque his non rei pretium, sed operae solvitur: quod deserviunt, quod a rebus suis avocati nobis vacant; mercedem non meriti, sed occupationis suae ferunt.
Seneca, De beneficiis 6. 15,2

> Manches ist mehr wert, als was es kostet. Beim Arzt kauft man etwas Unschätzbares, Leben und Gesundheit, beim wissenschaftlichen Lehrer Bildung und kultivierte Lebensart; daher wird diesen nicht der Wert der Sache, sondern ihres Aufwands bezahlt: Weil sie eine Dienstleistung verrichten, weil sie sich, von eigenen Angelegenheiten abgehalten, für uns Zeit nehmen, empfangen sie Lohn nicht nach Verdienst, sondern nach ihrer Inanspruchnahme.

C348 Tam medico quam praeceptori pretium operae solvitur, animi debetur.
Seneca, De beneficiis 6. 17,2

> Dem Arzt wie dem Lehrer zahlt man den Lohn für ihre Mühe, den für ihren psychischen Beistand bleibt man ihnen schuldig.

C349 Accipe, dum dolet.
Binder, Novus thesaurus 38

> Kassiere, solange es noch wehtut. *(Ratschlag an einen Arzt)*

C350 Gravissima infamia est medici opus quaerere.
Seneca, De beneficiis 6. 36,2

> Die schlimmste Niedertracht ist, wenn ein Arzt sich Arbeit verschafft.

C351 Male secum agit aeger, qui medicum heredem facit.
Publilius Syrus, Sententiae 332

> Der Kranke behandelt sich schlecht, der seinen Arzt als Erben einsetzt.

C352 Multitudo medicorum certa mors est aegrotantium.
Wander, Deutsches Sprichwörter-Lexikon 2. 1448

> Eine Vielzahl von Ärzten bedeutet den sicheren Tod der Kranken. *(vgl. ›Viele Köche verderben den Brei.‹)*

C353 Sicut medico imputari eventus mortalitatis non debet, ita quod per imperitiam commisit, imputari ei debet.
Corpus Iuris Civilis, Digesta 1. 18,6,7 (Ulpianus)

> Zwar darf man dem Arzt einen Todesfall nicht anrechnen, aber was er aus Unerfahrenheit getan hat, muss man ihm anrechnen.

C354 Si medicus dereliquerit curationem, culpae reus est.
~ Corpus Iuris Civilis, Institutiones 4. 3,6

> Wenn ein Arzt eine Behandlung unterlassen hat, ist er als schuldig angeklagt.

C355 Medico tantum hominem occidisse summa impunitas est.
~ Plinius maior, Naturalis historia 29. 18

> Nur der Arzt darf völlig ungestraft einen Menschen umbringen.

C356 Tam turpes sunt principi quam medico multorum neces.
Pseudo-Publilius, Sententiae 364
> Wenn viele sterben, ist das für einen Staatsmann so ehrenrührig wie für einen Arzt.

C357 Carnifices hominum sub honesto nomine.
Palingenius, Zodiacus vitae 5. 824
> (*Ärzte sind*) Henker mit ehrbarem Namen.

C358 Nec est medicinae culpa, sed vulneris, cum crudelitate clementi non parcit medicus, ut parcat, saevit, ut misereatur.
Hieronymus, Epistulae 55,5
> Nicht die Heilkunst ist schuld, sondern die Wunde, wenn der Arzt es an milder Grausamkeit nicht fehlen lässt, um zu schonen, wenn er unbarmherzig wird, um sich zu erbarmen.

C359 Nec aegri votum respicit, qui prodesse contendit.
Cassiodorus, Variae 7. 47,1
> Wer ihm rasch helfen will, achtet nicht auf den Wunsch des Kranken.

C360 Crudelem medicum intemperans aeger facit.
Publilius Syrus, Sententiae 89
> Die Unbeherrschtheit des Kranken macht den Arzt grausam.

C361 Non est opus valentibus medicus, sed male habentibus.
Vulgata, Evangelium secundum Matthaeum 9,12
> Die Gesunden brauchen keinen Arzt, sondern die, denen es schlecht geht.

C362 Medici opus quaerere, cum non est opus, gravissima infamia est.
cf. Seneca, De beneficiis 6. 36,2
> Die Hilfe des Arztes zu suchen, wenn es nicht erforderlich ist, ist äußerst unverschämt.

Arznei

C363 Contra vim mortis non est medicamen in hortis.
Regimen sanitatis Salernitanum 179
> Gegen den Tod ist kein Kraut gewachsen.

C364 Repugnante natura nihil medicina proficit.
~ Celsus, De medicina 3. 1
> Wenn die Natur sich widersetzt, hilft keine Arznei.

C365 Dosis facit remedium sive venenum.
nach Hippokrates
> Die Dosis macht die Arznei aus oder das Gift. (*vgl. ›Alles mit Maß und Ziel.‹*)

C366   Nihil aeque sanitatem impedit quam remediorum crebra mutatio.
Seneca, Epistulae morales 2,3
> Nichts ist hinderlicher für die Heilung als ein häufiger Wechsel der Arznei.

C367   Fac, quod medici solent, qui, ubi usitata remedia non procedunt, temptant contraria.
Seneca, De clementia 1. 9,6
> Mach es, wie es die Ärzte zu tun pflegen: Wenn die gewöhnlichen Heilmittel keinen Erfolg haben, versuchen sie es mit den gegenteiligen.

C368   Medicinae fiunt per contrarium.
Auctoritates, Aristoteles, Ethica 32
> Arzneien wirken mit dem Gegensätzlichen.

C369   Iuxta Hippocraten contraria contrariorum remedia.
Hieronymus, Epistulae 122 pr.
> Laut Hippokrates heilt man Entgegengesetztes mit Entgegengesetztem *(Allopathie)*.

C370   Similia similibus curantur.
Walther, Proverbia sententiaeque 29639f
> Gleiches heilt man mit Gleichem *(Homöopathie)*.

C371   Temerariis remediis graves morbi curantur.
Seneca maior, Controversiae (Exc.) 4. 5
> Schwere Krankheiten heilt man mit riskanten Heilmitteln.

C372   Quaedam remedia graviora ipsis periculis sunt.
Seneca maior, Controversiae (Exc.) 6. 7
> Manche Heilmittel sind gefährlicher als die Krankheiten selbst.

C373   Venenum aliquando pro remedio fuit; non ideo numeratur inter salubria.
Seneca, De beneficiis 2. 18,8
> Ein Gift war zwar manchmal ein Heilmittel; deshalb gilt es aber noch nicht als gesundheitsfördernd.

C374   In morbis quoque nihil est perniciosius quam immatura medicina.
Seneca, Ad Helviam matrem de consolatione 1,2
> Auch bei Krankheiten ist nichts schädlicher als eine zur Unzeit verabreichte Arznei.

C375   Mala est medicina, ubi aliquid naturae perit.
Publilius Syrus, Sententiae 327
> Schlecht ist eine Arznei, bei der etwas Natürliches zugrunde geht.

C376   Quaedam non nisi decepta sanantur.
Seneca, De ira 3. 39,4
> Manche Krankheiten lassen sich nur durch Täuschung heilen.

C377 Nil prodest, quod non laedere possit idem.
Ovidius, Tristia 2. 266
> Was nicht auch schaden könnte, nützt nicht.

C378 Non omnibus aegris eadem auxilia conveniunt.
Celsus, De medicina 3. 1
> Nicht allen Kranken bekommen die gleichen Heilmittel.

C379 Tardiora sunt remedia quam mala.
Binder, Novus thesaurus 3287
> Heilmittel wirken langsamer, als Krankheiten einsetzen.

C380 Ubi turpis est medicina, sanari piget.
Seneca, Oedipus 517
> Wenn das Mittel verabscheuenswert ist, ekelt man sich vor der Heilung.

Heilung

C381 Pars sanitatis velle sanari fuit.
Seneca, Phaedra 249
> Ein Bestandteil der Genesung war schon immer, genesen zu wollen.

C382 Hoc multum est: velle servari.
Seneca, Epistulae morales 52,3
> Damit ist schon viel erreicht: geheilt werden zu wollen.

C383 Discite sanari, per quem didicistis amare: / una manus vobis vulnus opemque feret. / Terra salutares herbas eademque nocentes / nutrit, et urticae proxima saepe rosa est.
Ovidius, Remedia amoris 43–46
> Lernt zu gesunden mithilfe dessen, mit dem ihr lieben gelernt habt; ein und dieselbe Hand wird uns Wunde und Abhilfe bringen. Die Erde nährt heilende Kräuter und schädliche zugleich, und direkt neben der Brennnessel steht oft die Rose.

C384 Ut valeas, multa dolenda feres.
Ovidius, Remedia amoris 226
> Um zu genesen, musst du viele Schmerzen ertragen.

C385 Nulla enim remedia, quae vulneribus adhibentur, tam faciunt dolorem, quam quae sunt salutaria.
Pseudo-Cicero, Epistula ad Octavianum 1
> Kein Mittel, das auf Wunden gegeben wird, schmerzt so sehr wie das, das hilft.

C386 Pro medicina est dolor, dolorem qui necat.
Publilius Syrus, Sententiae 463
> Wie Arznei ist ein Schmerz, der Schmerzen ausmerzt.

C 387 Quod aetas vitium posuit, aetas auferet.
Publilius Syrus, Sententiae 514
> Ein Übel, das die Zeit bringt, nimmt die Zeit auch wieder weg.

C 388 Surge et ambula.
Vulgata, Evangelium secundum Matthaeum 9,5
> Steh auf und wandle!

C 389 Facilius enim videtur sanare corpus, quam sanare animam.
Thomas von Aquin, Super Evangelium S. Matthaei
> Es erscheint leichter, den Körper zu heilen, als die Seele zu heilen.

Körpersprache

C 390 Omnis enim motus animi suum quendam a natura habet vultum et sonum et gestum; corpusque totum hominis et eius omnis vultus omnesque voces, ut nervi in fidibus, ita sonant, ut motu animi quoque sunt pulsae.
Cicero, De oratore 3. 216
> Jede Gemütsbewegung hat von Natur aus eine charakteristische Miene, Klangfarbe und Gebärde; der ganze menschliche Körper und sein ganzes Mienenspiel und alle stimmlichen Fähigkeiten klingen wie die Saiten eines Musikinstruments so, wie sie auch eine Gemütsbewegung anschlägt.

C 391 Gestus corporis signum est mentis.
Defensor Locociagensis, Liber scintillarum 72
> Die Haltung des Körpers ist ein Symptom für die geistige Verfassung.

C 392 Habitus enim mentis in corporis statu cernitur.
Ambrosius, De officiis 1. 71
> Die geistige Verfassung offenbart sich in der Körperhaltung.

C 393 hominum mores naturasque ex corpore, oculis, vultu, fronte pernoscere
Cicero, De fato 10
> Charakter und Wesen der Menschen an ihrem Körper, ihren Augen, ihrer Miene und ihrer Stirn erkennen

C 394 Imago animi vultus, indices oculi.
Cicero, De oratore 3. 221
> Das Gesicht ist das Abbild der Seele, die Augen ihre Kennzeichen.

C 395 Magis veritas oculata fide quam per aures animis hominum infigitur.
Corpus Iuris Civilis, Institutiones 3. 6,9
> Die Wahrheit offenbart sich den Menschen mehr als durch die Ohren durch die Bestätigung der Augen.

C396 **Mens ac voluntas ex oculis saepe dignoscitur.**
Lactantius, De opificio Dei 8,12
> Gesinnung und Absicht erkennt man oft an den Augen.

C397 **Proditur animi natura per vultum.**
Cassiodorus, Variae 3. 6,3
> Das Gesicht verrät den Charakter.

C398 **Prudenti vultus etiam sermonis loco est.**
Publilius Syrus, Sententiae 492
> Einem klugen Menschen sagt ein Gesicht so viel wie Worte.

C399 **Saepe tacens vocem verbaque vultus habet.**
Ovidius, Ars amatoria 1. 574
> Ein schweigendes Gesicht spricht oft Bände.

C400 **Facies non omnibus una / nec diversa tamen.**
Ovidius, Metamorphoses 2. 13–14
> Kein Gesicht unter allen ist gleich und dennoch keines verschieden.

C401 **Vultus loquitur, / quodcumque tegis.**
Seneca, Hercules Oetaeus 705–706
> Dein Gesicht verrät alles, was du verheimlichst.

C402 **Vox quaedam est animi corpus motus.**
Ambrosius, De officiis 1. 71
> Die Bewegung des Körpers ist wie eine Stimme der Seele.

C403 **Est enim actio quasi sermo corporis, quo magis menti congruens esse debet.**
Cicero, De oratore 3. 222
> Die Gestik ist gewissermaßen die Sprache unseres Körpers; umso mehr muss sie mit der inneren Einstellung übereinstimmen.

Aufmachung

C404 **Adhibenda praeterea munditia est, non odiosa neque exquisita nimis, tantum quae fugiat agrestem et inhumanam neglegentiam. Eadem ratio est habenda vestitus, in quo sicut in plerisque rebus mediocritas optima est.**
Cicero, De officiis 1. 130
> Ferner sollte man Eleganz an den Tag legen, freilich keine stutzerhafte und allzu übertriebene, aber soweit sie schmutzige und menschenunwürdige Ungepflegtheit meidet. Ebenso soll man bei der Kleidung verfahren, bei der, wie bei den meisten Dingen, der Mittelweg am besten ist.

C405 Forma dat esse viro.
Binder, Novus thesaurus 1174
> Das Äußere verschafft dem Mann seine Wirkung.

C406 A forma removeatur omnis viro non dignus ornatus.
Cicero, De officiis 1. 130
> Von unserem Erscheinungsbild soll jeglicher eines Mannes nicht würdige Zierrat ferngehalten werden.

C407 Sint procul a nobis iuvenes ut femina compti, / fine coli modico forma virilis amat.
Ovidius, Heroides 4,75–76
> Fern von uns seien Männer, die sich wie Frauen herausputzen, männliche Schönheit liebt nur maßvollen Schmuck.

C408 Barba non facit philosophum.
Binder, Novus thesaurus 316
> Der Bart macht noch keinen Philosophen.

C409 Cultus concessus atque magnificus addit hominibus auctoritatem, at muliebris et luxuriosus non corpus exornat, sed detegit mentem.
Quintilianus, Institutio oratoria 8. pr. 20 (nach Homeros)
> Anständige und prächtige Kleidung verleiht den Menschen Ansehen, doch weibische und verschwenderische schmückt nicht den Körper, sondern enthüllt den Geist. *(vgl. ›Kleider machen Leute.‹)*

C410 Homo ex veste vulgo aestimatur.
cf. Seneca, Epistulae morales 47,16
> Den Menschen beurteilt man gewöhnlich nach seiner Kleidung.

C411 Stultissimus est, qui hominem aut ex veste aut ex condicione, quae vestis modo nobis circumdata est, aestimat.
Seneca, Epistulae morales 47,16
> Äußerst töricht ist, wer einen Menschen seiner Kleidung oder seinen Verhältnissen nach beurteilt, die uns wie Kleider umgeben.

C412 Vestiri in foro honeste mos erat, domi, quod satis erat.
Cato bei Gellius, Noctes Atticae 11. 2,5
> Es war einst Sitte, in der Öffentlichkeit anständig gekleidet zu sein, zu Hause aber so, dass es ausreichte.

C413 Purpura vendit / causidicum.
Iuvenalis, Saturae 7,135–136
> Purpur empfiehlt den Advokaten.

C414 Decentissimus feminae ornatus est, quem maritus probat.
Pseudo-Seneca, Monita 152
> Der geziemendste Schmuck der Frau ist der, der ihrem Mann gefällt.

C415 Uni si qua placet, culta puella sat est.
Propertius, Elegiae 1. 2,26
> Wenn es einem Einzigen gefällt, ist das Mädchen geschmückt genug.

C416 Mundus muliebris est, quo mulier mundior fit.
Corpus Iuris Civilis, Digesta 34. 2,25,10 (Ulpianus)
> Als weiblicher Putz wird bezeichnet, womit eine Frau gepflegter wird.

C417 Cultus muliebris non corpus exornat, sed detegit mentem.
Hammer, Rosetum historiarum 9; cf. Quintilianus, Institutio oratoria 8. pr. 20 (nach Homeros)
> Die Kleidung der Frau schmückt nicht den Körper, sondern offenbart den Geist.

C418 Virtute formae id evenit, te ut deceat, quicquid habeas.
Plautus, Mostellaria 173
> Dank deiner Schönheit steht dir alles, was du anhast.

C419 Non vestem amatores amant mulieris, sed vestis fartim.
Plautus, Mostellaria 159
> Nicht das Kleid lieben die Liebhaber an einer Frau, sondern was im Kleid drinsteckt.

C420 Quis furor est census corpore ferre suos!
Ovidius, Ars amatoria 3. 172
> Was ist das für ein Wahnsinn, sein Vermögen an seinem Körper mit sich herumzutragen?

C421 Auferimur cultu: gemmis auroque teguntur / omnia; pars minimast ipsa puella sui.
Ovidius, Remedia amoris 343–344
> Wir sind hingerissen vom Schmuck: Alles ist mit Edelsteinen und Gold bedeckt; nur ein winziger Teil von ihr ist das Mädchen selbst.

C422 Fuge lasciviam puellarum, quae ornant capita, crines a fronte demittunt, cutem poliunt, utuntur lomentis, adstrictas habent manicas, vestimenta sine ruga soccosque crispantes, ut sub nomine virginali vendibilius pereant.
Hieronymus, Epistulae 130,18
> Meide die Überspanntheit der jungen Frauen, die ihren Kopf herausputzen, die Haare in die Stirn fallen lassen, ihre Haut schminken, Essenzen benutzen, hautenge lange Ärmel tragen, Kleider ohne jede Falte und verschnörkelte Sandaletten, um als jungfräulich leichter verkäuflich herunterzukommen.

C423 Sub laceris crebro virtus latet aurea pannis, / cum stolidas aurum pecudes et purpura velet.
Muretus, Institutio puerilis 88–89

> Unter lumpigem Gewand ist oft goldene Tugend verborgen, während Gold und Purpur blödes Vieh verhüllt.

C424 Color arte compositus inquinat corpus, non mutat.
Petronius, Satyricon 102,15

> Eine aufgetragene Farbe besudelt den Körper, ändert ihn nicht.

C425 At matrona potest alienis artibus uti, / quodque trahat, quamvis non doceatur, habet.
Ovidius, Tristia 2. 253–254

> Eine ehrbare Gattin kann sich fremder Künste bedienen und verfügt so über Reize, ohne dass man sie ihr beibringt.

C426 Cura dabit faciem; facies neglecta peribit.
Ovidius, Ars amatoria 3. 105

> Sorgfalt macht das Gesicht erst schön; ein vernachlässigtes Gesicht verfällt.

C427 Dum moliuntur, dum comantur, annus est.
cf. Terentius, Heauton timorumenos 240

> Mit Zurechtmachen und Schönheitspflege vergeht ein Jahr.

C428 Nequiquam exornatast bene, si moratast male.
Plautus, Mostellaria 290

> Eine Frau ist keineswegs gut zurechtgemacht, wenn sie sich nicht recht zu benehmen weiß.

Sinne

C429 Duo dicuntur sensus animae, videlicet: intellectus et affectus, alii vero dicuntur sensus corporei, qui sunt quinque, videlicet: visus, auditus, gustus, odoratus et tactus.
Albertanus Brixiensis, Sermones 2

> Als Sinne der Seele gelten zwei: Geist und Gefühl, als körperliche Sinne gelten aber fünf: Gesicht, Gehör, Geschmack, Geruch und Tastsinn.

C430 Visus, auditus, tactus, olfactus, hiatus: / unum quinque duces sub vice corpus alit.
Anthologia Latina 1. 798a,21–22

> Gesicht, Gehör, Gespür, Geruch, Geschmack *(wörtlich: Mundhöhle)*: ein einziger Körper hegt wechselweise fünf Führer.

C431 Nihil est in intellectu, quod non sit prius in sensu.
Locke nach Aristoteles, De anima, vgl. Thomas von Aquin, Summa contra gentiles 1. 12

> Es gibt keine Erkenntnis, ohne dass die sinnliche Wahrnehmung vorausgegangen ist.

C432 Fallunt nos oculi vagique sensus / oppressa ratione mentiuntur.
Petronius in Anthologia Latina 1. 650,1–2
> Uns täuschen die Augen und trügen die unzuverlässigen Sinne, wenn der Verstand befangen ist.

C433 Acerrimum autem ex omnibus nostris sensibus esse sensum videndi.
Cicero, De oratore 2. 357
> Der schärfste aller unserer Sinne ist der Gesichtssinn.

C434 Facilius ad ea, quae visa, quam ad illa, quae audita sunt, mentis oculi feruntur.
Cicero, De oratore 3. 163
> Die Augen des Geistes wenden sich leichter dem zu, was man gesehen hat, als was man gehört hat.

C435 Homines amplius oculis quam auribus credunt.
Seneca, Epistulae morales 6,5
> Die Menschen trauen ihren Augen mehr als ihren Ohren. *(vgl. ›Sehen geht über Hören.‹)*

C436 Melius enim oculis, quae fiunt, deprehendimus, quam quae auditione colligimus.
Isidorus Hispaliensis, Etymologiae (Origines) 1. 41,1
> Mit den Augen erfassen wir Vorgänge besser, als wenn wir etwas durchs Gehör aufnehmen.

C437 Aliena vitia in oculis habemus, a tergo nostra sunt.
Seneca, De ira 2. 28,8
> Die Fehler anderer stechen uns in die Augen, die eigenen lassen wir in unserem Rücken. *(vgl. ›Wir sehen den Splitter in des Bruders Auge, aber den Balken im eigenen Auge sehen wir nicht.‹)*

C438 Fit enim nescio quomodo, ut magis in aliis cernamus quam in nobismet ipsis, si quid delinquitur.
Cicero, De officiis 1. 146
> Merkwürdigerweise merken wir eher an anderen als an uns selbst, wenn ein Fehler begangen wird.

C439 Me caecum, qui haec ante non viderim!
Cicero, Ad Atticum 10. 10,1
> Wie konnte ich nur so blind sein, das nicht vorher zu sehen!

C440 Metus respicere non solet, quicquid iuvat.
Publilius Syrus, Sententiae 344
> Die Furcht pflegt nicht auf das zu achten, was Hilfe bringt.

Mensch (physisch)

C441   Pro superi! quantum mortalia pectora caecae / noctis habent!
Ovidius, Metamorphoses 6. 472–473
> O Götter! Welche Finsternis wohnt in den Herzen der Sterblichen!

C442   Fortuna caecat multos ut medicus malus.
Publilius Syrus, Sententiae A236
> Das Glück macht viele blind, wie ein schlechter Augenarzt.

C443   Scilicet insano nemo in amore videt.
Propertius, Elegiae 2. 14,18
> Keiner, der sinnlos verliebt ist, sieht klar. *(vgl. ›Liebe macht blind.‹)*

C444   Amans quid cupiat, scit, quid capiat, non videt.
Publilius Syrus, Sententiae 15
> Ein Liebhaber weiß, was er sich wünscht, was er bekommt, sieht er nicht.

C445   Beati monoculi in terra caecorum.
Walther, Proverbia sententiaeque 15030b
> Glücklich die Einäugigen im Land der Blinden.

C446   Visu carenti magna pars veri patet.
Seneca, Oedipus 295
> Auch wenn man blind ist, bleibt doch ein großer Teil der Wirklichkeit erkennbar.

C447   Habet nescio quid latentis energiae viva vox et in aures discipuli de auctoris ore transfusa fortius sonat:
Hieronymus, Epistulae 53,2
> Das lebendige Wort hat eine verborgene Kraft und aus dem Mund des Lehrers in die Ohren des Schülers gedrungen findet es stärkeren Widerhall.

C448   Viva vox afficit.
Plinius, Epistulae 2. 3,9
> Die lebendige Stimme fasziniert.

C449   Aures habent et non audient.
Vulgata, Psalmus 115(113B),6
> Sie haben Ohren und hören nicht.

C450   Conticuere omnes, intentique ora tenebant.
Vergilius, Aeneis 2. 1
> Da verstummten alle und lauschten angespannt.

C451   Gustatus est sensus ex omnibus maxime voluptarius.
~ Cicero, De oratore 3. 99
> Der Geschmack ist von allen Sinnen der genusssüchtigste.

C 452 Ieiunus raro stomachus vulgaria temnit.
Horatius, Sermones 2. 2,38

> Ein Magen, der selten Hunger spürt, verachtet gemeine Speise.

C 453 Dulce etiam fugias, fieri quod amarum potest.
Publilius Syrus, Sententiae 144

> Meide auch Süßes, weil es bitter werden kann.

C 454 Dulcia non meruit, qui non gustavit amara.
Anthologia Latina 1. 785a,1

> Wer das Bittere nicht gekostet, hat das Angenehme nicht verdient.

C 455 Non cuicumque datum est habere nasum.
Martialis, Epigrammata 1. 41,18

> Nicht jeder hat eine feine Nase.

C 456 Optimus odor in corpore est nullus.
Seneca, Epistulae morales 108,16

> Der beste Körpergeruch ist gar keiner.

C 457 Mulier recte olet, ubi nihil olet.
Plautus, Mostellaria 273

> Eine Frau riecht gut, wenn sie nach nichts riecht.

C 458 Nec male olere mihi nec bene olere placet.
Ausonius, Epigrammata 84,2

> Ich liebe es nicht, zu riechen, weder gut noch schlecht.

Mensch (physisch)

D **Mensch** (psychisch)

Seele

D1 Ne minorem curam egeris animi quam corporis.
Pseudo-Seneca, Monita 17
> Leg nicht weniger Wert auf die Pflege deiner Seele als auf die deines Körpers.

D2 Morte carent animae.
Ovidius, Metamorphoses 15. 158
> Die Seelen sind unsterblich.

D3 Nil non mortale tenemus, / pectoris exceptis ingeniique bonis.
Ovidius, Tristia 3. 7,43–44
> Alles an uns ist sterblich, außer den Gaben des Herzens und des Geistes.

D4 Anima enim est motor corporis.
Thomas von Aquin, Summa theologiae 1. 75,1
> Die Seele ist die Kraftquelle des Körpers.

D5 Animi motus eos putemus sanissimos validissimosque, qui nostro arbitrio ibunt, non suo ferentur.
Seneca, De ira 2. 34,7
> Die seelischen Regungen müssen wir für die gesündesten und stärksten halten, die unserem Willen gehorchen, nicht durch den eigenen Trieb sich hinreißen lassen.

D6 Duae res plurimum roboris animo dant: fides veri et fiducia.
Seneca, Epistulae morales 94,46
> Zwei Dinge geben der Seele vor allem Kraft: Glaube an die Wahrheit und Selbstvertrauen.

D7 Duplex est enim vis animorum atque natura: una pars in appetitu posita est, quae hominem huc et illuc rapit, altera in ratione, quae docet et explanat, quid faciendum fugiendumque sit.
~ Cicero, De officiis 1. 101
> Zweifach ist die Kraft und das Wesen der Seelen: Der eine Teil liegt im Triebhaften, das den Menschen hierhin und dorthin reißt, der andere in der Vernunft, die lehrt und erklärt, was zu tun und zu meiden ist.

D8 Est enim animus in partes tributus duas, quarum altera rationis est particeps, altera expers.
Cicero, Tusculanae disputationes 2. 47
> Die Seele ist zweigeteilt, der eine Teil ist vernunftbestimmt, der andere nicht.

D 9   In homine autem summa omnis animi est et in animo rationis, ex qua virtus est, quae rationis absolutio definitur.
Cicero, De finibus bonorum et malorum 5. 38

> Das Wichtigste am Menschen ist der geistig-seelische Bereich und an diesem die Vernunft; aus ihr geht die Tugend hervor, die man als Vollendung der Vernunft bestimmt.

D 10   Motus autem animorum duplices sunt: alteri cogitationis, alteri appetitus; cogitatio in vero exquirendo maxime versatur, appetitus impellit ad agendum.
Cicero, De officiis 1. 131–132

> Unsere inneren Regungen sind zweifach: die des Denkens und die des Begehrens; das Denken ist vor allem auf die Ermittlung der Wahrheit aus, das Begehren treibt zum Handeln an.

D 11   Magna et generosa res est humanus animus: nullos sibi poni nisi communes et cum deo terminos patitur.
Seneca, Epistulae morales 102,21

> Etwas Großes und Edles ist die menschliche Seele: Sie lässt sich keine Grenzen setzen außer denen, die sie auch mit Gott gemeinsam hat.

D 12   In unoquoque virorum bonorum habitat deus.
~ Seneca, Epistulae morales 41,2

> In jedem guten Menschen wohnt ein Gott.

D 13   In oculis animus habitat.
Plinius maior, Naturalis historia 11. 145

> In den Augen wohnt die Gesinnung.

D 14   Rex noster est animus: hoc incolumi cetera manent in officio, parent, obtemperant: cum ille paulum vaccillavit, simul dubitant. Cum vero cessit voluptati, artes quoque eius actusque marcent et omnis ex languido fluidoque conatus est.
Seneca, Epistulae morales 114,23

> Unser König ist die Seele. Ist sie gesund, erfüllt alles Übrige seinen Dienst, ist folgsam und gehorsam; wankt sie aber auch nur ein wenig, wird mit ihr alles unsicher. Gibt sie aber dem Genuss nach, verlieren auch ihre Fähigkeiten und Verrichtungen ihre Kraft, und was sie unternimmt, wird flau und schlaff.

D 15   Sensus ea vis animae est, quae rerum corporearum corporeas percipit formas praesentes. Imaginatio est ea vis animae, quae rerum corporearum corporeas percipit formas, sed absentes.
Alcherus Claraevallensis, De spiritu et anima 11

> Die Wahrnehmung ist die Kraft der Seele, die die körperliche Gestalt der körperlichen Dinge als gegenwärtig erkennt. Die Vorstellung ist dagegen die Kraft der Seele, die die körperliche Gestalt der körperlichen Dinge als nicht gegenwärtig erkennt.

D 16   Magis animi ulceribus quam medendum est corporis.
Pseudo-Publilius, Sententiae 172

> Die Wunden der Seele bedürfen mehr der Heilung als die des Körpers.

Mensch (psychisch)

D 17   Homo animi praebet turpe aeger spectaculum.
Pseudo-Seneca, Proverbia 122
> Ein seelisch leidender Mensch bietet einen widerlichen Anblick.

Gefühle

D 18   Virtus ergo moralis non excludit passiones.
Thomas von Aquin, Summa theologiae 1. 2,59,2
> Sittliche Tugend schließt Emotionalität nicht aus.

D 19   Utile est enim uti motu animi, qui uti ratione non potest.
Cicero, Tusculanae disputationes 4. 55
> Es ist nützlich, dem Unterbewusstsein zu folgen, wenn man der Vernunft nicht folgen kann.

D 20   Sensualitas non oboedit rationi.
Thomas von Aquin, Summa theologiae 1. 81,3,1
> Die Gefühle hören nicht auf die Vernunft.

D 21   Animo imperabit sapiens, stultus serviet.
Publilius Syrus, Sententiae 41
> Der Weise beherrscht seine Gefühle, der Tor dient ihnen.

D 22   Numquam deerunt vel felices vel miserae sollicitudinis causae.
Seneca, De brevitate vitae 17,6
> Es fehlt nie an glücklichen oder unglücklichen Gründen dafür, sich aufzuregen.

D 23   De tanta laetitia quanta tristitia!
Pseudo-Bernardus Claraevallensis, Meditationes piissimae 3,9
> Welch große Traurigkeit aus so großer Freude! *(vgl. ›Himmelhoch jauchzend, zu Tode betrübt‹)*

Vorliebe

D 24   Alia aliis placent.
cf. Plinius, Epistulae 4. 14,3
> Dem einen gefällt dies, dem anderen das.

D 25   Diversos diversa iuvant.
Maximianus, Elegiae 1,103
> Verschiedene erfreuen sich an Verschiedenem. *(vgl. ›Geschmäcker sind verschieden.‹)*

D 26   Denique non omnes eadem mirantur amantque.
Horatius, Epistulae 2. 2,58
> Schließlich bewundert und liebt nicht jeder das Gleiche.

D 27 Suum cuique pulchrum est.
Cicero, Tusculanae disputationes 5. 63

Für jeden ist das Eigene hübsch. *(vgl. ›Jedem Narren gefällt seine Kappe.‹ bzw. ›Jedem Tierchen sein Pläsierchen.‹)*

D 28 Te tua, me delectant mea.
Cicero, Tusculanae disputationes 5. 63

Dich erfreut das Deine, mich das Meine.

D 29 Suum cuique placet.
Plinius maior, Naturalis historia 14. 71

Jedem gefällt das Eigene.

D 30 Sua cuique voluptas.
Statius, Silvae 2. 2,73

Jedem sein Vergnügen.

D 31 Aliud aliis videtur optimum.
Cicero, Orator 36

Jedem erscheint etwas anderes als das Beste.

D 32 Aliena nobis, nostra plus aliis placent.
Publilius Syrus, Sententiae 28

Anderen gefällt mehr das Unsere, uns das anderer.

D 33 Aliis quod triste et amarumst, / hoc tamen esse aliis possit praedulce videri.
Lucretius, De rerum natura 4. 634–635

Was für die einen betrüblich und bitter ist, könnte trotzdem anderen überaus herrlich erscheinen.

D 34 Alter nare cupit: alter pugnare paratust.
Ennius, Annales frg. 252

Der eine begehrt zu schwimmen, der andere ist zum Kampf gerüstet.

D 35 Appetuntur, quae secundum naturam sunt, declinantur contraria.
Cicero, De natura deorum 3. 33

Man wünscht sich, was der eigenen Veranlagung entspricht, man lehnt ab, was ihr zuwider ist.

D 36 Demus igitur alienis oblectationibus veniam, ut nostris impetremus.
Plinius, Epistulae 9. 17,4

Üben wir also Nachsicht mit den Liebhabereien anderer, damit wir sie auch für unsere eigenen erlangen.

D37 Inveniat, quod quisque velit. Non omnibus unum est, / quod placet: hic spinas colligit, ille rosas.
Petronius in Anthologia Latina 1. 464,1–2

> Jeder soll finden, was er mag. Nicht allen gefällt dasselbe: dieser sammelt Dornen, jener Rosen.

D38 Non omnia eadem aeque omnibus suavia esse scito.
Plautus, Asinaria 641

> Du musst davon ausgehen, dass nicht alles allen in gleicher Weise Spaß macht. *(vgl. ›Die Geschmäcker sind verschieden.‹)*

D39 Scilicet est cupidus studiorum quisque suorum, / tempus et assueta ponere in arte iuvat.
Ovidius, Epistulae ex Ponto 1. 5,35–36

> Natürlich widmet sich jeder gern seiner Lieblingsbeschäftigung und freut sich, seine Zeit auf die vertraute Kunst zu verwenden.

D40 Nam non conveniens omnibus omnis erit.
Ovidius, Ars amatoria 3. 188

> Nicht jede Farbe wird allen stehen. *(vgl. ›Allen Leuten recht getan ist eine Kunst, die niemand kann.‹)*

Freude

D41 Cum ratione animus movetur placide atque constanter, tum illud gaudium dicitur.
Cicero, Tusculanae disputationes 4. 13

> Wenn die Seele durch die Vernunft sanft und gleichmäßig in Schwingung versetzt wird, so nennt man das Freude.

D42 Laetitia opinio recens boni praesentis.
Cicero, Tusculanae disputationes 4. 14

> Freude ist die noch frische Vorstellung gegenwärtigen Wohls.

D43 Omnis homo gaudere desiderat, sed non toti ibi quaerunt gaudium, ubi oportet inquiri.
Caesarius Arelatensis, Sermones 215,2

> Jeder Mensch wünscht sich zu freuen, aber nicht alle suchen die Freude dort, wo man sie suchen sollte.

D44 Exsultatio viri est longaevitas.
Vulgata, Liber ecclesiasticus 30,23

> Des Menschen Freude verlängert sein Leben.

D45 Saepe facit mentem pretiosior emptio laetam.
Werner, Lateinische Sprichwörter E13
> Oft erfreut ein recht wertvoller Kauf das Herz.

D46 Tunc caput est laetum, dape corpus quando repletum.
Binder, Novus thesaurus 3361
> Der Kopf ist dann fröhlich, wenn der Körper voll beköstigt ist.

D47 Delicias habet omne suas et gaudia tempus.
Mantuanus, Adulescentia 6,10
> Jede Zeit hat ihre eigenen Reize und Freuden.

D48 Disce gaudere!
Seneca, Epistulae morales 23,3
> Lerne, dich zu freuen.

Mensch (psychisch)

D49 Discit enim citius meminitque libentius illud, / quod quis deridet, quam quod probat et veneratur.
Horatius, Epistulae 2. 1,262–263
> Schneller merkt man sich und leichter behält man im Gedächtnis, worüber man lächelt, als was man billigt und schätzt.

D50 Gaudia non remanent, sed fugitiva volant.
Martialis, Epigrammata 1. 15,8
> Freuden lassen sich nicht halten, sondern entweichen im Flug.

D51 Iucundum tamen, si prohiberi publice videas, quod numquam tibi ipse permiseris.
Plinius, Epistulae 5. 13,9
> Man freut sich, wenn man sieht, dass offiziell verboten wird, was man selbst sich nie erlaubt hätte.

D52 Minus gaudent, qui timuere nihil.
Martialis, Epigrammata 11. 36,4
> Wer keine Furcht kennt, freut sich auch weniger.

D53 Nunc est bibendum, nunc pede libero / pulsanda tellus.
Horatius, Carmina 1. 37,1–2 (nach Alkaios)
> Jetzt heißt es trinken, jetzt mit freiem Fuß den Boden stampfen. *(Jubel über den Sieg bei der Schlacht von Aktium)*

D54 Pone modum laetis!
Statius, Thebais 2. 406
> Setz deiner Freude eine Grenze!

D 55   Quae sensus oblectant, naturaliter omnibus grata sunt.
Johannes Saresberiensis, Policraticus 4. 5
> Was die Sinne erfreut, ist natürlich allen willkommen.

D 56   Rerum, quas assequi cupias, praesumptio ipsa iucunda est.
Plinius, Epistulae 4. 15,11
> Die Vorwegnahme dessen, was man erreichen will, ist schon an sich angenehm.

D 57   Si quid promittit, promissum munus adaequet / vel superet, ne re maior spes gaudia vincat.
Polythecon 10. 74–75
> Wenn man etwas verspricht, soll die Leistung der Zusage entsprechen oder sie übertreffen, damit die enttäuschte Erwartung nicht die Freude unterdrückt.

D 58   Verum gaudium res severa est.
Seneca, Epistulae morales 23,4
> Wahre Freude ist eine ernste Angelegenheit.

D 59   Vitrea laetitia fragiliter splendida, cui timeatur horribilius, ne repente frangatur.
~ Augustinus, De civitate Dei 4. 3
> Freude ist wie Glas, zerbrechlich glitzernd, um das man sich schrecklich sorgt, dass es plötzlich zerbricht. *(vgl. ›Glück und Glas, wie leicht bricht das!‹)*

D 60   Cor gaudens exhilarat faciem, in maerore animi deicitur spiritus.
Vulgata, Liber proverbiorum 15,13
> Ein fröhliches Herz macht das Gesicht heiter, wenn das Herz bekümmert ist, drückt das aufs Gemüt.

D 61   Beatus enim dici nemo potest extra veritatem proiectus.
Seneca, De vita beata 5,2
> Niemand kann glücklich genannt werden, wenn er sich nicht im Einklang mit der Wahrheit befindet.

D 62   Sola virtus praestat gaudium perpetuum, securum.
Seneca, Epistulae morales 27,3.
> Allein die Tugend gewährleistet andauernde und sorgenfreie Freude.

D 63   Laetandum est vita, nullius morte dolendum; / cur etenim doleas, a quo dolor ipse recessit.
Anthologia Latina 1. 75–76
> Man muss sich seines Lebens freuen, über den Tod von niemandem Schmerz empfinden, denn was soll man den betrauern, den der Schmerz selbst verlassen hat?

D 64   Si contentus eo fueris, quod postulat usus, / commoda naturae nullo tibi tempore deerunt.
Disticha Catonis 4. 2

> Wenn du mit dem zufrieden bist, was der Nutzen erfordert, werden die Annehmlichkeiten der Natur dir zu keiner Zeit fehlen.

D 65   Linque metum leti: nam stultum est, tempore in omni / dum mortem metuas, amittere gaudia vitae.
Disticha Catonis 2. 3

> Lass deine Furcht vor dem Tod, denn es ist töricht, die ganze Zeit, während du den Tod fürchtest, die Freude am Leben zu verlieren.

D 66   Debetur ergo vox serena laetitiae, ne muta gaudia maeroris imaginem sortiantur.
Ennodius, Carmina 1. 6 pr.

> Freude muss eine fröhliche Stimme haben, damit stumme Freuden nicht den Anschein von Trauer bekommen.

Mensch (psychisch)

D 67   Est cum laetitia pulchrior omnis homo.
Panfilus 106

> Jeder Mensch wirkt anziehender, wenn er fröhlich ist.

D 68   Marcida est sine sermone hilaritas.
Ennodius, Dictiones 1

> Kraftlos bleibt Fröhlichkeit, wenn sie sich nicht mitteilen kann.

D 69   Nimiae laetitiae decoris sunt et gravitatis immemores.
Panegyrici Latini 3. 29,2

> Allzu große Fröhlichkeit setzt sich über Schicklichkeit und Würde hinweg.

D 70   Sic flet heres ut puella viro nupta: utriusque fletus non apparens est risus.
Sententiae Varronis 11

> Der Erbe weint wie eine frisch Vermählte: Beider Weinen ist verdecktes Lachen.

Zufriedenheit

D 71   Beatus esse et felix vix quisquam potest.
Publilius Syrus, Sententiae A200

> Innerlich und äußerlich glücklich zu sein, das schafft kaum einer.

D 72 Beatum dicamus hominem eum, cui nullum bonum malumque sit nisi bonus malusque animus, honesti cultorem, virtute contentum, quem nec extollant fortuita nec frangant, cui nullum maius bonum eo, quod sibi ipse dare potest, noverit, cui vera voluptas erit voluptatum contemptio.
Seneca, De vita beata 4,2

> Glücklich wollen wir den nennen, für den es nichts Gutes und Schlechtes gibt außer einem guten und schlechten Charakter, einen Verehrer des Guten, der glücklich ist über Tugend, den Zufälligkeiten weder übermütig machen noch zerbrechen, für den es kein größeres Gut gibt als das, was er sich selbst verschaffen kann, für den wahre Lust der Verzicht auf Lust darstellt.

D 73 Se contentus est sapiens.
Seneca, Epistulae morales 9,13

> Der Weise genügt sich selbst.

D 74 Non caret is, qui non desiderat.
Cicero, Cato maior de senectute 47

> Wer nichts vermisst, dem fehlt auch nichts.

D 75 Quod satis est, cui contingit, nihil amplius optet.
Horatius, Epistulae 1. 2,46

> Wer hat, was ihm genügt, hat wohl keine weiteren Wünsche.

D 76 Contentus sis temet ipso et ex te nascentibus bonis!
Seneca, Epistulae morales 20,8

> Sei zufrieden mit dir selbst und dem Guten, das aus deinem Innern kommt!

D 77 Contentus esto negotiis, in quae descendisti!
Seneca, Epistulae morales 22,4

> Begnüge dich mit den Aufgaben, auf die du dich eingelassen hast.

D 78 Is beatior est, cui fortuna supervacua est, quam is, cui parata est.
Seneca, Ad Polybium de consolatione 9,5

> Wer kein Glück braucht, ist glücklicher als der, dem es zufällt.

D 79 Interpone tuis interdum gaudia curis, / ut possis animo quemvis sufferre laborem.
Disticha Catonis 3. 6

> Misch gelegentlich Freude unter deine Sorgen, damit du jede Mühe tapfer ertragen kannst.

D 80 Praecipitat quisque vitam suam et futuri desiderio laborat, praesentium taedio.
Seneca, De brevitate vitae 7,8

> Jeder überstürzt sein Leben und leidet unter der Sehnsucht nach der Zukunft und unter dem Ekel an der Gegenwart.

D 81   Sed quia semper aves, quod abest, praesentia temnis.
Lucretius, De rerum natura 3. 957

> Weil du immer begehrst, was dir fehlt, schätzt du die Gegenwart gering.

Ärger

D 82   Ergo hoc proprium est animi bene constituti: et laetari bonis rebus et dolere contrariis.
Cicero, Laelius de amicitia 47

> Es gehört zu einem ausgeglichenen Charakter, sich über Gutes zu freuen und über Gegenteiliges zu ärgern.

D 83   Custodis animam, si scis compescere linguam.
cf. Disticha Catonis 1. 3

> Du hütest deine Seele, wenn du deine Zunge im Zaum zu halten verstehst.

D 84   Et quis non causas mille doloris habet!
Ovidius, Remedia amoris 572

> Und wer hat nicht tausend Anlässe, sich zu ärgern?

D 85   Est igitur quiddam turbulentum in hominibus singulis, quod vel exultat voluptate vel molestia frangitur.
Cicero, De re publica 3. 32 frg.

> In jedem Menschen steckt etwas Revolutionäres, das vor Lust außer Rand und Band gerät oder vor Verdruss niedergedrückt wird.

D 86   Ea molestissime ferre homines debent, quae ipsorum culpa contracta sunt.
Cicero, Ad Quintum fratrem 1. 1,2

> Über ein selbstverschuldetes Missgeschick ärgern sich die Menschen am meisten.

D 87   Nimio id, quod pudet, facilius fertur quam illud, quod piget.
Plautus, Pseudolus 281

> Wessen man sich schämt, erträgt man viel leichter, als worüber man sich ärgert.

D 88   Protinus ante meum, quicquid dolet, exue limen.
Iuvenalis, Saturae 11,190

> Leg gleich vor meiner Schwelle ab, wenn dich etwas bedrückt.

Mensch (psychisch)

Argwohn

D 89 Sed duo sunt, quae in errore hominum difficillime tolerantur: praesumptio priusquam veritas pateat, et cum iam patuerit, praesumptae defensio.
Augustinus, De trinitate 2. pr.

Zweierlei ist bei menschlichem Irrtum nur sehr schwer zu ertragen: Verdächtigung, bevor die Wahrheit ans Licht gekommen ist, und wenn sie *(die Unschuld)* ans Licht gekommen ist, die Verteidigung des Verdachts.

D 90 Suspiciosus omnium damnat fidem.
Publilius Syrus, Sententiae 679

Der Argwöhnische verurteilt die Ehrbarkeit aller.

D 91 Suspicio probatis tacita iniuria est.
Publilius Syrus, Sententiae 680

Argwohn ist für erprobte Freunde eine stumme Beleidigung.

D 92 De coamante suspicione percepta zelus et affectus crescit amandi.
Andreas Capellanus, De amore 2. 8, regula 22

Argwohn lässt im Liebenden Eifersucht und Liebesneigung wachsen.

D 93 Amans quod suspicatur, vigilans somniat.
Publilius Syrus, Sententiae 16

Was ein Liebhaber argwöhnt, davon träumt er im Wachen.

D 94 Regibus boni quam mali suspectiores sunt; semperque eis aliena virtus formidulosa est.
Sallustius, De coniuratione Catilinae 7,2

Königen sind tüchtige Männer verdächtiger als unfähige; fremde Tüchtigkeit versetzt sie immer in Furcht.

D 95 Suspectus caveris, ne sis miser omnibus horis, / nam timidis et suspectis aptissima mors est.
Disticha Catonis 4. 43

Hüte dich vor Argwohn, damit du nicht allezeit trübsinnig bist, denn Furchtsame und Argwöhnische sollten besser sterben.

D 96 Ad tristem partem strenua est suspicio.
Publilius Syrus, Sententiae 7

Argwohn neigt immer zum Schlimmen.

D 97 In occipitio quoque habet oculos.
Plautus, Aulularia 64

Er/sie hat auch hinten Augen *(d. h. ihm/ihr entgeht nichts)*.

D 98 Nam incaute creduli circumveniuntur ab his, quos bonos putaverunt; mox errore consimili iam suspectis omnibus ut improbos metuunt etiam quos optimos sentire potuerunt.
Minucius Felix, Octavius 14,6

> Wer arglos Vertrauen schenkt, wird von solchen hintergangen, die er für ehrlich gehalten hat; danach misstraut er in vergleichbarem Irrtum allen und fürchtet auch solche als unehrlich, die er als grundehrlich hätte erkennen können.

Überdruss

D 99 Omnibus in rebus voluptatibus maximis fastidium finitimum est.
Cicero, De oratore 3. 100

> Bei allen Dingen grenzt an die größten Wonnen der Überdruss.

D 100 Continuis vicina satietas.
Quintilianus, Declamationes minores 306,18

> Alltägliches erregt leicht Überdruss.

D 101 Omne bonum carum magis est post tempus amarum.
Werner, Lateinische Sprichwörter O28

> Alles Gute, das einem lieb ist, wird nach einiger Zeit reichlich bitter.

D 102 Nulla est voluptas, quae non assiduitate fastidium pariat.
Plinius maior, Naturalis historia 12. 81

> Es gibt keine Lust, die auf Dauer nicht Überdruss erzeugt.

D 103 Semper in absentes felicior aestus amantes:/ elevat assiduos copia longa viros.
Propertius, Elegiae 2. 33,43–44

> Immer ist es beglückender, sich nach dem abwesenden Liebhaber zu sehnen: Ständige Gegenwart beeinträchtigt den Wert der Männer.

D 104 Variare autem orationem magnopere oportebit; nam omnibus in rebus similitudo mater est satietatis.
Cicero, De inventione 1. 76

> Seine Rede muss man sehr abwechslungsreich gestalten; in allen Dingen ist Gleichartigkeit die Mutter des Überdrusses.

D 105 Dedecet ingenuos taedia ferre sui.
Ovidius, Ars amatoria 2. 530

> Es gehört sich nicht für einen anständigen Menschen, anderen auf die Nerven zu gehen.

D 106 Nil adeo dulce est, quod non videatur amarum / et non displiceat, si plus duraverit aequo.
Palingenius, Zodiacus vitae 2. 394–395

> Nichts ist so süß, dass es nicht bitter erschiene und nicht missfiele, wenn es zu lange anhält.

Mensch (psychisch)

D 107   Pinguis amor nimiumque patens in taedia nobis / vertitur et, stomacho dulcis ut esca, nocet.
Ovidius, Amores 2. 19,25–26
> Allzu behagliche und zugängliche Liebe verkehrt sich in Langeweile und schadet, wie dem Magen zu süße Speise.

D 108   Post triduum mulieris, hospitis et pluviarum satietas est.
Wander, Deutsches Sprichwörter-Lexikon 5. 1147
> Nach drei Tagen ist man einer Frau, eines Gasts und des Regens überdrüssig.

Hoffnung

D 109   Dum vivis, sperare decet.
Priapea 80,9
> Solange man lebt, darf man hoffen.

D 110   Omnia homini, dum vivit, speranda sunt.
Seneca, Epistulae morales 70,6
> Alles kann der Mensch erhoffen, solange er lebt.

D 111   Dum spiro, spero.
cf. Cicero ad Atticum 9. 10,3; (Motto des US-Staats South Carolina)
> Solange ich atme, hoffe ich.

D 112   Nihil magis interesse omnium puto, quam ut spes pro homine tam longa quam vita sit.
Pseudo-Quintilianus, Declamationes maiores 8,10
> Ich glaube, dass allen an nichts mehr gelegen sein muss, als dass die Hoffnung nicht vor dem Leben endet.

D 113   Magnae indolis signum est sperare semper.
Florus, Epitome rerum Romanarum 2. 18
> Nie die Hoffnung aufzugeben zeugt von einem starken Charakter.

D 114   Spes ultima dea.
nach Hesiodos, Erga 96
> Die Hoffnung ist die letzte Göttin. *(vgl. ›Die Hoffnung stirbt zuletzt.‹)*

D 115   Credula vitam / spes fovet et fore cras semper ait melius.
Tibullus, Elegiae 2. 6,19–20
> Gläubige Hoffnung hält mich am Leben und sagt immer, es werde morgen besser werden.

D 116 Incerto ludit casu Fortuna per orbem; / spes semper constat, nec fugit atque redit.
Anthologia Latina 1. 415,65–66

> Fortuna treibt mit ungewissem Zufall ihr Spiel in der Welt; die Hoffnung bleibt immer bestehen, sie schwindet nicht, um wieder zurückzukehren.

D 117 Inter voluptates est superesse, quod speres.
Seneca, De ira 3. 31,3

> Grund zur Freude ist auch, dass man noch weiter hoffen kann.

D 118 Nam spes saepe alitur exemplis.
Symmachus, Epistulae 3. 7

> Die Hoffnung nährt sich oft von Vorbildern.

D 119 Optimus est post malum principem dies primus.
Tacitus, Historiae 4. 42,6

> Am schönsten ist der erste Tag nach einem schlechten Herrscher *(da man neue Hoffnung schöpft)*.

D 120 Multos, qui speraverunt, decepit spes.
~ Plautus, Rudens 401

> Viele Hoffende hat schon die Hoffnung getäuscht.

D 121 Spem metus sequitur.
Seneca, Epistulae morales 5,7

> Die Hoffnung wird von Furcht begleitet.

D 122 Spes est ultimum adversarum rerum solacium.
Seneca maior, Controversiae (Exc.) 5. 1

> Die Hoffnung ist der letzte Trost im Unglück.

D 123 Insigne spes laboris est solacium.
Publilius Syrus, Sententiae A185

> Die Hoffnung ist im Leid ein nicht geringer Trost.

D 124 Rebus in adversis animum submittere noli; / spem retine: spes una hominem nec morte relinquit.
Disticha Catonis 2. 25

> Lass im Unglück den Mut nicht sinken, gib die Hoffnung nicht auf: Die Hoffnung allein verlässt den Menschen nicht einmal im Tod.

D 125 Spes stat in extremis officiosa malis.
Anthologia Latina 1. 415,4

> In der größten Not zeigt sich hilfsbereit die Hoffnung.

Mensch (psychisch)

D126 Speret, qui metuit. Morituros vivere vidi / spe duce, victuros spe moriente mori.
Gualterus Anglicus, sog. Anonymus Neveleti 28,13–14
> Wer Angst hat, braucht Hoffnung. Todgeweihte sah ich leben, wenn sie sich der Hoffnung anvertrauten, Sieger sterben, wenn die Hoffnung starb.

D127 Veniet quondam felicior aetas.
Silius Italicus, Punica 11. 123
> Einst wird ein glücklicheres Zeitalter kommen.

Überraschung

D128 Accidit in puncto, quod non speratur in anno.
Binder, Novus thesaurus 37 – Wahlspruch Kaiser Ferdinands I.
> In einem Augenblick kann geschehen, was man sich nicht übers Jahr erhofft hätte. *(vgl.*
> *›Unverhofft kommt oft.‹)*

D129 Insperata accidunt magis saepe, quam quae speres.
Plautus, Mostellaria 197
> Unverhofftes trifft öfter ein als Erhofftes.

D130 Grata superveniet, quae non sperabitur, hora.
Horatius, Epistulae 1. 4,14
> Angenehm überrascht die Stunde, mit der man nicht gerechnet hat.

D131 Ut subito crevere, solent ex tempore multae / quam scriptae melius cedere deliciae.
Anthologia Latina 1. 459,3–4
> Viele Genüsse verlaufen, unvermutet wie sie angewachsen sind, meist unvorbereitet besser, als wenn sie angekündigt sind.

D132 Indigna putamus, quae inopinata sunt; itaque maxime commovent, quae contra spem exspectationemque evenerunt.
Seneca, De ira 2. 31,1–2
> Für unverdient halten wir, was unerwartet kommt; daher erregt uns am meisten, was gegen unsere Hoffnung und Erwartung eintrifft.

D133 Quicquid praeter spem eveniat, omne id deputare esse in lucro.
Terentius, Phormio 246
> Was entgegen der Hoffnung geschieht, das ist als Gewinn zu verbuchen.

D134 Inexspectata semper gratiora.
Wander, Deutsches Sprichwörter-Lexikon 3. 1011
> Unverhofftes ist immer recht willkommen.

D 135 Spes est, quae capiat, spes est, quae pascat amorem.
Ovidius, Metamorphoses 9. 749
> Hoffnung ist es, was die Liebe erweckt und am Leben hält.

D 136 Inexspectata plus aggravant: novitas adicit calamitatibus pondus, nec quisquam mortalium non magis, quod etiam miratus est, doluit.
Seneca, Epistulae morales 91,3
> Unerwartetes deprimiert uns mehr: Überraschendes verleiht den Schicksalsschlägen Gewicht, denn jeder Mensch leidet besonders unter dem Verlust dessen, was er eben noch bewundert hat.

Zuversicht

D 137 Et post malam segetem serendum est.
Seneca, Epistulae morales 81,1
> Auch nach einer schlechten Ernte muss man aussäen *(d. h. man darf nicht den Mut verlieren).*

D 138 Virtutem ubi progressam videas, ne desperes exitum.
Publilius Syrus, Sententiae A147
> Wenn du siehst, dass die Tugend Fortschritte macht, brauchst du an der Zukunft nicht zu verzweifeln.

D 139 Eicite ex animo curam!
Plautus, Casina 23
> Vertreibt die Sorge aus euren Herzen!

D 140 Credite! Credenti nulla procella nocet.
Ovidius, Amores 2. 11,22
> Vertraut! Dem Vertrauenden droht kein Unwetter.

D 141 crastinum sine sollicitudine exspectare
Seneca, Epistulae morales 12,9
> unbesorgt auf den morgigen Tag blicken

D 142 Et res non semper, spes mihi semper adest.
Ovidius, Heroides 18,178
> Zwar ist das Erhoffte nicht immer bei mir, aber doch immer die Hoffnung darauf.

D 143 Fortuna innocentem saepe, numquam bona spes deserit.
Publilius Syrus, Sententiae A255
> Das Glück verlässt einen Unschuldigen oft, nie die gute Hoffnung.

D 144 In malis sperare bene nisi innocens nemo solet.
Publilius Syrus, Sententiae 253
> Im Unglück pflegt nur der Unschuldige guter Hoffnung zu sein.

Mensch (psychisch)

D 145 In re mala animo si bono utare, adiuvat.
Plautus, Captivi 202
> In schwierigen Situationen hilft es, guten Mutes zu sein.

D 146 Multa, quae praevideri non possunt, fortuito in melius casura.
~ Tacitus, Annales 2. 77,2
> Vieles, was man nicht vorhersehen kann, wird sich durch Zufall zum Guten wenden.

D 147 Multa dies variusque labor mutabilis aevi / rettulit in melius.
Vergilius, Aeneis 11. 425–426
> Die Zeit und die mannigfache Bürde des unbeständigen Lebens hat schon vieles zum Besseren gewendet.

D 148 Lux in tenebris lucet.
Vulgata, Evangelium secundum Ioannem 1,5
> Das Licht leuchtet in der Finsternis.

D 149 Nil desperandum.
Horatius, Carmina 1. 7,27
> Kein Grund zu verzweifeln.

D 150 Nondum omnium dierum sol occidisse.
Livius, Ab urbe condita 39. 26,9
> Noch ist die Sonne aller Tage nicht untergegangen. *(vgl. ›Es ist noch nicht aller Tage Abend.‹)*

D 151 O passi graviora, dabit deus his quoque finem.
Vergilius, Aeneis 1. 199
> Ihr, die ihr Schweres erlitten habt, ein Gott wird auch diese Leiden beenden.

D 152 Secunda exspecto, malis paratus sum.
Seneca, Epistulae morales 88,17
> Ich warte auf eine glückliche Entwicklung der Dinge, aber ich bin auf Schlimmes gefasst.

D 153 Spem teneo, salutem amisi.
Plautus, Mercator 592
> Ich halte noch an der Hoffnung fest; mein Glück habe ich bereits verloren.

D 154 Spes autem non confundit.
Vulgata, Epistula ad Romanos 5,5
> Hoffnung aber lässt nicht zuschanden werden.

D 155 Alternant spesque timorque fidem.
Ovidius, Heroides 6,38
> Hoffnung und Furcht stärken und schwächen die Zuversicht.

Illusion

D 156 Naturalia desideria finita sunt: ex falsa opinione nascentia, ubi desinant, non habent.
Seneca, Epistulae morales 16,9

> Die natürlichen Bedürfnisse sind begrenzt, was auf trügerische Hoffnungen zurückgeht, findet kein Ende.

D 157 O fallacem hominum spem!
Cicero, De oratore 3. 7

> Wie trügerisch sind doch die Hoffnungen der Menschen!

D 158 Omnibus in rebus potior est certus praesens fructus quam futuri spes incerta.
Fronto, Ad Antoninum imperatorem 1. 5,2

> In allem ist ein sicherer Ertrag für die Gegenwart einer unsicheren Hoffnung auf die Zukunft vorzuziehen. *(vgl. ›Besser den Spatz in der Hand als die Taube auf dem Dach.‹)*

D 159 Certa mittimus, dum incerta petimus.
Plautus, Pseudolus 685

> Sicheres lassen wir fahren, wenn wir Unsicheres suchen.

D 160 Quicquid datur spei improbae, numquam est satis.
Pseudo-Publilius, Sententiae 305

> Was man auf eine trügerische Hoffnung setzt, wird nie erfüllt.

D 161 Credula est spes improba.
Seneca, Thyestes 295

> Übertriebene Hoffnung ist leichtgläubig.

D 162 Haut multum tempus mentis simulata manebunt.
Anthologia Latina 1. 716,68

> Illusionen halten nur kurze Zeit an.

D 163 Homo, ne sit sine dolore, Fortunam invenit.
Publilius Syrus, Sententiae 218

> Der Mensch erfindet das Glück, um nicht ohne Leid zu sein.

D 164 Libenter homines id, quod volunt, credunt.
Caesar, De bello Gallico 3. 18,6

> Die Menschen glauben gern das, was sie sich wünschen.

D 165 Acclinis falsis animus meliora recusat.
Horatius, Sermones 2. 2,6

> Vom falschen Schein betrogen widersetzt sich der Geist dem Besseren.

Mensch (psychisch)

D 166   Credere te numquam falli fallacia summa est.
Abaelardus, Monita ad Astralabium 81
> Zu glauben, man täuschte sich nie, ist die größte Täuschung.

D 167   Longinquum est omne, quod cupiditas flagitat.
Publilius Syrus, Sententiae 302
> In weiter Ferne liegt alles, was man sich dringend wünscht.

Ungewissheit

D 168   Solum certum nihil esse certi et homine nihil miserius aut superbius.
~ Plinius maior, Naturalis historia 2. 25
> Gewiss ist allein, dass nichts gewiss ist und dass es nichts Elenderes und Überheblicheres gibt als den Menschen.

D 169   In tanta inconstantia turbaque rerum nihil, nisi quod praeteriit, certum est.
Seneca, Ad Marciam de consolatione 22,1
> Bei der großen Unbeständigkeit und Vielfalt der Dinge ist nichts sicher, als was vorüber ist.

D 170   Nil homini certum est.
Ovidius, Tristia 5. 5 (6),27
> Auf nichts kann sich der Mensch verlassen.

D 171   Nihil ne in totum quidem diem certi est.
Seneca, Ad Polybium de consolatione 9,9
> Nicht einmal für einen ganzen Tag gibt es irgendwelche Sicherheit.

D 172   Nihil sibi quisquam de futuro debet promittere.
Seneca, Epistulae morales 101,5
> Keiner kann sich von der Zukunft etwas versprechen.

D 173   Pax tamen interdum est, pacis fiducia numquam.
Ovidius, Tristia 5. 2,71
> Frieden gibt es manchmal, aber Verlass auf den Frieden nie.

D 174   Nihil aeque amarum quam diu pendere; aequiore quidam animo ferunt praecidi spem suam quam trahi.
Seneca, De beneficiis 2. 5,1
> Nichts ist gleich bitter, wie lange im Ungewissen zu sein; manche ertragen es mit größerer Geduld, wenn ihnen die Hoffnung abgeschnitten, als wenn sie hinausgezögert wird.

D 175   Nocens habuit aliquando latendi fortunam, numquam fiduciam.
Seneca, Epistulae morales 105,8
> Der Schuldige hat manchmal das Glück, unentdeckt zu bleiben, aber nie die Gewissheit.

D176 spemque metumque inter dubii
Vergilius, Aeneis 1. 218
> schwankend zwischen Hoffnung und Furcht

D177 Turbine magno spes sollicitae / urbibus errant trepidique metus.
Seneca, Hercules furens 162–163
> Von großer Verwirrung angestachelt kursieren Hoffnungen in der Stadt und argwöhnische Befürchtungen.

Leidenschaft

D178 Appetitus rationi oboediant.
Cicero, De officiis 1. 102
> Die Begierden müssen der Vernunft gehorchen.

D179 Nihil rationis est, ubi semel affectus inductus est.
Seneca, De ira 1. 8,1
> Die Vernunft ist machtlos, wenn einmal die Leidenschaft eingezogen ist.

D180 Cupiditates enim sunt insatiabiles, quae non modo singulos homines, sed universas familias evertunt, totam etiam labefactant saepe rem publicam.
Cicero, De finibus bonorum et malorum 1. 43
> Leidenschaften sind unersättlich; sie richten nicht nur Einzelne, sondern ganze Familien zugrunde und bringen oft sogar den ganzen Staat ins Wanken.

D181 Hoc habet omnis affectus, ut, in quo ipse insanit, in id ceteros putet furere.
Pseudo-Seneca, Liber de moribus 35
> Das hat jede Leidenschaft an sich, dass sie glaubt, auch die anderen schwärmten für das, wofür man selbst außer sich ist.

D182 Si animus hominem pepulit, actum est, animo servit, non sibi.
Plautus, Trinummus 308
> Wenn Leidenschaften den Menschen antreiben, ist es um ihn geschehen, die Leidenschaften herrschen über ihn, nicht er über sich selbst.

D183 Sua cuique deus fit dira cupido.
Vergilius, Aeneis 9. 185
> Die eigene unheilvolle Leidenschaft wird einem jeden zum Gott. *(vgl. ›Des Menschen Wille ist sein Himmelreich.‹)*

D184 Trahit sua quemque voluptas.
Vergilius, Bucolica 2,65
> Jeden zieht an, was er begehrt.

Mensch (psychisch)

D 185 Affectus quidem tam mali ministri quam duces sunt.
Seneca, De ira 1. 9,4
> Die Leidenschaften sind ebenso schlechte Diener wie Führer.

D 186 Male cuncta ministrat / impetus.
Statius, Thebais 10. 704–705
> Die Leidenschaft ist ein schlechter Diener.

D 187 Gravis est inimicus, si qui latet in pectore.
Publilius Syrus, Sententiae 200
> Schlimm ist der Feind, wenn er in unserer Brust lauert.

D 188 Fugienda petimus.
Seneca, Phaedra 699
> Wir jagen dem nach, was wir meiden sollten.

D 189 Improbe amor, quid non mortalia pectora cogis?
Vergilius, Aeneis 4. 412
> Unersättliche Liebe, wozu treibst du nicht die Menschen?

D 190 Ipsa natura profundit adulescentiae cupiditates.
Cicero, Pro Caelio 28
> Die Natur selbst versieht die Jugend verschwenderisch mit Leidenschaften.

D 191 Non facile est taurum visa retinere iuvenca.
Ovidius, Remedia amoris 633
> Es ist nicht leicht, einen Stier zu halten, wenn er die Kuh gesehen hat.

D 192 Progredimur, quo ducit quemque voluptas.
Lucretius, De rerum natura 2. 258
> Wir gehen, wohin die Lust einen jeden führt.

Verblendung

D 193 Non est extrinsecus malum nostrum: intra nos est, in visceribus ipsis sedet, et ideo difficulter ad sanitatem pervenimus, quia nos aegrotare nescimus.
Seneca, Epistulae morales 50,4
> Unser Übel kommt nicht von außen: Es ist in uns, sitzt in unseren Eingeweiden, und deshalb genesen wir so schwer, weil wir nicht wissen, dass wir krank sind.

D 194 Aeger animus falsa pro veris videt.
Seneca, Oedipus 204
> Ein kranker Geist betrachtet Falsches als wahr.

D 195   Suus cuique attributus est error, / sed non videmus, manticae quod in tergo est.
Catullus, Carmina 22,20–21

> Jedem haften eigene Fehler an, aber wir sehen nicht, was für einen Ranzen wir auf dem Rücken haben *(d. h. die Fehler hinter unserem Rücken).*

D 196   Videre nostra mala non possumus. / Alii simul delinquunt, censores sumus.
Phaedrus, Liber fabularum 4. 10,4–5

> Unsere eigenen Fehler können wir nicht sehen; sobald aber andere sich verfehlen, spielen wir uns als Richter auf.

D 197   O quantum caliginis mentibus nostris obicit magna felicitas!
Seneca, De brevitate vitae 13,7

> Mit wie viel Finsternis umhüllen große Erfolge unseren Verstand!

D 198   Quid autem vides festucam in oculo fratris tui, et trabem in oculo tuo non vides?
Vulgata, Evangelium secundum Matthaeum 7,3

> Warum siehst du den Splitter im Auge deines Bruders, doch den Balken in deinem Auge siehst du nicht?

D 199   Si peccasse negamus, fallimur, / et nulla est in nobis veritas.
Marlowe, The Tragicall History of D. Faustus 1 (cf. Vulgata, Epistula Ioannis 1. 1,8)

> Wenn wir sagen, wir hätten keine Sünde, dann täuschen wir uns und in uns ist keine Wahrheit.

Gewissen

D 200   Sacer inter nos spiritus sedet, malorum bonorumque nostrorum observator et custos.
Seneca, Epistulae morales 41,2

> In uns wohnt ein heiliger Geist, der Beobachter und Wächter unserer guten wie bösen Taten.

D 201   nil conscire sibi, nulla pallescere culpa
Horatius, Epistulae 1. 1,61

> sich nichts vorzuwerfen haben, vor keiner Schuld erblassen

D 202   Magna vis est conscientiae.
Cicero, Pro Milone 61

> Große Macht besitzt das Gewissen.

D 203   Quid enim aliud est conscientia quam facti nostri iudicium, quod a lege aliqua aut communi formula petitur?
Melanchthon, Loci communes 3,8

> Was ist das Gewissen anderes als ein Verfahren über unser Tun, das von irgendeinem Gesetz oder einer allgemeinen Regel angestrengt wird?

D 204 Poena autem vehemens ac multo saevior illis, / et Caedicius gravis invenit et Rhadamanthus, / nocte dieque suum gestare in pectore testem.
Iuvenalis, Saturae 13,196–198
> Tag und Nacht den Ankläger in der eigenen Brust zu tragen ist jedoch eine wirksame Strafe, viel grausamer als jene, die der strenge Caedicius *(Richter unter Nero)* oder Rhadamanthys *(Richter in der Unterwelt)* ersinnt.

D 205 Conscientiam rectae voluntatis maximam consolationem esse rerum incommodarum nec esse ullum magnum malum praeter culpam.
Cicero, Ad familiares 6. 4,2
> Das Bewusstsein, das Rechte gewollt zu haben, ist der größte Trost für alle Unannehmlichkeiten, und es gibt kein größeres Übel als die Schuld. *(vgl. Schiller, ›Die Braut von Messina‹: ›Der Übel größtes aber ist die Schuld.‹)*

D 206 Conscientia est domesticum tribunal.
Wander, Deutsches Sprichwörter-Lexikon 1. 1667
> Das Gewissen ist der innere Gerichtshof.

D 207 Felicitas infelici innocentia est.
Publilius Syrus, Sententiae A187
> Dem Unglücklichen bleibt als Beglückung seine Unschuld.

D 208 Turpe quid ausurus te sine teste time.
Anacharsis bei Pseudo-Ausonius, Septem sapientum sententiae 7,1
> Hast du etwas Schändliches vor, fürchte dich auch ohne Zeugen vor dir selbst.

D 209 Nullum putaris teste destitui locum.
Publilius Syrus, Sententiae A16
> Glaub nicht, dass es einen Ort ohne Zeugen gibt. *(vgl. ›Die Wände haben Ohren.‹)*

D 210 Nocte dieque tuum gestas in pectore testem.
Wander, Deutsches Sprichwörter-Lexikon 1. 1667; ~ Iuvenalis, Saturae 13,198
> Du trägst bei Tag und Nacht einen Zeugen in deiner Brust.

D 211 Nullum conscium peccatorum tuorum magis timueris quam temet ipsum.
Pseudo-Seneca, Liber de moribus 59
> Fürchte keinen Mitwisser deiner Vergehen mehr als dich selbst.

D 212 Conscientia mille testes.
Quintilianus, Institutio oratoria 5. 11,41
> Das Gewissen steht für tausend Zeugen.

D 213 Alios effugere saepe, te numquam potes.
Publilius Syrus, Sententiae A203
> Anderen kannst du oft entkommen, dir selbst niemals.

D214 Grave ipsius conscientiae pondus.
Cicero, De natura deorum 3. 85

Schwer wiegt die Last des eigenen Gewissens.

D215 Gravis malae conscientiae lux est.
Seneca, Epistulae morales 122,14

Ein schlechtes Gewissen erträgt das Licht der Sonne nicht.

D216 Heu, conscientia animi gravis est servitus!
Publilius Syrus, Sententiae 227

Das Schuldbewusstsein ist doch eine schwere Knechtschaft!

D217 In culpa est animus, qui se non effugit umquam.
Horatius, Epistulae 1. 14,13

Nur das schuldige Bewusstsein kann sich nie selbst entfliehen.

D218 Cicatrix conscientiae pro vulnere est.
Publilius Syrus, Sententiae 118

Narben des Gewissens brennen wie *(offene)* Wunden.

D219 Nullae poenae graviores sunt quam malae conscientiae.
Prosper Aquitanus, Liber sententiarum 192

Keine Qualen sind schlimmer als die eines schlechten Gewissens.

D220 Invigilant animo scelerisque parati / supplicium exercent curae.
Statius, Thebais 3. 4–5

Die Sorgen bleiben im Herzen wach und vollziehen die Strafe für das verübte Verbrechen.

D221 Post equitem sedet atra cura.
Horatius, Carmina 3. 1,40

Hinter dem Reiter sitzt die schwarze Sorge.

D222 Satis poenarum potuisse est punirier.
Pseudo-Seneca, Liber de moribus 69

Es ist Strafe genug, dass man hätte bestraft werden können.

D223 Illo nocens se damnat, quo peccat die.
Publilius Syrus, Sententiae 260

Der Schuldige verurteilt sich selbst an dem Tag, an dem er schuldig wird.

D224 Quod merito pateris, patienter perfer id ipsum, / cumque reus tibi sis, ipsum te iudice damna.
Disticha Catonis 3. 17

Was du zu Recht erleidest, das ertrag geduldig, und wenn du vor dir selbst als Angeklagter stehst, verurteile dich selbst vor dem eigenen Gericht.

D 225 Quodcumque celes, ipse tibi fias timor.
Publilius Syrus, Sententiae 512
> Was du auch zu verbergen hast, fürchte dich vor dir selber.

D 226 Quam miser est, qui excusare sibi se non potest!
Publilius Syrus, Sententiae 562
> Wie schlimm ist doch dran, wer sich vor sich selbst nicht entschuldigen kann!

D 227 Mala conscientia saepe tuta, secura numquam.
Pseudo-Seneca, Liber de moribus 65
> Ein schlechtes Gewissen ist oft gefahrlos, sorgenlos nie.

D 228 Tuta scelera esse possunt, secura esse non possunt.
Seneca, Epistulae morales 97,13
> Verbrechen können risikolos sein, aber nicht sorgenlos.

D 229 Tutum aliqua res in mala conscientia praestat, nulla securum.
Seneca, Epistulae morales 105,8
> Bei einem schlechten Gewissen kann zwar irgendein Umstand äußere Sicherheit bieten, aber nichts völlige Sorgenlosigkeit.

D 230 Mea mihi conscientia pluris est quam omnium sermo.
Cicero, Ad Atticum 12. 28,2
> Mein gutes Gewissen gilt mir mehr als die öffentliche Meinung.

D 231 Magis quam famam attende conscientiam.
Publilius Syrus, Sententiae A290
> Achte mehr auf dein Gewissen als auf deinen Ruf.

D 232 Multos fortuna liberat poena, metu neminem.
Seneca, Epistulae morales 97,16
> Viele befreit das Glück von Strafe, von Furcht keinen Einzigen.

D 233 Nolunt loqui homines verum, ne verum audiant.
Pseudo-Seneca, Proverbia 136
> Die Menschen wollen nicht die Wahrheit sagen, um sie nicht hören zu müssen.

D 234 Non innocens est timidus, qui legem timet.
Pseudo-Seneca, Proverbia 38
> Nicht unschuldig ist, wer ängstlich das Gesetz fürchtet.

D 235 O tacitum tormentum animi conscientia!
Publilius Syrus, Sententiae 443
> Welche stille Folter ist doch das Bewusstsein der Schuld!

D 236 Sceleris in scelere supplicium.
Seneca, Epistulae morales 97,14
> Die Strafe für ein Vergehen liegt im Vergehen selbst.

D 237 Sine lege poena est animi conscientia.
Publilius Syrus, Sententiae 683
> Auch ohne Gesetz sind Gewissensbisse eine Strafe.

D 238 Geminat peccatum, quem delicti non pudet.
Publilius Syrus, Sententiae A296
> Wer sich seines Vergehens nicht schämt, verdoppelt seine Schuld.

Scham

D 239 Parturiunt antiqua novum peccata ruborem.
Nivardus, Ysengrimus 4. 167
> Alte Sünden lassen immer wieder neu vor Scham erröten.

D 240 Validius bonos inhibet pudor quam metus.
Quintilianus, Institutio oratoria 9. 2,76
> Scham ist für anständige Menschen ein stärkerer Hinderungsgrund als Furcht.

D 241 Qui metuit contumeliam, raro accipit.
Publilius Syrus, Sententiae A271
> Wer Schande fürchtet, gerät selten hinein.

D 242 Quicquid pudet ore dicere, pudet etiam cogitari.
Pseudo-Seneca, Liber de moribus, Appendix
> Was man sich schämen muss auszusprechen, muss man zu denken sich auch schämen.

D 243 Turpia ne dixeris, paulatim enim pudor per verba dediscitur.
Pseudo-Seneca, Liber de moribus 120
> Sprich nichts Unanständiges, denn nach und nach verlernt man mit den Worten die Scham.

D 244 Per impudica dicta pudor amittitur.
Publilius Syrus, Sententiae A123
> Mit schamlosen Worten verliert man das Schamgefühl.

D 245 Nil dictu foedum visuque haec limina tangat, / intra quae pater es.
Iuvenalis, Saturae 14,44–45
> In das Haus, in dem du mit deinem Sohn lebst, soll nichts kommen, was schändlich zu sagen oder zu sehen ist.

D 246 Non pudeat dicere, quod non pudet sentire.
cf. Cicero, De finibus bonorum et malorum 2. 77
> Schäme dich nicht zu sagen, was zu denken du dich nicht schämst.

D 247   Epistula enim non erubescit.
Cicero, Ad familiares 5. 12,1

> Ein Brief errötet nicht. *(vgl. ›Papier ist geduldig.‹)*

D 248   Beneficium non est, cuius sine rubore meminisse non possum.
Seneca, De beneficiis 2. 8,2

> Eine Wohltat ist nicht, woran ich nicht ohne Beschämung denken kann.

D 249   Quod non vetat lex, hoc vetat fieri pudor.
Seneca, Troades 334

> Was das Gesetz nicht verbietet, das verbietet der Anstand zu tun.

D 250   Erubescere est utilius iuvenem quam pallescere.
Caecilius Balbus, Sententiae (F) 61

> Zu erröten ist für einen jungen Mann nützlicher, als zu erblassen.

D 251   Grave est enim homini pudenti petere aliquid magnum ab eo, de quo se bene meritum putet.
Cicero, Ad familiares 2. 6,1

> Einem feinfühligen Mann fällt es schwer, den um etwas Größeres zu bitten, um den er sich verdient gemacht zu haben glaubt.

D 252   Heu, quam difficile est crimen non prodere vultu!
Ovidius, Metamorphoses 2. 447

> Wie schwer ist es doch, sein Vergehen nicht mit seinem Gesicht zu verraten.

D 253   Pudorem habere servitus quodammodo est.
Publilius Syrus, Sententiae 490

> Ehrgefühl zu haben ist eine Art von Knechtschaft.

D 254   Qua licet et sequitur, pudor est miscendus amori.
Ovidius, Heroides 4,9

> Wo es erlaubt ist und sich ergibt, muss sich Scham unter die Liebe mischen.

D 255   Non veniunt in idem pudor atque amor.
Ovidius, Heroides 15,121

> Ehrbarkeit und Liebe passen nicht zusammen.

D 256   Pudor est arx pulchritudinis.
Wander, Deutsches Sprichwörter-Lexikon 4. 89

> Scham ist das Bollwerk der Schönheit.

D 257   Pudor enim, veluti vestis, quanto obsoletior est, tanto incuriosius habetur.
Apuleius, Apologia 3,3

> Die Scham ist wie ein Kleid: Je verschlissener es ist, desto sorgloser geht man damit um. *(vgl. ›Ist der Ruf erst ruiniert, lebt sich's weiter ungeniert.‹)*

Mensch
(psychisch)

D 258 Pudicitia auferri non potest, nisi mentis corruptio antecedat.
Johannes Saresberiensis, Policraticus 3. 13
Die Schamhaftigkeit kann man nur verlieren, wenn zuvor die Gesinnung verdorben ist.

D 259 Si bene te institueris, pudebit te deteriorem fieri.
Pseudo-Seneca, Liber de moribus, Sententiae Catonis 49
Wenn man sich richtig entwickelt hat, schämt man sich, schlechter zu werden.

D 260 Spes est salutis, ubi hominem obiurgat pudor.
Publilius Syrus, Sententiae 585
Wo die Scham einen maßregelt, besteht Hoffnung auf Besserung.

D 261 Verecundia est timor ingloriationis.
Auctoritates, Aristoteles, Ethica
Scham ist die Furcht vor Ehrverlust.

D 262 Moderator cupiditatis pudor.
Cicero, De finibus bonorum et malorum 2. 113
Das Schamgefühl hält die Begierden im Zaum.

D 263 Pudicitia nihil ornamentorum quaerit, decus suum ipsa est.
Novatianus, De bono pudicitiae 3
Die Sittsamkeit verlangt nach keinem Zierrat, sie ist ihr eigener Schmuck.

D 264 Rectis obstat pudor ingeniis, prava iuvat audacia.
Publilius Syrus, Sententiae A91
Das Schamgefühl gebietet Redlichen Einhalt, Unredliche haben ihre Freude an Schamlosem.

D 265 Deos rogare dedecet, quae dedecent.
Babrius, Fabulae 34
Es gehört sich nicht, die Götter um etwas zu bitten, was sich nicht gehört.

D 266 Ruborem amico excutere amicum est perdere.
Publilius Syrus, Sententiae 576
Einen Freund erröten machen heißt ihn verlieren.

D 267 Molestum verbum est, onerosum, demisso vultu dicendum: ›Rogo.‹
Seneca, De beneficiis 2. 2,1
Es ist ein aufreibendes, ein belastendes Wort, gesenkten Blicks ›Bitte‹ sagen zu müssen.

Reue

D 268 Nil est miserius, quam ubi pudet, quod feceris.
Publilius Syrus, Sententiae 432
Nichts ist schlimmer, als wenn man sich dessen schämen muss, was man getan hat.

D 269   Cave quicquam incipias, quod paeniteat postea.
Publilius Syrus, Sententiae 111
> Fang nichts an, was du später bereuen müsstest.

D 270   Facta infecta fieri nequeunt.
cf. Terentius, Phormio 1034
> Geschehenes lässt sich nicht ungeschehen machen.

D 271   Cito culpam effugisse potis es, si incurrisse paenitet.
Publilius Syrus, Sententiae 656
> Wer bereut, in Schuld geraten zu sein, wird sie auch schnell wieder loswerden.

D 272   Imprudens peccat, quem post facti paenitet.
Publilius Syrus, Sententiae 271
> Wer seine Schuld bereut, vergeht sich aus Unachtsamkeit.

D 273   Maxima est enim factae iniuriae poena fecisse, nec quisquam gravius afficitur, quam qui ad supplicium paenitentiae traditur.
Seneca, De ira 3. 26,2; cf. Publilius Syrus, Sententiae 601
> Die größte Strafe für begangenes Unrecht ist, es getan zu haben, und keiner leidet mehr darunter, als wer der Strafe der Reue ausgesetzt ist.

D 274   Poenam meruisse satis est poenarum probo.
Publilius Syrus, Sententiae A190
> Strafe verdient zu haben ist für einen Redlichen Strafe genug.

D 275   Gravis animi poena est, quem post facti paenitet.
Publilius Syrus, Sententiae 196
> Wer nach der Tat bereut, erleidet schwere Strafe.

D 276   Peccatum extenuat, qui celeriter corrigit.
Publilius Syrus, Sententiae 489
> Wer es schnell rückgängig macht, verkleinert das Vergehen.

D 277   Proximum ab innocentia locum tenet peccati verecunda confessio.
Pseudo-Seneca, Monita 93
> Der Unschuld unmittelbar benachbart ist das reuige Bekennen der Sünde.

D 278   Quem paenitet peccasse, paene est innocens.
Seneca, Agamemno 243
> Wer bereut, gefehlt zu haben, der ist fast schon unschuldig.

D 279   Heu, quam multa paenitenda incurrunt vivendo diu!
Publilius Syrus, Sententiae 212
> Wie vieles, was man bereuen muss, begegnet einem in einem langen Leben.

D 280 **Dixisse, non tacuisse interdum paenitet.**
Publilius Syrus, Sententiae A163
> Manchmal bereut man, geredet, statt geschwiegen zu haben.

D 281 **Quod male emptum est, semper paenitet.**
Plinius maior, Naturalis historia 18. 26
> Was man ungünstig gekauft hat, schmerzt einen beständig.

D 282 **Nam mala emptio semper ingrata, eo maxime, quod exprobrare stultitiam domino videtur.**
Plinius, Epistulae 1. 24,2
> Ein schlechter Kauf ist immer ärgerlich, besonders deshalb, weil er dem Käufer seine Dummheit vorzuwerfen scheint.

D 283 **Male vincit is, quem paenitet victoriae.**
Publilius Syrus, Sententiae 366
> Unglücklich siegt, wen es reut, gesiegt zu haben.

D 284 **Numquam est sera conversio.**
Hieronymus, Epistulae 107,2
> Zur Umkehr ist es nie zu spät.

D 285 **Paenitentia quoque numquam sera est, si tamen vera.**
Johannes Saresberiensis, Policraticus 7. 21
> Reue kommt nie zu spät, vorausgesetzt sie ist echt.

D 286 **Optimus est portus paenitenti mutatio consilii.**
Cicero, Orationes Philippicae 12,7
> Die beste Zuflucht für reuige Sünder ist eine Gesinnungsänderung.

D 287 **Paenitentiam agite, appropinquavit enim regnum caelorum.**
Vulgata, Evangelium secundum Matthaeum 3,2
> Tut Buße, denn das Himmelreich ist nahe herbeigekommen.

D 288 **Gaudium erit in caelo super uno peccatore paenitentiam agente, quam super nonaginta novem iustis, qui non indigent paenitentiam.**
Vulgata, Evangelium secundum Lucam 15,7
> Größere Freude wird im Himmel herrschen über einen einzigen reuigen Sünder als über neunundneunzig Gerechte, die nichts zu bereuen haben.

D 289 **Suffecit peccare semel; desiste vereri: / non erit in culpa, quem paenitet ante fuisse.**
Anthologia Latina 1. 689b,84–85
> Es genügt, einmal einen Fehler begangen zu haben; hör auf, dich zu fürchten: Schuldig ist nicht, wer bereut, es zuvor gewesen zu sein. *(vgl. ›Einmal ist keinmal.‹)*

Mensch (psychisch)

Empfindlichkeit

D 290 Nullum animal morosius est, nullum maiore arte tractandum quam homo, nulli magis parcendum.
Seneca, De clementia 1. 17,1
> Kein Lebewesen ist störrischer, keines muss mit größerer Geschicklichkeit behandelt werden als der Mensch, auf keines muss man mehr Rücksicht nehmen.

D 291 In misero facile fit potens iniuria.
Publilius Syrus, Sententiae 277
> Bei einem Unglücklichen wirkt sich Unrecht leicht gewaltig aus.

D 292 Ingenuitas non recipit contumeliam.
Publilius Syrus, Sententiae 240
> An ein edles Herz kommt keine Schmähung heran.

D 293 Nullam enim sapientem nec iniuriam accipere nec contumeliam posse.
Seneca, De constantia sapientis 2,1
> Einen Weisen kann weder ein Unrecht noch eine Schmähung treffen.

D 294 Proprium est magnitudinis verae non sentire percussum.
Seneca, De ira 3. 25,3
> Es entspricht wahrer Größe, einen Schlag nicht zu empfinden.

D 295 Non est magnus animus, quem incurvat iniuria.
Seneca, De ira 3. 5,8
> Wen eine Beleidigung niederwirft, der ist kein großer Geist.

Geduld

D 296 Cuivis dolori remedium est patientia.
Publilius Syrus, Sententiae 96
> Gegen jedes Leid hilft Geduld.

D 297 Et miseriarum portus est patientia.
Publilius Syrus, Sententiae A223
> Ein Hafen auch für Leiden ist die Geduld.

D 298 Dolor patientia vincitur.
Pseudo-Seneca, Liber de moribus 6
> Schmerzen überwindet man, indem man sie erträgt.

D 299 Fer, quod necesse est: vincitur patientia.
Publilius Syrus, Sententiae A139
> Ertrage, was ertragen werden muss; durch Ertragen wird es bewältigt.

D 300 **Mutare quod non possis, ut natum est, feras!**
Publilius Syrus, Sententiae 370
> Ertrage, was du nicht ändern kannst, so, wie es ist.

D 301 **Necessitas fortiter ferre docet, consuetudo facile.**
Seneca, De tranquillitate animi 10,1
> Die Notwendigkeit lehrt tapfer ertragen, die Gewohnheit geduldig.

D 302 **Durum: sed levius fit patientia, / quicquid corrigere est nefas.**
Horatius, Carmina 1. 24,19–20
> Es ist hart, doch mit Geduld wird alles leichter, was man nicht ändern kann.

D 303 **Aegris / nil movisse salus rebus.**
Silius Italicus, Punica 7. 395–396
> In schwierigen Situationen nichts zu tun bringt Rettung.

D 304 **Optimum est pati, quod emendare non possis.**
Seneca, Epistulae morales 107,9
> Was man nicht verbessern kann, sollte man am besten hinnehmen.

D 305 **Unum habet assidua infelicitas bonum, quod, quos semper vexat, novissime indurat.**
Seneca, Ad Helviam matrem de consolatione 2,3
> Ein Gutes hat fortdauerndes Elend, dass es die, die es ständig quält, zuletzt hart macht.

D 306 **Infantem nudum cum te natura crearit, / paupertatis onus patienter ferre memento.**
Disticha Catonis 1. 21
> Da die Natur dich als nacktes Kind geschaffen hat, denk daran, die Last der Armut geduldig zu ertragen.

D 307 **Patientia quaeri debet, quod gratia impetrari nequierit.**
~ Valerius Maximus, Facta et dicta memorabilia 7. 5 pr.
> Mit Geduld muss man sich um das bemühen, was man mit Autorität nicht erreichen konnte.

D 308 **Utilis optatos dabit expectatio fructus.**
Arnulfus Lexoviensis, Carmina 7,15
> Sinnvolles Abwarten führt zum erwünschten Ergebnis.

D 309 **Nil agere semper infelici est optimum.**
Publilius Syrus, Sententiae 377
> Für einen Unglücklichen ist es immer am besten, nichts zu tun.

D 310 **Feras difficilia, ut facilia perferas.**
Publilius Syrus, Sententiae 188
> Ertrage Beschwerlichkeiten, damit du auch Annehmbares erträgst.

D311 Noli mala tua facere tibi ipse graviora et te querelis onerare!
Seneca, Epistulae morales 78,13
>Mach dir deine Leiden nicht selbst schwerer und belaste dich nicht mit Wehklagen.

D312 Omne in amore malum, si patiare, leve est.
Propertius, Elegiae 2. 5,16
>In der Liebe ist kein Übel schwer, wenn man es geduldig erträgt.

D313 Patientia animi occultas divitias habet.
Publilius Syrus, Sententiae 456
>Geduld birgt verborgene Schätze in sich.

D314 Patientia pars magna iustitiae est.
~ Plinius, Epistulae 6. 2,8
>Gerechtigkeit besteht zu einem großen Teil aus Geduld.

D315 Sustine et abstine.
cf. Epiktetos bei Gellius, Noctes Atticae 17. 19,6
>Halte stand und halte dich zurück. *(vgl. ›Ertrage und entsage.‹ bzw. ›Leide und meide.‹)*

D316 Longa mora est nobis omnis, quae gaudia differt.
Ovidius, Heroides 19,3
>Lang kommt uns jedes Zögern vor, das die Freuden hinausschiebt.

D317 Sed nimium properas, et adhuc tua messis in herba est.
Ovidius, Heroides 16,263
>Doch du bist übereilig, und deine Ernte steht noch auf dem Halm.

D318 Animo cupienti nihil satis festinatur.
Sallustius, Bellum Iugurthinum 64,6
>Einem gierigen Menschen geht nichts schnell genug.

E **Mensch** (intellektuell)

Veranlagung

E1 Naturae sequitur semina quisque suae.
Propertius, Elegiae 3. 9,20
> Jeder entfaltet seine Naturanlagen.

E2 Unusquisque proprium habet donum ex Deo: alius quidem sic, alius vero sic
Vulgata, Epistula ad Corinthios 1. 7,7
> Jeder hat seine eigene Gabe von Gott, jeder jeweils eine andere.

E3 In aliis rebus alius est praestantior.
Pseudo-Publilius, Sententiae 149
> Jeder hat auf seinem Gebiet seine Vorzüge.

E4 Si quadam virtute nites, ne despice quemquam; / fortassis dote, qua micat ille, cares.
Polythecon 2. 547–548
> Wenn du in einer Fähigkeit hervorstichst, verachte niemanden; vielleicht fehlt dir die Gabe, mit der jener glänzt.

E5 Ut saepe summa ingenia in occulto latent!
Plautus, Captivi 165
> Wie oft doch höchste Begabung im Verborgenen bleibt!

E6 Non enim ex omni ligno debet Mercurius exsculpi.
Pythagoras bei Apuleius, Apologia 43,4
> Nicht aus jedem Holz lässt sich eine Merkurstatue schnitzen.

E7 Aurum fortuna invenitur, natura ingenium bonum.
~ Plautus, Poenulus 302
> Gold beschert uns das Glück, eine gute Veranlagung die Natur.

E8 Neque enim ingenium sine disciplina aut disciplina sine ingenio perfectum artificem potest efficere.
Vitruvius, De architectura 1. 1,3
> Weder Begabung ohne Unterweisung noch Unterweisung ohne Begabung kann einen vollkommenen Künstler schaffen.

E 9 Docilitas et memoria appellantur uno ingenii nomine, easque virtutes qui habent, ingeniosi vocantur.
~ *Cicero, De finibus bonorum et malorum 5. 36*
> Gelehrigkeit und Gedächtnis bezeichnet man mit dem einen Begriff Talent, und wer diese Tugenden besitzt, gilt als talentiert.

E 10 Natura etiam sine doctrina multum valebit: doctrina nulla esse sine natura poterit.
Quintilianus, Institutio oratoria 2. 19,2
> Naturbegabung wird auch ohne Ausbildung viel vermögen: Doch keine Ausbildung wird ohne Veranlagung sein können.

E 11 Non obstare locum, cum valet ingenium.
Ausonius, De XII Caesaribus, Tetrasticha 88
> Die Herkunft ist kein Hindernis, wenn genug Talent vorhanden ist.

E 12 Ferrum cessans rubigine sordet.
~ *Palingenius, Zodiacus vitae 8. 973–974*
> Bleibt es ungenutzt, rostet das Eisen. *(vgl. ›Wer rastet, der rostet.‹)*

E 13 Convenit ingenio robur, prudentia forti.
Claudianus, Epithalamium dictum Honorio Augusto et Mariae 2. 315
> Das Genie braucht Tatkraft, der Tüchtige Intelligenz.

E 14 Aut regem aut fatuum nasci oportet.
~ *Seneca, Apocolocyntosis 1,1*
> Zum König oder zum Narren muss man geboren sein.

E 15 Nullum magnum ingenium sine mixtura dementiae fuit.
Seneca, De tranquillitate animi 17,10
> Hohe Begabung gibt es nicht ohne Beimischung von Wahnsinn. *(vgl. ›Genie und Wahnsinn liegen nahe beisammen.‹)*

E 16 Nullum saeculum magnis ingeniis clusum est.
Seneca, Epistulae morales 102,22
> Keine Zeit ist großen Geistern verschlossen.

E 17 Laus enim est ingenii, cum desideratur ubertas.
Symmachus, Epistulae 3. 10
> Es ehrt den schöpferischen Geist, wenn viele Ideen von ihm erwartet werden.

E 18 Nullum sine venia placuit ingenium.
Seneca, Epistulae morales 114,12
> Ohne Nachsicht findet kein Genie je Anerkennung.

Inspiration

E 19   Est deus in nobis, agitante calescimus illo.
Ovidius, Fasti 6. 5

> Gott ist in uns, wir erglühen, wenn er uns beseelt.

E 20   Est deus in nobis, et sunt commercia caeli, / sedibus aethereis spiritus ille venit.
Ovidius, Ars amatoria 3. 549–550

> In uns wohnt ein Gott und wir haben Verkehr mit dem Himmel; von den himmlischen Stätten kommt die Eingebung zu uns.

E 21   Musa, mihi causas memora ...
Vergilius, Aeneis 1. 8

> Muse, nenne mir die Gründe ...

E 22   Neque semper arcum / tendit Apollo.
Horatius, Carmina 2. 10,19–20

> Apoll spannt den Bogen nicht ständig.

E 23   Largitur dilectis suis in somno.
cf. Vulgata, Psalmus 127(126),2

> Den Seinen gibt's der Herr im Schlaf.

E 24   Nam sine te nostrum non valet ingenium.
Propertius, Elegiae 2. 30,40

> Ohne dich ist mein Talent ohne Kraft.

Geist

E 25   Corcillum est, quod homines facit, cetera quisquilia omnia.
Petronius, Satyricon 75,8

> Die Intelligenz ist es, was den Menschen ausmacht, alles Übrige ist Firlefanz.

E 26   Spiritus est, qui vivificat, caro non prodest quicquam.
Vulgata, Evangelium secundum Ioannem 6,63

> Der Geist ist es, der lebendig macht, das Fleisch ist unnütz.

E 27   Dux atque imperator vitae mortalium animus est.
Sallustius, Bellum Iugurthinum 1,3

> Leiter und Beherrscher des menschlichen Lebens ist der Geist.

Mensch (intellektuell)

E 28   Mens agitat molem.
Vergilius, Aeneis 6. 727
> Der Geist beherrscht die Materie.

E 29   Rationalis anima domina est corporis sui.
Prosper Aquitanus, Liber sententiarum 195
> Eine vernunftbegabte Seele ist Herrin ihres Körpers. *(vgl. Schiller, Wallensteins Tod: ›Es ist der Geist, der sich den Körper baut.‹)*

E 30   Maior sum et ad maiora genitus, quam ut mancipium sim mei corporis, quod equidem non aliter aspicio quam vinclum aliquod libertati meae circumdatum.
Seneca, Epistulae morales 65,20
> Ich bin größer und zu Größerem geschaffen, als ein Sklave meines Körpers zu sein, den ich nur als eine Fessel betrachte, die meiner Freiheit angelegt ist.

E 31   Spiritus, ubi vult, spirat.
Vulgata, Evangelium secundum Ioannem 3,8
> Der Geist weht, wo er will.

E 32   Insatiabilis est humanus animus.
~ Livius, Ab urbe condita 4. 13,4
> Unersättlich ist der menschliche Geist.

E 33   Spiritus quidem promptus est, caro vero infirma.
Vulgata, Evangelium secundum Marcum 14,38
> Der Geist ist willig, aber das Fleisch ist schwach.

E 34   Remittere animum quasi amittere est.
Musonius bei Macrobius, Saturnalia 1. 5,12
> Den Geist vergammeln lassen ist so viel wie ihn verlieren.

E 35   Summum bonum in ipso iudicio est et habitu optimae mentis, quae cum suum implevit et finibus se suis cinxit, consummatum est summum bonum nec quicquam amplius desiderat.
Seneca, De vita beata 9,3
> Das höchste Gut liegt im Denkvermögen selbst und in der Verfassung der besten Seele; hat diese ihr Wesen erfüllt und sich entsprechend umgrenzt, ist das höchste Gut vollendet und hat keine weiteren Wünsche.

Vernunft

E 36 Homines enim, etsi aliis multis, tamen hoc uno plurimum a bestiis differunt, quod rationem habent a natura datam mentemque acrem et vigentem celerrimeque multa simul agitantem et, ut ita dicam, sagacem, quae et causas rerum et consecutiones videat et similitudines transferat et disiuncta coniungat et cum praesentibus futura copulet omnemque complectatur vitae consequentis statum.
Cicero, De finibus bonorum et malorum 2. 45

> Die Menschen unterscheiden sich zwar auch in vielem anderen von den Tieren, vor allem aber durch das eine, dass die Natur ihnen Vernunft verliehen hat und einen scharfen und wachsamen Geist, der blitzschnell vieles gleichzeitig verrichtet und, um es so auszudrücken, so viel Spürsinn besitzt, dass er Ursachen und Folgen übersieht, Entsprechungen überträgt, Getrenntes vereint, Zukünftiges mit Gegenwärtigem verbindet und damit auch alle Umstände des künftigen Lebens erfasst.

E 37 In homine optimum quid est? ratio: hac antecedit animalia, deos sequitur. Ratio ergo perfecta proprium bonum est, cetera illi cum animalibus satisque communia sunt.
Seneca, Epistulae morales 76,9

> Was ist das Beste am Menschen? die Vernunft. Mit ihr ist er den Tieren überlegen, kommt er den Göttern gleich. Vollendete Vernunft ist also sein ihm eigenes Gut, alles Übrige hat er mit Tieren und Pflanzen gemeinsam.

E 38 Non virtute, non sensu corporis, sed ratione mentis excellimus animalibus ceteris.
Isidorus Hispaliensis, Sententiae 1. 13,1

> Nicht durch anständiges Verhalten, nicht durch körperliche Empfindung, sondern allein durch vernünftiges Denken überragen wir die anderen Lebewesen.

E 39 Ama rationem! Huius te amor contra durissima armabit.
Seneca, Epistulae morales 74,21

> Liebe die Vernunft! Die Liebe zu ihr wird dich gegen schlimmste Konflikte wappnen.

E 40 Nihil aliis instrumentis opus est, satis nos instruxit ratione natura.
Seneca, De ira 1. 17,2

> Wir brauchen keine anderen Hilfsmittel, die Natur hat uns mit der Vernunft hinreichend ausgerüstet.

E 41 Si vis omnia tibi subicere, te subice rationi.
Seneca, Epistulae morales 37,4

> Willst du dir alles unterwerfen, dann unterwirf dich der Vernunft.

Mensch (intellektuell)

E 42 Sola ratio immutabilis et iudicii tenax est; non enim servit, sed imperat sensibus.

Seneca, Epistulae morales 66,32

> Die Vernunft allein ist unveränderlich und unerschütterlich in ihrem Urteil; denn sie ist nicht Sklavin, sondern Herrin der Sinne.

E 43 Nihil autem potest esse diuturnum, cui non subest ratio.

Curtius Rufus, Historiae Alexandri Magni 4. 14,19

> Nichts kann von Dauer sein, wenn es sich nicht auf Vernunft gründet.

E 44 Consilii regimen virtuti corporis adde.

Anthologia Latina 1. 716,47

> Stelle die Kraft deines Körpers unter die Leitung der Vernunft.

E 45 Prudentia maior viribus.

cf. Avianus, Fabulae 27,9

> Verstand geht über Kraft.

E 46 Plus ratio quam vis caeca valere solet.

Maximianus, Elegiae 2,72

> Kluge Überlegung pflegt mehr zu bewirken als blinde Gewalt.

E 47 Sapere aude!

Horatius, Epistulae 1. 2,40

> Wage es, Vernunft zu üben! *(vgl. Kant: ›Habe den Mut, dich deines eigenen Verstandes zu bedienen.‹)*

E 48 Affectus cito cadit, aequalis est ratio.

Seneca, De ira 1. 17,5

> Die Leidenschaft lässt schnell nach, die Vernunft bleibt sich gleich.

E 49 Consilio, non impetu opus est.

Curtius Rufus, Historiae Alexandri magni 7. 4,13

> Überlegung, nicht Erregung tut not.

E 50 Ut dominam teneas nec te mirere relictum, / ingenii dotes corporis adde bonis.

Ovidius, Ars amatoria 2. 111–112

> Verbinde geistige Gaben mit deinen körperlichen Vorzügen, damit du deine Geliebte festhältst und dich nicht wundern musst, wenn sie dich verlässt.

E 51 Bona mens nec commodatur nec emitur; et puto, si venalis esset, non haberet emptorem: at mala cottidie emitur.

Seneca, Epistulae morales 27,8

> Einen gesunden Verstand kann man weder leihen noch kaufen; und wenn er käuflich wäre, würde er, glaube ich, keinen Käufer finden: Dummheit hingegen wird täglich gekauft.

E52 Miremur magis, quos munera mentis adornant, / quam qui corporeis enituere bonis.
Avianus, Fabulae 40,11–12
> Lasst uns mehr die bewundern, die Geistesgaben zieren, als die, die mit körperlichen Qualitäten glänzen.

E53 Ne tu quam multis, sed quibus placeas vide.
Publilius Syrus, Sententiae A12
> Achte nicht darauf, bei wie vielen, sondern bei wem du Anerkennung findest.

E54 Vos estis sal terrae.
Vulgata, Evangelium secundum Matthaeum 5,13
> Ihr seid das Salz der Erde.

E55 Astu vincit homo cuncta creata solo.
Walther, Proverbia sententiaeque 1627
> Allein mit List erweist sich der Mensch als Sieger über alle Geschöpfe.

E56 Bonus dolus est, quo malus pellitur.
Binder, Novus thesaurus 362
> Gut ist eine List, durch die eine schlechte abgewehrt wird.

E57 Nam doli non doli sunt, nisi astu colas, / sed malum maxumum, si id palam provenit.
Plautus, Captivi 221–222
> List ist keine List, wenn sie nicht schlau eingefädelt wird, sondern eine äußerst peinliche Panne, wenn sie sich herumspricht.

E58 Ubi deficiunt vires, astu utendum.
Phaedrus, Liber fabularum, Appendix Perottina 25, Summarium 2
> Wenn die Kräfte nicht ausreichen, muss man zur List greifen.

Denken

E59 Cogitationis nomine intellego illa omnia, quae nobis consciis in nobis fiunt.
Cartesius, Meditationes 1. 9
> Unter der Bezeichnung Denken verstehe ich all das, was sich in unserem Bewusstsein abspielt.

E60 Cogito, ergo sum.
Cartesius, Principia philosophiae 1,7
> Ich denke, also bin ich *(d. h. Denken als Existenzbeweis).*

E61 Sentire dicitur dupliciter, scilicet habere sensum et uti sensu.
Auctoritates, Aristoteles, Topica 73
> Denken bedeutet zweierlei, nämlich Verstand haben und ihn gebrauchen.

Mensch (intellektuell)

E 62 Summa est velocitas mentis.
Homeros bei Macrobius, Saturnalia 1. 19,9
> Nichts kommt der Schnelligkeit des Geistes nahe.

E 63 Bene sentire recteque facere satis est ad bene beateque vivendum.
Cicero, Ad familiares 6. 1,3
> Edel denken und recht handeln reicht für ein gutes und glückliches Leben aus.

E 64 Agere volentem semper meditari decet.
Periandros bei Ausonius, Ludus septem sapientium 223
> Wer etwas bewirken will, sollte immer denken.

E 65 Nam plerisque longiore tractatu vis quaedam et pondus accedit, utque corpori ferrum, sic oratio animo non ictu magis quam mora imprimitur.
Plinius, Epistulae 1. 20,3
> Die meisten Gedanken erhalten erst durch längere Erwägung Kraft und Gewicht, und wie das Schwert in den Körper, so dringt das Wort eher in die Seele durch ständiges Nachdrücken als durch einen kurzen Stoß.

E 66 Necesse est tamen, ut omnia, quae creduntur, praeveniente cogitatione credantur.
Augustinus, De praedestinatione sanctorum
> Es ist unabdingbar, dass alles, was geglaubt wird, infolge vorausgehenden Denkens geglaubt wird.

E 67 Mora cogitationis diligentia est.
Publilius Syrus, Sententiae 349
> Sich Zeit zum Denken zu nehmen heißt Umsicht.

E 68 Saepe dat ingenium, quod vis conferre negabat, / compos et arte est, qui viribus impos erat.
Theodulfus Aurelianensis, Carmina 3. 9,1–2
> Oft vermittelt der Geist, was die Gewalt zu beschaffen versagt hat, und mit Geschick erlangt man, wozu die Kraft fehlte.

E 69 Nihil enim est, quod non assidua meditatio facillimum reddat.
Vegetius, Epitoma rei militaris 1. 19
> Es gibt nichts, was durch ständiges Nachdenken nicht ganz leicht wird.

E 70 Deliberando discitur sapientia.
Publilius Syrus, Sententiae 139
> Durch Überlegen lernt man weise zu sein.

E 71 Nisi per te sapias, frustra sapientem audias.
Publilius Syrus, Sententiae 427
> Wenn du nicht von selbst zur Vernunft kommst, hörst du vergeblich einem Weisen zu.

E 72 Saepe recordari medicamine fortius omni.
Mantuanus, Adulescentia 8,97
> Oft nachzudenken hilft mehr als jede Arznei.

E 73 Posteriores enim cogitationes, ut aiunt, sapientiores solent esse.
Cicero, Orationes Philippicae 12,5
> Überlegungen hinterher sind, wie man sagt, gewöhnlich vernünftiger.

E 74 Senibus autem labores corporis minuendi, exercitationes animi etiam augendae videntur, danda vero opera, ut et amicos et iuventutem et maxime rem publicam consilio et prudentia quam plurimum adiuvent. Senibus labores corporis sunt minuendi.
Cicero, De officiis 1. 123
> Alten Leuten muss körperliche Arbeit verringert, geistige Anstrengung aber sogar noch erhöht werden; dabei muss man darauf achten, dass sie Freunden, der Jugend und besonders dem Staat so gut wie möglich mit klugem Rat beistehen.

E 75 Frequensque meditatio carnis afflictio est.
Vulgata, Liber ecclesiastes 12,12
> Häufiges Nachdenken zerrüttet die Gesundheit.

Bedenkzeit

E 76 Da spatium tenuemque moram, male cuncta ministrat / impetus.
Statius, Thebais 10. 704–705
> Lass dir Zeit und zögere ein wenig, Übereilung ist kein guter Betreuer. *(vgl. ›Eile mit Weile.‹)*

E 77 Differ; habent parvae commoda magna morae.
Ovidius, Fasti 3. 394
> Mach langsam, kleiner Aufschub bringt großen Gewinn.

E 78 Res serias / omnes extollo ex hoc die in alium diem.
Plautus, Poenulus 499–500
> Ernste Dinge verschiebe ich alle von heute auf morgen.

E 79 In crastinum differo res severas.
Cornelius Nepos, De excellentibus ducibus exterarum gentium, Pelopidas 3,2
> Ernste Geschäfte schiebe ich auf den folgenden Tag. *(vgl. ›etwas überschlafen‹)*

E 80 In nocte consilium.
Erasmus, Adagia 1143 (nach Zenobios)
> Über Nacht kommt Rat. *(vgl. ›etwas überschlafen‹)*

E 81   Saepe mora melior.
~ *Sidonius Apollinaris, Epistulae 2. 6,1*
Verzögerung ist oft besser.

E 82   Nam mora dat vires.
Ovidius, Remedia amoris 83
Aufschub bringt Kraft. *(vgl. ›Gut Ding will Weile haben.‹)*

E 83   Mora omnis odio est, sed facit sapientiam.
Publilius Syrus, Sententiae 311
Verzögerung ist immer ärgerlich, doch sie regt den Verstand an.

E 84   Irae remedium maximum est dilatio.
Pseudo-Publilius, Sententiae 162; ~ Seneca, De ira 3. 12,4
Wirksamstes Mittel gegen Jähzorn ist der Aufschub.

Verständnis

E 85   Cum de adulescentia filii cogitabis, de tua recogita: distinguere oportet
hominis vitia et aetatis.
Pseudo-Seneca, Monita 66
Wenn du über die Jugend deines Sohnes nachdenkst, denk an deine eigene zurück: Man
muss einen Unterschied machen zwischen den Fehlern eines Menschen und seines Alters.

E 86   Amici mores noveris, non oderis.
Publilius Syrus, Sententiae A178
Die Gewohnheiten des Freundes sollst du kennen, nicht hassen.

E 87   Tu si hic sis, aliter sentias.
Terentius, Andria 310
An meiner Stelle würdest du anders denken.

E 88   Audite et intellegite!
Vulgata, Evangelium secundum Matthaeum 15,10
Hört und begreift!

E 89   Cor prudens possidebit scientiam, et auris sapientium quaerit doctrinam.
Vulgata, Liber proverbiorum 18,15
Ein kluges Herz besitzt Vernunft, und das Ohr des Weisen lässt sich gern belehren.

E 90   Principiis enim cognitis multo facilius extrema intellegetis.
Cicero, Pro Cluentio 11
Hat man erst den Anfang verstanden, wird man den Rest viel leichter verstehen.

E91 Facilius enim per partes in cognitionem totius adducimur.
Seneca, Epistulae morales 89,1
> Über die Teile gelangen wir leichter zur Kenntnis des Ganzen.

E92 Non enim ille bene legit, qui, quod scriptura sentit, diligenter non exponit.
Robert von Melun, Sententiae, pr.
> Nur der liest gut, der den Sinn der Schrift gewissenhaft auslegt.

E93 Littera enim occidit, spiritus autem vivificat.
Vulgata, Epistula ad Corinthios 2. 3,6
> Denn der Buchstabe tötet, der Geist aber macht lebendig.

E94 Dicere enim bene nemo potest, nisi qui prudenter intellegit.
Cicero, Brutus 23
> Gut reden kann nur, wer die Sache verstanden und durchdacht hat.

E95 Sapienti sat *(dictum est)*.
Plautus, Persa 729
> Für den Kundigen ist genug gesagt.

E96 Si non potes intellegere, crede, ut intellegas. Praecedit fides, sequitur intellectus.
Augustinus, Sermones 118
> Wenn du nicht verstehen kannst, glaube, um zu verstehen. Der Glaube geht voraus, die Erkenntnis folgt nach.

E97 Contra negantem principia non est disputandum.
Auctoritates, Aristoteles, Physica 6
> Gegen den, der die Prinzipien leugnet, lässt sich nicht streiten.

Mensch (intellektuell)

Beurteilung

E98 Quicquid inter vicina eminet, magnum est illic, ubi eminet; nam magnitudo non habet modum certum: comparatio illam aut tollit aut deprimit.
Seneca, Epistulae morales 43,2
> Was aus seiner Umgebung herausragt, ist dort groß, wo es herausragt; denn Größe kennt keinen festen Maßstab: Der Vergleich erst macht etwas groß oder klein.

E99 Non statim pusillum est, si quid maximo minus est.
Seneca, Epistulae morales 100,9
> Wenn etwas kleiner als das Größte ist, ist es noch lange nicht klein.

E 100   Quicquid enim non habet finem, collationem mensurae non recipit.
Censorinus, De die natali 16,5
> Was nicht zu Ende gebracht ist, lässt keinen Vergleichsmaßstab zu.

E 101   Ex praeteritis enim aestimari solent praesentia.
Quintilianus, Institutio oratoria 5. 10,28
> Nach dem Vergangenen lässt sich gewöhnlich das Gegenwärtige beurteilen. *(vgl. jemanden nach seiner Vergangenheit beurteilen)*

E 102   Successore noscar.
Zincgreff, Emblematum ethico-politicorum centuria 40
> Gemessen an meinem Nachfolger wird man meinen Wert erkennen.

E 103   A casu describe diem, non solis ab ortu.
Polythecon 1. 374
> Bewerte den Tag vom Untergang, nicht vom Aufgang der Sonne an. *(vgl. ›Man soll den Tag nicht vor dem Abend loben.‹)*

E 104   Cum de unius moribus iudicabis, de publicis cogita.
Seneca, De ira 2. 31,5
> Wenn man den Charakter eines Einzelnen beurteilen will, soll man an den der Allgemeinheit denken.

E 105   Non quantum quisque prosit, sed quanti quisque sit, ponderandum est.
Cicero, Brutus 257
> Man soll einen Menschen nicht danach beurteilen, wie viel er nützt, sondern was er wert ist.

E 106   Quattuor modis iudicium:humanum pervertitur: timore, cupiditate, odio et amore.
Isidorus Hispaliensis, Sententiae 3. 54,7
> Auf vier Arten wird das menschliche Urteil verfälscht: durch Furcht, Gier, Hass und Liebe.

E 107   Inde plerumque eadem facta modo diligentiae, modo vanitatis, modo libertatis, modo furoris nomen accipiunt.
Plinius, Epistulae 5. 9,7
> Dasselbe Vorgehen heißt meist bald Sorgfalt, bald Leichtsinn, bald Freimütigkeit, bald Tollkühnheit.

E 108   Non tantum, quid videas, sed quemadmodum, refert: animus noster ad vera perspicienda caligat.
Seneca, Epistulae morales 71,24
> Es kommt nicht so sehr darauf an, was man sieht, sondern wie: Unser Geist tappt auf der Suche nach der Wahrheit im Dunkeln.

E 109 Aliter de illis ac de nobis iudicamus.
Cicero, De officiis 1. 30
> Über andere urteilt man anders als über sich selbst.

E 110 Tu, / quid de quoque viro et cui dicas, saepe videto.
Horatius, Epistulae 1. 18,67–68
> Achte ständig darauf, was du über jemanden sagst und wem du es sagst.

E 111 Laudatur ab his, culpatur ab illis.
Horatius, Sermones 1. 2,11
> Von den einen wird er gelobt, von den anderen angeklagt.

Wert

E 112 Nonnullarum rerum pretium non in substantia, sed in arte est positum.
~ Corpus Iuris Civilis, Digesta 50. 16,14 (Paulus)
> Bei manchen Dingen macht nicht das Material, sondern die künstlerische Gestaltung den Wert aus.

E 113 Quicquid voles quale sit scire, tempori trade: nihil diligenter in fluctu cernitur.
Seneca, De ira 3. 12,4
> Willst du den wahren Wert einer Sache erkennen, überlass es der Zeit; im täglichen Getriebe lässt sich nichts genau erkennen.

E 114 Saepe maximum pretium est, pro quo nullum datur.
Seneca, Epistulae morales 42,8
> Oft ist äußerst wertvoll, wofür man nichts bezahlt.

E 115 Utile per inutile non vitiatur.
~ Corpus Iuris Civilis, Digesta 45. 1,1,5 (Ulpianus)
> Gültiges wird nicht durch Ungültiges *(Fehlerhaftes)* beeinträchtigt.

E 116 Commoditas omnis sua fert incommoda secum.
Mantuanus, Adulescentia 2,25
> Jeder Vorteil bringt einen Nachteil mit sich. *(vgl. ›Kein Feuer ohne Rauch‹ bzw. ›Keine Rose ohne Dornen.‹ – ›Wo viel Licht ist, ist auch viel Schatten.‹)*

E 117 Spina etiam grata est, ex qua spectatur rosa.
Publilius Syrus, Sententiae 610
> Auch der Dornbusch ist uns lieb, wenn eine Rose herausschaut.

Mensch (intellektuell)

E118 Inhaeret etiam aviditas, desidia, iniuria, / inopia, contumelia et dispendium, / multiloquium, parumloquium.
Plautus, Mercator 29–31

> *(Mit der Liebe)* ist auch verbunden Habgier, Nachlässigkeit, Beleidigung, Armut, Schmach und Einbuße, Geschwätzigkeit und Wortkargheit.

E119 Ipsae voluptates in tormenta vertuntur: epulae cruditatem adferunt, ebrietates nervorum torporem tremoremque libidines pedum, manuum, articulorum omnium depravationes.
Seneca, Epistulae morales 24,16

> Selbst Vergnügungen werden zur Qual: Schlemmerei verursacht Magenschmerzen, Trunkenheit Nervenlähmung und Zittern, Wollust zur Schwächung der Füße, der Hände und aller Glieder.

E120 Malum nullum est sine aliquo bono.
~ Plinius maior, Naturalis historia 27. 9

> Es gibt kein Übel, das nicht auch seine guten Seiten hat.

E121 Uni sapienti notum est, quanti res quaeque taxanda sit.
Seneca, Epistulae morales 81,8

> Nur der Weise weiß, wie eine jede Sache einzuschätzen ist.

E122 Bonum magis carendo quam fruendo cernitur.
cf. Cicero, Post reditum ad Quirites 3

> Das Gute nimmt man mehr wahr, wenn man es entbehrt, als wenn man es genießt.

E123 Desiderata non habita magni fiunt, habita vilescunt.
Sententiae Varronis 146

> Unerfüllte Wünsche gewinnen an Wert, erfüllte verlieren ihn.

E124 Omne ignotum pro magnifico est.
Tacitus, De vita Iulii Agricolae 30,3

> Was man nicht kennt, hält man für großartig.

E125 Quod vulgo est, vile est: Quicquid latet, exstat honore; / quodque magis tegitur, pretii maioris habetur.
Corippus, Panegyricus in laudem Iustini Augusti minoris 4. 86–87

> Was allen zur Verfügung steht, ist wertlos: Was verborgen ist, genießt hohe Ehre; je mehr etwas versteckt wird, als desto wertvoller gilt es.

E126 Sordent prima quaeque, cum maiora sperantur.
Curtius Rufus, Historiae Alexandri Magni 10. 10,8

> Alles anfänglich Erreichte erscheint gering, wenn man sich Größeres erhofft.

E 127 Ab omnibus si discrepas, nulli places.
Anysius, Sententiae 390

> Wenn du dich von allen unterscheidest, wirst du bei keinem Anklang finden.

E 128 Nemo propheta acceptus est in patria sua.
Vulgata, Evangelium secundum Lucam 4,24

> Der Prophet gilt nichts in seinem Vaterland.

E 129 Pretia rerum non ex affectione nec utilitate singulorum, sed communiter funguntur.
Corpus Iuris Civilis, Digesta 35. 2,63 (Paulus)

> Der Wert von Gegenständen bemisst sich nicht nach persönlicher Vorliebe oder Nutzen für den Einzelnen, sondern nach allgemeinem Nutzen.

E 130 Dominari ex parte dignoscitur, cui superior supplicare videtur.
Publilius Syrus, Sententiae 661

> Man sieht sich in der Rolle des Herrschers, wenn ein Größerer einen zu bitten scheint.

E 131 Quod quisque amat, laudando commendat sibi.
Publilius Syrus, Sententiae 556

> Was einer liebt, macht er sich genehm, indem er es lobt.

Mensch (intellektuell)

Geringschätzung

E 132 Alienum amamus, proximum contemnimus.
Wander, Deutsches Sprichwörter-Lexikon 1. 770

> Fremdes lieben wir, das Vertraute schätzen wir gering.

E 133 Nam cito vilescit homini, quodcumque frequens fit.
Ruodlieb 5. 475

> Was häufig vorkommt, verliert schnell an Wert.

E 134 Namque spreta exolescunt: si irascare, agnita videntur.
Tacitus, Annales 4. 34,5

> Was man unbeachtet lässt, gerät in Vergessenheit, was man angreift, bekommt den Anschein, als sei es anerkannt.

E 135 Contemnamus omnia, quae adeo pretiosa non sunt, ut, an sint omnino, dubium sit.
Seneca, Epistulae morales 58,28

> Lasst uns alles gering schätzen, was so wertlos ist, dass Zweifel aufkommt, ob es überhaupt da ist.

E 136 Neminem despexeris.
Seneca, De beneficiis 3. 28,2

> Verachte niemanden.

E 137 Ne spernas hominem in sua senectute, etenim ex nobis senescunt.
Vulgata, Liber ecclesiasticus 8,7
>> Verachte niemanden wegen seines Alters, denn auch wir werden alt.

E 138 Repelli multi malunt se quam despici.
Publilius Syrus, Sententiae A82
>> Viele wollen lieber abgelehnt als missachtet werden.

E 139 Neglegere laedentem est indicium virium.
Publilius Syrus, Sententiae A61
>> Über eine Kränkung hinwegsehen zeugt von Stärke.

E 140 Difficilem oportet aurem habere ad crimina.
Publilius Syrus, Sententiae 133
>> Anschuldigungen gegenüber muss man schwerhörig sein.

E 141 Magnus superne iniuriam animus despicit.
Pseudo-Publilius, Sententiae 175
>> Ein edles Herz blickt von oben auf Beleidigungen herab.

E 142 Minimis sordidissimisque rebus non exacerbemur.
Seneca, De ira 2. 25,1
>> Durch Belanglosigkeiten und Gemeinheiten dürfen wir uns nicht verbittern lassen.

E 143 Magni animi est iniurias despicere.
Seneca, De ira 2. 32,3
>> Es zeugt von Größe, Beleidigungen nicht zu beachten.

E 144 Si beatus vis esse, cogita hoc primum: contemne contemni.
Pseudo-Seneca, Liber de moribus (F) 24
>> Willst du glücklich sein, denk zuerst daran, denen, die dich missachten, keine Beachtung zu schenken.

Alternative

E 145 Tertium non datur.
cf. Cicero, Ad familiares 9. 22,1
>> Ein Drittes gibt es nicht. *(Grundsatz vom ausgeschlossenen Dritten in der Logik)*

E 146 Si melius quid habes, arcesse!
Horatius, Epistulae 1. 5,6
>> Hast du etwas Besseres, bring es bei!

E 147 Aut bibat aut abeat!
Cicero, Tusculanae disputationes 5. 118

Er soll mittrinken oder verschwinden. *(griechisches Gebot bei Gastmählern, vgl. ›Sauf oder lauf!‹)*

E 148 Aut exeant aut quiescant.
Cicero, In Catilinam 2,11

Sie sollen entweder weggehen oder sich ruhig verhalten.

E 149 Aut omnia aut nihil.
~ Livius, Ab urbe condita 6. 40,11

Alles oder nichts.

E 150 Capita aut navia!
Macrobius, Saturnalia 1. 7,22

Kopf oder Schiff *(Saturn oder Schiff auf römischen Münzen, vgl. ›Kopf oder Zahl‹)*

E 151 De duobus malis minus est eligendum.
~ Cicero, De officiis 3. 3

Von zwei Übeln muss man das kleinere wählen.

E 152 haec facere et illa non omittere
~ Vulgata, Evangelium secundum Matthaeum 23,23

das eine tun und das andere nicht lassen

E 153 Qui non est mecum, contra me est.
Vulgata, Evangelium secundum Matthaeum 12,30

Wer nicht für mich ist, ist gegen mich.

Dilemma

E 154 Accusator, testis vel iudex aliquis simul esse non potest.
Decretum magistri Gratiani 2. 4,4,1 Rubrik

Keiner kann gleichzeitig Ankläger, Zeuge oder Richter sein.

E 155 Caro enim concupiscit adversus spiritum, spiritus autem adversus carnem.
Vulgata, Epistula ad Galatas 5,17

Das Fleisch stellt Ansprüche an den Geist, der Geist aber an das Fleisch.

E 156 Aliudque cupido, / mens aliud suadet.
Ovidius, Metamorphoses 7. 19–20

Die Begierde rät etwas anderes als die Vernunft.

E 157 Amare et sapere vix deo conceditur.
Publilius Syrus, Sententiae 22

Lieben und zugleich vernünftig sein ist kaum einem Gott möglich.

E 158 Aut pudor ingenuis aut retinendus amor.
Propertius, Elegiae 2. 24,4
>Der Anstand lässt nur die Wahl, zwischen seiner Ehre und seiner Liebe zu entscheiden.

E 159 Ardua res carum esse simul regique gregique.
Owen, Epigrammata 5. 45,3
>Es ist schwer, zugleich beim König beliebt zu sein und bei der breiten Masse *(wörtlich: der Herde).*

E 160 Fluctuamur inter varia consilia: nihil libere volumus, nihil absolute, nihil semper.
Seneca, Epistulae morales 52,1
>Wir schwanken zwischen wechselnden Vorsätzen; nichts wollen wir frei ohne Einschränkung, nichts ohne Vorbehalt, nichts auf Dauer.

E 161 Incidis in Scyllam cupiens vitare Charybdim.
Walther von Châtillon, Alexandreis 5. 301
>Du fällst der Skylla zum Opfer beim Versuch, die Charybdis zu meiden.

E 162 Difficilis, facilis, iucundus, acerbus es idem, / nec tecum possum vivere nec sine te.
Martialis, Epigrammata 12. 46
>Unnahbar und gesellig, liebenswürdig und unfreundlich bist zu zugleich: Ich kann weder mit dir leben noch ohne dich.

E 163 Si domi sum, foris est animus; sin foris sum, animus domi est.
Plautus, Mercator 589
>Bin ich zuhause, sind meine Gedanken auswärts, bin ich aber auswärts, sind meine Gedanken zuhause.

E 164 Nequitiam fugio, fugientem forma reducit; / aversor morum crimina, corpus amo.
Ovidius, Amores 3. 11,37–38
>Ich fliehe vor der Treulosigkeit, doch die Schönheit bringt mich wieder von der Flucht ab, ich verabscheue die Schmach der Unmoral, doch den Körper begehre ich.

E 165 Nescias, quid optes aut quid fugias: ita ludit dies.
Publilius Syrus, Sententiae 382
>Wenn du nicht weißt, was du dir wünschen oder was du meiden sollst, dann spielt das Leben mit dir.

E 166 Qui sibi discordat, secum mala proelia portat.
Werner, Lateinische Sprichwörter Q129
>Wer mit sich im Unreinen ist, ficht schlimme Kämpfe mit sich aus.

E167 duabus sellis sedere
Laberius bei Seneca maior, Controversiae (Exc.) 7. 3,9
zwischen zwei Stühlen sitzen *(vgl. ›auf zwei Hochzeiten tanzen‹)*

E168 Nemo potest duobus dominis servire.
Vulgata, Evangelium secundum Matthaeum 6,24
Niemand kann zwei Herren dienen.

E169 Utrumque fallunt, qui duobus serviunt.
Babrius, Fabulae 28
Beide hintergeht, wer zweien dient.

Entscheidung

E170 Accusare et amare tempore uno / ipsi vix fuit Herculi ferendum.
Anthologia Latina 1. 701 (Petronius)
Verdammen und lieben zur gleichen Zeit war selbst für Herakles kaum zu schaffen.

E171 Semper, quod postremum adiectum sit, id rem totam videri traxisse.
Livius, Ab urbe condita 27. 45,5
Immer scheint das, was zuletzt hinzugekommen ist, die ganze Sache entschieden zu haben.

E172 Deliberandum est saepe: statuendum est semel.
Publilius Syrus, Sententiae 132
Überlegen muss man lange, beschließen ein für alle Mal.

E173 Vel ai vel nega!
Naevius, Fabulae frg. 125
Sag Ja oder Nein!

E174 Non liquet.
~ Cicero, Pro Cluentio 76
Die Sache ist noch nicht spruchreif.

E175 Alea iacta est.
~ Suetonius, De vita Caesarum, Caesar 33,1 (urspr. ein griechisches Sprichwort)
Der Würfel hat die Hand verlassen. *(üblicherweise zitiert als ›Die Würfel sind gefallen.‹)*

E176 Gladiator in harena consilium capit.
~ Seneca, Epistulae morales 22,1
Der Gladiator fasst seinen Entschluss erst in der Arena.

Mensch (intellektuell)

Entschiedenheit

E177 Abunde est!
Seneca, Thyestes 279
> Basta! *(wörtlich: Es genügt vollkommen.)*

E178 Hoc volo, sic iubeo: sit pro ratione voluntas.
Iuvenalis, Saturae 6,223
> So will ich es, so befehle ich – mein Wille ist Grund genug.

E179 Certum atque decretum est.
Livius, Ab urbe condita 2. 45,13
> Es ist endgültig beschlossen.

E180 Res disputatione non eget.
cf. Cicero, De officiis 1. 5
> Die Angelegenheit braucht nicht weiter erörtert zu werden. *(vgl. ›Ende der Debatte.‹ – ›Basta!‹)*

E181 Quod scripsi, scripsi.
Vulgata, Evangelium secundum Ioannem 19,22 (Pilatus)
> Was ich geschrieben habe, habe ich geschrieben.

E182 Quae procedunt de labiis meis, non faciam irrita.
Vulgata, Psalmus 89(88),35
> Was meine Lippen gesprochen haben, werde ich nicht widerrufen.

E183 Ne declines ad dexteram neque ad sinistram.
Vulgata, Liber proverbiorum 4,27
> Weiche weder nach links noch nach rechts ab.

E184 Dicere, quod res est.
Anthologia Latina 1. 485,131
> Sagen, was Sache ist. *(vgl. ›Das Kind beim Namen nennen.‹)*

E185 Contra sententiam vel decretum Romani Pontificis non datur appellatio neque recursus.
Codex iuris canonici, Can. 333,3
> Gegen ein Urteil oder ein Dekret des Papstes gibt es weder Berufung noch Beschwerde.

E186 Roma locuta, causa finita est.
de Grécourt, Philotanus nach Augustinus, Sermones 131,10
> Rom *(d. h. der Papst)* hat gesprochen, damit ist die Sache erledigt.

E 187 Neque est ulla temperatior oratio quam illa, in qua asperitas contentionis oratoris ipsius humanitate conditur, remissio autem lenitatis quadam gravitate et contentione firmatur.
Cicero, De oratore 2. 212

Keine Rede ist ausgewogener, als wenn die Entschiedenheit des rednerischen Einsatzes mit seiner Menschlichkeit gemischt ist, die entspannte Gelassenheit mit einem gewissen Ernst und Nachdruck.

Flexibilität

E 188 Aliter cum aliis agendum.
Erasmus, Adagia 2758 (nach Plutarchos)

Mit unterschiedlichen Leuten muss man unterschiedlich umgehen.

E 189 Prudentis est pro re nata novare consilia.
Erasmus, Apophthegmata 1. 122B

Es zeugt von Klugheit, je nach den Umständen seine Pläne zu ändern.

E 190 Mutat consilium mutato tempore prudens.
Celtis, Epigrammata 4. 72,1

Wer klug ist, ändert mit den Umständen seinen Plan.

E 191 Nihil tam cognatum sapientiae quam locis et temporibus aptare sermones.
Macrobius, Saturnalia 7. 1,20

Nichts gehört so sehr zur Weisheit, wie seine Worte den jeweiligen Umständen anzupassen.

E 192 Non est turpe cum re mutare consilium.
Seneca, De beneficiis 4. 38,1

Es ist nicht schimpflich, bei einer Änderung des Sachverhalts seinen Plan zu ändern.

E 193 Propositum mutat sapiens, at stultus inhaeret.
Petrarca, Eclogae 8,12

Der Weise ändert seinen Plan, doch der Tor hält daran fest.

E 194 Malum est consilium, quod mutari non potest.
Publilius Syrus, Sententiae 362

Schlecht ist ein Vorhaben, das sich nicht ändern lässt.

Zweifel

E 195 De omnibus dubitandum.
Cartesius, Anfang der Meditationes (Wahlspruch von Karl Marx)

An allem ist zu zweifeln.

Mensch (intellektuell)

E196 Dubitando quippe ad inquisitionem venimus; inquirendo veritatem percipimus.
Abaelardus, Sic et non, pr.

> Durch Zweifel gelangen wir zum Nachforschen, durch Nachforschen erfassen wir die Wahrheit.

E197 Incertus animus dimidium est sapientiae.
Publilius Syrus, Sententiae 282

> Ungewissheit ist die Hälfte der Weisheit. *(d. h. Zweifeln ist ein Mittel, das zur Weisheit verhilft.)*

E198 De dubiis non definias, sed suspensam teneas sententiam.
Martinus Bracarensis, Formula vitae honestae 1

> Leg dich in Zweifelsfällen nicht fest, sondern halte dein Urteil in der Schwebe.

E199 Si quid dubitas, ne feceris.
Caecilius Balbus, Sententiae (W) philosophorum 38

> Wenn du bei etwas Bedenken hast, tu es nicht.

E200 Dum in dubio est animus, paulo momento huc vel illuc inpellitur.
Terentius, Andria 266

> Wenn man unschlüssig ist, entscheidet schon ein geringer Anstoß nach der einen oder anderen Seite.

E201 Turba facit dubium coeptaque nostra tenet.
Ovidius, Fasti 4. 784

> Die verwirrende Vielfalt macht unsicher und hemmt unser Vorhaben.

E202 Qui in vero dubitat, male agit, cum deliberat.
Publilius Syrus, Sententiae 523

> Wer an der Wahrheit zweifelt, tut nicht gut daran, wenn er grübelt.

E203 Nec speraveris sine desperatione nec desperaveris sine spe.
Seneca, Epistulae morales 104,12

> Hoffe nicht ohne Zweifel, aber verzweifle auch nicht ohne Hoffnung.

E204 Favorabiliores rei potius quam actores habentur.
Corpus Iuris Civilis, Digesta 50. 17,125 (Gaius)

> Angeklagte werden eher begünstigt als Ankläger. *(vgl. ›Im Zweifel für den Angeklagten.‹)*

Misstrauen

E205 Ad profectum scientiae nil aeque impedit ut diffidentia.
Sententiae Varronis 26

> Am wissenschaftlichen Fortschritt hindert nichts so sehr wie Misstrauen.

E 206 Aiunt in segetibus, in herbis bona frumenta esse. Nolite ibi nimiam spem
habere. Saepe audivi inter os atque offam multa intervenire posse; verumvero
inter offam atque herbam longum intervallum est.
Cato bei Gellius, Noctes Atticae 13. 18,1

> Man sagt, Getreide stehe gut auf dem Feld, auf dem Halm. Vertraut darauf nicht zu sehr.
> Oft hörte ich, dass zwischen Mund und Bissen viel vorfallen kann; doch zwischen Bissen
> und Halm ist noch ein weiter Weg.

E 207 Expertus metuit.
Horatius, Epistulae 1. 18,87

> Wer Erfahrung hat, hat auch Bedenken. *(vgl. ›Ein gebranntes Kind scheut das Feuer.‹)*

E 208 Emptor caveat.
Corpus Iuris Civilis, Digesta 21. 1,26 (Gaius)

> Der Käufer muss auf der Hut sein. *(vgl. ›Augen auf beim Kauf!‹)*

E 209 Nil spernat animus, nec tamen credat statim, / quandoquidem et illi peccant,
quos minime putes, / et qui non peccant, impugnantur fraudibus.
Phaedrus, Liber fabularum 3. 10,51–53

> Der Geist darf nichts zurückweisen, darf aber auch nicht ohne Weiteres glauben, denn auch
> jene verfehlen sich, von denen man es am wenigsten glaubt, und wer sich nicht verfehlt,
> dem machen Irrtümer zu schaffen.

E 210 Utrumque enim vitium est, et omnibus credere et nulli.
Seneca, Epistulae morales 3,4

> Beides ist ein Fehler, allen zu glauben und keinem.

E 211 Nec cito credideris!
Ovidius, Ars amatoria 3. 685

> Glaub nicht zu schnell.

E 212 Nihil, nisi quod in oculos incurret manifestumque erit, credamus.
Seneca, De ira 2. 24,2

> Lasst uns nichts glauben, was wir nicht zu sehen bekommen und was nicht offenkundig
> wird.

E 213 Tarda solet magnis rebus inesse fides.
Ovidius, Heroides 17,130

> Wichtige Nachrichten glaubt man nicht auf Anhieb.

E 214 Tarda venit dictis difficilisque fides.
Ovidius, Fasti 3. 350

> Langsam und widerwillig folgt den Worten der Glaube.

E 215 Cave semper hominem, qui tibi imposuit semel.
Pseudo-Seneca, Liber de moribus 50

> Hüte dich immer vor einem Menschen, der dich einmal hintergangen hat.

Mensch (intellektuell)

E216 Dubito, an semper non erremus.
Sanchez, Quod nihil scitur 199
> Ich nehme fast an, dass wir uns immer irren.

E217 Credat Iudaeus Apella, / non ego
Horatius, Sermones 1. 5,100–101
> Das glaube der Jude Apella, nicht ich.

E218 Quicquid id est, timeo Danaos et dona ferentes.
Vergilius, Aeneis 2. 49
> Was es auch ist, ich fürchte die Griechen, auch wenn sie Geschenke bringen. *(Laokoon zum Hölzernen Pferd)*

Gedächtnis

E219 Memoria est thesaurus omnium rerum et custos.
~ Cicero, De oratore 1. 18
> Das Gedächtnis ist Schatzkammer und Bewahrerin aller Dinge.

E220 Dediscit animus sero, quod didicit diu.
Seneca, Troades 633
> Was man sich in langer Zeit sorgfältig eingeprägt hat, verlernt man nicht so schnell.

E221 Bene cogitata si excidunt, non occidunt.
Publilius Syrus, Sententiae 70
> Gute Gedanken gehen nicht verloren, auch wenn man nicht an sie denkt.

E222 Memoria minuitur, nisi eam exerceas.
~ Cicero, Cato maior de senectute 21
> Das Gedächtnis lässt nach, wenn man es nicht trainiert.

E223 Cui placet, obliviscitur, cui dolet, meminit.
Cicero, Pro Murena 42
> Das Angenehme vergisst man, der Schmerz bleibt im Gedächtnis. *(vgl. ›Ein gebranntes Kind scheut das Feuer.‹)*

Erinnerung

E224 Scire est reminisci.
cf. Cicero, Cato maior de senectute 78
> Wissen heißt sich erinnern.

E225 Aliud autem est meminisse, aliud scire.
Seneca, Epistulae morales 33,8
> Sicherinnern und Wissen sind zwei verschiedene Dinge.

E 226 **Ita nihil est aliud discere nisi recordari.**
Cicero, Tusculanae disputationes 1. 59

> Lernen ist nichts anderes als sich erinnern.

E 227 **Fructus autem senectutis est, ut saepe dixi, ante partorum bonorum memoria et copia.**
Cicero, Cato maior de senectute 71

> Die Frucht des Alters ist, wie ich oft gesagt habe, die reiche Erinnerung an das früher getane Gute.

E 228 **Dura satis miseris memoratio prisca bonorum.**
Maximianus, Elegiae 1,291

> Reichlich hart ist es, im Elend ans frühere Glück zu erinnern.

E 229 **Est grave, quod doleat, commemorare diu.**
Maximianus, Elegiae 2,74

> Schwer zu ertragen ist sich lange an etwas Schmerzliches zu erinnern.

E 230 **Quam miserum est, cum se renovat consumptum malum!**
Publilius Syrus, Sententiae 560

> Wie schlimm ist es doch, wenn abgelebtes Leid wieder auflebt! *(vgl. ›alte Narben wieder aufreißen‹)*

E 231 **Etiam cum vulnus sanatum est, cicatrix manet.**
Seneca, De ira 1. 16,7

> Auch wenn die Wunde verheilt ist, bleibt eine Narbe zurück.

E 232 **Factum abiit, monumenta manent.**
Ovidius, Fasti 4. 709

> Das Ereignis ist lange vorbei, doch die Erinnerung bleibt.

E 233 **Infandum, regina, iubes renovare dolorem.**
Vergilius, Aeneis 2. 3

> Unsägliches Leid, Königin, heißt du mich ins Gedächtnis zurückrufen. *(Äneas bei Dido vor seinem Bericht über den Untergang Trojas)*

E 234 **Animus meminisse horret.**
Vergilius, Aeneis 2. 12

> Meine Seele erschaudert bei der Erinnerung.

E 235 **Horresco referens.**
Vergilius, Aeneis 2. 204

> Mich schaudert's, wenn ich davon berichte. *(Äneas bei Dido über den Untergang Trojas)*

E 236 **Manet alta mente repostum.**
Vergilius, Aeneis 1. 26

> Es bleibt tief im Herzen bewahrt.

Mensch (intellektuell)

E237 Haec ipsa magis pertinaciter haerent, quae deteriora sunt.
Quintilianus, Institutio oratoria 1. 1,5
Je schlechter etwas ist, umso beharrlicher bleibt es im Gedächtnis.

E238 Labitur ex animo benefactum; iniuria durat.
Anthologia Latina 1. 716,34
Eine Wohltat schwindet aus dem Gedächtnis, Unrecht bleibt.

E239 Iucunda memoria est praeteritorum malorum.
Cicero, De finibus bonorum et malorum 2. 105
Angenehm ist die Erinnerung an vergangene Leiden.

E240 Aspera perpessu fiunt iucunda relatu.
Anthologia Latina 1. 716,32
Was hart zu ertragen war, wird beim *(späteren)* Erzählen angenehm.

E241 Memoria beneficiorum fragilis est, iniuriarum vero tenax.
Pseudo-Seneca, Liber de moribus 128
Die Erinnerung an Wohltaten ist kurzlebig, die an Unrecht ausdauernd.

E242 Suavis laborum est praeteritorum memoria.
Euripides bei Cicero, De finibus bonorum et malorum 2. 195
Süß ist die Erinnerung an vergangene Mühen.

E243 Quae fuit durum pati, / meminisse dulce est.
Seneca, Hercules furens 656–657
Süß ist die Erinnerung an das, was schwer zu ertragen war.

E244 Praesentia mala levat praeteritorum bonorum recordatio.
Pseudo-Seneca, Monita 125
Gegenwärtiges Leid wird erleichtert durch die Erinnerung an vergangene Freuden.

E245 Habet enim praeteriti doloris secura recordatio delectationem.
Cicero, Ad familiares 5. 12,4
Sich unbesorgt an vergangenes Leid zu erinnern bereitet Vergnügen.

E246 Tu loca, quae nimium grata fuere, cave!
Ovidius, Remedia amoris 738
Hüte dich vor Orten, die dir allzu lieb waren!

Nostalgie

E 247 Omnibus saeculis sua displicuit modernitas, et quaevis aetas a prima
praeteritam sibi praetulit.
Walter Map, De nugis curialium 4. 5

> Allen Epochen missfielen ihre eigenen Lebensumstände, und jedes Alter zog zunächst das
> Vergangene der Aktualität vor.

E 248 Iuvat o meminisse beati / temporis.
Ovidius, Metamorphoses 7. 797–798

> Wie schön ist es, sich an selige Zeiten zu erinnern.

E 249 Animus, quod perdidit, optat / atque in praeterita se totus imagine versat.
Petronius, Satyricon 128,6

> Das Herz wünscht sich zurück, was es verloren hat, und geht ganz in der Erinnerung an die
> Vergangenheit auf.

E 250 Est meminisse voluptas.
Ovidius, Heroides 18,55

> Sich zu erinnern schafft Freude.

E 251 Laudat praeteritos, praesentesque despicit annos.
Maximianus, Elegiae 1,197

> *(Der Greis)* lobt die Vergangenheit und verachtet die Gegenwart.

Vergessen

E 252 Est enim tarda illa quidem medicina, sed tamen magna, quam affert
longinquitas et dies.
Cicero, Tusculanae disputationes 3. 35

> Ein zwar langsames, aber doch wirksames Mittel bringen Dauer und Zeit.

E 253 Dissolvunt tempora curas.
Palingenius, Zodiacus vitae 5. 665

> Die Zeit löst die Sorgen auf. *(vgl. ›Die Zeit heilt alle Wunden.‹)*

E 254 Nam semper remedium doloris oblivio est, quia, quod ratione non possumus,
temporum prolixitate sepelimus.
Ennodius, Epistulae 9. 28

> Ein dauerhaftes Mittel gegen den Kummer ist das Vergessen, denn was wir
> verstandesmäßig nicht unterdrücken können, begraben wir in der Weite der Zeit.

E 255 Sola est medicina miseriarum oblivio.
~ Fulgentius, Mythologiae 1. 1

> Das einzige Heilmittel gegen Elend ist das Vergessen.

Mensch
(intellektuell)

E256 Iniuriarum remedium est oblivio.
Publilius Syrus bei Seneca, Epistulae morales 94,28
> Ein Mittel gegen Unrecht ist Vergessen.

E257 Optima civilis belli defensio oblivio est.
Seneca maior, Controversiae 10. 3,5
> Der beste Schutz gegen einen Bürgerkrieg ist das Vergessen.

E258 Cito transcursa citius labuntur.
Sententiae Varronis 85
> Was schnell vorbeieilt, gerät schnell in Vergessenheit.

E259 Oblivio est signum parvipensionis.
Auctoritates, Aristoteles, Rhetorica 32
> Vergessen ist ein Zeichen von Geringschätzung.

Wachsamkeit

E260 Profecto enim vita vigilia est.
Plinius maior, Naturalis historia, pr. 18
> Leben heißt auf Posten sein.

E261 Vigilandum est semper, multae insidiae sunt bonis.
Accius bei Cicero, Pro Plancio 59
> Man muss immer wachsam sein, den Tüchtigen stellen viele nach. *(vgl. ›Der Gerechte muss viel leiden.‹)*

E262 Cavendi nulla est dimittenda occasio.
Publilius Syrus, Sententiae 87
> Vorsicht darf man bei keiner Gelegenheit außer Acht lassen.

E263 Iura scripta sunt vigilantibus.
~ Corpus Iuris Civilis, Digesta 42. 8,24 (Cervidius Scaevola)
> Das Recht ist für die Wachsamen geschrieben.

E264 Sobrii estote, vigilate!
Vulgata, Epistula Petri 1. 5,8
> Seid nüchtern und wachsam!

E265 Vigilate ergo, quia nescitis, qua hora Dominus vester venturus sit.
Vulgata, Evangelium secundum Matthaeum 24,42
> Darum wacht, denn ihr wisst nicht, zu welcher Stunde euer Herr kommen wird.

E266 Nam vigilare leve est, pervigilare grave est.
Martialis, Epigrammata 9. 68,10
> Wachen ist leicht, die Nacht durchzuwachen schwer.

Vorsicht

E 267 Abundans cautela non nocet.
cf. Corpus Iuris Civilis, Codex Iustinianus 6. 23,17 (a. 396)
Übertriebene Vorsicht ist nicht nachteilig.

E 268 Semper futurum aliquid, quod te offendat, existima.
Seneca, De ira 2. 31,5
Rechne immer damit, dass etwas eintreten kann, was dich verletzen könnte.

E 269 Quod posse fieri non putes, metuas tamen.
Seneca, Oedipus 26
Nimm dich auch vor dem in Acht, wovon du nicht glaubst, dass es geschehen könnte.

E 270 Non cito perit ruina, qui rimam timet.
Publilius Syrus, Sententiae 380
Wer auf Risse achtet, kommt nicht so schnell bei einem Einsturz um.

E 271 Vestigia terrent.
Horatius, Epistulae 1. 1,74 (nach Aisopos)
Die Spuren schrecken.

E 272 quieta non movere
nach Platon, cf. Sallustius, De coniuratione Catilinae 21,1
Ruhiges nicht aufrühren! *(vgl. ›Schlafende Hunde soll man nicht wecken.‹)*

E 273 Mus uni non fidit antro.
cf. Plautus, Truculentus 868
Die Maus vertraut einem einzigen Schlupfloch nicht.

E 274 Inimicum quamvis humilem docti est metuere.
Publilius Syrus, Sententiae 255
Es zeugt von Klugheit, auch den schwachen Feind zu fürchten.

E 275 De inimico non loquaris male, sed cogites.
Publilius Syrus, Sententiae 127
Sprich nicht schlecht von deinem Feind, doch denk es.

Umsicht

E 276 Si nil velis timere, metuas omnia.
Publilius Syrus, Sententiae 598
Wenn du nichts fürchten willst, musst du alles fürchten.

Mensch (intellektuell)

E277   Animus, vereri qui scit, scit tuto ingredi.
Publilius Syrus, Sententiae 3
> Wer sich fürchten kann, weiß in Sicherheit daherzukommen.

E278   Qui metuit calamitatem, raro accipit.
Publilius Syrus, Sententiae 503
> Wer ein Unheil fürchtet, gerät selten hinein.

E279   Cavere quam pavere mala prudentiust.
Publilius Syrus, Sententiae A280
> Sich vor Unheil zu hüten ist klüger, als vor ihm zu zittern.

E280   Caret periclo, qui etiam, cum est tutus, cavet.
Publilius Syrus, Sententiae 116
> Vor Gefahren sicher ist, wer auch Acht gibt, wenn er sich sicher fühlt.

E281   Utrumque casum aspicere debet, qui imperat.
Publilius Syrus, Sententiae 649
> Ein Herrscher muss mit gutem wie schlechtem Ausgang rechnen.

E282   Metuendum semper esse scias, quem tutum velis.
Publilius Syrus, Sententiae 359
> Man muss immer auf der Hut sein, wenn man sicher leben will.

E283   Est enim sapientis, quicquid homini accidere possit, id praemeditari ferundum modice esse, si evenerit.
Cicero, Orationes Philippicae 11,7
> Es zeugt von Weisheit, alles, was einem Menschen zustoßen kann, im Voraus zu bedenken, auf dass es gelassen ertragen wird, wenn es eintrifft.

E284   Ingenii magni est praecipere cogitatione futura et aliquanto ante constituere, quid accidere possit in utramque partem et quid agendum sit, cum quid evenerit, nec committere, ut aliquando dicendum sit: ›non putaram‹.
Cicero, De officiis 1. 81
> Es zeugt von hohem Verstand, in Gedanken die Zukunft vorwegzunehmen und sich lange vorher auf das gefasst zu machen, was in positivem wie negativem Sinn eintreffen könnte und was man unternehmen muss, wenn etwas eingetroffen ist, und nicht zuzulassen, dass man eines Tages sagen muss: ›Damit hatte ich nicht gerechnet.‹

E285   Prospice, qui veniant casus: hos esse ferendos; / nam levius laedit, quicquid praevidimus ante.
Disticha Catonis 2. 24
> Richte dich darauf ein, künftiges Missgeschick zu ertragen; denn was wir vorhergesehen haben, verletzt uns weniger.

E 286 Quod est venturum, sapiens quasi praesens cavet.
Publilius Syrus, Sententiae 674

> Wer klug ist, hütet sich vor dem Kommenden, als wäre es gegenwärtig.

E 287 Istuc est sapere: non quod ante pedes modo est / videre, sed etiam illa, quae futura sunt, / prospicere.
Terentius, Adelphoe 386–388

> Das heißt vernünftig sein: nicht nur zu sehen, was vor den Füßen liegt, sondern auch, was künftig sein wird.

E 288 Quod sequitur, specta, quodque imminet ante, videto: / illum imitare deum, partem qui spectat utramque.
Disticha Catonis 2. 27

> Achte auf die Folgen, berücksichtige aber auch, was sich schon vorher ankündigt: Ahme jenen Gott nach, der nach beiden Seiten blickt *(d. h. Janus)*.

E 289 Ita fugias ne praeter casam.
Terentius, Phormio 768

> Flieh, aber nicht am *(schützenden)* Haus vorbei. *(vgl. ›am Ziel vorbeirennen‹)*

E 290 Ne fallare, cave!
Ovidius, Fasti 1. 58

> Lass dich nicht täuschen!

Kontrolle

E 291 Frons occipitio prior est.
Cato, De agri cultura 4,12

> Die Stirn *(des Herrn)* nützt mehr als sein Hinterkopf. *(vgl. ›Vertrauen ist gut, Kontrolle ist besser.‹)*

E 292 Frons domini plus prodest quam occipitium.
.~ Plinius maior, Naturalis historia 18. 31

> Das Gesicht des Herrn nützt mehr als sein Hinterkopf.

E 293 Maiores fertilissimum in agro oculum domini esse dixerunt.
Plinius maior, Naturalis historia 18. 43

> Unsere Vorfahren sagten, das Auge des Herrn sei der beste Dünger.

E 294 Male agitur cum domino, quem vilicus docet.
Cato bei Columella, De re rustica 11. 1

> Schlecht steht es um den Herrn, wenn der Verwalter klüger ist.

E 295 Pone seram, cohibe. – Sed quis custodiet ipsos / custodes?
Iuvenalis, Saturae 6,347–348

> Schieb einen Riegel vor, sperr zu! – Doch wer wird die Wächter selbst bewachen?

Wille

E 296   Quicquid sibi imperavit, animus obtinet.
Pseudo-Publilius, Sententiae 307
> **Des Menschen Wille schafft alles, was er sich vornimmt.** *(vgl. ›Wo ein Wille ist, ist auch ein Weg.‹)*

E 297   Velle monstrat iter.
Camerarius, Joachim d. J., Symbola et Emblemata IV. 80
> **Der Wille weist den Weg.**

E 298   Quod si deficiant vires, audacia certe / laus erit. In magnis et voluisse sat est.
Propertius, Elegiae 2. 10,4–5
> **Wenn auch die Kräfte fehlen, so ist es doch lobenswert, es gewagt zu haben. Bei großen Dingen genügt es schon, nur gewollt zu haben.**

E 299   Velle non discitur.
Seneca, Epistulae morales 81,13
> **Wollen lässt sich nicht lernen.**

E 300   Bis gratum est, quo dato opus est, ultro si offeras.
Publilius Syrus, Sententiae 61
> **Doppelt willkommen ist, wenn man von sich aus gibt, was man geben muss.**

E 301   Da operam, ne quid umquam invitus facias.
Seneca, Epistulae morales 61,3
> **Gib dir Mühe, nie etwas gegen deinen Willen zu tun.**

E 302   Nulla est tam facilis res, quin difficilis siet, / quam invitus facias.
Terentius, Heauton timorumenos 805–806
> **Nichts ist so leicht, dass es nicht schwierig wäre, wenn man es widerwillig tut.**

E 303   Odio oportet ut peccandi, non metu facias bonum.
Publilius Syrus, Sententiae A31
> **Man muss Gutes tun, weil man das Böse hasst, nicht weil man es fürchtet.**

E 304   Soli igitur hoc contingit sapienti, ut nihil faciat invitus.
Cicero, Paradoxa Stoicorum 34
> **Dem Weisen allein gelingt es, nichts gegen seinen Willen zu tun.**

E 305   Amor animi arbitrio sumitur, non ponitur.
Publilius Syrus, Sententiae 5
> **Liebe wird aus freien Stücken begonnen, aber nicht beendet.**

E306 Omnia sic transeunt, ut revertantur. Nihil novi facio, nihil novi video: fit aliquando et huius rei nausia.
Seneca, Epistulae morales 24,26

> Alles geht so vorüber, dass es wiederkommt. Ich tue nichts Neues, ich sehe nichts Neues. Irgendwann einmal stellt sich auch darüber Ekel ein.

E307 Gratiaque officio, quod mora tardat, abest.
Ovidius, Epistulae ex Ponto 3. 4,52

> Keinen Dank verdient eine Gefälligkeit, die erst mit Verzögerung kommt.

E308 Omne, quod dulce est, cito satiat nec diuturnam desiderii sui fidem tenet, sed in locum satietatis succedit horror.
Macrobius, Saturnalia 7. 7,15

> Alles Süße sättigt schnell und hinterlässt keine dauerhafte Befriedigung, sondern an die Stelle der Sattheit rückt der Abscheu.

Mensch (intellektuell)

Absicht

E309 Consilium habuisse non nocet, nisi et factum secutum fuerit.
~ Corpus Iuris Civilis, Digesta 50. 16,53,1 (Paulus)

> Die Absicht gehabt zu haben schadet nicht, soweit die Tat nicht folgte.

E310 Nil refert, animo quo facias, quod fecisse est improbum.
Pseudo-Publilius, Sententiae 215

> Es spielt keine Rolle, in welcher Absicht man tut, was zu tun unredlich ist.

E311 Nil interest, quo facias animo, quod fecisse pessimum est.
Publilius Syrus, Sententiae A10

> Die Einstellung, mit der man etwas tut, ist unerheblich, wenn, was man tut, schlecht ist.

E312 Bonus animus in mala re dimidium est mali.
Plautus, Pseudolus 452

> Gute Absicht bei schlimmer Sache ist nur halb so schlimm.

E313 Nec enim eventus imputari debet cuiusque rei, sed consilium.
Seneca maior, Controversiae 10. 3,11

> Nicht, wie eine Sache ausgegangen ist, darf man jemandem anrechnen, sondern die Absicht.

E314 Multum autem ad rem pertinet, quo proposito ad quamquam rem accedas.
Seneca, Epistulae morales 108,24

> Es spielt eine große Rolle, mit welchem Vorsatz man an eine Sache herantritt.

E315 Malus etsi obesse non potest, tamen cogitat.
Publilius Syrus, Sententiae 347

> Auch wenn ein Schurke nicht schaden kann, er denkt trotzdem daran.

E316 Duo cum faciunt idem, non est idem.
cf. Terentius, Adelphoe 823–825
> Wenn zwei dasselbe tun, ist es nicht dasselbe.

E317 Ego te intus et in cute novi.
Persius, Saturae 3,30
> Ich kenne dich in- und auswendig.

Dummheit

E318 Stultorum plena sunt omnia.
Cicero, Ad familiares 9. 22,4
> Die Welt ist ein Irrenhaus.

E319 O sancta simplicitas!
~ Hieronymus, Epistulae 57,12,3
> Heilige Einfalt!

E320 Nescit, quot digitos habet in manu.
~ Plautus, Persa 187
> Er weiß nicht, wie viele Finger er an einer Hand hat. *(d. h. Er ist strohdumm, ›er kann nicht bis fünf zählen.‹)*

E321 Dum vitant stulti vitia, in contraria currunt.
Horatius, Sermones 1. 2,24
> Wenn Narren einen Fehler vermeiden, verfallen sie in den entgegengesetzten. *(vgl. ›vom Regen in die Traufe kommen‹)*

E322 Minus enim stultus est is, cui nihil in mentem venit, quam ille, qui, quod stulte alteri venit in mentem, comprobat.
Cicero, Pro Cluentio 84
> Wem nichts einfällt, der ist weniger töricht, als wer gutheißt, was einem anderen in seiner Torheit eingefallen ist.

E323 Est enim proprium stultitiae aliorum vitia cernere, oblivisci suorum.
Cicero, Tusculanae disputationes 3. 73
> Es ist eine Eigenart der Torheit, die Fehler Fremder zu erkennen, die eigenen zu vergessen.

E324 Stultitia est quaestus impudentiae.
Phaedrus, Liber fabularum 1. 14,18
> Dummheit ist die Erwerbsquelle der Gauner.

E325 Creditis avectos hostis aut ulla putatis / dona carere dolis Danaum? Sic notus Ulixes?
Vergilius, Aeneis 2. 43–44 (Laokoon)
> Glaubt, ihr, die Feinde wären abgesegelt oder Geschenke der Danaer seien je ohne Hinterlist? Kennt ihr Odysseus nicht besser?

E326 Demens est, qui fidem praestat errori.
Seneca, De beneficiis 4. 36,3
> Nicht bei Verstand ist, wer dem Irrtum Glauben schenkt.

E327 Mala pro bonis legere dementia est.
Seneca, De vita beata 6,1
> Schlechtes statt Gutes zu wählen ist Wahnsinn.

E328 Interdum habet stultitiae partem facilitas.
Publilius Syrus, Sententiae 278
> Manchmal hat Liebenswürdigkeit etwas von Dummheit an sich.

Mensch (intellektuell)

Unbelehrbarkeit

E329 Ne illi falsi sunt, qui divorsissumas res pariter exspectant, ignaviae voluptatem et praemia virtutis.
Sallustius, Bellum Iugurthinum 85
> Die sind wirklich unbelehrbar, die die unterschiedlichsten Dinge zugleich erwarten, das Vergnügen des Nichtstuns und den Lohn der Tüchtigkeit.

E330 Malus bonum ad se numquam consilium refert.
Publilius Syrus, Sententiae 354
> Ein Bösewicht bezieht einen guten Rat nie auf sich selbst.

E331 Corripi potest, corrigi autem non.
Walter Map, De nugis curialium 2. 5
> Man kann ihn/das zwar tadeln, aber nicht bessern.

E332 Cuius autem aures clausae veritati sunt, ut ab amico verum audire nequeat, huius salus desperanda est.
Cicero, Laelius de amicitia 90
> Wer seine Ohren der Wahrheit gegenüber verschließt, sodass er von einem Freund nicht die Wahrheit hören kann, der ist rettungslos verloren.

F **Mensch** (sozial)

Gemeinschaft

F1 animal sociale atque commune
Lactantius, Epitome 29,2
> ein auf das Leben in der Gemeinschaft angelegtes Wesen *(nach Aristoteles:*
> ϗῷον πολιτικονꞋ*)*

F2 Homo est animal politicum.
Auctoritates, Aristoteles, Ethica 187
> Der Mensch ist ein auf das Leben in der Gemeinschaft hin angelegtes Geschöpf.

F3 Nati sumus ad congregationem hominum et ad societatem communitatemque
generis humani.
~ Cicero, De finibus bonorum et malorum 4. 4
> Wir sind geboren zur Geselligkeit und zur Gemeinschaft und Verbundenheit mit der
> Menschheit.

F4 Homo] sociale animal et in commune genitus mundum ut unam omnium
domum spectat.
~ Seneca, De beneficiis 7. 1,7
> Der Mensch, gesellschaftsbezogenes und für die Gemeinschaft geschaffenes Lebewesen,
> betrachtet die Welt als ein einziges Haus für alle.

F5 Grande solacium est cum universo rapi.
Seneca, De providentia 5,8
> Es ist ein großer Trost, mit der ganzen Welt unterzugehen.

F6 Ferre, quam sortem patiuntur omnes, / nemo recusat.
Seneca, Troades 1016–1017
> Niemand weigert sich, ein Los zu tragen, das alle erleiden.

F7 Et si patitur unum membrum, compatiuntur omnia membra; sive glorificatur
unum membrum, congaudent omnia membra.
Vulgata, Epistula ad Corinthios 1. 12,26
> Wenn ein Glied leidet, leiden alle Glieder mit; wenn ein Glied geehrt wird, freuen sich alle
> Glieder mit ihm.

F8 Nemo enim nostrum sibi vivit.
Vulgata, Epistula ad Romanos 14,7
> Keiner von uns lebt nur für sich.

F9 Ratio est vitae in multam concedere turbam.
Sententiae Varronis 9
> Der Zweck des Lebens besteht darin, unter viele Leute zu kommen.

F10 Natura alterum alterius indigere voluit.
~ Columella, De re rustica 12. pr. 6
> Die Natur wollte, dass einer den anderen braucht.

F11 Numquam sumus singuli.
Seneca, Naturales quaestiones 4. pr. 2
> Wir sind nie allein.

F12 Alter alterius auxilio eget.
~ Sallustius, De coniuratione Catilinae 1,7
> Jeder bedarf der Hilfe des anderen.

F13 In commune nati sumus. Societas nostra lapidum fornicationi simillima est, quae, casura nisi in vicem obstarent, hoc ipso sustinetur.
Seneca, Epistulae morales 95,53
> Wir sind fürs Zusammenleben geboren. Unsere Gemeinschaft gleicht einem Gewölbe aus Stein, das einstürzen würde, wenn die einzelnen Steine sich nicht gegenseitig stützten und so das Gewölbe hielten.

F14 Vivimus aliena fiducia.
Plinius maior, Naturalis historia 22. 15
> Wir leben im Vertrauen auf andere.

F15 Ubi societas, ibi ius.
cf. Cicero, De legibus 1. 42
> Wo Menschen zusammenleben, da gibt es Recht.

Gemeinsinn

F16 Unam omnium rem publicam agnoscimus, mundum.
Tertullianus, Apologeticum 38,3
> Wir kennen nur einen Staat für alle, die Welt.

F17 Populus est coetus multitudinis rationalis rerum, quas diligit, concordi communione sociatus.
Augustinus, De civitate Dei 19. 24
> Volk ist der Zusammenschluss einer vernünftigen Menge, die zusammengehalten wird durch einträchtiges Einssein in Dingen, die ihr wert sind.

F18 Est summa ratio et sapientia boni civis commoda civium non divellere atque omnes aequitate eadem continere.
Cicero, De officiis 2. 83

Oberste Devise und Weisheit eines guten Bürgers ist es, die Interessen der Bürger nicht zu beeinträchtigen und alle mit gleichem Maß zusammenzuhalten.

F19 Boni civis est non rem publicam sibi natam putare, sed se rei publicae.
Pseudo-Seneca, Liber de moribus, Sententiae Rufi 194

Einen guten Bürger zeichnet die Einstellung aus, der Staat sei nicht für ihn geboren, sondern er für den Staat.

F20 In commune vivitur. Nec potest quisquam beate degere, qui se tantum intuetur, qui omnia ad utilitates suas convertit: alteri vivas oportet, si vis tibi vivere.
Seneca, Epistulae morales 48,2

Man lebt in der Gemeinschaft. Niemand kann glücklich leben, der nur auf sich blickt, der alles auf den Nutzen für sich bezieht: Man muss für andere leben, wenn man für sich selbst leben will.

F21 Communia semper praepone propriis et privatis.
Thomas a Kempis, Brevis admonitio 8,7

Stell das Allgemeine immer über das Eigene und Persönliche.

F22 Bene facit, qui communitati magis quam suae voluntati servit.
Thomas a Kempis, De imitatione Christi 1. 15,7

Richtig handelt, wer der Gemeinschaft mehr dient als seinem eigenen Willen.

F23 Sanis hominibus publica privatis potiora sunt.
Seneca, De clementia 1. 4,3

Verantwortungsbewusste Menschen stellen öffentliche Interessen über die privaten.

F24 Privatum commodum publico cedit.
cf. Claudianus, De consulatu Stilichonis 1. 299

Private Interessen müssen hinter allgemeinen zurücktreten.

F25 Fines publicos a privatis detineri non oportet.
Corpus Iuris Civilis, Digesta 50. 10,5,1 (Ulpianus)

Öffentliche Interessen dürfen von privaten nicht beeinträchtigt werden.

F26 Laetus oboediat, quem causa generalitatis invitat.
Cassiodorus, Variae 11. 16,4

Fröhlich soll gehorchen, wen öffentliches Interesse dazu auffordert.

F27 Sua servat, qui salva esse vult communia.
Publilius Syrus, Sententiae 677

Das Seine rettet, wer das Allgemeine gerettet sehen will.

F28 Quod omnes similiter tangit, ab omnibus comprobetur.
Corpus Iuris Civilis, Codex Iustinianus 5. 59,5,2 (a. 531)
> Was alle in gleicher Weise betrifft, muss auch von allen gebilligt werden.

F29 Fit enim ad portandum facilis sarcina, quam multorum colla sustentant.
Ennodius, Vita Epiphani
> Eine Last wird leicht zu tragen, wenn sie auf den Schultern vieler ruht.

Gemeinwohl

F30 Hominem sociale animal communi bono genitum videri volumus.
Seneca, De clementia 1. 3,2
> Wir wollen, dass der Mensch als Gemeinschaftswesen gilt, das zum Gemeinwohl geschaffen ist.

F31 Salus populi suprema lex esto.
Cicero, De legibus 3. 8
> Das Wohl des Volkes sei oberstes Gesetz. *(Wahlspruch des US-Staats Missouri)*

F32 Leges omnium salutem singulorum saluti anteponunt.
Cicero, De finibus bonorum et malorum 3. 64
> Die Gesetze räumen dem Wohl aller Vorrang ein vor dem Wohl des Einzelnen.

F33 Libenter acquievimus facere, quod generalitatem probamus optasse.
Cassiodorus, Variae 10. 17,2
> Gern trösten wir uns damit, das zu tun, was wir als Wunsch der Allgemeinheit gutheißen.

F34 Pro publico enim bono nullus privatus labor non facilis videri debet.
Petrarca, Familiares 19. 13
> Für das öffentliche Wohl darf keine persönliche Mühe beschwerlich erscheinen.

F35 Suscipiatur gratissime, quod generalitatem constat optasse.
Cassiodorus, Variae 10. 4,1
> Man sollte sehr gern auf sich nehmen, was als Wunsch der Allgemeinheit gilt.

F36 Quid est suavius quam bene rem gerere / bono publico?
Plautus, Captivi 498–499
> Was ist angenehmer, als etwas zum Allgemeinwohl beizutragen?

F37 Commune proprium facere litis initium est.
Publilius Syrus, Sententiae A56
> Sich an Gemeinschaftlichem zu vergreifen heißt einen Prozess anbahnen.

Mensch
(sozial)

Gemeinnutz

F 38 Poscit humana societas, ut omnibus rebus communiter utamur.
Melanchthon, Loci communes 3,19
> Das menschliche Zusammenleben setzt voraus, dass wir alles gemeinsam nutzen.

F 39 Iure naturali omnia sunt communia omnibus.
Decretum magistri Gratiani 1. 8,1
> Nach dem Naturrecht ist alles allen gemeinsam.

F 40 Naturali iure omnium communia sunt illa: aer, aqua profluens et mare et per hoc litora maris.
Corpus Iuris Civilis, Digesta 1. 8,2,1 (Marcianus)
> Nach dem Naturrecht sind Gemeingut aller: Luft, fließendes Wasser, das Meer und damit auch die Meeresküste.

F 41 Impellimur autem natura, ut prodesse velimus quam plurimis in primisque docendo rationibusque prudentiae tradendis.
Cicero, De finibus bonorum et malorum 3. 65
> Die Natur veranlasst uns dazu, möglichst vielen nützen zu wollen, besonders durch Belehrung und Weitergabe kluger Gedanken.

F 42 Non quaerens, quod mihi utile est, sed quod multis.
Vulgata, Epistula ad Corinthios 1. 10,33
> Es kommt mir nicht darauf an, was mir nützt, sondern was vielen.

F 43 Prodesse omnibus, obesse nemini.
Ambrosius, De officiis 3. 58
> Allen nützen, niemandem schaden.

F 44 Tutus erit, populum qui sic regit, utiliorem / ut populus nullum censeat esse sibi.
Thomas Morus, Epigrammata
> Ungefährdet wird *(der Herrscher)* sein, der so regiert, dass das Volk sich von keinem anderen größeren Nutzen verspricht.

F 45 Magna laus et grata hominibus unum hominem elaborare in ea scientia, quae sit multis profutura.
Cicero, Pro Murena 19
> Sehr verdienstvoll und dankenswert ist es, wenn einer in einer Wissenschaft Ergebnisse erzielt, die vielen zugute kommen werden.

F 46 Communis utilitas societatis maximum vinculum est.
~ Livius, Ab urbe condita 36. 7,11
> Der allgemeine Nutzen stellt das größte Band der Gesellschaft dar.

F47   Omnes decet gratanter impendere, quod publicas videt utilitates posse respicere.
Cassiodorus, Variae 2. 20,1
> Alle sollten mit Freuden leisten, was den Nutzen für die Allgemeinheit betreffen könnte.

F48   Utilitas publica praeferenda est privatorum contractibus.
Corpus Iuris Civilis, Codex Iustinianus 12. 62,3 (a. 400)
> Der Nutzen für die Öffentlichkeit hat Vorrang vor Vereinbarungen von Privatleuten.

F49   Quod communiter omnibus prodest, hoc rei privatae nostrae utilitati praeferendum esse censemus.
Corpus Iuris Civilis, Codex Iustinianus 6. 51,14a (a. 1534)
> Wir ordnen an, dass, was allen gemeinsam nützt, dem Nutzen unseres Privatvermögens vorzuziehen ist.

Einsamkeit

F50   Miserum est carere consuetudine amicorum.
Cicero, Tusculanae disputationes 5. 63
> Es ist betrüblich, den Umgang mit Freunden vermissen zu müssen.

F51   Inopia amicorum in urbe media solitudo est.
Pseudo-Seneca, Monita 108
> Mangel an Freunden heißt Einsamkeit inmitten der Stadt.

F52   Pessima solitudo non veras habere amicitias.
Bacon, De dignitate et augmentis scientiarum 6. 3, Exempla 37
> Die schlimmste Einsamkeit ist, keine echten Freunde zu haben.

F53   Solitudinem adeat, qui vult innocenter vivere.
Publilius Syrus, Sententiae A99
> Wer in Unschuld leben will, muss sich in die Einsamkeit zurückziehen.

F54   Fuge multitudinem, fuge paucitatem, fuge etiam unum.
Seneca, Epistulae morales 10,1
> Meide die große Masse, meide kleine Gesellschaften, meide sogar einen Einzelnen.

F55   Locis remotis qui latet, lex est sibi.
Publilius Syrus, Sententiae 306
> Wer sich in entfernten Gegenden versteckt, ist sein eigenes Gesetz.

F56   Plerumque amica est aegritudini solitudo.
Saxo grammaticus, Gesta Danorum 3. 3,3
> Einsamkeit ist meist mit Kummer verbunden.

Mensch (sozial)

F57 Tristis eris, si solus eris.
Ovidius, Remedia amoris 583
> Wenn du allein bist, wirst du traurig sein.

F58 Ubi non est timor, ibi desolatio vitae.
Florilegium Frisingense 71
> Wo es keine Furcht gibt, ist das Leben vereinsamt.

F59 Omnia nobis mala solitudo persuadet.
Seneca, Epistulae morales 25,5
> Zu allem Schlechten verführt uns die Einsamkeit.

F60 Solitudinem quaerat, qui vult cum innocentibus vivere.
Pseudo-Seneca, Liber de moribus 27
> Wer unter Unschuldigen leben will, muss die Einsamkeit aufsuchen.

F61 Hesterni quippe sumus et ignoramus.
Vulgata, Liber Iob 8,9
> Wir sind von gestern und völlig ahnungslos.

F62 Pudeat illos, qui ita in studiis se abdiderunt, ut ad vitam communem nullum fructum proferre possint.
Cicero, Pro Archia 6.
> Schämen sollen sich die, die sich so in ihre Studien vergraben haben, dass sie zum Leben der Allgemeinheit nichts beitragen können.

F63 Degustandum ex philosophia, non in eam ingurgitandum.
Ennius bei Gellius, Noctes Atticae 5. 16,5
> Von der Philosophie darf man kosten, aber sich nicht in ihr ertränken.

F64 Quemadmodum omnium rerum, sic litterarum quoque intemperantia laboramus: Non vitae, sed scholae discimus.
Seneca, Epistulae morales 106,12
> Wie bei allem, so leiden wir auch bei der Wissenschaft an Maßlosigkeit: Wir lernen nicht für das Leben, sondern für die Schule.

F65 Videte, ne, dum caelum custoditis, terram amittatis.
Demades bei Valerius Maximus, Facta et dicta memorabilia 7. 2, ext. 13
> Passt auf, dass ihr, während ihr zum Himmel aufschaut, nicht die Erde verliert.

Vaterland

F 66 Cari sunt parentes, cari liberi, propinqui, familiares, sed omnes omnium caritates patria una complexa est: pro qua quis bonus dubitet mortem oppetere, si ei sit profuturus?
Cicero, De officiis 1. 57

Lieb sind uns unsere Eltern, lieb unsere Kinder, Verwandten, Freunde, aber alle Liebe aller hat das Vaterland in sich versammelt: Welcher ordentliche Mann würde zögern, dafür in den Tod zu gehen, wenn er ihm damit nützen kann?

F 67 Commoda praeterea patriai prima putare, / deinde parentum, tertia iam postremaque nostra.
Lucilius bei Lactantius, Divinae institutiones 6. 5,2 (als Definition der Virtus)

Überdies *(sollte man)* die Interessen des Vaterlands an erste Stelle setzen, dann die der Eltern, an dritte und letzte Stelle die eigenen.

F 68 Amor patriae ratione valentior omni.
Ovidius, Epistulae ex Ponto 1. 3,29

Die Liebe zur Heimat ist stärker als jedes Argument.

F 69 Certum est omnia licere pro patria.
Quintilianus, Declamationes minores 369

Für das Vaterland ist unbestreitbar jedes Mittel erlaubt.

F 70 Dic, hospes, Spartae nos te hic vidisse iacentis, / dum sanctis patriae legibus obsequimur.
Simonides' Epigramm für die Gefallenen an den Thermopylen bei Cicero, Tusculanae disputationes 1. 105

›Wanderer, kommst du nach Sparta, verkündige dorten, du habest / uns hier liegen gesehn, wie das Gesetz es befahl.‹ *(Schiller)*

F 71 Dulce et decorum est pro patria mori: / mors et fugacem persequitur virum, / nec parcit imbellis iuventae / poplitibus timidoque tergo.
Horatius, Carmina 3. 2,13–16

Süß und ehrenvoll ist es, für das Vaterland zu sterben: Der Tod verfolgt ja auch den flüchtigen Mann und schont nicht der feigen Jugend Knie und zaghaften Rücken.

F 72 Pro patria sit dulce mori licet atque decorum: / vivere pro patria dulcius esse puto.
Owen, Epigrammata 1. 48

Mag es auch süß und ehrenvoll sein, fürs Vaterland zu sterben, fürs Vaterland zu leben halte ich für süßer.

F 73 Nemo enim patriam, quia magna est, amat, sed quia sua.
Seneca, Epistulae morales 66,26

Niemand liebt sein Vaterland, weil es groß ist, sondern weil es das seine ist.

Mensch (sozial)

F 74 Vir bonus, quocumque it, patriam suam secum fert; omnia sua animus eius custodit.
Sententiae Varronis 36
> Ein tüchtiger Mann trägt, wo er auch immer hingeht, sein Vaterland mit sich; sein Geist bewahrt alles, was ihm gehört.

F 75 Non sum uni angulo natus, patria mea totus hic mundus est.
Seneca, Epistulae morales 28,4
> Ich bin nicht für einen einzigen Winkel geboren, mein Vaterland ist diese ganze Welt.

F 76 Duarum civitatum civis noster esse iure civili nemo potest; non esse huius civitatis, qui se alii civitati dicarit, potest.
Cicero, Pro Balbo 28
> Keiner kann nach unserem bürgerlichen Recht Bürger zweier Staaten sein; unserem Staat kann nicht angehören, wer sich als Bürger eines anderen Staates bekennt.

Heimat

F 77 Carere patria intolerabile est.
Seneca, Ad Helviam matrem de consolatione 6,2
> Die Heimat zu missen ist unerträglich.

F 78 Dulcior est patrius alieno caespite caespes.
Walther von Châtillon, Alexandreis 6. 216
> Der heimatliche Boden ist lieblicher als fremder Boden.

F 79 Nescio qua natale solum dulcedine cunctos / ducit, et immemores non sinit esse sui.
Ovidius, Epistulae ex Ponto 1. 3,35–36
> Irgendwie zieht der heimatliche Boden alle mit süßer Gewalt an und lässt nicht zu, dass wir nicht ständig an ihn denken.

F 80 Namque orbis terrarum divitias accipere nolo prae patriae caritate.
Cornelius Nepos, De excellentibus ducibus exterarum gentium, Epaminondas 4,2
> Ich will nicht die Schätze der ganzen Welt eintauschen gegen die Liebe zur Heimat.

F 81 Felix, qui patriis aevum transegit in arvis, / ipsa domus puerum quem videt, ipsa senem, / qui baculo nitens, in qua reptavit harena, / unius numerat saecula longa casae.
Claudianus, Carmina 20,1–4
> Glücklich, wer sein Leben in väterlichen Gefilden verbracht hat, wen dasselbe Haus als Kind, dasselbe als Alten sieht, wer auf den Stock gestützt die langen Spannen des einen Hauses zählt, in dessen Sand er herumgekrabbelt ist.

F 82 Illa mihi patria est, ubi pascor, non ubi nascor. / Illa, ubi sum notus, non ubi natus eram. / Illa mihi patria est, mihi quae patrimonia praebet, / hic, ubicumque habeo, quod satis est, habito.
Owen, Epigrammata 7. 100

> Meine Heimat ist dort, wo ich lebe, nicht wo ich geboren bin. Dort, wo ich bekannt bin, nicht wo ich zur Welt kam. Meine Heimat ist die, die mir mein Auskommen bietet; hier wohne ich, wo ich jeweils habe, was ausreicht.

F 83 Omne solum forti patria est, ut piscibus aequor, / ut volucri vacuo quicquid in orbe patet.
Ovidius, Fasti 1. 493–494

> Jeder Boden ist dem Tüchtigen Heimat, wie den Fischen das Meer, wie dem Vogel die Weiten der Luft.

F 84 Patria est, ubicumque est bene.
Pacuvius bei Cicero, Tusculanae disputationes 5. 108

> Vaterland ist, wo es einem gut geht.

F 85 Patria est, ubicumque bene est. Illud autem, per quod bene est, in homine, non in loco est. In ipsius potestate est, quae sit illi fortuna. Si enim sapiens est, peregrinatur: si stultus, exsulat.
Pseudo-Seneca, De remediis fortuitorum

> Heimat ist, wo es einem gut geht. Das aber, wodurch es einem gut geht, liegt im Menschen, nicht am Ort. In seiner eigenen Macht steht, welches Schicksal er hat. Ist er nämlich weise, ist er auf Auslandsreise, ist er töricht, in der Verbannung.

F 86 Nusquam melius morimur homines, quam ubi libenter viximus.
Publilius Syrus, Sententiae 385

> Nirgendwo sterben wir Menschen besser, als wo wir gern gelebt haben.

F 87 Hic amor, haec patria est.
Vergilius, Aeneis 4. 347

> Hier ist meine Liebe, hier meine Heimat.

F 88 Domi manere oportet belle fortunatum.
Erasmus, Adagia 2013

> Wer begütert ist, sollte zuhause bleiben. *(vgl. ›Bleib im Land und nähr dich redlich.‹)*

F 89 Felix, qui propriis aevum transegit in arvis.
cf. Claudianus, Carmina minora 20,1

> Glücklich, wer sein Leben auf eigener Scholle verbracht hat.

F 90 Inhabitabis terram et pasceris in fide.
Vulgata, Psalmus 37(36),3

> Bleib im Land und nähre dich redlich.

Mensch (sozial)

F91   Qui semel aspexit, quantum dimissa petitis / praestent, mature redeat
repetatque relicta.
Horatius, Epistulae 1. 7,96–97
> Wer einmal erkannt hat, wie sehr das Aufgegebene das Angestrebte an Wert übertrifft, der
> kehre beizeiten um und suche das Verlassene wieder auf.

F92   Omne homini natale solum.
Statius, Thebais 8. 320
> Die ganze Erde ist die Heimat des Menschen.

F93   Nusquam est, qui ubique est.
Seneca, Epistulae morales 2,2
> Wer überall ist, ist nirgends.

Integration

F94   Terrae qua pergis, cape mores, quos ibi cernis.
Walther, Proverbia sententiaeque 31348
> Wohin du auf der Erde kommst, eigne dir die Sitten an, die du dort vorfindest.

F95   Alit concordiam mores ad cohabitantium animos conformare.
Sententiae Varronis 33
> Seine Gewohnheiten an die Lebensweise der Mitbürger anzugleichen stärkt die
> Gemeinschaft.

F96   Si fueris Romae, Romano vivito more, / si fueris alibi, vivito sicut ibi.
Binder, Novus thesaurus 3115
> Bist du in Rom, lebe nach römischem Brauch, bist du anderswo, lebe, wie man dort lebt.

F97   Ad terrae morem vitae decet esse tenorem.
Walther, Proverbia sententiaeque 453
> Die Lebenshaltung sollte sich nach der Sitte des Landes richten.

F98   Te servare decet mores illamque loquelam / eius telluris, incola cuius eris.
Walther, Proverbia sententiaeque 31144
> Es gehört sich, dass man die Bräuche und die Sprache des Landes achtet, in dem man lebt.

F99   An tu civem ab hoste natura ac loco, non animo factisque distinguis?
Cicero, Paradoxa Stoicorum 29
> Unterscheidest du einen Bürger von einem Feind nach Rasse und Herkunft, nicht nach
> Gesinnung und Handeln?

F100 Ecastor, lege dura vivont mulieres / multoque iniquiore miserae quam viri.
Plautus, Mercator 817–818
> Wahrhaft, die Frauen leben unter einem strengen Gesetz und sind viel schlimmer dran als
> die Männer.

F101 Et advenam et pauperem nolite calumniari, quia alterum peregrinatio, alterum egestas humilem facit.
Hieronymus, In Zachariam 2.

> Diskriminiert weder einen Nichtsesshaften noch einen Armen, denn den einen macht das Umherziehen, den anderen die Armut Not leidend.

F102 Nolite mirari, si odit vos mundus.
Vulgata, Epistula Ioannis 1. 3,13

> Wundert euch nicht, wenn euch die Menge hasst.

Reisen

F103 Caelum, non animum mutant, qui trans mare currunt.
Horatius, Epistulae 1. 11,27

> Wer übers Meer eilt, wechselt die Gegend, nicht seine Stimmung.

F104 Ad quae noscenda iter ingredi, transmittere mare solemus, ea sub oculis posita neglegimus, seu quia ita natura comparatum, ut proximorum incuriosi longinqua sectemur, seu quod omnium rerum cupido languescit, cum facilis occasio, seu quod differimus tamquam saepe visuri, quod datur videre, quotiens velis cernere.
Plinius, Epistulae 8. 20,1

> Wir unternehmen oft Reisen, überqueren das Meer, um Sehenswürdigkeiten kennenzulernen, doch liegen sie vor unseren Augen, interessieren sie uns nicht, weil die Natur es so eingerichtet hat, dass wir, gleichgültig gegenüber dem Nahen, dem Entfernten nachjagen, sei es weil das Verlangen nach allem erschlafft, wenn es bequem zur Hand ist, sei es dass wir es vor uns hinschieben, als könnten wir, was wir sehen können, so oft sehen, wie wir es sehen wollen.

F105 Licet vastum traieceris mare, licet, ut ait Vergilius noster, ›terraeque urbesque recedant‹: sequentur te, quocumque perveneris, vitia.
Seneca, Epistulae morales 28,1

> Magst du auch übers weite Meer fahren, mögen auch, wie unser Vergil sagt, ›Länder und Städte entschwinden‹: Wo du auch hinkommst, folgen dir deine Fehler nach.

F106 Hoc tibi soli putas accidisse et admiraris quasi rem novam, quod peregrinatione tam longa et tot locorum varietatibus non discussisti tristitiam gravitatemque mentis? Animum debes mutare, non caelum.
Seneca, Epistulae morales 28,1

> Du glaubst, nur dir allein sei es so ergangen, und bestaunst es als etwas Neuartiges, dass es dir mit einer so langen Reise und so häufigem Ortswechsel nicht gelungen ist, deinen Trübsinn und deine Schwermut loszuwerden? Deine Einstellung musst du wechseln, nicht die Himmelsgegend.

F107 Vitia nostra regionum mutatione non fugimus.
Ennodius, Epistulae 3. 28

> Unseren Lastern entkommen wir durch Ortswechsel nicht.

Mensch (sozial)

F108   Imparato animo peregrinationes nil conferunt, paratum sanant sanumque custodiunt.
Petrarca, De secreto conflictu curarum mearum 3
> Einem unvorbereiteten Gemüt nützen Reisen nichts, ein vorbereitetes heilen sie und ein gesundes bewahren sie.

F109   Frequens migratio instabilis animi est.
Seneca, Epistulae morales 69,1
> Häufiger Ortswechsel zeugt von innerer Unruhe.

F110   Assiduus generis humani discursus est. Cottidie aliquid in tam magno orbe mutatur.
Seneca, Ad Helviam matrem de consolatione 7,5
> Unaufhörlich reisen die Menschen hin und her. Täglich ändert sich etwas auf dieser so weiten Welt.

F111   Te ad humana converte: videbis gentes populosque universos mutasse sedem.
Seneca, Ad Helviam matrem de consolatione 7,1
> Blick auf die Menschen: Du siehst, dass die ganze Menschheit ständig ihren Wohnsitz wechselt.

F112   Proximorum incuriosi longinqua sectamur.
~ Plinius, Epistulae 8. 20,1
> Gleichgültig gegen das Nächstliegende sind wir nur auf weit Entferntes aus.

F113   Omnis mutatio loci iucunda fiet.
Seneca, Epistulae morales 28,4
> Jede Ortsveränderung macht Freude.

F114   Sed iuvat ignotas semper transire per urbes / scrutarique novum pelagus; totius et esse / orbis in hospitio.
Manilius, Astronomica 4. 512–514
> Es macht Spaß, ständig durch Städte zu reisen, ein neues Meer zu erkunden und auf der ganzen Welt zu Gast zu sein.

F115   Hominum natura novitatis ac peregrinationis avida est.
Plinius maior, Naturalis historia 17. 66
> Der Mensch sehnt sich danach, Neues zu sehen und zu reisen.

F116   Interdum expedit patriam neglegere, ut sapientiam quis possit acquirere.
Cassiodorus, Variae 1. 39,2
> Manchmal ist es sinnvoll, die Heimat zu verlassen, um Erfahrung sammeln zu können.

F117   Vectatio iterque et mutata regio vigorem dant.
~ Seneca, De tranquillitate animi 17,8
> Ein Ausflug, eine Reise, ein Ortswechsel geben neue Kraft.

F 118   Non sum ego, qui fueram: mutat via longa puellas; / quantus in exiguo tempore fugit amor!
Propertius, Elegiae 1. 12,11

> Ich bin *(für sie)* nicht mehr, der ich war, eine lange Reise verändert die Mädchen; in welch kurzer Zeit entschwand eine so große Liebe! *(vgl. ›aus den Augen, aus dem Sinn‹)*

F 119   Congressus sapientium confert prudentiam, non montes aut maria.
Erasmus, Apophthegmata 3. 160A

> Kontakt mit weisen Leuten verschafft Weisheit, nicht Berge oder Meere.

F 120   Peregrinari quam domi morari praestat.
Wander, Deutsches Sprichwörter-Lexikon 5. 158

> Es ist besser zu reisen, als zu Hause zu versauern.

F 121   Peregrinatio non facit medicum, non oratorem.
Seneca, Epistulae morales 104,19

> Reisen allein macht keinen zum Arzt, keinen zum Redner.

F 122   Vitam in peregrinatione exigentibus hoc evenit, ut multa hospitia habeant, nullas amicitias.
Seneca, Epistulae morales 2,2

> Wer sein Leben mit Reisen verbringt, erlebt, dass er viele Gastfreunde hat, aber keine wirklichen Freunde.

F 123   Plena est insidiis via. Noli conqueri, quod incideris: gaude, quod evaseris.
Pseudo-Seneca, De remediis fortuitorum

> Reisen ist voller Gefahren. Beklag dich nicht, dass dir etwas zugestoßen ist: Freu dich, dass du davongekommen bist.

F 124   Tutum carpit inanis iter.
Pseudo-Ovidius, Nux 44

> Wer nichts dabei hat, reist sicher.

Harmonie

F 125   Candida pax homines, trux decet ira feras.
Ovidius, Ars amatoria 3. 502

> Heiterer Friede schickt sich für den Menschen, trotziger Zorn für das Tier.

F 126   Concordia parvae res crescunt, discordia maxumae dilabuntur.
Sallustius, Bellum Iugurthinum 10,6

> Durch Eintracht wachsen selbst kleine Dinge, durch Zwietracht zerfallen die größten.

F 127   Ecce quam bonum et quam iucundum habitare fratres in unum.
Vulgata, Psalmus 133(132),1

> Wie gut und schön ist es doch, wenn Brüder einträchtig beisammenwohnen.

Mensch (sozial)

F 128 Multitudinis autem credentium erat cor unum et anima una
Vulgata, Actus apostolorum 4,32
> Die Menge aber der Gläubigen war ein Herz und eine Seele.

F 129 Amica rerum humanarum cum benevolentia est concordia.
Pseudo-Seneca, Liber de moribus, Appendix
> Eine Freundin der Menschheit ist die Eintracht in Verbindung mit Freundlichkeit.

F 130 Nec quicquam magnum est, nisi quod simul placidum.
Seneca, De ira 1. 21,1
> Nichts ist groß, was nicht zugleich friedlich ist.

F 131 Cor unum, via una.
Owen, Epigrammata 4. 188
> Ein Herz, ein Weg.

F 132 Parvis dives concordia rebus.
Silius Italicus, Punica 9. 407
> Eintracht ist reich an kleinen Dingen.

F 133 Externus timor maximum concordiae vinculum.
Livius, Ab urbe condita 2. 39,7
> Furcht vor einem äußeren Feind ist das größte Band der Eintracht.

F 134 Contrariis rerum aeternitas constat.
Seneca, Epistulae morales 107,8
> Die Ewigkeit beruht auf Gegensätzen.

F 135 Serpentum maior concordia.
Iuvenalis, Saturae 15,159
> Das Verständnis unter Schlangen ist besser *(als unter den Menschen)*.

F 136 Respondent extrema primis, media utrisque, omnia omnibus.
Cicero, De finibus bonorum et malorum 5. 83
> Das Letzte entspricht dem Ersten, das Mittlere beiden, alles allem.

F 137 Sed si sapis, omnia humana condicione metire: simul et quod gaudes et quod times, contrahe.
Seneca, Epistulae morales 110,4
> Wenn du weise bist, miss alles an der Situation des Menschen: Schränke sowohl deine Freuden als auch deine Ängste ein.

F 138 Si est animus aequus tibi, sat habes, qui bene vitam colas.
Plautus, Aulularia 187
> Bist du innerlich ausgeglichen, hast du genug Grund, zufrieden zu sein.

F 139 Sperne repugnando tibi tu contrarius esse: / conveniet nulli, qui secum dissidet ipse.
Disticha Catonis 1. 4

> Leiste deinem wahren Wesen keinen Widerstand: Wer mit sich selbst uneins ist, stimmt mit niemandem überein.

F 140 Tenete vestras opiniones, meas mihi relinquite.
Petrarca, Familiares 16. 3

> Behaltet eure Ansichten, aber lasst mir meine.

Friedfertigkeit

F 141 Nihil enim laudabilius, nihil magno et praeclaro viro dignius placabilitate atque clementia.
Cicero, De officiis 1. 88

> Nichts ist lobenswerter, nichts eines großen und berühmten Mannes würdiger als Versöhnlichkeit und Gutmütigkeit.

F 142 Quo quisque est maior, magis est placabilis irae, / et faciles motus mens generosa capit.
Ovidius, Tristia 3. 5,31–32

> Je größer der Mensch ist, desto versöhnlicher ist er im Zorn, und ein edles Herz ist für Empfindungen aufgeschlossen.

F 143 Itaque quae pacis sunt, sectemur, et quae aedificationis sunt invicem.
Vulgata, Epistula ad Romanos 14,19

> Lasst uns nach dem trachten, was dem Frieden und der Verständigung dient.

F 144 Omnia prius experiri verbis quam armis sapientem decet.
Terentius, Eunuchus 789

> Alles muss der Weise eher mit Worten als mit Waffen versuchen.

F 145 Interdum praestat ad gloriam non certare quam vincere.
Calpurnius Flaccus, Declamationes 25

> Manchmal ist es ruhmvoller, als zu siegen, gar nicht erst zu kämpfen.

F 146 Magna quidem virtus bello prosternere gentes, / sed melius nec bella pati cum laude quietis.
Maximianus, Elegiae, Appendix 3,20–21

> Zwar ist es eine große Leistung, Völker im Krieg zu unterwerfen, doch besser ist es, mit dem Ruhm des Friedens keinen Krieg zu erleiden.

F 147 Vel iniquissimam pacem iustissimo bello antefero.
~ Cicero, Ad familiares 6. 6,5

> Ich ziehe selbst den ungerechtesten Frieden dem gerechtesten Krieg vor.

Mensch (sozial)

F148 Cum victor arma posuit, et victum decet / deponere odia.
Seneca, Hercules furens 409–410
> Wenn der Sieger die Waffen abgelegt hat, gehört es sich auch für den Besiegten, den Hass aufzugeben.

F149 Conflabunt gladios suos in vomeris et lanceas suas in falces.
Vulgata, Liber Isaiae 2,4
> Sie schmieden ihre Schwerter zu Pflugscharen um und ihre Lanzen zu Sicheln.

F150 Dissensio ab alio, a te rursum incipiat conciliatio.
Publilius Syrus, Sententiae A101
> Zwietracht gehe von anderen, von dir gehe Versöhnung aus.

F151 Inimicitias tarde suscipe, moderate exerce, fideliter depone.
Pseudo-Seneca, Liber de moribus 70
> Geh nur zögernd auf Feindschaft ein, übe sie maßvoll aus, beende sie dauerhaft.

F152 Lenta magis durant quam violenta diu.
Owen, Epigrammata 4. 56,2
> Sanftes hat länger Bestand als Gewaltsames.

Verantwortung

F153 Sibi quisque commissus est.
Seneca, Epistulae morales 121,18
> Jeder ist für sich selbst verantwortlich.

F154 Tibi, quod intristi, exedendum est.
Ausonius, Bissula 5
> ›Die Suppe, die du dir eingebrockt hast, musst du auch auslöffeln.‹

F155 Itaque scire debemus non locorum vitium esse, quo laboramus, sed nostrum.
Seneca, De tranquillitate animi 2,15
> Wir müssen uns darüber klar sein, dass das Übel, an dem wir leiden, nicht an den Umständen liegt, sondern an uns.

F156 Suus nemo est.
Seneca, De brevitate vitae 2,4
> Keiner gehört sich selbst.

F157 Officia etiam ferae sentiunt, nec ullum tam immansuetum animal est, quod non cura mitiget et in amorem sui vertat.
Seneca, De beneficiis 1. 2,5
> Selbst wilde Tiere haben ein Gefühl für Pflichten, und kein Tier ist so ungesittet, dass Fürsorge es nicht milder stimmt und für Liebe zur eigenen Art empfänglich macht.

F 158 Communem totius generis hominum conciliationem et consociationem colere, tueri, servare debemus.
Cicero, De officiis 1. 149

> Wir müssen die gemeinsame Verbindung und Vereinigung der ganzen menschlichen Rasse pflegen, achten und wahren.

F 159 Homo homini deus est, si suum officium sciat.
Caecilius Statius bei Symmachus, Epistulae 9,114

> Wenn er seine Pflicht kennt, ist der Mensch für den Menschen wie Gott.

F 160 Nisi culparum occasiones emergerent, locum pietas non haberet.
Cassiodorus, Variae 3. 46,1

> Wenn sich keine Gelegenheiten ergäben, schuldig zu werden, gäbe es keine Veranlassung zu Pflichtbewusstsein.

F 161 Malo successum mihi quam fidem deesse.
Seneca, Epistulae morales 25,2

> Ich will lieber erfolglos sein als verantwortungslos.

F 162 Carum esse civem, bene de re publica mereri, laudari, coli, diligi gloriosum est; metui vero et in odio esse invidiosum, detestabile, imbecillum, caducum.
Cicero, Orationes Philippicae 1,33

> Ein vortrefflicher Bürger zu sein, sich um den Staat verdient zu machen, gelobt, verehrt und geliebt zu werden, das ist ruhmvoll, dagegen gefürchtet und gehasst zu werden, das ist widerwärtig, verabscheuenswert, schwächlich, zum Untergang verurteilt.

Mensch (sozial)

F 163 In conservanda civium libertate esse privatum neminem.
L. Brutus bei Cicero, De re publica 2. 46

> Wenn es darum geht, die Freiheit der Bürger zu wahren, ist niemand ohne öffentlichen Auftrag.

F 164 In maxuma fortuna minuma licentia est: neque studere neque odisse, sed minume irasci decet.
Sallustius, De coniuratione Catilinae 51,13

> In der höchsten Stellung darf man sich am wenigsten herausnehmen, und es gehört sich nicht, sich von Sympathie oder Hass, am wenigsten aber von Zorn leiten zu lassen.

F 165 Ea enim demum tuta est potentia, quae viribus suis modum imponit.
Valerius Maximus, Facta et dicta memorabilia 4. 1, ext. 8

> Erst die Herrschaft ist gesichert, die ihren Machtbefugnissen ein Maß auferlegt.

F 166 Mihi quidem videntur huc omnia esse referenda iis, qui praesunt aliis, ut ii, qui erunt in eorum imperio, sint quam beatissimi.
Cicero, Ad Quintum fratrem 1. 1,24

> Meiner Überzeugung nach muss, wer über andere gebietet, alles darauf anlegen, dass die ihm Unterstellten so glücklich wie möglich werden.

F 167 Omni autem, cui multum datum est, multum quaeretur ab eo.
Vulgata, Evangelium secundum Lucam 12,48
> Von jedem, dem viel gegeben wurde, wird viel zurückgefordert.

F 168 Plus merere debet, in quo virtus est.
Varro, Eumenides frg. 41
> Wer leistungsfähiger ist, muss sich auch mehr verdient machen.

F 169 Caput enim esse ad beate vivendum securitatem, qua frui non possit animus, si tamquam parturiat unus pro pluribus.
Cicero, Laelius de amicitia 45
> Das Wichtigste für ein glückliches Leben ist die Sorgenfreiheit, die man nicht genießen kann, wenn man als Einzelner sich für viele ängstigen muss.

F 170 Qui magistratum gerunt, iis numquam sine negotio otium esse debet.
Pontano, Charon
> Wer ein Amt bekleidet, darf niemals ohne Dienstgeschäfte Muße genießen.

F 171 Multa cura summo imperio inest, multi ingentes labores.
Sallustius, Historiae, Oratio Cottae 14
> Viele Sorgen bringt die höchste Macht mit sich, viele gewaltige Belastungen.

F 172 Fructus honos oneris, fructus honoris onus.
Polythecon 2. 8
> Ertrag der Mühe ist Ehre, Ertrag der Ehre ist Mühe. *(vgl. ›Auf die Würde folgt die Bürde.‹)*

F 173 Minimum decet libere, cui multum licet.
Seneca, Troades 336
> Möglichst wenig sollte sich erlauben, wem viel erlaubt ist.

F 174 Nemo imperat, nisi qui servire potuerit.
Pseudo-Publilius, Sententiae 209
> Niemand herrscht richtig, der nicht auch dienen kann.

F 175 Laudatur, qui etiam servis moderate imperat.
Pseudo-Publilius, Sententiae 169
> Lobenswert ist, wer auch seine Untergebenen taktvoll behandelt.

F 176 Boni pastoris est tondere pecus, non deglubere.
~ Suetonius, De vita Caesarum, Tiberius 32,2
> Ein guter Hirte schert sein Schaf, aber zieht ihm nicht das Fell über die Ohren.

F 177 Neglegentiae rectorum imputantur culpae inferiorum.
Decretum magistri Gratiani 1. 85,1
> Was Untergebene verschuldet haben, wird der Nachlässigkeit der Vorgesetzten angerechnet.

F 178 Strenui nimio plus prosunt populo quam argute cati.
Plautus, Truculentus 493
> Tüchtige Leute nützen ihrem Volk weitaus mehr als scharfsinnige Schwätzer.

Gewissenhaftigkeit

F 179 Homines frugi omnia recte faciunt.
Erasmus, Adagia 1162
> Ordentliche Leute machen alles richtig.

F 180 Aliena sic age, ut tuorum memineris.
Publilius Syrus, Sententiae A282
> Verrichte fremde Geschäfte so gewissenhaft, als wären es deine eigenen.

F 181 Etiam in minimis caute age.
Sextos, Enchiridion 9
> Handle auch bei Kleinigkeiten umsichtig.

F 182 Maiore cura tractanda sunt, unde invidia plus timetur.
Cassiodorus, Variae 6. 22,1
> Je mehr Neid man bei etwas zu fürchten hat, mit umso größerer Sorgfalt muss man das angehen.

F 183 Bene adhibita ratio cernit, quid optimum sit, neglecta multis implicatur erroribus.
Cicero, Tusculanae disputationes 4. 58
> Sorgfältige Überlegung achtet darauf, was das Beste ist, unachtsame aber verstrickt sich in viele Irrtümer.

F 184 Diligentia enim operis cuiuslibet obtusitas permollitur.
Pseudo-Boethius, De disciplina scolarium 1,7
> Die Stumpfsinnigkeit einer jeden Arbeit wird durch Gewissenhaftigkeit gemildert.

F 185 Non caret adversis, qui pius esse velit.
Dach, Geistliche Lieder. Trostgedichte, Titel
> Wer gewissenhaft sein will, hat genug Gegner.

Uneigennützigkeit

F 186 Alteri vivas oportet, si vis tibi vivere.
Seneca, Epistulae morales 48,2
> Man muss für andere leben, wenn man für sich selbst leben will.

Mensch (sozial)

F 187 servare modum finemque tenere / naturamque sequi patriaeque impendere
vitam, / nec sibi sed toti genitum se credere mundo
Lucanus, Bellum civile (Pharsalia) 2. 381–383

> Maß und Ziel halten, der Natur folgen und sein Leben dem Vaterland weihen und zu
> glauben, nicht für sich selbst, sondern für die ganze Welt geboren zu sein *(die Lebensregel
> des jüngeren Cato)*

F 188 Nec est dubium, quin is, qui liberalis benignusve dicitur, officium, non
fructum sequatur; ergo item iustitia nihil expetit praemii, nihil pretii; per se
igitur expetitur.
Cicero, De legibus 1. 48

> Es besteht kein Zweifel, dass einer, der freigiebig und gütig genannt wird, seiner Pflicht
> nachgeht, keinem Vorteil. Ebenso begehrt die Gerechtigkeit keinen Lohn und kein Entgelt;
> sie wird also um ihrer selbst willen begehrt.

F 189 Non est magni animi, qui de alieno liberalis est, sed ille, qui, quod alteri
donat, sibi detrahit.
Seneca, De clementia 1. 20,3

> Nicht der ist edel, der mit fremdem Gut freigiebig ist, sondern wer sich selbst entzieht, was
> er dem anderen schenkt.

F 190 Pulchrum est nil exigentem praestare omnia.
Publilius Syrus, Sententiae A55

> Es ist schön, wenn einer zu allem bereit ist, ohne etwas dafür zu erwarten.

F 191 utilitatem iuvandi praeferre gratiae placendi
Plinius maior, Naturalis historia, pr. 19

> den Nutzen zu helfen der Sucht zu gefallen vorziehen

F 192 Publica persona privatam depone.
Wander, Deutsches Sprichwörter-Lexikon 5. 754

> Wenn du in Amt und Würden bist, vergiss deine Privatperson.

Solidarität

F 193 Beneficiis humana vita constat et concordia nec terrore, sed mutuo amore in
foedus auxiliumque commune constringitur.
Seneca, De ira 1. 5,3

> Das Leben der Menschen ist angewiesen auf Wohltaten und Eintracht, und nicht
> Bedrohung, sondern gegenseitige Liebe verbindet zu solidarischem Beistandspakt.

F 194 Abs quivis homine, quomst opus, beneficium accipere gaudeas: / verum enim
vero id demum iuvat, si, quem aequomst facere, is bene facit.
Terentius, Adelphoe 254–255

> Wenn es nötig ist, freut man sich, von jedem Menschen einen Gefallen erwiesen zu
> bekommen, erst recht aber, wenn er von einem kommt, von dem man ihn sich gern
> gefallen lässt.

F195 **Misericors civis patriae est consolatio.**
Publilius Syrus, Sententiae 367
> Ein mitfühlender Bürger ist ein Trost für das Vaterland.

F196 **Invicem onera nostra portemus.**
Augustinus, Epistulae 22,9
> Lasst uns gegenseitig unsere Lasten tragen.

F197 **Multae manus onus levius reddunt.**
Erasmus, Adagia 1295 (nach Hesiodos, Erga 380)
> Viele Hände machen die Last leichter.

F198 **Multi sunt obligandi, pauci sunt offendendi.**
Pseudo-Seneca, Liber de moribus 128
> Viele soll man sich verpflichten, bei wenigen Anstoß erregen.

F199 **Nihil esse praecipue cuiquam dolendum in eo, quod accidat universis.**
Cicero, Ad familiares 6. 2,2
> Keiner darf bei dem, was alle betrifft, sich besonders betroffen fühlen.

F200 **Nil turpe ducas pro salutis remedio.**
Publilius Syrus, Sententiae 423
> Halte nichts für verächtlich, was dir Rettung bringen kann.

F201 **Occidit, qui non servat periturum, ubi potest.**
Publilius Syrus, Sententiae A66
> Wer einem in einer Notlage nicht hilft, wenn er kann, bringt ihn um.

F202 **Qui monet, quasi adiuvat.**
Plautus, Curculio 460
> Warnen ist auch helfen.

F203 **Tantum, ne noceas, dum vis prodesse, videto!**
Ovidius, Tristia 1. 1,101
> Achte nur darauf, nicht zu schaden, wenn du zu helfen wünschst.

F204 **Semper consilium tunc deest, cum opus est maxime.**
Publilius Syrus, Sententiae 594
> Ein kluger Rat fehlt immer dann, wenn man ihn am meisten bräuchte.

F205 **Succurre amico pauperi, immo occurrito.**
Publilius Syrus, Sententiae A102
> Steh einem armen Freund bei, oder vielmehr beuge der Armut vor.

F206 **Adiuvat in duris aliquos praesentia rebus.**
Ovidius, Epistulae ex Ponto 2. 7,53
> In schwieriger Lage ist für manchen schon von Nutzen, wenn er zugegen ist.

Mensch (sozial)

F 207 Est enim benignum, ut arbitror, et plenum ingenui pudoris fateri, per quos profeceris.
Plinius maior, Naturalis historia, pr. 21
> Es ist meiner Meinung nach achtbar und zeugt von edler Rücksichtnahme, zu bekennen, durch wen man vorangekommen ist.

F 208 In idem conspirant praeesse et prodesse.
Wander, Deutsches Sprichwörter-Lexikon 4. 1700
> Leiten und nützen läuft auf dasselbe hinaus.

F 209 Praeceptores plus laboris ab iis discipulis exigunt, in quibus certior spes est.
~ *Seneca, De providentia 4,11*
> Die Lehrer verlangen mehr Einsatz von den Schülern, auf die sie berechtigte Hoffnung setzen.

Umgang

F 210 Ingenia hominum locorum situs format.
~ *Curtius Rufus, Historiae Alexandri Magni 8. 9,20*
> Die Umgebung formt den Geist der Menschen.

F 211 Ad mala facta malus socius socium trahit, et sic / fit malus et nequam, qui fuit ante bonus.
Alanus de insulis, Liber parabolarum 6,37–38
> Ein übler Bursche verleitet seinen Kameraden zu üblen Taten und so wird zum Bösewicht und Taugenichts, wer zuvor rechtschaffen war.

F 212 Consuetudo potest quoscumque inducere mores; / corrumpunt etiam sanctos commercia prava.
Palingenius, Zodiacus vitae 5. 731–732
> Gewöhnung kann zu allen möglichen Sitten verleiten; schlechter Umgang verdirbt selbst Heilige.

F 213 Cum his versare, qui te meliorem facturi sunt.
Seneca, Epistulae morales 7,8
> Verkehre mit denen, die dich zu einem besseren Menschen machen.

F 214 Cum quo aliquis iungitur, talis erit.
Arnobius Iunior, Commentarii in Psalmos 17
> Man wird so sein wie der, mit dem man sich verbindet. *(vgl. ›Sag mir, mit wem du umgehst, und ich sage dir, wer du bist.‹)*

F 215 Corrumpunt mores bonos colloquia mala.
Vulgata, Epistula ad Corinthios 1. 15,33
> Schlechte Gesellschaft verdirbt gute Sitten.

F 216 Malis aequo animo qui interest, ipse est malus.
Publilius Syrus, Sententiae A154
> Wem es nichts ausmacht, unter Schurken zu sein, ist selbst ein Schurke.

F 217 Malus aeque est, qui miscetur aequo animo malis.
Pseudo-Seneca, Liber de moribus 75
> Gleich schlecht ist, wer sich gleichgültig unter Schlechte mischt.

F 218 Inimica est multorum conversatio: nemo non aliquod nobis vitium aut commendat aut imprimit aut nescientibus allinit.
Seneca, Epistulae morales 7,2
> Nachteilig ist es, mit vielen zu verkehren, denn jeder empfiehlt uns etwas Schändliches oder drängt es uns auf oder befleckt uns damit, ohne dass wir es merken.

Gastlichkeit

F 219 Est enim publica species humanitatis, ut peregrinus hospitio non egeat, suscipiatur officiose, pateat advenienti ianua.
Ambrosius, De officiis 2. 103
> Es entspricht dem allgemeinen Ideal der Menschlichkeit, dass ein Fremder nicht ohne Unterkunft bleiben muss, dass er zuvorkommend aufgenommen wird, dass ihm schon bei seiner Ankunft die Tür offensteht.

Mensch (sozial)

F 220 Quemcumque mortalium arcere tecto nefas habetur.
Tacitus, De origine et situ Germanorum (Germania) 21,2
> Einen Menschen nicht in sein Haus aufzunehmen gilt als Frevel.

F 221 Turpius eicitur, quam non admittitur hospes.
Ovidius, Tristia 5. 6,13
> Eine größere Schande ist es, einen Gast hinauszuwerfen, als nicht hereinzulassen.

F 222 Hospitales invicem sine murmuratione.
Vulgata, Epistula Petri 1. 4,9
> Seid gastfreundlich untereinander, ohne zu murren.

F 223 Compelle intrare, ut impleatur domus mea.
Vulgata, Evangelium secundum Lucam 14,23
> Nötige sie hereinzukommen, damit mein Haus voll werde.

F 224 Mane nobiscum, quoniam advesperascit et inclinata est iam dies.
Vulgata, Evangelium secundum Lucam 24,29
> Bleib bei uns, denn es will Abend werden, und der Tag hat sich geneigt.

F 225   Sponte qui venit, gratior hospes erit.
Binder, Novus thesaurus 3200
> Wer uneingeladen kommt, wird ein umso lieberer Gast sein. *(vgl. ›Ungeladene Gäste sind die wertesten.‹)*

F 226   Bonorum ultro ad convivia accedunt boni.
Pseudo-Publilius, Sententiae 376
> Zu Gast bei Guten gehen Gute gern.

F 227   Cum paucissimi convivae sunt, non pauciores sint quam tres, cum plurimi, non plures quam novem.
Gellius, Noctes Atticae 13. 11,2
> Sind nur wenige zu Tisch geladen, sollen es nicht weniger als drei sein, wenn viele, sollen es nicht mehr als neun sein.

F 228   Tutus in mensa capitur angusta cibus. / Venenum in auro bibitur.
Seneca, Thyestes 452–453
> Sicher speist man an einem kargen Tisch; Gift trinkt man aus Goldpokalen.

F 229   Invitum cum retineas, exire incites.
Publilius Syrus, Sententiae 232
> Wenn man jemanden gegen seinen Willen zurückhält, treibt man ihn aus dem Haus.

F 230   Quisquis amat dictis absentum rodere vitam, / hac mensa indignam noverit esse suam.
Augustinus in Anthologia Latina 1. 487d
> Wer gern über das Verhalten Abwesender herzieht, soll wissen, dass sein eigenes dieses Tisches unwürdig ist.

F 231   Ianua pauperibus clausa est, dat census honores, / audet divitibus claudere nemo fores.
Walther, Proverbia sententiaeque 13064 (cf. Ovidius, Fasti 1. 217–218)
> Den Armen bleibt die Tür verschlossen, das Einkommen verschafft Ansehen, den Reichen wagt niemand vor der Tür stehen zu lassen.

Nachbarschaft

F 232   Laudanda est vel etiam amanda vicinitas retinens veterem illum offici morem, non infuscata malevolentia, non adsueta mendaciis, non fucosa, non fallax, non erudita artificio simulationis vel suburbano vel etiam urbano.
Cicero, Pro Plancio 22
> Lobenswert, ja sogar liebenswert ist eine Nachbarschaft, die jenen alten Brauch gegenseitiger Dienstleistungen bewahrt, ungetrübt von Boshaftigkeit, nicht an Lügen gewöhnt, unverfälscht, ohne Täuschung, unerfahren in der sowohl in den Vororten als auch in der Stadt selbst üblichen Kunst der Verstellung.

F 233 Proximus est melior vicinus fratre remoto.
Abaelardus, Monita ad Astralabium 487
> Ein Nachbar ganz in der Nähe ist besser als ein Bruder in der Entfernung.

F 234 Vicinis bonus esto: familiam ne siveris peccare.
Cato, De agri cultura 4
> Sei gut zu deinen Nachbarn, lass keine Übergriffe deiner Leute zu.

F 235 Nam tua res agitur, paries cum proximus ardet, / et neglecta solent incendia sumere vires.
Horatius, Epistulae 1. 18,84–85
> Deine Sache steht auf dem Spiel, wenn die Wand zum Nachbarn brennt, und Brände, die man unbeachtet lässt, pflegen an Kraft zu gewinnen.

F 236 Non emas domum, antequam cognoscas vicinum
Petrus Alfonsi, Disciplina clericalis 10
> Kauf kein Haus, bevor du den Nachbarn kennengelernt hast.

F 237 Aliquid mali esse propter vicinum malum.
Plautus, Mercator 772
> Ein böser Nachbar ist ein beträchtliches Unglück.

Mensch (sozial)

Anstand

F 238 Rari quippe boni: numera, vix sunt totidem quot / Thebarum portae vel divitis ostia Nili.
Iuvenalis, Saturae 13,26–27
> Anständige Leute sind dünn gesät: Zählt man sie, sind es kaum so viele, wie Theben Tore oder der fruchtbare Nil Mündungen hat.

F 239 Quod rectum est, nec magnitudine aestimatur nec numero nec tempore; non magis produci quam contrahi potest.
Seneca, Epistulae morales 74,27
> Was recht ist, misst man weder nach Größe noch Zahl noch Zeit; es lässt sich ebenso wenig verlängern wie verkürzen.

F 240 Neque enim, quod quisque potest, id ei licet, nec, si non obstatur, propterea etiam permittitur.
Cicero, Orationes Philippicae 13,14
> Man darf nicht, was man kann, auch wenn nichts daran hindert, heißt das nicht, dass es auch erlaubt ist.

F 241 Est aliquid, quod non oportet, etiam si licet; quicquid vero non licet, certe non oportet.
Cicero, Pro Balbo 8
> Manches darf man nicht tun, obwohl es erlaubt ist, was aber nicht erlaubt ist, darf man auf keinen Fall tun.

F 242 Id facere laus est, quod decet, non quod licet.
Pseudo-Seneca, Octavia 454
> Lobenswert ist zu tun, was sich ziemt, nicht was erlaubt ist.

F 243 Sicut non omne, quod libet, licet, sic non omne, quod licet, expedit.
Bernardus Claraevallensis, Epistulae 25
> Wie nicht alles, was einem gefällt, erlaubt ist, so tut einem auch nicht alles, was erlaubt ist, gut.

F 244 Non omne, quod licet, honestum est.
Corpus Iuris Civilis, Digesta 50. 17,144 (Paulus)
> Nicht alles, was erlaubt ist, ist auch ehrenhaft.

F 245 Non vincat igitur honestatem utilitas; sed honestas utilitatem.
Ambrosius, De officiis 3. 37
> Nicht der Nutzen soll über den Anstand die Oberhand gewinnen, sondern der Anstand über den Nutzen.

F 246 Cave faxis / te quicquam indignum.
Horatius, Sermones 2. 3,38–39
> Tu nichts, was deiner unwürdig ist.

F 247 Modus autem est optimus decus ipsum tenere nec progredi longius.
Cicero, De officiis 1. 141
> Das beste Maß besteht darin, Anstand zu wahren und nicht darüber hinauszugehen.

F 248 Nihil potest placere, quod non decet.
Quintilianus, Institutio oratoria 1. 11,11
> Wenn sich etwas nicht schickt, kann es auch keinen Gefallen finden.

F 249 Ut enim pueris non omnem ludendi licentiam damus, sed eam, quae ab honestatis actionibus non sit aliena, sic in ipso ioco aliquod probi ingenii lumen eluceat.
Cicero, De officiis 1. 103
> Wie wir Kindern nicht völlige Freiheit beim Spielen gestatten, sondern nur, was mit sittsamem Betragen im Einklang steht, so muss auch beim Scherzen selbst ein Funke rechtschaffener Gesinnung erkennbar sein.

F 250 Sit procul omne nefas; ut ameris, amabilis esto!
Ovidius, Ars amatoria 2. 107
> Fern bleibe alles Ungebührliche; damit du geliebt wirst, sei liebenswert.

F251 **Non omnibus omnia congruunt.**
Erasmus, Colloquia familiaria, Gerontologia
Eines schickt sich nicht für alle.

F252 **Nam contemptu famae contemni virtutes.**
Tacitus, Annales 4. 38,5
Wer nicht auf seinen Ruf achtet, achtet auch nicht auf die Tugend.

F253 **Quid deceat, non videt ullus amans.**
Ovidius, Heroides 4,154
Auf die Schicklichkeit achtet kein Verliebter.

F254 **Nobilitate caret, si quis virtute carebit.**
Werner, Lateinische Sprichwörter N92
Wer keine Tugend hat, ist auch nicht von Adel.

F255 **Plusque ibi boni mores valent quam alibi bonae leges.**
Tacitus, De origine et situ Germanorum (Germania) 19,2
Gute Sitten haben dort mehr Wert als gute Gesetze.

Mensch (sozial)

Verhalten

F256 **Sit sortis fortuna, mens tamen libera est et ideo actus hominis, non dignitas iudicatur.**
Minucius Felix, Octavius 36,1
Mögen auch die Lebensumstände durch Zufall bestimmt sein, der Geist ist dennoch frei und deshalb wird der Mensch nach seinem Verhalten, nicht nach seiner Stellung beurteilt.

F257 **Mores hominum externi vestibus eorum similes esse debent. Non sint nimis concinni, nec corpus coarctantes, sed qui libertatem praebeant ad exercitia et motum quemlibet.**
Bacon, Sermones fideles 50
Das Benehmen der Menschen sollte wie ihre Kleidung sein, nicht allzu künstlich, den Körper nicht einengend, sondern jegliche Freiheit zur Betätigung und Bewegung bietend.

F258 **Sermo clamorem vitet risusque cachinnum, / incessus strepitum, cuncta modestus age!**
Hildebertus von Lavardin, De quattuor virtutibus vitae honestae 223–224
Das Sprechen soll Geschrei meiden, das Lächeln Gekicher, das Auftreten Eklat, handle in allem unaufdringlich.

F259 **A fructibus eorum cognoscetis eos.**
Vulgata, Evangelium secundum Matthaeum 7,16
An ihren Früchten werdet ihr sie erkennen.

F 260   Non aliter vivas in solitudine, aliter in foro.
Pseudo-Seneca, Liber de moribus 32
Lebe für dich allein nicht anders als auf dem Forum *(d. h. in der Öffentlichkeit).*

F 261   Omnis tamquam vitae extremus est componendus dies.
Pseudo-Publilius, Sententiae 261
Jeden Tag muss man so gestalten, als sei er der letzte im Leben.

F 262   Nam sera numquam est ad bonos mores via.
Seneca, Agamemno 242
Der Weg zu gutem Benehmen ist nie zu spät.

F 263   Nil prodest bene te didicisse, facere si cesses bene.
Publilius Syrus, Sententiae A9
Es nützt nichts, gut gelernt zu haben, wenn man zögert, gut zu sein.

F 264   Facilitate capimur, cum difficultate certamus.
Seneca, Epistulae morales 116,5
Durch Entgegenkommen lassen wir uns fangen, gegen Abweisung kämpfen wir an.

F 265   Compositi mores habitum faciemque venustant.
Codex Bernensis 568 (Hagen, Carmina medii aevi 111,11)
Gepflegtes Benehmen macht Aussehen und Gestalt liebenswert.

F 266   Omnia dulciora fiunt et moribus bonis et artibus.
Cicero, Cato maior de senectute 65
Alles wird gemildert durch gute Umgangsformen und Eigenschaften.

F 267   Sic cum inferiore vivas, quemadmodum tecum superiorem velis vivere.
Seneca, Epistulae morales 47,11
Verkehre mit einem Untergebenen so, wie du dir wünschst, dass ein Vorgesetzter mit dir verkehrt.

F 268   Sic vive, ut nec a superioribus contemnaris nec ab inferioribus timearis.
Pseudo-Seneca, Liber de moribus 78a
Leb so, dass weder die Höheren dich verachten noch die Niedrigeren dich fürchten.

F 269   Aetate alia aliud factum condecet.
Plautus, Mercator 984
Für unterschiedliche Altersstufen schickt sich unterschiedliches Verhalten.

F 270   Disciplina bonos mores facit.
~ Pseudo-Seneca, Liber de moribus 2
Zucht sorgt für gute Sitten.

F 271 Severitas iudiciorum patrona est disciplinae.
Pseudo-Seneca, Liber de moribus, Appendix
> Strenge im Urteilen ist die beste Gewähr für Anständigkeit.

F 272 Quod tibi fieri non vis, alteri ne feceris.
Historiae Augustae scriptores, Alexander Severus 51,8
> ›Was du nicht willst, dass man dir tu', das füg auch keinem andern zu.‹

F 273 Aegre reprehendas, quod sinas consuescere.
Publilius Syrus, Sententiae A180
> Man hat Mühe zu tadeln, was man zur Gewohnheit hat werden lassen.

F 274 Si tua multis placeat vita, tibi placere non potest.
Pseudo-Seneca, Proverbia 98
> Wenn deine Art zu leben vielen gefällt, kann sie dir selbst nicht gefallen.

F 275 Bonae mentis soror est paupertas.
Petronius, Satyricon 84,4
> Rechtschaffenheit hat die Armut als Schwester.

Mensch
(sozial)

F 276 Caput est artis decere, quod facias.
~ Quintilianus, Institutio oratoria 11. 3,177 (nach Cicero, De oratore 1. 132)
> Voraussetzung der Kunst ist, dass sich schickt, was man tut.

F 277 In rebus tam severis non est iocandi locus.
Cicero, De divinatione 2. 25
> Bei ernsten Dingen ist Scherz unangebracht.

F 278 Adhibenda est primum in iocando moderatio.
Cicero, De oratore 2. 238
> Zurückhaltung muss man vor allem beim Scherzen anwenden.

F 279 Sales tui sine dente sint, ioci sine vilitate, risus sine cachinno, vox sine clamore, incessus sine tumultu.
Martinus Bracarensis, Formula vitae honestae 3
> Deine Ironie sei nicht verletzend, deine Witze nicht gemein, dein Lachen ohne Schadenfreude, deine Stimme zurückhaltend, dein Auftreten unaufdringlich.

F 280 Sensus non docentur.
~ Quintilianus, Institutio oratoria 6. 5,2
> Fingerspitzengefühl kann man nicht lehren.

F 281 Nihil potest dici insulsius.
Gellius, Noctes Atticae 16. 12,6
> Geschmackloser lässt sich nichts sagen.

F 282 Ad consilium ne accesseris, antequam voceris.
Erasmus, Adagia 190 (nach Plutarchos)
> Geh nicht zur Ratsversammlung, bevor du eingeladen bist. *(vgl. ›Gehe nicht zu deinem Fürst, wenn du nicht gerufen wirst.‹)*

F 283 Nemo debet immiscere se rei ad se nihil pertinenti.
cf. Corpus Iuris Civilis, Digesta 50. 17,36 (Pomponius)
> Niemand darf sich in etwas einmischen, was ihn nichts angeht.

F 284 Noli me tangere.
Vulgata, Evangelium secundum Ioannem 20,17
> Rühr mich nicht an! *(auch Darstellung des Auferstandenen)*

F 285 Qui se ingerit, pro suspecto habetur.
Wander, Deutsches Sprichwörter-Lexikon 1. 796
> Wer sich aufdrängt, gilt als verdächtig.

Aufrichtigkeit

F 286 Ad perniciem solet agi sinceritas.
Phaedrus, Liber fabularum 4. 13,3
> Aufrichtigkeit führt meist ins Verderben.

F 287 Dilectio sine simulatione. Odientes malum, adhaerentes bono.
Vulgata, Epistula ad Romanos 12,9
> Eure Liebe sei ohne Heuchelei. Hasst das Böse, haltet am Guten fest.

F 288 Directo enim corde recta sunt opera; cum autem cor directum non est, opera recta non sunt, etiamsi recta videantur.
Augustinus, Enarrationes in psalmos 77,10
> Ist das Herz aufrichtig, dann sind auch die Werke recht; ist aber das Herz nicht aufrichtig, dann sind die Werke nicht recht, auch wenn sie recht erscheinen.

F 289 Fida sit interpres lingua loquens animi.
Quid suum virtutis 1144
> Die Zunge soll, wenn sie spricht, eine getreue Dolmetscherin des Herzens sein.

F 290 In mundo nil constat: in orbem vertitur orbis. / Quid mirum, recti quod sit in orbe nihil?
Owen, Epigrammata 1. 49
> Nichts auf der Welt steht gerade, die Welt dreht sich im Kreis. Ist es verwunderlich, dass es auf der Welt nichts Geradliniges gibt?

F 291 In precibus nihil esse ambiguum debet.
Servius, Commentarius in Vergilii Aeneidem 7. 120
> Bei Gebeten darf nichts doppeldeutig sein.

F 292 Maluerim veris offendere quam placere adulando.
Seneca, De clementia 1. 2,2

Ich möchte lieber mit Wahrheiten Anstoß als mit Schmeichelei Gefallen erregen.

F 293 Nuda per lusus pectora nostra patent.
Ovidius, Ars amatoria 3. 372

Im Spiel zeigt sich unser Inneres ungeschützt.

F 294 amicus amico, cum quo audacter posses in tenebris micare
Petronius, Satyricon 44,7

freundlich zu einem Freund, mit dem man im Dunkeln würfeln könnte

F 295 Melius de quibusdam acerbos inimicos mereri quam eos amicos, qui dulces videantur: illos verum saepe dicere, hos numquam.
Cato bei Cicero, Laelius de amicitia 90

Um manche machen sich erbitterte Feinde mehr verdient als Freunde, die gefällig scheinen: Jene sagen oft die Wahrheit, diese nie. *(vgl. ›Besser ein offener Feind als ein falscher Freund.‹)*

F 296 Neque pudenda neque poenitenda dico.
Gellius, Noctes Atticae 1. 26,8

Dessen, was ich sage, brauche ich mich weder zu schämen noch muss ich es bereuen.

F 297 Sufficit et longum probitas perdurat in aevum.
Ovidius, Medicamina faciei femineae 49

Redlichkeit ist unerschütterlich und dauert lange Zeit fort. *(vgl. ›Ehrlich währt am längsten.‹)*

F 298 Vera libens dicas, quamquam sint aspera dictu.
Anthologia Latina 1. 716,64

Sag gern die Wahrheit, wenn es auch schwerfällt, sie zu sagen.

Feindseligkeit

F 299 Hoc animo semper fui, ut invidiam virtute partam gloriam, non invidiam putarem.
Cicero, In Catilinam 1,29

Ich war immer der Auffassung, Anfeindung, die man sich durch tüchtiges Handeln zugezogen hat, für Ruhm und nicht für Hass zu halten.

F 300 Inimicitia ira ulciscendi tempus observans.
Cicero, Tusculanae disputationes 4. 21

Feindschaft ist Zorn, der auf die Zeit der Rache lauert.

Mensch (sozial)

F301 Minus quam tacitus laedit inimicus loquax.
Publilius Syrus, Sententiae A50
> Ein schwatzhafter Feind schadet weniger als ein schweigsamer.

F302 Miserrima est fortuna, quae inimico caret.
Publilius Syrus, Sententiae 315
> Äußerst erbärmlich ist ein Leben, das keinen Feind kennt.

F303 Nullae sunt inimicitiae nisi amoris acerbae.
Propertius, Elegiae 2. 8,3
> Bittere Feindschaften gibt es nur in der Liebe.

F304 Pacem cum hominibus, bellum cum vitiis habe!
Publilius Syrus, Sententiae A45
> Lebe im Frieden mit den Menschen, im Krieg mit den Lastern.

F305 Quam iniquum odisse est, si quem immerito laeseris!
Publilius Syrus, Sententiae A59
> Wie ungerecht ist es, jemanden zu hassen, den man zu Unrecht verletzt hat!

F306 Cum inimico nemo in gratiam tuto redit.
Publilius Syrus, Sententiae 91
> Mit seinem Feind versöhnt sich niemand ohne Risiko.

F307 Turpe est bellum gerere, quocum vixti familiariter.
Publilius Syrus, Sententiae A129
> Es ist schändlich, mit einem Krieg zu führen, mit dem man eng zusammengelebt hat.

F308 Inimico exstincto pretium lacrimae non habent.
Publilius Syrus, Sententiae 288
> Ist ein Feind gestorben, fließen keine Tränen.

F309 Cum pare contendere anceps est, cum superiore furiosum, cum inferiore sordidum.
Seneca, De ira 2. 34,1
> Mit einem Ebenbürtigen sich zu messen ist gefährlich, mit einem Überlegenen schwachsinnig, mit einem Unterlegenen schimpflich.

F310 Discordia fit carior concordia.
Publilius Syrus, Sententiae 131
> Zwietracht macht die Eintracht wertvoller.

G **Mitmenschlichkeit**

Menschlichkeit

G1 Humanitas vetat superbum esse adversus socios, vetat avarum: verbis, rebus affectibus comem se facilemque omnibus praestat: nullum alienum malum putat, bonum autem suum ideo maxime, quod alicui bono futurum est, amat.
Seneca, Epistulae morales 88,30

> Die Menschlichkeit verbietet, überheblich zu sein gegenüber den Partnern, sie verbietet geizig zu sein: Mit Worten, Taten, Gefühlen erweist sie sich allen gegenüber als freundlich und zuvorkommend, fremdes Unglück empfindet sie nicht als belanglos für sie selbst, ihre eigenen Vorzüge aber liebt sie vor allem deshalb, weil sie anderen nützen können.

G2 Appellari ceteros homines, esse solos eos, qui essent politi propriis humanitatis artibus.
Cicero, De re publica 1. 28

> Alle anderen heißen zwar auch Menschen, wirkliche Menschen sind aber nur solche, die im Wesen edler Menschlichkeit erzogen sind.

G3 Dum inter homines sumus, colamus humanitatem; non timori cuiquam, non periculo simus; detrimenta, iniurias, convicia, vellicationes contemnamus et magno animo brevia feramus incommoda.
Seneca, De ira 3. 43,5

> Lasst uns, solange wir noch leben, Menschlichkeit üben, keinem Furcht oder Gefahr bringen, Beeinträchtigungen, Beleidigungen, Beschimpfungen und Anzüglichkeiten gering schätzen und frohen Mutes die kurzen Unannehmlichkeiten ertragen.

G4 Conveniens homini est hominem servare voluptas.
Ovidius, Epistulae ex Ponto 2. 9,39

> Für den Menschen schickt es sich, dem Menschen gern zu helfen.

G5 Hoc nempe ab homine exigitur, ut prosit hominibus: si fieri potest, multis; si minus, paucis; si minus, proximis; si minus, sibi.
Seneca, De otio 3,5

> Das wird doch vom Menschen verlangt, dass er seinen Mitmenschen nützt: wenn es möglich ist, vielen, sonst, wenigen, sonst, den Nahestehenden, sonst, sich selbst.

G6 Humanitati qui se non accommodat, / plerumque poenas oppetit superbiae.
Phaedrus, Liber fabularum 3. 16,1

> Wer sich nicht menschlich zu zeigen weiß, muss meist für seine Überheblichkeit büßen.

G7   Nemo non, cum alteri prodest, sibi profuit.
Seneca, Epistulae morales 81,19
> Jeder, der einem anderen hilft, hilft zugleich auch sich selbst.

G8   Magnam rem puta unum hominem agere.
Seneca, Epistulae morales 120,22
> Halte es für eine wichtige Sache, ein einziger Mensch zu sein.

G9   Humanitatis optima est certatio.
Publilius Syrus, Sententiae 225
> Der beste Wettstreit ist der um Freundlichkeit.

G10   Minorem ne contempseris.
Disticha Catonis, Breves sententiae 49
> Verachte den Kleineren nicht.

G11   Magna est enim vis humanitatis.
Cicero, Pro Sex. Roscio Amerino 63
> Groß ist die Macht der Höflichkeit.

G12   Et servi et domini blanda sit oratio.
Publilius Syrus, Sententiae A261
> Höflich sei die Sprache des Sklaven wie des Herrn.

G13   Sis pius in tuos, amicis fidus, aequus omnibus.
Pseudo-Seneca, Proverbia 43–44
> Sei höflich den Deinen gegenüber, treu den Freunden gegenüber, gerecht allen gegenüber.

G14   Obiurigationi blandum admisceas.
Publilius Syrus, Sententiae A30
> Mische Liebkosungen unter deinen Tadel. *(vgl. ›mit Zuckerbrot und Peitsche‹)*

G15   Vincuntur molli pectora dura prece.
Tibullus (Lygdamus), Elegiae 3. 4,76
> Harte Herzen besiegt man durch weiche Bitten.

G16   Atrocitati mansuetudo est remedium.
Phaedrus, Liber fabularum, Appendix Perottina 12,15
> Sanftmut hilft gegen Wildheit.

G17   Multa ante temptes, quam virum invenias bonum.
Publilius Syrus, Sententiae 371
> Du wirst viele Anläufe brauchen, bis du einen guten Menschen findest.

Nächstenliebe

G 18 Natura propensi sumus ad diligendos homines, quod fundamentum iuris est.
Cicero, De legibus 1. 43
> Von Natur aus neigen wir dazu, die Menschen zu lieben, und das ist die Grundlage des Rechts.

G 19 Super omnia autem haec: caritatem habete, quod est vinculum perfectionis.
Vulgata, Epistula ad Colossenses 3,14
> Vor allem aber liebt einander, denn die Liebe ist das Band, das vollkommen macht.

G 20 Mandatum novum do vobis: ut diligatis invicem.
Vulgata, Evangelium secundum Ioannem 13,34
> Ein neues Gebot gebe ich euch: Liebt einander.

G 21 Diliges proximum tuum sicut te ipsum.
Vulgata, Liber Leviticus 19,18
> Du sollst deinen Nächsten lieben wie dich selbst.

G 22 Caritate enim benevolentiaque sublata omnis est e vita sublata iucunditas.
Cicero, Laelius de amicitia 102
> Hören Liebe und Entgegenkommen auf, ist dem Leben aller Reiz genommen.

G 23 Dilectio proximi malum non operatur.
Vulgata, Epistula ad Romanos 13,10
> Die Liebe zum Nächsten bewirkt nichts Böses.

G 24 Omnia ergo, quaecumque vultis, ut faciant vobis homines, et vos facite illis. Haec est enim lex et prophetae.
Vulgata, Evangelium secundum Matthaeum 7,12
> Alles, was ihr wollt, dass euch die Leute tun sollen, das tut auch ihnen. Das ist das Gesetz und die Propheten.

G 25 Quamdiu fecistis uni de his fratribus meis minimis, mihi fecistis.
Vulgata, Evangelium secundum Matthaeum 25,40
> Was ihr getan habt einem unter diesen meinen geringsten Brüdern, das habt ihr mir getan.

G 26 Diligite inimicos vestros, bene facite his, qui vos oderunt.
Vulgata, Evangelium secundum Lucam 6,27
> Liebt eure Feinde, tut wohl denen, die euch hassen.

G 27 Alter alterius onera portate, et sic adimplebitis legem Christi.
Vulgata, Epistula ad Galatas 6,2
> Einer trage des anderen Last, so werdet ihr das Gesetz Christi erfüllen.

Mitmensch-lichkeit

G 28   Beneficio affici hominem intersit hominis.
Corpus Iuris Civilis, Digesta 18. 7,7 (Papinianus)
> Jedem Menschen muss daran liegen, seinem Mitmenschen zu dienen.

G 29   Bonum autem facientes non deficiamus.
Vulgata, Epistula ad Galatas 6,9
> Lasst uns nicht aufhören, Gutes zu tun.

G 30   De pane tuo communica esurienti et de vestimentis tuis nudis; ex omnibus, quaecumque tibi abundaverint, fac eleemosynam, et non invideat oculus tuus, cum facis eleemosynam.
Vulgata, Liber Thobis 4,16
> Gib dem Hungrigen von deinem Brot und den Nackten von deinen Kleidern; tu Gutes mit allem, wovon du Überfluss hast, und lass dein Auge nicht neidisch blicken, wenn du Gutes tust.

G 31   Frange esurienti panem tuum.
Vulgata, Liber Isaiae 58,7
> Teile mit dem Hungernden dein Brot.

G 32   Nulli parvus est census, cui magnus est animus.
Leo Magnus, Tractatus septem et nonaginta 40
> Keiner hat ein geringes Einkommen, wenn er ein großes Herz hat.

G 33   Sic vive cum hominibus, tamquam deus videat; sic loquere cum deo, tamquam homines audiant.
Seneca, Epistulae morales 10,5
> Verkehre so mit deinen Mitmenschen, als ob Gott es sähe; sprich so mit Gott, als ob die Menschen es hörten.

G 34   Homines enim ad deos nulla re propius accedunt quam salutem hominibus dando.
Cicero, Pro Ligario 38
> In nichts sind die Menschen den Göttern näher, als wenn sie dem Wohl der Menschen dienen.

G 35   Ubi caritas et amor, deus ibi est.
Paulinus von Aquileia, Hymne Congregavit nos 5
> Wo die Güte und die Liebe wohnen, da ist Gott.

G 36   Deus est mortali iuvare mortalem, et haec ad aeternam gloriam via.
Plinius maior, Naturalis historia 2. 18
> Gott bedeutet für den Menschen, dem Menschen zu helfen, und das ist der Weg zu ewigem Ruhm.

G37 Si potes, ignotis etiam prodesse memento: / utilius regno est, meritis
acquirere amicos.
Disticha Catonis 2. 1

> Wenn es dir möglich ist, hilf auch Unbekannten; nützlicher, als zu herrschen, ist, durch
> Wohltaten Freunde zu gewinnen.

G38 Bonus vir nemo est, nisi qui bonus est omnibus.
Publilius Syrus, Sententiae 703

> Gut ist niemand, der nicht zu allen gut ist.

G39 Bonus esse in alios non potest, qui in se est malus.
Pseudo-Seneca, Liber de moribus 35

> Gut zu anderen kann nicht sein, wer zu sich selbst schlecht ist.

G40 Nulli tu imponas, ipse quod ferre hau queas.
Publilius Syrus, Sententiae A218

> Mute niemandem zu, was du selbst nicht ertragen kannst.

G41 Hoc maxime officii est, ut quisque maxime opis indigeat, ita ei potissimum
opitulari.
Cicero, De officiis 1. 49

> Das ist vor allem unsere Pflicht, besonders jedem zu helfen, der besonders der Hilfe bedarf.

G42 Est enim difficilis cura rerum alienarum.
Cicero, De officiis 1. 30

> Es ist nicht leicht, sich um fremde Angelegenheiten zu sorgen.

G43 Virtutes habet abunde, qui alienas amat.
Publilius Syrus, Sententiae A110

> Mit Tugenden ist reich gesegnet, wer die anderer mag.

G44 Sic diligendi sunt homines, ut eorum non diligantur errores, quia aliud est
amare, quod facti sunt, aliud odisse, quod faciunt.
Prosper Aquitanus, Liber sententiarum 2

> Man muss die Menschen so lieben, dass man nicht ihre Fehler liebt, denn es ist ein
> Unterschied, ob man liebt, wozu sie geschaffen sind, oder hasst, was sie tun.

Mitgefühl

G45 Nullum est ingenium tantum neque cor tam ferum, / quod non labascat
lingua, mitiscat malo.
Accius bei Nonius Marcellus, De compendiosa doctrina 7. (Labasco)

> Keine Persönlichkeit ist so stark und kein Herz so grausam, dass es nicht durch die Sprache
> erschüttert und durch Unglück sanfter gestimmt werden könnte.

Mitmensch-
lichkeit

G46 Gaudere cum gaudentibus, flere cum flentibus.
Vulgata, Epistula ad Romanos 12,15
> Freut euch mit den Fröhlichen, weint mit den Weinenden.

G47 Misericordia est aegritudo ex miseria alterius iniuria laborantis.
Cicero, Tusculanae disputationes 4. 18
> Mitleid ist Kummer aufgrund des Elends eines anderen, der unter Unrecht leidet.

G48 Misericordia est aegritudo animi ob alienarum miseriarum speciem aut
tristitia ex alienis malis contracta, quae accidere immerentibus credit.
Seneca, De clementia 2. 5,4
> Mitleid ist seelischer Kummer beim Anblick fremden Elends oder Trauer über fremdes
> unverdientes Unheil.

G49 Potens misericors publica est felicitas.
Publilius Syrus, Sententiae 475
> Ein Mächtiger, der Mitgefühl zeigt, bedeutet Glück für jedermann.

G50 Eleemosyna non tam accipientibus quam dantibus prodest.
Pseudo-Seneca, Liber de moribus 55
> Mitleid kommt denen, die es zeigen, mehr zugute als denen, denen es zuteilwird.

G51 Misericordia non causam, sed fortunam respicit; clementia rationi accedit.
Seneca, De clementia 2. 5,1
> Mitleid fragt nicht nach der Ursache des Elends, sondern nur nach dem Zustand; Gnade
> hält sich an die Vernunft.

G52 Eorum misereri oportet, qui propter fortunam, non propter malitiam in
miseriis sunt.
~ Cicero, De inventione 2. 109
> Mitleid muss man mit denen haben, die wegen ihres Geschicks, nicht wegen ihrer
> Schlechtigkeit in Elend geraten sind.

G53 Non solet spectare causam, sed fortunam misericors.
Pseudo-Publilius, Sententiae 241
> Wer Mitleid hat, schaut gewöhnlich nicht auf die Ursache, sondern auf das Elend.

G54 Homo, qui in homine calamitoso est misericors, meminit sui.
Publilius Syrus, Sententiae 206
> Wer Mitleid mit Unglücklichen hat, denkt an sich selbst.

G55 Miseriae atque misericordiae est quaedam vicinitas.
Pseudo-Publilius, Sententiae 194
> Elend und Erbarmen sind einander irgendwie benachbart.

G 56 Da dextram misero!
Vergilius, Aeneis 6. 370
> Reich dem Elenden deine Hand!

G 57 Nolite superbe audire hominem calamitosum.
Seneca maior, Controversiae 9. 4,20
> Hört einen unglücklichen Menschen nicht herablassend an.

G 58 Dum spectant laesos, oculi laeduntur et ipsi.
Ovidius, Remedia amoris 615
> Betrübte zu sehen macht selbst betrübt.

G 59 Non ignara mali miseris succurrere disco.
Vergilius, Aeneis 1. 630
> Mit Leid wohl vertraut lerne ich Unglücklichen zu Hilfe zu eilen.

G 60 Quis talia fando / temperet a lacrimis?
Vergilius, Aeneis 2. 6+8
> Wer könnte dergleichen erzählen, ohne in Tränen auszubrechen?

G 61 Lacrimas lacrimis miscere iuvat.
Seneca, Agamemno 664
> Tränen mit Tränen zu vermischen tut einem gut.

G 62 Nullo in loco male audit misericordia.
Publilius Syrus, Sententiae 417
> Das Mitleid steht nirgendwo in schlechtem Ruf.

G 63 Quam miser est, cuius ingrata est misericordia!
Publilius Syrus, Sententiae 518
> Wie bemitleidenswert ist doch, wem Mitleid nicht willkommen ist!

G 64 Non satis homo est, quem aliena non movent.
Johannes Saresberiensis, Policraticus 3. pr.
> Wen Fremdes nicht berührt, ist nicht genug Mensch.

G 65 Est felicibus difficilis miseriarum vera aestimatio.
Pseudo-Quintilianus, Declamationes maiores 9,6
> Für Menschen auf der Sonnenseite des Lebens ist es schwer, Elend richtig einzuschätzen.

G 66 Non semper aurem facilem habet felicitas.
Publilius Syrus, Sententiae 412
> Nicht immer hat das Glück ein williges Ohr *(für das Leid anderer)*.

G 67 Saepe, qui misereri potuit, misericordiam rogat.
Seneca maior, Controversiae 9. 4,20
> Oft bittet um Mitleid, wer Mitleid hätte zeigen können.

Mitmensch-
lichkeit

G 68 Frustra rogatur, qui misereri non potest.
Publilius Syrus, Sententiae 170
> Vergebens bittet man einen, der kein Mitleid kennt.

G 69 Delicatior est, cui alieno condoluit nisu latus.
Pseudo-Publilius, Sententiae 80
> Allzu empfindsam ist, wessen Glieder schmerzen, wenn ein anderer sich anstrengt.

Trost

G 70 Nihil est enim difficilius quam magno dolori paria verba reperire.
Seneca, Ad Polybium de consolatione 3,3
> Nichts ist schwieriger, als Worte zu finden, die einem großen Schmerz angemessen sind.

G 71 Maximum ergo solacium est cogitare id sibi accidisse, quod omnes ante se passi sunt omnesque passuri.
Seneca, Ad Polybium de consolatione 1,4
> Der größte Trost ist es also, zu denken, einem sei das zugestoßen, was alle zuvor erlitten haben und alle erleiden werden. *(vgl. ›Geteiltes Leid ist halbes Leid.‹)*

G 72 Solamen miseris socios habuisse malorum.
Spinoza, Ethica 4. 57
> Ein Trost für Unglückliche ist es, Leidensgefährten zu haben.

G 73 Levius communia tangunt.
Claudianus, De raptu Proserpinae 3. 197
> Was alle trifft, schmerzt weniger.

G 74 Cum tua fortuna rerum tibi displicet ipsi, / alterius specta, cui sit discrimine peior.
Disticha Catonis 4. 32
> Wenn dir dein Schicksal missfällt, blick auf das eines anderen, dem es im Vergleich mit dir schlechter geht.

G 75 Aliorum respice casus: / Mitius ista feres.
Ovidius, Metamorphoses 15. 494–495
> Blick auf das Leid anderer, dann wirst du dein eigenes leichter ertragen.

G 76 Eorumque, qui gravius ferunt, luctus aliorum exemplis leniuntur.
Cicero, Tusculanae disputationes 3. 58
> Die Trauer derer, die es zu schwer nehmen, wird durch die Beispiele anderer gelindert.

G 77 Consolationum autem multae viae, sed illa rectissima: impetret ratio, quod dies impetratura est.
Cicero, Ad Atticum 12. 10

> Es gibt viele Arten zu trösten, aber die richtigste ist, wenn der Verstand erreicht, was die Zeit erst erreichen müsste.

G 78 In remedium cedunt honesta solacia, et quicquid animum erexit, etiam corpori prodest.
Seneca, Epistulae morales 78,3

> Ein anständiger Trost wird zur Arznei, und alles, was die Seele aufrichtet, nützt auch dem Körper.

G 79 Nihil tam acerbum est, in quo non aequus animus solacium inveniat.
Seneca, De tranquillitate animi 10,4

> Nichts ist so bitter, dass rechte Besinnung darin nicht irgendeinen Trost fände.

G 80 Est profecto animi medicina philosophia.
Cicero, Tusculanae disputationes 3. 6

> Es gibt in der Tat ein Heilmittel für die Seele: die Philosophie.

G 81 Miseriarum portus est sapientia.
Publilius Syrus, Sententiae A223

> Die Weisheit bietet Zuflucht vor dem Elend.

G 82 Dolorem dies longa consumit.
Seneca, Ad Marciam de consolatione 8,1

> Die Zeit heilt den Schmerz.

G 83 Mali praesentis spes futuri est remedium.
Publilius Syrus, Sententiae A254

> Hoffnung auf die Zukunft ist Linderung gegenwärtiger Not.

G 84 Perfer et obdura! dolor hic tibi proderit olim.
Ovidius, Amores 3. 11,7 (cf. Catullus, Carmina 8,11)

> Dulde und harre aus! Dieses Leiden wird dir eines Tages nützen.

G 85 Et absterget Deus omnem lacrimam ab oculis eorum.
Vulgata, Apocalypsis Ioannis 7,17

> Und Gott wird abwischen alle Tränen von ihren Augen.

G 86 Felix, qui potuit praesenti flere puellae!
Propertius, Elegiae 1. 12,15

> Glücklich, wer sich in Gegenwart der Geliebten ausweinen konnte!

G 87 Forsan et haec olim meminisse iuvabit.
Vergilius, Aeneis 1. 203

> Vielleicht wird auch die Erinnerung hieran einst Freude bereiten.

Mitmensch-lichkeit

G 88 Non opibus mentes hominum curaeque levantur.
Tibullus (Lygdamus), Elegiae 3. 3,21
> Reichtum lindert nicht den Kummer und die Sorgen der Menschen.

Güte

G 89 Clementia in quamcumque domum pervenerit, eam felicem tranquillamque praestabit, sed in regia quo rarior, eo mirabilior.
Seneca, De clementia 1. 5,4
> Jedes Haus, das sie betritt, macht die Güte glücklich und friedlich; in einer Residenz aber ist sie, je seltener, desto bewunderungswürdiger.

G 90 Benevolentiam non adulescentulorum more ardore quodam amoris, sed stabilitate et constantia potius iudicemus.
Cicero, De officiis 1. 47
> Freundlichkeit wollen wir nicht wie junge Leute nach dem Aufflackern der Liebe, sondern eher nach der Beständigkeit und Dauerhaftigkeit beurteilen.

G 91 Non enim satis est bene velle, sed etiam bene facere.
Ambrosius, De officiis 1. 143
> Wohlwollen genügt nicht, man muss auch wohltun.

G 92 Nullum esse imperium tutum nisi benevolentia munitum.
Cornelius Nepos, De excellentibus ducibus exterarum gentium, Dion 5,3
> Keine Herrschaft ist sicher, wenn sie nicht durch Wohlwollen gefestigt ist.

G 93 Perpetuo vincit, qui utitur clementia.
Publilius Syrus, Sententiae 500
> Wer Milde walten lässt, ist immer Sieger.

G 94 Facilitate nil esse homini melius neque clementia.
Terentius, Adelphoe 861
> Nichts steht dem Menschen besser zu Gesicht als Gutmütigkeit und Milde.

G 95 Sana meditari incipe / et placida fare.
Seneca, Medea 537–538
> Beginne, dir gesunde Gedanken zu machen, und sprich wohltuende Worte.

G 96 Suadere primum, dein corrigere est benivoli.
Publilius Syrus, Sententiae 586
> Zuerst raten, dann erst tadeln, das macht den Gütigen aus.

G 97 Benignitas constat ex opera et industria.
~ Cicero. De officiis 2. 54
> Güte äußert sich in nicht nachlassender Hilfsbereitschaft.

G 98   Officium benivoli animi finem non habet.
Publilius Syrus, Sententiae 437
> Die Gefälligkeit eines gutmütigen Herzens ist grenzenlos.

G 99   Duplex fit bonitas, simul accessit celeritas.
Publilius Syrus, Sententiae 141
> Güte verdoppelt sich, wenn noch Schnelligkeit hinzukommt.

G 100   Benignus etiam causam dandi cogitat.
Publilius Syrus, Sententiae 65
> Der Gütige denkt sich auch einen Anlass für seine Gabe aus.

G 101   Virtute quod non possis, blanditia auferas.
Publilius Syrus, Sententiae 648
> Was man mit Tapferkeit nicht erringt, erreicht man mit Güte.

G 102   Est enim consequens sapientiae bonitas.
Quintilianus, Institutio oratoria 5. 10,75
> Güte ist eine Folgeerscheinung der Weisheit.

G 103   Nulli invidet vir, qui bonitate praeditust.
Publilius Syrus, Sententiae A113
> Ein Mann, der Güte besitzt, ist auf niemanden neidisch.

G 104   Semper beatam se putat benignitas.
Publilius Syrus, Sententiae 591
> Wohlwollen hält sich immer für glücklich.

G 105   Illudque consideres, ne tua liberalitas dissolutior videatur.
Cicero, Ad M. Brutum 1. 3,3
> Achte darauf, dass deine Liebenswürdigkeit nicht als Energielosigkeit erscheint.

G 106   Carbones ignis congeres super caput eius.
Vulgata, Epistula ad Romanos 12,20
> Du sammelst glühende Kohlen über sein Haupt *(d. h. du beschämst ihn durch deine Großmütigkeit).*

G 107   Bona quae accidunt, nisi sustineantur, oppprimunt.
Publilius Syrus, Sententiae 72
> Was einem Gutes widerfährt, erdrückt einen, wenn man ihm nicht standhält.

G 108   Simplicitas ac liberalitas, ni adsit modus, in exitium vertuntur.
Tacitus, Historiae 3. 86,2
> Treuherzigkeit und Großzügigkeit führen leicht ins Verderben, wenn ihnen das rechte Maß fehlt.

Mitmensch-lichkeit

G 109 Mutat se bonitas irritata iniuria.
Publilius Syrus, Sententiae 334
> Güte wandelt sich, wird sie durch Unrecht gereizt.

Wohltat

G 110 Beneficium non in eo, quod fit aut datur, consistit. Sed in ipso dantis aut facientis animo.
Seneca, De beneficiis 1. 6,1
> Eine Wohltat besteht nicht darin, was gemacht oder gegeben wird, sondern in der Gesinnung dessen, der gibt oder tut.

G 111 Ubicumque homo est, ibi beneficii locus est.
Seneca, De vita beata 24,3
> Überall, wo es Menschen gibt, gibt es auch Gelegenheit zu einer guten Tat.

G 112 Tunc autem bene tribuitur, quando cum mentis hilaritate praebetur.
Isidorus Hispaliensis, Sententiae 3. 60,16
> Gut geschenkt wird dann, wenn fröhlichen Herzens gegeben wird.

G 113 Habet semper, unde det, cui plenum pectus est caritatis.
Augustinus, Enarrationes in psalmos 36. 2,13
> Wessen Herz voll Liebe ist, hat immer, wovon er geben kann.

G 114 Numquam est vacua manus a munere, si fuerit arca cordis repleta bona voluntate.
Gregorius Magnus, Homiliae 1. 5,3
> Die Hand ist nie ohne eine Gabe, wenn die Kasse des Herzens voll guten Willens ist.

G 115 Hilarem enim datorem diligit Deus.
Vulgata, Epistula ad Corinthios 2. 9,7
> Einen fröhlichen Geber hat Gott lieb.

G 116 Non potest beneficium manu tangi: res animo geritur.
Seneca, De beneficiis 1. 5,2
> Eine Wohltat ist nichts Materielles, sie spielt sich auf seelischer Ebene ab.

G 117 Datis beneficiis plus quam acceptis gaudeas.
Publilius Syrus, Sententiae A237
> Freue dich über Wohltaten, die du erweist, mehr als über die, die du empfängst.

G 118 Benefici liberalesque non gratiae recuperandae studio esse debemus.
Gellius, Noctes Atticae 17. 5,7
> Wohltätig und großzügig dürfen wir nicht sein, um dafür vergolten zu werden.

G 119 **Beneficiorum simplex ratio est: tantum erogatur; si reddet aliquid, lucrum est, si non reddet, damnum non est.**
Seneca, De beneficiis 1. 2,3

> Die Rechnung bei Wohltaten ist einfach: Es wird etwas ausgegeben. Wird es erstattet, ist es Gewinn, wird es nicht erstattet, ist es kein Verlust.

G 120 **Beneficium in acta non mitto.**
Seneca, De beneficiis 2. 10,3

> Ich hänge mein Wohltun nicht an die große Glocke.

G 121 **Acceptius beneficium reddit celeritas.**
Publilius Syrus, Sententiae A238

> Schnell erteilte Wohltat ist noch willkommener.

G 122 **Bis dat, qui dat celeriter (qui cito dat).**
Publilius Syrus, Sententiae 235

> Doppelt gibt, wer schnell gibt.

G 123 **Sero beneficium dedit, qui roganti dedit.**
Seneca, De beneficiis 2. 2,1

> Zu spät hat eine Wohltat erweisen, wer sie erst auf Bitten erwiesen hat.

G 124 **Semel dedit, qui rogatus, bis, qui non rogatus.**
Sententiae Varronis 14

> Wer erst nach Bitten gegeben hat, hat einmal gegeben, wer ohne Bitten, zweimal.

G 125 **Beatius est magis dare quam accipere.**
Vulgata, Actus apostolorum 20,35

> Geben ist seliger denn nehmen.

G 126 **Da et accipe**
Vulgata, Liber ecclesiasticus 14,16

> Gib und nimm!

G 127 **Date et dabitur vobis.**
Vulgata, Evangelium secundum Lucam 6,38

> Gebt, und euch wird gegeben.

G 128 **Accepti numquam, cito dati obliviscere.**
Publilius Syrus, Sententiae A188

> Vergiss nie, was du empfangen, schnell, was du gegeben hast.

G 129 **Beneficii accepti numquam oportet oblivisci, dati protinus.**
Pseudo-Seneca, Liber de moribus 67

> Eine empfangene Wohltat sollte man nie vergessen, eine erwiesene sofort.

Mitmensch-lichkeit

G130 Beneficium collocetur, quemadmodum thesaurus alte obrutus, quem non eruas, nisi fuerit necesse.
Seneca, De vita beata 24,2
> Eine Wohltat soll man wie einen tief vergrabenen Schatz anlegen, den man nur im Notfall ausgräbt.

G131 Et maiestatem res data dantis habet.
Ovidius, Epistulae ex Ponto 4. 9,68
> Ein Geschenk trägt die Würde des Gebers in sich.

G132 Beneficium dando accepit, qui digno dedit.
Publilius Syrus, Sententiae 55
> Wer einem Würdigen eine Wohltat erweist, erweist sich damit selbst eine.

G133 Beneficium dignis dare, id est imitari deum.
Publilius Syrus, Sententiae A70
> Würdigen wohl zu tun heißt, es Gott gleichzutun.

G134 Bonis quod bene fit, haud perit.
Plautus, Rudens 939
> Was man Guten Gutes tut, ist nicht vergeblich. *(vgl. ›Wohltun trägt Zinsen.‹)*

G135 Eodem animo beneficium debetur, quo datur.
Publilius Syrus, Sententiae A297
> Eine Wohltat schuldet man in der gleichen Haltung, in der sie erteilt wird.

G136 Nemo habet tam certam in beneficiis manum, ut non saepe fallatur: aberrent, ut aliquando haereant.
Seneca, Epistulae morales 81,2
> Niemand hat bei Wohltaten eine so untrügliche Hand, dass er sich nicht oft täuscht; sie mögen ihr Ziel verfehlen, wenn sie nur manchmal treffen.

G137 Officium alterius multis narrare memento, / at quaecumque aliis benefeceris ipse, sileto.
Disticha Catonis 1. 15
> Vergiss nicht, die Gefälligkeiten anderer vielen zu erzählen, doch was du selbst für andere geleistet hast, darüber schweige.

G138 Gratum hominem semper beneficium delectat, ingratum semel.
Seneca, De beneficiis 3. 17,3
> Eine empfangene Wohltat erfreut einen dankbaren Menschen immer, einen undankbaren nur einmal.

G 139 Nihil carius aestimamus quam beneficium, quamdiu petimus; nihil vilius, cum accepimus.
Seneca, Epistulae morales 81,28

Nichts schätzen wir höher ein als eine Wohltat, solange wir sie erhalten wollen, nichts geringer, sobald wir sie erhalten haben.

G 140 Nullum beneficium esse duco id, quod, quoi facias, non placet.
Plautus, Trinummus 638

Das nenne ich keine Gefälligkeit, was dem, dem man sie erweist, nicht gefällt.

G 141 Bene facta male locata male facta arbitror.
Ennius bei Cicero, De officiis 2. 62

Schlecht angelegte Wohltat halte ich für Übeltat.

G 142 Mendici pera non impletur.
Erasmus, Adagia 1424 (nach Zenobios)

Der Sack des Bettlers wird nicht voll. *(vgl. ›Bettelsack ist bodenlos.‹)*

G 143 Non est eleemosyna, quae gloriae magis causa quam misericordiae impertitur intuitu.
Isidorus Hispaliensis, Sententiae 3. 60,7

Das ist kein Almosen, was mehr des Rufs wegen als aus Mitleid gegeben wird.

G 144 Te autem faciente eleemosynam, nesciat sinistra tua, quid faciat dextera tua.
Vulgata, Evangelium secundum Matthaeum 6,3

Wenn du Almosen gibst, lass deine linke Hand nicht wissen, was die rechte tut.

Geschenk

G 145 Dona autem proprie sunt, quae nulla necessitate iuris, officii, sed sponte praestantur.
Corpus Iuris Civilis, Digesta 50. 16,214 (Marcianus)

Geschenke im eigentlichen Sinn liegen dann vor, wenn sie ohne rechtliche oder moralische Verpflichtung freiwillig gegeben werden.

G 146 Munera, crede mihi, capiunt hominesque deosque.
Ovidius, Ars amatoria 3. 653

Glaub mir, Geschenke machen Menschen wie Götter gewogen.

G 147 Munera non tam magna quam tempestiva delectant.
Pseudo-Seneca, Monita 163

Geschenke bereiten Freude, nicht wenn sie besonders groß, sondern wenn sie passend sind.

Mitmensch-lichkeit

G148   Quid cui des, videas, ubi, quando, quomodo, quare, / ni grates pariter donaque perdere vis.
Abaelardus, Monita ad Astralabium 397–398

> Achte darauf, wem du was gibst, wo, wann, wie, warum, wenn du nicht gleichermaßen Dank und Gaben verlieren willst.

G149   Acceptissima semper / munera sunt, auctor quae pretiosa facit.
Ovidius, Heroides 17,70–71

> Hochwillkommen sind immer Geschenke, die ihren Wert durch den Geber erhalten.

G150   Non, quid fiat aut quid detur, refert, sed qua mente.
Seneca, De beneficiis 1. 6,1

> Es kommt nicht darauf an, was geschieht oder was gegeben wird, sondern in welcher Gesinnung.

G151   Ex animo dantis censeatur munus magnum vel parvum.
Sententiae Varronis 17

> Ob eine Gabe groß oder klein ist, soll man nach der Gesinnung des Gebenden beurteilen.

G152   Multo gratius venit, quod facili, quam quod plena manu datur.
Seneca, De beneficiis 1. 7,2

> Viel willkommener ist, was mit leichter, als was mit voller Hand gegeben wird.

G153   Sic demus, quomodo vellemus accipere.
Seneca, De beneficiis 2. 1,1

> Lasst uns so geben, wie wir gern erhalten würden.

G154   Si tibi quid detur, cur detur, respice.
Gualterus Anglicus, sog. Anonymus Neveleti 23,13

> Wenn man dir etwas gibt, achte darauf, warum man es gibt.

G155   Errat, si quis existimat facilem rem esse donare.
Seneca, De vita beata 24,1

> Es irrt, wer glaubt, Schenken sei leicht.

G156   Crede mihi, res est ingeniosa dare.
Ovidius, Amores 1. 8,62

> Glaub mir, Geben ist etwas, wozu man viel Talent braucht.

G157   Divitiis alitur luxuriosus amor.
Ovidius, Remedia amoris 746

> Aufwendige Liebe nährt sich vom Reichtum.

G158   Vel praeter causam dabis amico praemium.
Publilius Syrus, Sententiae A41

> Auch ohne Anlass sollte man einem Freund einen Gefallen tun. *(vgl. ›Kleine Geschenke erhalten die Freundschaft.‹)*

G 159 Parva, sed e parvis callidus apta dato!
Ovidius, Ars amatoria 2. 262
> Wer schlau ist, schenke Kleinigkeiten, aber passende!

G 160 Extra fortunam est, quicquid donatur amicis: / quas dederis, solas semper habebis opes.
Martialis, Epigrammata 5. 42,7–8
> Was man Freunden schenkt, ist nicht dem Glück unterworfen: Gaben, die du verschenkt hast, bleiben allein immer in deinem Besitz.

G 161 Noli equi dentes inspicere donati.
~ Hieronymus, Commentarius in IV epistulas Paulinas, Ephesios, pr.
> ›Einem geschenkten Gaul schaut man nicht ins Maul‹.

G 162 Imitantur hamos dona.
Martialis, Epigrammata 5. 18,7
> Geschenke wirken wie Angeln.

G 163 Nec ignorans nec invitus quisque donat.
Corpus Iuris Civilis, Codex Iustinianus 8. 53,10 (a. 293)
> Niemand schenkt, ohne es zu wissen und zu wollen.

G 164 Irritam facere donationem perfectam nemini licet.
Corpus Iuris Civilis, Codex Iustinianus 7. 27,3 (a. 293)
> Eine vollzogene Schenkung kann man nicht ungültig machen.

G 165 Prodigus et stultus donat, quae spernit et odit: / haec seges ingratos tulit et feret omnibus annis.
Horatius, Epistulae 1. 7,20–21
> Der Verschwender und Tor gibt ab, was er selbst gering schätzt und hasst: Diese Art zu geben macht undankbar und wird es immer machen.

G 166 Utique cavebimus, ne munera supervacua mittamus.
Seneca, De beneficiis 1. 11,6
> In jedem Fall müssen wir Geschenke vermeiden, die man nicht brauchen kann.

Großzügigkeit

G 167 Liberalitas est virtus animi benefactorum erogatrix, illam pro affectu benignitatem, pro effectu beneficentiam dicimus. Haec virtus tota in tribuendo consistit.
Pseudo-Guillelmus de Conchis, Moralium dogma philosophorum I,B2
> Freigebigkeit ist die Tugend, die zu guten Taten aufruft; ihrem Antrieb nach nennen wir sie Großzügigkeit, ihrer Wirkung nach Wohltätigkeit. Diese Tugend besteht ganz im Verteilen.

Mitmensch-lichkeit

G 168 Decet magnanimitas quemlibet mortalem, etiam illum, infra quem nihil est.
Seneca, De clementia 1. 5,3

> Großmut ziemt sich für jeden Menschen, auch für den niedrigsten *(wörtlich: der nichts unter sich hat).*

G 169 Liberalitas non cumulo patrimonii, sed largitatis definitur affectu.
Ambrosius, De viduis 5,27

> Freigebigkeit bemisst sich nicht an der Fülle des Vermögens, sondern an der Liebe, mit der gegeben wird.

G 170 Magnam fortunam magnus animus decet.
Seneca, De clementia 1. 5,5

> Zu einem großen Schicksal passt nur ein großes Herz.

G 171 Regem armis quam munificentia vinci minus flagitiosum est.
Sallustius, Bellum Iugurthinum 110,5

> Für einen König ist es weniger schmählich, durch Waffen als an Freigebigkeit überwunden zu werden.

G 172 Vires tuas amici magis sentiant beneficiis quam inimici iniuriis.
Pseudo-Seneca, Liber de moribus 100

> Deine Stärke sollen eher deine Freunde durch Wohltaten verspüren als deine Feinde durch Angriffe.

G 173 Benignitas autem late patet.
Q. Cicero, Commentariolum petitionis 44

> Großzügigkeit spielt eine sehr große Rolle.

G 174 Una est nobilitas argumentumque coloris / ingenui, timidas non habuisse manus.
Petronius in Anthologia Latina 1. 697,1–2

> Einziger Beweis für Adel und vornehmes Auftreten ist, keine zögernden Hände zu haben.

G 175 Pecuniam in loco neglegere maximum interdum est lucrum.
Terentius, Adelphoe 216

> Am rechten Ort nicht aufs Geld zu achten bringt manchmal den größten Gewinn.

G 176 Beneficio saepe inimicos dando torqueas.
Caecilius Balbus, Sententiae (F) 28

> Durch häufiges Entgegenkommen beschämt man seine Gegner.

G 177 Anima, quae benedicit, impinguabitur, et qui inebriat, ipse quoque inebriatur.
Vulgata, Liber proverbiorum 11,25

> Wer wohltätig ist, wird gesättigt werden, und wer zu trinken gibt, bekommt auch selbst zu trinken.

G178 Largitio fundum non habet.
Cicero, De officiis 2. 55
> Großzügigkeit hat keinen Boden.

G179 Facilitas nimia partem stultitiae sapit.
Publilius Syrus, Sententiae 180
> Zu viel Güte riecht nach reichlich Dummheit.

Wechselseitigkeit

G180 Ab alio exspectes, alteri quod feceris.
Publilius Syrus, Sententiae 2
> Was du einem anderen getan hast, hast du auch von ihm zu erwarten. *(vgl. ›Wie du mir, so ich dir.‹)*

G181 Serva me, servabo te.
Petronius, Satyricon 44,3
> Hilf mir, und ich werde dir helfen. *(vgl. ›Eine Hand wäscht die andere.‹)*

G182 Abluit manum manus; da aliquid et aliquid accipe.
Erasmus, Adagia 699
> Eine Hand wäscht die andere, gib etwas und empfange etwas.

G183 Do, ut des.
~ Corpus Iuris Civilis, Digesta 19. 5,5 pr. (Paulus)
> Ich gebe *(dir)*, damit du *(mir)* gibst.

G184 Aut enim do tibi, ut des, aut do, ut facias, aut facio, ut des, aut facio, ut facias.
Corpus Iuris Civilis, Digesta 19. 5,5 pr. (Paulus)
> Entweder gebe ich, damit du gibst, oder ich gebe, damit du tust, oder ich tue, damit du gibst, oder ich tue, damit du tust.

G185 Iis potissimum donant, qui donare maxime possunt.
Plinius, Epistulae 9. 30,1
> Man schenkt vor allem denen etwas, die am ehesten schenken können.

G186 Beneficia plura recipit, qui scit reddere.
Publilius Syrus, Sententiae 51
> Noch mehr Wohltaten empfängt, wer sie zu erwidern versteht.

G187 Quisquis magna dedit, voluit sibi magna remitti.
Martialis, Epigrammata 5. 59,3
> Wer große Geschenke gab, wollte, dass auch ihm große gemacht werden.

Mitmensch-lichkeit

G 188 Non faciam cuiquam, quae tempore eodem / nolim facta mihi.
Ausonius, Ephemeris 3,61–62

> Ich werde keinem antun, was ich nicht zugleich mir angetan wissen möchte. *(vgl. ›Was du nicht willst, dass man dir tu', das füg auch keinem andern zu.‹)*

G 189 Habet in adversis auxilia, qui in secundis commodat.
Publilius Syrus, Sententiae 208

> Im Unglück findet Hilfe, wer im Glück sie selber leistet.

G 190 Si tibi cura mei, sit tibi cura tui!
Ovidius, Heroides 13,166

> Wenn du dich um mich kümmerst, dann kümmere dich auch um dich!

G 191 Beneficium dare qui nescit, iniuste petit.
Publilius Syrus, Sententiae 46

> Wer keine Gefälligkeit zu erweisen weiß, bittet zu Unrecht um eine solche.

G 192 Beneficia donari aut mali aut stulti putant.
Publilius Syrus, Sententiae 80

> Dass Wohltaten geschenkt werden, glauben nur Bösewichte oder Dummköpfe.

Dankbarkeit

G 193 Eadem mensura reddere iubet, qua acceperis, aut etiam cumulatione, si possis.
Cicero, Brutus 15

> *(Hesiod)* empfiehlt, etwas in gleichem Maß, mit dem man es empfangen hat, zurückzugeben, oder falls möglich sogar vermehrt.

G 194 Gratior officiis, quo sis mage carior, esto, / ne nomen subeas, quod dicunt, officiperdi.
Disticha Catonis 4. 42

> Sei recht dankbar für erwiesene Dienste, damit du umso mehr geschätzt wirst und nicht in den Ruf eines gerätst, an den man seine Mühe verschwendet.

G 195 Beneficium dignis ubi des, omnes obliges.
Publilius Syrus, Sententiae 78

> Wenn man Würdigen einen Gefallen tut, verpflichtet man sich alle. *(vgl. ›Wohltun trägt Zinsen.‹)*

G 196 Gratus est non tantum, qui beneficium libenter reddit, sed qui libenter debet.
Pseudo-Seneca, Monita 85

> Dankbar ist nicht nur, wer eine Wohltat gern vergilt, sondern auch, wer sie gern verdankt.

G 197 Optime positum est beneficium, cuius meminit, qui accipit.
Publilius Syrus, Sententiae 444

> Eine Wohltat ist dann am besten erwiesen, wenn der Beschenkte sie nicht vergisst.

G 198 Sat magna usura est pro beneficio memoria.
Publilius Syrus, Sententiae 624

> Reichliche Verzinsung einer Wohltat ist die Erinnerung daran.

Schonung

G 199 Fortius ut valeas, interdum parcior esto: pauca voluptati debentur, plura saluti.
Disticha Catonis 2. 28

> Geh, um deine Gesundheit zu stärken, etwas schonender mit dir um: Der Lust schulden wir wenig, der Gesundheit viel.

G 200 Honeste parcas improbo, ut parcas probo.
Publilius Syrus, Sententiae 224

> Um einen Anständigen zu schonen, darf man zu Recht einen Schurken verschonen.

G 201 Malo etiam parcas, si una est periturus bonus.
Publilius Syrus, Sententiae 345

> Auch einen Schurken muss man verschonen, wenn ein Redlicher mit ihm zugrunde ginge.

G 202 Et mihi si non vis parcere, parce meis.
Ovidius, Heroides 4,162

> Wenn du mich nicht verschonen willst, so verschone wenigstens die Meinen.

G 203 Tibi enim parcis, cum videris alteri parcere.
Seneca, De clementia 1. 5,1

> Du schonst dich selbst, wenn du einen anderen zu schonen scheinst.

G 204 Quem quis amat, sciens non laedit.
Quintilianus, Institutio oratoria 5. 10,74

> Wen man liebt, den verletzt man nicht wissentlich.

G 205 Parcendum est animo miserabile vulnus habenti.
Ovidius, Epistulae ex Ponto 1. 5,23

> Eine Seele mit einer Mitleid erregenden Wunde muss geschont werden.

G 206 Inter pares sententias mitior vincat.
Seneca maior, Controversiae 1. 5,3

> Bei zwei gleichwertigen Urteilen muss das mildere den Vorzug erhalten.

G 207 Suis qui nescit parcere, inimicis favet.
Publilius Syrus, Sententiae 605

> Wer seine Freunde nicht zu schonen weiß, bevorzugt seine Feinde.

Mitmensch-lichkeit

G 208 Multis fortuna parcit in poenam.
       Plinius maior, Naturalis historia 16. 4
         Das Schicksal verschont viele für eine *(spätere)* Strafe.

Nachgeben

G 209 Cui scieris non esse parem te, tempore cede: / victorem a victo superari saepe
       videmus.
       Disticha Catonis 2. 10
         Gib rechtzeitig nach, wenn du merkst, dass du einem nicht gewachsen bist: Oft sehen wir,
         dass der Sieger vom Besiegten überwunden wird.

G 210 Nobile vincendi genus est patientia; vincit, / qui patitur; si vis vincere, disce
       pati!
       Konrad von Mure, Libellus de naturis animalium 415–416
         Eine edle Art zu siegen ist Nachgiebigkeit; wer nachgiebig ist, siegt; willst du siegen, lerne
         nachzugeben.

G 211 Vincere cum possis, interdum cede sodali, / obsequio quoniam dulces
       retinentur amici.
       Disticha Catonis 1. 34
         Auch wenn du siegen kannst, gib zuweilen dem Gefährten nach, denn liebe Freunde erhält
         man durch Entgegenkommen.

G 212 Qui vinci sese patitur pro tempore, vincit.
       Anthologia Latina 1. 716,42
         Wer sich je nach den Umständen besiegen lässt, ist siegreich. *(vgl. ›Der Klügere gibt nach.‹)*

G 213 Qui vincitur, vincit.
       Petronius, Satyricon 59,2
         Wer sich besiegen lässt, siegt.

G 214 Obsequium amicos, veritas odium parit.
       Terentius, Andria 68
         Nachgiebigkeit schafft Freunde, die *(ungeschminkte)* Wahrheit Hass.

G 215 Obsequio plurima vincet amor.
       Tibullus, Elegiae 1. 4,40
         Am meisten erreicht Liebe durch Nachgiebigkeit.

G 216 Vincit, qui patitur; petitur potiturque petita, / vincitur at semper femina, quae
       patitur.
       Owen, Epigrammata 5. 35
         Wer nachgibt, siegt, man verlangt und erlangt das Gewünschte. Doch eine Frau, die
         nachgibt, wird immer besiegt.

G 217 Cedas: obsequio plurima vincet amor.
Tibullus, Elegiae 1. 4,40
> Gib nach! Mit Folgsamkeit erreicht die Liebe das meiste.

G 218 Cede repugnanti; cedendo victor abibis.
Ovidius, Ars amatoria 2. 197
> Gib nach, wenn sie sich sträubt, durch Nachgeben wirst du den Sieg davontragen.

Nachsicht

G 219 Primus error veniam meretur.
cf. Pseudo-Cicero, Epistula ad Octavianum 7
> Der erste Fehltritt verdient Nachsicht *(vgl. ›Einmal ist keinmal.‹)*.

G 220 Liceat semel impune peccare, sit erranti medicina confessio.
Pseudo-Cicero, Epistula ad Octavianum 7
> Einmal soll man ungestraft sündigen dürfen, das Bekenntnis verschaffe dem Irrenden Vergebung.

G 221 Ne despicias hominem avertentem se a peccato, neque improperes ei, memento, quoniam omnes in correptione sumus.
Vulgata, Liber ecclesiasticus 8,6
> Verachte keinen, der sich bessert, und mach ihm keine Vorwürfe, bedenke, dass wir alle Tadel verdienen.

G 222 Aetas enim excusationem meretur.
Corpus Iuris Civilis, Digesta 29. 5,1,32 (Ulpianus)
> Das Alter verdient Entschuldigung.

G 223 Iustitiae edicta temperet patientia.
Publilius Syrus, Sententiae A234
> Die Anordnungen der Gerechtigkeit möge die Nachsicht mildern.

G 224 Errantibus, non decipientibus, iura subveniunt.
cf. Corpus Iuris Civilis, Codex Iustinianus 2. 42,2
> Die Gesetze kommen denen zu Hilfe, die sich irren, nicht denen, die betrügen.

G 225 Fere in omnibus poenalibus iudiciis et aetati et imprudentiae succurritur.
Corpus Iuris Civilis, Digesta 50. 17,108 (Paulus)
> Fast in allen Strafprozessen wird sowohl auf das Alter als auch auf die Unerfahrenheit Rücksicht genommen.

G 226 Infirmitati, non calliditati mulierum consultum est.
Corpus Iuris Civilis, Codex Iustinianus 4. 29,5 (a. 224)
> Der Schwachheit, nicht der Gerissenheit der Frauen wird Schutz gewährt.

Mitmensch-lichkeit

G 227 Placet in delictis minoribus non subveniri.
Corpus Iuris Civilis, Digesta 4. 4,9 (Ulpianus)
> Nach allgemeiner Auffassung gibt es im Strafrecht für Minderjährige keine mildernden Umstände.

G 228 Non vincitur, sed vincit, qui cedit suis.
Publilius Syrus, Sententiae 398
> Wer zu den Seinen nachgiebig ist, ist nicht Besiegter, sondern Sieger.

G 229 Dextera praecipue capit indulgentia mentes.
Ovidius, Ars amatoria 2. 145
> Geschickt eingesetzte Nachsicht erobert besonders die Herzen.

G 230 Multa ignoscendo fit potens potentior.
Publilius Syrus, Sententiae 350
> Wenn er viel nachsieht, wird ein Mächtiger noch mächtiger.

G 231 Non omnibus dormio.
Cicero, Ad familiares 7. 24,1
> Ich schlafe nicht für alle. *(vgl. ›beide Augen zudrücken‹)*

G 232 Pro peccato magno paulum supplici satis est patri.
Terentius, Andria 903
> Ein Vater begnügt sich auch bei einem großen Vergehen mit einer kleinen Strafe.

G 233 Quam iniqui sunt patres in omnes adulescentes iudices!
Terentius, Heauton timorumenos 213
> Was für ungerechte Richter sind die Väter doch für alle jungen Leute!

G 234 Ubi confessio, ibi remissio.
Pseudo-Seneca, Liber de moribus 94
> Wo eine Beichte stattfindet, dort gibt es auch den Sündenerlass.

G 235 Veniam pro laude peto.
Ovidius, Tristia 1. 7,31
> Statt Lob bitte ich um Nachsicht.

G 236 Hanc veniam petimusque damusque vicissim.
Horatius, De arte poetica (Epistula ad Pisones) 11
> Diese Freiheit erbitten und gönnen wir uns gegenseitig.

G 237 Verum, ubi plura nitent in carmine, non ego paucis / offendar maculis, quas aut incuria fudit / aut humana parum cavit natura.
Horatius, De arte poetica (Epistula ad Pisones) 352–354
> Wenn bei einem Gedicht recht viel glänzt, will ich mich durch wenige Flecken, die entweder mangelnde Sorgfalt erzeugt hat oder menschliche Schwäche nicht ganz verhüten konnte, nicht kränken.

G 238 Mansuete immansueta tractanda sunt.
Seneca, De ira 3. 27,3
>> Ungehobeltes muss man mit Sanftmut behandeln.

G 239 Audi, cerne, tace, si vis cum vivere pace.
Binder, Novus thesaurus 281
>> Hör, sieh, schweig, wenn du in Frieden leben willst.

G 240 Amici vitia si feras, facias tua.
Publilius Syrus, Sententiae 10
>> Wenn man Fehler eines Freundes zulässt, begeht man eigene.

G 241 Contra impudentem stulta est nimia ingenuitas.
Publilius Syrus, Sententiae 107
>> Zu viel Großmut ist bei Unverschämten unangebracht.

G 242 Criminis indultu secura audacia crescit.
Anthologia Latina 1. 716,22
>> Nachsicht mit Verbrechen lässt die Unverfrorenheit sorglos gedeihen.

G 243 Nimia concedendo interdum fit stultitia.
Publilius Syrus, Sententiae 392
>> Wenn man zu viel nachgibt, macht man eine Torheit manchmal noch törichter.

Mitmensch-lichkeit

Verzeihung

G 244 Atque ego optimum et emendatissimum existimo, qui ceteris ita ignoscit, tamquam ipse cottidie peccet, ita peccatis abstinet, tamquam nemini ignoscat.
Plinius, Epistulae 8. 22,2
>> Ich halte den für den besten und vollkommensten Menschen, der den Übrigen so verzeiht, als ob er selbst täglich Fehler beginge, sich selbst aber so vor Verfehlungen hütet, als ob er niemandem verzeihe.

G 245 Humanum amare est, humanum autem ignoscere.
Plautus, Mercator 319
>> Menschlich ist es, zu lieben, aber es ist noch menschlicher, zu verzeihen.

G 246 Nam et delinquere humanum est et hominis maxime proprium ignoscere.
Fronto, Ad Verum imperatorem 1. 1,3
>> Es ist menschlich, Fehler zu begehen, aber es zeichnet den Menschen auch aus, verzeihen zu können.

G 247 Ignoscito saepe alteri, numquam tibi.
Publilius Syrus, Sententiae A204
>> Verzeih deinem Mitmenschen oft, dir selbst nie.

G 248   Dimittite et dimittemini.
Vulgata, Evangelium secundum Lucam 6,37
> Vergebt, und euch wird vergeben.

G 249   Ignoscito aliis, quasi pecces cottidie.
Publilius Syrus, Sententiae A32
> Verzeih anderen, als würdest auch du täglich Verzeihung nötig haben.

G 250   Aequum est / peccatis veniam poscentem reddere rursus.
Horatius, Sermones 1. 3,74–75
> Es ist nur recht und billig, dass, wer für eigene Schwächen Nachsicht fordert, sie seinerseits übt.

G 251   Magna pars hominum est, quae reverti ad innocentiam possit, si ignoscas.
Seneca, De clementia 1. 2,1
> Viele Menschen könnten zu einem ordentlichen Leben zurückfinden, wenn man ihnen verzeiht.

G 252   Cum ignoscis uni, gratos complures facis.
Publilius Syrus, Sententiae 658
> Wenn du einem verzeihst, verpflichtest du dir viele zu Dank.

G 253   Ignoscere humile est, nisi pudet, cui ignoscitur.
Publilius Syrus, Sententiae 258
> Verzeihung ist von geringer Wirkung, wenn der, dem verziehen wird, sich nicht schämt.

G 254   Est apud hominem constantem ignoscendi locus.
~ Cicero, Pro Murena 63
> Auch ein konsequenter Mensch kann einmal verzeihen.

G 255   Quam saepe veniam, qui negavit, petit!
Seneca, De ira 2. 34,4
> Wie oft bittet einer um Verzeihung, die er selbst verweigert hat!

G 256   Tam omnibus ignoscere crudelitas quam nulli.
Seneca, De clementia 1. 2,2
> Allen zu verzeihen ist ebenso gefühllos wie keinem.

Anpassung

G 257   Ut quimus, quando, ut volumus, non licet.
~ Terentius, Andria 805
> Wir handeln, wie wir können, wenn nicht erlaubt ist zu handeln, wie wir wollen.

G 258 Clemens et constans, ut res expostulat, esto: / temporibus mores sapiens sine crimine mutat.
Disticha Catonis 1. 7

> Sei nachgiebig oder hartnäckig, je nach Sachlage: Ein kluger Mann passt sich, ohne schuldig zu werden, den Umständen an.

G 259 Assuescendum est itaque condicioni suae et quam minimum de illa querendum et, quicquid habet circa se commodi, apprendendum.
Seneca, De tranquillitate animi 10,4

> Man muss sich an seine Lebensbedingung gewöhnen, so wenig wie möglich darüber klagen und alle Vorteile, die sie bietet, nutzen.

G 260 Tempori cedere, id est necessitati parere, semper sapientis est habitum.
Cicero, Ad familiares 4. 9,2

> Sich den Umständen anzupassen, d.h. der Notwendigkeit zu gehorchen, hat stets für klug gegolten.

G 261 Nunc hic dies aliam vitam ei adfert, alios mores postulat.
Terentius, Andria 189

> Die Gegenwart bringt eine andere Lebenseinstellung und erfordert andere Sitten. *(vgl. ›Andere Zeiten, andere Sitten.‹)*

G 262 Temporibus servire decet.
Calpurnius Siculus, Laus Pisonis 155

> Man muss sich den Umständen fügen. *(vgl. ›sein Mäntelchen nach dem Wind richten‹)*

G 263 Tempori aptari decet.
Seneca, Medea 175

> Man muss sich den Umständen fügen.

G 264 Ut homo est, ita morem geras.
Terentius, Adelphoe 431

> Pass dich deinem Gegenüber an. *(d.h. Behandle jeden auf seine Weise.)*

G 265 cum tristibus severe, cum remissis iucunde, cum senibus graviter, cum iuventute comiter vivere
Cicero, Pro Caelio 13

> mit den Traurigen ernst, mit den Heiteren scherzend, mit den Greisen streng, mit der Jugend entgegenkommend leben

G 266 Cum insanientibus furere necesse est.
~ Petronius, Satyricon 3,2

> Mit Verrückten muss man verrückt spielen. *(vgl. ›mit den Wölfen heulen‹)*

Mitmensch-
lichkeit

G267 Dictum facessas, datum edis, caveas malo.
Plautus, Menaechmi 249
> Tu, was man dir sagt, iss, was man dir gibt, und du bekommst keinen Ärger.

G268 Iudicium populi numquam contempseris unus, / ne nulli placeas, dum vis contemnere multos.
Disticha Catonis 2. 29
> Verachte nie als Einzelner die Volksmeinung, sonst gefällst du keinem, wenn du die vielen verachten willst.

G269 Loquendum ut vulgus, sentiendum ut sapientes.
Bacon, De dignitate et augmentis scientiarum 5. 4
> Reden muss man wie die Masse, aber denken wie die Gebildeten.

G270 Inter causas malorum nostrorum est, quod vivimus ad exempla nec ratione componimur, sed consuetudine abducimur.
Seneca, Epistulae morales 123,6
> Zu den Ursachen unserer Leiden gehört, dass wir uns nach anderen richten und uns nicht von der Vernunft leiten, sondern von der Gewohnheit verleiten lassen.

G271 Malus bonum malum esse vult, ut sit sui similis.
Plautus, Trinummus 284
> Der Schlechte will, dass der Gute schlecht wird, damit er ihm ähnlich ist.

Gleichgültigkeit

G272 Nihil ad me *(sc. attinet)*.
Lucilius, Saturae frg. 377
> Das geht mich nichts an *(ist mir egal)*.

G273 Ego, quae tu loquere, flocci non facio.
Plautus, Rudens 782
> Ich pfeife darauf, was du sagst.

G274 Ciccum non interduim.
Plautus, Rudens 580
> Ich gebe nichts darum. *(vgl. ›keinen Pfifferling für etwas geben‹)*

G275 Quid alii faciant, ipsi viderint.
Erasmus, Colloquia familiarii, Militis et Carthusiani
> Was andere tun, sollen sie selbst sehen *(d. h. ist deren Problem, geht mich nichts an)*.

G 276 Tu quod cavere possis, stultum admittere est.
Terentius, Eunuchus 761

> Es ist dumm, hinzunehmen, was du verhüten könntest.

G 277 Inertis est nescire, quid liceat sibi.
Pseudo-Seneca, Octavia 453

> Es zeugt von Schwäche, nicht zu wissen, was einem erlaubt ist.

G 278 Quem neque gloria neque pericula excitant, nequicquam hortere.
Sallustius, De coniuratione Catilinae 58,2

> Einen, den weder Ruhm noch Gefahren reizen, wirst du vergeblich anfeuern.

G 279 Bonis nocet, si quis malis pepercerit.
Publilius Syrus, Sententiae A205

> Den Guten schadet, wer die Schlechten schont.

Mitmenschlichkeit

H Liebe

Flirt

H1 Comibus est oculis alliciendus amor.
Ovidius, Ars amatoria 3. 510
> Mit freundlichen Augen muss man die Liebe anlocken.

H2 Dura est, quae multis simulatum fingit amorem / et se plus uni si qua parare potest.
Propertius, Elegiae 2. 24,47–48
> Herzlos ist eine Frau, die vielen Männern geheuchelte Liebe vortäuscht und wenn sie sich für mehr als einen herauszuputzen vermag.

H3 Mille facesse iocos! turpe est nescire puellam / ludere: ludendo saepe paratur amor.
Ovidius, Ars amatoria 3. 367–368
> Treibe tausenderlei Späße! Es ist eine Schande, wenn ein Mädchen sich nicht aufs Flirten versteht; durch Flirten schafft man oft Liebe.

H4 Delicium, blanditiae, ludus, amor, voluptas, / barbara, sed quae Latias vincis alumna pupas, / Bissula, nomen tenerae rusticulum puellae, horridulum non solitis, sed domino venustum.
Ausonius, Bissula 29–32
> Meine Wonne, mein Schmeichelkätzchen, mein Zeitvertreib, mein Liebling, meine Lust, barbarisches Pflegekind zwar, aber den Mädchen Latiums weit überlegen, Bissula, ein etwas bäurischer Name für ein zartes Mädchen, ziemlich ungefeilt, für den, der ihn nicht gewohnt ist, doch für den Herrn voller Liebreiz.

H5 Blanditia, non imperio fit dulcis Venus.
Publilius Syrus, Sententiae 56
> Durch Schmeichelei, nicht durch Befehl wird die Liebe süß.

H6 Excitat interdum facundia dulcis amorem.
Polythecon 3. 383
> Süßholzraspeln weckt manchmal Liebe.

H7 Dulcibus est verbis mollis alendus amor.
Ovidius, Ars amatoria 2. 152
> Mit süßen Worten muss man die zarte Liebe nähren.

H 8   Delectant etiam castas praeconia formae.
Ovidius, Ars amatoria 1. 623

> Lob ihrer Schönheit erfreut auch ehrbare Frauen.

H 9   Audiat optatos semper amica sonos.
Ovidius, Ars amatoria 2. 156

> Sag der Geliebten stets, was sie gern hört.

H 10   Ille mi par esse deo videtur, / ille, si fas est, superare divos, / qui sedens adversus identidem te / spectat et audit / dulce ridentem.
Catullus, Carmina 51,1–5

> Jener erscheint mir Gott gleich, ja, wenn man es so sagen darf, mehr als Gott, der dir gegenübersitzt und dich immer wieder anschaut und dein süßes Lachen hört.

H 11   O matre pulchra filia pulchrior!
Horatius, Carmina 1. 16,1

> O schöner Mutter schönere Tochter!

H 12   Te spectem, suprema mihi cum venerit hora, / te teneam moriens deficiente manu.
Tibullus, Elegiae 1. 1,59–60

> Dich will ich sehen, wenn meine letzte Stunde gekommen ist, dich will ich sterbend halten in ermattender Hand.

H 13   Tu mihi sola places.
Ovidius, Ars amatoria 1. 42

> Du gefällst mir als Einzige.

H 14   Verba dat omnis amor.
Ovidius, Remedia amoris 95

> Jede Liebe verleiht schöne Worte.

H 15   Amores et hae deliciae quae vocantur mature et celeriter deflorescunt.
~ Cicero, Pro Caelio 44

> Liebeleien und diese sogenannten Nettigkeiten werden schon recht schnell abgeschmackt.

H 16   Viscus merus vestra est blanditia.
Plautus, Bacchides 50

> Eure Schmeichelei ist ein reiner Vogelleim *(d. h. Köder).*

Kuss

H 17   Aliter homines amicam, aliter liberos osculantur.
Seneca, Epistulae morales 75,3

> Anders küssen Männer ihre Geliebte, anders ihre Kinder.

Liebe

H 18 Osculari iuvit, iuvat et diu iuvabit.
~ *Anthologia Latina 1. 700,9*
> Das Küssen hat Freude gemacht, macht Freude und wird lange Freude machen.

H 19 Da mihi basia mille, deinde centum, / dein mille altera, dein secunda centum, / deinde usque altera mille, deinde centum.
Catullus, Carmina 5,7–9
> Gib mir tausend Küsse, dann hundert, dann ein weiteres Tausend, dann ein zweites Hundert, dann immerfort ein weiteres Tausend, dann hundert.

H 20 Quaeris, quot mihi basiationes / tuae, Lesbia, sint satis superque?
Catullus, Carmina 7,1–2
> Du fragst, Lesbia, wie viele Küsse von dir mir genug und mehr als genug sind?

H 21 Quod petiere, premunt arte faciuntque dolorem / corporis et dentes inlidunt saepe labellis / osculaque affigunt, quia non est pura voluptas / et stimuli subsunt, qui instigant laedere id ipsum, / quodcumque est, rabies unde illaec germina surgunt.
Lucretius, De rerum natura 4. 1079–1083
> Was sie ergriffen haben, das drücken sie fest, tun dem Körper weh, stoßen oft die Zähne in die Lippen und pressen Küsse darauf, denn es ist keine reine Lust, und geheime Impulse spornen an, all das zu verletzen, was den Keim dieser Tollheit ausmacht.

Liebeswerbung

H 22 Facilis perceptio contemptibilem reddit amorem, difficilis eum carum facit haberi.
Andreas Capellanus, De amore 2. 8, regula 14
> Leichte Eroberung nimmt der Liebe ihren Reiz, schwere lässt sie wertvoll erscheinen.

H 23 Quaelibet officio causa sit apta tuo.
Ovidius, Ars amatoria 1. 152
> Für eine Gefälligkeit sollte kein Anlass ungenutzt bleiben.

H 24 Blanditiis vult esse locum Venus: illa querelis / supplicibus, miseris fletibus illa favet.
Tibullus, Elegiae 1. 4,71–72
> Venus will, dass zärtliche Worte sich schicken. Sie begünstigt beschwörende Klagen und herzergreifendes Weinen.

H 25 Carmine formosae, pretio capiuntur avarae.
Tibullus (Lygdamus), Elegiae 3. 1,7
> Die Schönen gewinnt man mit einem Liebesgedicht, die Gierigen nur mit Geld.

H26 Edepol, qui amat, si eget, afficitur misera aerumna.
Plautus, Curculio 142

> Ein mittelloser Liebhaber ist fürwahr in einer üblen Zwangslage.

H27 Negotii quantum in muliere una est!
Plautus, Poenulus 225

> Wie viel Mühe macht schon eine einzige Frau!

H28 Amor crescit dolore repulsae.
~ Ovidius, Metamorphoses 3. 395

> Mit dem Schmerz des Verschmähtwerdens wächst die Liebe.

Liebesschwur

H29 Amo et cupio et te solum diligo et sine te iam vivere nequeo et cetera.
Apuleius, Metamorphoses 10. 21,2

> ›Ich hab' dich lieb‹ und ›Ich hab' dich gern‹ und ›Dich allein liebe ich‹ und ›Ohne dich kann ich nicht leben‹ und was noch so dazugehört.

H30 Certos spondet amores.
Propertius, Elegiae 2. 29,19

> Er schwört unverbrüchliche Liebe.

H31 Iuppiter ex alto periuria ridet amantum.
Ovidius, Ars amatoria 1. 633

> Jupiter lacht von oben über die falschen Schwüre der Liebenden.

H32 Periuria ridet amantum / Iuppiter et ventos irrita ferre iubet.
Tibullus (Lygdamus), Elegiae 3. 6,49–50

> Jupiter lacht über die falschen Schwüre der Liebenden und befiehlt den Winden, sie zu zerreißen.

H33 Nec iurare time: Veneris periuria venti / irrita per terras et freta summa ferunt.
Tibullus, Elegiae 1. 4,21–22

> Scheue dich nicht zu schwören: Die nichtigen Schwüre der Liebe tragen die Winde weit weg über Länder und Meere.

H34 Hoc perdit miseras, hoc perdidit ante puellas: / quicquid iurarunt, ventus et unda rapit.
Propertius, Elegiae 2. 28,7–8

> Daran gehen und gingen auch früher die Mädchen zugrunde: Alles, was sie geschworen haben, wird ein Raub des Winds und der Wellen.

Liebe

H35   Nunc iam nulla viro iuranti femina credat, / nulla viri speret sermones esse fideles.
Catullus, Carmina 64,143–144
> Keine Frau darf mehr den Schwüren eines Mannes Glauben schenken, keine hoffen, dass die Worte eines Mannes ehrlich gemeint sind.

H36   Nulli se dicit mulier mea nubere malle / quam mihi, non si se Iuppiter ipse petat. / Dicit, sed mulier cupido quod dicit amanti, / in vento et rapida scribere oportet aqua.
Catullus, Carmina 70
> Keinen, sagt meine Frau, würde sie lieber heiraten als mich, nicht einmal wenn Jupiter um sie anhielte. Das sagt sie, doch was eine Frau ihrem lechzenden Liebhaber sagt, muss man in den Wind schreiben und ins reißende Wasser.

H37   Verba puellarum, foliis leviora caducis, / irrita, qua visum est, ventus et unda ferunt.
Ovidius, Amores 2. 16,45–46
> Mädchenschwüre sind leichter als fallende Blätter, nutzlos werden von Wind und Wellen sie weggetragen.

H38   Ne me diligito verbis, cum mens alibi sit.
Erasmus, Adagia 2257 (nach Theognis 87)
> Säusle mir nichts von Liebe, wenn dein Herz nicht beteiligt ist.

H39   Nil amori iniurium est.
Plautus, Cistellaria 103
> Ein Schwur ist der Liebe nichts wert.

H40   Amantis ius iurandum poenam non habet.
Publilius Syrus, Sententiae 38
> Liebesbeteuerungen stehen nicht unter Strafe.

Lieben

H41   Amor coniugalis genus humanum creat, amor socialis perficit, amor vero lascivus inficit et dehonestat.
Bacon, Sermones fideles 10
> Eheliche Liebe pflanzt die Menschheit fort; mitmenschliche Liebe veredelt sie, lüsterne Liebe aber besudelt und entehrt sie.

H 42 Caritas patiens est, benigna est caritas, non aemulatur, non agit superbe, non inflatur, non est ambitiosa, non quaerit, quae sua sunt, non irritatur, non cogitat malum, non gaudet super iniquitatem, congaudet autem veritati, omnia suffert, omnia credit, omnia sperat, omnia sustinet.
Vulgata, Epistula ad Corinthios 1. 13,4–7

> Die Liebe ist langmütig, die Liebe ist gütig, sie ereifert sich nicht, sie prahlt nicht, sie bläht sich nicht auf, sie ist nicht ehrgeizig, sucht nicht ihren Vorteil, lässt sich nicht erbittern, trägt das Böse nicht nach, sie freut sich nicht über das Unrecht, sondern freut sich an der Wahrheit, sie erträgt alles, glaubt alles, hofft alles, hält allem stand.

H 43 Nunc autem manent fides, spes, caritas: tria haec. Maior autem horum est caritas.
Vulgata, Epistula ad Corinthios 1. 13,13

> Nun aber bleiben Glaube, Hoffnung, Liebe, diese drei; aber die Liebe ist die Größte unter ihnen.

H 44 Quid autem est amare nisi velle bonis aliquem affici quam maximis, etiamsi ad se ex iis nihil redundet?
~ Cicero, De finibus n et malorum 2. 78

> Was ist ›lieben‹ anderes als wünschen, dass jemandem möglichst viel Gutes geschieht, auch wenn einem selbst nichts davon zuteilwird?

H 45 Vis magna mentis, blandus atque animi calor / amor est.
Pseudo-Seneca, Octavia 561–562

> Eine starke seelische Macht und zärtliche Wärme des Herzens ist die Liebe.

H 46 Radix omnium bonorum caritas.
Augustinus, Sermones 179a

> Die Wurzel alles Guten ist die Liebe.

H 47 Qui nil amat, quid ei homini opus vita est?
Plautus, Pernsa 180

> Wozu braucht einer, der nichts liebt, überhaupt zu leben?

Beginn

H 48 Amare incipias sic, quasi numquam desinas.
Publilius Syrus, Sententiae A194

> Beginne so zu lieben, als wolltest du nie damit aufhören.

H 49 Libenter amorem ferto.
Disticha Catonis, Breves sententiae 56

> Sei aufgeschlossen für Zuneigung.

Liebe

H 50 Ex aspectu nascitur amor.
Erasmus, Adagia 179 (nach Diogenianos)
> Liebe entsteht beim Anschauen. *(vgl. ›Liebe auf den ersten Blick‹)*

H 51 Oculi sunt in amore duces.
Propertius, Elegiae 2. 15,12
> Die Augen übernehmen in der Liebe die Führung

H 52 Amor ut lacrima ab oculo oritur, in pectus cadit.
Publilius Syrus, Sententiae 40
> Wie die Träne entspringt die Liebe dem Auge und überfällt das Herz.

H 53 In amore forma plus valet quam auctoritas.
Publilius Syrus, Sententiae 269
> Bei der Liebe zählt die Schönheit mehr als das Ansehen.

H 54 Ita est amor, ballista ut iacitur: nihil sic celere est neque volat.
Plautus, Trinummus 667
> So ist die Liebe, wie von einem Geschütz abgeschossen: Nichts ist und fliegt so schnell.

H 55 Sagitta Cupido cor meum transfixit.
Plautus, Persa 25
> Cupido hat mit seinem Pfeil mein Herz durchbohrt.

H 56 In amorest totus.
Terentius, Adelphoe 489
> Er ist bis über beide Ohren verliebt.

H 57 Dum novus est, potius coepto pugnemus amori: / flamma recens parva sparsa resedit aqua.
Ovidius, Heroides 17,191–192
> Solange sie noch jung ist, kann man leichter gegen die gerade begonnene Liebe ankämpfen: Ein noch frisches Feuer lässt sich schon mit wenig Wasser ersticken.

H 58 Ne amare incipias, quem odisse olim possies.
Publilius Syrus, Sententiae A127
> Fang nicht an zu lieben, wen du einst hassen könntest.

H 59 Amator, quasi piscis, nequam est, nisi recens.
~ Plautus, Asinaria 178
> Der Liebende ist wie ein Fisch, ist er nicht frisch, ist er schlecht.

H 60 Nam ubi amor condimentum inerit, quoivis placituram escam credo, / neque salsum neque suave esse potest quicquam, ubi amor non admiscetur: / Fel, quod amarumst, id mel faciet: hominem ex tristi lepidum et lenem.
Plautus, Casina 221–223

> Wo die Liebe als Gewürz drinsteckt, wird das Essen jedem zusagen; nichts kann weder salzig noch süß schmecken, wenn keine Liebe drinsteckt. Bittere Galle macht sie zu Honig, aus einem Griesgram einen witzigen und umgänglichen Menschen. *(vgl. ›Die Liebe geht durch den Magen.‹)*

H 61 Nunc scio, quid sit amor.
Vergilius, Bucolica 8,43

> Jetzt weiß ich, was Liebe ist.

H 62 Verbosa gaudet Venus loquella.
Catullus, Carmina 55,20

> Venus hat ihre Freude am endlosen Plaudern Verliebter.

H 63 Centum sunt causae, cur ego semper amem.
Ovidius, Amores 2. 4,10

> Es gibt hundert Gründe, warum ich ständig verliebt bin.

H 64 Nihil enim facilius quam amor recrudescit.
Seneca, Epistulae morales 69,3

> Nichts flammt leichter wieder auf als die Liebe.

Unerschütterlichkeit

H 65 Cynthia prima fuit, Cynthia finis erit.
Propertius, Elegiae 1. 12,20

> Cynthia war meine erste Liebe, Cynthia wird meine letzte sein.

H 66 Caritas numquam excidit.
Vulgata, Epistula ad Corinthios 1. 13,8

> Die Liebe hört niemals auf.

H 67 Quare, dum licet, inter nos laetemur amantes: / non satis est ullo tempore longus amor.
Propertius, Elegiae 1. 19,25–26

> Freuen wir uns deshalb so lange wie möglich gegenseitig unserer Liebe: Liebe dauert zu keiner Zeit lang genug.

H 68 Interea, cum fata sinunt, iungamus amores.
Tibullus, Elegiae 1. 1,69

> Solange das Schicksal es zulässt, wollen wir uns in Liebe vereinen.

Liebe

H 69 Uxorem enim vivam amare voluptas est, defunctam religio.
Statius, Silvae 5. pr.
Seine Frau zu lieben ist, solange sie lebt, Lust, ist sie tot, Pietät.

Ende

H 70 Amori finem tempus, non animus facit.
Publilius Syrus, Sententiae 43
Die Zeit setzt der Liebe ein Ende, nicht der Wille.

H 71 Differtur, numquam tollitur ullus amor.
Propertius, Elegiae 2. 3,8
Liebe lässt sich aufschieben, aber nie abstellen.

H 72 Amor extorqueri non pote, elabi pote.
Publilius Syrus, Sententiae 18
Liebe lässt sich nicht ausreißen, doch sie kann schwinden.

H 73 Difficile est longum subito deponere amorem.
Catullus, Carmina 76,13
Es ist schwer, eine lange Liebe plötzlich aufzugeben.

H 74 Facilius in amore finem impetres quam modum.
Seneca maior, Controversiae 2. 2,9
Es ist leichter, eine Liebe zu beenden, als sie zu mäßigen.

H 75 Principium dulce est, at finis amoris amarus: / laeta venire Venus, tristis abire solet.
Owen, Epigrammata 1. 13,1–2
Der Anfang der Liebe ist süß, ihr Ende aber bitter; fröhlich pflegt Venus zu kommen, traurig zu gehen.

H 76 Errat, qui finem vesani quaerit amoris: / verus amor nullum novit habere modum.
Propertius, Elegiae 2. 15,29–30
Wer dem Wahn der Liebe ein Ende zu machen sucht, der täuscht sich: Wahre Liebe hat nicht gelernt maßzuhalten.

H 77 Vixi puellis nuper idoneus / et militavi non sine gloria.
Horatius, Carmina 3. 26,1–2
Noch vor Kurzem habe ich im Dienst der Mädchen gelebt und nicht ohne Ruhm mich im Kampf bewährt.

Distanz

H 78   Amorem intercapedine ipse lenit dies.
~ *Turpilius, Fabulae frg.*
Zeitlicher Abstand selbst mildert die Liebesglut.

H 79   Mille modis amor ignorandus est, / procul adhibendus est atque abstandus.
Plautus, Trinummus 264–265
Die Liebe muss einem auf tausend Arten unbekannt bleiben, man muss sie auf weiten Abstand halten und nicht an einen heranlassen.

H 80   Quantum oculis, animo tam procul ibit amor.
Propertius, Elegiae 3. 21,10
Wie aus den Augen, so wird die Liebe auch aus dem Herzen verschwinden. *(vgl. ›Aus den Augen, aus dem Sinn.‹)*

H 81   Vanescitque absens et novus intrat amor.
Ovidius, Ars amatoria 2. 358
Die Liebe zum Abwesenden verflüchtigt sich, und eine neue Liebe beginnt.

H 82   Amantes / non longe a caro corpore abesse volunt.
Catullus, Carmina 66,31–32
Liebende wollen nur ungern vom geliebten Körper getrennt sein.

Gegenseitigkeit

H 83   Iucundissimum est in rebus humanis amari, sed non minus amare.
Plinius, Panegyricus 85,7
Das Schönste für den Menschen ist es, geliebt zu werden, nicht weniger schön aber auch, zu lieben.

H 84   Non extorquebis amari; / hoc alterna fides, hoc simplex gratia donat.
Claudianus, Panegyricus dictus Honorio Augusto quartum consuli 282–283
Liebe lässt sich nicht erzwingen; sie ist die Gabe gegenseitigen Vertrauens und offener Zuneigung.

H 85   Ego tibi monstrabo amatorium sine medicamento, sine herba, sine ullius veneficae carmine: si vis amari, ama.
Hekaton bei Seneca, Epistulae morales 9,6
Ich will dir ein Liebesmittel nennen, ohne Medizin, ohne Kräuter, ohne Zauberspruch einer Giftmischerin: Willst du geliebt werden, so liebe!

H 86   Ut ameris, ama.
Martialis, Epigrammata 6. 11,10
Liebe, um geliebt zu werden.

Liebe

H 87 Ex amante alio accenditur alius.
Augustinus, Confessiones 4. 21
> Die Liebe des einen lässt die des anderen auflodern.

H 88 Amare nemo potest, nisi qui amoris suasione compellitur.
Andreas Capellanus, De amore 2. 8, regula 9
> Lieben kann nur, wer von der Hoffnung auf Gegenliebe angespornt ist.

H 89 Semper amanti / redde vicem, quia semper amat, qui semper amatur.
Anthologia Latina 1. 24,5–6
> Vergilt Liebe mit Liebe, denn wer immer geliebt wird, liebt immer.

H 90 Saepe obstinatis induit frenos amor / et odia mutat.
Seneca, Phaedra 574–575
> Oft legt Amor den Widerspenstigen Zügel an und besiegt ihre Abneigung.

Ansporn

H 91 Amanti nihil est difficile, nihil impossibile.
Hugo von St. Victor, De anima 4. 11
> Dem Liebenden erscheint nichts schwer, nichts unmöglich.

H 92 Amor vincit omnia.
cf. Vergilius, Bucolica 10,69 (Wahlspruch mittelalterlicher Ritter)
> Die Liebe besiegt alles.

H 93 Vicit et superos amor.
Seneca, Hercules Oetaeus 472
> Die Liebe hat sogar Götter schon besiegt.

H 94 Nihil difficile amanti.
Cicero, Orator 33
> Dem Liebenden ist nichts zu schwer.

H 95 Amor odit inertes.
Ovidius, Ars amatoria 2. 229
> Amor hasst die Faulen.

H 96 Qui nolet fieri desidiosus, amet!
Ovidius, Amores 1. 9,46
> Wer nicht träge werden will, der soll lieben!

H 97 Minimum est, quod amantibus obstat.
Ovidius, Metamorphoses 3. 453
> Es sind nur Lappalien, was Liebenden im Weg steht.

H 98 Quod datur ex facili, longum male nutrit amorem.
Ovidius, Ars amatoria 3. 579
> Was zu leicht gewährt wird, hält eine Liebe kaum lang am Leben.

H 99 Contemnite, amantes, / sic hodie veniet, si qua negavit heri.
Propertius, Elegiae 2. 14,19–20
> Zeigt ihr die kalte Schulter, Liebhaber: So kommt sie noch heute, wenn sie es gestern verweigert hat.

H 100 Amor] / transvolat in medio posita et fugientia captat.
Horatius, Sermones 1. 2,108
> Die Liebe lässt links liegen, was sich ihr anbietet, und greift nach dem, was sich ihr entzieht.

H 101 Cogas amantem irasci, amari si velis.
Publilius Syrus, Sententiae 108
> Willst du geliebt werden, bring die Geliebte in Rage.

H 102 Tantum in amore preces et benefacta valent.
Propertius, Elegiae 1. 1,16
> So viel vermögen bei der Liebe Bitten und Gefälligkeiten.

H 103 Et lacrimae prosunt, lacrimis adamanta movebis.
Ovidius, Ars amatoria 1. 659
> Auch Tränen sind nützlich; mit Tränen kannst du Stahl erweichen.

H 104 Ab amante lacrimis redimas iracundiam.
Publilius Syrus, Sententiae 19
> Mit Tränen kauft man der Liebsten den Zorn ab.

H 105 Rivalem patienter habe!
Ovidius, Ars amatoria 2. 539
> Ertrage deinen Rivalen mit Geduld!

Besorgtheit

H 106 Res est solliciti plena timoris amor.
Ovidius, Heroides 1,12
> Liebe ist ein Ding voll besorgter Furcht.

H 107 Cuncta timemus amantes.
Ovidius, Metamorphoses 7. 719
> Wir Liebenden fürchten alles.

Liebe

H108 Est enim ita natura comparatum, ut nihil aeque amorem incitet et accendat quam carendi metus.
Plinius, Epistulae 5. 19,5
> Die Natur hat es so eingerichtet, dass nichts in gleicher Weise die Liebe erregt und entzündet wie die Furcht vor ihrem Verlust.

H109 Laus in amore mori; laus altera, si datur una / posse frui: fruar o salvus amore meo!
Propertius, Elegiae 2. 1,47–48
> Ruhmvoll ist es, in der Liebe zu sterben; ebenso ruhmvoll, wenn es einem vergönnt ist, eine einzige Liebe zu genießen. O dürfte ich meine Liebe sicher genießen!

H110 Nil transit amantes.
Statius, Thebais 2. 335
> Den Liebenden entgeht nichts.

H111 Ipse dedit cupidis fallere posse deus.
Tibullus, Elegiae 1. 8,56
> Der Gott selbst verlieh den Liebenden die Kunst zu täuschen.

H112 Malus clandestinus est amor, damnumst merum.
Plautus, Curculio 49
> Heimliche Liebe ist schlecht, eine reine Katastrophe.

H113 Amor tussisque non celatur.
Binder, Novus thesaurus 165
> Liebe und Husten lassen sich nicht verheimlichen.

H114 Quoque magis tegitur, tectus magis aestuat ignis.
Ovidius, Metamorphoses 4. 64
> Je mehr man sie verbergen will, desto stärker lodert die Liebesglut.

Unbedingtheit

H115 En ego confiteor: tua sum nova praeda, Cupido.
Ovidius, Amores 1. 2,19
> Cupido, ich bekenne es, ich bin deine neue Beute.

H116 Nullus liber erit, si quis amare volet.
Propertius, Elegiae 2. 23,24
> Keiner ist mehr frei, wenn er lieben will.

H117 Libertas nulli restat amanti.
~ Propertius, Elegiae 2. 23,23
> Für einen Verliebten gibt es keine Freiheit mehr.

H 118 **Mi neque amare aliam neque ab hac desistere fas est.**
Propertius, Elegiae 1. 12,19
> Mir ist es vom Schicksal bestimmt, weder eine andere zu lieben noch von dieser zu lassen.

H 119 **Multum in amore fides, multum constantia prodest.**
Propertius, Elegiae 2. 26b,27
> Viel bewirkt in der Liebe die Treue, viel die Geduld.

H 120 **Quicquid amor iussit, non est contemnere tutum.**
Ovidius, Heroides 4,11
> Die Gebote der Liebe zu missachten ist riskant.

H 121 **Nulla vis maior pietate vera est.**
Seneca, Thyestes 549
> Keine Macht übertrifft wahre Liebe.

H 122 **Omnia vincit amor, et nos cedamus amori.**
Vergilius, Bucolica 10,69
> Die Liebe besiegt alles, und auch wir wollen uns der Liebe unterordnen.

H 123 **Nulla potest mulier tantum se dicere amatam / vere, quantum a me Lesbia amata mea est.**
Catullus, Carmina 87,1–2
> Keine Frau kann behaupten, so heiß geliebt worden zu sein, wie meine Lesbia von mir geliebt wurde.

H 124 **Qui amat, tamen hercle si esurit, nullum esurit.**
Plautus, Casina 795
> Wer liebt, hat, auch wenn er Hunger hat, dennoch keinen Hunger.

H 125 **Traicit et fati litora magnus amor.**
Propertius, Elegiae 1. 19,12
> Große Liebe überquert auch die Gestade des Todes.

H 126 **Tecum vivere amem, tecum obeam libens!**
Horatius, Carmina 3. 9,24
> Mit dir möchte ich gern leben, mit dir gern sterben.

H 127 **Vivam, si vivet; si cadet illa, cadam.**
Propertius, Elegiae 2. 28,42
> Ich will leben, wenn sie lebt; wenn sie stirbt, will auch ich sterben.

H 128 **Votis suis amor plerumque praecurrit.**
Plinius, Epistulae 4. 15,11
> Die Liebe eilt meist ihren Wünschen voraus.

Liebe

Irrationalität

H 129 Amantes amentes.
~ *Plautus, Mercator 82*
Wer liebt, ist verrückt.

H 130 In venere semper dulcis est dementia.
Publilius Syrus, Sententiae 276
In der Liebe steckt immer ein süßer Wahnsinn.

H 131 Saevit infelix amor.
Seneca, Medea 136
Unselige Liebe ist rasend.

H 132 Amantium caeca iudicia sunt.
Hieronymus, Commentarius in Osea 3,10
Das Urteil der Liebenden ist blind.

H 133 Sic est incautum, quicquid habetur Amor.
Propertius, Elegiae 2. 4,14
So unberechenbar ist alles, was man für Liebe hält.

H 134 Amantes de forma iudicare non possunt, quia sensum oculorum praecipit animus.
Quintilianus, Institutio oratoria 6. 2,6
Liebende können nicht über Schönheit urteilen, weil das Herz den Augen vorschreibt, was sie sehen sollen.

H 135 Cum ames, non sapias, aut cum sapias, non ames.
Publilius Syrus, Sententiae 117
Wer liebt, denkt nicht, und wer denkt, liebt nicht.

H 136 Nisi qui ipse amavit, aegre amantis ingenium inspicit.
Plautus, Miles gloriosus 638
Wer nicht selbst geliebt hat, blickt kaum in das Herz eines Liebenden.

H 137 Qui nimium multis ›Non amo‹ dicit, amat.
Ovidius, Remedia amoris 648
Wer allzu laut immer wieder sagt: ›Ich bin nicht verliebt‹, der ist verliebt.

H 138 Acrius invitos multoque ferocius urget, / quam qui servitium ferre fatentur, Amor.
Ovidius, Amores 1. 2,17–18
Härter und weit ungestümer bedrängt Amor die Widerstrebenden als die, die sich in seinen Dienst fügen wollen.

H 139 **An qui amant, ipsi sibi somnia fingunt?**
Vergilius, Bucolica 8,108
> Schaffen Liebende nicht sich selbst Traumbilder?

H 140 **Venit amor gravius quo serius.**
Ovidius, Heroides 4,19
> Je später die Liebe kommt, umso heftiger brennt sie.

H 141 **Amare iuveni fructus est, crimen seni.**
Publilius Syrus, Sententiae 29
> Für die Jugend ist die Liebe ein Gewinn, für das Alter ein Vergehen.

H 142 **Et Venus in vinis ignis in igne fuit.**
Ovidius, Ars amatoria 1. 244
> Venus im Wein bedeutete Feuer im Feuer.

H 143 **Nescit amor priscis cedere imaginibus.**
Propertius, Elegiae 1. 5,24
> Die Liebe will sich nicht nach Ahnenbildern richten.

H 144 **Non bene conveniunt nec in una sede morantur / maiestas et amor.**
Ovidius, Metamorphoses 2. 847–848
> Würde und Liebe vertragen sich schlecht miteinander und halten sich nicht beisammen auf.

Liebesglück

H 145 **Anima est amica amanti.**
Plautus, Bacchides 193
> Die Freundin bedeutet für den Liebenden das Leben.

H 146 **Felix, cui placidus leniter afflat Amor!**
Tibullus, Elegiae 2. 1,80
> Glücklich, wen der anmutige Amor gnädig beflügelt!

H 147 **Pacis Amor deus est, pacem veneramur amantes.**
Propertius, Elegiae 3. 5,1
> Amor ist ein Gott des Friedens, wir Liebende verehren den Frieden.

H 148 **Maneat sic semper, adoro, / nec quicquam ex illa, quod querar, inveniam.**
Propertius, Elegiae 1. 4,27–28
> Ich bete, dass es immer so bleibe und dass sie mir nie Anlass gibt, mich zu beklagen.

Liebe

H 149 Vivamus, mea Lesbia, atque amemus / rumoresque senum severiorum /
omnes unius aestimemus assis!
Catullus, Carmina 5,1–3
> Lasst uns leben, meine Lesbia, und uns lieben und auf alles Gerede der allzu strengen
> Greise nicht einen einzigen Heller geben!

H 150 Dum nos fata sinunt, oculos satiemus amore.
Propertius, Elegiae 2. 15,23
> Lass, solange das Schicksal es uns gönnt, uns in Liebe aneinander sattsehen.

H 151 Me Veneris retines constrictum blanda catenis.
Maximianus, Elegiae, Appendix 2,3
> Betörend hältst du mich fest, von Ketten der Liebe umschlungen.

H 152 Non caret effectu, quod voluere duo.
Ovidius, Amores 2. 3,16
> Was zwei sich wünschen, erfüllt sich immer.

Liebeskummer

H 153 Tot sine amore viri, tot sunt sine amore puellae.
Ovidius, Amores 2. 9,15
> So viele Männer, so viele Frauen sehnen sich nach Liebe.

H 154 Amori accedunt etiam haec: / insomnia, aerumna, error, terror et fuga, /
ineptia stultitiaque et temeritas, / incogitantia excors, immodestia, /
petulantia, cupiditas et malevolentia.
~ Plautus, Mercator 24–28
> Mit der Liebe kommen auch einher Schlaflosigkeit, Kummer, Irrtum, Schrecken und Flucht,
> Einfalt und Torheit und Verwegenheit, dumme Unbedachtheit, Maßlosigkeit,
> Leichtfertigkeit, Begierde und Missgunst.

H 155 Amor et melle et felle est fecundissimus.
Plautus, Cistellaria 66
> Die Liebe ist überreich an Honigsüße und Bitterkeit *(wörtlich: Honig und Galle).*

H 156 Amor amara dat tamen.
Plautus, Trinummus 260
> Liebe bringt doch auch Bitterkeit.

H 157 Et quisquis amores / aut temnet dulces aut experietur amaros.
Vergilius, Bucolica 3,109–110
> Wer auch immer die Süße der Liebe nicht verschmäht oder ihre Bitterkeit kennen lernt.

H 158 Amor otiosae causa est sollicitudinis.
Publilius Syrus, Sententiae 34
> Die Liebe ist Ursache untätiger Unruhe.

H 159 Ut miser est homo, qui amat!
Plautus, Asinaria 616
> Wie elend ist doch ein Mensch, der liebt!

H 160 Ubi sum, ibi non sum; ubi non sum, ibi est animus.
Plautus, Cistellaria 211–212
> Wo ich bin, da bin ich nicht; wo ich nicht bin, da ist meine Seele.

H 161 Amare liceat, si potiri non licet.
Apuleius in Anthologia Latina 1. 712,1
> Wenn man es schon nicht haben darf, soll man es doch lieben dürfen.

H 162 Amorem haec cuncta vitia sectari solent, cura, aegritudo, nimiaque elegantia.
Plautus, Mercator 18–19
> Die Liebe hat alle diese schlechten Begleiterscheinungen: Sorge, Verdruss, übergroße Prachtentfaltung.

H 163 Arare malim quam sic amare.
Plautus, Mercator 356
> Ich will lieber pflügen als so lieben.

H 164 Ei mihi, difficile est imitari gaudia falsa, / difficile est tristi fingere mente iocum.
Tibullus (Lygdamus), Elegiae 3. 6,33–34
> Weh mir, es ist schwer, erlogene Freude zu heucheln, schwer ist es, mit Trauer im Herzen einen Scherz auszubrüten.

H 165 Et nullo vacuus tempore defit amor.
Propertius, Elegiae 1. 1,34
> Keinen Augenblick lässt Amor einen zur Ruhe kommen.

H 166 Fingere se semper non est confidere amori.
Anthologia Latina 1. 458,9
> Sich ständig verstellen heißt der Liebe nicht vertrauen.

H 167 In venere semper certant dolor et gaudium.
Publilius Syrus, Sententiae 268
> In der Liebe kämpft immer das Leid mit der Lust.

H 168 Me dolor et lacrimae merito fecere peritum.
Propertius, Elegiae 1. 9,7
> Schmerz und Tränen haben mich zu Recht zu einem erfahrenen Mann gemacht.

Liebe

H 169 Non nihil aspersis gaudet Amor lacrimis.
Propertius, Elegiae 1. 12,16

> Amor hat beträchtliches Vergnügen an vergossenen Tränen.

H 170 Miser Catulle, desinas ineptire, / et quod vides perisse, perditum ducas.
Catullus, Carmina 8,1–2

> Armer Catull, hör auf, den Narren zu spielen, und lass, was du verloren siehst, als verloren gelten.

H 171 Quanto minus spei est, tanto magis amo.
Terentius, Eunuchus 1053

> Je geringer meine Hoffnung ist, desto mehr liebe ich.

H 172 Perfida, sed quamvis perfida, cara tamen.
Tibullus (Lygdamus), Elegiae 3. 6,56

> Treulos, aber, obwohl treulos, doch lieb.

H 173 Amantium irae amoris integratio.
Terentius, Andria 555

> Streit unter Liebenden verheißt Erneuerung der Liebe. *(vgl. ›Was sich liebt, das neckt sich.‹)*

H 174 At lascivus Amor rixae mala verba ministrat, / inter et iratum lentus utrumque sedet.
Tibullus, Elegiae 1. 10,57–58

> Doch der schelmische Amor leiht garstige Worte zum Zank und sitzt gelassen zwischen den Zürnenden.

H 175 Non bene, si tollas proelia, durat amor.
Ovidius, Amores 1. 8,96

> Wenn man die kleinen Reibereien wegnimmt, hat die Liebe keinen Bestand.

H 176 Amoris vulnus idem sanat, qui facit.
Publilius Syrus, Sententiae 31

> Die Wunden der Liebe heilt nur der, der sie schlägt.

H 177 Quae modo pugnarunt, iungunt sua rostra columbae.
Ovidius, Ars amatoria 2. 465

> Tauben, die gerade noch miteinander kämpften, sind jetzt am Schnäbeln.

H 178 In amore haec omnia insunt vitia: iniuriae, / suspiciones, inimicitiae, indutiae, / bellum, pax rursum.
Terentius, Eunuchus 59–61

> In der Liebe stecken alle diese Unannehmlichkeiten: Kränkung, Verdacht, Feindschaft, Waffenstillstand, Krieg, dann wieder Friede.

Liebesleid

H 179 Litore quot conchae, tot sunt in amore dolores.
Ovidius, Ars amatoria 2. 519

> So viele Muscheln am Strand, so viele Schmerzen liegen in der Liebe.

H 180 Me miseram, quod amor non est medicabilis herbis!
Ovidius, Heroides 5,149

> Ich Elende, dass die Liebe nicht durch Kräuter heilbar ist!

H 181 Saevus Amor docuit validos temptare labores, / saevus Amor docuit verbera posse pati.
Tibullus (Lygdamus), Elegiae 3. 4,65–66

> Der grausame Amor lehrte, schlimmste Strapazen anzugehen, der grausame Amor lehrte, Schläge ertragen zu können.

H 182 Paupertas me saeva domat dirusque cupido: / sed toleranda fames, non tolerandus amor.
Claudianus, Carmina minora 15,1–2

> Grausame Armut bricht über mich herein und schreckliche Liebe: Doch der Hunger ist zu ertragen, unerträglich ist die Liebe.

H 183 Urimur et caecum pectora vulnus habent.
Ovidius, Heroides 4,20

> Ich brenne, und meine Brust trägt eine unsichtbare Wunde.

H 184 Dicere, quo pereas, saepe in amore levat.
Propertius, Elegiae 1. 9,34

> Zu bekennen, woran man leidet, macht es einem in der Liebe oft leichter.

H 185 Admonitus refricatur amor, vulnusque novatum / scinditur.
Ovidius, Remedia amoris 729–730

> In Erinnerung gebracht entflammt die Liebe wieder und die Wunde reißt erneut auf.

H 186 Antiquus amor cancer est.
Petronius, Satyricon 42,7

> Eine alte Liebe ist ein Krebs *(d. h. wie die Pest).*

H 187 Agnosco veteris vestigia flammae.
Vergilius, Aeneis 4. 23

> Ich spüre die Glut der alten Liebe.

H 188 Amoris remedium est mutatio; sed observa, ne fiat ipsum remedium morbus.
Pseudo-Seneca, Monita 134

> Ein Heilmittel gegen die Liebe ist die Veränderung; doch pass auf, dass gerade dieses Heilmittel nicht zur Krankheit wird.

Liebe

H189 A nimium faciles aurem praebere puellae; / discite desertae non temere esse bonae!
Propertius, Elegiae 2. 21,15–16

> Ach ihr Mädchen, die ihr allzu nachgiebig euer Ohr leiht! Lernt, wenn ihr dann verlassen seid, nicht blindlings gefällig zu sein.

H190 Credulitas damno solet esse puellis.
Ovidius, Heroides 17,39

> Leichtgläubigkeit bringt jungen Frauen meist Schaden.

H191 Perfidiosus est Amor.
Plautus, Cistellaria 72

> Amor steckt voller Untreue.

H192 Expertus dico: nemo est in amore fidelis.
Propertius, Elegiae 2. 34,3

> Ich spreche aus Erfahrung: In der Liebe ist keinem zu trauen.

H193 Durius in terris nihil est, quod vivat, amante, / nec, modo si sapias, quod minus esse velis.
Propertius, Elegiae 2. 17,9–10

> Kein Wesen auf Erden hat es schwerer als ein Liebhaber; hat man nur etwas Verstand, wünscht man sich nichts weniger.

H194 Magna superstitio tibi sit natalis amicae: / quaque aliquid dandum est, illa sit atra dies.
Ovidius, Ars amatoria 1. 417–418

> Mach einen großen Bogen um den Geburtstag der Freundin! Wo man etwas schenken muss, das halte für einen schwarzen Tag.

H195 Nihil agit / in amore inermus.
Caecilius Statius bei Nonius Marcellus, De compendiosa doctrina 2. (Blaterare)

> Unbewaffnet bleibt man bei der Liebe erfolglos.

H196 Qui dare multa potest, multa et amare potest?
Propertius, Elegiae 2. 26,28

> Kann nur der viel lieben, der auch viel geben kann?

H197 Nam vinci in amore turpissimum est.
Plinius, Epistulae 4. 1,5

> In der Liebe übertroffen zu werden ist äußerst beschämend.

H198 Tanti nobis deliciae et feminae constant.
Plinius maior, Naturalis historia 12. 84

> So teuer kommen Luxus und Frauen uns zu stehen.

H199 Divitiis captus siquis violavit amorem, / asperaque est illi difficilisque Venus.
Tibullus, Elegiae 1. 9,19–20

> Wenn jemand, von Reichtum geblendet, die Liebe entweiht, zu dem ist Venus abweisend und unzugänglich.

H200 Saepe venit magno fenore tardus Amor.
Propertius, Elegiae 1. 7,26

> Späte Liebe kommt oft sehr teuer zu stehen.

H201 Bis perit amator, ab re atque animo simul.
Plautus, Truculentus 47

> Ein Liebhaber ruiniert sich zweimal, wirtschaftlich und psychisch zugleich.

H202 Amans iratus multa mentitur sibi.
Publilius Syrus, Sententiae 13

> Ein Liebhaber in seinem Zorn lügt sich vieles vor.

H203 Odi et amo; quare id faciam, fortasse requiris. / Nescio, sed fieri sentio et excrucior.
Catullus, Carmina 85

> Ich hasse und liebe. Warum ich das tue, fragst du vielleicht. Ich weiß es nicht, doch dass es geschieht, fühle ich und leide schrecklich darunter.

H204 Hanc amo, quae me odit, contra illam, quae me amat, odi. / Compone inter nos, si potes, alma Venus.
Ausonius, Epigrammata 102,1–2

> Ich liebe eine Frau, die mich hasst; jene dagegen, die mich liebt, hasse ich. Bring uns, hehre Venus, möglichst ins richtige Verhältnis.

H205 Odi, nec possum cupiens non esse, quod odi.
Ovidius, Amores 2. 4,5

> Ich hasse, aber ich kann nicht aufhören zu begehren, was ich hasse.

H206 Peior odio amoris simulatio.
Plinius, Panegyricus 85,1

> Geheuchelte Liebe ist schlimmer als Hass.

H207 Nec sine te nec tecum vivere possum.
Ovidius, Amores 3. 11,39

> Weder ohne dich kann ich leben noch mit dir.

H208 rerum concordia discors
Horatius, Epistulae 1. 12,19

> zwieträchtige Eintracht der Dinge *(vgl. Hassliebe)*

Liebe

H 209 Ama tamquam osurus, oderis tamquam amaturus.
cf. Cicero, Laelius de amicitia 59
> Liebe, als würdest du später einmal hassen, hasse, als würdest du später einmal lieben.

Sexualität

H 210 Labor assiduus carnales deprimit aestus.
Beda Venerabilis, Proverbiorum liber L25
> Ständige Arbeit unterdrückt fleischliche Leidenschaft.

H 211 Non solet amare, quem nimia voluptatis abundantia vexat.
Andreas Capellanus, De amore 2. 8, regula 29
> Wen ein Übermaß an Lust überwältigt, der empfindet meist keine Liebe.

H 212 Quinque enim lineae sunt amoris, scilicet visus, allocutio, tactus, osculum sive suavium, coitus.
Donatus, Commentarius in Terentii Eunuchum
> Es gibt fünf Stufen der Liebesbeziehung, nämlich Blick, Anrede, Berührung, Küsschen oder Kuss, Beischlaf.

H 213 Veneris in thalamos ducunt omnes viae.
Archipoeta 10,9,3
> Alle Wege führen ins Schlafzimmer der Venus.

H 214 Vina sitim sedent, natis Venus alma creandis / serviat: hos fines transiluisse nocet.
Anthologia Latina 1. 633,15–16
> Wein soll den Durst stillen, Venus, die Gütige, der Zeugung von Kindern dienen: Diese Grenzen nicht einzuhalten schadet.

H 215 Vim licet appelles, grata est vis ista puellis: / Quod iuvat, invitae saepe dedisse volunt.
Ovidius, Ars amatoria 1. 673–674
> Mag man es auch Gewalt nennen, solche Gewalt ist den Mädchen willkommen: Was ihnen Vergnügen bereitet, dazu wollen sie oft gezwungen sein.

H 216 Quae dant quaeque negant, gaudent tamen esse rogatae.
Ovidius, Ars amatoria 1. 345
> Ob sie sich hingeben oder verweigern, die Frauen freuen sich jedenfalls, gefragt worden zu sein.

H 217 Ad metam properate simul! tum plena voluptas, / cum pariter victi femina virque iacent.
Ovidius, Ars amatoria 2. 727–728
> Strebt gemeinsam zum Höhepunkt! Die Lust ist dann vollkommen, wenn Mann und Frau gleichermaßen erschöpft daliegen.

H218 Crede mihi, non est Veneris properanda voluptas, / sed sensim tarda prolicienda mora.
Ovidius, Ars amatoria 2. 717–718

> Glaub mir, die Lust der Liebe darf man nicht zu schnell vorantreiben, sondern muss man nach und nach durch langes Zögern hervorlocken.

H219 Concubitus vero neque nimis concupiscendus neque nimis pertimescendus est: rarus corpus excitat; frequens solvit.
Celsus, De medicina 1. 1,4

> Der Beischlaf soll weder zu sehr begehrt noch zu sehr gefürchtet werden: zu selten lässt er den Körper unbefriedigt, zu oft schwächt er ihn.

H220 Coitus est destructio corporis et abbreviatio vitae.
Auctoritates, Aristoteles, De regimine principum 12

> Geschlechtsverkehr bedeutet Entkräftung des Körpers und Verkürzung der Lebenszeit.

H221 Foeda est in coitu et brevis voluptas / et taedet Veneris statim peractae.
Anthologia Latina 1. 700,1–2

> Abstoßend und nur kurz ist beim Geschlechtsverkehr die Lust, und man ist der vollzogenen Liebe gleich überdrüssig.

H222 Omne animal post coitum triste.
Binder, Novus thesaurus 2369; cf. Anthologia Latina 1. 700,1–2

> Nach dem Geschlechtsverkehr ist jedes Geschöpf betrübt.

H223 In medio passimque coit pecus.
Ovidius, Ars amatoria 2. 615

> Das Vieh vereinigt sich ungeniert in der Öffentlichkeit.

Liebe

| Familie

Geschlechterrolle

|1 Vir quidem imago et gloria Dei est, mulier autem gloria viri.
~ *Vulgata, Epistula ad Corinthios 1. 11,7*
> Der Mann ist Gottes Bild und Ehre, das Weib aber ist des Mannes Ehre.

|2 Tela viro decus est peplumque columque puellis.
Anthologia Latina 1. 798a,17
> Waffen zieren den Mann, Sticken und Spinnen die Mädchen.

|3 Conqueri fortunam adversam, non lamentari decet: / id viri est officium,
fletus muliebri ingenio additus.
Pacuvius bei Cicero, Tusculanae disputationes 2. 50
> Über Unglück sich zu beschweren, aber nicht laut zu jammern, das ist Sache des Mannes,
> Weinen ist der weiblichen Natur gegeben.

|4 Cum autem pulchritudinis duo genera sint, quorum in altero venustas sit, in
altero dignitas, venustatem muliebrem ducere debemus, dignitatem virilem.
Cicero, De officiis 1. 130
> Da es zwei Arten von Schönheit gibt – zur einen gehört die Anmut, zur anderen die Würde
> –, müssen wir die Anmut für weiblich, die Würde für männlich halten.

|5 Maior dignitas est in sexu virili.
Corpus Iuris Civilis, Digesta 1. 9,1 pr. (Ulpianus)
> Das männliche Geschlecht verkörpert größere Würde.

|6 Ita accepi munditias mulieribus, viris laborem convenire.
Sallustius, Bellum Iugurthinum 85,40
> So habe ich es gelernt, dass Eleganz den Frauen, den Männern Arbeit zukommt.

|7 Natura comparata est mulieris ad domesticam diligentiam, viri autem ad
exercitationem forensem et extraneam.
Columella, De re rustica 12. pr. 4
> Das Wesen der Frau ist für häusliches Wirtschaften geschaffen, das des Mannes aber für
> politische und außerhäusliche Betätigung.

|8 Domum servavit, lanam fecit.
Corpus Inscriptionum Latinarum VI 15346 (Epigramm auf Claudia)
> Sie hat das Haus bewahrt und Wolle verarbeitet.

I 9 Morigerae uxoris virtus cui contigit omnis, / fama pudicitiae lanificaeque manus / coniugiique fides et natos cura regendi / et gravitas comis laetaque serietas.
Ausonius, Parentalia 2,3–6

> Sie besaß jegliche Tugend einer willfährigen Ehefrau: Ruf der Sittsamkeit, Wolle verarbeitende Hände, eheliche Treue, Sorgfalt in der Kindererziehung, freundliche Würde und fröhliche Ernsthaftigkeit.

I 10 Odi eruditam: ne meae umquam sit domi, / quae plus sciat, quam mulierem scire expedit. / Namque eruditis ipsa maiorem Cypris / astutiam indit.
Comenius, Didactica magna 9,7 (nach Euripides, Hippolytos 640–643)

> Ich hasse eine gebildete Frau: Nie komme eine in mein Haus, die mehr weiß, als für eine Frau zu wissen nützlich ist. Denn Gebildeten verleiht Aphrodite selbst größere Gerissenheit.

I 11 Masculinum genus naturaliter dignius est feminino.
Auctoritates, Aristoteles, Politica 19

> Das männliche Geschlecht ist von Natur aus mehr wert als das weibliche.

I 12 Caput autem mulieris vir.
Vulgata, Epistula ad Corinthios 1. 11,3

> Der Mann ist das Haupt der Frau.

I 13 Ipse autem dominabitur tui.
Vulgata, Liber Genesis 1. 3,16

> Er soll dein Herr sein.

I 14 Mulier enim subdita est viro, et in viro arbitrium, in femina obsequium.
Augustinus, Sermones 354a,4

> Die Frau ist dem Mann untertan: der Mann hat zu entscheiden, die Frau zu gehorchen.

I 15 Mulieres viris suis subditae sint sicut Domino.
Vulgata, Epistula ad Ephesios 5,22

> Die Frauen seien ihren Männern untertan als ihrem Herrn.

I 16 Ne virilibus officiis fungantur mulieres.
Corpus Iuris Civilis, Digesta 3. 1,1,5 (Ulpianus)

> Frauen sollen nicht die Aufgabe von Männern wahrnehmen.

I 17 Uxori nubere nolo meae.
Martialis, Epigrammata 8. 12,2

> Meine Frau will ich nicht zum Mann nehmen.

I 18 Quanta erit infelicitas urbis illius, in qua virorum officia mulieres occupabunt!
Lactantius, Epitome 33,5

> Wie groß ist doch das Unglück einer Stadt, in der die Frauen die Aufgaben der Männer übernehmen!

Familie

119   Sexus uterque potens, sed praevalet imperio mas.
Ausonius, Technopaegnion 7,2
> Beide Geschlechter sind stark, doch an Macht hat den Vorrang der Mann.

120   Pronuntiatio sermonis in sexu masculino ad utrumque sexum plerumque porrigitur.
Corpus Iuris Civilis, Digesta 50. 16,195 pr. (Ulpianus)
> Auch wenn in einer Anweisung nur das männliche Geschlecht genannt ist, erstreckt sie sich in der Regel auf beide Geschlechter.

Mann

121   Incorruptus vir sit externis et insuperabilis miratorque tantum sui, fidens animo atque in utrumque paratus, artifex vitae; fiducia eius non sine scientia sit, scientia non sine constantia: maneant illi semel placita nec ulla in decretis eius litura sit.
Seneca, De vita beata 8,3
> Unbestechlich von außen soll ein Mann sein und unbesiegbar, nur sich selbst bewundernd, ›vertrauend auf sein Herz und für alles gerüstet‹ *(Vergil)*, ein Meister seines Lebens, seine Zuversicht sei nicht ohne Sachkenntnis, seine Sachkenntnis nicht ohne Festigkeit; seine einmal getroffenen Entscheidungen sollen Geltung behalten, und das ohne Abstriche.

122   Est autem turpe virum uxori subditum esse, ad eius vocem contremiscere, si vocat, praesto esse, si iubet, obedire nec aliam causam inquirere, sed pro ratione feminae voluntatem satis esse.
Tünger, Facetiae 42
> Es ist schandhaft, wenn ein Mann seiner Frau untertan ist, bei ihrer Stimme zusammenzuckt, antanzt, wenn sie ruft, Folge leistet, wenn sie befiehlt, und nach keinem anderen Anlass sucht, sondern wenn allein der Wille der Frau als Begründung ausreicht.

123   Consule vir, fac vota senex iuvenisque labora.
Binder, Novus thesaurus 565
> Gib Ratschläge als gestandener Mann, äußere Wünsche als Greis, als junger Mann mach dich ans Werk.

124   Barba viros decet.
cf. Ovidius, Metamorphoses 13. 850
> Ein Bart steht Männern gut zu Gesicht.

125   Forma viros neglecta decet.
Ovidius, Ars amatoria 1. 509
> Vernachlässigte Schönheit gereicht dem Mann zur Ehre.

126   Nimia est miseria nimis pulchrum esse hominem.
Plautus, Miles gloriosus 68
> Es ist eine allzu große Not, ein allzu schöner Mann zu sein.

127 Prudentiam / nullam mulieri adscribier volunt viri.
Macropedius, Rebelles 1,2
> Männer mögen nicht, dass man einer Frau Verstand zuspricht.

128 Mares post excessum quattuordecim annorum puberes existimentur.
Corpus Iuris Civilis, Codex Iustinianus 5. 60,3 (a. 529)
> Männliche Personen sollen nach Ablauf des 14. Jahres für erwachsen gehalten werden.

129 Nam viris quoque puerilia ac muliebria ingenia sunt.
Seneca, De ira 1. 20,3
> Auch Männer haben kindische und weibische Veranlagung.

130 Quid est enim fletu muliebri viro turpius?
Cicero, Tusculanae disputationes 2. 57
> Gibt es für einen Mann Schimpflicheres, als wie ein Weib zu weinen?

131 Assiduae multis odium peperere querelae: / frangitur in tacito femina saepe viro.
Propertius, Elegiae 2. 18,1–2
> Ständiges Jammern bringt vielen nur Abneigung ein: Eine Frau gibt sich eher einem schweigsamen Mann hin.

132 Viri non est debilitari dolore, frangi, succumbere.
~ Cicero, De finibus bonorum et malorum 2. 95
> Es ist unmännlich, vom Schmerz gelähmt, gebrochen, überwältigt zu werden.

133 Militat omnis amans et habet sua castra Cupido.
Ovidius, Amores 1. 9,1
> Jeder Liebende steht im Kriegsdienst, auch Amor steht im Feld.

134 Ah pereat, si quis lentus amare potest!
Propertius, Elegiae 1. 6,12
> Zum Henker mit einem, der zögerlich lieben kann.

135 Non mihi mille placent, non sum desultor amoris.
Ovidius, Amores 1. 3,15
> Mir gefallen nicht tausend, ich wechsle nicht ständig die Liebe.

136 Aufer meretrices de rebus humanis, turbaveris omnia libidinibus.
Augustinus, De ordine 2. 4
> Nimm die Prostitution aus der Gesellschaft, und du wirst alles durch die Leidenschaften in Unordnung bringen.

Familie

Frau

137 Mulier autem familiae suae et caput et finis est.
Corpus Iuris Civilis, Digesta 50. 16,195,5 (Ulpianus)
> Die Frau ist Anfang und Ende ihrer Familie.

138 Uxores concoruscant radiis maritorum.
Corpus Iuris Civilis, Novellae 105,2 pr.
> Die Ehefrauen glänzen im Licht ihrer Männer.

139 Femina est mas occasionatus.
Aristoteles bei Thomas von Aquin, Summa theologiae 1. 92,1
> Die Frau ist ein verfehlter Mann.

140 Uxor adventitium bonum est: Non est inter illa, quae semel unicuique contingunt.
Pseudo-Seneca, De remediis fortuitorum
> Die Ehefrau ist ein nebensächlicher Wert; sie gehört nicht zu dem, was einem jeden nur einmal beschert ist.

141 Sublata lucerna nihil interest inter mulieres.
Erasmus, Adagia 2377 (nach Apostolios)
> Wenn man das Licht entfernt, ist eine Frau wie die andere.

142 Nolo nimis facilem difficilemque nimis *(sc. puellam)*.
Martialis, Epigrammata 1. 57,2
> Ich will keine, die allzu unterwürfig, und keine, die allzu störrisch ist.

143 Mulier taceat in ecclesia.
~ Vulgata, Epistula ad Corinthios 1. 14,34
> Die Frau schweige in der Gemeinde.

144 Feminae ab omnibus officiis civilibus vel publicis remotae sunt et ideo nec iudices esse possunt nec magistratum gerere nec postulare nec pro alio intervenire nec procuratores existere. Item impubes omnibus officiis civilibus debet abstinere.
Corpus Iuris Civilis, Digesta 50. 17,2 pr. 1 (Ulpianus)
> Frauen sind von allen bürgerlichen und öffentlichen Diensten ausgeschlossen und können deshalb weder Richter sein noch ein Amt bekleiden noch gerichtlich beantragen noch für einen anderen einschreiten noch als Bevollmächtigte auftreten. Ebenso müssen sich Unmündige jedes bürgerlichen Dienstes enthalten.

145 Mulieribus tunc succurrendum est, cum defendantur, non ut facilius calumnientur.
Corpus Iuris Civilis, Digesta 50. 17,110,4 (Paulus)
> Den Frauen muss man dann zu Hilfe kommen, wenn sie geschützt werden müssen, nicht damit sie leichter Ränke schmieden.

146 **Mitior circa mulieres debet esse sententia, quas pro infirmitate sexus minus ausuras esse confidimus.**
~ Corpus Iuris Civilis, Codex Iustinianus 9. 8,5,3 (a. 397)
> Bei Frauen, denen wir wegen der Schwäche ihres Geschlechts zugestehen, dass sie zurückhaltender sind, muss ein Urteil milder ausfallen.

147 **Aut amat aut odit mulier, nihil est tertium.**
Publilius Syrus, Sententiae 6
> Entweder liebt oder hasst eine Frau, ein Drittes gibt es nicht.

148 **Feminae naturam regere desperare est otium.**
Publilius Syrus, Sententiae 187
> Die Natur einer Frau beherrschen heißt jede Hoffnung auf Frieden aufgeben.

149 **A feminis utcumque spoliari viros, / ament, amentur, nempe exemplis discimus.**
Phaedrus, Liber fabularum 2. 2,1–2
> Dass Frauen die Männer, ob sie lieben oder geliebt werden, nach Kräften ausrauben, wissen wir doch aus Erfahrung.

150 **Persuasae fallere rima sat est.**
Propertius, Elegiae 4. 1,146
> Ist eine Frau entschlossen zu täuschen, genügt ihr schon eine Ritze.

151 **Cum bene vitaris, tamen auferet; invenit artem / femina, qua cupidi carpat amantis opes.**
Ovidius, Ars amatoria 1. 419–420
> Nimmst du dich auch noch so in Acht, sie erreicht doch ihr Ziel; die Frau findet einen Trick, mit dem sie den Verliebten rupft.

152 **Femina dum plorat, virum superare laborat.**
Wander, Deutsches Sprichwörter-Lexikon 5. 27
> Wenn eine Frau weint, geht es ihr darum, einen Mann zu übervorteilen.

153 **Praecipue multivola est mulier.**
Catullus, Carmina 68,128
> Besonders unersättlich ist die Frau.

154 **Nil non permittit mulier sibi, turpe putat nil.**
Iuvenalis, Saturae 6,457
> Alles erlauben sich die Frauen, für ungeziemend halten sie gar nichts.

Familie

155 Mulierum non imbecillum tantum et imparem laboribus sexum, sed, si licentia adsit, saevum, ambitiosum, potestatis avidum.
~ Tacitus, Annales 3. 33,3

Das weibliche Geschlecht ist nicht nur schwach und Belastungen nicht gewachsen, sondern, wenn man ihm freie Hand lässt, sogar unbeherrscht, geltungssüchtig und machtgierig.

156 Nam fuit ante Helenam cunnus taeterrima belli / causa.
Horatius, Sermones 1. 3,107–108

Auch schon vor Helena war das weibliche Geschlecht der schändlichste Kriegsgrund.

157 Causa tanti mali coniunx iterum.
Vergilius, Aeneis 6. 93

Anlass für so großes Unheil ist wieder *(Anspielung auf Helena)* ein Weib.

158 Nulla fere causa est, in qua non femina litem / moverit.
Iuvenalis, Saturae 6,242

Es gibt kaum einen Prozess, zu dem nicht eine Frau den Anlass gegeben hat.

159 Quod refugit, multae cupiunt; odere, quod instat.
Ovidius, Ars amatoria 1. 717

Was sich ihnen entzieht, weckt bei vielen Frauen Begehr, was sich aufdrängt, verabscheuen sie.

160 Sexus ille femineus ad mutabilitatis vitia patet.
Cassiodorus, Variae 2. 11,2

Das weibliche Geschlecht gibt dem Laster der Flatterhaftigkeit gern Raum.

161 Novi ingenium mulierum: / nolunt, ubi velis; ubi nolis, cupiunt ultro.
Terentius, Eunuchus 812–813

Ich kenne das Wesen der Frauen: Willst du, wollen sie nicht, willst du nicht, sind sie ganz scharf darauf.

162 Varium et mutabile semper / femina.
Vergilius, Aeneis 4. 569–570

Die Frau ist ein immer wieder anderes und wechselhaftes Wesen.

163 Nam varium et mutabile testimonium semper femina producit.
Decretalia Gregorii 5. 40,10

Eine Frau legt immer ein wechselhaftes und unbeständiges Zeugnis ab.

164 Mulieres sunt fere ut pueri, levi sententia.
Terentius, Hecyra 312

Frauen sind fast wie Kinder, unbeständig in ihrem Wollen.

165 Credule, nulla diu femina pondus habet.
Propertius, Elegiae 2. 25,22
> Du Leichtgläubiger, keine Frau bleibt lange Zeit beständig.

166 Mulier est animal, cui stat pro ratione voluntas.
Parodie auf Iuvenalis, Saturae 6,223
> Das Weib ist ein Geschöpf, dem der Wille statt der Vernunft gilt.

167 Lacrimis struit insidias, dum femina plorat.
Disticha Catonis 3. 20
> Wenn eine Frau weint, legt sie aus Tränen eine Schlinge.

168 Neve puellarum lacrimis moveare caveto: / ut flerent, oculos erudiere suos.
Ovidius, Remedia amoris 689–690
> Lass dich nicht von Tränen der Frauen rühren, sie haben ihren Augen das Weinen antrainiert.

169 Si quis adest, iussae prosiliunt lacrymae.
Martialis, Epigrammata 1. 33,2
> Ist jemand zugegen, brechen wie auf Geheiß die Tränen hervor.

170 Sed vobis facile est verba et componere fraudes: / hoc unum didicit femina semper opus.
Propertius, Elegiae 2. 9,31–32
> Euch Frauen fällt es leicht, betrügerische Worte zu ersinnen: In dieser einen Tätigkeit kennen sich Frauen schon immer aus.

171 Muliebris lacrima condimentum est malitiae.
Publilius Syrus, Sententiae 343
> Die Tränen einer Frau würzen ihre Bosheit.

172 Coniugis iratae noli tu verba timere; / nam lacrimis struit insidias, cum femina plorat.
Disticha Catonis 3. 20
> Fürchte nicht die Worte der zornigen Gattin, denn mit Tränen legt die Frau einen Hinterhalt, wenn sie jammert.

Keuschheit

173 Probitas fidesque coniugis, mores, pudor / placeant marito: sola perpetuo manent / subiecta nulli mentis atque animi bona; / florem decoris singuli carpunt dies.
Pseudo-Seneca, Octavia 547–550
> Redlichkeit und Treue der Ehefrau, Sitten und Keuschheit sollen ihrem Mann gefallen: Sie allein bleiben auf Dauer, die von keinem abhängigen Güter des Geists und des Herzens; die Blüte der Schönheit zerpflückt jeder einzelne Tag.

Familie

174   Mulierum virtus prima et maxima est pudicitia.
Otloh, Libellus proverbiorum M58
> Die erste und vorzüglichste Tugend der Frauen ist die Sittsamkeit.

175   Pudicitia quam maxime mulieres exornat.
~ Corpus Iuris Civilis, Novellae 6,6
> Sittsamkeit ist der schönste Schmuck der Frauen.

176   Dummodo morata recte veniat, dotata est satis.
Plautus, Aulularia 239
> Wenn sie nur gesittet ist, hat sie Mitgift genug.

177   Aures pudica coniugis solas timet.
Seneca, Phaedra 874
> Die sittsame Ehefrau fürchtet allein die Ohren ihres Mannes.

178   Quae casta est? De qua mentiri fama veretur.
Bias bei Pseudo-Ausonius, Septem sapientum sententiae 1,5
> Welche Frau ist keusch? Eine, bei der das Gerücht es nicht wagt, zu lügen.

179   Difficile custoditur, quod plures amant.
Hieronymus, Adversus Iovinianum 1. 47; cf. Publilius Syrus, Sententiae 326
> Nur schwer lässt sich bewachen, was viele Liebhaber hat.

180   Aegre formosam poteris servare puellam.
Owen, Monosticha 20,1
> Ein hübsches Mädchen wirst du kaum hüten können. *(vgl. ›Lieber einen Sack Flöhe hüten als ein junges Mädchen.‹)*

181   Nec mulieri nec gremio credi oportere.
Festus, De verborum significatu, N
> Trauen darf man weder der Frau noch ihrem Schoß.

182   Periniquum enim videtur esse, ut pudicitiam vir ab uxore exigat, quam ipse non exhibeat.
Corpus Iuris Civilis, Digesta 48. 5,14,5 (Ulpianus)
> Es erscheint sehr ungerecht, dass ein Mann zwar von der Frau Keuschheit verlangen kann, er selbst sie aber nicht erbringen muss.

183   Nulla satis pudica est, de qua quaeritur.
Seneca maior, Controversiae 1. 2,10
> Keine Frau ist sittsam genug, wenn sie in Verdacht gerät.

Schönheit

184 Ego flos campi et lilium convalium.
Vulgata, Canticum canticorum 2,1
> Ich bin eine Blume auf der Wiese und eine Lilie in den Tälern.

185 Forma dei munus; forma quota quaeque superbit!
Ovidius, Ars amatoria 3. 103
> Schönheit ist eine Gabe Gottes; wie wenige können mit Schönheit glänzen!

186 Formosa facies muta commendatio.
Publilius Syrus, Sententiae 169
> Ein hübsches Gesicht ist eine stumme Empfehlung.

187 Formosa virgo est dotis dimidium.
Afranius bei Nonius Marcellus, De compendiosa doctrina 4. (Fortis)
> Ein schönes Mädchen ist die halbe Mitgift.

188 Mi formosa sat es, si modo saepe venis.
Propertius, Elegiae 2. 18,30
> Du bist mir schön genug, wenn du nur oft zu mir kommst.

189 Est virtus nil aliud quam interna forma; et forma nil aliud quam externa virtus.
Bacon, De dignitate et augmentis scientiarum 6. 3, Exempla 2
> Tugend ist nichts anderes als innere Schönheit; und Schönheit nichts anderes als äußerliche Tugend.

190 Lis est cum forma magna pudicitiae.
Ovidius, Heroides 16,290
> Sittsamkeit und Schönheit sind stark verfeindet.

191 Non est forma satis, nec quae vult bella videri, / debet vulgari more placere sibi. / Dicta, sales, lusus, sermonis gratia, risus / vincunt naturae candidioris opus. / Condit enim formam quicquid consumitur artis, / et nisi velle subest, gratia nuda perit.
Petronius in Anthologia Latina 1. 479,1–6
> Schönheit allein reicht nicht, eine Frau, die schön erscheinen will, darf nicht auf gewöhnliche Weise sich selbst gefallen. Sprache, Humor, Esprit, gefällige Diktion, Lächeln übertrumpfen das Werk der allzu einfachen Natur. Schönheit begründet erst der ganze Aufwand an Kunst, und wenn der Ehrgeiz fehlt, geht Anmut ungeschminkt unter.

192 Fallax gratia et vana est pulchritudo.
Vulgata, Liber proverbiorum 31,30
> Trügerisch ist die Anmut und eitel die Schönheit.

Familie

193 Nec veteris formae gratia tota perit.
Maximianus, Elegiae 2,32
> Die Anmut der früheren Schönheit ist noch zu erahnen.

194 Quid, quod saepe decor, cum prohibetur, adest?
Anthologia Latina 1. 458,10
> Zeigt sich die Anmut nicht oft gerade dann, wenn sie behindert wird?

195 Anceps forma bonum mortalibus, / exigui donum breve temporis, / ut velox celeri pede laberis!
Seneca, Phaedra 761–763
> Schönheit, zwiespältiges Gut für die Menschen, kurzlebiges Geschenk von knapper Dauer, wie rasch entgleitest du mit schnellem Fuß!

196 Eventum formae disce timere tuae.
Propertius, Elegiae 3. 25,18
> Lerne das Ende deiner Schönheit zu fürchten.

197 Forma bonum fragile est, quantumque accedit ad annos, / fit minor et spatio carpitur ipsa suo.
Ovidius, Ars amatoria 2. 113–114
> Schönheit ist ein zerbrechliches Gut; kommt sie in die Jahre, verliert sie an Wert und verzehrt sich an der eigenen Dauer.

198 Forma, nisi admittas, nullo exercente senescit.
Ovidius, Amores 1. 8,53
> Schönheit vergeht, wenn man sie nicht wirken lässt, da niemand sie anregt.

199 Non deformitate corporis foedari animum, sed pulchritudine animi corpus ornari.
Seneca, Epistulae morales 66,4
> Durch einen hässlichen Körper wird die Seele nicht geschändet, aber durch eine schöne Seele der Körper geadelt.

Verlobung

1100 Sponsalia sunt mentio et repromissio nuptiarum futurarum.
Corpus Iuris Civilis, Digesta 23. 1,1 (Florentinus)
> Verlöbnis ist Vorschlag und Versprechen einer künftigen Eheschließung.

1101 Alii desponsata renuntiare condicioni ac nubere alii non prohibetur.
Corpus Iuris Civilis, Codex Iustinianus 5. 1,1 (a. 293)
> Einer Verlobten steht es frei, das Verlöbnis zu lösen und einen anderen zu heiraten.

1102 Sponsalia sicut nuptiae consensu contrahentium fiunt: et ideo sicut nuptiis, ita sponsalibus filiam familias consentire oportet.

Corpus Iuris Civilis, Digesta 23. 1,11 (Ulpianus)

> Eine Verlobung kommt wie eine Ehe durch Einwilligung der Partner zustande, und deshalb muss eine Haustochter wie zu einer Ehe auch zu einer Verlobung ihre Zustimmung erteilen.

1103 In sponsalibus contrahendis aetas contrahentium definita non est ut in matrimoniis. Quapropter et a primordio aetatis sponsalia effici possunt, si modo id fieri ab utraque persona intellegatur, id est, si non sint minores quam septem annis.

Corpus Iuris Civilis, Digesta 24. 1,14 (Modestinus)

> Für den Abschluss von Verlöbnissen ist kein Alter der Beteiligten festgesetzt wie bei der Eheschließung. Deshalb können Verlöbnisse auch schon von frühem Alter her geschlossen werden, vorausgesetzt, beide Personen haben die entsprechende Einsicht, das heißt, wenn sie nicht jünger als sieben Jahre sind.

Ehe

1104 Nemini liceat contrahere matrimonium cum filia, nepte, pronepte; itemque matre, avia, proavia et ex latere amita ac matertera, sorore sororis filia et ex ea nepte, praeterea fratris filia et ex ea nepte itemque ex adfinibus privigna, noverca, nuru, socru ceterisque, quae iure antiquo prohibentur: a quibus cunctos volumus abstinere.

Corpus Iuris Civilis, Codex Iustinianus 5. 4,17 (a. 295)

> Niemandem sei es gestattet, eine Ehe einzugehen mit der Tochter, der Enkelin, Urenkelin, ebenso mit der Mutter, Großmutter, Urgroßmutter und auf der Seitenlinie mit der Schwester des Vaters oder der Mutter, mit der Schwester und deren Tochter und Enkelin, außerdem mit der Tochter und Enkelin des Bruders, ebenso von den Anverwandten mit der Stieftochter, Stiefmutter, Schwiegertochter, Schwiegermutter und den Übrigen, denen es nach altem Recht verwehrt ist. Von diesen wollen wir es allen verwehren.

1105 Duorum autem fratrum vel sororum liberi et fratris et sororis iungi possunt.

Corpus Iuris Civilis, Institutiones 1. 10,4

> Die Kinder zweier Brüder oder Schwestern und eines Bruders und einer Schwester dürfen heiraten.

1106 Nos uxor numquam, numquam deducet amica: / semper amica mihi, semper et uxor eris.

Propertius, Elegiae 2. 6,41–42

> Nie wird mich eine Ehefrau, nie eine Geliebte verführen: Immer wirst du meine Geliebte, immer meine Ehefrau sein.

Familie

I107 Bonum ergo coniugii non est fervor concupiscentiae, sed quidam licitus et honestus illo fervore utendi modus, propagandae proli, non explendae libidini accomodatus.
Augustinus, De peccatorum meritis et remissione 1,57
> Der Wert der Ehe liegt nicht in leidenschaftlicher Sinnenlust, sondern in einer statthaften ehrbaren Art, diese Leidenschaft einzusetzen, die darauf abzielt, Nachkommen zu zeugen, nicht die Lust auszuleben.

I108 Coniugium sine prole est quasi dies sine sole.
Binder, Novus thesaurus 547
> Eine Ehe ohne Nachkommen ist wie ein Tag ohne Sonne.

I109 Non est bonum esse hominem solum.
Vulgata, Liber Genesis 2,18
> Es ist nicht gut, dass der Mensch allein sei.

I110 Quam ob rem relinquet vir patrem suum et matrem et adhaerebit uxori suae; et erunt in carnem unam.
Vulgata, Liber Genesis 2,24
> Darum wird ein Mann seinen Vater und seine Mutter verlassen und an seinem Weibe hangen, und sie werden sein ein Fleisch.

I111 Quocumque perrexeris, pergam, ubi morata fueris, et ego pariter morabor.
Vulgata, Liber Ruth 1,16
> Wo du hingehst, dahin gehe auch ich, und wo du dich aufhältst, da werde ich mich ebenfalls aufhalten.

I112 Quod si non se continent, nubant: Melius est enim nubere quam uri.
Vulgata, Epistula ad Corinthios 1. 7,9
> Wenn sie nicht enthaltsam leben können, sollen sie heiraten: Denn es ist besser, zu heiraten, als sich in Begierde zu verzehren.

I113 Copulatio igitur maris et feminae quoddam seminarium est civitatis.
~ Augustinus, De civitate Dei 15. 16
> Die Verbindung von Mann und Weib ist gleichsam die Pflanzstätte des Staats.

I114 Nuptias enim non concubitus, sed consensus facit.
Corpus Iuris Civilis, Digesta 35. 1,15 (Ulpianus)
> Nicht der Beischlaf bringt eine Ehe zustande, sondern die Übereinstimmung.

I115 Non enim coitus matrimonium facit, sed maritalis affectio.
Corpus Iuris Civilis, Digesta 24. 1,32,13 (Ulpianus)
> Nicht die körperliche Vereinigung macht die Ehe aus, sondern die eheliche Zuneigung.

I116 Procreare liberos lepidum est opus.
Plautus, Miles gloriosus 682
> Kinderzeugen ist ein angenehmes Geschäft.

1117 Non respondet ad propositum nec ad certam diem fecunditas.
Seneca maior, Controversiae 2. 5,7
> Fruchtbarkeit stellt sich nicht auf Wunsch und nicht nach festem Zeitplan ein.

1118 Matrimonium inter invitos non contrahitur.
~ Corpus Iuris Civilis, Digesta 23. 2,22 (Celsus)
> Zwischen solchen, die nicht wollen, wird keine Ehe eingegangen.

1119 Simulatae nuptiae nullius momenti sunt.
Corpus Iuris Civilis, Digesta 23. 2,30 (Gaius)
> Eine nur zum Schein eingegangene Ehe ist nichtig.

1120 Contra consilium si nubat virgo parentum, / horum non debet participare bonis.
Abaelardus, Monita ad Astralabium 631–632
> Wenn ein junges Mädchen gegen den Rat ihrer Eltern heiratet, verliert es seinen Anspruch auf deren Vermögen.

1121 Visne tibi similem generari ex coniuge prolem? / Uxorem primo quaere tibi similem.
Owen, Epigrammata 2. 146
> Willst du von deiner Frau einen Sohn, der dir ähnlich ist? Such dir zuerst eine Frau, die dir ähnlich ist.

1122 Par pari iungatur coniux: quicquid impar, dissidet.
Solon bei Pseudo-Ausonius, Septem sapientum sententiae 5,3
> Ehen schließt man nur unter Gleichen: Was ungleich ist, schafft immer Unfrieden.

1123 Si qua voles apte nubere, nube pari.
Ovidius, Heroides 9,32
> Willst du dich glücklich verheiraten, wähle einen Mann, der dir entspricht.

1124 Si quietem mavis, duc uxorem parem.
Quintilianus, Declamationes minores 306
> Wenn du den Frieden vorziehst, nimm eine Frau, die dir entspricht.

1125 Si sine uxore vivere possemus, Quirites, omni ea molestia careremus; sed quoniam ita natura tradidit, ut nec cum illis satis commode, nec sine illis ullo modo vivi possit, saluti perpetuae potius quam brevi voluptati consulendum est.
Cato bei Gellius, Noctes Atticae 1. 6,2
> Wenn wir ohne Frau leben könnten, Bürger, hätten wir diesen ganzen Ärger nicht; aber da die Natur es so eingerichtet hat, dass man mit ihnen nicht besonders gut, ohne sie überhaupt nicht leben kann, müssen wir mehr für unser dauerndes Wohlergehen als für ein kurzes Vergnügen sorgen.

Familie

1126 Ubi vero quaeret uxorem, videat, an nuptias suas amet, an nil pluris faciat marito, an misericors sit, an fortis sit, an possit, si quid viro inciderit, mala una tolerare: si his bonis fuerit instructa, dotata est.
Seneca maior, Controversiae 1. 6,6
> Wer eine Frau sucht, soll darauf achten, ob sie die Ehe mit ihm gern hat, ob sie barmherzig ist, ob sie tüchtig ist, ob sie, wenn dem Mann etwas zustößt, das Leid mit ihm zusammen ertragen kann: Wenn sie diese Vorzüge besitzt, verfügt sie über eine reiche Mitgift.

1127 Animo virum pudicae, non oculo eligunt.
Publilius Syrus, Sententiae 36
> Sittsame Frauen suchen sich ihren Gatten mit dem Herzen, nicht mit dem Auge.

1128 Beatus, qui habitat cum muliere sensata!
Vulgata, Liber ecclesiasticus 25,11
> Wohl dem, der eine vernünftige Frau hat!

1129 Bona uxor suave ductu est, si sit usquam gentium, / ubi ea possit inveniri.
Plautus, Miles gloriosus 685–686
> Eine gute Ehefrau ist ein Vergnügen, wenn man dergleichen irgendwo auf der Welt finden kann.

1130 Amicus et sodalis in tempore convenientes, et super utrosque mulier cum viro.
Vulgata, Liber ecclesiasticus 40,23
> Ein Freund und ein Gefährte stehen einem Mann zur rechten Zeit bei, doch mehr als beide eine Ehefrau.

1131 Mulier pudica viri est gloria.
Sextos, Enchiridion 237
> Eine sittsame Frau ist eine Zierde ihres Mannes.

1132 Omnis amor magnus, sed aperto in coniuge maior.
Propertius, Elegiae 4. 3,49
> Liebe ist immer großartig, doch am meisten bei offensichtlich Vermählten.

1133 Perenne coniugium animus, non corpus facit.
Publilius Syrus, Sententiae 481
> Das Herz verleiht einer Ehe Dauer, nicht der Körper.

1134 Non enim recte amat uxorem, qui corpus amat potius quam animam.
Erasmus, Apophthegmata 2. 143F
> Seine Frau liebt nicht richtig, wer ihren Körper mehr liebt als ihre Seele.

1135 Sic cum uxore vive, ut extra domum nec, an ames, notum sit, nec an litiges
Pseudo-Seneca, Monita, Sententiae Cleobuli 14
> Leb mit deiner Frau so, dass außer Haus weder bekannt ist, ob du sie liebst, noch ob du mit ihr im Streit liegst.

1136 Casta ad virum matrona parendo imperat.
Publilius Syrus, Sententiae 93
> Eine brave Frau herrscht über ihren Mann dadurch, dass sie ihm zu Willen ist.

1137 Mulier / oboediens / regit / virum.
Rom, Piazza Barberini Ecke Via Veneto/Via di S. Basilio
> Eine fügsame Frau beherrscht ihren Mann.

1138 Nam uxor contenta est, quae bona est, uno viro: / qui minus vir una uxore contentus siet?
Plautus, Mercator 824–825
> Eine wirklich gute Frau ist mit einem einzigen Mann zufrieden: Wie sollte ein Mann mit einer einzigen Frau weniger zufrieden sein?

1139 Duc aut dota!
cf. Decretalia Gregorii 5. 16,1
> Heirate oder statte *aus (zeitweilige Alternative für Verführer)*!

1140 Nemini licentia concedatur constante matrimonio concubinam penes se habere.
Corpus Iuris Civilis, Codex Iustinianus 5. 26,1 (a. 326)
> Niemandem wird die Erlaubnis gewährt, bei bestehender Ehe eine Konkubine bei sich zu haben.

1141 Dives erit, magno quae dormit tertia lecto.
Iuvenalis, Saturae 2,60
> Reich wird die sein, die als Dritte im großen Bett schläft *(d. h. die sexuellen Neigungen ihres Mannes deckt)*.

1142 Habent locum male dicti crebrae nuptiae.
Publilius Syrus, Sententiae 223
> Häufige Hochzeiten haben den Rang von üblen Nachreden.

1143 Qui pacem constare cupit domuique sibique / cogitur uxori moriger esse suae.
Glandorp, Epigrammata
> Wer wünscht, dass ihm und seinem Haus der Friede erhalten bleibt, ist gezwungen, sich nach seiner Frau zu richten.

1144 Arbitrii, pro quo iam in partes scinditur orbis, / vir libertatem perdidit, uxor habet.
Owen, Epigrammata 1. 35
> Die Willensfreiheit, für die man schon die Welt zerteilt, hat der Mann verloren, seine Frau hat sie.

Familie

1145 Saepe in coniugiis fit noxia, si nimia est dos.
Ausonius, Technopaegnion 7,1
> Ehen nehmen oft Schaden, wenn die Mitgift zu groß ist.

1146 Argentum accepi, dote imperium vendidi.
Plautus, Asinaria 87
> Ich habe Geld angenommen, für die Mitgift habe ich meine Machtstellung verkauft.

1147 Semper habet lites alternaque iurgia lectus, / in quo nupta iacet; minimum dormitur in illo.
Iuvenalis, Saturae 6,268–269
> Ewigen Streit und gegenseitige Beschimpfung bringt das Bett, in dem eine Ehefrau liegt; nur selten kommt man dort zum Schlaf.

1148 Eum, qui duxit uxorem, pati necesse est ex duobus incommodis alterum, ut aut κοινην habeat aut ποινην.
Bias bei Gellius, Noctes Atticae 5. 11,7
> Wer geheiratet hat, muss eine von zwei Unannehmlichkeiten hinnehmen, dass er seine Frau entweder ›gemein‹ hat oder ›als Pein‹.

1149 Uxor legitimus debet quasi census amari. / Nec censum vellem semper amare meum.
Petronius in Anthologia Latina 1. 468,1–2
> ›Man muss seine Frau lieben wie das rechtmäßige Eigentum.‹ – Doch wer will schon immer sein Eigentum lieben?

1150 Uxorium se praebet.
~ Macrobius, Saturnalia 7. 3,19
> Er erweist sich als Sklave seiner Frau. *(d. h. ›Er steht unter dem Pantoffel.‹)*

1151 Viri in eo culpa, si femina modum excedat.
Tacitus, Annales 3. 34,4
> Der Mann ist schuld daran, wenn die Frau ihre Grenzen nicht einhält.

1152 Vitium uxoris aut tollendum aut ferendum est: qui tollit vitium, uxorem commodiorem praestat; qui fert, sese meliorem facit.
Varro, Saturae Menippeae frg. 83, De officio mariti
> Fehler bei der Ehefrau muss man ausmerzen oder ertragen: Wer einen Fehler ausmerzt, bessert seine Frau, wer ihn erträgt, bessert sich.

1153 Miser est, qui uxorem perdit, miserior, qui possidet.
Publilius Syrus, Sententiae A333
> Arm dran ist, wer seine Frau verliert, ärmer, wer sie noch hat.

Ehebruch

1154 Fidelem haud ferme mulieri invenias virum.
Terentius, Andria 460
> Ein Mann, der einer Frau treu ist, ist eine große Ausnahme.

1155 Duas uxores eodem tempore habere non licet.
Corpus Iuris Civilis, Institutiones 1. 10,6
> Zur gleichen Zeit zwei Ehefrauen zu haben ist nicht erlaubt.

1156 Duas uxores? hercle hoc plus negoti est.
Laberius bei Gellius, Noctes Atticae 16. 7,12
> Zwei Frauen? Bei Gott, das heißt noch mehr Unannehmlichkeiten.

1157 Neque eadem duobus nupta esse potest neque idem duas uxores habere.
Gaius, Institutiones 1. 63
> Weder kann ein und dieselbe Frau mit zwei Männern verheiratet sein noch ein und derselbe Mann zwei Frauen haben.

1158 Adulter etiam propriae uxoris omnis impudicus.
Sextos, Enchiridion 231
> Ein Schamloser begeht Ehebruch mit der eigenen Frau.

1159 A! crudele genus nec fidum femina nomen! / a! pereat, didicit fallere siqua virum!
Tibullus (Lygdamus), Elegiae 3. 4,61–62
> O welch grausames Geschlecht, Untreue ist dein Name, Weib! Verwünscht sei die, die gelernt hat, ihren Mann zu hintergehen!

1160 Felix, quem faciunt aliorum cornua cautum.
Owen, Epigrammata 1. 147,1
> Glücklich, wer durch Fremden aufgesetzte Hörner vorsichtig wird.

1161 Fundum alienum arat, incultum familiarem deserit.
Plautus, Asinaria 874
> Er pflügt einen fremden Acker, den eigenen lässt er brachliegen.

1162 Plus est distribuere adulteria quam facere.
Seneca, Epistulae morales 97,5
> Es ist schlimmer, Ehebruch zu vermitteln, als ihn zu begehen.

1163 Viri gravius sunt puniendi quam mulieres de adulterio.
Decretum magistri Gratiani 2. 32,6,4 Rubrik
> Männer müssen bei einem Ehebruch härter bestraft werden als Frauen.

Familie

1164 Zelotypo coniunx suspecta marito: / nam quae quisque facit, fieri sibi furta meretur.
Mantuanus, Adulescentia 6,71–72
> Einem eifersüchtigen Mann ist seine Frau immer verdächtig, denn jeder verdient, dass ihm geschieht, was er selbst tut.

Ehescheidung

1165 Quod ergo Deus coniunxit, homo non separet.
Vulgata, Evangelium secundum Matthaeum 19,6
> Was Gott verbunden hat, soll der Mensch nicht scheiden.

1166 Collige sarcinulas!
Iuvenalis, Saturae 6,146
> Pack deine sieben Sachen!

1167 Tuas res tibi habeto!
Corpus Iuris Civilis, Digesta 24. 2,2,1 (Gaius)
> Du magst deine Sachen für dich behalten! *(Scheidungsformel)*

1168 At nunc in feminis prae auro nullum leve est membrum, prae vino nullum liberum est osculum, repudium vero iam et votum est, quasi matrimonii fructus.
Tertullianus, Apologeticum 6,6
> Heutzutage ist bei den Frauen kein Glied mehr ohne Goldbehang, kein Kuss ungezwungen vor lauter Wein, der Gedanke an Auflösung der Ehe aber ist schon beim Eheversprechen zugegen, gewissermaßen als Ertrag der Ehe.

1169 Exeunt matrimonii causa, nubunt repudii.
Seneca, De beneficiis 3. 16,2
> Man lässt sich scheiden, um wieder zu heiraten, man heiratet, um sich scheiden zu lassen.

1170 Turpe vir et mulier, iuncti modo, protinus hostes.
Ovidius, Remedia amoris 659
> Schändlich, wenn Mann und Frau, eben noch miteinander verbunden, gleich zu Feinden werden.

1171 Tutius est aptumque magis discedere pace / nec petere a thalamis litigiosa fora.
Ovidius, Remedia amoris 669–670
> Sicherer und angemessener ist es, sich in Frieden zu trennen und nicht vom Schlafzimmer zum Prozessieren auf den Markt zu rennen.

1172 Turpius nil quam bellare est, quocum amanter vixeris.
Pseudo-Seneca, Proverbia 129
> Nichts ist schändlicher, als den zu bekämpfen, mit dem man liebevoll zusammengelebt hat.

1173 Melius nil caelibe vita.
Horatius, Epistulae 1. 1,88
> Es geht nichts über das Leben eines Junggesellen.

1174 Caelebs caelestium vitam ducens.
Priscianus, Institutiones grammaticae 1. 23
> Ein Junggeselle lebt wie im Himmel. *(vgl. ›den Himmel auf Erden haben‹)*

1175 Libero lecto nihil iucundius.
Erasmus, Adagia 4047 (cf. Cicero, Ad Atticum 14. 13,5)
> Nichts angenehmer als ein freies *(d. h. ohne Frau daneben)* Bett.

1176 Corrupti sunt saepe pravitatibus uxorum mariti: num ergo omnis caelibes integri?
~ Tacitus, Annales 3. 34,3
> Oft wurden die Männer durch die schlechten Eigenschaften ihrer Frauen verdorben: Sind deshalb aber die Junggesellen alle untadelig?

1177 Qui non litigat, caelebs est.
Hieronymus, Adversus Iovinianum 1. 28
> Wer nicht im Streit lebt, ist unverheiratet.

Familie

1178 Multum valet communio sanguinis.
Cicero, Pro Sex. Roscio Amerino 63
> Die Gemeinschaft des Bluts vermag viel. *(vgl. ›Blut ist dicker als Wasser.‹)*

1179 Magnam vim, magnam necessitatem, magnam possidet religionem paternus maternusque sanguis; ex quo siqua macula concepta est, non modo elui non potest, verum usque eo permanat ad animum, ut summus furor atque amentia consequatur.
Cicero, Pro Sex. Roscio Amerino 66
> Großen Einfluss, große verbindende Kraft, große heilige Verpflichtung besitzt das väterliche und mütterliche Blut; wenn man sich damit befleckt hat, lässt sich dies nicht nur nicht auswaschen, sondern dringt so tief ins Herz, dass wahnsinnige Raserei in höchstem Ausmaß die Folge ist.

1180 Communis est inimicus, qui est hostis suis.
Publilius Syrus, Sententiae A172
> Ein Gegner aller ist, wer den Seinen feind ist.

1181 Quanto plus propinquorum, quanto maior affinium numerus, tanto gratiosior senectus.
Tacitus, De origine et situ Germanorum (Germania) 20,3
> Je mehr Angehörige, je größer die Anzahl der Verwandten, desto angenehmer das Alter.

Familie

1182 Caritas rei publicae incipit a familia.
Bacon, De dignitate et augmentis scientiarum 6. 3, Exempla 5
Liebe zum Staat beginnt mit der Familie.

1183 Familia schola quaedam uberioris humanitatis est.
Concilium Vaticanum II, Gaudium et spes 52
Die Familie ist eine Art Schule recht produktiver Nächstenliebe.

1184 Familiae appellatione et ipse princeps familiae continetur.
Corpus Iuris Civilis, Digesta 50. 16,196 pr. (Gaius)
Mit der Bezeichnung Familie wird auch das Oberhaupt der Familie selbst erfasst.

1185 Appellatione parentis non solum pater, sed etiam avus et proavus et deinceps
omnes superiores continentur; sed et mater et avia et proavia.
Corpus Iuris Civilis, Digesta 50. 16,51 (Gaius)
Der Begriff ›Eltern‹ umfasst nicht nur den Vater, sondern auch den Großvater, Urgroßvater
und alle früheren, aber auch Mutter, Großmutter und Urgroßmutter.

1186 Agnati sunt a patre cognati virilis sexus per virilem sexum descendentes
eiusdem familiae, veluti patrui, fratres, filii fratris, patruelis.
Epitome Ulpiani 11,4
Blutsverwandte vonseiten des Vaters sind Verwandte männlichen Geschlechts, die über das
männliche Geschlecht von derselben Familie abstammen wie die Onkel *(väterlicherseits)*,
die Brüder, die Söhne eines Bruders, die Vettern.

1187 Facit parentes bonitas, non necessitas.
Phaedrus, Liber fabularum 3. 15,18
Güte macht die Eltern, nicht Blutsverwandtschaft.

1188 Appellatione liberorum etiam nepotes continentur.
cf. Corpus Iuris Civilis, Digesta 50. 16,220 (Callistratus)
Im Begriff Kinder sind auch die Enkel enthalten.

1189 Conciliat animos coniugum partus fere.
Seneca, Hercules Oetaeus 407
Kindersegen versöhnt gewöhnlich die Eheleute.

1190 Homines ipsi hanc sibi molestiam ultro atque aerumnam offerunt, / ducunt
uxores, producunt, quibus haec faciant, liberos.
Lucilius, Saturae frg. 678–679
Freiwillig schaffen die Menschen sich diese Last und Mühe: Sie heiraten, ziehen Kinder auf,
und damit schaffen sie sich diesen Ärger.

1191 Liberos cuique ac propinquos suos natura carissimos esse voluit.
Tacitus, De vita Iulii Agricolae 31,1
Kinder und Verwandte sind nach dem Willen der Natur jedem das Liebste.

1192 Itaque beneficiorum maxima sunt, quae a parentibus accepimus, dum aut nescimus aut nolumus.
Seneca, De beneficiis 6. 24,2
> Die größten Wohltaten sind die, die wir von unseren Eltern empfangen haben, ohne es zu wissen oder zu wollen.

1193 Ea caritas, quae est inter natos et parentes, dirimi nisi detestabili scelere non potest.
Cicero, Laelius de amicitia 27
> Eine Liebe, wie sie zwischen Kindern und Eltern besteht, kann nur durch ein verabscheuungswürdiges Verbrechen zerrissen werden.

1194 Officium est, quod homo homini debet: quod inter patrem et filium dicitur pietas, inter patronum et libertum obsequium.
Summa decretorum Rufini 2. 12,2
> Pflicht ist, was ein Mensch dem Menschen schuldet: Zwischen Vater und Sohn heißt das Ehrfurcht, zwischen Herrn und Untergebenem *(wörtlich: Freigelassenem)* Gehorsam.

1195 Probus libertus sine natura est filius.
Publilius Syrus, Sententiae 450
> Ein redlicher Freigelassener ist Sohn auch ohne Mithilfe der Natur.

1196 Praemonstrat signis prolem natura frequenter, / saepe solet filius similis esse patri.
Panfilus 351–352
> Häufig verrät die Natur den Nachwuchs durch Merkmale, oft pflegt der Sohn dem Vater ähnlich zu sein.

1197 Saepe patris mores imitatur filius infans; / qualis erat mater, filia talis erit.
Owen, Monosticha 10,3–4
> Oft ahmt der kleine Sohn die Lebensart des Vaters nach, wie die Mutter war, so wird die Tochter sein.

1198 Diligere parentes prima naturae lex.
Valerius Maximus, Facta et dicta memorabilia 5. 4,7
> Elternliebe heißt das erste Gesetz der Natur.

1199 Non superat amorem matris et fratris nisi solus uxoris affectus.
Hieronymus, Epistulae 117,5
> Allein die Liebe zur Ehefrau ist stärker als die zu Mutter und Bruder.

1200 Aequa diligito caros pietate parentes, / nec matrem offendas, dum vis bonus esse parenti.
Disticha Catonis 3. 24
> Liebe deine teuren Eltern mit gleicher Ehrfurcht und kränke nicht die Mutter, indem du den Vater bevorzugst.

Familie

1201 Et parentes suos non amare impietas est, non agnoscere insania.
Seneca, De beneficiis 3. 1,5
> Seine Eltern nicht zu lieben zeugt von Mangel an Ehrfurcht, sich nicht zu ihnen zu bekennen von Wahnsinn.

1202 Laus magna natis obsequi parentibus.
Phaedrus, Liber fabularum, Appendix Gudiana 32,11
> Den Eltern zu gehorchen ist für Kinder großes Lob.

1203 Parentum necessitatibus liberos succurrere iustum est.
Corpus Iuris Civilis, Codex Iustinianus 5. 25,1 (Antoninus Pius)
> Es ist recht, dass die Kinder den Eltern, wenn sie in Not sind, zu Hilfe eilen.

1204 Ames parentem, si aequus est, aliter feras.
Publilius Syrus, Sententiae 8
> Liebe deinen Vater, wenn er gerecht ist, sonst ertrag ihn.

1205 Patria potestas in pietate debet, non atrocitate consistere.
Corpus Iuris Civilis, Digesta 48. 9,5 (Marcianus)
> Väterliche Gewalt muss sich in Liebe äußern, nicht in Grausamkeit.

1206 Mavult pater filium corrigere quam abdicare.
Quintilianus, Institutio oratoria 7. 4,27
> Ein Vater will seinen Sohn lieber bessern als verstoßen.

1207 Non cogitur filius familias uxorem ducere.
Corpus Iuris Civilis, Digesta 23. 2,21 (Terentius Clemens)
> Ein Sohn unter väterlicher Gewalt kann nicht dazu gezwungen werden, eine Frau zu nehmen.

1208 Secundus est a matre nutricis dolor.
Publilius Syrus, Sententiae 600
> Der Schmerz der Amme kommt dem der Mutter sehr nahe.

1209 Seri nova cura nepotes.
Ausonius, Protrepticus ad nepotem 19
> Späte Enkel bringen neue Sorgen.

Brüder

1210 Est potior frater quam spatiosus ager.
Nivardus, Ysengrimus 2. 584
> Ein Bruder ist mehr wert als ein noch so großes Gut.

1211 **Cum fratre sic divide, ut animorum consortium maneat.**
Pseudo-Seneca, Monita 30
> Teile mit deinem Bruder so, dass das Gefühl der Gemeinsamkeit erhalten bleibt.

1212 **Frater, qui adiuvatur a fratre, quasi civitas firma.**
cf. Vulgata, Liber proverbiorum 18,19
> Ein Bruder, dem der Bruder hilft, ist wie eine feste Stadt.

1213 **Meus enim me sensus, quanta vis fraterni sit amoris, admonet.**
Cicero, Ad familiares 5. 2,10
> Mein Herz bringt mir zu Bewusstsein, welch große Kraft in der Bruderliebe steckt.

1214 **Nefas nocere vel malo fratri puta.**
Seneca, Thyestes 219
> Betrachte es als Frevel, selbst einem gemeinen Bruder zu schaden.

1215 **Quis autem amicior quam frater fratri?**
Sallustius, Bellum Iugurthinum 10,5
> Wer kann ein besserer Freund sein als der Bruder dem Bruder?

1216 **Num custos fratris mei sum ego?**
Vulgata, Liber Genesis 4,9
> Soll ich meines Bruders Hüter sein?

1217 **Omnis, qui odit fratrem suum, homicida est.**
Vulgata, Epistula Ioannis 1. 3,15
> Wer seinen Bruder hasst, ist ein Mörder.

1218 **Adoptio naturam imitatur.**
~ Calpurnius Flaccus, Declamationes 30
> Die Annahme an Kindes statt ahmt die Natur nach.

1219 **Arrogatus cum capite fortunas quoque suas in familiam et domum alienam transfert.**
Corpus Iuris Civilis, Digesta 37. 11,11,2 (Papinianus)
> Wer sich an Kindes statt annehmen lässt, überträgt mit seiner Person auch sein Vermögen in die fremde Familie und das fremde Haus.

Familie

J Freundschaft

Gleichartigkeit

J1 Amor enim, ex quo amicitia nominata est, princeps est ad benevolentiam coniungendam.
Cicero, Laelius de amicitia 26

> Die Liebe, nach der die Freundschaft benannt ist, ist besonders geeignet, gegenseitige Zuneigung zu bewirken.

J2 Bonus esto et sic quaere alterum similem tui.
Publilius Syrus, Sententiae A128

> Sei gut und suche so nach deinesgleichen.

J3 Iungit enim amicitias similitudo morum.
Quintilianus, Declamationes minores 307,6

> Ähnlichkeit der Charaktere knüpft Freundschaft.

J4 Similis similem sibi quaeritat.
Liber miraculorum app. 2,5

> ›Gleich und Gleich gesellt sich gern.‹

J5 Pares cum paribus facillime congregantur.
Cicero, Cato maior de senectute 7

> ›Gleich und Gleich gesellt sich gern.‹

J6 Aut accipit pares amicitia aut facit.
Publilius Syrus, Sententiae A321

> Freundschaft nimmt Gleiche auf und macht gleich.

J7 Estque ea iucundissima amicitia, quam similitudo morum coniugavit.
Cicero, De officiis 1. 58

> Die Freundschaft ist die erfreulichste, die die Ähnlichkeit der Charaktere zustande gebracht hat.

J8 Nihil autem est amabilius nec copulatius quam morum similitudo bonorum; in quibus enim eadem studia sunt, eaedem voluntates, in iis fit, ut aeque quisque altero delectetur ac se ipso, efficiturque id, quod Pythagoras vult in amicitia, ut unus fiat ex pluribus.
Cicero, De officiis 1. 56

> Nichts ist liebenswerter und gewinnender als ähnliche Wertmaßstäbe; wer nämlich das gleiche Ziel hat, die gleiche Gesinnung, erlebt es, dass jeder am anderen die gleiche Freude hat wie an sich selber, und es ergibt sich, was Pythagoras von der Freundschaft verlangt: dass aus mehreren ein Einziger wird.

J9 Amicitia magis elucet inter aequales.
Cicero, Laelius de amicitia 101

> Unter Gleichaltrigen gewinnt Freundschaft noch mehr Glanz.

J10 Duobus unum animum habentibus nulla domus angusta est.
Petrarca, Familiares 7. 1

> Wenn zwei die gleiche Einstellung haben, ist kein Haus zu eng.

J11 Nulla pusilla domus, quin multos captet amicos.
Pseudo-Seneca, Liber de moribus 132

> Kein Haus ist zu klein, dass es nicht vielen Freunden Raum böte.

J12 Namque hoc praestat amicitia propinquitati, quod ex propinquitate benevolentia tolli potest, ex amicitia non potest. Sublata enim benevolentia amicitiae nomen tollitur, propinquitatis manet.
Cicero, Laelius de amicitia 19

> Freundschaft gilt daher mehr als Verwandtschaft, weil es auch Verwandtschaft ohne Zuneigung geben kann, Freundschaft nicht. Denn wenn die Zuneigung schwindet, gibt es Freundschaft auch dem Namen nach nicht mehr, die Verwandtschaft aber bleibt.

J13 Benivoli coniunctio animi maxima est cognatio.
Publilius Syrus, Sententiae 59

> Mit einem Liebenswürdigen verbunden zu sein ist die beste Verwandtschaft.

J14 Praestat amicitia propinquitati.
Cicero, Laelius de amicitia 19

> Freundschaft kommt vor Verwandtschaft.

J15 Est enim amicitia nihil aliud nisi omnium divinarum humanarumque rerum cum benivolentia et caritate consensio; qua quidem haud scio an, excepta sapientia, nihil melius sit homini a dis immortalibus datum.
Cicero, Laelius de amicitia 20

> Freundschaft ist nichts anderes als der seelische Gleichklang in Wohlwollen und Liebe bei allen göttlichen und menschlichen Dingen; mit Ausnahme der Weisheit ist den Menschen von den unsterblichen Göttern wohl nichts Besseres als sie geschenkt worden.

Freund-schaft

J16 Mille animos excipe mille modis.
Ovidius, Ars amatoria 1. 756
> Gewinne tausend Herzen auf tausend Arten.

J17 Amicitia voluntas erga aliquem rerum bonarum illius ipsius causa, quem diligit, cum eius pari voluntate.
Cicero, De inventione 2. 166
> Freundschaft ist Wohlwollen um des Wohlergehens eines willen, den man liebt, mit dessen entsprechendem Wohlwollen.

J18 Coniunctio animi maxima est cognatio.
Publilius Syrus, Sententiae 59
> Seelenverwandtschaft geht über alle Verwandtschaft.

J19 In amicitia autem nihil fictum est, nihil simulatum, et quicquid est, id est verum et voluntarium.
Cicero, Laelius de amicitia 26
> In der Freundschaft ist nichts gekünstelt, nichts geheuchelt, alles kommt aus echtem und freiem Herzen.

J20 In pectore amicus, non in atrio quaeritur.
Seneca, De beneficiis 6. 34,5
> Einen Freund sucht man im Herzen, nicht im Empfangssaal.

J21 Amicitia animis, non annis aestimantur.
Symmachus, Epistulae 6. 17
> Gefühle, nicht die Jahre verleihen einer Freundschaft Wert.

J22 Nomen amicitiae barbara corda movet.
Ovidius, Epistulae ex Ponto 3. 2,100
> Der Begriff Freundschaft rührt selbst barbarische Herzen.

Übereinstimmung

J23 Ipse enim se quisque diligit, non ut aliquam a se ipse mercedem exigat caritatis suae, sed quod per se sibi quisque carus est. Quod nisi idem in amicitiam transferetur, verus amicus numquam reperietur; est enim is, qui est tamquam alter idem.
Cicero, Laelius de amicitia 80
> Jeder liebt sich selbst, nicht um einen Lohn für seine Liebe von sich zu erwarten, sondern weil von Natur jeder sich selbst lieb ist. Wenn man dasselbe nicht auf die Freundschaft anwendet, wird man nie einen wahren Freund finden; dieser ist nämlich gleichsam ein zweites Ich.

J24 Amicis exhibeto, quae tu tibi velis.
Publilius Syrus, Sententiae A247
> Lass deinen Freunden angedeihen, was du selbst gern hättest.

J25 Amicum multi cupiunt, pauci se exhibent.
Publilius Syrus, Sententiae A79
> Einen Freund wünschen sich viele, wenige erweisen sich als solchen.

J26 animae dimidium meae
Horatius, Carmina 1. 3,8
> mein halbes Leben *(Bezeichnung für den Freund Vergil)*

J27 Ego tu sum, tu es ego, unianimi sumus.
Plautus, Stichus 731
> Ich bin du, du bist ich, wir sind ein Herz und eine Seele.

J28 Animae duae, animus unus.
Sidonius Apollinaris, Epistulae 5. 9,4
> Zwei Seelen, ein Gedanke.

J29 Idem velle atque idem nolle, ea demum firma amicitia est.
Sallustius, De coniuratione Catilinae 20,4
> Dasselbe wollen und dasselbe nicht wollen, das erst ist feste Freundschaft.

J30 Hoc erit tibi argumentum semper in promptu situm: / Ne quid exspectes amicos, quod tute agere possies.
Ennius bei Gellius, Noctes Atticae 2. 29,20
> Diese Lehre wird dir immer gegenwärtig sein: Erwarte nicht von Freunden, was du selbst leisten kannst.

J31 Omnia cum amico delibera, sed de ipso prius!
Seneca, Epistulae morales 3,2
> Berate dich in allem mit deinem Freund, doch zuvor berate dich über ihn selbst.

J32 Ita amico prosis, at ne quid noceas tibi.
Pseudo-Publilius, Sententiae 165
> Nütze deinem Freund, aber so, dass du dir in nichts schadest.

J33 Claudit amicitiam numerus plerumque dualis: / Vix in pluralem multiplicatur amor.
Owen, Epigrammata 4. 152
> Über die Zahl zwei geht Freundschaft meist nicht hinaus: Liebe erweitert sich kaum zur Mehrzahl.

J34 Dilecti socius et ipse sit dilectus.
Hrotsvith, Gallicanus 1. 7,1
> Der Freund meines Freundes soll auch mein Freund sein.

Freund-
schaft

J 35 Sine amicitia vita est nulla.
~ Cicero, Laelius de amicitia 86
Ohne Freundschaft gibt es kein Leben.

J 36 Sine anima corpus, hoc est sine amicis homo.
Publilius Syrus, Sententiae A242
Ein Körper ohne Seele, das ist ein Mensch ohne Freunde.

J 37 A natura mihi videtur potius quam ab indigentia orta amicitia.
Cicero, Laelius de amicitia 27
Freundschaft geht wohl eher auf Naturanlage als auf Mangel zurück.

J 38 Dulcius quid est quam habere, quocum ut tecum ausis loqui?
Pseudo-Seneca, Proverbia 79–81
Was ist angenehmer, als jemanden zu haben, mit dem man wie mit sich selbst reden könnte.

J 39 Amicitiae] effectrices sunt voluptatum tam amicis quam sibi.
Cicero, De finibus bonorum et malorum 1. 67
Freundschaften verschaffen sowohl den Freunden als auch einem selbst Glücksgefühle.

J 40 Nihil tamen aeque oblectaverit animum quam amicitia fidelis et dulcis.
Seneca, De tranquillitate animi 7,1
Nichts erfreut das Herz so sehr wie aufrichtige und innige Freundschaft.

Moral

J 41 Ab amicis honesta petamus.
Cicero, Laelius de amicita 44
Freunde soll man nur um Ehrenwertes bitten.

J 42 Amicitia nisi inter bonos esse non potest.
~ Cicero, Laelius de amicitia 65
Freundschaft kann es nur unter Anständigen geben.

J 43 Cum autem in amicitia, quae honesta non sunt, postulabuntur, religio et fides anteponatur amicitiae.
Cicero, De officiis 3. 46
Wenn bei einer Freundschaft gefordert wird, was nicht sittlich gut ist, muss man Gottesfurcht und Treue der Freundschaft vorziehen.

J 44 Amicos vincere inhonesta est victoria.
Publilius Syrus, Sententiae A189
Freunde zu besiegen ist kein ehrenhafter Sieg.

J45 Amicum ne ioco quidem laedas velim.
Publilius Syrus, Sententiae A246
> Verletze einen Freund bitte nicht einmal im Scherz.

J46 Haec igitur lex in amicitia sanciatur, ut neque rogemus res turpes nec faciamus rogati.
Cicero, Laelius de amicita 40
> Dies soll als heiliges Gesetz bei der Freundschaft gelten, dass wir weder etwas Schändliches verlangen noch tun, wenn man es von uns verlangt.

J47 Confirmata amicitia et perspecta fide commemoratio officiorum supervacanea est.
Cicero, Ad familiares 3. 5,1
> Wenn Freundschaft einmal gefestigt und Treue bewährt ist, ist die Erwähnung von Verpflichtung überflüssig.

Teilnahme

J48 Auxilium a notis petito, si forte labores; / nec quisquam melior medicus quam fidus amicus.
Disticha Catonis 4. 13
> Bitte Bekannte um Hilfe, wenn du in Not bist; ein treuer Freund ist der beste Arzt.

J49 Ubi amici, ibidem opes.
Plautus, Truculentus 885
> Wo Freunde sind, da ist auch Reichtum.

J50 Amicum cum vides, obliscere miserias.
Appius Claudius bei Priscianus, Institutiones grammaticae 8. 18
> Siehst du einen Freund, vergiss deine Nöte.

J51 Et secundas res splendidiores facit amicitia et adversas partiens communicansque leviores.
Cicero, Laelius de amicitia 22
> Anteil nehmende Freundschaft macht das Glück strahlender und erleichtert das Unglück.

J52 Amico fideli nulla est comparatio, et non est ponderatio contra bonitatem illius.
Vulgata, Liber ecclesiasticus 6,15
> Für einen treuen Freund gibt es keinen Gegenwert; nichts wiegt seine Zuneigung auf.

J53 Habes amicos, quia amicus ipse es.
Plinius, Panegyricus 85,2
> Du hast Freunde, weil du selbst ein Freund bist.

Freund-schaft

J54 Altera sententia est, quae definit amicitiam paribus officiis ac voluntatibus.
Cicero, Laelius de amicitia 58
> Eine andere Auffassung bestimmt Freundschaft als Gegenseitigkeit von Gefälligkeiten und Wohlwollen.

J55 Bene si amico feceris, / ne pigeat fecisse: ut potius pudeat, si non feceris.
Plautus, Trinummus 347–348
> Wenn du einem Freund einen Gefallen getan hast, bereue nicht, es getan zu haben, vielmehr solltest du dich schämen, wenn du nicht so gehandelt hättest.

J56 Cum amico omnes curas, omnes cogitationes tuas misce!
Seneca, Epistulae morales 3,3
> Teile mit dem Freund all deine Sorgen, all deine Gedanken!

J57 Nihil homini amico est opportuno amicius.
Plautus, Epidicus 425
> Nichts ist willkommener als ein Freund zur rechten Zeit.

J58 Ad emendationem sui unusquisque nostrum debet habere aut valde amicum aut valde inimicum.
Diogenes bei Caecilius Balbus, Sententiae (W) 5,2
> Um sich zu bessern, braucht jeder von uns einen guten Freund oder einen erbitterten Feind.

J59 Est enim quaedam etiam dolendi voluptas, praesertim si in amici sinu defleas, apud quem lacrimis tuis vel laus sit parata vel venia.
Plinius, Epistulae 8. 16,5
> Es gibt auch eine Art Lust am Schmerz, zumal wenn man sich an der Brust eines Freundes ausweinen kann, bei dem man für seine Tränen Beifall findet oder Nachsicht.

Nutzen

J60 Amicitia semper prodest, amor aliquando etiam nocet.
Seneca, Epistulae morales 35,1
> Freundschaft bringt immer Nutzen, Liebe schadet gelegentlich auch.

J61 Vulgus amicitias utilitate probat.
Ovidius, Epistulae ex Ponto 2. 3,8
> Die Menge wertet Freundschaft nach dem Nutzen.

J62 Amici famam tuam putato gloriam.
Publilius Syrus, Sententiae A240
> Werte den guten Ruf deines Freunds als eigenes Lob.

J63 Amici optima vitae supellex.
cf. Cicero, Laelius de amicitia 55
> Freunde sind das beste Rüstzeug fürs Leben.

J64 Amicitia res plurimas continet; quoquo te verteris, praesto est, nullo loco excluditur, numquam intempestiva, numquam molesta est.
Cicero, Laelius de amicitia 22
> Freundschaft umfasst fast alles: Wohin man sich wendet, sie ist zugegen, ist nirgendwo ausgeschlossen, nie ungelegen, nie lästig.

J65 Eodem modo erga amicum affecti simus, quo erga nosmetipsos.
Cicero, Laelius de amicitia 56
> Freunden gegenüber soll man sich so verhalten wie sich selbst gegenüber.

Uneigennützigkeit

J66 Non obliviscaris amici tui in animo tuo, et non immemor sis illius in opibus tuis.
Vulgata, Liber ecclesiasticus 37,6
> Vergiss nicht deinen Freund und lass ihn an deinem Erfolg teilhaben.

J67 Brevis sit ratio amicis, longa oratio.
Caecilius Balbus, Sententiae (F) 36
> Unter Freunden sei das Geschäft kurz, das Gespräch lang. *(Wortspiel nicht nachahmbar)*

J68 Communia esse amicorum inter se omnia.
Terentius, Adelphoe 803
> Unter Freunden ist alles gemeinsam.

J69 Fundamentum pietatis est continentia, culmen autem pietatis est amicitia.
Pseudo-Isidorus, Testimonia patrum 4,16
> Uneigennützigkeit ist Grundlage der Nächstenliebe, Krönung der Nächstenliebe aber ist die Freundschaft.

J70 Nam quod tuum est, meum est, omne meum est autem tuum.
Plautus, Trinummus 329
> Was dein ist, ist auch mein, alles Meine ist auch das Deine.

J71 Amare autem nihil aliud est nisi eum ipsum diligere quem ames, nulla indigentia, nulla utilitate quaesita.
Cicero, Laelius de amicitia 100
> Lieben heißt nichts anderes, als eben den zu schätzen, den man liebt, ohne dabei einen eigenen Wunsch oder Nutzen zu verfolgen.

Treue

J72 Et cum fortuna statque caditque fides.
Ovidius, Epistulae ex Ponto 2. 3,10
> Die Treue steht und fällt mit dem Glück.

Freund-
schaft

J 73 Fac, fidelis sis fideli, cave, fidem fluxam geras.
Plautus, Captivi 439
> Bewahre dem Treuen die Treue, hüte dich, Treue für hinfällig zu halten.

J 74 Fidem secunda poscunt, adversa exigunt.
Seneca, Agamemno 934
> Im Glück ist Treue erwünscht, im Unglück unentbehrlich.

J 75 Diducere amantes / non queat invitos Iuppiter ipse duos.
Propertius, Elegiae 2. 7,3–4
> Selbst Jupiter könnte zwei Liebende nicht gegen ihren Willen auseinanderbringen.

J 76 Fides sanctissimum humani pectoris bonum est: nulla necessitate ad
fallendum cogitur, nullo corrumpitur praemio.
Seneca, Epistulae morales 88,29
> Die Treue ist das heiligste Gut des menschlichen Herzens: Durch keinen Zwang lässt sie sich
> zur Täuschung nötigen, durch keinen Preis bestechen.

J 77 Cum amicis ratio brevis, fides longissima est.
Publilius Syrus, Sententiae A243
> Mit Freunden ist die Einigung kurz, die Treue äußerst lang.

J 78 Fides supremum rerum humanarum vinculum est; sacra inter hostes.
Quintilianus, Declamationes minores 343
> Treue ist das höchste Band unter den Menschen, heilig sogar unter Feinden.

J 79 Iustitiae soror / incorrupta fides.
Horatius, Carmina 1. 24,6–7
> Die unbestechliche Treue ist die Schwester der Gerechtigkeit.

J 80 Vulgare amici nomen, sed rara est fides.
Phaedrus, Liber fabularum 3. 9,1
> Der Name Freund ist alltäglich, doch Treue ist selten.

J 81 Fides ut anima, unde abiit, eo numquam redit.
Publilius Syrus, Sententiae 181
> Wie die Seele kehrt die Treue nie dahin zurück, von wo sie einmal geschwunden ist.

J 82 Quia certum est mihi / quasi umbra, quoquo tu ibis, te semper sequi.
Plautus, Casina 91
> Ich bin entschlossen, dir, wohin du auch immer gehst, wie ein Schatten zu folgen.

J 83 Stat nulla diu mortalibus usquam / Fortuna titubante fides.
Silius Italicus, Punica 11. 3–4
> Keine Treue hält bei den Menschen irgendwo lange an, wenn das Glück schwankt.

J84 Secunda in paupertate fortuna est fides.
Publilius Syrus, Sententiae 597
> In der Armut ist Verlässlichkeit ein großes Glück.

J85 Pretio parata vincitur pretio fides.
Seneca, Agamemno 287
> Treue, die auf Bestechung gründet, wird durch Bestechung überboten.

Vertrauen

J86 Ardua quippe fides robustos exigit annos.
Lucanus, Bellum civile (Pharsalia) 8. 282
> Vertrauen ist mühsam aufzubauen und setzt Reife voraus.

J87 Ubicumque pudor est, semper ibi sancta est fides.
Publilius Syrus, Sententiae 637
> Wo Ehre herrscht, dort ist immer auch das Wort heilig.

J88 Fides bona exigit, ut arbitrium tale praestetur, quale viro bono convenit.
Corpus Iuris Civilis, Digesta 19. 2,24 pr. (Paulus)
> Treu und Glauben setzen voraus, dass eine Aussage so geleistet wird, wie es einem ehrbaren Mann geziemt.

J89 Aequomst tenere per fidem, quod creditumst.
Plautus, Cistellaria 760
> Es ist nur recht und billig, wenn man einhält, was einem aufs Ehrenwort hin geglaubt wurde.

J90 Fundamentum autem est iustitiae fides, id est dictorum conventorumque constantia et veritas.
Cicero, De officiis 1. 23
> Grundlage der Gerechtigkeit aber ist die Zuverlässigkeit, das heißt Konsequenz und Wahrhaftigkeit in Zusagen und Vereinbarungen.

J91 Ita crede amico, ne sit inimico locus.
Publilius Syrus, Sententiae 261
> Vertrau einem Freund so, dass kein Feind sich dazwischendrängen kann.

J92 Fidem nemo umquam perdit, nisi qui non habet
Publilius Syrus, Sententiae 182
> Vertrauen verliert nur der, der keines schenkt.

J93 Dilegere oportet, quem velis diligere.
Rhetorica ad Herennium 4. 29
> Man muss auswählen, wen man lieben will. *(vgl. ›Trau, schau wem!‹)*

Freund-schaft

J 94 Fidem qui perdit, quo rem servat relicuam?
Publilius Syrus, Sententiae 166
> Womit soll sich über Wasser halten, wer die Glaubwürdigkeit verloren hat?

J 95 Utrumque enim vitium est, et omnibus credere et nulli.
Seneca, Epistulae morales 3,4
> Beides ist ein Fehler, allen zu glauben und keinem.

J 96 Ignotum tibi tu noli praeponere notis: / cognita iudicio constant, incognita casu.
Disticha Catonis 1. 32
> Gib dem Unbekannten nicht den Vorzug vor dem, was du kennst: Bekanntes gründet sich auf Erkenntnis, Unbekanntes auf Zufall.

J 97 Grave est fidem fallere.
Corpus Iuris Civilis, Digesta 13. 5,1 pr. (Ulpianus)
> Sein Wort zu brechen ist ein schlimmes Vergehen.

J 98 Iura, fides, ubi nunc commissaque dextera dextrae?
Ovidius, Heroides 2,31
> Wo sind jetzt Schwur und Wort und das in die Hand gegebene Versprechen?

Bewährung

J 99 Amicus certus in re incerta cernitur.
Ennius bei Cicero, Laelius de amicitia 64
> Den wahren Freund erkennt man in einer kritischen Situation.

J 100 Calamitas est virtutis saepe occasio.
Pseudo-Publilius, Sententiae 45
> Eine Katastrophe bietet oft die Gelegenheit, seine Fähigkeit unter Beweis zu stellen.

J 101 Amicum an nomen habeas, aperit calamitas.
Publilius Syrus, Sententiae 42
> Ob du wirklich einen Freund hast oder nur dem Namen nach, zeigt das Unglück.

J 102 Gubernatorem in tempestate, in acie militem intellegas.
Seneca, De providentia 4,5
> Den Steuermann erkennt man im Sturm, den Soldaten in der Schlacht.

J 103 In discrimine apparet, qui vir.
Erasmus, Adagia 2784 (nach Homeros, Ilias 13. 278)
> In Gefahren zeigt sich, was für ein Mann man ist.

J104 Pauci ex multis sunt amici, homini certi qui sient.
Plautus, Pseudolus 390

> Es gibt nur wenige unter vielen Freunden, auf die man sich fest verlassen kann.

J105 Donec eris sospes, multos numerabis amicos; / tempora si fuerint nubila, solus eris *(statt mit ›sospes‹ auch oft mit ›felix‹ zitiert).*
Ovidius, Tristia 1. 9,5–6

> Solange du glücklich bist, wirst du viele Freunde zählen, wenn die Zeiten sich verfinstern, wirst du allein sein. *(vgl. ›Freunde in der Not gehen tausend auf ein Lot.‹)*

J106 Res parant secundae amicos optime, adversae probant.
Publilius Syrus, Sententiae A182

> Im Glück gewinnt man am besten Freunde, im Unglück verliert man sie.

J107 Si res firma, item firmi amici sunt; sin res laxe labat, / itidem amici collabascunt.
Plautus, Stichus 521–522

> Wenn das Vermögen sicher ist, sind auch die Freunde sicher; gerät aber das Vermögen ins Wanken, geraten auch die Freunde ins Wanken.

J108 Diffugiunt cadis / cum faece siccatis amici.
Horatius, Carmina 1. 35,26–27

> Wenn deine Krüge geleert sind, fliehen die Freunde.

J109 Cum olla male fervet, amici de medio.
~ Petronius, Satyricon 38,13

> Wenn nichts im Topf ist, machen sich die Freunde aus dem Staub.

J110 Florentes amicorum turba circumsedet; circa eversos solitudo est, et inde amici fugiunt, ubi probantur.
Seneca, Epistulae morales 9,9

> Erfolgreiche umringt eine Schar von Freunden, nach ihrem Sturz umgibt sie Einsamkeit, und die Freunde verlassen den Ort, wo man sie auf die Probe stellt.

J111 Hunc, quem mensa tibi, quem cena paravit amicum, / esse putas fidae pectus amicitiae? / Aprum amat et mullos et sumen et ostrea, non te.
Martialis, Epigrammata 9. 14,1–3

> Du glaubst, einer, den deine Tafel, dein Mahl dir zum Freund gemacht hat, sei eine treue Freundesseele? Das Wildschwein liebt er, die Meerbarben, das Schweineuter, die Austern, nicht dich.

J112 Qui socius mensae est, verum ne reris amicum: / Tolle epulas, nosces, quam tibi fidus erat.
Owen Monosticha 43, cf. Vulgata, Liber Ecclesiasticus 6,10

> Ein Schmarotzer ist kein wahrer Freund: Nimm das Essen weg, und du wirst erkennen, wie treu er dir war.

Freund-schaft

J113 Igni probatur aurum, virtus miseria.
Pseudo-Publilius, Sententiae 141
> Gold wird im Feuer geprüft, Tugend in der Not.

J114 Probare amicos in re adversa faciliust.
Publilius Syrus, Sententiae A241
> Im Unglück ist es leichter, Freunde zu erproben.

J115 Cave amicum credas, nisi si quem probaveris.
Publilius Syrus, Sententiae 120
> Hüte dich, einem Freund zu trauen, wenn du ihn nicht erprobt hast.

J116 Res amicos invenit.
Plautus, Stichus 522
> Vermögen findet Freunde.

J117 Gaudet patientia duris; / laetius est, quotiens magno sibi constat, honestum.
Lucanus, Bellum civile (Pharsalia) 9. 403–404
> Ausdauer freut sich, wenn es hart hergeht; die Ehre ist beglückender, je höher ihr Preis ist.

J118 Magistratus virum indicat.
Erasmus, Adagia 976 (nach Suda)
> Ein Amt zeigt, was ein Mann ist.

J119 Nihil mihi videtur infelicius eo, cui nihil umquam evenit adversi. Non licuit enim illi se experiri.
Seneca, De providentia 3,3
> Nichts scheint mir unglücklicher als einer, dem nie etwas Widriges begegnet ist. Er hatte nicht die Gelegenheit, sich zu bewähren.

J120 Is est amicus, qui in re dubia re iuvat, ubi re est opus.
Plautus, Epidicus 113
> Ein Freund ist der, der in schwieriger Lage durch Taten hilft, wenn es auf Taten ankommt.

J121 Scilicet ut fulvum spectatur in ignibus aurum, / tempore sic duro est inspicienda fides.
Ovidius, Tristia 1. 5,25–26
> Wie man das gelbe Gold in der Feuerprobe ermittelt, so ist auch in schweren Zeiten die Treue zu erkennen.

J122 Vir bonus undecumque venatur stimulos ad virtutem.
Erasmus, Apophthegmata 2. 135D
> Ein ehrenhafter Mann findet überall Anreize, seine Tüchtigkeit zu beweisen.

J123 Ex factis, non ex dictis amici pensandi.
~ Livius, Ab urbe condita 34. 49,7
> Nach ihren Taten, nicht nach ihren Worten soll man Freunde wägen.

J124 Amicorum studia beneficiis et officiis et vetustate et facilitate ac iucunditate naturae parta esse oportet.
Q. Cicero, Commentariolum petitionis 16

> Die Zuneigung der Freunde muss man sich durch Aufmerksamkeiten, Liebesdienste, langjährige Verbundenheit, Umgänglichkeit und Liebenswürdigkeit erwerben.

J125 Non exercitus neque thesauri praesidia sunt regni, verum amici, quos neque armis cogere neque auro parare queas: officio et fide pariuntur.
Sallustius, Bellum Iugurthinum 10,4

> Weder Heere noch Schätze gewährleisten den Bestand der Macht, sondern Freunde, die man weder mit Waffen erzwingen noch mit Gold erkaufen kann: Man gewinnt sie durch treue Dienste.

Dauer

J126 Amicitia veterrima quaeque, ut ea vina, quae vetustatem ferunt, esse debet suavissima.
~ Cicero, Laelius de amicitia 67

> Gerade die älteste Freundschaft muss uns die liebste sein, wie Wein, bei dem es aufs Alter ankommt.

J127 Quam veterrumus tam homini optumus est amicus.
Plautus, Truculentus 174

> Gerade die ältesten Freunde sind die besten.

J128 Cum iudicaris, diligere oportet, non, cum dilexeris, iudicare.
Cicero, Laelius de amicitia 85

> Lieben soll man, wenn man sich sein Urteil gebildet hat, nicht sich sein Urteil bilden, wenn man schon lieb gewonnen hat.

J129 Nimium difficile est reperiri amicum ita, ut nomen cluet, / cui tuam cum rem credideris, sine omni cura dormias.
Plautus, Trinummus 620–621

> Es ist allzu schwer, einen Freund zu finden, der dieser Bezeichnung entspricht, dem man sein Hab und Gut anvertrauen und sorgenlos schlafen kann.

J130 Amicum tarde acquirimus, cito perdimus.
Publilius Syrus, Sententiae A288

> Einen Freund gewinnt man langsam, verliert man schnell.

J131 Qui amicus esse coepit, quia expedit, et desinet, quia expedit.
Seneca, Epistulae morales 9,9

> Wer eine Freundschaft beginnt, weil es ihm Vorteil bringt, wird sie auch beenden, weil es ihm Vorteil bringt.

Freund-schaft

J132 Amicitiae dissuendae magis quam discindendae.
Cato bei Cicero, Laelius de amicitia 76
   Freundschaften soll man lieber allmählich auflösen als auf einmal zerreißen.

J133 Vexat amicitias et foedera dissociat lis.
Ausonius, Technopaegnion 7,4
   Streit zerrüttet Freundschaften und löst Bündnisse auf.

J134 Amicitias immortales, mortales inimicitias debere esse.
Livius, Ab urbe condita 40. 46,12
   Freundschaften müssen unvergänglich, Feindschaften vergänglich sein.

J135 Amicitiae unica est fides coagulum.
Publilius Syrus, Sententiae A249
   Der einzige Beweis von Freundschaft ist, dass sie unauflösbar wird.

J136 Verae amicitiae sempiternae sunt.
Cicero, Laelius de amicitia 32
   Wahre Freundschaften sind von ewiger Dauer.

Fragwürdigkeit

J137 Non sunt amici, qui degunt procul.
Erasmus, Adagia 1286 (nach Athenaios)
   Das sind keine Freunde, die in der Ferne leben. *(vgl. ›Aus den Augen, aus dem Sinn.‹)*

J138 Dulcis inexpertis cultura potentis amici: / expertus metuet.
Horatius, Epistulae 1. 18,86–87
   Für den Unerfahrenen ist es reizvoll, mit einem Mächtigen Freundschaft zu pflegen; Erfahrung macht bedenklich.

J139 Itaque verae amicitiae difficillime reperiuntur in iis, qui in honoribus reque publica versantur; ubi enim istum invenias, qui honorem amici anteponat suo?
Cicero, Laelius de amicitia 64
   Wahre Freundschaft findet man nur recht selten bei solchen, die hohe Staatsämter bekleiden; denn wo ließe sich einer finden, der die Anerkennung des Freundes seiner eigenen vorzöge?

J140 Amicitiae clarorum virorum calamitati hominibus aut ornamento sunt.
cf. Cicero, Pro Balbo 65
   Freundschaften mit berühmten Männern bedeuten für einen Menschen Unglück oder Ehre.

J141 Si vitare voles acerba quaedam / et tristis animi cavere morsus, / nulli te facias nimis sodalem: / gaudebis minus et minus dolebis.
Martialis, Epigrammata 12. 34,8–11

> Willst du allerlei Missbehagen vermeiden und dich vor nagendem Kummer hüten, mach dich keinem zu sehr zum Freund: Dann hast du zwar weniger Freude, aber auch weniger Leid.

J142 Litem inferre cave cum quo tibi gratia iuncta est, / ira odium generat, concordia nutrit amorem.
Disticha Catonis 1. 36

> Meide den Streit mit einem, der dir in Freundschaft verbunden ist, Zorn erzeugt Hass, Eintracht nährt die Liebe.

J143 Qui amicus est, amat; qui amat, non utique amicus est.
Seneca, Epistulae morales 35,1

> Ein Freund liebt, doch wer liebt, ist nicht in jedem Fall ein Freund.

J144 Delicatissima res est iugis conversatio: minimis offenditur, et fame semper inimica presentia est, multumque admirationi hominum familiaritas detrahit frequensque convictus.
Petrarca, Familiares 1. 2

> Ständiger Umgang ist eine sehr heikle Angelegenheit: Kleinigkeiten führen zur Kränkung, immer schadet Zugegensein dem Ansehen und Vertrautheit und häufiges Zusammenleben lassen das Interesse aneinander stark schrumpfen.

J145 Ita amare oportere, ut si aliquando esset osurus.
Cicero, Laelius, de amicitia 59

> Man muss so lieben, als ob man später einmal hassen könnte.

J146 Ita amicum habeas, posse ut facile fieri hunc inimicum putes.
Publilius Syrus, Sententiae 245

> Behandle deinen Freund so, dass du glaubst, er könne leicht zu deinem Feind werden.

J147 Amicitia remissior esse debet et liberior et dulcior.
Cicero, Laelius de amicitia 66

> Freundschaft muss recht ungezwungen, frei und nachgiebig sein.

J148 Amicis inest adulatio.
~ Tacitus, Annales 2. 12,3

> Schmeichelei ist Bestandteil der Freundschaft.

Gefährte

J149 Possessio divitiarum non est delectabilis sine socio.
Etymachia 23; cf. Seneca, Epistulae morales 6,4

> Der Besitz von Reichtum ist ohne Gefährten nicht erfreulich.

Freund-
schaft

J150 Sicut socii passionum estis, sic eritis et consolationis.
Vulgata, Epistula ad Corinthios 2. 1,7
> Ihr seid Gefährten im Leiden, so werdet ihr es auch im Trost sein. *(vgl. ›Geteiltes Leid ist halbes Leid, geteilte Freude ist doppelte Freude.‹)*

J151 Recta fides comitum poterat mala nostra levare.
Ovidius, Epistulae ex Ponto 2. 7,61
> Die redliche Treue der Gefährten konnte mein Leid lindern.

J152 Socius fidelis ancora tuta est.
Walther, Proverbia sententiaeque 29907b
> Ein treuer Gefährte ist wie ein sicherer Anker.

J153 Comes facundus in via pro vehiculo est.
Publilius Syrus, Sententiae 104
> Ein gesprächiger Gefährte ist unterwegs so viel wert wie ein Wagen.

J154 Si vis peregrinationes habere iucundas, comitem tuum sana.
Seneca, Epistulae morales 104,20
> Willst du angenehme Reisen erleben, sorge für einen anständigen Begleiter.

Kamerad

J155 Noscitur ex socio, qui non cognoscitur ex se.
Binder, Novus thesaurus 2260
> An seinem Kameraden erkennt man, wen man an sich nicht erkennt. *(vgl. ›Sag mir, mit wem du umgehst, und ich sage dir, wer du bist.‹)*

J156 Ex socio cognoscitur vir.
Walther, Proverbia sententiaeque 36744
> An seinem Kameraden erkennt man den Mann.

J157 Ante fidem socii noscas, quam te sibi iungas!
Walther, Proverbia sententiaeque 1128
> Prüfe die Zuverlässigkeit eines Kameraden, bevor du dich an ihn anschließt.

J158 Socius socium debet defendere.
Ockham, Dialogi 6. 37
> Ein Kamerad muss den anderen schützen.

J159 Non nisi spectatis arcana sodalibus effer: / quodque tacere voles alios, prior ipse taceto!
Muretus, Institutio puerilis 19–20
> Plaudere nur bewährten Kameraden gegenüber ein Geheimnis aus: Willst du, dass andere über etwas schweigen, schweig du zuerst selbst!

J160 Quod pudeat socios, prudens celare memento!
Disticha Catonis 2. 7,1
Was deine Kameraden beschämen könnte, das behalte für dich, wenn du klug bist!

J161 Accedas socius, laudes, lauderis ut absens.
Horatius, Sermones 2. 5,72
Mach dich zum Kumpel und lobe, damit man dich wieder lobt, wenn du fern bist.

J162 Ingratos ante omnia pone sodales.
Iuvenalis, Saturae 11,192
Gib vor allem undankbare Kameraden auf.

J163 Non bonus est socius, qui devorat omnia solus.
Binder, Novus thesaurus 2136
Das ist kein guter Kamerad, der alles allein aufzehrt.

Partner

J164 Nullum maius boni imperii instrumentum quam bonos amicos esse.
Tacitus, Historiae 4. 7,3
Es gibt kein besseres Mittel für eine gute Regierung als gute Freunde.

J165 Etenim magna negotia magnis adiutoribus egent.
Velleius Paterculus, Historia Romana 2. 127,2
Große Unternehmungen erfordern große Helfer.

J166 Auxilia humilia firma consensus facit.
Publilius Syrus, Sententiae 4
Zusammenhalt macht auch schwache Helfer stark.

J167 Consortium rerum omnium inter nos facit amicitia.
Seneca, Epistulae morales 48,2
Partnerschaft in allem stiftet zwischen uns Freundschaft.

J168 Accessit huic patellae dignum operculum.
Hieronymus, Epistulae 7,5
Diese Schale fand einen würdigen Deckel. *(vgl. ›Zu jedem Topf passt ein Deckel.‹)*

J169 Nullius boni sine socio iucunda possessio est.
Seneca, Epistulae morales 6,4
Ohne Partner macht kein Besitz Freude.

J170 Non bene cum sociis regna Venusque manent.
Ovidius, Ars amatoria 3. 564
Liebe und Macht dulden keine Teilhaber.

Freund-schaft

J171   Non capit regnum duos.
       Seneca, Thyestes 443
           Ein Thron verträgt keine zwei.

J172   Nulla fides regni sociis omnisque potestas / impatiens consortis erit.
       Lucanus, Bellum civile (Pharsalia) 1. 92–93
           Auf Partner an der Herrschaft ist kein Verlass, Macht duldet keine Teilhaber.

J173   Alterius factum alteri quoque nocet.
       Corpus Iuris Civilis, Digesta 45. 2,18 (Pomponius)
           Die Tat des einen schadet auch seinem Partner.

J174   Cui prodest socius, qui non prodesse probatur?
       Columbanus, Praecepta vivendi 58
           Wem nützt ein Partner, der anerkanntermaßen nichts nützt?

J175   Cum socio socius deliberat omnia doctus, / cum sibi concordant consona
       corda duo.
       Alanus de insulis, Liber parabolarum 4,95–96
           Ein vernünftiger Partner berät alles mit seinem Partner, wenn zwei zusammenpassende
           Herzen miteinander im Einklang stehen.

J176   Cum tibi vel socium vel fidum quaeris amicum, / non tibi fortuna est
       hominis, sed vita petenda.
       Disticha Catonis 4. 15
           Suchst du für dich einen Partner oder treuen Freund, musst du nicht auf das Glück, sondern
           auf das Leben des Menschen schauen.

J177   Tunc te lapsurum formida, cum ruit alter.
       Beda Venerabilis, Proverbiorum liber T32
           Fürchte, dass du dann fallen wirst, wenn dein Partner stürzt. *(vgl. ›Mitgefangen,
           mitgehangen.‹)*

J178   Unum exemplum luxuriae aut avaritiae multum mali facit: convictor delicatus
       paulatim enervat et mollit, vicinus dives cupiditatem irritat, malignus comes
       quamvis candido et simplici rubiginem suam affricuit.
       Seneca, Epistulae morales 7,7
           Ein einziges Beispiel von Genusssucht oder Habsucht richtet viel Unheil an: Ein verwöhnter
           Partner macht allmählich schlaff und weichlich, ein reicher Nachbar reizt unsere Begierde,
           ein bösartiger Kollege überträgt seine Gemeinheit auch auf einen noch so Reinen und
           Treuherzigen.

J179   Perde semel, socium ingratum cum noveris esse; / saepe dato, cum te scieris
       bene ponere dona.
       Disticha Catonis 1. 14a
           Gib nur einmal verloren, wenn du erkennst, dass ein Partner undankbar ist, gib oft, wenn
           du Geschenke gut anbringen kannst.

J180 Divide, quod portas, et leve pondus erit.
Rapularius II 250

> Teile, was du trägst, und deine Last wird leicht. *(vgl. ›Geteiltes Leid ist halbes Leid.‹)*

Gesellschafter

J181 Sufficit talem diligentiam in communibus rebus adhibere socium, qualem suis rebus adhibere solet.
Corpus Iuris Civilis, Institutiones 3. 25,9

> Es genügt, wenn die Partner in Sachen der Gesellschaft dieselbe Sorgfalt anwenden wie in ihren eigenen.

J182 Qui parum diligentem sibi socium adquirit, de se queri debet.
Corpus Iuris Civilis, Digesta 17. 2,72 (Gaius)

> Wer sich einen zum Genossen erwählt, der nicht sorgfältig genug ist, hat sich das selbst zuzuschreiben.

J183 Sicuti lucrum, ita damnum quoque commune esse oportet, quod non culpa socii contingit.
Corpus Iuris Civilis, Digesta 17. 2,52,4 (Ulpianus)

> Wie der Gewinn, so muss auch der Verlust gemeinsam sein, der nicht durch die Schuld eines Partners zustande kommt.

J184 Sociorum communia sint damna et lucra.
Quintilianus, Declamationes minores 320

> Genossen haben Gewinn und Verlust gemeinsam zu tragen.

J185 Omnis igitur societas vel commodi causa vel gloriae, hoc est sui, non sociorum amore, contrahitur.
Hobbes, Elementa philosophiae, De cive 1,2

> Eine gesellschaftliche Bindung erfolgt ausschließlich um eines Vorteils oder um des Ruhmes willen, das heißt aus Liebe zu sich selbst, nicht zu den Genossen.

Freund-
schaft

K Entwicklung

Reifung

K 1 Nil non acerbum, priusquam maturum fuit.
Publilius Syrus, Sententiae 396
> Alles war einmal bitter, ehe es reif wurde.

K 2 Non annorum canities est laudanda, sed morum.
Ambrosius, Epistulae 10. 73,7
> Nicht die altersmäßige Entwicklung ist lobenswert, sondern die charakterliche.

K 3 Dissimiles hic vir et ille puer.
Ovidius, Heroides 9,24
> Der Mann heute und der Junge von damals ähneln sich nicht mehr.

K 4 Non ego sum, qui fueram.
Ovidius, Tristia 3. 11,25
> Ich bin nicht mehr, der ich war.

K 5 Numera annos tuos, et pudebit te eadem velle, quae volueras puer, eadem parare.
Seneca, Epistulae morales 27,2
> Zähl deine Jahre, und du wirst dich schämen, dasselbe zu wollen, was du als Knabe gewollt hast, und dasselbe zu tun.

K 6 Desinamus, quod voluimus, velle: ego certe id ago, senex ne eadem velim, quae puer volui.
Seneca, Epistulae morales 61,1
> Lasst uns aufhören zu wollen, was wir gewollt haben: Ich jedenfalls bemühe mich, als alter Mann nicht dasselbe zu wollen, was ich als Junge gewollt habe.

K 7 Semper tibi displiceat, quod es, si vis pervenire ad id, quod nondum es.
Augustinus, Sermones 169
> Dir muss immer missfallen, was du bist, wenn du zu dem gelangen willst, was du noch nicht bist.

K 8 Si omni anno unum vitium exstirparemus, cito viri perfecti efficeremur.
Thomas a Kempis, De imitatione Christi 1. 11,15
> Wenn wir in jedem Jahr nur einen einzigen Fehler ausmerzen könnten, würden wir schnell vollkommen werden.

K9 Omnia iusto / tempore proveniant.
Vida, De arte poetica 1. 334–335

> Alles muss sich zur rechten Zeit entfalten.

K10 Nihil enim, quod ad ultimum sui perventurum est finem, non et mature et alacriter incipit.
Valerius Maximus, Facta et dicta memorabilia 8. 7, ext. 2

> Alles, was zu seinem letzten Ziel gelangen will, beginnt sowohl frühzeitig als auch schnell.

Entwicklung

K11 Dociles natura nos edidit et rationem dedit imperfectam, sed quae perfici posset.
Seneca, Epistulae morales 49,11

> Als gelehrig hat uns die Natur geschaffen und uns zwar keine vollkommene Vernunft gegeben, aber eine, die sich vervollkommnen lässt.

K12 Nec quicquam omnium est, quod possit in primordio sui perfici.
Apuleius, Florida 3,2

> Es gibt überhaupt nichts, was schon zu Beginn vollkommen sein könnte.

K13 Molestum est semper vitam incohare.
Epikuros bei Seneca, Epistulae morales 23,9

> Es ist eine Plage, mit dem Leben immer wieder von vorn anzufangen.

K14 Nemo nascitur sapiens, sed fit.
~ Seneca, De ira 2. 10,6

> Niemand wird als Weiser geboren, sondern er wird es erst. *(vgl. ›Es ist noch kein Meister vom Himmel gefallen.‹)*

K15 Non enim dat natura virtutem, ars est bonum fieri.
Seneca, Epistulae morales 90,44

> Die Tugend kommt nicht von Natur aus, es ist eine Kunst, gut zu werden.

K16 Proximus esto bonis, si non potes optimus esse.
Anthologia Latina 1. 716,8

> Versuche, den Guten so nahe wie möglich zu kommen, wenn du nicht selbst der Beste werden kannst.

K17 Profice et ante omnia hoc cura, ut constes tibi!
Seneca, Epistulae morales 35,4

> Entwickle dich weiter, und vor allem sorg dafür, dass du dir treu bleibst.

K18 Aetas nostra bene disponenti multum patet.
Seneca, De brevitate vitae 1,4

> Unsere Zeit bietet, wenn man gut haushaltet, viel Spielraum.

Entwicklung

K 19 Nullus potest effici beatus, nisi supra semetipsum ascendat, non ascensu corporali, sed cordiali.
Bonaventura, Itinerarium mentis in Deum 1,1
Keiner kann glücklich werden, wenn er nicht über sich hinaussteigt, nicht in körperlichem, sondern in geistig-seelischem Aufstieg.

K 20 Quicquid facere te potest bonum, tecum est.
Seneca, Epistulae morales 80,3
Was dich gut machen kann, steckt alles in dir.

K 21 Idem et docenti et discenti debet esse propositum, ut ille prodesse velit, hic proficere.
Seneca, Epistulae morales 108,3
Lehrer wie Schüler müssen dasselbe Ziel vor Augen haben, jener soll fördern, dieser vorankommen wollen.

K 22 Ex minimis seminibus nascuntur ingentia.
~ Seneca, De providentia 1,2
Aus winzigen Keimen entsteht Gewaltiges.

K 23 Inter herbam et offam longum intervallum est.
Sententiae Varronis 158
Zwischen Pflanze und Häppchen liegt eine lange Spanne.

K 24 Quicquid futurum est summum, ab imo nascitur.
Publilius Syrus, Sententiae 548
Alles, was riesig werden will, fängt ganz klein an.

K 25 Curvatur truncus cito, quae tibi post erit uncus.
Binder, Novus thesaurus 681
›Was ein Häkchen werden will, krümmt sich beizeiten.‹

K 26 Firma valent per se.
Ovidius, Epistulae ex Ponto 3. 4,7
Starkes gedeiht von selbst.

K 27 Quem taurum metuis, vitulum mulcere solebas.
Ovidius, Ars amatoria 2. 341
Den Stier, der dir heute Angst einjagt, hast du als Kalb oft gestreichelt.

K 28 Flumina pauca vides de magnis fontibus orta.
Ovidius, Remedia amoris 97
Die wenigsten der großen Flüsse entspringen mächtigen Quellen.

K 29 Nascitur exiguus, sed opes acquirit eundo.
Ovidius, Ars amatoria 2. 343
Ein Strom ist an seiner Quelle klein, doch in seinem Lauf gewinnt er Stärke.

K 30 Tantum aevi longinqua valet mutare vetustas!
Vergilius, Aeneis 3. 415

> So viel vermag der Zeiten Lauf zu verändern!

K 31 Nemo repente fuit turpissimus.
Iuvenalis, Saturae 2,83

> Niemand ist auf einmal schändlich geworden.

Erziehung

K 32 Fundamentum rei publicae est puerorum recta educatio.
Hammer, Rosetum historiarum 4

> Ausschlaggebend für den Bestand eines Staates ist die ordentliche Erziehung der Kinder.

K 33 Quod enim munus rei publicae afferre maius meliusve possumus, quam si docemus atque erudimus iuventutem?
Cicero, De divinatione 2. 4

> Können wir dem Staat ein größeres und besseres Geschenk machen, als wenn wir die Jugend unterrichten und erziehen?

K 34 Hominem nihil scire sine doctrina, non fari, non ingredi, non vesci, breviterque non aliud naturae sponte quam flere.
Plinius maior, Naturalis historia 7. 4

> Der Mensch kann nichts ohne Unterweisung, weder sprechen noch gehen noch essen, kurz, von sich aus kann er nichts anderes als weinen.

K 35 Tribus indiget disciplina: natura, documento et sollicitudine.
Aristoteles bei Burleigh, Liber de vita et moribus philosophorum

> Auf drei Dingen basiert Erziehung: Veranlagung, Lehre, Gewissenhaftigkeit.

K 36 Nemo est casu bonus, discenda virtus est.
Seneca, Epistulae morales 123,16

> Niemand ist durch Zufall tüchtig, Tüchtigkeit muss erlernt werden.

K 37 Educatio et disciplina mores faciunt.
Pseudo-Seneca, Liber de moribus 2

> Erziehung und Selbstbeherrschung bilden den Charakter.

K 38 Doctrina sed vim promovet insitam, / rectique cultus pectora roborant.
Horatius, Carmina 4. 4,33–34

> Erziehung fördert die angeborene Stärke, und rechte Pflege stärkt die Brust.

K 39 Educatio maximam diligentiam plurimumque profuturam desiderat.
Seneca, De ira 2. 18,2

> Erziehung verlangt größte Sorgfalt, die dann auch den meisten Nutzen bringen wird.

Ent-
wicklung

K 40 Altius praecepta descendunt, quae teneris imprimuntur aetatibus.
Seneca, Ad Helviam matrem de consolatione 18,8

> Tiefer dringen Lehren ein, die sich im zarten Alter einprägen. *(vgl. ›Was Hänschen nicht lernt, lernt Hans nimmermehr.‹)*

K 41 Facile est enim teneros adhuc animos componere; difficulter reciduntur vitia, quae nobiscum creverunt.
Seneca, De ira 2. 18,2

> Es ist leicht, noch junge Herzen zu formen; schwer auszurotten sind Fehler, die mit uns aufgewachsen sind.

K 42 Institue adulescentem iuxta viam suam; etiam cum senuerit, non recedet ab ea.
Vulgata, Liber proverbiorum 22,6

> Qualifiziere einen Heranwachsenden für seinen Lebensweg, dann weicht er auch im Alter nicht davon ab.

K 43 Hoc patrium est, potius consuefacere filium / sua sponte recte facere quam alieno metu.
Terentius, Adelphoe 74–75

> Das ist die Aufgabe eines Vaters, seinen Sohn daran zu gewöhnen, eher von sich aus recht zu handeln als aus Furcht vor anderen.

K 44 Longum iter est per praecepta, breve et efficax per exempla.
Seneca, Epistulae morales 6,5

> Lang ist der Weg über Vorschriften, kurz und wirkungsvoll über Vorbilder.

K 45 Angustam amice pauperiem pati / robustus acri militia puer / condiscat et Parthos ferocis / vexet eques metuendus hasta // vitamque sub divo et trepidis agat / in rebus.
Horatius, Carmina 3. 2,3–6

> Beengende Armut heiter zu ertragen soll der Knabe lernen, gekräftigt durch harten Kriegsdienst, und soll zu Pferd die wilden Parther bedrängen, gefürchtet wegen seiner Lanze, und ein Leben unter freiem Himmel verbringen in kritischen Situationen.

K 46 Bonum virum deus in deliciis non habet; experitur, indurat, sibi illum parat.
Seneca, De providentia 1,6

> Einen tüchtigen Menschen verwöhnt Gott nicht, er stellt ihn auf die Probe, härtet ihn ab, richtet ihn für sich ab.

K 47 Nemo adeo ferus est, qui non mitescere possit.
Horatius, Epistulae 1. 1,39

> Niemand ist so wild, dass er nicht friedlich gestimmt werden könnte.

K 48 Bona disciplina excutiat, quod prava indidit.
Publilius Syrus, Sententiae A137

> Eine gute Erziehung soll austreiben, was eine schlechte eingegeben hat.

K 49 In extremis suis agnoscitur vir.
Vulgata, Liber ecclesiasticus 11,30
> An seinen Nachkommen erkennt man den Mann.

K 50 Iratus filio ipse te obiurga, pater.
Publilius Syrus, Sententiae A286
> Wenn du deinem Sohn zürnst, tadle dich selbst, Vater!

K 51 Confusio patris est de filio indisciplinato.
Vulgata, Liber ecclesiasticus 22,3
> Ein ungeratener Sohn ist eine Schande für den Vater.

K 52 In recessu habeas severum, in procinctu clementiam.
Pseudo-Publilius, Sententiae 151; cf. Seneca, De clementia 1. 1,4
> Halte Strenge in der Hinterhand, Güte in Bereitschaft.

K 53 Magis verba quam verbera prosunt.
Wander, Deutsches Sprichwörter-Lexikon 5. 426
> Worte nützen mehr als Schläge.

K 54 Pudore et liberalitate liberos / retinere satius esse credo quam metu.
Terentius, Adelphoe 57–58
> Mit Anstand und Güte hält man meiner Überzeugung nach Kinder eher in Schranken als mit Furcht.

K 55 Ratione, non vi vincenda adulescentia est.
Publilius Syrus, Sententiae 569
> Mit Vernunft, nicht mit Gewalt muss man die Jugend bekehren.

Verweichlichung

K 56 Blanda facit segnes matrum indulgentia natos.
Binder, Novus thesaurus 346
> Die hätschelnde Nachgiebigkeit der Mütter macht die Kinder träge.

K 57 Mollis illa educatio, quam indulgentiam vocamus, nervos omnes mentis et corporis frangit.
Quintilianus, Institutio oratoria 1. 2,6
> Jener verweichlichte Erziehungsstil, den wir Verzärtelung nennen, schwächt alle Kräfte des Geistes und des Körpers.

K 58 Dissolutus deliciis, cuius latus alieno labore condoluit.
Seneca, De ira 2. 25,1
> Vom Wohlstand verzärtelt ist, wer beim Anblick fremder Arbeit Seitenstechen bekommt.

Ent-
wicklung

K 59 Sic iuvenum corpora fluxa et resoluta sunt, ut nihil mors mutatura videatur.
Columella, De re rustica 1. pr. 14

Die jungen Leute sind schon derart verweichlicht und verlebt, dass der Tod wohl nichts mehr zu verändern braucht.

K 60 Mollit viros otium, ferrum situ rubiginem ducit.
Seneca maior, Controversiae (Exc.) 6. 4

Müßiggang verweichlicht die Männer, untätiges Eisen zieht Rost an.

K 61 Effeminat animos amoenitas nimia, nec dubie aliquid ad corrumpendum vigorem potest regio.
Seneca, Epistulae morales 51,10

Eine allzu reizvolle Gegend verweichlicht die Menschen, denn zweifellos übt die Gegend einen nachteiligen Einfluss auf unseren Schaffensdrang aus.

K 62 Etiam bonum saepe obest assuescere.
Publilius Syrus, Sententiae 165

Auch sich an Gutes zu gewöhnen ist oft schädlich.

K 63 Neque di neque deae faciant, ut te fortuna in deliciis habeat.
Seneca, Epistulae morales 96,4

Götter und Göttinnen mögen verhüten, dass das Glück dich verhätschelt.

Zucht

K 64 Altera manu fert lapidem, panem ostentat altera.
Plautus, Aulularia 195

In der einen Hand hat er einen Stein, in der anderen zeigt er ein Stück Brot. *(vgl. ›mit Zuckerbrot und Peitsche‹)*

K 65 Salutaris severitas vincit inanem speciem clementiae.
Cicero, Ad M. Brutum 1. 2a

Heilsame Strenge taugt mehr als der billige Schein der Milde.

K 66 Castigat Deus et corrigit, quem diligit.
cf. Vulgata, Liber proverbiorum 3,12

Wen Gott liebt, den züchtigt und maßregelt er.

K 67 Qui diligit filium suum, assiduat illi flagella, ut laetetur in novissimo suo.
Vulgata, Liber ecclesiasticus 30,1

Wer seinen Sohn lieb hat, hält ihn ständig unter der Rute, damit er im Alter Freude an ihm hat.

K 68 Quis enim filius, quem non corripit pater?
Vulgata, Epistula ad Hebraeos 12,7

Gibt es einen Sohn, den der Vater nicht züchtigt?

K 69   Non amat hic puerum, qui raro castigat istum.
Binder, Novus thesaurus 2125

> Sein Kind liebt nicht, wer es nur selten züchtigt. *(vgl. ›Wer sein Kind lieb hat, der züchtigt es.‹)*

K 70   Corrigendus est itaque, qui peccat, et admonitione et vi et molliter et aspere, meliorque tam sibi quam aliis faciendus non sine castigatione, sed sine ira; quis enim, cui medetur, irascitur?
Seneca, De ira 1. 15,1

> Man muss also den bessern, der falsch handelt, bald durch Ermahnung, bald mit Zwang, bald durch Milde, bald durch Strenge, und so muss man ihm, vor allem aber den andern Besserung verschaffen nicht ohne Züchtigung, aber ohne Zorn; denn wer zürnt dem, den er heilt?

K 71   Parentes obiurgatione digni sunt, qui nolunt liberos suos severa lege proficere.
Petronius, Satyricon 4,1

> Die Eltern verdienen Vorwürfe, die nicht wollen, dass sich ihre Kinder unter strengen Normen entwickeln.

K 72   Non est arbor solida nec fortis, nisi in quam frequens ventus incursat: ipsa enim vexatione constringitur et radices certius figit.
Seneca, De providentia 4,16

> Kein Baum ist fest und stark, wenn der Sturm nicht häufig an ihm rüttelt: Gerade durch diese Misshandlung festigt er sich und gründet seine Wurzeln dauerhafter.

Schule

K 73   Domi ea sola discere potest, quae ipsi praecipientur, in schola etiam quae aliis.
Quintilianus, Institutio oratoria 1. 2,21

> Zuhause kann ein Kind nur das lernen, was ihm selbst beigebracht wird, in der Schule auch, was anderen gelehrt wird.

K 74   Scholae sunt humanitatis officinae, efficiendo nimirum, ut homines vere homines fiant.
Comenius, Didactica Magna 10,3

> Schulen sind Werkstätten der Menschlichkeit, sofern sie bewirken, dass aus Menschen wirklich Menschen werden.

K 75   Ordine quodam ad sapientiam pervenire bonae disciplinae officium est; sine ordine autem vix credibilis felicitas.
Ratherius Veronensis, Praeloquia 1. 16

> Ein guter Unterricht hat die Aufgabe, mit einer gewissen Systematik zur Erkenntnis zu führen; ohne Systematik aber ist ein Erfolg kaum glaubhaft.

Ent-wicklung

K76 Nec semper acerbi / exercet pueros vox imperiosa magistri, / sed requie studiique vices rata tempora servant.
Ausonius, Protrepticus ad nepotem 2–4

> Nicht ständig hält die gebieterische Stimme des strengen Lehrers die Jungen in Atem, sondern der Wechsel von Erholung und Lernen hält bestimmte Zeiten ein.

K77 Aestate pueri, si valent, satis discunt.
Martialis, Epigrammata 10. 62,12

> Im Sommer lernen die Kinder genug, wenn sie es verstehen, gesund zu bleiben.

K78 Non scholae, sed vitae discimus.
cf. Seneca, Epistulae morales 106,12

> Wir lernen nicht für die Schule, sondern für das Leben. *(im Original umgekehrt!)*

K79 Et ideo ego adulescentulos existimo in scholis stultissimos fieri, quia nihil ex his, quae in usu habemus, aut audiunt aut vident.
Petronius, Satyricon 1,3

> Deshalb bin ich der Ansicht, dass unsere Jugend in den Schulen völlig verdummt wird, weil sie nichts von dem zu hören oder zu sehen bekommen, was man tagtäglich braucht.

K80 Et nos ergo manum ferulae subduximus.
Iuvenalis, Saturae 1,15

> Auch wir haben *(einst)* unsere Hand der Rute entzogen. *(vgl. ›Es ist noch kein Meister vom Himmel gefallen.‹)*

Lernen

K81 Discere velle praecipua eruditio.
~ Plinius, Epistulae 8. 23,3

> Lernen zu wollen ist ein Hauptmerkmal der Bildung.

K82 Tria sunt studentibus necessaria: natura, exercitium, disciplina.
Hugo von St. Victor, Didascalion 3. 6

> Dreierlei ist für Lernende unabdingbar: Veranlagung, Übung, Zucht.

K83 Disce libens: tetrici nec praeceptoris habenas / detestere, nepos.
Ausonius, Protrepticus ad nepotes 12–13

> Lerne gern, Enkel, und verwünsche nicht die Zügel des strengen Lehrers.

K84 Studia adulescentiam alunt, senectutem oblectant, secundas res ornant, adversis perfugium ac solacium praebent, delectant domi, non impediunt foris, pernoctant nobiscum, peregrinantur, rusticantur.
Cicero, Pro Archia 16

> Studien fördern die Jugend, beglücken das Alter, verschönern das Glück, bieten Zuflucht und Trost im Unglück, entzücken zu Hause, stören nicht in der Öffentlichkeit, verbringen mit uns die Nacht, reisen mit uns in die Ferne und aufs Land.

K 85 Tamdiu discendum est, quamdiu nescias: si proverbio credimus, quamdiu vivas.
Seneca, Epistulae morales 76,3

> Man muss so lange lernen, wie man unwissend ist, wenn man dem Sprichwort glauben schenkt, solange man lebt.

K 86 Vivere tota vita discendum est et, quod magis fortasse miraberis, tota vita discendum est mori.
Seneca, De brevitate vitae 7,3

> Zu leben muss man das ganze Leben hindurch lernen und – worüber du dich vielleicht noch mehr wunderst – das ganze Leben hindurch muss man lernen zu sterben.

K 87 Discendo non defeceris.
Caecilius Balbus, Sententiae (W) 3,2

> Wenn man lernt, wird man nicht machtlos. *(vgl. ›Wissen ist Macht.‹)*

K 88 Cui ergo ista didici? Non est, quod timeas, ne operam perdideris, si tibi didicisti.
Seneca, Epistulae morales 7,9

> ›Für wen habe ich denn das alles gelernt?‹ Du brauchst nicht zu fürchten, umsonst gelernt zu haben, wenn du für dich gelernt hast.

K 89 Sit igitur discipuli summa magistratui subiectio, exercitii attentio, animi benevolentia, ingenii docilitas, specierum luxuriae evitatio felicisque constantiae debita professio.
Pseudo-Boethius, De disciplina scolarium 3,12

> Der Schüler zeige also äußerste Unterwürfigkeit unter die Lehrerschaft, Konzentration bei den Übungen, Aufgeschlossenheit, Gelehrigkeit, Verzicht auf Luxusgüter und ein gebührendes Bekenntnis zu fruchtbarer Unbeirrbarkeit.

K 90 Discere nihil aliud est quam recordari.
Sokrates bei Cicero, Tusculanae disputationes 1. 57

> Lernen ist nichts anderes als sich erinnern.

K 91 Ignotum non nisi per aliquod notum discitur.
Comenius, Novissimus linguarum methodus 10,10

> Unbekanntes lernt man nur über etwas Bekanntes.

K 92 Omnis doctrina est ex praecognitis.
Auctoritates, Aristoteles, Ethica 110

> Alles Lehren geht von schon Bekanntem aus.

K 93 Id facillime accipiunt animi, quod agnoscunt.
Quintilianus, Institutio oratoria 8. 3,71

> Der Geist nimmt am leichtesten auf, was er schon kennt.

Ent-wicklung

K 94 Per faciliora ad difficiliora oportet devenire.
Thomas von Aquin, De modo studendi
> Über Leichteres muss man zum Schwierigeren gelangen.

K 95 Sine peccato nihil discitur.
Comenius, Novissimus linguarum methodus 10,11
> Wer lernt, macht auch Fehler.

K 96 Emendatio pars studiorum longe utilissima.
Quintilianus, Institutio oratoria 10. 4,1
> Das Verbessern ist der weitaus nützlichste Teil der Studien.

K 97 Neque est ulla disciplina, in qua non peccando discatur.
Columella, De re rustica 1. 1
> Es gibt keinen Fachbereich, in dem man aus Fehlern nicht lernen kann.

K 98 Numquam satis discitur.
Seneca, Epistulae morales 27,9
> Man lernt nie genug.

K 99 Quod in iuventute non discitur, in matura aetate nescitur.
Cassiodorus, Variae 1. 24,3
> Was man in der Jugend nicht lernt, weiß man in reifem Alter nicht. *(vgl. ›Was Hänschen nicht lernt, lernt Hans nimmermehr.‹)*

K 100 Si pedem in sepulcro haberem, adhuc addiscere vellem.
Pergamenus, Dialogus creaturarum 105
> Auch wenn ich schon mit einem Fuß im Grab stände, wollte ich noch immer hinzulernen.

K 101 Stulte, stude!
Seneca, Apocolocyntosis 8,3
> Dummkopf, lern etwas!

K 102 Multi scire volunt, sed vere discere nolunt.
Wander, Deutsches Sprichwörter-Lexikon 4. 198
> Viele wollen wissen, aber wirklich lernen wollen sie nicht.

Übung

K 103 Doctrinae pater est usus: doctrina scholaris / interscissa perit, continuata viget.
Polythecon 9. 225–226
> Übung ist die Mutter der Gelehrsamkeit: Schulwissen verliert sich, wenn es nicht angewendet wird, bleibt stark, wenn es weiter gehandhabt wird.

K 104   Usus magister est optimus.
cf. Cicero, De oratore 1. 15
> Übung ist der beste Lehrmeister. *(vgl. ›Übung macht den Meister.‹)*

K 105   Usus efficacissimus rerum omnium magister.
~ Plinius maior, Naturalis historia 26. 11
> Übung ist bei allem der wirksamste Lehrer.

K 106   Exercitatio artem paravit.
Tacitus, De origine et situ Germanorum (Germania) 24,1
> Übung macht den Meister.

K 107   Exercitatio mater studiorum.
cf. Cassiodorus, Institutiones divinarum et saecularium litterarum, pr. 7
> Übung ist die Mutter der Studien.

K 108   Solus et, artifices qui facit, usus adest.
Ovidius, Ars amatoria 2. 676
> Die Praxis allein ist es, die zur Kunst verhilft.

K 109   Exercitatio intellegendi prudentiam acuit.
~ Cicero, De oratore 1. 90
> Übung schärft den Verstand.

K 110   Consuetudo exercitatioque intellegendi prudentiam acuit.
~ Cicero, De oratore 1. 90
> Gewohnheit und Übung schärfen die Erkenntnisfähigkeit.

K 111   Nam consuetudo et exercitatio facilitates maxime parit.
Quintilianus, Institutio oratoria 10. 7,8
> Gewöhnung und Übung schaffen vor allem Mühelosigkeit.

K 112   In omni disciplina infirma est artis praeceptio sine summa assiduitate exercitationis.
Rhetorica ad Herennium 3. 40
> Bei jedem Unterricht ist Theorie wenig wirkungsvoll ohne ständige intensive Praxis.

K 113   Quo plus recipit animus, hoc se magis laxat.
Seneca, Epistulae morales 108,2
> Je mehr der Geist in sich aufnimmt, desto aufnahmefähiger wird er.

K 114   Vires denique et mentis et corporis, sine laboris exercitatione torpescunt.
Minucius Felix, Octavius 36,8
> Ohne anstrengende Übung erschlaffen die Kräfte des Geistes wie des Körpers.

Ent-wicklung

K 115 Difficile est tenere, quae acceperis, nisi exerceas.
Plinius, Epistulae 8. 14,3
> Es ist schwer, das Gelernte zu behalten, wenn man es nicht praktiziert.

K 116 Intercidit eorum, quae didiceris, scientia, nisi continuetur.
~ Seneca, De beneficiis 3. 5,1
> Das Wissen um das Gelernte schwindet, wenn es nicht aufrechterhalten wird.

K 117 Sine usu scientia parum, usus autem sine scientia multum *(sc. prodest).*
Pseudo-Boethius, De disciplina scolarium 1,14
> Ohne Übung nützt das Wissen wenig, Übung aber ohne Wissen viel.

K 118 Obest nil bis dici, quod bene dicitur.
Anysius, Sententiae 256
> Es schadet nichts, zweimal zu sagen, was gut gesagt wird.

K 119 Sed numquam nimis dicitur, quod numquam satis discitur.
Seneca, Epistulae morales 27,9
> Was nie genug gelernt wird, wird nicht oft genug gesagt.

K 120 Repetitio est mater studiorum.
cf. Cassiodorus, Institutiones divinarum et saecularium litterarum, pr. 7
> Wiederholung ist die Mutter des Studierens.

Lehrer

K 121 Cogitare debebis nullam artem litteris sine interprete et sine aliqua exercitatione percipi posse.
Cicero, Ad familiares 7. 19
> Du musst bedenken, dass man sich kein Fachwissen allein aus Büchern aneignen kann, ohne Vermittler und ohne ein gewisses Maß an Übung.

K 122 Quam regium est sedere a suggestu praecipientem bonos mores et sacrarum studia litterarum, iam carmina praelegentem, quibus ora mentesque formantur, iam sententiis variis sensus excitantem!
Florus, Vergilius poeta an orator
> Wie herrlich ist es doch, vom Katheder aus gute Sitten und den Umgang mit ehrwürdiger Literatur zu lehren, bald Gedichte vorzulesen, die Sprache und Geist bilden, bald mit allerlei scharfsinnigen Gedanken zu begeistern!

K 123 Bene docet loqui, qui bene docet facere.
Pseudo-Seneca, Liber de moribus 2
> Gut zu reden lehrt, wer gut zu handeln lehrt.

K 124 Ut praeceptorum officium est docere, sic discipulorum praebere se dociles; alioquin neutrum sine altero sufficit.
~ Quintilianus, Institutio oratoria 2. 9,3

> Wie es Aufgabe der Lehrer ist, zu lehren, so die der Schüler, sich gelehrig zu zeigen, sonst erreichen weder die einen noch die anderen etwas.

K 125 Loqui et docere magistrum condecet, tacere et audire discipulum convenit.
Benedictus Nursinus, Regula 6,6

> Reden und lehren ziemt sich für den Lehrer, schweigen und zuhören gehört sich für den Schüler.

K 126 Aut diligendi sunt doctores aut non audiendi.
Sententiae Varronis 54

> Lehrer muss man lieben, sonst braucht man ihnen gar nicht erst zuzuhören.

K 127 Amor magister est optimus.
~ Plinius, Epistulae 4. 19,4

> Liebe ist der beste Lehrmeister.

K 128 Discipulos id unum interim moneo, ut praeceptores suos non minus quam ipsa studia ament et parentes esse non quidem corporum, sed mentium credant. Multum haec pietas conferet studio.
Quintilianus, Institutio oratoria 2. 9,1–2

> Allein dazu ermahne ich einstweilen die Schüler, dass sie ihre Lehrer nicht weniger lieben als ihre Studien und in ihnen, wenn auch nicht die leiblichen, so doch die geistigen Eltern sehen. Solche Zuneigung wird dem Studium viel nützen.

K 129 Signum scientis est posse docere.
Auctoritates, Aristoteles, Metaphysica 8

> Einen Wissenden erkennt man daran, dass er auch zu lehren versteht.

K 130 Homines dum docent, discunt.
Seneca, Epistulae morales 7,8

> Beim Unterrichten lernt man.

K 131 Docendo discimus.
cf. Seneca, Epistulae morales 7,8

> Durch Lehren lernen wir.

K 132 Nihil enim tantum in docendo momentum habet quantum methodus.
Sanchez, Quod nihil scitur 201

> Nichts ist bei der Lehre so wichtig wie die Methode.

K 133 Hinc omne principium, huc refer exitum!
Horatius, Carmina 3. 6,6

> Von hier nimm den Anfang, hierauf bezieh das Ende!

Ent-
wicklung

K 134 An potius temptem leniter / an minaciter?
Plautus, Stichus 78–79
> Soll ich es eher auf die sanfte Tour oder mit Drohungen versuchen?

K 135 Bene docet, qui bene distinguit.
Comenius, Didactica magna 20,23
> Wer gut unterscheidet, lehrt gut.

K 136 Nihil nisi unum uno tempore.
Comenius, Novissimus linguarum methodus 10,60
> Nur ein Lerninhalt zur gleichen Zeit.

K 137 Instrumenta bonum faciunt bona saepe magistrum.
Werner, Lateinische Sprichwörter I108
> Gute Lehrmittel machen oft einen guten Lehrer aus.

K 138 Discipulus sapiens est gloria summa magistri.
Abaelardus, Monita ad Astralabium 907
> Ein kluger Schüler ist der höchste Ruhm eines Lehrers.

K 139 Bene institutum pudeat te fieri malum.
Publilius Syrus, Sententiae A104
> Schäme dich, trotz guter Lehrer schlecht zu werden.

K 140 Peccata discentium opprobria sunt doctorum.
Sextos, Enchiridion 174
> Vergehen der Schüler sind ein Vorwurf an die Lehrer.

K 141 Qui non novit se subici, non noscet se magistrari.
Pseudo-Boethius, De disciplina scolarium 2,1
> Wer sich nicht zu unterwerfen weiß, wird auch nicht das Lehramt auszuüben verstehen.

K 142 Levis dumtaxat castigatio concessa est docenti.
Corpus Iuris Civilis, Digesta 9. 2,5,3 (Ulpianus)
> Eine wenigstens leichte Züchtigung ist dem Lehrenden erlaubt.

K 143 Nihil est foedius praeceptore furioso.
Hieronymus, Commentarii in IV epistulas Paulinas, Ad Titum
> Nichts ist abscheulicher als ein Lehrer, der die Beherrschung verliert.

K 144 Praeceptoris enim nimia saevitia culpae assignatur.
Corpus Iuris Civilis, Digesta 9. 2,6 (Paulus)
> Allzu große Härte des Lehrers wird als Schuld gewertet.

K 145 Magister] in emendando, quae corrigenda sunt, non acerbus minimeque
contumeliosus.
Quintilianus, Institutio oratoria 2. 2,7
> Beim Verbessern dessen, was berichtigt werden muss, sei der Lehrer nicht scharf und
> keineswegs beschimpfend.

K 146 Corrigere res est ardua.
~ Ovidius, Epistulae ex Ponto 3. 9,23
> Verbessern ist eine mühsame Arbeit.

K 147 Illum elige eruditorem, quem magis mireris in suis quam in alienis.
Sententiae Varronis 53
> Wähl den als Lehrer, den du mehr wegen seiner eigenen Erkenntnisse bewunderst als
> wegen fremder.

K 148 Falso magistri nuncupantur auditorum narratores; sic audiendi sunt, ut qui
rumores recensere magni ducunt.
Sententiae Varronis 68
> Wer nur Gehörtes wiedergibt, wird fälschlicherweise Lehrer genannt; man muss den so
> anhören wie Leute, die es für rühmlich halten, Gerüchte aufzuzählen.

K 149 Qui audit, ut auditorum narrator sit, numquam fiet par docenti.
Sententiae Varronis 24
> Wer nur zuhört, um weiterzugeben, was er gehört hat, wird nie an den Lehrer heranreichen.

K 150 Incorruptum adulescentem docere unus labor est, corruptum vel duplex vel
nil proficiens. Sapiunt vasa, quicquid primum acceperunt.
Sententiae Varronis 58
> Einen unverbildeten jungen Mann zu belehren ist nur eine einzige Arbeit, einen verbildeten
> sogar eine doppelte oder völlig zwecklose. Gefäße riechen nach dem, was zuerst in ihnen
> war.

K 151 Occidit miseros crambe repetita magistros.
Iuvenalis, Saturae 7,154
> Am ständig aufgewärmten Kohl gehen die armen Schulmeister zugrunde.

K 152 Paenituit multos vanae sterilisque cathedrae.
Iuvenalis, Saturae 7,203
> Viele reut das öde, ertraglose Lehramt.

K 153 Felix grammaticus non est.
Sulpicia, Epigrammata 16,1
> Reich werden Schulmeister nicht.

K 154 Nosse volunt omnes, mercedem solvere nemo.
Iuvenalis, Saturae 7,157
> Wissen wollen alle, dafür bezahlen niemand.

Ent-wicklung

Vorbild

K 155 Maxima debetur puero reverentia: si quid / turpe paras, nec tu pueri
contempseris annos; / sed peccaturo obstet tibi filius infans.
Iuvenalis, Saturae 14,47–49

> Höchste Achtung schuldet man dem Kind: Wenn du etwas Unrechtes planst, missachte ja
> nicht sein jugendliches Alter, sondern das Kind verhindere dein Vorhaben.

K 156 Doctor erit magnus, factis qui, quod docet, implet.
Columbanus, Praecepta vivendi 78

> Ein ehrwürdiger Lehrer ist, wer, was er lehrt, auch durch Taten beweist.

K 157 Quae culpare soles, ea tu nec feceris ipse: / turpe est doctori, cum culpa
redarguat ipsum.
Disticha Catonis 1. 30

> Tu das, was du zu tadeln pflegst, nicht selbst: Es ist eine Schande für den Lehrer, wenn die
> Schuld ihn Lügen straft.

K 158 Auctoritate magisterii caret, qui, quod docet, non facit.
Isidorus Hispaliensis, Sententiae 3. 30,4

> Dem Ansehen des Lehramts wird nicht gerecht, wer nicht tut, was er lehrt.

K 159 Docentis vita pluris quam scientia est.
Pseudo-Publilius, Sententiae 93

> Das Vorbild eines Lehrers ist mehr wert als sein Wissen.

K 160 Ut decuit, docuit, qui re sua verba probavit; / plus malefacta nocent, quam
bene dicta docent.
Owen, Epigrammata 9. 79,3–4

> Ein Lehrer, wie es sich gehört, ist, wer seine Worte mit seinem Verhalten unter Beweis
> stellt; schlechte Taten schaden mehr, als gute Worte lehren.

K 161 Aliquis vir bonus nobis diligendus est ac semper ante oculos habendus, ut sic
tamquam illo spectante vivamus et omnia tamquam illo vidente faciamus.
Seneca, Epistulae morales 11,8

> Wir müssen uns einen tüchtigen Mann zum Vorbild wählen und immer vor Augen haben,
> sodass wir gewissermaßen in seinem Beisein leben und alles unter seiner Aufsicht tun.

K 162 Prodest sine dubio custodem sibi imposuisse et habere, quem respicias, quem
interesse cogitationibus tuis iudices.
Seneca, Epistulae morales 25,5

> Es ist zweifelsfrei nützlich, sich einem zu unterstellen, der auf einen aufpasst, und einen zu
> haben, zu dem man blickt und den man sich als beteiligt an seinen Gedanken vorstellt.

K 163 Cogita, quantum nobis exempla bona prosint: scies magnorum virorum non minus praesentiam esse utilem quam memoriam.
Seneca, Epistulae morales 102,30

> Bedenke, wie sehr gute Vorbilder uns nützen können: du wirst merken, dass das Vorhandensein großer Männer genauso nützlich ist wie die Erinnerung an sie.

K 164 Elucentissimum est edocendi genus exemplorum subditio.
Sententiae Varronis 46

> Die glanzvollste Art zu lehren ist es, ein Vorbild abzugeben.

K 165 Multum illi dabis, etiam si nihil dederis praeter exemplum.
Seneca, Ad Helviam matrem de consolatione 18,8

> Du wirst viel geben, auch wenn du nichts gibst als dein Vorbild.

K 166 Ei studio, quod quis agere velit, consultissimum rectorem adhibeat.
Columella, De re rustica 1. pr. 4

> Jeder soll zu dem, was er erreichen will, den als Lehrer hinzuziehen, der darin die meiste Erfahrung hat.

K 167 Melius homines exemplis docentur, quae imprimis hoc in se boni habent, quod approbant, quae praecipiunt, fieri posse.
Plinius, Panegyricus 45,6

> Die Menschen lernen besser durch Beispiele, die vor allem den Vorzug haben, dass sie das, was sie lehren, auch als machbar zeigen.

K 168 Iter est, quacumque dat prior vestigium.
Publilius Syrus, Sententiae 290

> Ein Weg ist überall, wo ein Vorgänger Spuren hinterlassen hat.

K 169 Magis audiendum quam auscultandum censeo.
Pacuvius bei Cicero, De divinatione 1. 131

> Ich glaube, das sollte man besser anhören als befolgen.

K 170 Nihil aliud praecipi debet, nisi quod prius quisque sibi imperaverit.
~ Valerius Maximus, Facta et dicta memorabilia 8. 6,3

> Man darf nichts anderes vorschreiben, als was man zuvor sich selbst auferlegt hat.

K 171 Non autem debet hominum ducatum suscipere, qui nescit homines bene vivendo praeire.
Gregorius Magnus, Moralia in Iob 24. 25,54

> Wer den Menschen nicht durch guten Lebenswandel vorangehen kann, der soll nicht die Führung der Leute übernehmen.

K 172 Dominus aequus facit ministrum fidum.
Moscherosch, Epigrammata 3. 50,11

> Ein gerechter Herr erschafft einen treuen Diener.

Ent-wicklung

K 173 Plane qualis dominus, talis et servus.
Petronius, Satyricon 58,3
Wirklich: wie der Herr, so auch der Sklave. *(vgl. ›Wie der Herr, so's G'scherr.‹)*

K 174 Praesulem agere non decet, quod alter accuset.
Cassiodorus, Variae 11. 9,3
Es gehört sich nicht, dass ein Vorgesetzter tut, was ein Betroffener anklagen könnte.

K 175 Probum patrem esse oportet, qui gnatum suom / esse probiorem, quam ipsus fuerit, postulet.
Plautus, Pseudolus 438–439
Ein Vater muss anständig sein, wenn er wünscht, sein Sohn solle anständiger sein, als er selbst es war.

K 176 Ubi peccat aetas maior, male discit minor.
Publilius Syrus, Sententiae 633
Die Fehler der Älteren sind schlechte Beispiele für die Jüngeren.

K 177 Ex vitio alterius sapiens emendat suum.
Publilius Syrus, Sententiae 150
Nach den Fehlern der anderen verbessert der Weise seine eigenen.

K 178 Hoc / scitum est, periclum ex aliis facere, tibi quod ex usu siet.
Terentius, Heauton timorumenos 209–210
Klug ist, an anderen zu erproben, was einem nützen könnte.

K 179 Multorum disce exemplo, quae facta sequaris, / quae fugias: vita est nobis aliena magistra.
Disticha Catonis 3. 13
Lerne durch das Beispiel vieler, was du befolgen, was meiden sollst: Das Leben anderer dient uns als Lehrmeister.

K 180 Bonum est fugienda aspicere in alieno malo.
Publilius Syrus, Sententiae 47
An fremdem Unglück lässt sich gut sehen, was man meiden sollte.

K 181 Periclum ex aliis facito tibi, quod ex usu siet.
Terentius, Heauton timorumenos 221
Lerne aus den Fehlern anderer, was dir von Nutzen sein kann.

K 182 Verba docent, exempla trahunt.
cf. Seneca, Epistulae morales 6,5
Worte belehren, Beispiele reißen mit.

Nachahmung

K 183 **Imitari non pigeat, quod celebrare delectat.**
Caesarius Arelatensis, Sermones 223,1
> Lass dich nicht verdrießen von anderen abzusehen, was auszuüben Freude macht.

K 184 **Imitatione optimorum similia inveniendi facultas paratur.**
Plinius, Epistulae 7. 9,2
> Durch Nachahmung der Besten gewinnt man die Fähigkeit, Ähnliches zu erfinden.

K 185 **Ars aemula naturae.**
Apuleius, Metamorphoses 2. 4,5
> Die Kunst eifert der Natur nach.

K 186 **Insita mortalibus natura propere sequi, quae piget inchoare.**
Tacitus, Historiae 1. 55,1
> Es ist dem Menschen angeboren, schnell nachzueifern, wo er ungern den Anfang macht.

K 187 **Sumuntur a conversantibus mores.**
Seneca, De ira 3. 8,1
> Man übernimmt Gewohnheiten von Leuten, mit denen man zusammenlebt.

K 188 **Felix improbitas optimorum est calamitas.**
Publilius Syrus, Sententiae 175
> Wenn die Schlechtigkeit erfolgreich ist, ist das eine Katastrophe für die Guten.

K 189 **Decipit exemplar vitiis imitabile.**
Horatius, Epistulae 1. 19,17
> Ein Vorbild richtet Schaden an, wenn es zur Nachahmung seiner Fehler verführt.

K 190 **Invisurum aliquem facilius quam imitaturum.**
Plinius maior, Naturalis Historia 35. 63
> Jemanden beneiden ist leichter als ihn nachzuahmen.

K 191 **Pigri est ingenii contentum esse iis, quae sint ab aliis inventa.**
Quintilianus, Institutio oratoria 10. 2,4
> Es zeugt von einem kraftlosen Geist, mit dem zufrieden zu sein, was andere entwickelt haben.

K 192 **O imitatores, servum pecus.**
Horatius, Epistulae 1. 19,19
> O ihr Nachahmer, Herdensklaven!

Ent-
wicklung

Fortschritt

K 193 Pulchrum superasse maiores.
Quintilianus, Institutio oratotia 1. 2,21
> Es ist schön, es weitergebracht zu haben als die Vorfahren.

K 194 Bono melius inveniri potest.
Binder, Novus thesaurus 356
> Es lässt sich Besseres als das Gute finden. *(vgl. ›Das Bessre ist der Feind des Guten.‹)*

K 195 Nec omnia apud priores meliora, sed nostra quoque aetas multa laudis et artium imitanda posteris tulit.
Tacitus, Annales 3. 55,5
> In früheren Zeiten war nicht alles besser, doch auch unsere Generation hat viel Lobenswertes und Fortschrittliches geschaffen, was der Nachwelt zum Vorbild dienen könnte.

K 196 Res ardua vetustis novitatem dare, novis auctoritatem, obsoletis nitorem, obscuris lucem, fastiditis gratiam, dubiis fidem.
Plinius maior, Naturalis historia 15. pr.
> Es ist eine schwierige Sache, Altes zu erneuern, Neuem Geltung zu verschaffen, Abgenutztem Glanz, Dunklem Licht, Geringgeschätztem Ansehen, Zweifelhaftem Glaubwürdigkeit.

K 197 Instemus itaque et perseveremus! plus, quam profligavimus, restat, sed magna pars est profectus velle proficere.
Seneca, Epistulae morales 71,36
> Lasst uns also nicht aufgeben und beharrlich bleiben! Es bleibt noch mehr zu tun, als wir geschafft haben, aber ein großer Teil des Vorankommens ist der Wille, voranzukommen.

K 198 Novis ex rebus aucti tuta et praesentia quam vetera et periculosa malunt.
~ Tacitus, Annales 1. 2,1
> Wer von Neuerungen profitiert hat, zieht die sichere Gegenwart der riskanten Vergangenheit vor.

K 199 Paulatim longius itur.
Ovidius, Fasti 4. 443
> Allmählich kommt man weiter.

K 200 Saepe maiori fortunae locum fecit iniuria; multa ceciderunt, ut altius surgerent.
Seneca, Epistulae morales 91,13
> Oft hat ein Unheil einer segensreichen Entwicklung zum Durchbruch verholfen; vieles ist zusammengebrochen, um glanzvoller wieder aufzuerstehen.

K 201 Quam multa fieri non posse, prius quam sunt facta, iudicantur!
Plinius maior, Naturalis Historia 7. 6
> Wie vieles hält man doch für unmöglich, bevor es verwírklicht ist!

K 202   Et ignotas animum dimittit in artes.
Ovidius, Metamorphoses 8. 188 (über Dädalus; Motto von Joyce, A Portrait of the Artist as a Young Man)
Und er richtet seinen Geist auf unbekannte Erfindungen.

K 203   Auctores quanto sunt iuniores, tanto perspicaciores.
Priscianus, Institutiones grammaticae pr. 1
Je jünger *(d. h. später geboren)* die Verfasser sind, über desto mehr Einsichten verfügen sie.

K 204   Consiliis iuniorum multi se explicant.
Publilius Syrus, Sententiae 110
Viele kommen voran aufgrund von Ratschlägen Jüngerer.

K 205   Est quadam prodire tenus, si non datur ultra.
Horatius, Epistulae 1. 1,32
Es will schon etwas heißen, bis zu einem gewissen Punkt vorangekommen zu sein, wenn es kein ›darüber hinaus‹ gibt.

K 206   Contenti simus inventis, aliquid veritati et posteri conferant.
Seneca, Naturales quaestiones 7. 25,7
Seien wir mit dem zufrieden, was wir entdeckt haben; auch die Nachkommen sollen zur Wahrheit beitragen.

K 207   Terra marique humana opera cessarent, nisi male temptata retemptare libuisset.
Seneca, De beneficiis 7. 31,5
Zu Land und zu Wasser käme menschliche Entfaltung zum Stillstand, wenn man sich nicht dazu entschlösse, Misslungenes erneut zu versuchen.

K 208   Nesciunt stare successus, et quotiens prodire felicitas non potest, redit.
Calpurnius Flaccus. Declamationes 8
Fortschritt kennt keinen Stillstand, sooft Erfolg sich nicht fortsetzen kann, verflüchtigt er sich.

K 209   Si non proficimus, mox deficimus.
Cyrillus, Speculum sapientiae 1. 1
Wenn wir keine Fortschritte machen, verfallen wir schnell.

K 210   Si steteris, retrocedis.
Cyrillus, Speculum sapientiae 1. 1
Stillstand ist Rückschritt.

K 211   Nolle proficere deficere est.
Bernardus Claraevallensis, Epistulae 254,4
Nicht vorankommen zu wollen heißt sich zurückentwickeln.

Ent-
wicklung

K212   Difficilisque in perfecto mora est, naturaliterque quod procedere non potest, recedit.
Velleius Paterculus, Historia Romana 1. 17,6
> Stillstand ist bei Erstklassigkeit gefährlich; was sich nicht mehr weiterentwickeln kann, verliert naturgemäß an Wert.

K213   Nam si non inesset in rebus contentio, unum omnia essent.
Schopenhauer: Die Welt als Wille und Vorstellung 1. 2. 27 (nach Empedokles)
> Wenn es in der Natur keinen Streit gäbe, wäre alles eins.

K214   Numquam invenietur, si contenti fuerimus inventis.
Seneca, Epistulae morales 33,10
> Man erfindet nie etwas, wenn man mit dem Vorhandenen zufrieden ist.

Anfang

K215   Ab Iove principium.
Vergilius, Bucolica 3,60
> Nehmt den Anfang mit Jupiter. *(d. h. Unser Anfang geschehe mit Gott.)*

K216   Magnus ab integro saeclorum nascitur ordo.
Vergilius, Bucolica 4,5
> Aus neuem Beginn entsteht die lange Reihe der Zeiten.

K217   Incipe, quicquid agas: pro toto est prima operis pars.
Ausonius, Technopaegnion 7,5
> Beginne, was du vorhast, der Anfang des Werks steht für das Ganze.

K218   Tantummodo incepto opus est, cetera res expediet.
Sallustius, De coniuratione Catilinae 20,10
> Es bedarf nur eines Anfangs, das Übrige erledigt sich von selbst.

K219   Dimidium facti, qui *(bene)* coepit, habet.
Horatius, Epistulae 1. 2,40
> Wer *(gut)* begonnen hat, hat schon die Hälfte vollbracht.

K220   Incipe; dimidium facti est coepisse: superfit / dimidium; rursum hoc incipe, et efficies.
Ausonius, Epigrammata 92
> Fang an; begonnen zu haben ist schon die Hälfte der Tat: Es bleibt die andere Hälfte; beginn auch diese, und du wirst das Werk vollenden.

K221   Principia totius operis dimidium occupare dicuntur.
Seneca, Epistulae morales 34,3
> Der Anfang erfasst bekanntlich schon die Hälfte des ganzen Werks.

K 222 **Principium plus est quam dimidium totius.**
Auctoritates, Aristoteles, Ethica 13
> Der Beginn ist mehr als die Hälfte des Ganzen.

K 223 **Clivo sudamus in imo.**
Ovidius, Heroides 20,41
> Wir schwitzen noch ganz unten am Berg *(d. h. wir sind noch lange nicht über den Berg)*.

K 224 **Omnium enim rerum principia parva sunt.**
Cicero, De finibus bonorum et malorum 5. 58
> Die Anfänge aller Dinge sind klein.

K 225 **Istud, quod tu summum putas, gradus est.**
Seneca, Epistulae morales 118,6
> Was du für den Gipfel hältst, ist nur eine Stufe.

K 226 **Omnium quidem rerum primordia sunt dura.**
Petrus Chrysologus, Sermones 175
> Die Anfänge aller Dinge sind schwer. *(vgl. ›Aller Anfang ist schwer.‹)*

K 227 **Priusquam incipias, consulto, et ubi consulueris, mature facto opus est.**
Sallustius, De coniuratione Catilinae 1,6
> Bevor man beginnt, ist Überlegung vonnöten, und wenn man sich beraten hat, rasches Handeln.

K 228 **Multorum est incipere; paucorum proficere: paucissimorum ad perfectionem pervenire.**
Thomas a Kempis, Hortulus rosarum 4
> Einen Anfang machen viele, voran kommen wenige, zur Vollendung gelangen nur ganz wenige.

K 229 **Initia in potestate nostra, de eventu fortuna iudicat.**
Seneca, Epistulae morales 14,16
> Der Beginn liegt in unserer Hand, den Ausgang entscheidet das Schicksal.

K 230 **Flebile principium melior fortuna secuta est.**
Ovidius, Metamorphoses 7. 518
> Erbärmlichem Anfang folgte ein besseres Schicksal.

K 231 **Vix possunt male coepta bonum contingere finem.**
Camerarius, Philippus, Meditationes historicae 66
> Was schlecht begonnen wurde, kann kaum ein gutes Ende nehmen.

K 232 **Omne malum nascens facile opprimitur: inveteratum fit plerumque robustius.**
Cicero, Orationes Philippicae 5,31
> Jedes Übel lässt sich bei seinem Anfang leicht unterdrücken; hat es sich einmal breitgemacht, wird es meistens zu stark.

Ent-
wicklung

K233 Venienti occurrite morbo.
Persius, Saturae 3,64
> Schafft Abhilfe, wenn die Krankheit beginnt. *(vgl. ›Wehret den Anfängen!‹)*

K234 Quicquid init ortus, finem timet; ibimus omnes.
Statius, Silvae 2. 1,218
> Alles, was einen Anfang hat, fürchtet das Ende: Wir werden alle zugrunde gehen.

K235 Quodcumque fit, necesse est accipere finem.
Auctoritates, Aristoteles, Physica 102
> Alles, was entsteht, muss auch ein Ende nehmen.

Abschluss

K236 Conclamatum est.
Terentius, Eunuchus 348
> Es ist laut beklagt worden *(d. h. es ist vorbei; alles ist aus)*.

K237 Lusus habet finem.
Ovidius, Ars amatoria 3. 809
> Das Spiel ist zu Ende.

K238 Optimus virtutis finis est, antequam deficias, desinere.
Seneca maior, Controversiae 1. 8,3
> Der beste Abschluss einer verdienstvollen Tat besteht darin, aufzuhören, bevor man erlahmt.

K239 Quicquid conaris, quo pervenias, cogites.
Publilius Syrus, Sententiae 509
> Was du auch unternimmst, bedenke, wozu es führen kann.

K240 Eventus docebit.
~ Livius, Ab urbe condita 22. 39,10
> Der Ausgang wird es lehren.

K241 Exitus acta probat.
Ovidius, Heroides 2,85
> Das Ergebnis bestätigt den Hergang *(d. h. heißt das Geschehene gut, vgl. ›Ende gut, alles gut.‹)*.

K242 Principiis consentiant exitus.
Cicero, Ad familiares 11. 5,3
> Das Ende möge dem Anfang entsprechen.

K243 Gloriosus finis lentum principium excusabit.
Petrarca, Familiares 23,21
> Ein ruhmreiches Ende wird einen lässigen Anfang entschuldigen.

K244 Incertum est, quid vesper ferat.
~ Varro, Saturae Menippeae (Titel)
> Es ist ungewiss, was der Abend bringt. *(vgl. ›Es ist noch nicht aller Tage Abend.‹)*

Zweck

K245 Sciendum primo, quod Deus et natura nihil otiosum facit.
Dante, De monarchia 1. 3,3
> Vor allem kann man davon ausgehen, dass Gott und die Natur nichts ohne Zweck tut.

K246 Natura agit propter finem.
Auctoritates, Aristoteles, Physica 89
> Die Natur handelt zweckgerichtet.

K247 Impossibile est appetitum naturalem esse frustra.
Thomas von Aquin, Summa contra gentiles 2. 79
> Ein natürliches Streben kann unmöglich sinnlos sein.

K248 Natura nihil facit frustra, non deficit in necessariis nec abundat in superfluis.
Auctoritates, Aristoteles, De anima 168
> Die Natur macht nichts ohne Zweck und lässt es an nichts Notwendigem fehlen, noch bietet sie viel Überflüssiges.

K249 Via necessitatur a termino.
Dante, Monarchia 1. 12,8
> Der Weg wird von Ziel aufgenötigt.

K250 Ex instrumentis colligitur finis rei.
Comenius, Prima philosophia 4,11,5
> Aus den Hilfsmitteln lässt sich der Zweck einer Sache erschließen.

K251 Cum finis est licitus, etiam media sunt licita.
Busenbaum (1600 – 1668)
> Wenn der Zweck erlaubt ist, sind auch die Mittel erlaubt. *(vgl. ›Der Zweck heiligt die Mittel.‹)*

K252 Finis sanctificat media.
Filliucius, Morales quaestiones de Christianis officiis
> Der Zweck heiligt die Mittel.

Ent-
wicklung

K253 Multaque, dum fiunt turpia, facta placent.
Ovidius, Ars amatoria 3. 218
> Vieles, was unschön ist, wenn es gemacht wird, gefällt uns, wenn es gemacht ist.

Ziel

K254 Ad finem debet perducere, quae prudentum intentio visa est suscepisse, quia sicut perfecta laudem pariunt, ita vituperationem generant, quae in mediis conatibus aegra deseruntur.
Cassiodorus, Variae 4. 31,1
> Ein Ziel muss erreichen, was kluge Absicht unternommen zu haben scheint, denn wie Vollendung Lob verschafft, so erzeugt Tadel, was mitten in der Entwicklung kläglich abgebrochen wird.

K255 Quaere et invenies.
Hieronymus, Epistulae 22,39
> Suche und du wirst finden. *(vgl. ›Wer sucht, der findet,‹)*

K256 In omni enim motu actionis suae qui non respicit initium, non prospicit finem.
Augustinus, De civitate Dei 7. 7
> Wer in jedem Abschnitt seines Handelns nicht auf den Anfang zurückblickt, blickt auch nicht auf das Ziel voraus.

K257 Finis igitur uniuscuiusque rei est eius perfectio.
Thomas von Aquin, Summa contra gentiles 3. 16,3
> Ziel einer jeden Sache ist ihre Vollendung.

K258 Non expedit apprehenso aratro respicere post tergum.
Hieronymus, Epistulae 22,1
> Wer hinter dem Pflug steht, darf nicht hinter sich blicken.

K259 Qui, quo destinavit, pervenire vult, unam sequatur viam, non per multas vagetur: non ire istuc, sed errare est.
Seneca, Epistulae morales 45,1
> Wer an sein Ziel gelangen will, muss einen und denselben Weg verfolgen, nicht zwischen vielen taktieren, denn das heißt nicht gehen, sondern irren.

K260 Nescit, quo tendat, qui multas sequitur semitas.
Sententiae Varronis 88
> Wer viele Wege verfolgt, kennt sein Ziel nicht.

K261 Nusquam deveniet, qui, quot videt, sequitur calles.
Sententiae Varronis 92
> Nirgends kommt hin, wer allen Pfaden folgt, die er sieht.

K262 Domine, quo vadis?
Vulgata, Evangelium secundum Ioannem 13,36
Wohin gehst du, Herr? *(Frage des Petrus an Christus)*

Erfolg

K263 Consilia ex eventu, non ex voluntate a plerisque probari solent.
Cicero, Ad Atticum 9. 7, A1
Ratschläge werden meist nach ihrem Ergebnis, nicht nach der Absicht beurteilt.

K264 Vigilando, agendo, bene consulendo prospera omnia cedunt.
Sallustius, De coniuratione Catilinae 52,29
Durch Wachsamkeit, Tatkraft und gute Überlegung wird alles zum Erfolg.

K265 Contigimus portus, quo mihi cursus erat.
Ovidius, Remedia amoris 812
Ich habe den Hafen erreicht, den ich angesteuert habe.

K266 Quod vix contingit, veram voluptatem parit.
Publilius Syrus, Sententiae 521
Was kaum einem gelingt, verschafft einem echte Freude.

K267 Summum cape et medium habebis.
Erasmus, Adagia 1225 (nach Zenodotos)
Greif nach dem Höchsten, und du wirst Mittleres erreichen.

K268 Qua mensura seminas, et eadem metis.
Carmina Burana 42,7,4
Mit welchem Maß man sät, mit dem wird man ernten.

K269 Virtutis spolia cum videt, gaudet labor.
Publilius Syrus, Sententiae 646
Wenn sie die Beute der Tüchtigkeit sieht, freut sich die Mühe.

K270 Nemo proficiens erubescit.
Tertullianus, De pudicitia 1,12
Niemand schämt sich, wenn er vorankommt.

K271 Felicitas est praemium virtutis.
Auctoritates, Aristoteles, Ethica 22
Erfolg ist der Lohn der Tüchtigkeit.

K272 Nil difficile volenti.
cf. Cicero, Orator 33
Nichts ist schwer, wenn man nur will.

Ent-
wicklung

K273 Faber est suae quisque fortunae.
~ Appius Claudius bei Sallustius, Epistulae ad Caesarem senem de re publica 1. 1,2
Jeder ist seines Glückes Schmied.

K274 Fortuna meliores sequitur.
Sallustius, Historiae, Oratio Philippi 21
Das Glück folgt den Besseren. *(vgl. ›Glück hat nur der Tüchtige.‹)*

K275 Fortunam sibi quisque parat.
cf. Plautus, Trinummus 363
Sein Glück schafft jeder sich selbst.

K276 Fortibus est fortuna viris data.
Ennius bei Macrobius, Saturnalia 6. 1,62
Glück hat allein der Tüchtige.

K277 Audentes fortuna iuvat.
Vergilius, Aeneis 10. 284
Den Mutigen hilft das Glück.

K278 Nam sapiens quidem pol ipsus fingit fortunam sibi.
Plautus, Trinummus 363
Der Weise bildet sich, bei Gott, sein Glück selbst. *(vgl. ›Jeder ist seines Glückes Schmied.‹)*

K279 Quoi homini dei sunt propitii, lucrum ei profecto obiciunt.
Plautus, Curculio 531
Wem die Götter hold sind, dem verschaffen sie unter allen Umständen Gewinn. *(vgl. ›Den Seinen gibt's der Herr im Schlaf.‹)*

K280 Eventus in manu est fortunae.
~ Suetonius, De vita Caesarum, Nero 23,3
Der Ausgang liegt in der Hand des Schicksals.

K281 In se magna ruunt: laetis hunc numina rebus / crescendi posuere modum.
Lucanus, Bellum civile (Pharsalia) 1. 81–82
Großes fällt in sich selbst zusammen: Diese Grenze des Wachstums haben die Götter dem Erfolg gesetzt.

K282 Veni, vidi, vici.
Suetonius, De vita Caesarum, Caesar 37,2 (47 nach dem Sieg über Pharnakes II)
Ich kam, sah und siegte.

K283 Vincere scis, Hannibal, victoria uti nescis.
Livius, Ab urbe condita 22. 51,4
Zu siegen verstehst du, Hannibal, den Sieg zu nutzen verstehst du nicht.

Glück

K 284 Fortuna in homine plus quam consilium valet.
Publilius Syrus, Sententiae 192

> Glück ist den Menschen hilfreicher als guter Rat.

K 285 Diligitur nemo, nisi cui fortuna secunda est.
Ovidius, Epistulae ex Ponto 2. 3,23

> Beliebt ist nur, wem das Glück hold ist.

K 286 Fortuna quorsum, eodem se inclinat favor.
Publilius Syrus, Sententiae A161

> Wem das Glück lächelt, dem winkt auch Anerkennung.

K 287 Fortuna favet fatuis.
Owen, Epigrammata 7. 30,1

> Das Glück begünstigt die Dummen. *(vgl. ›Die dümmsten Bauern haben die dicksten Kartoffeln.‹)*

K 288 Fragilis et caduca felicitas est.
Seneca maior, Controversiae 2. 1,1

> Das Glück ist zerbrechlich und vergänglich.

K 289 Fortuna in omni re dominatur; ea res cunctas ex libidine magis quam ex vero celebrat obscuratque.
Sallustius, De coniuratione Catilinae 8,1

> Das Glück herrscht überall; mehr nach Lust und Laune als nach wahrem Wert verherrlicht es alle Dinge und lässt sie auch wieder in Vergessenheit geraten.

K 290 Nempe dat id, cuicumque libet, Fortuna rapitque, / Irus et est subito, qui modo Croesus erat.
Ovidius, Tristia 3. 7,41–42

> Gibt doch die Glücksgöttin und raubt, wem immer sie will, und ein Irus *(d. h. ein Bettler)* ist plötzlich, wer eben noch ein Krösus war.

K 291 Maximae cuique fortunae minime credendum est.
Livius, Ab urbe condita 30. 30,18

> Gerade dem größten Glück darf man am wenigsten vertrauen.

K 292 O Fortuna levis, cui vis, das munera, quae vis, / et cui vis, quaevis auferet hora brevis.
Carmina Burana 18,1

> O wankelmütiges Glück, wen du magst, beschenkst du mit allem Möglichen, und eine kurze Stunde nimmt, wem du willst, alles wieder weg.

Ent-
wicklung

K 293 O Fortuna, velut luna / statu variabilis, / semper crescis aut decrescis; / vita detestabilis.
Carmina Burana 17,1–4

> O Fortuna, wie der Mond von wechselhafter Gestalt, ständig nimmst du zu oder ab, von verabscheuenswertem Lebenswandel.

K 294 Bona nemini hora est, ut non alicui sit mala.
Publilius Syrus, Sententiae 49

> Für keinen ist eine Stunde gut, ohne dass sie für einen anderen schlecht ist. *(vgl. ›Wat dem eenen sin Uhl, is dem andern sin Nachtigall.‹)*

K 295 Facit ratum Fortuna, quom nemo videt.
Publilius Syrus, Sententiae 191

> Das Glück setzt sich durch, wenn niemand es sieht. *(vgl. ›Das Glück kommt über Nacht.‹)*

K 296 Felicitatem spernere est felicitas.
Pseudo-Publilius, Sententiae 109

> Glück heißt, das Glück zu verachten.

K 297 Fortuna fortes metuit, ignavos premit.
Seneca, Medea 159

> Das Glück fürchtet die Tapferen, überwältigt die Feigen.

K 298 Miser esse non potest vir bonus, dici potest.
Pseudo-Publilius, Sententiae 192

> Ein guter Mensch kann nicht unglücklich sein, nur unglücklich genannt werden.

K 299 Neminem illaesum fata transmittunt. Felix est non, qui aliis videtur, sed qui sibi.
Pseudo-Seneca, De remediis fortuitorum

> Das Schicksal lässt niemanden ungeschoren. Glücklich ist nicht, wer anderen, sondern wer sich selbst so erscheint.

K 300 Nube solet pulsa candidus ire dies.
Ovidius, Tristia 2. 142

> Wenn die Wolken vertrieben sind, gibt es gewöhnlich strahlenden Sonnenschein.

K 301 O faustum et felicem diem!
Terentius, Andria 956

> Welch ein glücklicher und gesegneter Tag!

K 302 Per laetitiam liquitur animus.
Atilius bei Varro, De lingua Latina 7. 5,106

> Das Herz schmilzt vor Freude.

K303 Quid datur a divis felici optatius hora?
Catullus, Carmina 62,30
> Was wird von den Göttern Wünschenswerteres geschenkt als eine glückliche Stunde?

K304 Scire uti felicitate maxima est felicitas.
Publilius Syrus, Sententiae A208
> Sein Glück recht zu gebrauchen wissen ist das größte Glück.

K305 Secunda non habent umquam modum.
Seneca, Oedipus 694
> Glück kennt niemals ein Maß.

K306 Solet hora, quod multi anni abstulerunt, reddere.
Publilius Syrus, Sententiae 609
> Eine Stunde kann wiederbringen, was viele Jahre geraubt haben.

Misserfolg

K307 Geminatur iracundia infelicitas.
Publilius Syrus, Sententiae A284
> Erfolglosigkeit wird durch den Ärger noch verdoppelt.

K308 Negat sibi ipse, qui, quod difficile est, petit.
Publilius Syrus, Sententiae 415
> Wer Schwieriges begehrt, versagt es sich selbst.

K309 Quam miserum est, ubi consilium casu vincitur!
Publilius Syrus, Sententiae 549
> Wie ärgerlich ist es doch, wenn ein Plan durch einen Zufall vereitelt wird!

K310 Magna enim consolatio est, cum recordare, etiam si secus acciderit, te tamen recte vereque sensisse.
Cicero, Ad familiares 6. 21,2
> Es ist ein starker Trost, auch wenn es schiefgegangen ist, zu denken, man habe dennoch die einzig wahre Einstellung gehabt.

K311 Non est turpe non consequi, dummodo sequaris.
Seneca, De beneficiis 5. 5,3
> Es ist nicht schimpflich, sein Ziel nicht zu erreichen, solange man an der Sache dranbleibt.

K312 Nulla homini maior poena est quam infelicitas.
Publilius Syrus, Sententiae 401
> Keine Strafe ist für den Menschen schwerer als Erfolglosigkeit.

Ent-
wicklung

K313 Repugnante siquidem natura quaelibet cedit industria.
Cassiodorus, Variae 4. 38,2
> Wenn die Natur nicht mitspielt, ist jeder Eifer zum Scheitern verurteilt.

K314 Opera et impensa periit.
Macrobius, Saturnalia 2. 4,30
> Mühe und Aufwand sind vergeudet. *(vgl. ›Da ist Hopfen und Malz verloren.‹)*

K315 Coepisti melius, quam desinis; ultima primis / cedunt.
Ovidius, Heroides 9,23
> Du hast besser begonnen, als du endest, das Ende ist dem Beginn nicht angemessen.

K316 Melius non incipient, quam desinent.
Seneca, Epistulae morales 72,11
> Besser ist, nicht anzufangen, als aufzuhören.

K317 Cecidit in cursu.
Cicero, Brutus 127
> Er hat sein Ziel nicht erreicht. *(wörtlich: Er ist unterwegs gestürzt.)*

K318 Honestius repellimur quam fallimur.
Binder, Novus thesaurus 1333
> Es ist ehrenhafter, zurückgestoßen als getäuscht zu werden. *(vgl. ›Besser abgewiesen als geprellt.‹)*

K319 Eversio rei familiaris dignitatem ac famam praeceps dat.
~ Tacitus, Annales 6. 17,3
> Wirtschaftlicher Misserfolg ruiniert auch Würde und Ansehen.

K320 Frustra autem niti neque aliud se fatigando nisi odium quaerere extremae dementiae est.
Sallustius, Bellum Iugurthinum 3,3
> Sich umsonst anzustrengen und für seine Schinderei nur Hass zu ernten ist äußerster Wahnsinn.

K321 Hoc paulum lucri quantum ei damni adportet!
Terentius, Heauton timorumenos 747
> Wie viel Schaden ihm dieses bisschen Gewinn doch einträgt!

K322 Improbe Neptunum accusat, qui iterum naufragium facit.
Publilius Syrus, Sententiae 264
> Zu Unrecht klagt Neptun an, wer zweimal Schiffbruch erleidet.

K323 Sed mansisse diu turpe est vacuumque redire.
Politianus, Iliadis Homerici libri 2. 307
> Lange fortgeblieben sein und mit nichts zurückzukehren ist schändlich.

K 324 **Maius dedecus est parta amittere quam omnino non paravisse.**
Sallustius, Bellum Iugurthinum 31,17
> Es ist eine größere Schande, Erworbenes zu verlieren, als es überhaupt nicht erworben zu haben.

K 325 **Monitis sum minor ipse meis.**
Ovidius, Ars amatoria 2. 548
> Ich selbst komme mit meinen eigenen Ermahnungen nicht mit.

K 326 **Nequitia summa semper sibi poena est sui.**
Publilius Syrus, Sententiae A13
> Nichtswürdigkeit ist immer die schlimmste Selbstbestrafung.

K 327 **Quam miserum auxilium est, ubi nocet, quod sustinet!**
Publilius Syrus, Sententiae 526
> Wie peinlich ist Hilfe, wenn sie dem schadet, dem sie helfen will!

K 328 **Quam miserum est, bene quod feceris, factum queri.**
Publilius Syrus, Sententiae 546
> Wie schmerzlich ist es doch, beklagen zu müssen, was man Gutes getan hat!

K 329 **Quam miserum officium est, quod successum non habet!**
Publilius Syrus, Sententiae 517
> Wie peinlich ist eine Gefälligkeit, die erfolglos bleibt!

Ent-
wicklung

L Lebensweise

Lebenssinn

L1   Et si volueris attendere, maxima pars vitae elabitur male agentibus, magna
nihil agentibus, tota vita aliud agentibus.
Seneca, Epistulae morales 1,1
Wenn man genau hinschaut, der größte Teil des Lebens gleitet dahin, wenn man Schlechtes
tut, ein großer Teil, wenn man nichts tut, das ganze Leben, wenn man Belangloses tut.

L2   Non vivit, qui nil, nisi uti vivat, cogitat.
Publilius Syrus, Sententiae A212
Wer nur daran denkt, zu leben, lebt nicht wirklich.

L3   Non vivit, quicum bene agitur, si vivat: vita non sui causa fit, sed ut in ea
praeclarum aliquid fiat. viatores non eunt, ut eant.
Sententiae Varronis 115
Der lebt nicht, der es sich im Leben gut sein lässt. Das Leben ist nicht um seiner selbst
willen da, sondern damit man in ihm etwas Ordentliches leistet. Boten sind nicht
unterwegs, um unterwegs zu sein.

L4   In philosophorum paene omnibus disputationibus quaeritur, quis sit finis
bene vivendi, virtus an voluptas.
Augustinus, Principia rhetorices 2
In fast allen Gesprächen der Philosophen geht es um die Frage, worin der Sinn des guten
Lebens besteht, in der Tugend oder der Lust.

L5   Hoc agamus, ut quemadmodum pretiosa rerum sic vita nostra non multum
pateat, sed multum pendeat.
Seneca, Epistulae morales 93,4
Lass uns darauf achten, dass unser Leben wie Kleinodien nicht viel Raum einnimmt, aber
doch viel Gewicht hat.

L6   Quicquid optimum homini est, id extra humanam potentiam iacet; nec dari
nec eripi potest.
Seneca, Ad Helviam matrem de consolatione 8,4
Was für den Menschen das Beste ist, liegt außerhalb der menschlichen Macht; es kann
weder gegeben noch entrissen werden.

L7   Beatitudo est summum naturae bonum ratione degentis.
Boethius, De consolatione philosophiae 2. p4,25
Glückseligkeit ist das höchste Gut eines vernünftig lebenden Wesens.

L8 **Male vivunt, qui semper vivere incipiunt.**
Epikuros bei Seneca, Epistulae morales 23,9
> Schlecht leben die, die immer nur zu leben beginnen.

L9 **Longa est vita, si plena est.**
Seneca, Epistulae morales 93,2
> Ein Leben ist lang, wenn es erfüllt ist.

L10 **Cogita frequenter, ad quid venisti.**
Thomas a Kempis, De imitatione Christi 1. 25,1
> Denk oft daran, wozu du gekommen bist.

L11 **Dic, cur hic.**
Moscherosch, Gesichte Philanders von Sittewalt 2. 9
> Sag, warum du hier bist *(bzw. am Tatort warst)*.

L12 **Qui voluptatibus dediti quasi in diem vivunt, vivendi causas quotidie finiunt.**
Plinius, Epistulae 5. 5,4
> Wer dem Sinnengenuss ergeben gleichsam in den Tag hinein lebt, beendet jeden Tag den Zweck seines Lebens.

Tradition

L13 **Laudamus veteres, sed nostris utimur annis; / mos tamen est aeque dignus uterque coli.**
Ovidius, Fasti 1. 225–226
> Wir loben die Vergangenheit, aber wir erfreuen uns der Gegenwart; denn mit beiden zu leben heißt auch beide gleich zu verehren.

L14 **Affert autem vetustas omnibus in rebus longinqua observatione incredibilem scientiam.**
Cicero, De divinatione 1. 109
> Auf jedem Gebiet bietet die Tradition aufgrund lang dauernder Beobachtung einen unglaublichen Erfahrungsschatz.

L15 **Adiuvare nos possunt non tantum, qui sunt, sed qui fuerunt.**
Seneca, Epistulae morales 52,7
> Helfen können uns nicht nur die Lebenden, sondern auch die Toten.

L16 **Optimum est sequi maiores, recte si praecesserint.**
Publilius Syrus, Sententiae A33
> Am besten ist es, den Vorfahren zu folgen, wenn sie ein gutes Beispiel geboten haben.

Lebens-weise

L 17 Accipiat patris exemplum tribuatque nepoti / filius et coeptis ne desit fascibus heres.
Claudianus, Panegyricus dictus Mallio Theodoro consuli 336–337
> Der Sohn möge das Vorbild des Vaters übernehmen und auf den Enkel übertragen, und der Erbe möge die hohen Ämter weiterführen.

L 18 At genus immortale manet, multosque per annos / stat fortuna domus et avi numerantur avorum.
Vergilius, Georgica 4. 208–209
> Die Gattung bleibt unsterblich, und durch viele Jahre hindurch blüht das Haus und reiht sich Ahnherr an Ahnherr.

L 19 Maiorum gloria posteris quasi lumen est.
Sallustius, Bellum Iugurthinum 85,23
> Der Ruhm der Vorfahren leuchtet den Nachkommen voran.

L 20 Delicta maiorum immeritus lues.
Horatius, Carmina 3. 6,1
> Unverschuldet wirst du die Vergehen der Vorfahren büßen.

L 21 Abrogemus igitur istud horridae vetustatis rubigine obsitum imperium!
Valerius Maximus, Facta et dicta memorabilia 2. 9,5
> Schaffen wir diese vom Rost des grässlichen Alters überzogene Vorschrift ab! *(vgl. ›einen alten Zopf abschneiden‹)*

Zeitgeist

L 22 Aliud aliis annis magis convenit.
Quintilianus, Institutio oratoria 5. 10,25
> Zu unterschiedlichen Zeiten passen unterschiedliche Dinge.

L 23 Blandimenta vagae fugies novitatis.
Grattius, Cynegeticon 114
> Meide den Reiz der flatterhaften Neuheit.

L 24 A natura discedimus, populo nos damus nullius rei bono auctori et in hac re sicut in his omnibus inconstantissimo.
Seneca, Epistulae morales 99,17
> Wir entfernen uns vom natürlichen Empfinden und folgen der Masse, die zu nichts Gutem rät und hier wie überall völlig unzuverlässig ist.

L 25 O tempora, o mores!
Cicero, In Verrem 2. 4,56
> Welche Zeiten, welche Zustände!

L26 Mores leges perduxerunt iam in potestatem suam.
Plautus, Trinummus 1037
>Die Mode hat die Gesetze längst in ihre Gewalt gebracht.

L27 Leges mori serviunt.
Plautus, Trinummus 1043
>Die Gesetze sind der Mode unterworfen.

L28 Nam nunc mores nihil faciunt, quod licet, nisi quod lubet.
Plautus, Trinummus 1032
>Heutzutage ist es nicht Brauch, zu tun, was erlaubt ist, sondern was beliebt.

L29 Condicione temporum incidunt quaedam, quae possint laudata puniri.
Seneca, De clementia 1. 2,1
>Die Zeitverhältnisse bringen es mit sich, dass manches Lobenswerte gemaßregelt wird.

L30 Vitium fuit, nunc mos est assentatio.
Publilius Syrus, Sententiae A135
>Lobhudelei war einst ein Laster, jetzt ist es allgemeiner Brauch.

L31 Facit enim consuetudinem peccandi multitudo peccantium.
Seneca, De clementia 1. 22,2
>Die Vielzahl derer, die sich vergehen, macht Verfehlungen zur Gewohnheit.

L32 Unius dementia fit multorum opinio.
Binder, Novus thesaurus 3414
>Der Spleen eines Einzigen wird zur Meinung vieler.

L33 Illi tantum placere stude, cui displicet, quod omnibus placet.
Pseudo-Seneca, Liber de moribus, Appendix
>Trachte danach, nur dem zu gefallen, dem missfällt, was allen gefällt.

Sittenverfall

L34 Utinam veteres hominum mores, veteres parsimoniae / potius in maiore honore hic essent quam mores mali.
Plautus, Trinummus 1028–1029
>Wenn doch eher die alten Sitten, die alte sparsame Lebensweise mehr geschätzt würden als die schlechten Gewohnheiten.

L35 Aetas parentum peior avis tulit / nos nequiores mox daturos / progeniem vitiosiorem.
Horatius, Carmina 3. 6,46–48
>Eine Generation von Eltern, schon schlechter als die ihrer Vorfahren, hat uns geboren, die wir noch schlechter sind und eine noch lasterhaftere Nachkommenschaft hervorbringen werden.

Lebens-
weise

L 36   Mores deteriores increbrescunt in dies.
Plautus, Mercator 838
> Die allzu schlechten Angewohnheiten häufen sich von Tag zu Tag.

L 37   Protinus irrupit venae peioris in aevum / omne nefas, fugere pudor verumque fidesque.
Ovidius, Metamorphoses 1. 128–129
> Sofort brach in das Zeitalter des schlechteren Metalls *(d. h. des Eisens)* aller Frevel ein, es flohen Scham, Wahrheitsliebe und Treue.

L 38   Nam fere maxima pars morem hunc homines habent: quod sibi volunt, / dum id impetrant, boni sunt; sed id ubi iam penes sese habent, / ex bonis pessumi et fraudulentissumi / fiunt.
Plautus, Captivi 232–235
> Der größte Teil der Menschen hat folgende Gewohnheit: Bis sie das erreichen, was sie sich wünschen, sind sie anständig; doch sobald sie sich das angeeignet haben, verwandeln sie sich aus anständigen Leuten zu den größten Betrügern.

L 39   Pridem mos ille vigebat, / ut meritos colerent impacatisque rebelles / urgerent odiis; at nunc, qui foedera rumpit, / ditatur, qui servat, eget.
Claudianus, In Eutropium 2. 211–214
> Früher herrschte die Sitte, verdiente Leute zu achten und widersetzliche mit unversöhnlichem Hass zu verfolgen; doch heutzutage wird reich, wer Verträge bricht, wer sie einhält, leidet Not.

L 40   Ingenium quondam fuerat pretiosius auro, / at nunc barbaries grandis habere nihil.
Ovidius, Amores 3. 8,3–4
> Geist stand einst höher im Kurs als Gold, heute jedoch gilt mangelnder Reichtum als Mangel an Kultur.

L 41   Aurum omnes victa iam pietate colunt.
Propertius, Elegiae 3. 13,48
> Alle verehren das Gold nach dem Ruin frommer Gesinnung.

L 42   Omnibus urbs est / fons et origo malis.
Mantuanus, Adulescentia 6,245–246
> Quelle und Ursprung aller Übel ist die Stadt.

L 43   In urbe luxuria creatur, ex luxuria exsistat avaritia necesse est, ex avaritia erumpat audacia, inde omnia scelera ac maleficia gignuntur.
Cicero, Pro Sex. Roscio Amerino 75
> In der Stadt entsteht Verschwendungssucht, aus der Verschwendungssucht erwächst zwangsweise Habgier, aus der Habgier bricht Skrupellosigkeit hervor, aus ihr entspringen alle Verbrechen und Missetaten.

L44 Igitur ex divitiis iuventutem luxuria atque avaritia cum superbia invasere: rapere, consumere, sua parvi pendere, aliena cupere, pudorem, pudicitiam, divina atque humana promiscua, nihil pensi neque moderati habere.
Sallustius, De coniuratione Catilinae 12,2

> So wurde aufgrund des Reichtums die Jugend von Verschwendungssucht und Habgier in Verbindung mit Überheblichkeit befallen: Man stahl, prasste, achtete das Eigene gering, begehrte Fremdes, man kümmerte sich nicht um Ehrgefühl, Schamhaftigkeit, göttliches wie menschliches Recht, man kannte weder Maß noch Ziel.

L45 Frangitur ipsa suis Roma superba bonis.
Propertius, Elegiae 3. 13,60

> Das stolze Rom zerbricht an seinem eigenen Wohlstand.

L46 Metus hostilis in bonis artibus civitatem retinebat. Sed ubi illa formido mentibus decessit, scilicet ea, quae res secundae amant, lascivia atque superbia incessere. Ita, quod in advorsis rebus optaverant otium, postquam adepti sunt, asperius acerbiusque fuit. Namque coepere nobilitas dignitatem, populus libertatem in lubidinem vortere, sibi quisque ducere, trahere, rapere. Ita omnia in duas partis abstracta sunt, res publica, quae media fuerat, dilacerata.
Sallustius, Bellum Iugurthinum 41,2–5

> Die Furcht vor dem Feind hielt die Bürgerschaft bei guten Eigenschaften. Sobald diese Furcht aber aus dem Bewusstsein geschwunden war, griff offensichtlich das um sich, wozu der Wohlstand neigt, Hemmungslosigkeit und Überheblichkeit. So war die Ruhe, die man sich in schweren Zeiten ersehnt hatte, nachdem man sie erreicht hatte, ziemlich unangenehm und bitter. Denn der Adel begann seine Würde, das Volk seine Freiheit eigenmächtig zu missbrauchen, jeder riss an sich, plünderte, raubte, was ihm gefiel. So wurde alles in zwei Parteien gespalten, der Staat, der die Mitte gebildet hatte, in Stücke gerissen.

L47 Nil erit ulterius, quod nostris moribus addat / posteritas: eadem facient cupientque minores. / Omne in praecipiti vitium stetit.
Iuvenalis, Saturae 1,147–149

> Es gibt nichts, was die Nachwelt unseren Sitten noch hinzufügen könnte: Die Späteren werden dasselbe tun und begehren. Jedes Laster hat schon sein Höchstmaß erreicht.

L48 Velocius et citius nos / corrumpunt vitiorum exempla domestica, magnis / cum subeant animos auctoribus.
Iuvenalis, Saturae 14,31–33

> Wirksamer und schneller verderben uns die einheimischen lasterhaften Beispiele, wenn sie sich über bedeutende Vorbilder einschleichen.

Lebens- weise

Verschlechterung

L49 Illud primo in loco scire debes senuisse iam saeculum, non illis viribus stare, quibus prius steterat, nec vigore et robore ipso valere, quo antea praevalebat.
Cyprianus, Liber ad Demetrianum 3

> Man muss vor allem wissen, dass das Jahrhundert schon alt geworden ist und nicht auf den Kräften basiert, auf die es sich früher gründete, und nicht die Energie ausstrahlt, die früher seine Stärke war.

L50 Tempus te tacitum subruit, horaque / semper praeterita deterior subit.
Seneca, Phaedra 775–776; cf. Publilius Syrus, Sententiae 103

> Die Zeit zersetzt einen schweigend, und die folgende Stunde ist immer schlechter als die vergangene.

L51 Cottidie est deterior posterior dies.
Publilius Syrus, Sententiae 103

> Das Morgen ist jeweils schlechter als das Heute. *(d. h. Es kommt selten etwas Besseres nach.)*

L52 Heu, heu, cottidie peius!
Petronius, Satyricon 44,12

> Weh, weh, von Tag zu Tag schlimmer!

L53 Raro meliora subsecutura.
Bebel, Proverbia Germanica 274

> ›Es kommt selten etwas Besseres nach.‹

L54 Semper praeterito deterior subit.
~ Seneca, Phaedra 776; cf. Seneca, Epistulae morales 108,25

> Immer folgt dem, der gegangen ist, ein Schlechterer nach.

L55 Raro succedet melior.
Odo von Cherington, Fabulae 1e

> Es kommt selten ein Besserer nach.

L56 Meliora praetervolant, deteriora succedunt.
Seneca, Epistulae morales 108,25

> Das Bessere fliegt vorbei, Schlechteres tritt an seine Stelle.

L57 Corruptissima re publica plurimae leges.
Tacitus, Annales 3. 27,3

> Je verdorbener der Staat, desto zahlreicher die Gesetze.

L58 Citius, quam escendas, cades.
Macrobius, Saturnalia 2. 7,9

> Man fällt schneller herab, als man emporsteigt.

L59 Ne malo medearis malo.
Erasmus, Adagia 106 (nach Herodotos 3. 53)
> Kuriere kein Übel mit einem anderen Übel. *(vgl. ›den Teufel mit Beelzebub austreiben‹)*

Lebensweise

L60 Non ut diu vivamus, curandum est, sed ut satis.
Seneca, Epistulae morales 93,2
> Wir müssen uns nicht darum sorgen, lange zu leben, sondern genügend.

L61 Non est itaque, quod quemquam propter canos aut rugas putes diu vixisse: non ille diu vixit, sed diu fuit.
Seneca, De brevitate vitae 7,10
> Es gibt keinen Grund zu glauben, jemand habe wegen seiner grauen Haare oder Falten lange gelebt: Er hat nicht lange gelebt, er war nur lange da.

L62 Non est bonum vivere, sed bene vivere.
Seneca, De beneficiis 3. 31,4
> Zu leben stellt keinen Wert dar, sondern sittlich zu leben.

L63 Nemo, quam bene vivat, sed quam diu, curat, cum omnibus possit contingere, ut bene vivant, ut diu, nulli.
Seneca, Epistulae morales 22,17
> Niemand sorgt sich darum, wie gut er lebt, sondern wie lange, obwohl doch alle ein gutes Leben erreichen können, keiner aber ein langes.

L64 Ars namque recte vivendi ars artium est.
Johannes Saresberiensis, Policraticus 5. 9
> Die Kunst, richtig zu leben, ist die Kunst aller Künste.

L65 Quam bene vivas, refert, non quam diu.
Seneca, Epistulae morales 101,15
> Es kommt nur darauf an, wie gut du lebst, nicht wie lange.

L66 Tria genera sunt vitae, inter quae, quod sit optimum, quaeri solet: unum voluptati vacat, alterum contemplationi, tertium actioni.
Seneca, De otio 7,1
> Drei Daseinsformen sind es, unter denen man nach der besten zu suchen pflegt: Die eine weiht sich der Lust, die zweite der Betrachtung, die dritte der Tätigkeit.

L67 Oportet varium habere vitae genus: modo ruri esse, modo in urbe, saepiusque in agro; navigare, venari, quiescere interdum, sed frequentius se exercere.
~ Celsus, De medicina 1. 1
> *(Für seine Gesundheit)* soll man ein abwechslungsreiches Leben führen: bald auf dem Land leben, bald in der Stadt, öfter auf dem Landgut, zur See fahren, jagen, manchmal ausruhen, aber recht häufig Sport treiben.

Lebens-
weise

L68   Miscenda tamen ista et alternanda sunt, solitudo et frequentia.
Seneca, De tranquillitate animi 17,3

> Dennoch muss man diese beiden zusammenbringen und miteinander abwechseln lassen, Einsamkeit und Geselligkeit.

L69   Aliud alii natura iter ostendit.
Sallustius, De coniuratione Catilinae 2,9

> Die Natur bietet jedem einen anderen Weg.

Lebensunterhalt

L70   Nil carum est nisi ad vitam necessarium; cetera non natura, sed opinione cara sunt.
Pseudo-Seneca, Monita 126

> Wertvoll ist nur, was zum Leben notwendig ist; alles erhält seinen Wert nicht von der Natur, sondern von der Einschätzung.

L71   Simplici cura constant necessaria: in delicias laboratur.
Seneca, Epistulae morales 90,16

> Das Lebensnotwendige kostet nur geringe Mühe, für Leckerbissen rackert man sich ab.

L72   Verbo ›victus‹ continentur, quae esui potuique cultuique corporis quaeque ad vivendum homini necessaria sunt. Vestem quoque victus habere vicem Labeo ait.
Corpus Iuris Civilis, Digesta 50. 16,43 (Ulpianus)

> Der Begriff Lebensunterhalt umfasst, was der Mensch zum Essen, Trinken, zur Körperpflege und zum Leben braucht. Nach Ansicht Labeos *(klassischer Jurist)* gehört auch Kleidung zum Lebensunterhalt.

L73   Vita haud vocanda est vita victus indiga.
Erasmus, Adagia 1735

> Ein Leben ohne Auskommen kann man nicht Leben nennen.

L74   Leges et parentibus alendos esse liberos imperaverunt et ipsis liberis parentes.
~ Corpus iuris civilis, Codex Iustinianus 6. 61,8,4d (a. 531)

> Die Gesetze gebieten sowohl den Eltern, ihren Kindern Unterhalt zu gewähren, als auch den Kindern selbst, ihre Eltern zu versorgen.

L75   Alimenta cum vita finiuntur.
~ Corpus Iuris Civilis, Digesta 2. 15,8,12 (Ulpianus)

> Ein Unterhaltsanspruch endet mit dem Leben.

L76   Dignum est, ut, qui altario deservit, de altario vivat.
Bernardus Claraevallensis, Epistulae 2,11

> Wer dem Altar dient, verdient es, vom Altar zu leben.

Nahrung

L77 Edas, bibas, ut bene vivas, non vivas, ut tantum edas et bibas.
Burleigh, Proverbia Socratis 62
> Iss und trink, um gut zu leben, aber leb nicht nur, um zu essen und zu trinken.

L78 Esse oportet, ut vivas, non vivere, ut edas.
Rhetorica ad Herennium 4. 39
> Man muss essen, um zu leben, nicht leben, um zu essen.

L79 Homini cibus utilissimus simplex, acervatio saporum pestifera et condimento perniciosior.
Plinius maior, Naturalis historia 11. 282
> Am bekömmlichsten ist dem Menschen schlichte Nahrung, Anhäufung von Leckereien ist schädlich und durch Gewürze noch unheilvoller.

L80 Carne opus est, si satur esse velis.
Martialis, Epigrammata 13. 2,6
> Wenn man satt werden will, braucht man Fleisch.

L81 Tu pulmentaria quaere / sudando!
Horatius, Sermones 2. 2,20–21
> Erarbeite dir deine Fleischportion durch Schwitzen! *(vgl. ›Im Schweiße deines Angesichts sollst du dein Brot essen.‹)*

L82 Piscis nequam est nisi recens.
~ Plautus, Asinaria 178
> Ein Fisch taugt nur, wenn er frisch ist.

L83 Et magis adducto pomum decerpere ramo / quam de caelata sumere lance iuvat.
Ovidius, Epistulae ex Ponto 3. 5,19–20
> Obst, das man von einem herabgezogenen Zweig pflückt, schmeckt besser als das, das man einer kunstvoll verzierten Schüssel entnimmt.

L84 Poma cadunt mensis non interdicta secundis.
Pseudo-Ovidius, Nux 72
> Früchte fallen vom Baum, die Anklang finden als Nachtisch.

L85 Cum libentissime edis, tum auferatur cena!
cf. Gellius, Noctes Atticae 15. 8,2
> Wenn es am besten schmeckt, soll das Mahl abgetragen werden. *(vgl. ›aufhören, wenn es am schönsten ist‹)*

L86 Cena brevis vel cena levis, fit raro molesta.
Regimen sanitatis Salernitanum, Cibatio 25
> Ein kurzes oder leichtes Abendessen bekommt einem selten schlecht.

Lebens- weise

L 87 Fastidientis stomachi est multa degustare.
Seneca, Epistulae morales 2,4
> Nur ein verwöhnter Magen sucht vielerlei zu kosten.

L 88 Venter praecepta non audit; poscit, appellat. Non est tamen molestus creditor: parvo dimittitur, si modo das illi, quod debes, non quod potes.
Seneca, Epistulae morales 21,11
> Der Bauch hört nicht auf Vorschriften *(d. h. lässt sich nichts vormachen)*, er fordert, mahnt. Er ist dennoch kein lästiger Gläubiger, er lässt sich mit wenig abfertigen, wenn man ihm nur gibt, was man ihm schuldet, nicht was man kann.

L 89 Magna cura cibi, magna virtutis incuria.
Cato bei Ammianus Marcellinus, Res gestae 16. 5,2
> Große Sorge um die Nahrung, große Vernachlässigung der Moral. *(vgl. Brecht: ›Erst kommt das Fressen, dann kommt die Moral.‹)*

L 90 Non in pane solo vivet homo, sed in omni verbo, quod procedit de ore Dei.
Vulgata, Evangelium secundum Matthaeum 4,4 (nach Liber deuteronomii 8,3)
> Der Mensch lebt nicht vom Brot allein, sondern von einem jeglichen Wort, das durch den Mund Gottes geht.

L 91 Parvo fames constat, magno fastidium.
Seneca, Epistulae morales 17,4
> Der Hunger kostet wenig, viel ein verwöhnter Geschmack.

L 92 Quibus ergo cibis recipitur sanitas, his et servari potest.
Hieronymus, Adversus Iovinianum 2. 11
> Mit den Speisen, mit denen man die Gesundheit wiedererlangt, kann man sie auch bewahren.

L 93 Indigentia mater sanitatis.
Manutius, Adagia, Appendix
> Genügsamkeit ist die Mutter der Gesundheit.

L 94 Tantum cibi et potionis adhibendum, ut reficiantur vires, non opprimantur.
Cicero, Cato maior de senectute 36
> Man muss gerade so viel Speise und Trank zu sich nehmen, dass man seine Kräfte stärkt und nicht schwächt.

L 95 Ieiunium castigat corpus, refrenat vitia, incitat virtutes.
Sedulius Scotus, Collectaneum miscellaneum 13,32,2
> Fasten stählt den Körper, zügelt die Laster, spornt die Tugenden an.

L 96 Verecundari neminem apud mensam decet.
Plautus, Trinummus 478
> Bei Tisch ist es nicht angebracht, sich zu zieren. *(vgl. ›Gegessen wird, was auf den Tisch kommt.‹)*

L97 Fortiter comedere facit fortiter laborare.
Auctoritates, Aristoteles, Ethica 30
> Tüchtig essen lässt tüchtig arbeiten.

L98 Si quis non vult operari, non manducet.
Vulgata, Epistula ad Thessalonicenses 2. 3,10
> Wer nicht arbeiten will, soll auch nicht essen.

L99 Sine Cerere et Libero friget Venus.
Terentius, Eunuchus 732
> Ohne Essen und Trinken friert die Liebe.

L100 Ante circumspiciendum est, cum quibus edas et bibas, quam quid edas et bibas.
Epikuros bei Seneca, Epistulae morales 19,10
> Zuerst muss man darauf achten, mit wem man isst und trinkt, dann, was man isst und trinkt.

L101 Si bene qui cenat, bene vivit: lucet, eamus, / quo ducit gula!
Horatius, Epistulae 1. 6,56–57
> Wenn wirklich gut lebt, wer gut isst – auf, es wird Tag, lasst uns hingehen, wo die Kehle uns hinführt!

Übersättigung

L102 Cibos inventos esse, ut contineant animam, non ut corrumpant.
Isidorus Hispaliensis, Sententiae 2. 42,5
> Die Speisen wurden erfunden, um das Leben zu erhalten, nicht um es zugrunde zu richten.

L103 Cibi copia fastidium parit.
Binder, Novus thesaurus 484
> Überfluss an Nahrung schafft Verdruss. *(vgl. ›Allzu viel ist ungesund.‹)*

L104 Bibite, pergraecamini, / este, ecfercite vos sagina, caedite!
Plautus, Mostellaria 74–75
> Sauft, lebt in Saus und *Braus (wörtlich: wie die Griechen, vgl. ›wie Gott in Frankreich‹),* fresst, stopft euch voll, vögelt!

L105 Copia ciborum subtilitas animi impeditur.
Seneca, Epistulae morales 15,3
> Die Fülle der Speisen verhindert klare Gedanken. *(vgl. ›Ein voller Bauch studiert nicht gern.‹)*

L106 Plenus venter non studet libenter.
Binder, Novus thesaurus 2585; cf. Hieronymus, Epistulae 52. 11,4
> Ein voller Bauch studiert nicht gern.

Lebens-
weise

L107 Multos morbos multa fercula fecerunt.
Seneca, Epistulae morales 95,18
> Menüs mit vielen Gängen haben schon viele Krankheiten verursacht.

L108 E magna cena stomacho fit maxima poena.
Binder, Novus thesaurus 903
> Aus einem aufwendigen Mahl wird für den Magen eine riesige Qual.

L109 Inopia desiderio, opulentia fastidio cernuntur.
Apuleius, Apologia 20,5
> Armut erkennt man an Bedürfnissen, Reichtum an Übersättigung.

L110 Multi enim miseri magis habendo, quod amant, quam carendo.
Augustinus, Enarrationes in psalmos 26,7
> Viele sind unglücklicher, wenn sie haben, was sie gern hätten, als wenn sie es nicht haben.

L111 Quas agimus, cunctis modus est in rebus agendus: / Omne, quod est nimium, taedia saepe movet.
Walther, Proverbia sententiaeque 23651
> In allem, was wir tun, müssen wir maßhalten. Alles, was übers Maß hinausgeht, erregt oft Überdruss.

L112 Saeva quidem plures leto gula tradit acerbo / quam gladius.
Palingenius, Zodiacus vitae 3. 629–630
> Eine unersättliche Kehle treibt mehr Menschen in den bitteren Tod als das Schwert.

L113 Saturitas ab opibus generatur, contumelia a saturitate.
Solon bei Burleigh, Liber de vita et moribus philosophorum
> Übersättigung ergibt sich aus Reichtum, Schande aus Übersättigung.

L114 Semper abundantes pariunt fastidia mensae.
Wander, Deutsches Sprichwörter-Lexikon 4. 1211
> Übervolle Tische schaffen immer Überdruss.

L115 Vomunt, ut edant, edunt, ut vomant.
Seneca, Ad Helviam matrem de consolatione 10,3
> Man übergibt sich, um zu essen, man isst, um sich zu übergeben.

Schmarotzer

L116 Decima hora amicos plures prima reperiet.
Publilius Syrus, Sententiae 662
> In der zehnten Stunde *(d. h. zur Essenszeit)* finden sich mehr Freunde ein als in der ersten *(d. h. um sechs Uhr in der Frühe).*

L 117 Felicium omnes sunt affines.
Bebel, Proverbia Germanica 381
> Mit Erfolgreichen sind alle verwandt.

L 118 Amici quaerunt animum, rem parasiti ac ditias.
Lucilius, Saturae frg. 717
> Freunde haben es auf das Herz abgesehen, Schmarotzer auf Vermögen und Reichtum.

L 119 Horrea formicae tendunt ad inania numquam.
Ovidius, Tristia 1. 9,9
> Ameisen zieht es nie zu leeren Speichern.

L 120 In molle carne vermes nascuntur.
Petronius, Satyricon 57,3
> In schmierigem Fleisch gedeihen Maden.

Hunger

L 121 Fames est optimus coquus.
cf. Cicero, De finibus bonorum et malorum 2. 90
> ›Hunger ist der beste Koch.‹

L 122 Fames commendat cibos; nihil contemnit esuriens.
cf. Seneca, Epistulae morales 119,4
> Der Hunger macht die Speisen schmackhaft, der Hungernde verschmäht nichts.

L 123 Condit fercla fames, plenis insuavia cuncta.
Anthologia Latina 1. 716,39
> Der Hunger würzt das Mahl, den Satten schmeckt alles fade.

L 124 Cibi condimentum fames.
~ Sokrates bei Cicero, De finibus bonorum et malorum 2. 90
> Hunger würzt die Speise.

L 125 Ergo etiam stultis acuit ingenium fames.
Phaedrus, Liber fabularum, Appendix Perottina 20,7
> Hunger schärft auch Toren den Verstand.

L 126 Magister artis ingeniique largitor / venter.
Persius, Saturae, pr. 10–11
> Lehrer und Vermittler von Kunst und Geist ist der Bauch *(d. h. der Hunger)*.

Lebens-
weise

Durst

L127 Homines soli animalium non sitientes bibimus.
~ *Plinius maior, Naturalis historia 23. 42*
> Wir Menschen trinken als einzige unter den Lebewesen, ohne Durst zu verspüren.

L128 Gratior est modicis haustibus unda siti.
Namatianus, De reditu 2. 6
> Wasser in kleinen Schlucken ist gegen den Durst eher angebracht.

L129 Gratius ex ipso fonte bibuntur aquae.
Ovidius, Epistulae ex Ponto 3. 5,18
> Direkt an der Quelle schmeckt das Wasser angenehmer.

L130 Flumine vicino stultus sitit.
Petronius in Anthologia Latina 1. 694,5
> Nur der Narr leidet in der Nähe des Flusses Durst.

L131 Pisces natare oportet.
Petronius, Satyricon 39,2
> ›Der Fisch will schwimmen.‹ *(d. h. Eine Fischmahlzeit erregt Durst.)*

L132 Cantores amant humores.
cf. Origenes, Homiliae in librum iudicum 3,1
> Musikanten trinken gern *(wörtlich: Sänger lieben Feuchtes).*

Wein

L133 Bonum vinum laetificat cor hominis.
cf. Vulgata, Psalmus 104(103),15
> Ein guter Wein erfreut das Herz des Menschen.

L134 Vino nihil iucundius quisquam bibit: / hoc aegritudinem ad medendam
invenerunt, / hoc hilaritatis dulce seminarium, / hoc continet coagulum
convivia.
Varro, Saturae Menippeae frg. 111, Est modus matulae
> Es gibt nichts Herrlicheres zu trinken als den Wein: Ihn hat man erfunden, um Krankheiten
> zu heilen, er ist die süße Brutstätte der Fröhlichkeit, das Bindemittel, das gesellige Kreise
> zusammenhält.

L 135 Est quidem in multis vitae mortalium vinum necessarium, debilem stomachum reficit, vires deficientes reparat, algentem frigore calefacit, vulneribus infusum medetur, antidotis etiam diversisque medicaminibus adiunctum salutem operatur, tristitiam removet, languores omnes animi delet, laetitiam infundit, convivas honesta miscere colloquia facit: paulo amplius vero sumptum potanti quodam modo convertitur in venenum.

Pseudo-Augustinus, De sobrietate et castitate 1

Für vieles im Leben der Menschen ist Wein notwendig: Er lässt den geschwächten Magen sich erholen, stellt die schwindenden Kräfte wieder her, wärmt den Frierenden, heilt Wunden, auf die er getröpfelt wird, verschafft auch Gegengift und verschiedenen Arzneien beigemengt Heilung, dämpft Trübsinn, vertreibt Schwermut, lässt Fröhlichkeit aufkommen, veranlasst Tischgenossen zu beachtlichen Gesprächen; etwas übers Maß genossen aber verwandelt er sich für den Trinker in Gift.

L 136 Idem umor ministrat faciles oculos, pulchriora reddit omnia et dulcis iuventae reducit bona.

Servius, Commentarius in Vergilii Aeneidem 8. 310

Dieser Saft *(d. h. der Wein)* verschafft freundliche Augen, macht alles schöner und bringt die Freuden der süßen Jugend zurück.

L 137 Vinum vita est.

Petronius, Satyricon 34,7

Der Wein ist Leben.

L 138 Vinum lac senum.

Wander, Deutsches Sprichwörter-Lexikon 5. 98

Wein ist die Milch der Greise.

L 139 Vinosior aetas / haec erat et gravidae munera vitis amat.

Ovidius, Fasti 3. 765–766

Das Alter ist von je dem Wein mehr zugeneigt und liebt das Geschenk der reifen Rebe.

L 140 Excitat enim vini calor inveniendi vim, quae torpet nonnumquam in ieiunis, movet phantasias, addit impetus, subministrat fiduciam.

Erasmus, Adagia 3258

Die Hitze des Weins weckt die Kreativität, die in nüchternem Zustand manchmal brachliegt, regt die Fantasie an, gibt Schwung, sorgt für Selbstvertrauen.

L 141 Vinum in iucunditatem creatum est et non in ebrietatem, ab initio.

Caesarius Arelatensis, Sermones 103,46,5

Der Wein ist von Anfang an dazu geschaffen, den Menschen fröhlich zu stimmen, und nicht dazu, ihn betrunken zu machen.

L 142 Vina parant animos faciuntque caloribus aptos: / cura fugit multo diluiturque mero.

Ovidius, Ars amatoria 1. 237–238

Der Wein weckt die Lebensgeister und bringt sie in Wallung: Die Sorgen fliehen und lösen sich auf mit viel Wein.

Lebens-
weise

L 143 Vino aluntur vires, sanguis colusque hominum.
Plinius maior, Naturalis historia 23. 37
> Der Wein belebt die Kraft, das Blut und die Lebensdauer der Menschen.

L 144 Nunc vino pellite curas!
Horatius, Carmina 1. 7,31
> Nun vertreibt die Sorgen mit Wein!

L 145 Vina parant animum Veneri, nisi plurima sumas.
Ovidius, Remedia amoris 805
> Wein macht zur Liebe bereit, wenn man ihn nicht im Übermaß trinkt.

L 146 Vince mero curas et, quicquid forte remordet, / comprime deque animo nubila pelle tuo.
Anthologia Latina 1. 449,1–2
> Besiege die Sorgen mit Wein und unterdrücke, was dich etwa quält, und vertreib die Wolken aus deinem Herzen.

L 147 Vinum aegris medetur.
Plinius, Naturalis historia 7. 124
> Der Wein heilt Krankheiten.

L 148 Siccis omnia nam dura deus proposuit.
Horatius, Carmina 1. 18,3
> Den Nüchternen hat Gott alles schwer gemacht.

L 149 Vina bibant homines, animalia cetera fontes, / absit ab humano gutture potus aquae.
Regimen sanitatis Salernitanum 27
> Wein sollen die Menschen trinken, die übrigen Lebewesen Wasser; von der menschlichen Kehle bleibe das Wasser fern.

L 150 Aquam foras, vinum intro.
Petronius, Satyricon 52,6
> Raus mit dem Wasser, rein mit dem Wein!

L 151 Non est dithyrambus, si bibat aquam.
Erasmus, Adagia 3258
> Wenn man Wasser trinkt, kommt keine Stimmung auf.

L 152 Sed ut libertatis, ita vini salubris moderatio est.
Seneca, De tranquillitate animi 17,9
> Wie bei der Freiheit ist auch beim Wein Mäßigung wohltuend.

L 153 Non vinum viris moderari, sed viri vino solent, / qui quidem probi sunt.
Plautus, Truculentus 831–832
> Soweit sie ordentlich sind, herrscht nicht der Wein über die Männer, sondern die Männer über den Wein.

L 154 Temporis ars medicina fere est: data tempore prosunt / et data non apto tempore vina nocent.
Ovidius, Remedia amoris 131–132
> Die Heilkunst ist meist vom rechten Zeitpunkt abhängig: Zuweilen nützt der Wein, zu unpassender Zeit gegeben schadet er.

L 155 Vino nihil iucundius, si modice sumpseris, contra nihil molestius, si supra, quam sat est, hauseris.
Erasmus, Colloquia familiaria, Dispar convivium
> Nichts ist köstlicher als Wein, wenn man ihn mit Maßen genießt, dagegen nichts unappetitlicher, wenn man zu viel davon trinkt.

L 156 Vinum autem sumptum modice intellectus acumen praebet, non modice autem sumptum rationem perturbat, intellectum hebetat, memoriam enervat, oblivionem immittit, errorem infundit, ignorantiam producit.
Pseudo-Boethius, De disciplina scolarium 2,11
> Maßvoller Weingenuss schärft die Geisteskraft, unmäßiger aber verwirrt den Verstand, schwächt das Erkenntnisvermögen, lähmt das Gedächtnis, fördert die Vergesslichkeit, verleitet zu Irrtum, führt zu Unwissenheit.

L 157 Magnum hoc vitium vinost: / pedes captat primum, luctator dolosust.
Plautus, Pseudolus 1250–1251
> Diesen großen Fehler hat der Wein: Er holt einen gleich von den Beinen, er ist ein heimtückischer Ringer.

L 158 Prima creterra ad sitim pertinet, secunda ad hilaritatem, tertia ad voluptatem, quarta ad insaniam.
Apuleius, Florida 20,1
> Der erste Krug ist gegen den Durst, der zweite für die Heiterkeit, der dritte für die Lust, der vierte für den Wahnsinn.

L 159 Et nolite inebriari vino, in quo est luxuria.
Vulgata, Epistula ad Ephesios 5,18
> Berauscht euch nicht mit Wein, er macht hemmungslos.

L 160 Vino forma perit, vino corrumpitur aetas; / vino saepe suum nescit amica virum.
Propertius, Elegiae 2. 33,33–34
> Wein richtet die Schönheit zugrunde; durch Wein wird die Jugend verdorben; des Weins wegen erkennt oft die Geliebte den Freund nicht mehr.

Lebens-weise

L 161 Vinum caret clavo.
Erasmus, Adagia 1318 (nach Athenaios)
Der Wein hat kein Steuerruder *(d. h. kennt keine Beherrschung).*

L 162 Solutior est post vinum licentia.
Seneca, De ira 3. 37,1
Nach Weingenuss nimmt man sich mehr heraus.

L 163 In vino veritas.
cf. Plinius maior, Naturalis historia 14. 141
Im Wein ist Wahrheit *(d. h. der Wein löst die Zunge).*

L 164 Veritas iam attributa vino est.
Plinius maior, Naturalis historia 14. 141
Dem Wein ist die Wahrheit zugeordnet.

L 165 Si latet in vino verum, ut proverbia dicunt, / invenit verum Teuto vel inveniet.
Owen, Epigrammata 1. 18,3–4
Wenn das Sprichwort recht hat, dass im Wein Wahrheit liegt, hat der Deutsche sie schon entdeckt oder ist gerade dabei.

L 166 Vina diem celebrent: non festa luce madere / est rubor, errantes et male ferre pedes.
Tibullus, Elegiae 2. 1,29–30
Wein soll den Tag verschönern: Am Festtag ist es keine Schande, wenn man betrunken ist und einen die unsicheren Füße kaum noch tragen.

L 167 Meum est propositum in taberna mori, / ut sint vina proxima morientis ori. / Tunc cantabunt laetius angelorum chori: / ›Sit Deus propitius huic potatori!‹
Archipoeta 10,12,1–4
Es ist mein fester Vorsatz, in der Kneipe zu sterben, damit der Wein ganz in der Nähe des Mundes des Sterbenden ist. Dann werden die Engelchöre fröhlicher singen: ›Gott sei diesem Trinker gnädig!‹

L 168 Sed neque quam multae species nec nomina quae sint, / est numerus: neque enim numero comprendere refert.
Vergilius, Georgica 2. 103–104
Die Vielfalt der Arten und Namen *(der Weinsorten)* lässt sich nicht zählen. Es ist sinnlos, sie mit einer Zahl zu erfassen.

L 169 Si nocturna tibi noceat potatio vini, / hac tu mane bibas iterum, et fuerit medicina.
Regimen sanitatis Salernitanum 15
Wenn dir der nächtliche Genuss von Wein schadet, trink davon morgens noch einmal und er wird wie Arznei sein. *(vgl. ›Man soll morgens mit dem anfangen, womit man abends aufgehört hat.‹)*

Trunkenheit

L170 Quid non ebrietas dissignat? Operta recludit, / spes iubet esse ratas, ad proelia trudit inertem, / sollicitis animis onus eximit, addocet artis.
Horatius, Epistulae 1. 5,16–18

> Was stiftet ein Rausch doch an! Er erschließt Geheimnisse, lässt Wünsche verwirklicht erscheinen, drängt den Mutlosen in den Kampf, nimmt Bekümmerten die Last und lehrt ganz neue Künste.

L171 Deditos vino potio extrema delectat, illa quae mergit, quae ebrietati summam manum imponit.
Seneca, Epistulae morales 12,4

> Den Zechern schmeckt der letzte Schluck am besten, der sie betäubt und die Trunkenheit vervollkommnet.

L172 Ebrietas tristitiae medetur.
~ Seneca, De tranquillitate animi 17,8

> Trunkenheit heilt Traurigkeit.

L173 Ebrietas] sollicitis animis onus eximit.
Horatius, Epistulae 1. 5,18

> Trunkenheit nimmt den Betrübten die Last von der Seele.

L174 Dic, quam turpe sit plus sibi ingerere quam capiat et stomachi sui non nosse mensuram, quam multa ebrii faciant, quibus sobrii erubescant, nihil aliud esse ebrietatem quam voluntariam insaniam.
Seneca, Epistulae morales 83,18

> Mach dir klar, wie schändlich es ist, mehr in sich hineinzuschütten, als man verträgt, und das Maß seines Magens nicht zu kennen, was Betrunkene alles tun, worüber sie sich nüchtern schämen: dass Trunkenheit nichts anderes ist als freiwilliger Wahnsinn.

L175 Ubi possedit animum nimia vis vini, quicquid mali latebat, emergit.
Seneca, Epistulae morales 83,20

> Wenn die außerordentliche Gewalt des Weins uns gepackt hat, kommt alles Böse ans Licht.

L176 Quae potu peccas, ignoscere tu tibi noli, / nam nullum crimen vini est, sed culpa bibentis.
Disticha Catonis 2. 21

> Verzeih dir nicht, was du im Rausch tust, denn nicht der Wein ist daran schuld, sondern wer ihn trinkt.

L177 Ebrietas corporis insania est mentis.
Pseudo-Seneca, Liber de moribus, Appendix

> Leiblicher Rausch ist geistige Verwirrung.

L178 Ebrietas ut vera nocet, sic ficta iuvabit.
Ovidius, Ars amatoria 1. 597

> Echte Trunkenheit schadet zwar, doch vorgetäuschte ist nützlich.

L179　Ebrietatem] furoris voluntariam speciem esse.
Cato bei Ammianus Marcellinus, Res gestae 15. 12,4
> Trunkenheit ist eine Art freiwilligen Wahnsinns.

Lebensgenuss

L180　Dum licet, in rebus iucundis vive beatus, / vive memor, quam sis aevi brevis.
Horatius, Sermones 2. 6,96–97
> Lebe herrlich und in Freuden, solange es dir vergönnt ist, lebe im Bewusstsein, eine wie kurze Frist dir bleibt.

L181　Dum loquimur, fugerit invida / aetas: carpe diem quam minimum credula postero.
Horatius, Carmina 1. 11,7–8
> Während wir reden, verstreicht die neidische Zeit; lass den Tag nicht ungenützt verstreichen *(d. h. genieße den Augenblick)*, trau keineswegs dem nächsten.

L182　Dona praesentis cape laetus horae ac / linque severa!
Horatius, Carmina 3. 8,27–28
> Genieße froh die Gaben der gegenwärtigen Stunde und lass das Ernste beiseite!

L183　Aetate fruere! Mobili cursu fugit.
Seneca, Phaedra 446
> Genieße dein Leben! In schnellem Lauf flieht es dahin.

L184　Carpite, dum fas est, fugitivae gaudia vitae.
Buchanan, Elegia ›Maiae calendae‹ 93
> Genießt, solange es recht ist, die Freuden des flüchtigen Lebens.

L185　Tu quamcumque deus tibi fortunaverit horam / grata sume manu neu dulcia differ in annum.
Horatius, Epistulae 1. 11,22–23
> Wenn Gott dir eine glückliche Stunde beschert, nimm sie mit dankbarer Hand und verschieb ihren Genuss nicht auf später.

L186　Cum sciamus nos morituros esse, quare non vivamus?
Petronius, Satyricon 72,2
> Warum sollten wir das Leben nicht genießen, wo wir doch wissen, dass wir sterben werden?

L187　Edamus, bibamus, gaudeamus!
cf. Vulgata, Liber Isaiae 22,13
> Lasst uns essen, trinken, uns freuen.

L 188   Ede, bibe, lude! Post mortem nulla voluptas.
Binder, Novus thesaurus 928
> Iss, trink, spiel! Nach dem Tod gibt's kein Vergnügen mehr.

L 189   Una felicitas est, bene vitae facere, esse, bibere, libere frui patrimonio, hoc est vivere, hoc est se mortalem esse meminisse.
Seneca, Epistulae morales 123,10
> Es gibt nur ein Glück, sich das Leben leicht zu machen, zu essen, zu trinken, mit seinem Erbe großzügig umgehen, das heißt leben, das heißt daran denken, dass man nur einmal lebt.

L 190   Tu modo, dum lucet, fructum ne desere vitae: / omnia si dederis oscula, pauca dabis.
Propertius, Elegiae 2. 15,49–50
> Versäume nur nicht, solange es Tag ist, die Früchte des Lebens: Gibst du auch alle Küsse, du gibst viel zu wenige.

L 191   Utendum est aetate: cito pede labitur aetas.
Ovidius, Ars amatoria 3. 65
> Man muss die Zeit nutzen; mit schnellem Fuß gleitet die Zeit dahin.

L 192   Utendum fortunae muneribus, non fidendum.
Petrarca, Familiares 7. 8
> Die Gaben des Glücks sollte man genießen, sich aber nicht auf sie verlassen.

L 193   Veniet iam tristior aetas: exerce formam, et fugientibus utere donis.
Statius, Silvae 1. 2,165–166
> Es naht eine recht traurige Zeit: Genieße die Schönheit und nutze die flüchtigen Gaben.

L 194   Vivamus, dum licet esse bene.
Petronius, Satyricon 34,10
> Lasst uns gut leben, solange es uns möglich ist.

L 195   Ille potens sui / laetusque deget, cui licet in diem / dixisse ›vixi‹.
Horatius, Carmina 3. 29,41–43
> Als Herr seiner selbst und in Freuden lebt, wer jeden Tag sagen kann: Ich habe gelebt.

L 196   Hodierni enim debemus esse ob brevitatem aevi, et non crastini.
Bacon, Meditationes sacrae 5
> Heutige müssen wir sein bei der Kürze unserer Lebenszeit, nicht Morgige.

L 197   Manducemus et bibamus, cras enim moriemur.
Vulgata, Epistula ad Corinthios 1. 15,32
> Lasst uns essen und trinken, denn morgen sind wir tot.

Lebens-weise

L198 Omnis habet sua dona dies.
Martialis, Epigrammata 8. 78,7
> Jeder Tag hat seine Gaben.

L199 Omnis dies velut ultimus putandus est.
Publilius Syrus, Sententiae A27
> Man muss jeden Tag für seinen letzten halten.

L200 Pone merum et talos, pereat, qui crastina curat!
Pseudo-Vergilius, Copa 37
> Her mit dem Wein und den Würfeln, verflucht, wer sich um morgen kümmert!

L201 Quid sit futurum cras, fuge quaerere et / quem fors dierum cumque dabit, lucro, / appone nec dulcis amores / sperne, puer, neque tu choreas, / donec virenti canities abest / morosa.
Horatius, Carmina 1. 9,13–18
> Hüte dich zu fragen, was morgen sein mag, und verbuche jeden Tag, den das Schicksal dir schenken wird, als Gewinn, und weise süße Liebe und Tanz nicht von dir, Junge, solange du noch kräftig bist und das mürrische Alter fern.

L202 Quae fugiunt, celeri carpite poma manu!
Ovidius, Ars amatoria 3. 576
> Pflückt die Früchte, die vergänglich sind, mit rascher Hand!

L203 Rapiamus, amici, / occasionem de die.
Horatius, Iambi 13,3–4
> Nutzen wir, Freunde, die Gelegenheit, die dieser Tag uns bietet.

L204 Sapias, vina liques et spatio brevi / spem longam reseces.
Horatius, Carmina 1. 11,5–6
> Sei vernünftig, filtere den Wein und schränke ausschweifende Hoffnung auf einen kurzen Augenblick ein.

Behaglichkeit

L205 Bene vivere omni loco potes, nisi te ipsum destituas.
Albertanus Brixiensis, De amore et dilectione Dei 4. 23
> Gut leben kann man überall, wenn man mit sich selbst im Einklang ist.

L206 Beate enim vivendi cupiditate incensi omnes sumus.
Cicero, De finibus bonorum et malorum 5. 86
> Wir alle sind beseelt von der Begierde, glücklich zu leben.

L207 Felicitas hic habitat: nihil intret mali.
Corpus Inscriptionum Latinarum III 5561; Anthologia Latina 2. 26
> Hier wohnt das Glück: Nichts Böses soll eintreten.

L208 Monstratur tranquillitas, si neque privatim neque publice multa aut maiora viribus nostris egerimus.
Seneca, De ira 3. 6,3

Wohlbehagen stellt sich ein, wenn wir weder privat noch öffentlich vieles unternehmen oder was unsere Kräfte übersteigt.

L209 Magis valet parva beatitudo quam plena domus auro et argento.
Petrus Alfonsi, Disciplina clericalis 12

Ein kleines Glück ist mehr wert als ein Haus voll Gold und Silber.

L210 Beatus ille homo, / qui sedet in sua domo / et sedet post fornacem / et habet bonam pacem.
Eichendorff, Aus dem Leben eines Taugenichts 9. Kapitel

Glücklich jener Mensch, der in seinem Haus sitzt und hinterm Ofen sitzt und guten Frieden hat.

L211 Deus nobis haec otia fecit.
Vergilius, Bucolica 1,6

Ein Gott hat uns diese Muße geschaffen. *(Dank des Dichters an Augustus für die Wiederbeschaffung der väterlichen Güter)*

L212 Omnes vincit opes securam ducere vitam.
Gualterus Anglicus, sog. Anonymus Neveleti 26,13

Ein sorgenloses Leben ist mehr wert als alle Schätze.

L213 Felix, qui meruit tranquillam ducere vitam.
Maximianus, Elegiae 1,289

Glücklich, wer es verdient hat, ein ruhiges Leben zu führen.

L214 Nullus est locus domestica sede iucundior.
cf. Cicero, Ad familiares 4. 8,2

Kein Ort ist behaglicher als die Heimat.

L215 Quae est domestica sede iucundior?
Cicero, Ad familiares 4. 8,2

Wo ist es gemütlicher als zuhause?

Ordnung

L216 Quis enim dubitet nihil esse pulchrius in omni ratione vitae dispositione atque ordine?
Columella, De re rustica 12. 2,4

Kann jemand daran zweifeln, dass in jeder Lebenslage nichts schöner ist als Regelung und Ordnung?

Lebens-
weise

L 217   Ordo est parium dispariumque rerum sua cuique loca tribuens dispositio.
Augustinus, De civitate Dei 19. 13

       Ordnung ist die Verteilung gleicher und ungleicher Dinge, die jedem den ihm zugehörigen Platz einräumt.

L 218   Rerum concordia custos.
Josephus Exoniensis, De bello Troiano 2. 360

       Eintracht wahrt geordnete Verhältnisse.

L 219   Quo quid ordinatius, eo perfectius est.
Comenius, Prima philosophia 4,10,2

       Je geordneter etwas ist, desto vollkommener ist es.

L 220   Sapientis est ordinare.
Aristoteles bei Thomas von Aquin, Summa contra gentiles 1. 1,2

       Des Weisen Aufgabe besteht darin, zu organisieren.

L 221   Dici enim non potest disciplina, quando ipsa fuerit corrigenda.
Cassiodorus, Variae 11. 9,3

       Man kann nicht als geordnete Verhältnisse bezeichnen, wenn es an ihnen noch etwas zu verbessern gibt.

L 222   Omnis autem ordinatio rationis est.
Thomas von Aquin, Scriptum super sententiis 4. 38,1,1,1

       Jede Ordnung zeugt von Geist.

L 223   Ingenii vis praeceptis alitur et crescit.
Seneca, Epistulae morales 94,30

       Geistige Kraft wächst und gedeiht durch Regeln.

L 224   Ordinis haec virtus erit et venus, aut ego fallor, / ut iam nunc dicat iam nunc debentia dici.
Horatius, De arte poetica (Epistula ad Pisones) 42–43

       Das wird die Kraft und Schönheit einer planvollen Anordnung sein, dass *(der Redner)* jeweils gerade sagt, was jeweils gerade gesagt werden muss.

L 225   Nam et in animo melius distincta servantur.
Macrobius, Saturnalia 1. pr.

       Übersichtliches behält man besser im Gedächtnis.

L 226   In re familiari laboriosior est neglegentia quam diligentia.
Columella, De re rustica 12. 2,3

       In der Hauswirtschaft bringt Unordnung mehr Mühe als Sorgfalt.

Gewohnheit

L227 Facile mutari non potest, quod per longa saecula custoditur.
Cassiodorus, Variae 10. 2,3

> Was viele Generationen überdauert hat, lässt sich nicht leicht ändern.

L228 Consuetudinis ususque longaevi non vilis auctoritas est.
Corpus Iuris Civilis, Codex Iustinianus 8. 52,2 (a. 310)

> Das Ansehen der Gewohnheit und des langjährigen Gebrauchs gilt sehr viel.

L229 Ea, quae longa consuetudine comprobata sunt ac per annos plurimos observata, velut tacita civium conventio, non minus quam ea, quae scripta sunt, iura servantur.
Corpus Iuris Civilis, Digesta 1. 3,35 (Hermogenianus)

> Was durch lange Gewohnheit anerkannt ist und viele Jahre hindurch beibehalten wurde, wird als stillschweigende Übereinkunft der Bürger genauso beachtet wie die geschriebenen Gesetze.

L230 Consuetudo autem est ius quoddam moribus institutum, quod pro lege suscipitur, cum deficit lex.
Isidorus Hispaliensis, Etymologiae (Origines) 2. 10

> Gewohnheit ist ein Recht, das sich in den Gebräuchen niedergeschlagen hat und Gesetzeskraft erlangt, wenn das Gesetz unzureichend ist.

L231 Pleraque in iure non legibus, sed moribus constant.
Quintilianus, Institutio oratoria 5. 10,13

> Im Recht beruht sehr vieles nicht auf Gesetzen, sondern auf Brauchtum.

L232 Nihil miserum est, quod in naturam consuetudo perduxit; paulatim enim voluptati sunt, quae necessitate coeperunt.
Seneca, De providentia 4,15

> Nichts ist beklagenswert, was die Natur zur Gewohnheit gemacht hat; denn was unter Zwang begonnen hat, wird nach und nach zum Vergnügen.

L233 Consuetudo rebus affert constantiam.
~ Seneca, De tranquillitate animi 1,3

> Die Gewohnheit verleiht allem Bestand.

L234 Consuetudo est altera natura.
Auctoritates, Aristoteles, Ethica 125; cf. Cicero, De finibus bonorum et malorum 5. 74

> Gewohnheit ist eine zweite Natur.

L235 Consuetudinis magna vis est.
Cicero, Tusculanae disputationes 2. 40

> Groß ist die Macht der Gewohnheit.

Lebens-
weise

L236 Lex et regio.
Erasmus, Adagia 2555
>> Landes Art, Landes Sitte.

L237 Amor vires sibi colligit usu.
~ Ovidius, Ars amatoria 2. 339
>> Die Liebe sammelt Kraft durch häufigen Umgang.

L238 Gravissimum est imperium consuetudinis.
Publilius Syrus, Sententiae 201
>> Die Macht der Gewohnheit lastet schwer.

L239 Magnitudinem rerum consuetudo subducit.
Seneca, Naturales quaestiones 7. 1,1
>> Die Gewohnheit entzieht den Dingen ihren Glanz.

L240 Mansueta tutiora sunt, sed serviunt.
Publilius Syrus, Sententiae 373
>> Ausgetretene Pfade sind sicherer, aber es sind Sklaven, die sie gehen.

L241 Nam consuetudo sine veritate vetustas erroris est.
Cyprianus, Epistulae 74,9,2
>> Gewohnheit ohne Wahrheit ist versteinerter Irrtum.

L242 Plurimum potest consuetudo; quae si gravis est, alit vitium.
Seneca, De ira 2. 20,2
>> Groß ist die Wirkung der Gewohnheit; ist sie stark, nährt sie die Schwäche.

Gewöhnung

L243 Saepe tamen vere coepit simulator amare, / saepe, quod incipiens finxerat esse, fuit.
Ovidius, Ars amatoria 1. 615–616
>> Oft hat einer, der nur vorgab zu lieben, zu lieben begonnen, oft war er dann, was er anfangs nur vorgetäuscht hatte.

L244 Consuetudo concinnat amorem.
Lucretius, De rerum natura 4. 1283
>> Gewöhnung führt zu Liebe.

L245 Iniuriam qui fecit, numquam desinit.
Publilius Syrus, Sententiae A78
>> Wer einmal Unrecht begangen hat, hört nie wieder damit auf.

L 246 **Coepit licitum esse, quod publicum est.**
Cyprianus, Ad Donatum 10

> Was allgemein gebräuchlich ist, gilt rasch als zuverlässig.

L 247 **Consuetudo enim laborum perpessionem dolorum efficit faciliorem.**
Cicero, Tusculanae disputationes 2. 35

> Die Gewöhnung an Strapazen erleichtert das Ertragen von Schmerzen.

L 248 **Damna minus consueta movent.**
Claudianus, In Eutropium 2. 149

> Gewohntes Leid setzt einem weniger zu.

L 249 **Dolores mitigantur vetustate.**
Cicero, Ad Atticum 3. 15,2

> Schmerzen lassen mit der Zeit nach.

L 250 **Lentescunt tempore curae.**
Ovidius, Ars amatoria 2. 357

> Mit der Zeit lassen die Sorgen nach.

L 251 **Nihil enim aeque gratum est adeptis quam concupiscentibus.**
Plinius, Epistulae 2. 15,1

> Nichts bleibt, wenn man es erreicht hat, so interessant, wie als man es noch begehrte.

L 252 **Nil adeo magnum nec tam mirabile quicquam, / quod non paulatim minuant mirarier omnes.**
Lucretius, De rerum natura 2. 1028–1029

> Es gibt nichts so Großes und so Wunderbares, das nicht nach und nach alle zu bewundern aufhörten.

L 253 **Quod semper est paratum, non semper iuvat.**
Publilius Syrus, Sententiae 511

> Was immer bereitliegt, ist nicht immer reizvoll.

Lebens-
weise

M Tätigkeit

Aktivität

M1 At Deus hominem ad agendum comparandamque agendo virtutem creavit, aegre patiens illum quiescere, nisi tantum quantum animorum levationi aut reficiendis corporibus neccessario detur.
Pontano, Charon

> Gott hat den Menschen geschaffen, damit er handelt und handelnd die Tugend erwirbt, nur widerwillig lässt er es zu, dass er ruht, soweit es nicht zur geistigen Entlastung oder zur körperlichen Erholung notwendig ist.

M2 In omni autem actione suscipienda tria sunt tenenda: primum ut appetitus rationi pareat, quo nihil est ad officia conservanda accommodatius; deinde ut animadvertatur, quanta illa res sit, quam efficere velimus, ut neve maior neve minor cura et opera suscipiatur, quam causa postulet; tertium est, ut caveamus, ut ea, quae pertinent ad liberalem speciem et dignitatem, moderata sint.
Cicero, De officiis 1. 141

> Bei jeder Handlung ist auf dreierlei zu achten: erstens, dass der Trieb der Vernunft gehorcht, nichts ist besser imstande, zur Erfüllung der Pflichten beizutragen; zweitens, dass man nicht aus dem Auge verliert, wie bedeutend das Ziel ist, das man erreichen will, damit man sich keiner größeren oder kleineren Mühe und Sorgfalt unterzieht, als die Sache es erfordert; drittens, dass alles, was Ansehen und Würde eines freien Mannes berührt, mit dem rechten Augenmaß geschieht.

M3 Tempta non tantum, quod fieri debet, sed quod potest.
Pseudo-Seneca, Monita 71

> Nimm nicht nur in Angriff, was getan werden muss, sondern auch, was getan werden kann.

M4 Non votis neque suppliciis muliebribus auxilia deorum parantur; vigilando, agundo, bene consulendo prospere omnia cedunt. Ubi socordiae te atque ignaviae tradideris, nequiquam deos implores: irati infestique sunt.
Sallustius, De coniuratione Catilinae 52,29

> Weder mit Gelübden noch mit Gebeten verschafft man sich die Hilfe der Götter; wenn man geistesgegenwärtig ist, energisch handelt, sich gut berät, geht alles günstig vonstatten. Wenn man sich der Trägheit und Feigheit hingibt, fleht man die Götter wohl vergeblich an: Sie sind zornig und feindlich.

M5 Quid quisque possit, nisi temptando nesciat.
Publilius Syrus, Sententiae A300

> Was einer vermag, merkt er erst, wenn er es versucht.

M 6 Saxum volutum non obducitur musco.
Erasmus, Adagia 2374 (nach Apostolios)
Ein Stein, der bewegt wird, wird nicht von Moos überzogen. *(vgl. ›Rollende Steine setzen kein Moos an.‹ – ›Wer rastet, der rostet.‹)*

M 7 Robur confirmat labor, at longo otia solvunt: / ut niteat virtus, adsit rubigo quietis.
Anthologia Latina 1. 716,71–72
Arbeit stärkt die Kraft, doch lange Untätigkeit schwächt sie: Damit die Tugend erstrahlt, darf durch Untätigkeit kein Rost ansetzen.

M 8 Age, si quid agis!
Plautus, Epidicus 196
Wenn du etwas tust, dann tu es gleich!

M 9 Facto, non consulto in periculo opus est.
~ Sallustius, De coniuratione Catilinae 43,3
Handeln, nicht Überlegen ist bei Gefahr gefragt.

M 10 Conserere cogitare non oportet, sed facere oportet.
Cato, De agri cultura 3,1
Beim Pflanzen darf man nicht nachdenken, sondern man muss handeln.

M 11 Ego movebo caelum pariter et terram.
Vulgata, Prophetia Aggaei 2,21
Ich werde Himmel und Erde in Bewegung setzen.

M 12 Dictum, factum.
Terentius, Heauton timorumenos 760
Gesagt, getan bzw. Wort und Tat.

M 13 Estote autem factores verbi et non auditores tantum.
Vulgata, Epistula Iacobi 1,22
Seid aber Täter des Worts und nicht Hörer allein.

M 14 Facere docet philosophia, non dicere.
Seneca, Epistulae morales 20,2
Die Philosophie lehrt zu handeln, nicht zu reden.

M 15 Sunt facta verbis difficiliora.
Cicero, Ad Quintum fratrem 1. 4,5
Handeln ist schwieriger als reden. *(vgl. ›Leichter gesagt als getan.‹)*

M 16 Facta, non verba.
cf. Petronius, Satyricon 76,4
Taten, kein *(leeres)* Gerede.

Tätigkeit

M17   Melior mihi dextera lingua est.
Ovidius, Metamorphoses 9. 29
> Meine Hand dient mir besser als meine Zunge.

M18   Honesta dicta factis!
Plautus, Stichus 280
> Ehre deine Worte durch Taten!

M19   Nulla dies sine linea.
cf. Plinius maior, Naturalis historia 35. 84 (urspr. vom Maler Apelles)
> Kein Tag ohne Linie *(Strich)*.

M20   Agatur aliquid.
Seneca, Epistulae morales 117,25
> Man soll etwas tun.

M21   Ingenii est experientis amor.
Ovidius, Amores 1. 9,32
> Liebe erfordert Unternehmungsgeist.

M22   Interea fiet aliquid, spero.
Terentius, Andria 314
> Hoffentlich geschieht inzwischen etwas.

M23   Ne tempora perde precando!
Ovidius, Metamorphoses 11. 286
> Verlier keine Zeit mit Beten!

Arbeit

M24   Sicut equus ad cursum, bos ad arandum, canis ad indagandum, sic homo ad agendum et laborandum natus est.
~ Aristoteles bei Cicero, De finibus bonorum et malorum 2. 40
> Wie das Pferd zum Rennen, der Ochse zum Pflügen, der Hund zum Aufspüren, so ist der Mensch zum Handeln und Arbeiten geboren.

M25   Laboremus.
Historiae Augustae scriptores, Septimius Severus 23,4 (letztes Wort des Kaisers Septimius Severus)
> Ans Werk!

M26   Fervet opus.
Vergilius, Aeneis 1. 436
> Die Arbeit glüht *(d. h. wird mit Feuereifer betrieben)*.

M27 Iuvat ipse labor.
Martialis, Epigrammata 1. 107,8
> Arbeit an sich tut wohl.

M28 Labor est etiam ipsa voluptas.
Manilius, Astronomica 4. 155
> Selbst Arbeit ist ein Vergnügen.

M29 Laboribus vendunt di nobis omnia bona.
Hermogenes bei Priscianus, Praeexercitamina 2,10
> Nur um den Preis der Arbeit überlassen die Götter uns alle guten Dinge.

M30 Laborem quippe non refugit, qui virtutis gloriam concupiscit.
Cassiodorus, Variae 1. 24,1
> Um Arbeit drückt sich nicht, wer den Ruhm der Tüchtigkeit begehrt.

M31 Numquam vacat lascivire districtis nihilque tam certum est quam otii vitia negotio discuti.
Seneca, Epistulae morales 56,9
> Wer beschäftigt ist, hat niemals Zeit, über die Stränge zu schlagen, und auf nichts kann man sich mehr verlassen, als dass die Laster des Müßiggangs durch Beschäftigung vertrieben werden.

M32 Natura siquidem humana sicut duris laboribus instruitur, ita per otia torpentia fatuatur.
Cassiodorus, Variae 1. 39,2
> Wie der Charakter des Menschen durch harte Arbeit geformt wird, so verkommt er durch anödendes Nichtstun.

M33 In omni labore erit abundantia; verbum autem labiorum tendit tantummodo ad egestatem.
Vulgata, Liber proverbiorum 14,23
> Wo man arbeitet, da ist jeweils Überfluss, wo man aber nur redet, da herrscht nur Mangel.

M34 Consuetudine levior est labor.
~ Livius, Ab urbe condita 35. 35,10
> Durch Gewöhnung wird Anstrengung weniger schwer.

M35 Durum etiam facilem facit assuetudo laborem.
Anthologia Latina 1. 716,70
> Auch harte Arbeit macht Gewöhnung leicht.

M36 Et ipse labor quasi callum obducit dolori.
Cicero, Tusculanae disputationes 2. 36
> Die Strapazen selbst lassen so etwas wie Schwielen gegen den Schmerz wachsen. *(vgl. ›ein dickes Fell haben‹)*

Tätigkeit

M37 Utile opus manuum vario sermone levemus.
Ovidius, Metamorphoses 4. 39
> Lasst uns das nützliche Werk unsrer Hände durch allerlei Reden erleichtern.
> *(vgl. Schiller: ›Wenn gute Reden sie begleiten, dann fließt die Arbeit munter fort.‹)*

M38 Leve fit, quod bene fertur, onus.
Ovidius, Amores 1. 2,10
> Eine Last, die gut getragen wird, wird leicht.

M39 Unum nihil, duos plurimum posse.
Alciatus, Emblematum libellus 110
> Einer vermag nichts, zwei recht viel.

M40 Vis unita fortior.
cf. Auctoritates, Liber de causis 11,13
> Vereinte Kraft ist stärker. *(vgl. ›Einigkeit macht stark.‹)*

M41 Necessitas feriis caret.
Palladius, Opus agriculturae 1. 6,7
> Notwendigkeit kennt keinen Feiertag.

M42 Olet lucernam.
Erasmus, Adagia 671 (nach Plutarchos)
> Das riecht nach der Öllampe *(d. h. nach nächtlicher Arbeit)*.

M43 Dignus enim est operarius mercede sua.
Vulgata, Evangelium secundum Lucam 10,7
> Ein Arbeiter ist seines Lohnes wert.

M44 Labor voluptasque, dissimillima natura, societate quadam inter se naturali sunt iuncta.
Livius, Ab urbe condita 5. 4,4
> Arbeit und Vergnügen, von Natur aus Gegensätze, sind durch ein natürliches Band miteinander verbunden.

M45 Saepe labor siccat lacrimas et gaudia fundit.
Anthologia Latina 1. 716,36
> Oft trocknet Mühsal die Tränen und schafft Freuden.

M46 Tam Venus otia amat: qui finem quaeris amoris / – cedit amor rebus –, res age, tutus eris.
Ovidius, Remedia amoris 143–144
> So sehr liebt Venus den Müßiggang: Suchst du ein Ende der Liebe – die Liebe weicht der Arbeit –, so arbeite, und du bist sicher.

M 47 Otia si tollas, periere Cupidinis arcus.
Ovidius, Remedia amoris 139

> **Wenn man zu tun hat, verliert der Bogen Amors seine Kraft** *(d. h. vergehen einem die Gedanken an die Liebe).*

M 48 In foro atque in negotiis agendis loqui non est otium.
Varro, Saturae Menippeae frg. 339

> **Auf dem Forum und im Geschäftsleben ist reden Arbeit** *(wörtlich: nicht Nichtstun).*

M 49 Qui bene carpentant, hi fragmina pauca minutant.
Binder, Novus thesaurus 2754

> **›Gute Zimmerleute machen wenig Späne.‹**

M 50 Quid figulus curat, si frangitur ista vel illa / olla?
Palingenius, Zodiacus vitae 4. 454–455

> **Was kümmert es den Töpfer, wenn der eine oder andere Topf zu Bruch geht?**

Anstrengung

M 51 Verum enim vero is demum mihi vivere atque frui anima videtur, qui aliquo negotio intentus praeclari facinoris aut artis bonae famam quaerit.
Sallustius, De coniuratione Catilinae 2,9

> **Doch erst der scheint mir wahrhaft zu leben und sein Leben zu nützen, der mit engagiertem Einsatz Anerkennung für eine vortreffliche Leistung oder eine gute Qualifikation sucht.**

M 52 Velle parum est; cupias, ut re potiaris, oportet.
Ovidius, Epistulae ex Ponto 3. 1,35

> **Nur zu wollen ist zu wenig: Du musst dich der Sache zu bemächtigen suchen.**

M 53 Ubi maior est difficultas, ibi maius meritum: quia magis pertinet ad virtutem, quae est circa difficile.
Thomas von Aquin, Scriptum super sententiis 3. 30,1

> **Je größer die Schwierigkeit, desto größer der Wert der Leistung, denn es wird eine höhere Tüchtigkeit verlangt, wenn sie durchweg auf Schwierigkeiten stößt.**

M 54 Nemo reperitur, qui sit studio nihil consecutus.
Quintilianus, Institutio oratoria 1. 1,3

> **Es gibt niemanden, der durch Anstrengung nichts erreicht hätte.**

M 55 Ad quas igitur res aptissimi erimus, in iis potissimum elaborabimus.
Cicero, De officiis 1. 114

> **Wozu wir am meisten begabt sind, dafür werden wir die größte Energie aufwenden.**

Tätigkeit

M 56 Nil sine magno / vita labore dedit mortalibus.
Horatius, Sermones 1. 9,59–60
> Das Leben hat den Menschen nichts ohne erhebliche Anstrengung gegeben.

M 57 Ad virtutem una ardua via est.
Sallustius, Epistulae ad Caesarem senem de re publica 2. 7,9
> Zur Tüchtigkeit gibt es nur einen einzigen steilen Weg.

M 58 Amat victoria curam.
Catullus, Carmina 62,16
> Der Sieg liebt Anstrengung. *(vgl. ›Ohne Fleiß kein Preis.‹)*

M 59 Diligentia maximum etiam mediocris ingenii subsidium.
~ Seneca maior, Controversiae 3. pr. 7
> Fleiß ist eine gewaltige Hilfe auch bei geringer Intelligenz.

M 60 Erigor, ut erigar.
Camerarius, Joachim d. J., Symbola et Emblemata II. 68
> Ich richte mich auf, um nach oben zu gelangen.

M 61 Optata ut eveniant, operam addito.
Plautus, Persa 629
> Streng dich an, dein Ziel zu erreichen.

M 62 Neminis ingenio tantum confidere oportet.
Lucilius, Saturae frg. 1010
> Nur auf das Talent eines Menschen darf man sich nicht verlassen.

M 63 Sine opera tua di horunc nil facere possunt.
Plautus, Cistellaria 51
> Ohne deine Mithilfe können die Götter nichts bewirken.

M 64 Qui e nuce nuculeum esse volt, frangit nucem.
Plautus, Curculio 55
> Wer den Nusskern essen will, zerbricht die Schale.

M 65 Facilius est multa facere quam diu.
Quintilianus, Institutio oratoria 1. 12,7
> Es ist leichter, vielerlei zu tun als ein und dasselbe über lange Zeit.

M 66 Nemo est tam afflictus, quin, si nihil aliud studeat nisi id, quod agit, possit navare aliquid et efficere.
Cicero, Ad familiares 6. 1,7
> Niemand ist so verzweifelt, dass er nicht etwas bewirken und erreichen könnte, wenn er sich nur ausschließlich um das kümmert, was er gerade tut.

M67 Haud facile est animum multis inflectere rebus, / ut res oppositas mens ferat una duas.
Polythecon 9. 479–480

> Es ist nicht leicht, sich mit mehreren Dingen zu beschäftigen, sodass ein Geist entgegengesetzte Dinge verrichtet.

M68 Noli turbare circulos meos!
cf. Archimedes bei Valerius Maximus, Facta et dicta memorabilia 8,7, ext. 7

> Störe meine Kreise nicht.

Mühe

M69 Virtutem posuere dii sudore parandam
Erasmus, Adagia 3769 (nach Hesiodos, Erga 289)

> Vor den Erfolg haben die Götter den Schweiß gesetzt.

M70 In sudore vultus tui vesceris pane.
Vulgata, Liber Genesis 3,19

> Im Schweiße deines Angesichts sollst du dein Brot essen.

M71 Labor omnia vicit / improbus et duris urgens in rebus egestas
Vergilius, Georgica 1. 145–146

> Unermüdliche Arbeit bewältigte alles und die Not, die in schwieriger Lage anspornt.

M72 Ad magna praemia perveniri non potest nisi per magnos labores.
~ Gregorius Magnus, Homiliae in Evangelia 2. 37,1

> Zu großen Vorteilen kann man nur durch große Mühen gelangen.

M73 Ardua virtuti longeque per aspera cliva / eluctanda via est: labor obiacet omnis honori.
Cornelius Severus frg. 2

> Die Tüchtigkeit muss sich einen schwierigen Weg bahnen, der weit über mühsame Abgründe führt: Der Ehre steht jede Art von Strapazen im Weg.

M74 Ardua molimur, sed nulla, nisi ardua, virtus.
Ovidius, Ars amatoria 2. 537

> Anstrengendes nehmen wir uns vor, doch ohne Anstrengung gibt es keinen Erfolg.

M75 Quod nocet interdum, si prodest, ferre memento: / dulcis enim labor est, cum fructu ferre laborem.
Anthologia Latina 1. 716,52–53

> Ertrag, was manchmal schädlich ist, wenn es auch nützt, denn es ist eine süße Mühsal, Mühsal zu ertragen, wenn sie Früchte trägt.

Tätigkeit

M76   Arator nisi incurvus praevaricatur.
Plinius maior, Naturalis historia 18. 179
> Wenn der Bauer sich nicht krümmt, hält er beim Pflügen keine gerade Linie.

M77   Dura principia dulci fine munerantur.
Walter Map, De nugis curialium 4. 4
> Bitteres Beginnen wird mit süßem Ende belohnt.

M78   Maxima enim factorum per laborem perfici solent, perfecta vero afferunt iucunditatem.
Hermogenes bei Priscianus, Praeexercitamina 2,9
> Die größten Taten werden meist unter Anstrengung vollendet, wenn sie aber vollendet sind, versetzen sie in angenehme Stimmung.

M79   Ne te paeniteat duros subisse labores.
Tibullus, Elegiae 1. 4,47
> Bereue nicht, mühevolle Arbeit auf dich genommen zu haben.

M80   Non sine laboribus maxima parantur.
Carmina Burana 77,33,2
> Bedeutendes gelingt nicht ohne Mühen.

M81   Heu, quam difficilis gloriae custodia est!
Publilius Syrus, Sententiae 203
> Ach, wie schwer ist es doch, sich Ruhm zu bewahren.

M82   Facile autem est, ubi omnia quadrata currunt.
Petronius, Satyricon 43,7
> Leicht ist, wenn alles wohl geordnet verläuft. *(vgl. ›Es läuft wie am Schnürchen.‹)*

M83   Arbore deiecta quivis ligna colligit.
Erasmus, Adagia 2086 (nach Theokritos)
> Ist der Baum gefällt, sammelt jeder Holz.

M84   Aliud est enim laborare, aliud dolere.
Cicero, Tusculanae disputationes 2. 35
> Zwischen Plackerei und Schmerz ist ein großer Unterschied.

Zweckmäßigkeit

M85   Ad rem agendam simul adhiberetur et industriae celeritas et diligentiae tarditas, ex quibus duobus contrariis fit maturitas.
Gellius, Noctes Atticae 10. 11,5
> Für ein Vorhaben muss man zugleich sowohl Schnelligkeit im Handeln als auch Langsamkeit bei der Sorgfalt aufbringen: Aus diesen beiden entsteht Reife.

M 86 Quod si hominibus bonarum rerum tanta cura esset, quanto studio aliena ac nihil profutura multaque etiam periculosa petunt, neque regerentur magis quam regerent casus.
Sallustius, Bellum Iugurthinum 1,5

> Wenn die Menschen so viel Sorgfalt auf gute Dinge verwenden würden, wie sie Unverträglichem, Nutzlosem und meist sogar Gefährlichem nachjagen, würden sie weniger vom Zufall beherrscht, als dass sie ihn beherrschten.

M 87 Finem omnium rerum specta, et supervacua dimittes.
Seneca, Epistulae morales 119,4

> Achte bei allem auf den Zweck, und du wirst Überflüssiges bleiben lassen.

M 88 Utilitas quaerit fructum, voluptas delectationem: priores partes agit, quod utile est, quam quod delectat.
Varro, De re rustica 1. 4,1

> Der Nutzen strebt nach Gewinn, die Lust nach Vergnügen; Vorrang hat der Nutzen vor dem Vergnügen.

M 89 Satis celeriter fit, quicquid commode geritur.
Pseudo-Aurelius Victor, Epitome de Caesaribus 1,10

> Schnell genug geschieht, was sinnvoll geschieht.

M 90 Anteponantur proclivia laboriosis.
~ Cicero, Topica 69

> Leicht Auszuführendes sollte man dem Beschwerlichen vorziehen.

M 91 Numquam vera species ab utilitate dividitur.
Quintilianus, Institutio oratoria 8. 3,11

> Wahre Schönheit lässt sich nie von der Zweckmäßigkeit trennen.

M 92 Omnia quidem licent, sed non omnia expediunt.
Hieronymus, Epistulae 54,13

> Mag auch alles erlaubt sein, so ist doch nicht alles sinnvoll.

M 93 Utile propositum vincat respectus honesti.
Polythecon 2. 45

> Rücksicht auf Sittlichkeit soll mehr gelten als reine Zweckmäßigkeit.

Überforderung

M 94 Aptari onus viribus debet nec plus occupari, quam cui sufficere possimus.
Seneca, Epistulae morales 108,2

> Die Last muss den Kräften angepasst sein, und man darf nicht mehr übernehmen, als man bewältigen kann.

Tätigkeit

M 95 Ultra posse nemo obligatur.
cf. Corpus Iuris Civilis, Digesta 50. 17,185 (Celsus)
Niemand ist verpflichtet, etwas über seine Kräfte oder Mittel Hinausgehendes zu leisten.

M 96 Debet enim semper plus esse virium in actore quam in opere: necesse est opprimant onera, quae ferente maiora sunt.
Seneca, De tranquillitate animi 6,5
Der Handelnde muss immer mehr Kraft haben, als die Aufgabe verlangt; Lasten, die stärker sind als der, der sie trägt, müssen ihn erdrücken.

M 97 Haud ultra nostras temptant nos numina vires.
Binder, Novus thesaurus 1287
Die Himmlischen versuchen uns nicht über unsere Kräfte. *(vgl. ›Gott lässt uns zwar sinken, aber nicht ertrinken.‹)*

M 98 Patiendo multa venient, quae nequeas pati.
Publilius Syrus, Sententiae 487
Wenn man vieles erträgt, ist das Maß des Ertragens schnell voll.

M 99 Quod potes, id tempta, operis ne pondere pressus / succumbat labor et frustra temptata relinquas.
Disticha Catonis 3. 14
Greif nur nach dem, was du auch leisten kannst, damit du nicht unter der Last der Arbeit zusammenbrichst und unverrichteter Dinge aufgibst.

M 100 Sumite materiam vestris, qui scribitis, aequam / viribus et versate diu, quid ferre recusent, / quid valeant humeri.
Horatius, De arte poetica (Epistula ad Pisones) 38–40
Wählt einen Stoff, ihr Schriftsteller, der euren Fähigkeiten angemessen ist, und prüft lange, was eure Schultern tragen können und was nicht.

M 101 Nascitur ex assiduitate laborum animorum hebetatio quaedam et languor.
Seneca, De tranquillitate animi 17,5
Ständige Beanspruchung lässt so etwas wie Abstumpfung und Erschöpfung entstehen.

M 102 Cito rumpes arcum, semper si tensum habueris.
Phaedrus, Liber fabularum 3. 14,10
Wenn man den Bogen immer gespannt hält, zerbricht man ihn bald.

M 103 Continua messe senescit ager.
Ovidius, Ars amatoria 3. 82
Ständige Ernte laugt den Acker aus.

M 104 Utraque res detestabilis est, et contractio et torpor.
Seneca, Epistulae morales 82,3
Beides ist abscheulich: Stress und Routine.

M 105 Tam laboriosus es, ut post te non respicias?
Petronius, Satyricon 57,7

> Steckst du so voll Arbeit, dass du nicht hinter dich blicken kannst?

M 106 Nihil minus est hominis occupati quam vivere: nullius rei difficilior scientia est.
Seneca, De brevitate vitae 7,3

> Nichts versteht ein beschäftigter Mensch weniger als zu leben; keine Kunst ist schwerer zu erlernen.

M 107 Torquemur miseri in parvis terimurque labore.
Aetna 258

> Wir quälen uns mit Kleinigkeiten ab und reiben uns auf in der Arbeit.

M 108 Omnes vacant, qui volunt. Neminem res sequuntur: ipsi illas amplexantur et argumentum esse felicitatis occupationem putant.
Seneca, Epistulae morales 106,1

> Jeder hat Zeit, wenn er nur will. Die Verpflichtungen laufen niemandem hinterher. Man selbst schätzt sie so hoch ein und glaubt, die Arbeit sei ein Garant des Glücks.

Eile

M 109 Ipsa festinat mora.
Balde, Carmina Lyrica 4. 30,13

> Selbst die Weile hat es eilig.

M 110 Nam illa tumultu gaudens non est industria, sed exagitatae mentis concursatio, et haec non est quies, quae motum omnem molestiam iudicat, sed dissolutio et languor.
Seneca, Epistulae morales 3,5

> Eine Betriebsamkeit, die sich am Trubel ergötzt, ist kein echtes Tätigsein, sondern das Vagabundieren eines aufgeregten Gemüts, und auch das ist keine Ruhe, die jede Bewegung als Belästigung auffasst, sondern Abgespanntheit und Erschöpfung.

M 111 Aliud est properare, aliud festinare. Qui unum quid mature transigit, is properat: qui multa simul incipit neque perficit, is festinat.
Cato bei Gellius, Noctes Atticae 16. 14,2

> Eilen ist etwas anderes als hudeln. Wer alles rechtzeitig erledigt, der eilt, wer vieles zugleich beginnt und nicht fertigbringt, der hudelt.

M 112 Etiam celeritas in desiderio mora est.
Publilius Syrus, Sententiae 149

> Selbst Eile ist bei einem dringenden Wunsch Verschleppung.

Tätigkeit

M 113 Festina lente.
Suetonius, De vita Caesarum, Augustus 25,4 (urspr. griechisches Sprichwort)
Eile mit Weile.

M 114 Nunc opus est celeri subdere calcar equo.
Ovidius, Remedia amoris 788
Jetzt ist es nötig, dem schnellen Pferd die Sporen zu geben.

M 115 Quam citissime conficies, tam maxime expediet.
Cato, De agri cultura 64,2
Je schneller du das erledigst, desto nützlicher ist es.

M 116 Res magni discriminis consiliis nulla est tam inimica quam celeritas.
~ Livius, Ab urbe condita 31. 32,2
Nichts ist Entscheidungen von großer Tragweite so abträglich wie Eile.

M 117 Sed in tumultu festinatio quoque tarda est.
Curtius Rufus, Historiae Alexandri Magni 9. 9,12
In der Aufregung ist sogar die Hast langsam.

M 118 Paulatim lento succedunt omnia motu.
Binder, Novus thesaurus 2500
Auch bei langsamer Bewegung gelingt alles nach und nach. *(vgl. ›Wer langsam geht, kommt auch ans Ziel.‹)*

Leistung

M 119 Cui multum datum est, multum ab eo exigitur.
cf. Vulgata, Evangelium secundum Lucam 12,48
Wem viel gegeben ist, von dem wird viel verlangt.

M 120 Maiora populus semper a summo exigit.
Pseudo-Seneca, Octavia 575
Vom Mächtigsten verlangt das Volk immer noch Größeres.

M 121 Natura humanis omnia sunt paria: / qui pote plus, urget.
Varro, Saturae Menippeae frg. 289, Marcopolis
Von Natur aus haben die Menschen gleiche Startchancen, doch wer dazu in der Lage ist, drängelt sich vor.

M 122 Potior origine virtus.
cf. Ausonius, De XII Caesaribus 87
Tüchtigkeit gilt mehr als Geburt.

M 123 Non genus virum ornat, generi vir fortis loco.
Accius, Diomedes frg. 3

> Nicht das Geschlecht adelt den Mann, ein tüchtiger Mann begründet ein Geschlecht.

M 124 Virtute decet, non sanguine niti.
Claudianus, De quarto consulatu Honorii Augusti 220

> Auf Tüchtigkeit, nicht auf seine Abstammung sollte man sich verlassen.

M 125 Dei facientes adiuvant.
Varro, De re rustica 1. 1,4

> Die Götter helfen den Tätigen. *(vgl. ›Hilf dir selbst, so hilft dir Gott.‹)*

M 126 Invia virtuti nulla est via.
Ovidius, Metamorphoses 14. 113

> Für die Tüchtigkeit ist kein Weg unbegehbar.

M 127 Nihil tam alte natura constituit, quo virtus non possit eniti.
Curtius Rufus, Historiae Alexandri Magni 7. 11,10

> Die Natur hat nichts so hoch gestellt, dass Tüchtigkeit es nicht erreichen könnte.

M 128 Nihil est arduum magna curantibus.
Ennodius, Epistulae 1. 6

> Nichts ist zu schwer für die, die Großes verwirklichen.

M 129 Nihil est tam difficile et arduum, quod non humana mens vincat et in familiaritatem perducat assidua meditatio.
Seneca, De ira 2. 12,3

> Kein Problem ist so schwer und ausweglos, dass der Mensch es nicht bewältigen und mit dem er sich nicht vertraut machen könnte, wenn er sich intensiv damit befasst.

M 130 Nihil est, quod non expugnet pertinax opera et intenta ac diligens cura.
Seneca, Epistulae morales 50,6

> Es gibt nichts, was nicht durch unermüdlichen Einsatz und eindringliche und gewissenhafte Bemühung bewältigt werden könnte.

M 131 Maius est enim difficilia perfringere quam laeta moderari.
Seneca, Epistulae morales 66,49

> Es ist eine größere Leistung, Hindernisse aus dem Weg zu räumen, als einen wirksamen Ablauf zu regeln.

M 132 Sed nihil est, quod non arte curaque, si non potest vinci, mitigetur.
Plinius, Epistulae 8. 4,4

> Es gibt nichts, was sich durch gekonnten Einsatz, wenn schon nicht bewältigen, so doch erträglicher machen ließe.

Tätigkeit

M 133 Ea enim denique virtus esse videtur praestantis viri, quae est fructuosa aliis,
ipsi aut laboriosa aut periculosa aut certe gratuita.
Cicero, De oratore 2. 346
> Erst das gilt als Leistung eines vortrefflichen Mannes, was anderen Nutzen bringt, für ihn
> selbst aber entweder mühsam oder gefährlich ist oder wenigstens uneigennützig.

M 134 Magnos homines virtute metimur, non fortuna.
Cornelius Nepos, De excellentibus ducibus exterarum gentium, Eumenes 1,1
> Große Männer messen wir an ihrer Leistung, nicht an ihrer Stellung.

M 135 Multum egerunt, qui ante nos fuerunt, sed non peregerunt.
Seneca, Epistulae morales 64,9
> Viel haben die geleistet, die vor uns gelebt haben, aber sie haben nicht alles geleistet.

M 136 Magna conscientia est felicitatem meruisse.
Pseudo-Quintilianus, Declamationes maiores 9,17
> Es ist ein herrliches Gefühl, seinen Erfolg verdient zu haben.

M 137 In suis illum castris cecidit.
Seneca maior, Controversiae 9. 24,13
> Er hat ihn in seinem eigenen Lager geschlagen *(d. h. auf seinem Spezialgebiet übertroffen).*

M 138 Patiens et fortis se ipsum felicem facit.
Publilius Syrus, Sententiae 464
> Der Geduldige und der Tapfere schaffen sich ihr Glück selber.

M 139 Iucundi acti labores.
Cicero, De finibus bonorum et malorum 2. 105
> Erfreulich sind erledigte Arbeiten. *(vgl. ›Nach getaner Arbeit ist gut ruhn.‹)*

M 140 Opus laudat artificem.
Wander, Deutsches Sprichwörter-Lexikon 5. 196
> Das Werk lobt den Künstler.

M 141 Virtutis uberrimum alimentum est honos.
Valerius Maximus, Facta et dicta memorabilia 2. 6,5
> Der reichste Nährstoff für Leistung ist die Ehre.

M 142 Dignitas est non usum honoribus, sed dignum esse.
Pseudo-Seneca, Monita 15
> Ehrwürdigkeit heißt nicht Ehren zu genießen, sondern ihrer würdig zu sein.

M 143 Effice et elabora, ut excelleas!
Cicero bei Priscianus, Institutiones grammaticae 8
> Sorge nach Kräften dafür, dass du dich auszeichnest!

M 144 **Virtuti melius quam fortunae creditur.**
Publilius Syrus, Sententiae 641
> Es ist besser, seiner Leistung zu vertrauen als seinem Glück.

M 145 **Fortunae nimium tribuens minuas gloriam.**
Publilius Syrus, Sententiae A235
> Wenn man zu viel dem Glück zuschreibt, mindert man seinen Ruhm.

M 146 **Si qua veniunt casu ad effectum, ars vocari non potest.**
Pseudo-Publilius, Sententiae 344
> Wenn man irgendwo durch Zufall zu einem Ergebnis gelangt, kann man das nicht als Können bezeichnen.

M 147 **Nulla est gloria praeterire asellos.**
Martialis, Epigrammata 12. 36,13
> Esel zu überholen ist nicht beifallswürdig.

M 148 **Magni magna parant, modici breviora laborant.**
Anthologia Latina 1. 716,74
> Große schaffen Großes, Durchschnittsmenschen mühen sich nur um Kurzlebiges.

Vollendung

M 149 **Factum atque transactum est.**
Cicero, In Catilinam 3,15
> Es ist getan und vollbracht.

M 150 **Consummatum est.**
Vulgata, Evangelium secundum Ioannem 19,30
> Es ist vollbracht. *(die letzten Worte Jesu am Kreuz)*

M 151 **Finis coronat opus.**
Wahlspruch der Seychellen, cf. Ovidius, Heroides 2,85
> Das Ende krönt das Werk. *(vgl. ›Ende gut, alles gut.‹)*

M 152 **Omnia praeclara rara, nec quicquam difficilius quam reperire, quod sit omni in parte in suo genere perfectum.**
Cicero, Laelius de amicitia 79
> Alles Vortreffliche ist selten, und nichts ist schwerer zu finden als etwas, das in seiner Art in jeder Beziehung vollkommen wäre.

M 153 **Bona autem omnia carere culpa decet: pura sunt, non corrumpunt animos, non sollicitant.**
Seneca, Epistulae morales 87,32
> Gutes muss völlig ohne Makel sein: Es ist rein, verdirbt uns nicht, regt uns nicht auf.

Tätigkeit

M 154 Perfectum est, cui nihil deest.
Thomas von Aquin, Summa theologie 2./2. 444,4
> Vollkommen ist etwas, dem nichts fehlt.

M 155 Omne attingens suum finem est perfectum.
Auctoritates, Aristoteles, Metaphysica 141
> Vollkommen ist alles, was seinen Zweck erreicht.

M 156 Nihil integritati potest nisi superfluum accedere.
Petrarca, De sui ipsius et multorum ignorantia 4
> Vollkommenes kann man nur durch Überflüssiges erweitern.

M 157 Non enim perfectum est quicquam, quo melius est aliud.
Quintilianus, Institutio oratoria 12. 1,10
> Nichts ist vollkommen, wenn es etwas noch Besseres gibt.

M 158 Nihil est enim simul et inventum et perfectum.
Cicero, Brutus 71
> Nichts ist schon vollkommen, wenn es gerade erfunden wurde.

M 159 Incipere multo est quam impetrare facilius.
Plautus, Poenulus 974
> Beginnen ist viel leichter als vollbringen.

M 160 Nil actum crede, si quid superest agendum.
~ Lucanus, Bellum civile (Pharsalia) 2. 657 (ursprünglich auf Caesar bezogen)
> Halte nichts für getan, wenn noch etwas zu tun bleibt.

M 161 Impolitam cave relinquas, quam aedificaveris, domum.
Pseudo-Publilius, Sententiae 147
> Pass auf, dass du ein Haus, das du gebaut hast, nicht unvollendet lässt.

M 162 Omne autem imperfectum tendit in perfectionem.
Thomas von Aquin, Summa theologiae 2/1. 16,4
> Alles Unvollendete strebt nach Vollendung.

Lohn

M 163 Aequum est enim, ut unicuique proficiat labor suus, et sicut expendendo cognoscit incommoda, ita rebus perfectis consequatur augmenta.
Cassiodorus, Variae 2. 33,2
> Es ist nur recht und billig, dass ein jeder den Nutzen aus seiner Arbeit hat, und wie er die Belastung durch den Aufwand erfährt, so soll er auch nach Fertigstellung die Wertsteigerung erleben.

M 164 **Opera pro pecunia.**
Plautus, Asinaria 172
> Dienst für Geld

M 165 **Nulla opera gratuita est.**
Plautus, Cistellaria 740
> Arbeit gibt es nie umsonst.

M 166 **Ut quisque est meritus, praesens pretium pro factis ferat.**
Naevius, Fabulae frg. 9
> Wie er es verdient hat, soll jeder jetzt den Lohn für seine Arbeit erhalten. *(vgl. ›Wie die Arbeit, so der Lohn.‹)*

M 167 **Qui operas suas locavit, totius temporis mercedem accipere debet, si per eum non stetit, quo minus operas praestet.**
Corpus Iuris Civilis, Digesta 19. 2,38 (Paulus)
> Wer sich zu einer Leistung verpflichtet hat, muss den Lohn für die ganze Zeit erhalten, wenn es nicht an ihm lag, dass er die Leistung nicht erbracht hat.

M 168 **Omnem laborem spes solatur praemii.**
Pseudo-Publilius, Sententiae 256
> Die Hoffnung auf Belohnung tröstet über jede Anstrengung hinweg.

M 169 **Non alligabis os bovi trituranti.**
Vulgata, Epistula ad Corinthios 1. 9,9 (cf. Liber deuteronomii 25,4)
> Man soll dem Ochsen, der da drischt, nicht das Maul verbinden.

M 170 **Non enim exercentur virtutes ad praemium: recte facti fecisse merces est.**
Seneca, Epistulae morales 81,19
> Man verhält sich nicht tugendhaft, um dafür belohnt zu werden: Der Lohn der guten Tat besteht darin, sie getan zu haben.

M 171 **Spes praemii solacium est labori.**
Pseudo-Seneca, Liber de moribus 56
> Die Erwartung des Lohns tröstet über die Mühen hinweg.

Beruf

M 172 **Ars optimum viaticum.**
Binder, Novus thesaurus 243
> Ein Handwerk ist das beste Reisegeld.

M 173 **Artificium numquam moritur.**
Petronius, Satyricon 46,8
> Handwerk stirbt nie.

Tätigkeit

M 174 Aureum habet quaeque ars fundum, sed oportet eundem / quaerere nocturnis studiis operisque diversis.
Binder, Novus thesaurus 289

> Jedes Gewerbe hat goldenen Boden, doch man muss diesen sich verdienen mit nächtlichem Fleiß und vielfältigem Einsatz. *(vgl. ›Handwerk hat goldenen Boden.‹)*

M 175 Artem ne pudeat proloqui, quam factites.
cf. Cicero, Orator 147

> Schäm dich nicht, dich zu dem Beruf zu bekennen, den du ausübst.

M 176 Disce aliquid, nam cum subito fortuna recessit, / ars remanet vitamque hominis non deserit umquam.
Disticha Catonis 4. 19

> Lerne einen Beruf, denn wenn das Glück plötzlich entschwindet, bleibt, was man kann, und lässt einen nie im Stich.

M 177 Ineunte enim adulescentia, cum est maxima imbecillitas consilii, tum id sibi quisque genus aetatis degendae constituit, quod maxime adamavit. Itaque ante implicatur aliquo certo genere cursuque vivendi, quam potuit, quod optimum esset, iudicare.
Cicero, De officiis 1. 117

> Zu Beginn der Jugendalters, wenn die Einsicht noch besonders schwach ist, entscheidet sich jeder für die Lebensaufgabe, für die er sich vor allem begeistert. So bindet er sich an eine bestimmte Lebensart und Laufbahn, bevor er zu beurteilen vermag, was für ihn das Beste sein würde.

M 178 Quam quisque norit artem, in hac se exerceat.
Cicero, Tusculanae disputationes 1. 41

> Jeder übe den Beruf aus, den er gelernt hat. *(vgl. ›Schuster, bleib bei deinem Leisten.‹)*

M 179 Vocatione sua omnes debent permanere.
Pergamenus, Dialogus creaturarum 102, Summarium

> Alle müssen bei dem bleiben, wozu sie berufen sind.

M 180 A deo vocatus rite paratus.
Binder, Novus thesaurus 6

> Wer von Gott berufen ist, ist gehörig gerüstet. *(vgl. ›Wem Gott ein Amt gibt, dem gibt er auch den Verstand.‹)*

M 181 Ad maiora quaedam nati sumus.
~ Cicero, De finibus bonorum et malorum 5. 21

> Wir sind zu Höherem geboren.

Kompetenz

M182 **Cunctarum rerum doctor certissimus usus.**
Binder, Novus thesaurus 666
> Der verlässlichste Lehrer für alles ist die Erfahrung.

M183 **Experto credite.**
Vergilius, Aeneis 11. 283
> Glaubt es einem, der es selbst erfahren hat.

M184 **Crede experto, non fallimus.**
Silius Italicus, Punica 7. 395
> Vertraue auf mich, der ich die Erfahrung habe, wir irren uns nicht.

M185 **Experientia docet.**
~ Tacitus, Historiae 5. 6,3
> Die Erfahrung lehrt.

M186 **Ad rem gerendam autem qui accedit, caveat, ne id modo consideret, quam illa res honesta sit, sed etiam ut habeat efficiendi facultatem.**
Cicero, De officiis 1. 73
> Wer eine Aufgabe übernimmt, muss sehen, dass er nicht nur bedenkt, wie ehrenvoll sie ist, sondern dass er auch die Möglichkeit hat, sie durchzusetzen.

M187 **In his excellere, quae nemo novit, pulcherrimum est in sciente miraculum.**
Sententiae Varronis 132
> Darin herauszuragen, was niemand kennt, ist beim Kenner das größte Wunder.

M188 **Gloria est scientis stupor ignorantium.**
Sententiae Varronis 133
> Der Ruhm des Fachmanns ist das Staunen der Laien.

M189 **Experto in sua scientia credendum est.**
Everardi, Loci argumentorum legales, Summaria in locum ab authoritate 1
> Dem Fachmann muss man auf seinem Gebiet Glauben schenken.

M190 **Qua pote quisque, in ea conterat arte diem.**
Propertius, Elegiae 2. 1,46
> Jeder verwende seine Zeit auf die Kunst, von der er etwas versteht.

M191 **Caesar non supra grammaticos.**
cf. Suetonius, De grammaticis 22,2
> Der Kaiser steht nicht über den Philologen *(d. h. den Fachleuten)*.

M192 **Scire tuum nihil est, nisi te scire hoc sciat alter.**
Persius, Saturae 1,27
> Dein Können ist nichts wert, wenn niemand weiß, was du kannst.

Tätigkeit

M 193 Equitandi peritus ne cantet.
Erasmus, Adagia 3834
> Wer sich aufs Reiten versteht, soll nicht singen. *(vgl. ›Schuster bleib bei deinem Leisten.‹)*

M 194 Ne sutor supra crepidam.
~ Plinius maior, Naturalis historia 35. 85
> Der Schuster soll nicht beurteilen, was über die Sandale hinausgeht.

M 195 Non omnes, qui habent citharam, sunt citharoedi.
Varro, De re rustica 2. 1,3
> Nicht jeder, der ein Instrument besitzt, ist ein Virtuose.

M 196 Quodque parum novit, nemo docere potest.
Ovidius, Tristia 2. 348
> Niemand kann lehren, wovon er zu wenig versteht.

M 197 In singulis excellere et nullum profiteri tam laudabile quam difficillimum est.
Sententiae Varronis 106
> Sich in allen Disziplinen auszuzeichnen und sich auf keine festzulegen ist zwar lobenswert, aber auch äußerst schwierig.

Karriere

M 198 Is enim mihi videtur amplissimus, qui sua virtute in altiorem locum pervenit, non qui ascendit per alterius incommodum et calamitatem.
Cicero, Pro Sex. Roscio Amerino 83
> Meiner Meinung nach verdient die größte Anerkennung, wer durch eigene Tüchtigkeit eine höhere Stellung erlangt hat, nicht wer zum Schaden und durch das Unglück eines anderen aufgestiegen ist.

M 199 Iuste potentiora consequitur, qui de commissa sibi negotii perfectione laudatur.
Cassiodorus, Variae 11. 22
> Zu Recht erlangt mehr Macht, wer für mustergültige Erledigung einer Aufgabe Lob verdient hat.

M 200 Tanto fortior, tanto felicior.
Seneca, De tranquillitate animi 16,3
> Je tüchtiger, desto erfolgreicher.

M 201 Habet enim plurimum voluptatis electio et provocant animum sperata praesidia.
Symmachus, Epistulae 7. 127
> Gewählt zu sein verschafft einen recht hohen Genuss, und die erwartete Unterstützung fördert den Mut.

M 202 Ad honores enim raro ascenditur nisi per mixturam bonarum et malarum artium.
Bacon, Sermones fideles 14,2

>Gesellschaftlicher Aufstieg gelingt nur selten ohne ein Gemisch aus guten und schlechten Eigenschaften.

M 203 Altior ascensus, gravior plerumque ruina est; / sollicitudo gravis praeproperatus honor.
Godefridus Wintonensis, Liber proverbiorum 111,1–2

>Je höher der Aufstieg, desto schwerer ist meist der Fall; verfrühte Ehre bedeutet schweren Kummer.

M 204 Qui vult esse sublimatus, prudens fiat et sensatus.
Pergamenus, Dialogus creaturarum 105

>Wer nach oben kommen will, muss schlau sein und geschickt.

M 205 E tenui casa saepe vir magnus exit.
cf. Seneca, Epistulae morales 66,3

>Aus einer ärmlichen Hütte kommt oft ein großer Mann.

M 206 Haud facile emergunt quorum virtutibus obstat / res angusta domi.
Iuvenalis, Saturae 3,164–165

>Nur schwer kommt einer empor, dessen Leistung sich eigene wirtschaftliche Not entgegenstellt.

M 207 Humillimos quosque, maxime ubi alta accesserint, superbia atque ambitione immodicos esse.
Aurelius Victor, Epitome de Caesaribus 39,5

>Gerade die einfachsten Menschen sind, vor allem wenn sie hochgekommen sind, maßlos vor Überheblichkeit und Eitelkeit.

M 208 Iuris prudentia viam aperit ad dignitates.
Erasmus, Colloquia familiaria, Confabulatio pia

>Die Rechtswissenschaft bahnt den Weg zu angesehenen Posten.

M 209 Linque tuas sedes alienaque littora quaere, / o iuvenis! maior rerum tibi nascitur ordo.
Petronius in Anthologia Latina 1. 469

>Verlasse deinen Wohnsitz und strebe nach fremden Ufern, junger Mann! Dir öffnen sich weitere Horizonte. (vgl. ›Auf zu neuen Ufern!‹)

M 210 Summum enim columen affectantes satis honeste vel in secundo fastigio conspiciemur.
Columella, De re rustica 1. pr. 29

>Wenn wir nach dem höchsten Gipfel streben, ist es schon ehrenhaft genug, wenn man uns auf dem zweithöchsten erblickt.

Tätigkeit

M211 Non ex favore, sed ex iudicio debet venire electio.
Decretum magistri Gratiani 2. 8,1,17 Rubrik

> Die Berufung in ein Amt darf nicht aus Gunst, sondern muss aus sachlicher Erwägung erfolgen.

M212 Si fortuna volet, fies de rhetore consul; / si volet haec eadem, fiet de consule rhetor.
Iuvenalis, Saturae 7,197–198

> Wenn das Glück es will, wirst du vom Rhetor zum Konsul, wenn es noch einmal will, wird aus dem Konsul ein Rhetor.

Erholung

M213 Assidua sollicitudine refovenda sunt, quae continuis exercitiis subiacere noscuntur.
Cassiodorus, Variae 4. 47,1

> Durch ununterbrochene sorgsame Pflege muss wieder zu Kräften kommen, was einer dauernden Beanspruchung unterworfen ist.

M214 Ex negotio semper otium sumendum, eo tamen, ne ex continua assiduitate necesse sit id deseri.
Sententiae Varronis 40

> Von Geschäften muss man sich immer Erholung gönnen, schon deshalb, dass man nicht vor ständiger Geschäftigkeit gezwungen ist, sie zu vernachlässigen.

M215 Nec in eadem intentione aequaliter retinenda mens est, sed ad iocos devocanda.
Seneca, De tranquillitate animi 17,4

> Man darf den Geist nicht ständig in gleichmäßiger Anspannung halten, sondern muss ihm auch kurzweilige Ablenkung verschaffen.

M216 Danda est animis remissio; meliores acrioresque requieti surgent.
Seneca, De tranquillitate animi 17,5

> Man muss dem Geist Erholung zubilligen; wenn er sich ausgeruht hat, wird er besser und konzentrierter sich erheben.

M217 Animum relaxes, otium des corpori, / ut assuetam fortius praestes vicem.
Phaedrus, Liber fabularum 3. pr. 13–14

> Entspanne deinen Geist, gönne dem Körper Ruhe, damit du recht kraftvoll den gewohnten Dienst leisten kannst.

M218 Indulgendum est animo dandumque subinde otium, quod alimenti ac virium loco sit.
Seneca, De tranquillitate animi 17,8

> Man muss mit dem Geist sorgsam umgehen und ihm immer wieder Erholung gönnen, mit der er sich nähren und stärken kann.

M 219 Hoc ipsum nihil agere et plane cessare delectat.
Cicero, De oratore 2. 24

> Gerade das erfreut mich: nichts zu tun und völlig untätig zu sein. *(vgl. ›il dolce far niente‹)*

M 220 Quod caret alterna requie, durabile non est; / haec reparat vires, fessaque membra novat.
Ovidius, Heroides 4,89–90

> Was sich nicht regelmäßig erholen darf, ist nicht von Dauer. Erholung stellt die Kräfte wieder her und erfrischt die ermüdeten Glieder.

M 221 Intermissa minus sarcina pondus habet.
Maximianus, Elegiae 5,70

> Wenn man die Last absetzt, wiegt sie weniger schwer.

M 222 Iucundum nil est, nisi quod reficit varietas.
Publilius Syrus, Sententiae 239

> Erholung durch Abwechslung ist die wahre Freude.

M 223 Legum conditores festos instituerunt dies, ut ad hilaritatem homines publice cogerentur.
Seneca, De tranquillitate animi 17,7

> Die Gesetzgeber haben Feiertage eingerichtet, um die Menschen von Staats wegen zur Heiterkeit anzuhalten.

M 224 Omnibus quidem prodest subinde animum relaxare – excitatur enim otio vigor et omnis tristitia, quae continuatione pertinacis studii adducitur, feriarum hilaritate discutitur.
Seneca maior, Controversiae 1. pr. 15

> Allen kommt es zugute, von Zeit zu Zeit den Geist zu entspannen – Muße verschafft nämlich neue Frische, und alles Unbehagen, das beharrlich fortgesetztes Studium mit sich bringt, wird durch unbeschwerte Erholung vertrieben.

M 225 Otia corpus alunt, animus quoque pascitur illis; / immodicus contra carpit utrumque labor.
Ovidius, Epistulae ex Ponto 1. 4,21–22

> Die Muße stärkt den Körper, und auch der Geist profitiert davon; übermäßige Anstrengung hingegen entkräftet beide.

M 226 Sic ludus animo debet aliquando dari, / ad cogitandum melior ut redeat tibi.
Phaedrus, Liber fabularum 3. 14,12–13

> So muss man dem Geist gelegentlich Erholung gönnen, dass er gestärkt zum Denken zurückkehrt.

M 227 Otio prodimur.
Plinius, Panegyricus 82,9

> Unser Freizeitverhalten verrät uns.

Tätigkeit

M228 Flecte truces animos, ut vere ludere possis.
Anthologia Latina 1. 505
> Lass ab von deinem trotzigen Sinn, damit du wirklich ausspannen kannst.

M229 Otio qui nescit uti, plus negoti habet, / quam qui est negotiosus in negotio.
Ennius bei Gellius, Noctes Atticae 19. 10,11
> Wer seine Freizeit nicht zu nutzen versteht, hat mehr zu tun, als wer mitten in der Arbeit zu tun hat.

M230 Vires instigat alitque / tempestiva quies; maior post otia virtus.
Statius, Silvae 4. 4,33–34
> Eine Pause zur rechten Zeit weckt und nährt die Kräfte; nach der Entspannung steigert sich die Leistung.

M231 Voluptas modica laxat animum et temperat.
Pseudo-Publilius, Sententiae 390
> Maßvolle Lust entspannt und besänftigt den Geist.

M232 Nulla placida est quies, nisi qua ratio composuit.
Seneca, Epistulae morales 56,6
> Friedlich ist nur eine Ruhe, die die Vernunft geschaffen hat.

M233 Optimum etiam medicamentum quies est: moveri, ambulare, nisi sanis, alienum est.
Celsus, De medicina 5. 26
> Das beste Heilmittel ist Ruhe: Bewegung und Spazierengehen ist nur Gesunden zuträglich.

Muße

M234 Mihi crede, qui nihil agere videntur, maiora agunt: humana divinaque simul tractant.
Seneca, Epistulae morales 8,6
> Glaub mir, wer nichts zu tun scheint, hat es mit Wichtigerem zu tun: Göttliches und Menschliches zugleich sind seine Materie.

M235 Otium sine litteris mors est et hominis vivi sepultura.
Seneca, Epistulae morales 82,3
> Freizeit ohne geistige Tätigkeit ist Tod und Begrabensein bei lebendigem Leib.

M236 Numquam se minus otiosum esse, quam cum otiosus, nec minus solum, quam cum solus esset.
Cicero, De officiis 3. 1 (Aussage Scipios)
> Nie sei er weniger untätig, als wenn er untätig, und nie weniger allein, als wenn er allein sei.

M 237 Multum autem interest, utrum vita tua otiosa sit an ignava.
Seneca, Epistulae morales 55,4
> Es ist ein großer Unterschied, ob man sein Leben in Muße verbringt oder mit Nichtstun.

M 238 Satius est otiosum esse quam nihil agere.
Plinius, Epistulae 1. 9,8
> Müßigsein ist besser als Nichtstun.

M 239 Si hortum in bibliotheca habes, deerit nihil.
Cicero, Ad familiares 9. 4
> Wenn du in deiner Bibliothek einen Garten hast, wird es an nichts fehlen.

M 240 Consilio tuo accedo: absconde te in otio. Sed et ipsum otium absconde.
Seneca, Epistulae morales 68,1
> Ich schließe mich deiner Entscheidung an: Verbirg dich in der Muße, aber verbirg auch die Muße selbst *(vor anderen)*.

M 241 Praestat otiosum esse quam nihil gerere.
cf. Plinius, Epistulae 1. 9,8
> Es ist besser, sich der Muße hinzugeben, als zu faulenzen.

M 242 Aliquid et pro otio audendum est.
Seneca, Epistulae morales 19,8
> Auch für die Muße muss man einiges riskieren.

M 243 Ille otiosus est, cui otii sui et sensus est.
Seneca, De brevitate vitae 12,9
> In Ruhe lebt der, der auch ein Gefühl für seine Ruhe hat.

M 244 Mihi enim liber esse non videtur, qui non aliquando nihil agit.
Cicero, De oratore 2. 24
> Mir scheint nicht frei zu sein, wer gelegentlich nicht auch nichts tut.

M 245 Multum et in se recedendum est: conversatio enim dissimilium bene composita disturbat et renovat affectus et quicquid imbecillum in animo nec percuratum est exulcerat.
Seneca, De tranquillitate animi 17,3
> Oft muss man auch Einkehr in sich selbst halten; das Gespräch mit Andersartigen stört das innere Gleichgewicht, weckt Leidenschaften und reißt innere Wunden, die nicht völlig abgeheilt sind, wieder auf.

M 246 O beata solitudo! O sola beatitudo!
Wahlspruch von Bernardus Claraevallensis
> Seliges Alleinsein, einzige Seligkeit.

Tätigkeit

M 247 Recede in te ipsum, quantum potes.
Seneca, Epistulae morales 7,8
> Zieh dich, soweit du kannst, in dich selbst zurück.

M 248 O quam salubre, quam iucundum et suave est sedere in solitudine et tacere et loqui cum Deo.
Thomas a Kempis, Soliloquium animae 9
> Oh, wie heilsam, wie wohltuend und süß ist es, in der Einsamkeit zu sitzen, zu schweigen und mit Gott zu reden.

M 249 Tunc praecipue in te ipse secede, cum esse cogeris in turba.
Epikuros bei Seneca, Epistulae morales 25,6
> Zieh dich besonders dann in dich selbst zurück, wenn du gezwungen bist, dich in der großen Menge aufzuhalten.

M 250 Si te ad studia revocaveris, omne vitae fastidium effugeris.
Seneca, De tranquillitate animi 3,6
> Wenn man sich zu geistiger Tätigkeit zurückzieht, entkommt man allem Verdruss im Leben.

M 251 Crede mihi, bene qui latuit, bene vixit et intra / fortunam debet quisque manere suam.
Ovidius, Tristia 3. 4,25–26
> Glaub mir: Wer sich gut verborgen hielt, hat gut gelebt; jeder muss in den Grenzen seines Stands bleiben.

M 252 Equidem solitudo sine litteris exilium est, carcer, equuleus; adhibe litteras – patria est, libertas, delectatio.
Petrarca, De vita solitaria 1. 3,19
> Tatsächlich ist Zurückgezogenheit ohne geistige Arbeit Verbannung, Gefängnis, Folter; verbinde sie mit geistiger Arbeit – sie ist Heimat, Freiheit, Vergnügen.

M 253 Est tamen lucubratio, quotiens ad eam integri ac refecti venimus, optimum secreti genus.
Quintilianus, Institutio oratoria 10. 3,27
> Geistige Arbeit bei Nacht ist, sooft wir frisch und erholt dazu kommen, die beste Art des Alleinseins.

M 254 Mihi oppidum carcer est et solitudo paradisus.
Hieronymus, Epistulae 125,8
> Für mich ist die Stadt ein Gefängnis und die Einsamkeit das Paradies.

M 255 Servat placidos obscura quies, / praebetque senes casa securos.
Seneca, Phaedra 1126–1127
> Entlegene Stille bewahrt die Friedfertigen und eine Hütte sorgt für sorgenfreies Greisenalter.

M 256 Silva placet Musis, urbs est inimica poetis.
Petrarca, Epistole metriche 2. 3,43

> Der Wald gefällt den Musen, die Stadt ist den Dichtern verhasst.

Landleben

M 257 Beatus ille, qui procul negotiis, / ut prisca gens mortalium, / paterna rura bobus exercet suis, / solutus omni faenore; / Neque excitatur classico miles truci / neque horret iratum mare / forumque vitat et superba civium / potentiorum limina.
Horatius, Iambi 2,1–8

> Glücklich der Mann, der fern von Geschäften, wie einst das Menschengeschlecht, die väterliche Scholle mit seinen Ochsen pflügt, frei von Schuldenlast; / weder wird er als Soldat vom wilden Signal aufgescheucht noch vom grollenden Meer verängstigt, er meidet das Forum und die stolzen Paläste der Mächtigen.

M 258 Adsunt, quibus urbs caret quibusque ego maxime delector, libertas, otium, silentium, solitudo.
Petrarca, Familiares 11. 6

> (Das Land) gewährleistet, was die Stadt nicht bietet und was meine größte Freude ist: Freiheit, Muße, Ruhe, Einsamkeit.

M 259 Deperit haec inter misero lux, non sine votis: / O rus, quando ego te aspiciam? Quandoque licebit / nunc veterum libris, nunc somno et inertibus horis / ducere sollicitae iucunda oblivia vitae?
Horatius, Sermones 2. 6,59–62

> Unterdessen schwindet unter Stress der Tag dahin, nicht ohne den Wunschtraum: O Landleben, wann werde ich dich erleben? Wann wird es erlaubt sein, bald aus den Büchern der Alten, bald im Schlaf und in Mußestunden süßes Vergessen des unruhigen Lebens zu schlürfen?

M 260 Ille terrarum mihi praeter omnis / angulus ridet, ubi non Hymetto / mella decedunt viridique certat / baca Venafro; // ver ubi longum tepidasque praebet / Iuppiter brumas et amicus Aulon / fertili Baccho minimum Falernis / invidet uvis.
Horatius, Carmina 2. 6,13–20

> Dieser Winkel lächelt mir mehr als alle anderen auf der Welt zu, wo der Honig nicht hinter dem vom Hymettos zurücksteht und die Olive mit dem grünen Venafrum wetteifert; wo Jupiter langen Frühling und milde Winter beschert und die Hänge des Aulon, Freund des Früchte spendenden Bacchus, nicht auf die Falernertrauben neidisch sind.

Tätigkeit

Langeweile

M261 Pulcherrimus locus semper assidenti odibilis est; gaudet natura varietate.
Sententiae Varronis 66
> Selbst der schönste Ort wird einem, der immer dort wohnt, unliebsam; die Natur liebt Abwechslung.

M262 Quousque eadem?
Seneca, De tranquillitate animi 2,15
> Wie lange noch immer dasselbe?

M263 Nullus agenti dies longus est.
Seneca, Epistulae morales 122,3
> Wer arbeitet, kennt keine Langeweile.

Müßiggang

M264 Otium, Catulle, tibi molestum est: / otio exsultas nimiumque gestis. / Otium et reges prius et beatas / perdidit urbes.
Catullus, Carmina 51,13–16
> Müßiggang, Catull, bekommt dir nicht; Müßiggang macht dich übermütig und allzu anmaßend. Müßiggang hat einst Königreiche und wohlhabende Städte zugrunde gerichtet.

M265 Administrator amplissimus si vacasse credatur, opprobrium est.
Cassiodorus, Variae 11. pr. 1
> Wenn man von einem bedeutenden Staatsmann den Eindruck hat, er habe Zeit, dann ist das ein Vorwurf.

M266 Facito aliquid operis, ut te semper diabolus inveniat occupatum.
Hieronymus, Epistulae 125,11
> Tu immer etwas, sodass der Teufel dich immer beschäftigt findet.

M267 Quam est felix vita, quae sine negotiis transit!
Publilius Syrus, Sententiae 547
> Wie glücklich ist doch ein Leben ohne Verpflichtungen. *(vgl. ›il dolce far niente‹)*

M268 inertiae dulcedo
Tacitus, De vita Iulii Agricolae 3,1
> das süße Nichtstun

M269 Mors nobis tempus habetur iners.
Ovidius, Epistulae ex Ponto 1. 5,44
> Untätig verbrachte Zeit ist für mich wie der Tod.

M 270 Pueri delicati nihil cessatione melius existimant.
~ *Cicero, De natura deorum 1. 102*
> Verwöhnte Kinder schätzen nichts mehr als Untätigkeit.

M 271 Plus vigila semper nec somno deditus esto; nam diuturna quies vitiis alimenta ministrat.
Disticha Catonis 1. 2
> Sei stets wachsam und gib dich weniger dem Schlaf hin; denn andauerndes Nichtstun dient den Lastern als Nahrung. *(vgl. ›Müßiggang ist aller Laster Anfang.‹)*

M 272 Ingenium longa rubigine laesum / torpet et est multo, quam fuit ante, minus.
Ovidius, Tristia 5. 12,21–22
> Von langer Untätigkeit geschwächt ist der Geist erschlafft und viel kraftloser er zuvor war.

M 273 Efficiunt fortes otia magna pigros.
Walther, Proverbia sententiaeque 6978
> Langer Müßiggang macht Tüchtige träge.

Sport

M 274 Discum audire quam philosophum malunt.
Cicero, De oratore 2. 21
> Man hört lieber den Diskus als den Philosophen.

M 275 Nam corporalis exercitatio ad modicum utilis est.
Vulgata, Epistula ad Timotheum 1. 4,8
> Körperliche Übung bringt nur mäßigen Nutzen.

M 276 Exercitium temperatum conservat sanitatem.
Auctoritates, Aristoteles, Ethica 29
> Maßvolle Leibesübungen erhalten die Gesundheit.

M 277 Formae autem dignitas coloris bonitate tuenda est, color exercitationibus corporis.
Cicero, De officiis 1. 130
> Der Reiz der äußeren Erscheinung muss durch eine gesunde Farbe gewahrt werden, die Farbe aber durch Leibesübungen.

M 278 Qui studet optatam cursu contingere metam, / multa tulit fecitque puer, sudavit et alsit, / abstinuit venere et vino.
Horatius, De arte poetica (Epistula ad Pisones) 412–414
> Wer im Lauf das ersehnte Ziel erreichen will, hat von klein auf viel geleistet und ertragen, hat geschwitzt und gefroren, sich der Liebe und des Weins enthalten.

Tätigkeit

M279 Nam et qui certat in agone, non coronatur, nisi legitime certaverit.
Vulgata, Epistula ad Timotheum 2. 2,5

> Auch wer an einem Wettkampf teilnimmt, wird nicht zum Sieger gekrönt, wenn er nicht nach den Regeln kämpft.

Spiel

M280 Neque enim ita generati a natura sumus, ut ad ludum et iocum facti esse videamur, ad severitatem potius et ad quaedam studia graviora atque maiora. Ludo autem et ioco uti illo quidem licet, sed sicut somno et quietibus ceteris tum, cum gravibus seriisque rebus satis fecerimus. Ipsumque genus iocandi non profusum nec immodestum, sed ingenuum et facetum esse debet.
Cicero, De officiis 1. 103

> Die Natur hat uns nicht dazu in die Welt gesetzt, dass wir zu Spiel und Scherz geschaffen zu sein glauben, vielmehr zu Ernsthaftigkeit und einigen wichtigeren und höheren Aufgaben. Spiel und Scherz dürfen wir uns zwar widmen, aber wie dem Schlaf und sonstiger Entspannung erst dann, wenn wir uns ausreichend mit wichtigen und ernsten Dingen beschäftigt haben. Auch darf die Art zu scherzen nicht hemmungslos ausarten, sondern muss vornehm und witzig sein.

M281 Otium et ludus et alia, quae ad requiem pertinent, delectabilia sunt, inquantum auferunt tristitiam, quae est ex labore.
Thomas von Aquin, Summa theologiae 2/1. 32,1,3

> Muße, Spiel und alles andere, was zur Erholung dient, sind wohltuend, soweit sie die Trübsal vertreiben, die von der Arbeit herrührt.

M282 Ludus est necessarius ad conversationem humanae vitae.
Thomas von Aquin, Summa theologiae 2/2. 168,3

> Das Spiel ist notwendig, um ein menschliches Leben führen zu können.

M283 Omne bene / sine poena; / tempus est ludendi. / Venit hora / absque mora / libros deponendi.
mittelalterliches Schulferienlied bei Washington Irving, The Stage-Coach, Motto

> Alles gut, ohne Strafe, es ist Zeit zu spielen: Gekommen ist die Stunde, unverzüglich die Bücher aus der Hand zu legen.

M284 Sunt etiam nonnulli acuendis puerorum ingeniis non inutiles lusus.
Quintilianus, Institutio oratoria 1. 3,11

> Manche Spiele sind sogar zur Schärfung des Verstands der Kinder nicht unnütz.

M285 Non bis pueri sumus, ut vulgo dicitur, sed semper: verum hoc interest, quod maiora ludimus.
Seneca bei Lactantius, Divinae institutiones 2. 4,14

> Wir sind nicht zweimal Kinder, wie der Volksmund sagt, sondern unser Leben lang, nur mit dem Unterschied, dass es bei den Spielen um Größeres geht.

M 286 Ludus allubescens incidendus est.
Wander, Deutsches Sprichwörter-Lexikon 4. 700
> Wenn man anfängt, an einem Spiel Gefallen zu finden, soll man aufhören.

M 287 Nec lusisse pudet, sed non incidere ludum.
Horatius, Epistulae 1. 14,36
> Beschämend ist nicht, dass man gespielt hat, sondern dass man dem Spiel kein Ende setzt.

M 288 Lusus quoque noxius in culpa est.
Corpus Iuris Civilis, Digesta 9. 2,10 (Paulus)
> Auch eine beim Spiel beigebrachte Verletzung ist schuldhaft.

M 289 Sic, ne perdiderit, non cessat perdere lusor, / et revocat cupidas alea saepe manus.
Ovidius, Ars amatoria 1. 451–452
> Um nicht zu verlieren, hört der Spieler nicht auf zu verlieren und der Würfel ruft oft die gierigen Hände zurück.

M 290 Aleator quanto in arte est melior, tanto est nequior.
Publilius Syrus, Sententiae 33
> Je geschickter ein Spieler ist, desto nichtsnutziger ist er.

M 291 Ludendi etiam est quidam modus retinendus, ut ne nimis omnia profundamus elatique voluptate in aliquam turpitudinem delabamur.
Cicero, De officiis 1. 104
> Auch beim Spiel kommt es auf ein gewisses Maß an, damit wir nicht hemmungslos alles aufs Spiel setzen und im Spielrausch uns zu schändlichem Tun hinreißen lassen.

M 292 Lusori cupido semper gravis exitus instat.
Anthologia Latina 1. 501
> Einem süchtigen Spieler droht immer ein schlimmes Ende.

M 293 Lusuri nummos animos quoque ponere debent.
Anthologia Latina 1. 497
> Wer um Geld spielen will, muss auch seine Seele einsetzen.

M 294 Nullus ubique potest felici ludere dextra.
Anthologia Latina 1. 503
> Keiner kann überall mit glücklicher rechter Hand würfeln.

M 295 Si quis habes nummos, venies, exibis inanis.
Anthologia Latina 1. 500
> Wer du Geld hast, komm nur, du wirst leer wieder gehen.

M 296 Temeritas et casus, non ratio nec consilium valet.
Cicero, De divinatione 2. 85
> *(Beim Glücksspiel)* walten Zufall und Glück, nicht Vernunft und Überlegung.

Tätigkeit

M 297 Senatus consultum vetuit in pecuniam ludere, praeterquam si quis certet hasta vel pilo iaciendo vel currendo saliendo luctando pugnando quod virtutis causa fiat.
Corpus Iuris Civilis, Digesta 11. 5,2,1 (Paulus)

> Durch Senatsbeschluss ist verboten, um Geld zu spielen, außer man wetteifert im Lanzen- oder Speerwerfen oder im Laufen, Springen, Ringen, Boxen, was der Ertüchtigung dient.

Albernheit

M 298 Dulce mihi furere est.
Horatius, Carmina 2. 7,28

> Es ist mir eine Wonne, über die Stränge zu schlagen.

M 299 Misce stultitiam consiliis brevem: / dulce est desipere in loco.
Horatius, Carmina 4. 12,27–28

> Mische auch ein bisschen Torheit unter deine Überlegungen: Herrlich ist es, an passender Stelle ausgelassen zu sein.

M 300 Aliquando et insanire iucundum est.
Seneca, De tranquillitate animi 17,10

> Dann und wann ist es auch angenehm, von Sinnen zu sein.

M 301 Tolerabile est semel anno insanire.
Seneca bei Augustinus, De civitate Dei 6. 10

> Einmal im Jahr darf man verrückt spielen.

M 302 Nemo mortalium omnibus horis sapit.
Plinius maior, Naturalis historia 7. 131

> Kein Mensch ist jederzeit weise.

M 303 Senes interdum delirant.
~ Plautus, Epidicus 393

> Die Alten spielen bisweilen verrückt. *(vgl. ›Alter schützt vor Torheit nicht.‹)*

Volksbelustigung

M 304 Nemo enim fere saltat sobrius, nisi forte insanit, neque in solitudine neque in convivio moderato atque honesto.
Cicero, Pro Murena 13

> Fast niemand tanzt, wenn er nüchtern ist, es sei denn, er ist verrückt, weder wenn er allein ist, noch in maßvoller und ehrbarer Gesellschaft.

M 305 Ubi saltatio, ibi diabolus:
Johannes Chrysostomos zugeschrieben

> Wo getanzt wird, herrscht der Teufel.

M 306 Festa dies veneremque vocat cantusque merumque.
Ovidius, Amores 3. 10,47

> Ein festlicher Tag ruft nach Liebe, Gesang und Wein.

M 307 Libera lingua loquemur ludis Liberalibus.
Naevius, Fabulae frg. 113

> Mit freier Zunge reden wir an den freizügigen Festen. *(Beispiel für Alliteration – Die Liberalia waren Feiern zu Ehren des Gottes Liber = Dionysos.)*

M 308 Non semper Saturnalia erunt.
Seneca, Apocolocyntosis 12,2

> Es ist nicht immer Karneval.

M 309 Spectaculum tantum fabricis clarum, sed actione deterrimum.
Cassiodorus, Variae 5. 42,2

> Zirkusspiele gewinnen Glanz nur durch ihre Baulichkeiten, der Vorgang selbst ist der Gipfel der Geschmacklosigkeit.

M 310 panem et circenses
Iuvenalis, Saturae 10,81

> Brot und *(Zirkus-)*Spiele *(als Zugeständnisse der römischen Kaiser, um das Volk ruhig zu halten)*

M 311 Cruenta spectacula in otio civili et domestica quiete non placent. Quapropter omnino gladiatores esse prohibemus.
Corpus Iuris Civilis, Codex Iustinianus 11. 44,1 (Konstantin 1. 10. 325)

> Blutige Schauspiele passen nicht zu außenpolitischem Frieden und innenpolitischer Eintracht. Deshalb untersagen wir Gladiatorenspiele gänzlich.

M 312 Ludi quoque semina praebent / nequitiae.
Ovidius, Tristia 2. 279–280

> Auch die Spiele bieten Anlass zur Leichtfertigkeit.

M 313 Ludicrae *(sc. artes)* sunt, quae ad voluptatem oculorum atque aurium tendunt.
Seneca, Epistulae morales 88,22

> Das Schaugewerbe will Augen- und Ohrengenuss verschaffen.

M 314 Nec satis incestis temerari vocibus aures: / adsuescunt oculi multa pudenda pati.
Ovidius, Tristia 2. 503–504

> Nicht genug damit, die Ohren durch unzüchtige Worte zu beschmutzen: Auch die Augen gewöhnt man daran, viel Schamloses zu sehen.

Tätigkeit

M315   Nihil vero tam damnosum bonis moribus quam in aliquo spectaculo desidere.
Seneca, Epistulae morales 7,2

> Nichts ist für einen guten Charakter so schädlich wie bei irgendeinem Schauspiel herumzusitzen.

M316   Audacis lasciviae pretium est voluptas spectantium.
Tacitus, De origine et situ Germanorum (Germania) 24,1

> Der einzige Lohn des waghalsigen Treibens ist das Vergnügen der Zuschauer.

M317   Grande sonant tragici: tragicos decet ira cothurnos / usibus e mediis soccus habendus erit.
Ovidius, Remedia amoris 375–376

> Pathetisch klingen die Tragiker: Zur Erregung passen tragische Kothurne, doch für den Alltagsbetrieb eignet sich die Sandale der Komödie.

M318   Spectatum veniunt; veniunt, spectentur ut ipsae.
Ovidius, Ars amatoria 1. 99

> Sie kommen, um zu sehen; sie kommen aber auch, um gesehen zu werden. *(über die Zuschauerinnen im Theater)*

Schlaf

M319   Dulcis est somnus operanti, sive parum sive multum comedat, saturitas autem divitis non sinit eum dormire.
Vulgata, Liber ecclesiastes 5,11

> Süß ist der Schlaf für den, der arbeitet, ob er viel oder wenig zu essen hat; Übersättigung aber lässt den Reichen nicht schlafen.

M320   Sex horis dormire sat est iuvenique senique. / Septem vix pigro, nulli concedimus octo.
Regimen sanitatis Salernitanum, Somnus

> Sechs Stunden zu schlafen reicht für einen Jungen wie für einen Alten; dem Trägen gestehen wir nicht ganz sieben zu, keinem acht.

M321   Est autem somnus nihil aliud quam animi in medium sese recessus.
Plinius maior, Naturalis historia 10. 212

> Schlaf ist nichts anderes als die Einkehr der Seele in ihre eigene Mitte.

M322   Somnus refectioni necessarius est.
Seneca, De tranquillitate animi 17,6

> Schlaf ist für die Erholung unentbehrlich.

M323 Tuque o domitor, Somne, malorum, / requies animae, / pars humanae melior vitae.
Seneca, Hercules furens 1066–1068

> O Schlaf, Überwinder des Leids, Erquickung der Seele, besserer Teil des menschlichen Lebens!

M324 Longus dolorem forsitan vincet sopor.
Seneca, Hercules Oetaeus 1429

> Langer Schlaf wird vielleicht den Schmerz besiegen.

M325 Bene dormit, qui non sentit, quam male dormiat.
Publilius Syrus, Sententiae 67

> Wer nicht merkt, wie schlecht er schläft, schläft gut.

M326 Somne, quies rerum, placidissime, Somne, deorum, / pax animi, quem cura fugit, qui corpora duris / fessa ministeriis mulces reparasque labori!
Ovidius, Metamorphoses 11. 623–625

> O Schlaf, Erholung für alles, Schlaf, freundlichster der Götter, Friede der Seele! Dich meidet der Kummer, du erfrischst die vom harten Dienst müden Körper und gibst ihnen neue Kraft für die Arbeit.

M327 Blanda quies furtim victis obrepsit ocellis.
Ovidius, Fasti 3. 19

> Schmeichelnd beschlich heimlich der Schlaf die überwältigten Augen.

M328 Non bonus est somnus de prandio.
Plautus, Mostellaria 697

> Schlaf gleich nach dem Essen ist nicht gesund.

M329 Ut sis nocte levis, sit tibi cena brevis.
Regimen sanitatis Salernitanum 21

> Damit du nachts sanft schläfst, sei dein Abendessen kurz!

M330 Consanguineus leti sopor.
Vergilius, Aeneis 6. 278

> Der Schlaf ist der Bruder des Todes.

M331 Mortis imago iuvat somnus, mors ipsa timetur.
Anthologia Latina 1. 716,19

> Als Abbild des Todes hat man den Schlaf gern, den Tod selbst fürchtet man.

M332 Stulte! quid est somnus gelidae nisi mortis imago?
Ovidius, Amores 2. 9,41

> Tor, was ist der Schlaf anderes als das Abbild des kalten Todes?

Tätigkeit

M333 Perfugium videtur omnium laborum et sollicitudinum esse somnus; at ex eo
ipso plurimae curae metusque nascuntur.
Cicero, De divinatione 2. 150

> Der Schlaf scheint Zuflucht vor allen Mühsalen und Besorgnissen zu sein; doch gerade er
> ist die Wurzel sehr vieler Sorgen und Ängste.

Traum

M334 Nam cum prostrata sopore / urguet membra quies et mens sine pondere ludit,
/ quicquid luce fuit, tenebris agit.
Petronius, Carmina 43,3–5

> Wenn die Ruhe den hingestreckten Körper mit Schlaf übermannt und die Gedanken
> unbeschwert spielen, wirkt im Dunkeln nach, was sich bei Licht abgespielt hat.

M335 Somnia, quae mentes ludunt volitantibus umbris, / non delubra deum nec ab
aethere numina mittunt, / sed sibi quisque facit.
Petronius in Anthologia Latina 1. 651,1–3

> Die Träume, die die Sinne betören mit tanzenden Schatten, gehen nicht von göttlichen
> Hallen und nicht von erhabenen Göttern aus, sondern jeder macht sie sich selbst.

M336 Omnia, quae sensu volvuntur vota diurno, / pectore sopito reddit amica
quies.
Claudianus, De sexto consulatu Honorii Augusti, pr. 1–2

> Alle Wünsche, die am Tag unsere Sinne beschäftigen, löst, wenn das Herz schlummert, der
> freundliche Schlaf ein.

M337 Somnia ne cures, nam mens humana, quod optat, / dum vigilat, somno
decepta frequenter adoptat.
Disticha Catonis 2. 31

> Sorg dich nicht um Träume, denn was sich der Mensch im Wachen ersehnt, das sieht er oft
> im Schlaf.

M338 Somnia pondus habent.
Propertius, Elegiae 4. 7,88

> Träume haben Gewicht.

M339 Sunt quoque somniorum rationes vanae.
Tünger, Facetiae 44

> Auch die Anlässe für Träume sind gegenstandslos. *(vgl. ›Träume sind Schäume.‹)*

Aufschub

M340 Habent sua commoda morae.
Binder, Novus thesaurus 1267

> Aufschub hat auch seine Vorzüge. *(vgl. ›Gut Ding will Weile haben.‹)*

M341 Deliberare utilia mora tutissima est.
Publilius Syrus, Sententiae 128
>> Brauchbare Gedanken sind der sicherste Verzug.

M342 Quod differtur, non aufertur.
Binder, Novus thesaurus 2870; cf. Arnobius Iunior, Commentarius in Psalmos 36
Aufgeschoben ist nicht aufgehoben.

M343 Perniciosior quies quam temeritas.
~ Tacitus, Historiae 1. 21,2
>> Untätigkeit richtet mehr Schaden an als übereiltes Handeln.

M344 Maxima porro vitae iactura dilatio est.
Seneca, De brevitate vitae 9,1
>> Der größte Verlust des Lebens entsteht, wenn man es aufschiebt.

M345 Per multum cras cras semper dilabitur aetas.
Binder, Novus thesaurus 2534
>> Mit vielem ›morgen, morgen‹ verstreicht die Zeit. *(vgl. ›Morgen, morgen, nur nicht heute, sagen alle faulen Leute.‹)*

M346 Veritas odit moras.
Seneca, Oedipus 850
>> Die Wahrheit hasst Aufschub.

M347 Odit verus amor nec patitur moras.
Seneca, Hercules furens 588
>> Wahre Liebe hasst Aufschub und lässt ihn nicht zu.

M348 Sera veni positaque decens incede lucerna; / grata mora venies; maxima lena morast.
Ovidius, Ars amatoria 3. 751–752
>> Komm spät, und tritt anmutig auf, wenn das Licht schon brennt; Wartenlassen macht dein Kommen wertvoll; Wartenlassen ist die beste Kupplerin.

Zögern

M349 Mora semper amantes / incitat, exiguum si modo tempus habet.
Ovidius, Ars amatoria 3. 473–474
>> Zögern stachelt Liebende immer an, wenn es nur von kurzer Dauer ist.

M350 Nullus cunctationis locus est in eo consilio, quod non potest laudari nisi peractum.
Tacitus, Historiae 1. 38,2
>> Bei einem Vorhaben, das man erst nach seinem Abschluss loben kann, darf es kein Zögern geben.

Tätigkeit

M351 Si bene quid facias, facias cito: nam cito factum / gratum erit. Ingratum gratia tarda facit.
Ausonius, Epigrammata 94
> Willst du wohltun, tu es schnell, denn eine schnelle Gabe wird willkommen sein. Verzögerte Gunst schafft Undank.

M352 Tolle moras, semper nocuit differre paratis.
Lucanus, Bellum civile (Pharsalia) 1. 281
> Weg mit dem Zaudern; ist man gerüstet, war Aufschub immer von Übel. *(vgl. ›Was du heute kannst besorgen, das verschiebe nicht auf morgen.‹)*

M353 Et qui moratur, est neganti proximus.
Scaligerus, Iambi gnomici 28,3
> Auch Zögern ist so gut wie Verweigern.

M354 Ingratum est beneficium, quod diu inter manus dantis haesit.
Seneca, De beneficiis 2. 1,2
> Unwillkommen ist eine Wohltat, die lange zwischen den Händen des Gebers kleben bleibt.

M355 Nosti mores mulierum: / dum moliuntur, dum conantur, annus est.
Terentius, Heauton timorumenos 239–240
> Du kennst die Gepflogenheiten der Frauen: Mit Planen und Versuchen ist schnell ein Jahr herum.

M356 Dum deliberamus, quando incipiendum, incipere iam serum fit.
Quintilianus, Institutio oratoria 12. 6,2
> Während wir überlegen, wann wir beginnen sollen, wird es für einen Beginn schon zu spät.

M357 Plerisque in rebus gerendis tarditas et procrastinatio odiosa est.
Cicero, Orationes Philippicae 6,7
> Bei den meisten Geschäften schafft Zögern und Vertagen nur Verdruss.

M358 Cunctando senescunt consilia.
~ Livius, Ab urbe condita 35. 12,3
> Zögern lässt guten Rat alt werden.

M359 Dispendiosa est cunctatio.
Columella, De re rustica 2. 20,1
> Zögern bedeutet überflüssigen Zeitaufwand. *(vgl. ›Time is money.‹)*

M360 Deliberando saepe perit occasio.
Publilius Syrus, Sententiae 140
> Wenn man zu viel bedenkt, verstreicht oft die Gelegenheit.

Verspätung

M361 Sero in periclis est consilium quaerere.
Publilius Syrus, Sententiae 625
> Zu spät ist es, erst in der Gefahr Rat zu suchen.

M362 Miserum est opus / igitur demum fodere puteum, ubi sitis fauces tenet.
Plautus, Mostellaria 379–380
> Es ist ein erbärmlicnes Unterfangen, erst dann einen Brunnen zu graben, wenn der Durst die Kehle ausgetrocknet hat.

M363 Serum est cavendi tempus in mediis malis.
Seneca, Thyestes 487
> Zu spät sieht man sich vor, wenn man mitten im Unheil steckt.

M364 Segnis mora effectus impedit.
~ Phaedrus, Liber fabularum 5. 8,6
> Vertane Zeit erschwert den Erfolg.

M365 Potius sero quam numquam.
~ Livius, Ab urbe condita 4. 2,11
> Besser zu spät als nie.

M366 Coena comesa venit.
Varro, De re rustica 1. 2,11
> Er kam, als das Mahl gegessen war.

M367 Sero venientibus ossa.
Binder, Novus thesaurus 3092
> Für die zu spät Kommenden die Knochen. *(vgl. ›Wer nicht kommt zur rechten Zeit, muss nehmen, was noch übrig bleibt.‹)*

M368 Heu, sero revocatur amor seroque iuventas, / cum vetus infecit cana senecta caput.
Tibullus, Elegiae 1. 8,41–42
> Ach, zu spät ruft man nach Liebe, zu spät nach Jugend, wenn Altersgrau das greise Haupt befallen hat.

M369 Non potest iterari, quod semel est omissum.
cf. Gaudentius, Sermones 9
> Was man einmal versäumt hat, kann man nicht nachholen.

M370 Occasio receptus difficiles habet.
Publilius Syrus, Sententiae 446
> Eine *(verpasste)* Gelegenheit kehrt kaum zurück.

Tätigkeit

M371 Qui exspectat, ut rogetur, officium levat.
Publilius Syrus, Sententiae 539
> Wer abwartet, bis er gebeten wird, verweigert den Dienst.

M372 Et non facere facere est.
cf. Corpus Iuris Civilis, Digesta 50. 17,121 (Paulus)
> Auch Unterlassen ist Handeln.

Zeitverschwendung

M373 Nemo aestimat tempus; utuntur illo laxius quasi gratuito.
Seneca, De brevitate vitae 8,2
> Niemand schätzt die Zeit richtig; man verbraucht sie ziemlich gedankenlos, so als sei sie nichts wert.

M374 Breve nobis tempus nos fecimus. Quantulum enim studiis partimur! Alias horas vanus salutandi labor, alias datum fabulis otium, alias spectacula, alias convivia trahunt.
Quintilianus, Institutio oratoria 12. 11,18
> Wir selbst verkürzen uns die Zeit. Wie wenig verwenden wir nämlich auf unsere Studien! Manche Stunden vergeuden wir mit der nichtigen Mühe von Aufwartungen, andere mit passivem Betrachten von Bühnenstücken, andere mit dem von Darbietungen, andere mit Gastmählern.

M375 Non accipimus brevem vitam, sed fecimus, nec inopes eius, sed prodigi sumus.
Seneca, De brevitate vitae 1,4
> Das Leben, das wir empfangen, ist nicht kurz, wir haben es dazu gemacht, und wir haben nicht zu wenig davon, sondern gehen verschwenderisch damit um.

M376 Non exiguum temporis habemus, sed multum perdimus.
Seneca, De brevitate vitae 1,3
> Wir haben nicht zu wenig Zeit, sondern wir vergeuden zu viel.

M377 Amici fures temporis.
~ Canisius, Confessiones 4
> Freunde stehlen einem die Zeit.

M378 socordia atque desidia bonum otium conterere
Sallustius, De coniuratione Catilinae 4,1
> in Sorglosigkeit und Untätigkeit die wertvolle Zeit vergeuden

M379 Amici, diem perdidi.
Suetonius, De vita Caesarum, Titus 8,1
> Freunde, ich habe einen Tag verloren *(Ausspruch des Kaisers Titus, weil er keine gute Tat getan hatte).*

M380 Nulla iactura gravior est scienti quam temporis. Se utitur, qui tempore.
Sententiae Varronis 113–114

> Kein Verlust wiegt für einen Gebildeten schwerer als der Zeitverlust. Wer die Zeit nützt, nützt sich selbst.

M381 Pars vitae, quoties perditur hora, perit.
Wahlspruch von Leibniz

> Ein Teil des Lebens geht verloren, sooft eine Stunde verloren geht.

M382 Quaedam tempora eripiuntur nobis, quaedam subducuntur, quaedam effluunt; turpissima tamen est iactura, quae per neglegentiam fit.
Seneca, Epistulae morales 1,1

> Ein Teil unserer Zeit wird uns entrissen, ein Teil gestohlen, ein Teil verflüchtigt sich; am schimpflichsten jedoch ist der Verlust, der durch Nachlässigkeit entsteht.

Tätigkeit

N Wirtschaft

Globalisierung

N 1
Ingens orbis in urbe fuit.
Ovidius, Ars amatoria 1. 174
> Die ganze Welt war in der Stadt.

N 2
Omne publicae opulentiae augmentum ab exteris nationibus lucrifieri necesse est (quicquid enim alicubi adiicitur, alibi detrahitur).
~ Bacon, Sermones fideles 15,12
> Jeder Zuwachs an Reichtum bei einem Volk muss von ausländischen Völkern erwirtschaftet werden (was nämlich irgendwo hinzukommt, muss anderswo weggenommen werden).

N 3
Navigare, inquit alius, et negotiari magnum est: scire multas provincias, lucra undique capere, non esse obnoxium in civitate alicui potenti, semper peregrinari, et diversitate negotiorum et nationum animum pascere, et augmentis lucrorum divitem remeare.
Augustinus, Enarrationes in psalmos 136,3
> Es ist eine feine Sache, Seehandel zu betreiben, vermerkt ein anderer: sich in vielen Ländern auszukennen, überall Gewinn zu erhaschen, von keinem Mächtigen in einem Staat abhängig zu sein, immer auf Reisen zu sein, sich an der Vielfalt der Geschäfte und Völker zu erfreuen und reich an Zugewinn zurückzukehren.

N 4
Mercatura autem, si tenuis est, sordida putanda est; sin magna et copiosa, multa undique apportans multisque sine vanitate inpertiens, non est admodum vituperanda, atque etiam si satiata quaestu vel contenta potius, ut saepe ex alto in portum, ex ipso se portu in agros possessionesque contulit, videtur iure optimo posse laudari.
Cicero, De officiis 1. 151
> Kleinhandel muss man für schmutzig halten, gut situierter Großhandel aber, der vieles aus aller Welt herbeischafft und es vielen redlich zur Verfügung stellt, ist keineswegs zu tadeln, und man darf einen wohl mit vollem Recht loben, wenn er, vom Gewinn gesättigt oder vielmehr befriedigt, wie es oft vorkommt, sich von hoher See in den Hafen und vom Hafen selbst auf seine ländlichen Besitzungen zurückzieht.

N 5
Impiger extremos currit mercator ad Indos.
~ Horatius, Epistulae 1. 1,45
> Rastlos eilt der Kaufmann bis ins hinterste Indien.

N6 Bellus homo est, flexos qui digerit ordine crines, / balsama qui semper, cinnama semper olet; / cantica qui Nili, qui Gaditana susurrat, / qui movet in varios bracchia vulsa modos; / inter femineas tota qui luce cathedras / desidet atque aliqua semper in aure sonat, / qui legit hinc illinc missas scribit que tabellas; / pallia vicini qui refugit cubiti; / qui scit, quam quis amet, qui per convivia currit, / Hirpini veteres qui bene novit avos.
Martialis, Epigrammata 3. 63–72

> Elegant ist, wer seine Haare ordentlich gescheitelt trägt, wer stets nach Balsamöl und Zimt duftet, wer die Schlager vom Nil und von Gades vor sich hinsummt, wer seine enthaarten Gliedmaßen rhythmisch bewegt, wer den ganzen Tag an den Tischen der Frauen verbringt und immer etwas in irgendein Ohr flüstert, wer Briefchen von überall her liest und verschickt, wer seine Gewandfalten vor einem nahekommenden Ellbogen schützt, wer weiß, wer in wen verliebt ist, wer von Dinner zu Dinner eilt, wer den ganzen Stammbaum eines Rennpferds auswendig kennt.

N7 Nulla terra tam longe remota est, quae non emittere aliquod suum malum possit.
Seneca, Naturales quaestiones 5. 18,12

> Kein Land ist so weit entfernt, dass es nicht irgendein Unheil schicken könnte.

N8 Omnia Romanae cedent miracula terrae: / natura hic posuit, quicquid ubique fuit.
Propertius, Elegiae 3. 22,17–18

> Alle Wunder verblassen vor dem römischen Land: Hier hat die Natur alle Schönheiten der Welt vereint.

N9 Simplicitas rudis ante fuit, nunc aurea Roma est / et domiti magnas possidet orbis opes.
Ovidius, Ars amatoria 3. 113–114

> Rohe Einfachheit herrschte ehedem, jetzt ist Rom golden und Herrin der gewaltigen Schätze der unterworfenen Welt.

Wirtschaft

N10 Aera nitent usu.
Ovidius, Amores 1. 8,51

> Bronze glänzt durch den Gebrauch. *(vgl. ›Der Rubel muss rollen.‹)*

N11 Concertatio conducit mortalibus.
Erasmus, Adagia 125 (nach Hesiodos, Erga 23)

> Wetteifer nützt den Menschen.

N 12 Alit aemulatio ingenia, et nunc invidia, nunc admiratio imitationem accendit, matureque quod summo studio petitum est, ascendit in summum.
Velleius Paterculus, Historia Romana 1. 17,6
> Konkurrenz fördert die Kreativität, und bald regt Eifersucht, bald Bewunderung zur Nachahmung an, und schnell entwickelt sich zur Vollendung, was mit höchstem Eifer betrieben wurde.

N 13 Marcet sine adversario virtus.
Seneca, De providentia 2,4
> Ohne Konkurrenz lässt die Leistung nach.

N 14 Multum enim differt, in arca positum sit argentum an in tabulis.
Cicero, Topica 16
> Es ist ein großer Unterschied, ob das Geld in der Kasse liegt oder nur auf dem Papier steht *(wörtlich: im Schuldverzeichnis).*

N 15 Negotiatio est aliquid amittere, ut maiora lucreris.
Tertullianus, Ad martyras
> Geschäfte machen heißt etwas aufzugeben, um Größeres zu gewinnen.

N 16 Deficit omne forum defectu denariorum.
Walther, Proverbia sententiaeque 5308
> Wenn es an Geld mangelt, bricht das ganze Geschäftsleben zusammen.

N 17 Non bene mercatur, dum nullus merce lucratur.
Wander, Deutsches Sprichwörter-Lexikon 2. 1230
> Um die Wirtschaft steht es schlecht, wenn keiner mit Handel Gewinn macht.

N 18 Diligentia negotiorum anima.
Wander, Deutsches Sprichwörter-Lexikon 1. 1061
> Wirtschaftlichkeit ist die Seele des Geschäftslebens.

N 19 Officium argentariorum atque ministerium publicam habet causam et haec principalis eorum opera est, ut actus sui rationes diligenter conficiant.
~ Corpus Iuris Civilis, Digesta 2. 13,10,1 (Gaius)
> Aufgabenbereich und Dienst der Bankiers sind öffentlich, und dies macht deren hauptsächliche Beschäftigung aus, dass sie über ihre Geschäfte sorgfältig Rechnung führen.

N 20 Oeconomicae rationes publicas plerumque evertunt.
Bacon, De dignitate et augmentis scientiarum 6. 3, Exempla 5
> Privatwirtschaftliche Gründe untergraben meist die öffentlichen Interessen.

Landwirtschaft

N 21 Nihil est agri cultura melius, nihil uberius, nihil dulcius, nihil homini libero dignius.
Cicero, De officiis 1. 151
> Nichts ist besser als Landwirtschaft, nichts ertragreicher, nichts angenehmer, nichts eines freien Mannes würdiger.

N 22 Et alioqui nullum iustius genus reditus, quam quod terra, caelum, annus refert.
Plinius, Epistulae 9. 37,3
> Überhaupt gibt es kein ehrlicheres Einkommen, als was der Boden, das Klima, die Jahreszeit bietet.

N 23 Nihil minus expedit quam agrum optime colere.
~ Plinius maior, Naturalis historia 18. 36
> Nichts bringt mehr Gewinn, als sein Feld gut zu bestellen.

N 24 Vilicus primus cubitu surgat, postremus cubitum eat.
~ Cato, De agri cultura 5,5
> Der Verwalter soll als Erster aufstehen und sich als Letzter schlafen legen.

N 25 Res rustica sine dubitatione proxima et quasi consanguinea sapientiae est.
~ Columella, De re rustica 1. pr. 4
> Der Ackerbau ist ohne Zweifel der Weisheit eng verbunden, ja mit ihr blutsverwandt.

N 26 Hominum generi universo cultura agrorum est salutaris.
Cicero, Cato maior de senectute 56
> Der Ackerbau dient dem Wohl der ganzen Menschheit.

N 27 Prima Ceres unco glaebam dimovit aratro, / prima dedit fruges alimentaque mitia terris, / prima dedit leges: Cereris sunt omnia munus.
Ovidius, Metamorphoses 5. 341–343
> Als Erste hat Ceres die Scholle mit dem Pflug gebrochen, als Erste hat sie der Erde Getreide und sanfte Nahrung übergeben, als Erste erließ sie Gesetze: Alles ist Geschenk der Ceres.

N 28 Occupati circa rem rusticam in forum compellendi non sunt.
Corpus Iuris Civilis, Digesta 2. 12,1 pr. (Ulpianus)
> Wer mit landwirtschaftlichen Arbeiten beschäftigt ist, darf *(zur Erntezeit)* nicht vor Gericht gezogen werden.

N 29 Fecunda terra multiplicatum reddit quod acceperit, fidelis ager feneratos solet restituere proventus.
Ambrosius, De officiis 3. 40
> Fruchtbares Land gibt vervielfältigt wieder, was es empfangen hat, ein zuverlässiger Acker gibt den Ertrag meist mit Wucherzinsen zurück.

N30 Fecundior est culta exiguitas quam magnitudo neglecta.
Palladius, Opus agriculturae 1. 6,8
Ein kleiner gut gepflegter Acker ist fruchtbarer als ein großer vernachlässigter.

N31 Non tellus eadem fert omnia: Vitibus illa / convenit, haec oleis, hic bene farra virent.
Ovidius, Ars amatoria 1. 757–758
Dieselbe Erde bringt nicht alles hervor: Jene eignet sich für Reben, diese für Ölbäume, hier gedeiht Getreide gut.

N32 Italia paene totius orbis fruges adhibito studio colonorum ferre didicit.
~ Columella, De re rustica 3. 8,5
Italien hat durch den Fleiß seiner Bewohner die Früchte fast der ganzen Welt hervorzubringen gelernt.

N33 Agricolae ad duas metas dirigere debent, ad utilitatem et voluptatem; utilitas quaerit fructum, voluptas delectationem.
Varro, De re rustica 1. 4,1
Zwei Ziele müssen die Bauern im Auge behalten: Nutzen und Behagen. Der Nutzen strebt nach Ertrag, das Behagen nach Genuss.

N34 At ex agricolis et viri fortissimi et milites strenuissimi gignuntur, maximeque pius quaestus stabilissimusque consequitur minimeque invidiosus, minimeque male cogitantes sunt, qui in eo studio occupati sunt.
Cato, De agri cultura pr. 4
Aus der Landwirtschaft kommen die tüchtigsten Männer und tapfersten Soldaten, hier wird der ehrlichste und dauerhafteste Gewinn erzielt, und am wenigsten missgünstig und am wenigsten böswillig sind die gesonnen, die mit dieser Arbeit beschäftigt sind.

N35 Ut sementem feceris, ita metes.
Rusca bei Cicero, De oratore 2. 261
Wie die Saat, so die Ernte.

N36 Totae autem res rusticae eius modi sunt, ut eas non ratio neque labor, sed res incertissimae, venti tempestatesque, moderentur.
Cicero, In Verrem 2. 3,227
Die ganze Landwirtschaft ist davon geprägt, dass nicht Kalkül und Arbeit, sondern das Unsicherste, was es gibt, Wind und Wetter, den Ausschlag geben.

N37 Tria mala aeque nocent: sterilitas, morbus, vicinus.
Palladius, Opus agriculturae 1. 6,7
Drei Übel schaden gleichermaßen: Unfruchtbarkeit, Krankheit, *(ein böser)* Nachbar.

N38 Pax Cererem nutrit, pacis alumna Ceres.
Ovidius, Fasti 1. 704
Der Friede nährt den Ackerbau, der Ackerbau ist Zögling des Friedens.

N 39   Pignorum gratia aliquid, quod ad culturam agri pertinet, auferri non convenit.
Corpus Iuris Civilis, Codex Iustinianus 8. 16,8 (a. 293)
>Geräte, die zur Landwirtschaft erforderlich sind, dürfen nicht gepfändet werden.

N 40   In rebus agrestibus maxime officia iuvenum congruunt, imperia seniorum.
Palladius, Opus agriculturae 1. 6,3
>In der Landwirtschaft sind die Arbeiten Sache der jungen Männer, das Anordnen Sache der Alten.

Handel

N 41   Veno et empto vivitur.
Pseudo-Hegesippus, De bello Iudaico 5. 24,3
>Man lebt vom Kauf und Verkauf.

N 42   Venditio alienatio est et rei suae iurisque in ea sui ad alium translatio.
Seneca, De beneficiis 5. 10,2
>Verkauf ist das Veräußern von Eigentum und die Übertragung seines Eigentumsrechts auf einen anderen.

N 43   Emptio et venditio contrahitur, simul atque de pretio convenerit.
Corpus Iuris Civilis, Institutiones 3. 24 pr.
>Kauf und Verkauf kommen vertraglich zustande, sobald Einigung über den Preis erzielt ist.

N 44   Emptio et venditio contrahitur, cum de pretio convenerit, quamvis nondum pretium numeratum sit ac ne arra quidem data fuerit.
Gaius, Institutiones 3. 139
>Eine Kaufhandlung ist abgeschlossen, wenn man sich über den Preis geeinigt hat, auch wenn der Preis noch nicht bezahlt ist und auch keine Anzahlung geleistet ist.

N 45   Mensura vero non eo proficit, ut aut plus aut minus veneat, sed ut appareat, quantum ematur.
Corpus Iuris Civilis, Digesta 18. 1,34,5 (Paulus)
>Abmessen hat nicht den Zweck, dass mehr oder weniger verkauft wird, sondern dass sich zeigt, wie viel gekauft wird.

N 46   In contrahenda venditione ambiguum pactum contra venditorem interpretandum est.
Corpus Iuris Civilis, Digesta 50. 17,172 pr. (Paulus)
>Bei einem Verkaufsabschluss ist eine zweideutige Abmachung gegen den Verkäufer auszulegen.

N47   Atque iis etiam, qui vendunt, emunt, conducunt, locant contrahendisque
negotiis implicantur, iustitia ad rem gerendam necessaria est cuius tanta vis
est, ut ne illi quidem, qui maleficio et scelere pascuntur, possint sine ulla
particula iustitiae vivere.
Cicero, De officiis 2. 40

> Selbst die, die verkaufen, kaufen, mieten, vermieten und sich mit Handel beschäftigen, sind
> dabei auf Gerechtigkeit angewiesen; deren Bedeutung ist so groß, dass nicht einmal die,
> die von Gaunereien und Verbrechen leben, ohne ein Mindestmaß an Gerechtigkeit
> auskommen können.

N48   Dolo malo pactum fit, quoties circumscribendi alterius causa aliud agitur et
aliud agi simulatur.
Corpus Iuris Civilis, Digesta 2. 14,7,9 (Ulpianus)

> Arglistig geschlossen ist ein Vertrag, wenn, um einen anderen zu übervorteilen, etwas
> anderes geschieht, als man zu geschehen vorgibt.

N49   Dolus emptoris qualitate facti, non quantitate pretii aestimatur.
Corpus Iuris Civilis, Codex Iustinianus 4. 44,10 (a. 293)

> Arglist des Käufers ist nach der Art seines Verhaltens und nicht nach der Höhe des Preises
> zu beurteilen.

N50   Si toto vis uti foro, esto impudens.
Querolus 34

> Wenn man auf dem Markt wirklich Erfolg haben will, muss man unverschämt sein.

N51   Mercator sine peccamine vix esse potest.
~ Caesarius von Heisterbach

> Einen Geschäftsmann ohne Betrügerei kann es kaum geben.

N52   In pretio emptionis et venditionis naturaliter licere contrahentibus se
circumvenire.
Corpus Iuris Civilis, Digesta 4. 4,16,4 (Pomponius)

> Beim Kauf und Verkauf ist es naturgemäß erlaubt, dass die Kontrahenten sich im Preis
> übervorteilen.

N53   Licitum est contrahentibus se decipere.
Agrippa von Nettesheim, De incertitudine et vanitate scientiarum 91; cf. Corpus Iuris Civilis, Digesta 4. 4,16,4 (Ulpianus)

> Geschäftsleuten ist es erlaubt, einander zu betrügen.

N54   In emendo et vendendo naturaliter concessum est, quod pluris sit minoris
emere, quod minoris sit pluris vendere et ita invicem se circumscribere.
Corpus Iuris Civilis, Digesta 19. 2,22,3 (Paulus)

> Bei Kaufverhandlungen ist es von der Natur der Sache her erlaubt, Wertvolleres billiger zu
> kaufen und Billiges teurer zu verkaufen und sich so gegenseitig zu übervorteilen.

N55 Ementibus ornamenta ipsa suspecta sunt.
Seneca, Epistulae morales 80,9
> Zierrat ist den Käufern verdächtig. *(vgl. ›Die Katze im Sack kaufen‹)*

N56 Stultus est, qui equum empturus non ipsum inspicit, sed stratum eius et frenos.
Seneca, Epistulae morales 47,16
> Dumm ist, wer beim Pferdekauf nicht auf das Pferd selbst blickt, sondern auf die Reitdecke und das Zaumzeug.

N57 Stultitiam unius alterius fortunam promovere.
Bacon, Sermones fideles 38,1
> Die Dummheit des einen fördert den Erfolg des anderen.

N58 Ubi lucrum, ibi et damnum: lucrum in arca, damnum in conscientia.
Caesarius Arelatensis, Sermones 13,2
> Wo Gewinn, dort auch Schaden: Gewinn in der Kasse, Schaden im Gewissen.

N59 Care taxata merx est non undique grata.
Binder, Novus thesaurus 440
> Eine teuer angepriesene Ware ist nicht überall willkommen.

N60 Quantiquanti, bene emitur, quod necesse est.
Cicero, Ad Atticum 12. 23,3
> Wie teuer es auch sein mag, was nötig ist, wird günstig erworben.

N61 Potior est, qui prior ad dandum est.
~ Terentius, Phormio 533
> Mehr Erfolg hat, wer früher da ist zum Bezahlen. *(vgl. ›Wer zuerst kommt, mahlt zuerst.‹)*

N62 Ego in portu navigo.
Terentius, Andria 480
> Ich segle bereits im Hafen. *(vgl. ›sein Schäfchen ins Trockene bringen‹)*

N63 Omnis res est iam in vado.
Terentius, Andria 845
> Alles ist schon im seichten Wasser.

N64 Clerico negotiari non licet.
Decretum magistri Gratiani 1. 88,10
> Ein Geistlicher darf keinen Handel treiben.

Werbung

N 65 Proba merx facile emptorem reperit.
Plautus, Poenulus 342
> Gute Ware verkauft sich von selbst.

N 66 Vino vendibili suspensa hedera nihil opus.
Erasmus, Adagia 1520 (nach Politianus)
> Wein, der sich gut verkauft, braucht kein Efeu *(d. h. keine besondere Präsentation)*.

N 67 Probae fruges ipsae suapte natura enitent.
~ Accius bei Cicero, Tusculanae disputationes 2. 13
> Prächtige Früchte preisen sich selber an.

N 68 Plenius aequo / laudat, venales qui vult extrudere merces.
Horatius, Epistulae 2. 2,11
> Mehr, als sich gehört, preist seine Waren an, wer sie loswerden will.

N 69 Ad antiquum nempe proverbium res redit: mercatores omnes suam mercem
solitos laudare.
Petrarca, De sui ipsius et multorum ignorantia 4
> Schon in der Antike ist sprichwörtlich geworden, dass alle Händler ihre Ware zu
> beschönigen pflegen.

N 70 Fides mercatoribus non est adhibenda, / deiurant cottidie pro merce
vendenda.
Walter Map, De diversis ordinibus hominum 185–186
> Händler darf man nicht beim Wort nehmen, sie schwören täglich, um ihre Ware zu
> verkaufen.

N 71 Maxime promovent venditionem verba diserta.
Bebel, Proverbia Germanica 313
> Geschickte Worte steigern den Umsatz.

N 72 Nam quod nemo novit, paene non fit.
Apuleius, Metamorphoses 10. 3,6
> Wovon niemand weiß, das findet so gut wie nicht statt.

N 73 Quod latet, ignotum est: ignoti nulla cupido.
Ovidius, Ars amatoria 3. 397
> Was verborgen ist, ist unbekannt; Unbekanntes weckt kein Verlangen. *(vgl. ›Was ich nicht
> weiß, macht mich nicht heiß.‹)*

Preis

N 74 Sine pretio nulla venditio est: non autem pretii numeratio, sed conventio perficit sine scriptis habitam emptionem.
Corpus Iuris Civilis, Digesta 18. 1,2,1 (Ulpianus)

> Ohne Preis kein Kauf; doch nicht die Zahlung des Preises, sondern die Einigung macht den Kauf ohne schriftlichen Vorgang gültig.

N 75 Pretium autem rei cuiusque pro tempore est; cum bene ista laudaveris, tanti sunt, quanto pluris venire non possunt; praeterea nihil venditori debet, qui bene emit. Deinde, etiam si pluris ista sunt, non tamen ullum istic tuum munus est, ut non ex usu effectuve, sed ex consuetudine et annona aestimetur.
Seneca, De beneficiis 6. 15,4

> Der Preis einer Sache ist abhängig von den Umständen; wenn man sie richtig anpreist, ist sie so viel wert, wie sie erzielen konnte; davon abgesehen schuldet dem Verkäufer nichts, wer günstig eingekauft hat. Doch auch wenn etwas mehr wert ist, kann man nichts dafür, dass der Wert nicht von Nutzen und Wirkung, sondern von Gewohnheit und Marktwert bestimmt wird.

N 76 Pretium enim … non ex re, sed propter negotiationem percipitur.
~ *Corpus Iuris Civilis, Digesta 18. 4,21 (Paulus)*

> Der Preis wird nicht durch die Sache, sondern durch Handeln erzielt. *(Der Markt bestimmt die Höhe des Preises.)*

N 77 Pretia communi debent deliberatione constitui, quia non est delectatio commercii, quae iubetur invitis.
Cassiodorus, Variae 9. 14,9

> Preise müssen in gemeinsamer Beratung *(Erzeuger und Vermarkter)* festgesetzt werden, denn ein Handel, der einem Unwilligen aufgezwungen wird, ist unerfreulich.

N 78 Tua merx est, tua indicatio est.
Plautus, Persa 586

> Ist die Ware dein, bestimmst du auch den Preis.

N 79 Nihil est, quod non emi possit, si tantum des, quantum velit venditor.
Cicero, De lege agraria 1,15

> Alles ist käuflich, man muss nur so viel geben, wie der Verkäufer verlangt.

N 80 Verum si pretium das, duces tecum simul.
Plautus, Vidularia 29–30

> Wenn du einen anständigen Preis zahlst, kannst du die Ware gleich mitnehmen.

N 81 Bene emitur, quod necesse est.
Cicero, Ad Atticum 12. 23,3

> Was man dringend braucht, bezahlt man nicht zu teuer.

N 82   Iusta pretia non ex praeterita emptione, sed ex praesenti aestimatione constituuntur.
~ *Corpus Iuris Civilis, Digesta 49. 14,3,5 (Callistratus)*
> Angemessene Preise werden nicht nach dem früheren Kauf festgelegt, sondern nach ihrem gegenwärtigen Wert.

N 83   Res tanti est, quanti emptorem potest invenire.
cf. Corpus Iuris Civilis, Digesta 47. 2,53,29 (Ulpianus)
> Eine Sache ist so viel wert, wie man beim Verkauf erlösen kann.

N 84   Minus autem pretium esse videtur, si nec dimidia pars veri pretii soluta sit.
Corpus Iuris Civilis, Codex Iustinianus 4. 44,2 (a. 285)
> Zu gering erscheint ein Preis, wenn nicht einmal die Hälfte des wahren Werts bezahlt ist.

N 85   Quaerimus non, quale sit quidque, sed quanti.
Seneca, Epistulae morales 115,10
> Wir fragen nicht danach, welchen Wert etwas hat, sondern was es kostet.

N 86   Fortuna foro rerum venalium similis est, ubi saepe, si paululum exspectare poteris, minuetur pretium.
Bacon, Sermones fideles 21
> Das Glück gleicht dem Warenmarkt, wo oft, wenn man etwas warten kann, die Preise fallen.

N 87   Merx ultronea putet.
Isidorus Hispaliensis, Etymologiae (Origines), Epistula 4 (cf. Hieronymus, Epistulae 26,5)
> Geschenkte Ware stinkt. *(vgl. ›Einem geschenkten Gaul schaut man nicht ins Maul.‹)*

Qualität

N 88   Venditor de morbo vitiove et ceteris, quae ibi comprehensa sunt, praedicere iubetur.
Corpus Iuris Civilis, Digesta 21. 1,32 (Gaius)
> Der Verkäufer muss im Vorhinein über Krankheit, Fehler und Sonstiges, was man bei ihm festgestellt hat, informieren.

N89   De iure quidem praediorum sanctum apud nos est iure civili, ut in iis vendendis vitia dicerentur, quae nota essent venditori. Nam cum ex duodecim tabulis satis esset ea praestari, quae essent lingua nuncupata, quae qui infitiatus esset, dupli poenam subiret, a iuris consultis etiam reticentia poena est constituta.

Cicero, De officiis 3. 65

> Für das Immobilienrecht ist bei uns zivilrechtlich festgelegt, dass beim Verkauf Mängel angegeben werden müssen, wenn sie dem Verkäufer bekannt sind; denn während es nach dem Zwölftafelgesetz genügte, dafür einzustehen, was mündlich erklärt worden war, und mit der doppelten Strafe belegt wurde, wer eine falsche Zusicherung gemacht hatte, haben die Rechtsgelehrten auch auf Verschweigen eine Strafe angesetzt.

N90   Ignorantia emptori prodest, quae non in supinum hominem cadit.

Corpus Iuris Civilis, Digesta 18. 1,15,1 (Paulus)

> Nichtwissen kommt dem Käufer zugute, wenn es nicht auf dessen Nachlässigkeit zurückzuführen ist.

N91   Perfecta emptione periculum ad emptorem respiciet.

Corpus Iuris Civilis, Digesta 18. 6,8 pr. (Paulus)

> Mit dem Abschluss eines Kaufvertrags geht die Gefahr auf den Käufer über.

N92   Ex fructu arbor agnoscitur.

Vulgata, Evangelium secundum Matthaeum 12,33

> Den Baum erkennt man an den Früchten.

N93   Bonum quod est, supprimitur, numquam exstinguitur.

Publilius Syrus, Sententiae 63

> Was gut ist, lässt sich unterdrücken, aber niemals auslöschen.

N94   Omnia autem probate: quod bonum est, tenete!

Vulgata, Epistula ad Thessalonicenses 1. 5,21

> Prüft alles, behaltet, was gut ist.

N95   Tene, quod bene.

cf. Seneca maior, Controversiae 10. 5,10

> Halte dich an Bewährtes.

N96   Sat cito, si sat bene.

Hieronymus, Epistulae 67,9

> Schnell genug, wenn gut genug.

Nutzen

N97   Cui bono?

Cassius bei Cicero, Pro Sex. Roscio Amerino 84 (u. a.)

> Wem zum Vorteil?

N 98 Commodum eius esse debet, cuius periculum est.
Corpus Iuris Civilis, Institutiones 3. 23,3
> Der Gewinn muss dem zukommen, der die Gefahr trägt.

N 99 Quo quid plures habet usus, eo excellentius est.
Comenius, Prima philosophia 4,11,3
> Je vielfältiger sich etwas verwenden lässt, desto vorzüglicher ist es.

N 100 Assuescamus a nobis removere pompam, et usus rerum, non ornamenta, metiri.
Seneca, De tranquillitate animi 9,2
> Wir sollten uns daran gewöhnen, Prunk von uns fernzuhalten und den Nutzen der Dinge, nicht ihren Glanz zum Maßstab zu nehmen.

N 101 Audi, etsi durum est; nam verum quod grave primo / consilium acciderit, fit iucundum utilitate.
Anthologia Latina 1. 485,26–27
> Höre, wenn es auch schwerfällt, denn ein guter Rat, der sich anfangs schwer anhört, wird, wenn sein Nutzen sich zeigt, annehmbar.

N 102 Honestate igitur dirigenda utilitas est et quidem sic, ut haec duo verbo inter se discrepare re unum sonare videantur.
Cicero, De officiis 3. 83
> Nützlichkeit muss sich an der Sittlichkeit ausrichten, sodass diese beiden dem Wortlaut nach zwar unterschiedlich, der Sache nach aber harmonierend zu sein scheinen.

N 103 Nam nihil est, quod non mortalibus afferat usum. / Rebus in adversis, quae iacuere, iuvant.
Petronius in Anthologia Latina 1. 470,1–2
> Es gibt nichts, was den Menschen nicht nützlich sein könnte. Im Unglück hilft auch, was zuvor unbeachtet blieb.

N 104 Nec ulla dura videtur curatio, cuius salutaris effectus est.
Seneca, De ira 1. 6,2
> Keine Therapie erscheint als hart, wenn ihre Wirkung förderlich ist.

N 105 Necessaria metitur utilitas.
Seneca, Epistulae morales 39,6
> Der Nutzen ermittelt, was notwendig ist.

N 106 Non delectent verba nostra, sed prosint.
Seneca, Epistulae morales 75,5
> Unsere Worte sollen nicht unterhaltsam, sondern nützlich sein.

N 107 Numquam discrepat utile ab decoro.
Pseudo-Ausonius, Septem sapientum sententiae 4,1
> Das Nützliche steht nie im Widerspruch zu dem, was sich gehört.

N 108 Numquam distinxeris, quod oportet, ab eo, quod expedit; nihil enim, quod non oportet, expedit.
Pseudo-Seneca, Monita 90

> Mach nie einen Unterschied zwischen dem, was nötig ist, und dem, was nützt; denn nichts nützt, was nicht auch nötig ist.

N 109 Sua cuique utilitas.
Tacitus, Historiae 1. 15,4

> Alles ist zu etwas nützlich.

N 110 Ad utilitatem vitae omnia consilia factaque nostra dirigenda sunt.
Tacitus, Dialogus de oratoribus 5,5

> Alle unsere Pläne und Handlungen müssen auf den Nutzen für das Leben ausgerichtet sein.

Schaden

N 111 Cuius est commodum, eius est incommodum.
cf. Corpus Iuris Civilis, Digesta 18. 6,7 pr. (Ulpianus)

> Wer den Nutzen hat, trägt auch den Schaden.

N 112 Aequum est enim, ut, cuius participavit lucrum, participet et damnum.
Corpus Iuris Civilis, Digesta 17. 2,55 (Ulpianus)

> Es ist recht und billig, dass, wer am Gewinn beteiligt ist, sich auch am Schaden beteiligt.

N 113 Alterius aut neglegentia aut cupiditas huic, qui diligens fuit, nocere non debet.
~ Corpus Iuris Civilis, Digesta 42. 5,6,2 (Paulus)

> Nachlässigkeit oder Habsucht eines anderen darf dem, der vorsichtig war, nicht schaden.

N 114 Multa ex quo fuerint commoda, eius incommoda aequom est ferre.
Terentius, Hecyra 840

> Wenn etwas viele Vorteile verschafft, muss man gerechterweise auch dessen Nachteile in Kauf nehmen.

N 115 Plus exemplis generalibus nocitura quam delictis.
Ammianus Marcellinus, Res gestae 28. 1,1

> Manches Vergehen richtet durch allgemeines Beispiel mehr Schaden als durch das Geschehen selbst.

N 116 Nocere nescit, qui se velle prodidit.
Publilius Syrus, Sententiae A277

> Wer angekündigt hat zu schaden, kann nicht schaden.

N 117 Sero sapimus omnes.
Macropedius, Rebellus 5. 9,3

> Wenn es zu spät ist, sind wir alle klug. *(vgl. ›Durch Schaden wird man klug.‹)*

N 118 Vulneribus didicit miles habere metum.
Propertius, Elegiae 3. 11,6
> Vorsicht lernt der Soldat erst, wenn er verwundet ist.

N 119 Avarus damno potius quam sapiens dolet.
Publilius Syrus, Sententiae 25
> Der Geizhals leidet unter einem Schaden mehr als der Weise.

Verlust

N 120 Est quidem haec natura mortalium, ut nihil magis placeat, quam quod amissum est.
Seneca, Ad Marciam de consolatione 16,9
> Es liegt nun einmal in der Natur der Menschen, dass ihnen nichts mehr gefällt, als was sie verloren haben.

N 121 Numquam quippe sine dolore amittitur, nisi quod sine amore possidetur.
Gregorius Magnus, Moralia in Iob 1. 5
> Ohne Schmerz verliert man nie etwas, es sei denn, man hat es ohne Liebe besessen.

N 122 Nam fruendis voluptatibus crescit carendi dolor.
Plinius, Epistulae 8. 5,2
> Mit dem Genuss des Glücks wächst der Schmerz des Entbehrens.

N 123 Tolerabilius est faciliusque non acquirere quam amittere.
~ Seneca, De tranquillitate animi 8,3
> Erträglicher und leichter ist es, nicht zu erwerben, als zu verlieren.

N 124 Tum denique homines nostra intellegimus bona, / cum, quae in potestate habuimus, ea amisimus.
Plautus, Captivi 142–143
> Wir Menschen entdecken den Wert unseres Eigentums erst, wenn wir seinen Besitz eingebüßt haben.

N 125 Quam miserum est id, quod pauci habent, amittere!
Publilius Syrus, Sententiae 522
> Wie schlimm ist es, zu verlieren, was nur wenige haben!

N 126 Perdendi finem nemo nisi egestas facit.
Publilius Syrus, Sententiae 460
> Nur die Armut setzt dem Verlieren ein Ende.

N 127 Quod periit, quaeri pote, reprendi non potest.
Publilius Syrus, Sententiae 516
> Was umgekommen ist, kann man suchen, aber nicht wiederbekommen.

N128 Vare, legiones redde!
~ Suetonius, De vita Caesarum, Augustus 23,2
Varus, gib mir meine Legionen zurück!

Aufwand

N129 Cogitato, si nihil fiet, nihilo minus sumptum futurum.
Cato, De agricultura 39,2
Bedenke, dass auch, wenn nichts geschieht, trotzdem Kosten entstehen.

N130 Non enim potis est quaestus fieri, nisi sumptus sequitur, scio: / et tamen quaestus non consistet, si eum sumptus superat.
Plautus, Pseudolus 286–287
Man kann keinen Gewinn erwirtschaften, ohne dass Aufwand damit verbunden ist, das weiß ich: Aber dennoch kommt kein Gewinn zustande, wenn der Aufwand ihn übertrifft.

N131 Necesse est facere sumptum, qui quaerit lucrum.
Plautus, Asinaria 217
Wer Gewinn einstreichen will, muss erst Unkosten machen. *(vgl. ›Mit Speck fängt man Mäuse.‹)*

N132 Aedificare domos et corpora pascere multa, / ad paupertatem proximus est aditus.
Binder, Novus thesaurus 83
Häuser bauen und viele Leute ernähren ist der nächste Weg zur Armut.

N133 Fac sumptum propere, cum res desiderat ipsa: / dandum enim est aliquid, cum tempus postulat aut res.
Disticha Catonis 2. 5
Lass es dich schnell etwas kosten, wenn die Sache selbst es verlangt; man muss nämlich etwas einsetzen, wenn die Umstände es erfordern.

N134 Ne dubita, cum magna petas, impendere parva.
Disticha Catonis 1. 35,1
Zögere nicht, wenn du Großes begehrst, dafür Kleines einzusetzen.

N135 Magis illa iuvant, quae pluris emuntur.
Iuvenalis, Saturae 11,16
Was man teuer bezahlt, macht am meisten Freude.

N136 Laetius est, quotiens magno sibi constat, honestum.
Lucanus, Bellum civile (Pharsalia) 9. 404
Das Gute ist umso angenehmer, je mehr es kostet.

N 137　Necessum est, qui multa habeat, multis indigere.
Gellius, Noctes Atticae 9. 8,
　　　Wer viel hat, braucht zwangsweise auch viel.

N 138　Fames stat parvo, plurimo fastidium.
Pseudo-Publilius, Sententiae 107
　　　Hunger beansprucht nur wenig, Verwöhntheit sehr viel.

N 139　Lucrum amare nullum amatorem addecet.
Plautus, Poenulus 328
　　　Wer verliebt ist, darf nicht auf Gewinn aus sein.

N 140　promusque quam condus magis
Ausonius, Epistulae 20,20
　　　mehr zum Ausgeben als zum Aufbewahren bereit

N 141　Respondet positis monachi devotio nummis.
Binder, Novus thesaurus 2964
　　　Die Andacht des Mönchs entspricht dem finanziellen Aufwand. *(vgl. ›Wie der Lohn, so die Arbeit.‹)*

Gewinn

N 142　Lucrum autem gratissimum, si quis ex volentis aedibus ferat.
Erasmus, Adagia 1794 (nach Pindaros, Pythiae 8,13–14)
　　　Am gedeihlichsten ist Gewinn, wenn man ihn bei einem erwirtschaftet, der damit einverstanden ist.

N 143　Honesta sunt lucra, per quae nemo laeditur, et bene adquiritur, quod a nullis adhuc dominis abrogatur.
Cassiodorus, Variae 9. 3,5
　　　Ehrenhaft sind Gewinne, durch die niemand einen Schaden erleidet, und redlich erwirbt man sich, was keinem entzogen wird, dem es gehört hat.

N 144　Prodesse enim sibi unusquisque, dum alii non nocet, non prohibetur.
Corpus Iuris Civilis, Digesta 39. 3,1,11 (Ulpianus)
　　　Niemand wird daran gehindert, sich selbst einen Vorteil zu verschaffen, solange er keinem anderen schadet.

N 145　Fructus intelleguntur deductis impensis, quae quaerendorum, cogendorum conservandorumque eorum gratia fiunt.
Corpus Iuris Civilis, Digesta 5. 3,36,5 (Paulus)
　　　Unter Erträgen versteht man, was nach Abzug der Kosten verbleibt, die man hat, um sie zu erwerben, einzutreiben und zu bewahren.

Wirtschaft

N 146 **Liberari ab obligatione lucrum est.**
cf. Corpus Iuris Civilis, Digesta 46. 4,11 pr. (Paulus)
> Von einer Verpflichtung befreit zu werden ist Gewinn.

N 147 **Non est lucratum totum lucrum reputatum.**
Wander, Deutsches Sprichwörter-Lexikon 1. 1659
> Nicht alles ist Gewinn, was man für Gewinn hält.

N 148 **Lucrum cum invidia periculum est: quanto melius omnia moderata gerere, quae nullus audeat accusare.**
Cassiodorus, Variae 1. 26
> Gewinn, der Neid erweckt, ist gefährlich: Umso besser ist es, alles mit Maßen zu tun, damit es keiner anzugreifen wagt.

Profit

N 149 **Non ego omnino lucrum omne esse utile homini existumo: / Scio ego, multos iam lucrum lutulentos homines reddidit. / Est etiam ubi profecto damnum praestet facere quam lucrum.**
Plautus, Captivi 325–327
> Ich bin nicht der Ansicht, dass Profit für den Menschen in jedem Fall von Nutzen ist. Ich weiß, dass Profit schon viele Menschen lasterhaft gemacht hat. Es gibt sogar Situationen, wo man in der Tat besser Verlust als Profit macht.

N 150 **Ferrea non Venerem, sed praedam, saecula laudant: / Praeda tamen multis est operata malis.**
Tibullus, Elegiae 2. 3,35–36
> Das eiserne Zeitalter preist nicht den Genuss der Liebe, sondern den Gewinn; Gewinn jedoch ist in viele Schandtaten verwickelt.

N 151 **Boni nullo emolumento impelluntur in fraudem, improbi saepe parvo.**
Cicero, Pro Milone 32
> Die Guten lassen sich durch keinen Nutzen zum Betrug verleiten, die Schlechten schon durch einen geringen.

N 152 **Ex hominum quaestu facta Fortuna est dea.**
Publilius Syrus, Sententiae 153
> Des Erwerbstriebs der Menschen wegen wurde die Fortuna zur Göttin erhoben.

N 153 **Cura, quid expediat, prior est, quam quid sit honestum.**
Ovidius, Epistulae ex Ponto 2. 3,9
> Man fragt eher danach, was Nutzen bringt, als was ehrenhaft ist.

N 154 **Nam perinde omnes res laudantur atque appetuntur, ut earum rerum usus est.**
Sallustius, Epistulae ad Caesarem senem de re publica 2. 8,3
> Alles lobt und erstrebt man, soweit man den Nutzen davon hat.

N155 Malitia praemiis exercetur: ubi ea dempseris, nemo omnium gratuito malus est.
Sallustius, Epistulae ad Caesarem senem de re publica 2. 8,3
> Niedertracht wird um Lohn praktiziert: Nimmt man ihn weg, ist niemand umsonst gemein.

N156 Pro lucri pallida tabes!
Lucanus, Bellum civile (Pharsalia) 4. 96
> O lebensbedrohende Pest der Gewinnsucht!

N157 Ubi malos praemia sequuntur, haud facile quisquam gratuito bonus est.
Sallustius, Historiae, Oratio Philippi 9
> Wenn den Schlechten Belohnungen zuteilwerden, ist kaum noch jemand uneigennützig gut.

N158 Quid enim salvis infamia nummis?
Iuvenalis, Saturae 1,48
> Wen interessiert schon die Schande, wenn die Bilanz stimmt?

N159 Salve, lucrum!
Inschrift aus Pompeji, CIL X 874
> Sei gegrüßt, Gewinn!

N160 Lucrum gaudium.
Inschrift aus Pompeji, CIL X 875
> Profit macht Freude.

N161 Neu credas ponendum aliquid discriminis inter / unguenta et corium: lucri bonus est odor ex re / qualibet.
Iuvenalis, Saturae 14,203–205
> Glaub nicht, du müsstest unterscheiden zwischen Parfüm und Leder: Gewinn riecht bei jeder Ware gut.

N162 Frange lunam et fac fortunam.
Augustinus, De doctrina Christiana 8,9
> Mach deinen Schnitt, und wenn du den Mond zerstückeln musst *(d. h. um jeden Preis)*.

N163 Ne fidem quidem integram manere, ubi magnitudo quaestuum spectetur.
Tacitus, Annales 11. 6,1
> Nicht einmal Loyalität wird gewahrt, wenn es nur auf die Höhe des Gewinns ankommt.

N164 Lucrum sine damno alterius fieri non potest.
Publilius Syrus, Sententiae 297
> Gewinn gibt es nur auf Kosten anderer.

N165 Ad suom quemque aequom est quaestum esse callidum.
Plautus, Truculentus 416
> Es ist nur billig, dass jeder schlau auf seinen Vorteil aus ist.

N 166 **Amicitia olim petebatur, nunc praeda.**
Seneca, Epistulae morales 19,4
> Früher war man auf Freundschaft aus, heute auf Beute.

N 167 **Avarus damnum patitur, nisi lucrum facit.**
Publilius Syrus, Sententiae A232
> Der Habgierige erleidet Verlust, wenn er nicht Gewinn macht.

N 168 **Damnum appellandum est cum mala fama lucrum.**
Publilius Syrus, Sententiae 135
> Gewinn, mit schlechtem Ruf verbunden, ist Verlust zu nennen.

N 169 **Maiorum nugae negotia vocantur.**
Augustinus, Confessiones 1. 15
> Die Torheiten der Großen nennt man Geschäfte.

Gelegenheit

N 170 **Consilium ergo salubre sequens, quod temporis offert / gratia praesentis.**
Walther von Châtillon, Alexandreis 8. 451–452
> Es ist ein heilsamer Rat, dem zu folgen, was die Gunst des Augenblicks anbietet.

N 171 **Accipe quam primum: brevis est occasio lucri.**
Martialis, Epigrammata 8. 9,3
> Greif so schnell wie möglich zu: nur kurz bietet sich die Gelegenheit, Profit zu machen.
> *(vgl. ›Man muss das Eisen schmieden, solange es glüht.‹)*

N 172 **Matura, dum libido eadem haec manet.**
Terentius, Phormio 716
> Beeile dich, solange deine Begierde andauert.

N 173 **Aut tunc aut numquam.**
Petronius, Satyricon 44,18
> Entweder jetzt oder nie.

N 174 **Tundatur ferrum, dum novus ignis inest.**
Nivardus, Ysengrimus 1. 400
> Eisen muss man schmieden, solange die Glut darin noch frisch ist.

N 175 **Dum licet et spirant flamina, navis eat.**
Ovidius, Fasti 4. 18
> Das Schiff soll ablegen, solange es möglich ist und gute Winde wehen.

N 176 **Lucri quicquid est, id domum trahere oportet.**
Plautus, Mostellaria 801
> Was Gewinn verschafft, muss man nach Hause tragen.

N 177 Cottidie evenit dies, raro occasio.
Pseudo-Seneca, Monita 120
> Täglich kommt ein neuer Tag, selten eine Gelegenheit.

N 178 Dies quod donat, timeas: cito raptum venit.
Publilius Syrus, Sententiae 137
> Sorg dich um das, was der Tag bringt; rasch kommt er, es zu holen.

N 179 Consilium nobis resque locusque dabunt.
Ovidius, Amores 1. 4,54
> Aus der Situation wird sich das Weitere finden. *(vgl. ›Kommt Zeit, kommt Rat.‹)*

N 180 Namque ipsa opportunitas non potuit mihi opportunius / advenire.
Plautus, Pseudolus 669–670
> Die Gelegenheit hätte nicht günstiger kommen können.

N 181 Non tantum praesentis, sed vigilantis est occasionem observare properantem.
Seneca, Epistulae morales 22,3
> Man muss nicht nur anwesend, sondern auch wachsam sein, um eine rasch vorübereilende Gelegenheit wahrzunehmen.

N 182 Quam primum rapienda tibi est occasio prima, / ne rursus quaeras, quae iam neglexeris ante.
Disticha Catonis 4. 45
> Man muss die erste Gelegenheit so schnell wie möglich am Schopf packen, damit man auf die, die man zuvor verpasst hat, nicht noch einmal warten muss.

N 183 Arripienda, quae offeruntur.
Erasmus, Adagia 2876
> Was sich einem bietet, muss man sich zu eigen machen.

N 184 Occasionem rapere prudentis est.
Symmachus, Epistulae 1. 7,2
> Wer klug ist, versteht es, die Gelegenheit beim Schopf zu packen.

N 185 Occasionem capier, non rapier decet.
Publilius Syrus, Sententiae A257
> Eine Gelegenheit muss man ergreifen, nicht vernichten.

N 186 Rem tibi quam scieris aptam dimittere noli: / fronte capillata, post est occasio calva.
Disticha Catonis 2. 26
> Lass eine günstige Gelegenheit nicht verstreichen: Vorn zeigt sie sich behaart, hinten ist sie jedoch kahl.

N 187 Qui non est hodie, cras minus aptus erit.
Ovidius, Remedia amoris 94

> Wer heute nicht geschickt ist, ist es morgen noch weniger.

N 188 Pelle moras; brevis est magni fortuna favoris.
Silius Italicus, Punica 4. 732.

> Verlier keine Zeit, kurz ist das Glück der großen Gunst.

N 189 Occasionem oblatam tenete!
Cicero, Orationes Philippicae 3,34

> Haltet die Gelegenheit, die sich bietet, fest!

N 190 Utere temporibus, quorum nunc munere facta est / et patet in laudes area lata tuas.
Ovidius, Tristia 4. 3,83–84

> Nütze die Zeit, durch deren Gunst dir jetzt ein weites Feld geschaffen ist, bereit zu deinem Ruhm.

N 191 Praetermissa frustra revocantur.
~ Plinius maior, Naturalis historia 18,44

> Verpasste Gelegenheiten ruft man vergeblich zurück.

N 192 Occasio aegre offertur, facile amittitur.
Publilius Syrus, Sententiae 449

> Gelegenheit bietet sich nur schwer, aber leicht entschwindet sie.

N 193 Quando occasio illaec perit, post sero cupit.
Plautus, Aulularia 249

> Wenn die Gelegenheit vorüber ist, ist es zum Wünschen zu spät.

N 194 Quoi quid vindicandum est, omnis optima est occasio.
Publilius Syrus, Sententiae 525

> Wer einem etwas heimzahlen will, findet immer eine treffliche Gelegenheit.

Rechtzeitigkeit

N 195 Suo quaeque tempore facienda.
Plinius maior, Naturalis historia 18,44

> Alles muss zur rechten Zeit geschehen.

N 196 Cum est matura seges, metendum.
Varro, De re rustica 1. 50,3

> Wenn die Saat reif ist, muss man ernten.

N 197 Maturam sationem saepe decipere solere, seram numquam quin mala sit.
Columella, De re rustica 11. 2

Eine zu frühe Aussaat enttäuscht oft, eine zu späte pflegt immer schlecht zu sein.

N 198 Opera omnia mature conficias, face; nam res rustica sic est: si unam rem sero feceris, omnia opera sero facies.
Cato, De agricultura 5,7

Erledige alle Aufgaben rechtzeitig; denn so ist es nun einmal in der Landwirtschaft: Wenn du eine Sache zu spät machst, machst du alles zu spät.

O **Materielles**

Reichtum

01 Animus est, qui divites facit.
Seneca, Ad Helviam matrem de consolatione 11,5
> Der Geist ist es, der reich macht.

02 Sed aut idem sunt nobiles, qui et divites, aut si sunt divites praeter nobiles, et ipsi tamen iam quasi nobiles, quia tanta est miseria huius temporis, ut nullus habeatur magis nobilis, quam qui est plurimum dives.
Salvianus, De gubernatione Dei 3. 53
> Die Vornehmen sind zugleich die Reichen oder wenn sie reich und nicht vornehm sind, gelten sie doch als vornehm; denn unsere Gegenwart ist so elend, dass keiner für vornehmer gehalten wird, als wer am meisten reich ist.

03 Ubi enim non iam divitum privatum est?
Pseudo-Quintilianus, Declamationes maiores 13,10
> Gibt es irgendwo Privatbesitz, der noch nicht den Reichen gehört?

04 Nisi cum alterius damno et malo pecuniae alteri non coacervantur.
Hieronymus, Commentarii in Isaiam 10. 33,13
> Geld häuft man nur an, indem man seine Mitmenschen benachteiligt und schädigt. *(vgl. ›Eigentum ist Diebstahl.‹ – Proudhon)*

05 Omnes divitiae, dum alios spoliant, iniquitate pariuntur.
Hieronymus, Commentarii in prophetas minores, Michaeam 2,6
> Aller Reichtum entsteht durch Ungerechtigkeit, weil er ein Raub an anderen ist.

06 Dives aut iniquus aut iniqui heres.
Hieronymus, Epistulae 120,1,7
> Der Reiche ist entweder ein Schurke oder der Erbe eines Schurken.

07 Cito nemo locuples factus est, qui est vir bonus.
Pseudo-Publilius, Sententiae 51
> Ein guter Mensch ist noch nie schnell reich geworden.

08 Dives difficile intrabit in regnum caelorum.
Vulgata, Evangelium secundum Matthaeum 19,23
> Ein Reicher wird nur schwer ins Himmelreich kommen.

09   Sed non aestimatione census, verum victu atque cultu terminatur pecuniae
modus.
Cicero, Paradoxa Stoicorum 50
> Nicht über das geschätzte Einkommen, sondern über die Lebensweise und Lebensart
> bestimmt sich das Maß des Reichtums.

010   Optimus pecuniae modus est, qui nec in paupertatem cadit nec procul a
paupertate discedit.
Seneca, De tranquillitate animi 8,9
> Das beste Maß für Eigentum ist, wenn es weder in Armut abgleitet noch sich zu weit von
> ihr entfernt.

011   Crescit pecuniae studium crescente pecunia.
Petrarca, Familiares 17. 8
> Mich zunehmendem Reichtum wächst die Gier nach Reichtum.

012   Animus pauperem facit et divitem.
Petrarca, Familiares 18. 1
> Die innere Einstellung ist es, die arm und reich macht.

013   Dummodo sit dives, barbarus ille placet.
Ovidius, Ars amatoria 2. 276
> Wenn er nur reich ist, gefällt auch ein Barbar *(d. h. ein Außenseiter). (vgl. ›Wer Geld hat, ist*
> *klug, auch wenn er ein Esel ist.‹)*

014   Neminem pecunia divitem fecit.
Seneca, Epistulae morales 119,9
> Geld hat noch keinen reich gemacht.

015   Omnis enim res, / virtus, fama, decus, divina humanaque pulchris / divitiis
parent; quas qui construxerit, ille / clarus erit, fortis, iustus sapiensque, etiam
et rex / et quidquid volet.
Horatius, Sermones 2. 3,94–98
> Alles, Tugend, Ruhm, Ehre, Menschliches wie Göttliches gerät ins Hintertreffen gegen den
> herrlichen Reichtum; wer solchen angehäuft hat, ist berühmt, tapfer, gerecht und weise, ja
> sogar König und alles, was er will.

016   Protinus ad censum; de moribus ultima fiet / quaestio.
Iuvenalis, Saturae 3,140–141
> Zuallererst geht es um das Vermögen; nach dem Charakter wird man zuletzt fragen.

017   Splendor opum sordes vitae non abluit umquam.
Anthologia Latina 1. 716,16
> Der Glanz des Reichtums hat noch nie den Schmutz vom Leben abgewaschen.

018 Utere divitiis modice, non abutere.
Publilius Syrus, Sententiae A158
> Gebrauche deinen Reichtum mit Maßen, missbrauche ihn nicht.

019 Abusus non tollit substantiam rei
Luther, Werke, WA 39/I. S. 158
> Missbrauch ändert nichts am Wesen der Sache.

020 Abusus non tollit usum.
cf. Cicero, Topica 17
> Missbrauch hebt den Gebrauch nicht auf. *(vgl. ›Die Ausnahme bestätigt die Regel.‹)*

021 Abusus optimi pessimus.
Schopenhauer, Die Welt als Wille und Vorstellung 1. 4. 68 (nach Gregorius Magnus, Moralia in Iob)
> Der Missbrauch des Besten ist der schlimmste.

Wohlstand

022 Creverunt et opes et opum furiosa cupido / et, cum possideant plurima, plura petunt. / Quaerere, ut absumant, absumpta requirere certant, / atque ipsae vitiis sunt alimenta vices.
Ovidius, Fasti 1. 211–214
> Es wuchs der Reichtum und die wahnsinnige Gier nach Reichtum, und obwohl man schon das meiste besitzt, strebt man nach noch mehr. Man wetteifert darum, zu verschwenden und das Verschwendete zurückzubekommen, und gerade dieses Wechselspiel nährt die Laster.

023 Prima peregrinos obscena pecunia mores / intulit, et turpi fregerunt saecula luxu / divitiae molles.
Iuvenalis, Saturae 6,298–300
> Schamloses Geld führte ausländische Sitten ein, und wollüstiger Reichtum zermürbte mit schändlichem Luxus die Gesinnung von Jahrhunderten.

024 Nunc patimur longae pacis mala, saevior armis / luxuria incubuit victumque ulciscitur orbem.
Iuvenalis, Saturae 6,292–293
> Wir leiden unter den Übeln eines langen Friedens; grimmiger als die Waffen setzt uns der Luxus zu und rächt die unterworfene Welt.

025 At suave est ex magno tollere acervo.
Horatius, Sermones 1. 1,51
> Doch es ist ein angenehmes Gefühl, aus dem Vollen zu schöpfen.

026 Effodiuntur opes, irritamenta malorum.
Ovidius, Metamorphoses 1. 140
Man gräbt Schätze aus, Verführung zum Bösen.

027 Copia ignaviam affert.
Plinius maior, Naturalis historia 11. 35
Überfluss verführt zu Faulheit.

028 Simplex erat ex causa simplici valitudo: multos morbos multa fericula fecerunt.
Seneca, Epistulae morales 95,18
Bei einfacher Ursache entstand auch nur einfache Unpässlichkeit: Die Fülle der Gerichte bei Tisch schuf eine Vielzahl an Krankheiten.

029 In bello gladius, domi voluptas vulnerat.
Publilius Syrus, Sententiae A263
Im Krieg verwundet das Schwert, im Frieden das Wohlleben.

030 Magnus ille est, qui fictilibus sic utitur quemadmodum argento, nec ille minor est, qui sic argento utitur quemadmodum fictilibus; infirmi animi est pati non posse divitias.
Seneca, Epistulae morales 5,6
Groß ist, wer tönernes Geschirr so verwendet, als sei es Silber; genau so groß aber ist, wer Silbergeschirr so benutzt, als sei es tönern; es zeugt von Kleinkariertheit, wenn man Reichtum nicht ertragen kann.

031 Alienis pedibus ambulamus, alienis oculis agnoscimus, (...) aliena et vivimus opera, perieruntque rerum naturae pretia et vitae argumenta.
Plinius maior, Naturalis historia 29. 19
Wir gehen mit fremden Füßen, wir sehen mit fremden Augen, (...) wir leben von fremder Arbeit und haben das Gefühl für den Wert der Natur und den Sinn des Lebens verloren.

032 Illud autem pro inconcusso tenendum, florere rempublicam imprimis cum pecuniae dispergantur, non coacerventur.
Bacon, Sermones fideles 39,2
Unangefochten gilt, dass ein Staatswesen besonders floriert, wenn das Vermögen *(gleichmäßig)* verteilt und nicht *(bei wenigen)* angehäuft ist.

033 Dum est vita grata, mortis condicio optima est.
Publilius Syrus, Sententiae 134
Solange sich's angenehm leben lässt, stirbt es sich auch recht gut.

Eigentum

Materielles

034 Natura igitur ius commune generavit, usurpatio ius fecit privatum.
Ambrosius, De officiis 1. 28,132

> Die Natur hat das gemeinsame Anrecht aller geschaffen, erst der Eigennutz hat das Privatrecht hervorgebracht.

035 Omniaque omnium sint communia, ut scriptum est, ne quisquam suum aliquid dicat vel praesumat.
Benedictus Nursinus, Regula 33,6

> Allen sei alles gemeinsam, wie geschrieben steht, dass keiner etwas sein Eigen nennt oder für sich beansprucht.

036 Quietissimam vitam homines haberent in terris, si haec duo pronomina scilicet meum et tuum tollerentur.
Pseudo-Seneca, Liber de moribus 98

> Die Menschen hätten das angenehmste Leben auf Erden, wenn man die beiden Pronomina, nämlich ›mein‹ und ›dein‹, beseitigen könnte.

037 Meum et tuum tollas: quanto vives diutius!
Publilius Syrus, Sententiae A73

> Beseitige den Unterschied von Mein und Dein: Umso länger wirst du leben!

038 Hoc si praestare possent homines, ut suo / vellent carere, tuti posthac viverent; / haud quisquam insidias nudo faceret corpori.
Phaedrus, Liber fabularum, Appendix Perottina 30,10–12

> Wenn die Menschen es über sich brächten, auf ihr Eigentum zu verzichten, könnten sie danach sicher leben; niemand würde sich an einem nackten Körper vergreifen.

039 Nihil de rei communicatione dubitamus. Omnia indiscreta sunt apud nos, praeter uxores.
Tertullianus, Apologeticum 39,11

> Wir haben keine Bedenken hinsichtlich des gemeinsamen Besitzes. Alles gehört bei uns *(Christen)* ohne Unterschied allen, mit Ausnahme der Frauen.

040 Aequitas] tollitur omnis, si habere suum cuique non licet.
Cicero, De officiis 2. 78

> Gerechtigkeit wird völlig beseitigt, wenn es einem nicht erlaubt ist, das Seine zu nutzen.

041 Capitalis oratio est ad aequationem bonorum pertinens; qua peste quae potest esse maior?
Cicero, De officiis 2. 73

> Verhängnisvoll ist die Rede von der Gleichmacherei der Vermögen; kann es ein größeres Unheil geben als dieses?

042 At bona pars hominum decepta cupidine falso, / ›Nil satis est‹, inquit, ›quia tanti, quantum habeas, sis.‹
Horatius, Sermones 1. 1,61–62
> Doch ein großer Teil der Menschheit, von falscher Gier verleitet, sagt: ›Man kann nie genug haben, denn man ist so viel wert, wie man hat.‹

043 In pretio pretium nunc est. Dat census honores, / census amicitias; pauper ubique iacet.
Ovidius, Fasti 1. 217–218
> Alles hängt heutzutage vom Preis ab: Die Steuerklasse *(d. h. das Vermögen)* verschafft Ämter, verschafft Freundschaften, der Arme liegt überall am Boden. *(vgl. ›Hast du was, bist du was.‹)*

044 Ubi enim est thesaurus tuus, ibi est et cor tuum.
Vulgata, Evangelium secundum Matthaeum 6,21
> Denn wo dein Schatz ist, da ist auch dein Herz.

045 Nemo suum putet, quod extra ipsum est: Nullius est, quod multorum esse potest.
Sententiae Varronis 34–35
> Niemand soll als sein Eigentum betrachten, was außerhalb von ihm liegt. Was vielen gehören kann, gehört keinem.

046 Nam quod emas, possis iure vocare tuum.
Martialis, Epigrammata 2. 20,2
> Was man kauft, kann man zu Recht sein Eigen nennen.

047 Dari bonum quod potuit, auferri potest.
Seneca, Epistulae morales 8,10
> Ein Gut, das gegeben werden konnte, kann auch wieder genommen werden.

048 Ea vero demum proprie nostra sunt, quae fortuna non potest eripere.
Erasmus, Adagia 3502
> Das erst gehört uns wirklich, was das Schicksal uns nicht entreißen kann.

049 Id, quod nostrum est, sine facto nostro ad alium transferri non potest.
Corpus Iuris Civilis, Digesta 50. 17,11 (Pomponius)
> Was uns gehört, kann ohne unser Zutun nicht auf einen anderen übertragen werden.

050 Alienatio cum fit, cum sua causa dominium transferimus, quae esset futura, si apud nos ea res mansisset.
Corpus Iuris Civilis, Digesta 18. 1,67 (Pomponius)
> Bei einer Veräußerung übertragen wir ein Eigentum mit allen Folgen, die sich ergeben würden, wenn die Sache bei uns geblieben wäre.

051 Nec minor est virtus, quam quaerere, parta tueri; / casus inest illic, hoc erit artis opus.
Ovidius, Ars amatoria 2. 13–14

> Erworbenes zu wahren ist keine geringere Leistung, als es zu erwerben; beim Erwerb kann Glück im Spiel sein, hier ist Können gefragt.

052 Ut rem servare suavest!
Plautus, Truculentus 342

> Wie süß ist es doch, wenn man sein Vermögen wahrt!

053 Bona intelleguntur cuiusque, quae deducto aere alieno supersunt.
Corpus Iuris Civilis, Digesta 50. 16,39,1 (Paulus)

> Unter Vermögen versteht man, was einem nach Abzug der Schulden übrig bleibt.

054 Ubi meum invenio, ibi vindico.
Binder, Novus thesaurus 3385

> Wo ich mein Eigentum finde, kann ich es beanspruchen.

055 Unde habeas, quaerit nemo; sed oportet habere.
Iuvenalis, Saturae 14,207

> Niemand fragt, woher der Besitz, doch besitzen muss man.

056 Multa nos in facultatibus nostris superflua habere probabimur, si necessaria sola retineamus.
Prosper Aquitanus, Liber sententiarum 80

> Dass wir in unserem Besitz viel Überflüssiges haben, zeigt sich, wenn wir nur das Nötige zurückbehalten.

Besitz

057 Praestat possidere quam persequi.
Manutius, Adagia, Appendix

> Es ist besser, zu besitzen, als besitzen zu wollen. *(vgl. ›Der Habich ist besser als der Hättich.‹)*

058 Beati possidentes.
cf. Corpus Iuris Civilis, Digesta 50. 16,49 (Ulpianus)

> Glücklich die Besitzenden *(wer den Besitz hat, ist rechtlich im Vorteil).*

059 Namque is plurimum habebit, qui minimum desiderabit; habebit enim, quantum volet, qui volet minimum.
Apuleius, Apologia 20,1

> Am meisten besitzt, wer am wenigsten begehrt; wer die geringsten Wünsche hat, der hat so viel, wie er wünscht.

060 Mihi res, non me rebus subiungere conor.
Horatius, Epistulae 1. 1,19
Ich versuche, mir meine Habe dienlich zu machen, nicht ihr zu dienen.

061 Omnium enim extrinsecus affluentium lubrica et incerta possessio est.
Seneca, De constantia sapientis 5,7
Alles, was uns von außen zufliegt, ist ein fragwürdiger und unsicherer Besitz.

062 Nihil ex his, quae habemus, necessarium est.
Seneca, Epistulae morales 25,4
Nichts von unserem Besitz ist unentbehrlich.

063 Non est tuum, fortuna quod fecit tuum.
Seneca, Epistulae morales 8,10
Was das Glück dir zugeeignet hat, gehört dir nicht.

064 Acrius appetimus nova, quam iam parta tenemus.
Anthologia Latina 1. 716,33
Wir sind mit mehr Eifer dabei, Neues an uns zu bringen, als am schon Erworbenen festzuhalten.

065 Nullus enim tantus quaestus est quam, quod habeas, arcere.
Pseudo-Guillelmus de Conchis, Moralium dogma philosophorum 1,d,1
Kein Gewinn ist so groß wie bewahren, was man besitzt.

066 Plus est provinciam retinere quam facere.
Florus, Epitome rerum Romanrum 2. 17
Eine Provinz zu erhalten ist eine größere Leistung, als eine zu gewinnen.

Haus

067 Ius soli sequetur aedificium.
Corpus Iuris Civilis, Digesta 13. 7,21 (Paulus)
Ein Gebäude richtet sich nach dem Recht des Bodens.

068 Ampla domus dedecori domino saepe fit.
Cicero, De officiis 1. 139
Ein weiträumiges Haus bringt dem Hausherrn oft Unehre.

069 Domus finis est usus.
~ Cicero, De officiis 1. 138
Der Zweck des Hauses ist der Gebrauch.

070 Domus propria domus optima.
Binder, Novus thesaurus 844
Eigenes Haus ist das beste Haus. *(vgl. ›Eigner Herd ist Goldes wert.‹)*

071 **Nec domo dominus, sed domino domus honestanda est.**
Cicero, De officiis 1. 139

> Das Haus muss durch den Hausherrn seine Ehre erhalten, nicht der Hausherr durch das Haus.

072 **Nemo de domo sua extrahi debet.**
Corpus Iuris Civilis, Digesta 50. 17,103 (Paulus)

> Niemand darf aus seinem eigenen Haus herausgeholt werden.

073 **Habet etiam multum iucunditatis soli caelique mutatio ipsaque ille peregrinatio inter sua.**
Plinius, Epistulae 3. 19,4

> Viel Vergnügen verschafft einem auch der Wechsel von Landschaft und Klima und überhaupt das Hin- und Herreisen zwischen seinen Besitzungen.

074 **Qui domum intraverit, nos potius miretur quam supellectilem nostrum.**
Seneca, Epistulae morales 5,6

> Wer unser Haus betritt, soll eher uns bewundern als unseren Hausrat.

075 **Qui universas aedes possedit, singulas res, quae in aedificio sunt, non videtur possedisse.**
Corpus Iuris Civilis, Digesta 41. 2,30 pr. (Paulus)

> Wer ein ganzes Haus besitzt, besitzt damit nicht automatisch auch die einzelnen Gegenstände, die sich im Haus befinden.

076 **Aedes ex duabus rebus constant, ex solo et superficie.**
Corpus Iuris Civilis, Digesta 41. 3,23 pr. (Iavolenus)

> Ein Haus besteht aus zwei Bestandteilen: dem Grundstück und dem Gebäude.

077 **Aedes exstruuntur, ut in iis habitemus, non ut eas spectemus.**
Bacon, Sermones fideles 43

> Häuser baut man, um in ihnen zu wohnen, nicht zum Anschauen.

078 **Aedificans habet artifices prope compita plures.**
Walther, Proverbia sententiaeque 580

> Wer nahe der Straße baut, hat viele fachkundige Berater.

079 **Habitare aedificio lucido, perflatum aestivum, hibernum solem habente.**
Celsus, De medicina 1. 2

> Man sollte in einem hellen Haus wohnen, im Sommer gut durchlüftet, im Winter mit Sonne.

080 **Nec domus ornata dominum nec picta decorat, / sed domus est grata, quam oribus hospes honorat.**
Walther, Proverbia sententiaeque 16186

> Weder die Ausstattung eines Hauses noch Gemälde schmücken den Hausherrn, sondern werthaft ist das Haus, das der Gast mit Worten ehrt.

081 Domus commune perfugium.
Cicero, In Catilinam 4,2

> Das eigene Haus ist der Zufluchtsort eines jeden.

Geld

082 Quisquis habet nummos, secura navigat aura / fortunamque suo temperet arbitrio.
Petronius, Satyricon 137,9

> Wer Geld hat, segelt mit sicherem Wind, kann das Glück nach eigenem Ermessen lenken. *(vgl. ›Gutes Futter gibt gute Butter.‹)*

083 Pecuniae cunctae sunt difficultates perviae auroque solent adamantinae etiam perfringi fores.
~ Apuleius, Metamorphoses 9. 18,2

> Mit Geld lösen sich alle Probleme und vor Gold pflegen selbst stählerne Tore zu bersten.

084 Rebus in humanis regina pecunia nauta est; / navigat infelix, qui caret huius ope.
Wander, Deutsches Sprichwörter-Lexikon 1. 1504

> In menschlichen Dingen hält das Geld als König das Steuer; wem es nicht hilft, der fährt schlecht. *(vgl. ›Geld regiert die Welt.‹)*

085 In cunctis, quae humanam continent vitam, domina pecunia est.
Quintilianus, Declamationes minores 252,18

> In allem, was das menschliche Leben ausmacht, herrscht das Geld.

086 Pecuniae uni regimen est rerum omnium.
Publilius Syrus, Sententiae 458

> Geld allein hat die Herrschaft über alles.

087 Omnia pecunia effici posse.
Cicero, In Verrem 2. 3,155

> Mit Geld kann man alles erreichen.

088 Pecunia ingens generis humani bonum.
Euripides bei Seneca, Epistulae morales 115,14

> Geld ist ein gewaltiges Gut der Menschheit.

089 Pecunia praestat omnia.
Vulgata, Liber ecclesiastes 10,19

> Für Geld ist alles zu haben.

090 Quod vis, nummis praesentibus opta, / et veniet.
Petronius, Satyricon 137,9–10

> Wähle mit Geld in der Hand aus, was du wünschst, und es ist dein.

0 91 Nummus eloquentia gaudet singulari.
Carmina Burana 42,8,4
> Das Geld erfreut sich einzigartiger Beredsamkeit.

0 92 Pecunia nervus belli.
~ Cicero, Orationes Philippicae 5,5
> Geld ist die Triebfeder des Kriegs.

0 93 Pecunia est, quae auget discordiam, urbes et terrarum orbem in bellum agitat, humanum genus cognatum natura in fraudes et scelera mutua instigat; haec est, quae senes corrumpit.
~ Seneca maior, Controversiae 2. 6,2
> Geld ist es, was Zwietracht schürt, Städte und die ganze Welt in den Krieg treibt, die Menschen, die von Natur aus Brüder sind, zu Betrug und gegenseitigen Verbrechen reizt; Geld ist es, was auch noch Greise verdirbt.

0 94 Tolle pecuniam: bella sustuleris, sustuleris seditiones.
Quintilianus, Declamationes minores 321,18
> Schaff das Geld ab, und du hast Kriege und Aufstände abgeschafft.

0 95 Ex pecuniae cupiditate factiones dissensionesque nascuntur.
~ Caesar, De bello Gallico 6. 22,3
> Geldgier ist die Quelle von Parteiwirtschaft und Zerwürfnis.

0 96 Circa pecuniam plurimum vociferationis est: haec fora defetigat, patres liberosque committit, venena miscet, gladios tam percussoribus quam legionibus tradit; haec est sanguine nostro delibuta; propter hanc uxorum maritorumque noctes strepunt litibus.
Seneca, De ira 3. 33,1
> Ums Geld wird viel Aufhebens gemacht: es strapaziert die Gerichte, lässt Väter und Kinder gegeneinander vorgehen, mischt Gift, drückt Mördern wie auch Legionen das Schwert in die Hand; es ist mit unserem Blut benetzt; seinetwegen sind die Nächte von Eheleuten von lautem Gezänk erfüllt.

0 97 Fori tabes pecuniam advocatis fert.
cf. Tacitus, Annales 11. 6,2
> Die Prozessiersucht verschafft den Anwälten Geld.

0 98 Nummus autem instar fimi, non fructicat, nisi per terram dispergatur.
Bacon, Sermones fideles 15,13
> Geld ist wie Dünger, es bringt erst dann Nutzen, wenn es verteilt wird.

0 99 Semper oculatae manus sunt nostrae; credunt, quod vident.
Plautus, Asinaria 202
> Unsere Hände haben immer Augen, sie glauben nur, was sie sehen.

0100 Quidam autem, quos parva pecunia movere non potuit, cognoscuntur in magna.
Cicero, Laelius de amicitia 63

> Manche, bei denen ein kleiner Geldbetrag wirkungslos blieb, verraten sich, wenn es um eine große Summe geht.

0101 Bono imperante animo prodest pecunia.
cf. Publilius Syrus, Sententiae 73

> Geld ist nützlich, wenn ein gutes Herz es beherrscht.

0102 Imperat aut servit collecta pecunia cuique.
Horatius, Epistulae 1. 10,47

> Herr oder Sklave ist das Geld dem, der es erworben hat.

0103 Pecunia uti si scias, ancillula est.
Publilius Syrus, Sententiae A47

> Wenn man Geld recht zu gebrauchen weiß, ist es ein guter Diener.

0104 Creditor in pecunia non corpora cogitat, sed quantitatem.
cf. Corpus Iuris Civilis, Digesta 46. 3,94,1 (Papinianus)

> Der Gläubiger denkt beim Geld nicht an das Material, sondern an die Menge.

0105 Nec immerito ipsa pecunia rotunda signatur, quia non stat.
Augustinus, Enarrationes in psalmos 83,3

> Nicht ohne Grund ist das Geld rund geprägt, weil es nicht stehen bleibt. *(vgl. ›Der Rubel rollt.‹)*

0106 Deficiente ›pecu‹ deficit omne ›nia‹.
Rabelais, Gargantua 3,41

> Mangelt es an ›Kapi‹, so auch an jeglichem ›Tal‹.

0107 O cives, cives, quaerenda pecunia primum est; / virtus post nummos.
Horatius, Epistulae 1. 1,53–54

> O Bürger, Bürger, zuerst muss Geld her; die Tugend kommt erst nach dem Geld. *(vgl. Brecht: ›Erst kommt das Fressen, dann kommt die Moral.‹ oder: ›Erst die Bezahlung, dann die Leistung.‹)*

0108 Nemo carens pretio nunc manet in pretio.
Quid suum virtutis 164

> Niemand, der ohne Geld ist, gilt heutzutage noch etwas. *(Wortspiel im Deutschen nicht nachahmbar.)*

0109 pedibus compensari pecuniam
Cato bei Cicero, Pro Flacco 72

> Geld mit den Füßen ausgleichen *(d. h. bei Grundstücken: je abgelegener, desto preiswerter)*

0110 Pecunia, ex quo in honore esse coepit, verus rerum honor cecidit, mercatoresque et venales in vicem facti quaerimus non, quale sit quidque, sed quanti: ad mercedem pii sumus, ad mercedem impii, et honesta, quamdiu aliqua illis spes inest, sequimur, in contrarium transituri, si plus scelera promittent.
Seneca, Epistulae morales 115,10

Seit Geld zu Ehren gekommen ist, sind die wahren Werte verfallen: Zu Krämern und abwechselnd käuflich geworden fragen wir nicht nach der Beschaffenheit und dem Wesen der Dinge, sondern nach dem Preis: gegen Geld sind wir fromm, gegen Geld gottlos, und Ehrbares zählt nur, solange dabei etwas zu holen ist, wir schwenken zur Gegenseite über, wenn Verbrechen mehr verheißen.

0111 Amico mutuam me roganti pecuniam si dedero, et ipsum et pecuniam perdo.
Caecilius Balbus, Sententiae (W) philosophorum 19

Wenn ich dem Freund auf seine Bitte Geld gebe, verliere ich sowohl ihn als auch das Geld.

0112 Ducitur in thalamum funesta pecunia sola: / propter opes trahimus grandia aratra tori.
Locher, Stultifera navis 52,15–16

Geheiratet wird allein das unheilvolle Geld: Des Reichtums wegen ziehen wir die prächtigen Pflüge der Ehe.

0113 Auferre pecunia mores, / non afferre solet.
Walther von Châtillon, Alexandreis 1. 96–97

Geld raubt einem gewöhnlich die feine Lebensart und bringt sie nicht.

0114 Tam malum est habere nummos, non habere quam malum est.
Anthologia Latina 1. 251,1

Es ist ebenso schlimm, Geld zu haben, wie es schlimm ist, es nicht zu haben.

0115 Avarus non impletur pecunia, et qui amat divitias, fructum non capit ex eis.
Beda Venerabilis, Proverbiorum liber A15

Der Habgierige kann nicht genug Geld bekommen, und wer Reichtum liebt, erzielt keinen Gewinn daraus.

0116 Nihil enim facilius in alterum transit quam pecuniae amor et desiderium habendi, praesertim finitimas opes.
Pseudo-Hegesippus, De bello Iudaico 5. 24,3

Nichts steckt einen mehr an als die Liebe zum Geld und das Verlangen nicht zuletzt, das zu besitzen, was dem Nachbarn gehört.

0117 Omni peccato peior est avaritia et amor pecuniarum.
Isidorus Hispaliensis, Sententiae 2. 41,3

Schlimmer als jede Sünde ist die Habgier und die Besessenheit von Geld.

0118 Maior pecunia fauces avaritiae non claudit, sed extendit; non irrigat, sed accendit.
Augustinus, Sermones 50
> Mehr Geld schließt den habgierigen Schlund nicht, sondern weitet ihn, füllt ihn nicht, sondern reizt ihn.

0119 Si vis divitem facere, non pecuniae adiciendum, sed cupiditati detrahendum est.
~ Epikuros bei Seneca, Epistulae morales 21,7
> Wenn du jemanden reich machen willst, dann darfst du ihm nicht noch mehr Geld geben, sondern musst seine Begierden verringern.

0120 Qui propter amorem pecuniae et libidinum moritur, ostendit se numquam sui causa vixisse.
Pseudo-Seneca, Liber de moribus 119
> Wer aus Begierde nach Geld und sinnlichen Genüssen stirbt, zeigt, dass er nie um seiner selbst willen gelebt hat.

0121 Pecunia est vita hominis, et optimus fideiussor in necessitatibus.
Rabelais, Gargatua et Pantagruel 3. 42
> Geld ist das Leben des Menschen und der beste Bürge bei dringenden Bedürfnissen.

0122 Nemo invenitur, qui pecuniam suam dividere velit.
Seneca, De brevitate vitae 3,1
> Es findet sich niemand, der sein Geld teilen möchte.

0123 Res sola potest facere et servare beatum.
Horatius, Epistulae 1. 6,47
> Allein Vermögen kann glücklich machen und erhalten.

0124 Pecunia non olet.
cf. Suetonius, De vita Caesarum, Vespasianus 23,3
> Geld stinkt nicht. *(Vespasian über die Urinsteuer)*

0125 Modus pecuniae quaerendus est, qui nec maior necessitate praesenti possit esse nec minor.
Caecilius Balbus, Sententiae (W) 21
> Geld muss man den Wert beimessen, der weder höher als der augenblickliche Bedarf sein kann noch geringer.

0126 Pecunia avaro supplicium est, profuso decus, parricidium proditori.
Caecilius Balbus, Sententiae (W) 12,1
> Geld ist für den Geizhals Strafe, für den Verschwender Schmuck, für den Verräter Mord.

0127 Pecunia enim anima est miseris mortalibus.
Erasmus, Adagia 1289 (nach Hesiodos, Erga 686)
> Geld gilt den elenden Menschen als Lebensprinzip.

0128 Paucis carior fides quam pecunia fuit.
Sallustius, Bellum Iugurthinum 16,4
> Nur wenigen galt Redlichkeit mehr als Geld.

0129 Pecunia corrumpere pudentem nemo potest.
Cicero, De re publica 5. 11
> Einen Menschen mit Ehrgefühl kann niemand mit Geld bestechen.

0130 Affectans famae commoda, pecuniae neglexit augmenta.
Cassiodorus, Variae 3. 12,3
> Wer die Früchte eines guten Rufs genießen will, der kümmert sich nicht um die
> Vermehrung seines Geldes.

0131 Libertas autem pecunia lui non potest.
Corpus Iuris Civilis, Digesta 40. 7,9,2 (Ulpianus)
> Freiheit kann nicht mit Geld aufgewogen werden.

0132 Licet superbus ambules pecunia, / Fortuna non mutat genus.
Horatius, Iambi 4,5–6
> Magst du auch noch so stolz auf dein Geld daherkommen, das Glück ändert nicht deine
> Herkunft.

0133 Etenim vere philosophantes pecuniam contemnunt.
Corpus Iuris Civilis, Digesta 50. 5,8,4 (Papinianus)
> Ein wahrer Philosoph verachtet das Geld.

0134 Naturam mutare pecunia nescit.
Horatius, Epistulae 1. 12,10
> Geld kann die Natur nicht verändern.

0135 Quid poterit stulto prodesse pecunia multa, / cum minime sensum comparet
inde sibi?
Abaelardus, Monita ad Astralabium 981–982
> Was soll viel Geld einem Dummkopf nützen. wo er sich damit doch keineswegs Verstand
> kaufen kann?

0136 Quid tibi pecunia opus est, si uti non potes?
Publilius Syrus, Sententiae 566
> Wozu brauchst du Geld, wenn du es nicht gebrauchen kannst?

0137 Nihil honestius magnificentiusque quam pecuniam contemnere, si non
habeas; si habeas, ad beneficentiam liberalitatemque conferre.
Cicero, De officiis 1. 68
> Nichts ist ehrenhafter und großartiger, als Geld zu verachten, wenn man es nicht hat, wenn
> man es aber hat, es zu Wohltätigkeit und Freigebigkeit zu verwenden.

0138 Nihil est iniquius quam amare pecuniam; hic enim et animam suam venalem habet.
Ratherius Veronensis, Praeloquia 1. 5
> Nichts ist armseliger, als das Geld zu lieben; wer das tut, verkauft auch seine Seele.

0139 Et maiore domus gemitu, maiore tumultu / planguntur nummi quam funera.
Iuvenalis, Saturae 13,130–131
> Geld betrauert man im Haus mit größerem Seufzen, mit größerem Geschrei als Leichen.

0140 Ploratur lacrimis amissa pecunia veris.
Iuvenalis, Saturae 13,134
> Nur um verlorenes Geld vergießt man echte Tränen.

Zins

0141 Usurae vicem fructuum obtinent et merito non debent a fructibus separari.
Corpus Iuris Civilis, Digesta 22. 1,34 (Ulpianus)
> Zinsen gelten als Ertrag und dürfen nicht von Erträgen getrennt gesehen werden.

0142 Prius in usuras id, quod solvitur, deinde in sortem accepto feretur.
Corpus Iuris Civilis, Codex Iustinianus 8. 42,1 (a. 312)
> Eine Zahlung wird zuerst auf die Zinsen, dann erst auf das Kapital angerechnet.

0143 Nullo modo usurae usurarum a debitoribus exigantur.
Corpus Iuris Civilis, Codex Iustinianus 4. 32,28 pr. (a. 629)
> Auf keinen Fall dürfen von den Schuldnern Zinseszinsen verlangt werden.

0144 In bonae fidei contractibus ex mora usurae debentur.
Corpus Iuris Civilis, Digesta 22. 1,32,2 (Marcianus)
> Bei Kreditverträgen können Verzugszinsen fällig werden.

0145 Bonus promittit census misericordia.
Publilius Syrus, Sententiae 705
> Der Gute verspricht Zinsen aus Mitleid.

0146 Nullo modo licere cuidam usuras praeteriti vel futuri temporis in sortem redigere.
Corpus Iuris Civilis, Codex Iustinianus 4. 32,28,1 (a. 629)
> Auf keinen Fall ist es einem gestattet, Zinsen für die Vergangenheit oder Zukunft zum Kapital zu schlagen.

0147 Pecunia utere: eius usura morbus est.
Publilius Syrus, Sententiae A199
> Benutze dein Geld; Zinsen machen süchtig.

0148 Fenus pecuniae funus est animae.
Leo Magnus, Tractatus septem et nonaginta 17
> Wucher ist der Tod der Seele.

Gold

0149 Aurea sunt vere nunc saecula: plurimus auro / venit honos, auro conciliatur amor.
Ovidius, Ars amatoria 2. 277–278
> Wahrhaft, das sind ›goldene‹ Zeiten: die meiste Ehre kommt vom Gold, durch Gold gewinnt man Liebe. *(vgl. ›Geld regiert die Welt.‹)*

0150 Tutum iter patet / converso in pretium deo.
~ Horatius, Carmina 3. 16,7–8
> Ein sicherer Zugang wird gewährt, wenn sich der Gott in edles Metall verwandelt. *(Anspielung auf Jupiters Vereinigung mit Danae; vgl. ›Ein goldener Schlüssel macht alle Schlösser auf.‹)*

0151 Quod index auro, id aurum homini.
Erasmus, Adagia 1351 (nach Chilon)
> Was der Prüfstein für das Gold, das ist das Gold für den Menschen.

0152 Materies vitiis aurum ferale parandis.
Namatianus, De reditu 1. 357
> Das verderbliche Gold ist der Stoff, um Laster zu erzeugen.

0153 Auro victa fides munitas decipit urbes, / auri flagitiis ambitus ipse furit.
Namatianus, De reditu 1. 361–362
> Treue täuschte, von Gold bestochen, ganze Städte, nach des Goldes schändlicher Wirkung lechzt jede Karriere.

0154 Auri caecus amor ducit in omne nefas.
Namatianus, De reditu 1. 358
> Die blinde Gier nach Gold verleitet zu jeglicher Gräueltat.

0155 Auri caecus amor nativum vincit amorem.
Maximianus, Elegiae 3,73
> Blinde Liebe zum Gold besiegt die ursprüngliche Liebe.

0156 Ferroque nocentius aurum.
Ovidius, Metamorphoses 1. 141
> Gold ist schädlicher als Eisen.

0157 Vilius argentum est auro, virtutibus aurum.
Horatius, Epistulae 1. 1,52
> Silber ist wertloser als Gold, Gold als Tugenden.

Eigennutz

0158 Curam nobis nostri natura mandavit; sed huic ubi nimium indulseris, vitium est.
Seneca, Epistulae morales 116,3

> Für uns selbst zu sorgen, hat die Natur uns aufgetragen; doch wenn man dem zu sehr nachgeht, ist es ein Laster.

0159 Nam sibi ut quisque malit, quod ad usum vitae pertineat, quam alteri acquirere, concessum est non repugnante natura; illud natura non patitur, ut aliorum spoliis nostras facultates, copias, opes augeamus.
Cicero, De officiis 3. 22

> Dass ein jeder das Nötige für den Lebensunterhalt lieber für sich als für andere erwirbt, das ist ihm zugestanden, da es nicht im Widerspruch zur Natur steht; doch die Natur duldet nicht, dass wir anderen etwas wegnehmen, um damit unsere Chancen, unsere Mittel, unsere Macht zu vergrößern.

0160 Nam unusquisque nostrum, si quis advorsus rem suam quid fieri arbitrantur, summa vi contra nititur, ne advorsus eam fiat.
Cato bei Gellius, Noctes Atticae 6. 3,16

> Jeder von uns wehrt sich, wenn er der Meinung ist, etwas geschehe gegen seine Interessen, mit höchster Kraft dagegen, dass es ihnen zuwiderläuft.

0161 Omnes sibi malle melius esse quam alteri.
Terentius, Andria 427

> Alle wollen, dass es ihnen besser geht als anderen.

0162 Privata studia publicum evertunt bonum.
Publilius Syrus, Sententiae A318

> Private Begehrlichkeit untergräbt das öffentliche Wohl.

0163 Privatae res semper offecere officientque publicis consiliis.
~ Livius, Ab urbe condita 2. 30,2

> Private Interessen haben schon immer und werden immer die öffentlichen Vorhaben untergraben.

0164 In eos, quos speramus nobis profuturos, non dubitamus officia conferre.
Cicero, De officiis 1. 48

> Leuten, von denen wir hoffen, dass sie uns nützlich sein werden, erweisen wir ohne Bedenken Gefälligkeiten.

0165 Non temerarium est, ubi dives blande appellat pauperem.
Plautus, Aulularia 184

> Nicht ohne Hintergedanken wendet der Reiche sich schmeichelnd an den Armen.

0166 Multum enim interest, utrum aliquis beneficium nobis det sua causa an et sua.
Seneca, De beneficiis 6. 12,2
> Es macht eine Menge aus, ob jemand uns eine Wohltat seinetwegen erweist oder auch seinetwegen.

0167 Beneficium qui dedisse se dicit, petit.
Publilius Syrus, Sententiae 58
> Wer seine Wohltat in Erinnerung ruft, fordert sie zurück.

0168 Melius est nihil habere quam multa habentem nemini impertire.
Ambrosius bei Pseudo-Isidorus, Testimonia patrum 4,37
> Es ist besser, nichts zu haben, als niemanden teilhaben zu lassen an dem Vielen, das man hat.

Utilitarismus

0169 Actum est de rebus humanis, si sola servatur utilitatum fides.
Pseudo-Quintilianus, Declamationes maiores 16,7
> Es ist um die Menschheit geschehen, wenn nur noch dem Nutzen Treue bewahrt wird.

0170 Nil, nisi quod prodest, carum est.
Ovidius, Epistulae ex Ponto 2. 3,15
> Nur was nützt, wird geliebt.

0171 Nihil agere, quod non prosit.
Phaedrus, Liber fabularum 3. 17,13
> Nichts tun, was keinen Nutzen bringt.

0172 Deme autem lucrum, superos et sacra negabunt.
Palingenius, Zodiacus vitae 5. 601
> Wenn nichts herausspringt, will man von Göttern und Gottesdienst nichts wissen.

0173 Non sunt facienda mala, ut eveniant bona.
Damasus, Regulae canonicae 107
> Man darf nicht Böses tun, damit Gutes daraus hervorgeht.

0174 Quamvis non rectum, quod iuvat rectum putes.
Publilius Syrus, Sententiae 501
> Mag es auch nicht recht sein, sieh als recht an, was nützt.

Verpflichtung

0175 Magna servitus est magna fortuna.
Seneca, Ad Polybium de consolatione 6,4
Ein großes Vermögen bedeutet große Unfreiheit.

0176 Beneficium accipere libertatem est vendere.
Publilius Syrus, Sententiae 48
Eine Wohltat empfangen heißt seine Freiheit verkaufen.

0177 Praesertim ut nunc sunt mores, adeo res redit: / si quis quid reddit, magna habendast gratia.
Terentius, Phormio 55–56
Vor allem bei den heutigen Gepflogenheiten ist es so weit gekommen, dass man noch schön danken muss, wenn jemand etwas zurückgibt.

0178 Maior in conservandis rebus quam in inveniendis adhibenda cautela est.
Cassiodorus, Variae 1. 25,1
Größere Aufmerksamkeit muss der Erhaltung als dem Erwerb gelten.

0179 Plus est servasse repertum / quam quaesisse novum.
Claudianus, De consulatu Stilichonis 2. 326–327
Erworbenes bewahrt zu haben bedeutet mehr, als Neues erworben zu haben.

0180 Fertilis, assiduo si non renovatur aratro, / nil nisi cum spinis gramen habebit ager.
Ovidius, Tristia 5. 12,23–24
Wenn der fruchtbare Acker nicht stets von Neuem gepflügt wird, wird er nichts als Gras mit Dornen tragen.

0181 Neglectis urenda filix innascitur agris.
Horatius, Sermones 1. 3,37
Auf vernachlässigten Feldern sprießt Unkraut, das man verbrennen müsste.

0182 Ut ager quamvis fertilis sine cultura fructuosus esse non potest, sic sine doctrina animus; ita est utraque res sine altera debilis.
Cicero, Tusculanae disputationes 2. 13
Wie ein noch so fruchtbarer Acker ohne Bearbeitung nicht ertragreich sein kann, so der Geist ohne Schulung; beides bleibt schwach ohne das andere.

Überflüssigkeit

0183 Superflua non nocent.
Augustinus, De civitate Dei 4. 27; ~ Corpus Iuris Civilis, Codex Iustinianus 6. 23,17 (a. 396)
Überflüssiges schadet nicht.

0184 Quicquid plus est quam necesse possidentis, oppremit.
Publilius Syrus, Sententiae 551
> Was man über das Notwendige hinaus besitzt, belastet einen nur.

0185 Parabile est, quod natura desiderat, et appositum: ad supervacua sudatur.
Seneca, Epistulae morales 4,10–11
> Leicht zu beschaffen ist, was die Natur verlangt, ja schon zur Hand: Schwitzen muss man für Überflüssiges.

0186 Multa quam supervacua essent, non intelleximus, nisi deesse coeperunt.
Seneca, Epistulae morales 123,6
> Wie überflüssig vieles ist, merken wir erst, wenn es nicht mehr da ist.

0187 Curam in rebus minime necessariis expendere peccatum est grande.
Otloh, Libellus proverbiorum C41
> Auf völlig unnötige Dinge Sorgfalt zu verwenden ist eine große Sünde.

0188 Doctum doces.
Plautus, Poenulus 880
> Du weihst einen bereits Eingeweihten ein.

0189 Consilia qui dant prava cautis hominibus, et perdunt operam et deridentur turpiter.
Phaedrus, Liber fabularum 1. 25,1
> Wer vorsichtigen Leuten böse Ratschläge erteilt, müht sich vergebens und wird schmählich ausgelacht.

0190 Contemnite omnia, quae supervacuus labor velut ornamentum ac decus ponit.
Seneca, Epistulae morales 8,5
> Verachtet alles, was überflüssige Arbeit an Schmuck und Zierde erbringt.

0191 inane studium supervacua discendi
Seneca, De brevitate vitae 13,3
> die eitle Sucht, Überflüssiges zu lernen

Sinnlosigkeit

0192 Detracta utilitate ne digitum quidem eius causa porrigendum esse.
Cicero, De finibus bonorum et malorum 3. 57
> Für etwas, das nichts nützt, darf man nicht einmal einen Finger krümmen.

0193 Nec beneficium dici potest, quod nulla utilitate sentitur.
Cassiodorus, Variae 2. 28,4
> Man kann nicht als Gefälligkeit bezeichnen, was keinen Nutzen erkennen lässt.

0194 actam rem agere
Plautus, Cistellaria 702
> etwas Getanes tun *(d. h. Überflüssiges tun, vgl. ›leeres Stroh dreschen‹)*

0195 Multa agendo nihil agens.
Phaedrus, Liber fabularum 2. 5,3
> Mit großer Geschäftigkeit nichts tun. *(vgl. ›Viel Lärm um nichts.‹)*

0196 Quid enim boni est nodos operose solvere, quos ipse, ut solveres, feceris?
Seneca, De beneficiis 5. 12,2
> Was ist Gutes daran, wenn man mühevoll Knoten löst, die man selbst, um sie zu lösen, geknüpft hat?

0197 In pertusum ingerimus dicta dolium, operam ludimus.
Plautus, Pseudolus 379
> Wir stecken unsere Worte in ein löchriges Fass, wir vergeuden unsere Mühe.

0198 Et oleum et operam perdidi.
Plautus, Poenulus 332
> Ich habe Öl und Arbeitsaufwand verschwendet. *(vgl. ›das Geld zum Fenster hinauswerfen‹)*

0199 Mora mera est.
Plautus, Captivi 396
> Das ist reine Zeitverschwendung.

0200 Ligna in silvam portare stultum est.
cf. Horatius, Sermones 1. 10,34
> Holz in den Wald tragen ist töricht. *(vgl. ›Eulen nach Athen tragen‹)*

0201 In sole lucernam adhibere nihil interest.
Cicero, De finibus bonorum et malorum 4. 29
> Am hellen Tag eine Laterne mit sich tragen bringt nichts.

0202 Non pluris refert, quam si imbrem in cribrum legas.
Plautus, Pseudolus 102
> Das bringt nicht mehr, als wenn du Regenwasser in einem Sieb sammelst. *(vgl. ›Das ist verlor'ne Liebesmüh'.‹)*

0203 Supervacuum est dolere, si nihil dolendo proficias.
Seneca, Epistulae morales 99,6
> Es ist überflüssig, zu jammern, wenn beim Jammern nichts herauskommt.

0204 Quid prodest studium, quod fructum non habet ullum?
Otloh, Libellus proverbiorum Q107
> Was nützt eifriges Streben, wenn nichts dabei herauskommt?

0205 Occultae musicae nullus est respectus.
Suetonius, De vita Caesarum, Nero 20,1
> Musik, die verborgen bleibt, kommt nicht an.

Unmöglichkeit

0206 Quod natura negat, reddere nemo potest.
Maximianus, Elegiae 5,54
> Was die Natur versagt, kann einem niemand zurückgeben.

0207 Facilius est camelum per foramen acus intrare quam divitem intrare in regnum Dei.
Vulgata, Evangelium secundum Matthaeum 19,24
> Eher geht ein Kamel durch ein Nadelöhr, als dass ein Reicher ins Himmelreich kommt.

0208 Prius locusta bovem pariet, quam hoc fiat.
~ Naevius bei Varro, De lingua Latina 7. 39
> Eher geht ein Kamel durchs Nadelöhr *(wörtlich: eher wird eine Heuschrecke einen Ochsen zur Welt bringen)*, als dass das geschieht.

0209 ad Graecas kalendas
~ Suetonius, De vita Caesarum, Augustus 87,1
> an den griechischen Kalenden *(d. h., da die Griechen keine Kalenden kennen – in Rom der übliche Fälligkeitstag –, ›am St.-Nimmerleins-Tag‹)*

0210 Deus sum, si hoc ita est.
Terentius, Hecyra 843
> Ich bin ein Gott, wenn das stimmt.

Kleinigkeit

0211 Animus affectus minimis offenditur, adeo ut quosdam salutatio et epistula et oratio et interrogatio in litem evocent.
Seneca, De ira 3. 9,5
> Ein leidendes Gemüt wird schon von Kleinigkeiten gereizt, sodass ein Gruß, ein Brief, eine Anrede oder eine Frage Streit hervorrufen kann.

0212 Plerumque res parvae plus praevalent praestare, quam magnae possunt obtinere divitiae.
Cassiodorus, Variae 1. 45,1
> Meist können kleine Aufmerksamkeiten mehr erreichen, als großem Geldaufwand gelingen könnte.

Materielles

0 213 Saepe quod datur, exiguum est, quod sequitur ex eo, magnum.
Seneca, Epistulae morales 81,14

> Was gegeben wird, ist oft nur gering, was es bewirkt, aber erheblich.

0 214 Non sunt contemnenda quasi parva, sine quibus magna constare non possunt.
Hieronymus, Epistulae 107,4

> Man darf nicht als klein verachten, was für das Zustandekommen von Großem unentbehrlich ist.

0 215 Forsitan haec aliquis (nam sunt quoque) parva vocabit, / sed, quae non prosunt singula, multa iuvant.
Ovidius, Remedia amoris 419–420

> Das mag jemand winzig nennen (es ist es ja auch), doch, was einzeln nicht nützt, nützt in größerer Zahl.

0 216 De multis grandis acervus erit.
Ovidius, Remedia amoris 424

> Aus vielen Bestandteilen wird ein großer Haufen. *(vgl. ›Kleinvieh macht auch Mist.‹ – ›Viele Wenig ergeben ein Viel.‹)*

0 217 Ex parvis saepe magnarum momenta rerum pendent.
Livius, Ab urbe condita 27. 9,1

> Von Kleinigkeiten hängt oft der Anlass bedeutender Ereignisse ab.

0 218 Colluctari cum minoribus malis non vacat, ubi metus maior apparuit.
Seneca, De ira 3. 43,3

> Man hat keine Zeit, sich mit kleineren Übeln herumzuschlagen, wenn größere Gefahr droht.

0 219 Etiam capillus unus habet umbram suam.
Publilius Syrus, Sententiae 159

> Auch ein einzelnes Härchen wirft einen Schatten.

0 220 Abicere oportet, quicquid possis perdere.
Publilius Syrus, Sententiae 9

> Alles, was man verlieren kann, muss man wegwerfen.

0 221 Dimissum, quod nescitur, non amittitur.
Publilius Syrus, Sententiae 138

> Ein Verlust, der nicht bemerkt wird, hat nicht stattgefunden. *(vgl. ›Was ich nicht weiß, macht mich nicht heiß.‹)*

0 222 Nam satius est pusillum bene quam multum non, ut oportet, peragere.
Erasmus, Adagia 1401 (nach Platon, Theaitetos 187e)

> Es ist besser, eine Kleinigkeit gut als eine Menge nicht ordentlich zustande zu bringen.

0223 Ne in regnis quidem reges omnia minima curant.
Cicero, De natura deorum 3. 86
> Nicht einmal in Monarchien kümmern sich Könige um alle Kleinigkeiten.

Tiere

0224 In foribus propriis canis est audacior omnis.
Wander, Deutsches Sprichwörter-Lexikon 2. 828
> In seiner Hütte ist jeder Hund angriffslustiger.

0225 Nota fides canis est: dominum comitatur euntem.
Wander, Deutsches Sprichwörter-Lexikon 4. 1151
> Die Treue des Hundes ist bekannt, er begleitet den Herrn auf seinen Wegen.

0226 Quid enim cane adulantius? At rursum quid fidelius?
Erasmus, Laus stultitiae 44
> Gibt es einen größeren Schmeichler als den Hund? Andererseits, gibt es etwas Treueres?

0227 Quis famulus amantior domini, quis fidelior comes, quis custos incorruptior, quis excubitor inveniri potest vigilantior, quis denique ultor aut vindex constantior?
Columella, De re rustica 7. 12
> Kann es einen Diener geben, der seinen Herrn mehr liebt, einen zuverlässigeren Begleiter, einen unbestechlicheren Aufseher, einen wachsameren Wächter, schließlich einen beharrlicheren Beschützer oder Rächer *(als den Hund)*?

0228 Canis virga correctionis imminente fit mitior, cessante baculo iam protervit.
Magister Gaufredus, Summa de arte dictandi 2,10
> Wenn ihm die Zuchtrute droht, wird der Hund zahmer, lässt man es am Stock fehlen, gerät er schnell außer Kontrolle.

0229 Canem timidum vehementius latrare quam mordere.
Curtius Rufus, Historiae Alexandri Magni 7. 4,13
> Ein ängstlicher Hund bellt heftiger, als er beißt. *(vgl. ›Hunde, die bellen, beißen nicht.‹)*

0230 Qui me amat, amat et canem meum.
Bernardus Claraevallensis, Sermones In festo sancti Michaelis 1,3
> Wer mich liebt, liebt auch meinen Hund.

0231 Canes interdiu clausos esse oportet, ut noctu acriores et vigilantiores sint.
Cato, De agri cultura 124
> Die Hunde müssen tagsüber eingesperrt bleiben, damit sie nachts stürmischer und wachsamer sind.

Materielles

0232 Generosus equus haud curat canum latratum.
Walther, Proverbia sententiaeque 10266

Ein edles Pferd schert sich nicht um Hundegebell.

0233 Tempore difficiles veniunt ad aratra iuvenci; / tempore dura pati frena
docentur equi.
Ovidius, Ars amatoria 1. 471–472

Mit der Zeit kommen störrische junge Stiere vor den Pflug, mit der Zeit lernen Pferde, den
harten Zaum zu ertragen.

P **Politik**

Staat

P 1   Aliud civitas non est quam concors hominum multitudo.
~ Augustinus, De civitate Dei 1. 15
> Ein Staat ist nichts anderes als eine harmonisch zusammenlebende Menge von Menschen.

P 2   Est igitur res publica res populi, populus autem non omnis hominum coetus quoque modo congregatus, sed coetus multitudinis iuris consensu et utilitatis communione sociatus.
Cicero, De re publica 1. 39
> Der Staat ist also Sache des Volkes, ein Volk aber nicht jede irgendwie zusammengewürfelte Ansammlung von Menschen, sondern die Ansammlung einer Menge, die eine gleiche Rechtsauffassung und gemeinsamer Nutzen zusammengeführt hat.

P 3   Is rem publicam contineri duabus rebus dixit, praemio et poena; est scilicet utriusque rei modus sicut reliquarum et quaedam in utroque genere mediocritas.
Solon bei Cicero, Ad M. Brutum 1. 15,3
> Nach Solons Worten beruht der Staat auf zwei Dingen, Belohnung und Strafe; beides hat natürlich, wie alles andere auch, ein bestimmtes Maß, und in beidem gibt es so etwas wie eine goldene Mitte.

P 4   Magistratus est lex loquens; lex autem est mutus magistratus.
cf. Cicero, De legibus 3,2
> Die Obrigkeit ist ein sprechendes Gesetz, das Gesetz aber eine stumme Obrigkeit.

Gesellschaftsform

P 5   Luxuriant reges et rustica turba laborat.
Nivardus, Ysengrimus 6. 335
> Die Könige leben in Saus und Braus und das Bauernvolk rackert sich ab.

P 6   Nihil potestas regum valebat, nisi prius valuisset auctoritas.
Curtius Rufus, Historiae Alexandri Magni 6. 8,25
> Die Macht der Könige blieb wirkungslos, wenn nicht zuvor ihre Persönlichkeit gewirkt hatte.

P 7   Princeps legibus solutus est.
Corpus Iuris Civilis, Digesta 1. 3,31 (Ulpianus)
> Der Fürst ist durch die Gesetze nicht gebunden.

P 8 Non legibus rex solutus est, sed leges suo solvit exemplo.
Ambrosius, Apologia David altera 8
> Ein König ist nicht etwa von den Gesetzen gelöst, sondern er löst die Gesetze auf durch sein Beispiel.

P 9 Impune, quae lubet, facere, id est regem esse.
Sallustius, Bellum Iugurthinum 31,26
> Ungestraft nach Belieben handeln zu können, das heißt König sein.

P 10 Pati / nos oportet, quod ille faciat, quoius potestas plus potest.
Plautus, Stichus 68–69
> Wir müssen ertragen, was der veranlasst, der die größere Macht hat.

P 11 Cui plus licet, quam par est, plus vult, quam licet.
Publilius Syrus, Sententiae 106
> Wer mehr darf, als recht ist, der will mehr, als erlaubt ist.

P 12 Di nos quasi pilas homines habent.
Plautus, Captivi 22
> Wir Menschen sind Spielzeug in der Hand der Götter.

P 13 Miserrimum est arbitrio alterius vivere.
Publilius Syrus, Sententiae 372
> Am schlimmsten ist es, von der Willkür eines anderen abhängig zu sein.

P 14 Multis minatur, qui uni facit iniuriam.
Publilius Syrus, Sententiae 310
> Für viele ist eine Bedrohung, wer einem Einzigen Unrecht zufügt.

P 15 Nam deteriores omnes sumus licentia.
Terentius, Heauton timorumenos 483
> Zügellosigkeit hat uns alle schlechter gemacht.

P 16 Sed plerumque regiae voluntates ut vehementes sic mobiles, saepe ipsae sibi advorsae.
Sallustius, Bellum Iugurthinum 113,1
> Die Wünsche der Könige sind meist ebenso heftig wie launisch und selten miteinander vereinbar.

P 17 Malo hic esse primus quam Romae secundus.
Plutarchos, Caesar 11,3
> Ich will lieber hier der Erste als in Rom der Zweite sein.

P 18 Etiam tyrannus imperat precario.
Publilius Syrus, Sententiae A323
> Auch ein Tyrann herrscht nur auf Widerruf.

P 19 Tyranno neque taetrius neque foedius nec dis hominibusque invisius animal ullum cogitari potest; qui quamquam figura est hominis, morum tamen immanitate vastissimas vincit beluas.
~ *Cicero, De re publica 2. 48*

> Es lässt sich weder ein scheußlicheres noch ein widerlicheres noch Göttern wie Menschen verhassteres Lebewesen denken als der Tyrann. Obwohl er menschliche Gestalt hat, übertrifft er doch durch die Ungeheuerlichkeit seines Charakters die wildesten Tiere.

P 20 Tyrannus contrariis in contraria agitur; nam cum invisus sit, quia timetur, timeri vult, quia invisus est.
~ *Seneca, De clementia 1. 12,4*

> Der Tyrann wird von einem Extrem ins andere getrieben; denn während er gehasst wird, weil er gefürchtet wird, will er gefürchtet werden, weil er gehasst wird.

P 21 Nec ulla deformior species est civitatis quam illa, in qua opulentissimi optimi putantur.
Cicero, De re publica 1. 51

> Keine Staatsform ist widerlicher als die, in der die Reichsten als die Besten gelten.

P 22 Quam inique comparatum est, ei qui minus habent, / ut semper aliquid addant ditioribus!
Terentius, Phormio 41–42

> Wie ungerecht geht es doch auf der Welt zu, dass diejenigen, die weniger besitzen, die Reichen immer noch reicher machen!

P 23 Humanum paucis vivit genus.
Lucanus, Bellum civile (Pharsalia) 5. 343

> Die Menschheit lebt nur für wenige.

P 24 Castos sequitur mala paupertas.
Seneca, Phaedra 987

> Die Anständigen begleitet hässliche Armut.

P 25 Inaequalitas, quae nunc est, a lege civili introducta est.
Hobbes, Elementa philosophiae, De cive 1,3

> Die bestehende Ungleichheit *(unter den Menschen)* ist durch die staatlichen Gesetze entstanden.

P 26 Iure poli proprium nihil est, a iure forensi / improbus emergit proprietatis amor; / ambitio partitur opes, communio prima / exspirat, paritas dispariata fugit.
Polythecon 5. 487–491

> Nach himmlischem Recht gibt es kein Eigentum, mit der weltlichen Rechtspraxis entstand die maßlose Gier nach Eigentum, Ehrgeiz teilt den Reichtum auf, die ursprüngliche Gemeinsamkeit gerät in Vergessenheit, die Gleichheit flieht vor der Unterschiedlichkeit.

Politik

P 27   Lex rumpitur a validis invalidosque tenet.
Binder, Novus thesaurus 1658

> Das Gesetz wird von den Mächtigen gebrochen und nimmt die Schwachen in Zucht. *(vgl.
> ›Die kleinen Diebe hängt man, die großen lässt man laufen.‹)*

P 28   Cum omnia per populum geruntur quamvis iustum atque moderatum, tamen
ipsa aequabilitas est iniqua, cum habet nullos gradus dignitatis.
Cicero, De re publica 1. 43

> Wenn alle Gewalt vom Volk ausgeht, mag es auch noch so gerecht und maßvoll sein, so ist
> doch gerade die Gleichmacherei ungerecht, da es keine Abstufungen der Würde gibt.

P 29   Ibi potest valere populus, ubi leges valent.
Publilius Syrus, Sententiae 291

> Dort kann das Volk Macht haben, wo die Gesetze gelten.

P 30   Non est enim consilium in vulgo, non ratio, non discrimen, non diligentia,
semperque sapientes ea, quae populus fecisset, ferenda, non semper laudanda,
dixerunt.
Cicero, Pro Plancio 9

> Die Masse ist ohne Urteilskraft, ohne Verstand, ohne Unterscheidungsvermögen, ohne
> Umsicht, und die Weisen sagen, man müsse die Entscheidungen des Volkes zwar immer
> hinnehmen, aber nicht immer gutheißen.

P 31   Populi imperium iuxta libertatem, paucorum dominatio regiae libidini propior
est.
Tacitus, Annales 6. 42,2

> Herrschaft des Volks steht der Freiheit nahe, Herrschaft weniger grenzt an Willkür eines
> Alleinherrschers.

P 32   Stat pro ratione numerus.
Bismarck (in Abwandlung von Iuvenalis, Saturae 6,223)

> Anstelle der Vernunft steht die Zahl *(bei Abstimmungen).*

P 33   Aestimes iudicia, non numeres.
Seneca, Epistulae morales 29,12

> Man sollte die Stimmen wägen, nicht zählen.

P 34   Numerantur enim sententiae, non ponderantur.
Plinius, Epistulae 2. 12,5

> Die Stimmen werden gezählt, nicht gewogen.

P 35   Praelatio alterius sine alterius contumelia non potest, quia nec electio sine
reprobatione.
Tertullianus, Apologeticum 13

> Man kann keinen vorziehen, ohne einen anderen zurückzustoßen, weil es keine Auswahl
> gibt ohne Ablehnung.

P 36 Refertur ad universos, quod publice fit per maiorem partem.
Corpus Iuris Civilis, Digesta 50. 17,160,1 (Ulpianus)
Was öffentlich von der Mehrheit veranlasst wird, hat Rechtskraft für die Gesamtheit.

Freiheit

P 37 Libertatem natura etiam mutis animalibus datam.
Tacitus, Historiae 4. 17,5
Den Drang nach Freiheit haben von Natur aus auch die stummen Tiere.

P 38 O nomen dulce libertatis!
Cicero, In Verrem 2. 5,163
O süßes Wort Freiheit!

P 39 Aliae nationes servitutem pati possunt, populi Romani est propria libertas.
Cicero, Orationes Philippicae 6,19
Andere Völker können Knechtschaft ertragen, für das römische Volk ist Freiheit charakteristisch.

P 40 Legum ministri magistratus, legum interpretes iudices; legum denique idcirco omnes servi sumus, ut liberi esse possimus.
Cicero, Pro Cluentio 146
Diener der Gesetze sind die Beamten, Ausleger der Gesetze die Richter; schließlich sind wir deswegen alle den Gesetzen unterworfen, um frei sein zu können.

P 41 Nemo liber est, qui imperio suimet servit corporis.
Publilius Syrus, Sententiae A166
Frei ist niemand, der unter der Herrschaft von Königen steht.

P 42 Ubi libertas cecidit, audet libere nemo loqui.
Publilius Syrus, Sententiae 687
Wenn die Freiheit geschwunden ist, wagt niemand mehr frei zu reden.

P 43 Ubi libertas periit, una ibi perierunt et omnia.
Isidorus Hispaliensis, Etymologiae (Origines) 5. 27
Wo die Freiheit verloren ist, da ist zusammen mit ihr alles verloren.

P 44 Libertas est potestas vivendi, ut velis.
~ Cicero, Paradoxa Stoicorum 34
Freiheit ist die Möglichkeit zu leben, wie man will.

P 45 Libertas inaestimabilis res est.
Corpus Iuris Civilis, Digesta 50. 17,106 (Paulus)
Freiheit ist nicht mit Geld aufzuwiegen.

Politik

P 46 Cum dignitate potius cadamus, quam cum ignominia serviamus.
Cicero, Orationes Philippicae 3,35
> Wir wollen lieber in Würde sterben als mit Schande untertan sein.

P 47 Alterius non sit, qui suus esse potest.
Gualterus Anglicus, sog. Anonymus Neveleti 21b,22 (Wahlspruch des Paracelsus)
> Wer sein eigener Herr sein kann, soll keinem anderen angehören.

P 48 Liber est autem, qui servitutem suam effugit; haec est assidua et ineluctabilis
et per diem ac noctem aequaliter premens, sine intervallo, sine commeatu.
Sibi servire gravissima est servitus.
Seneca, Naturales quaestiones 3. pr. 16–17
> Frei ist, wer seiner eigenen Knechtschaft entronnen ist; diese ist ständig und
> unausweichlich und Tag und Nacht gleichermaßen drückend ohne Einhalt und Pause. Sein
> eigener Sklave zu sein ist die härteste Knechtschaft.

P 49 An quisquam est alius liber, nisi ducere vitam / cui licet ut voluit?
Persius, Saturae 5,83–84
> Ist sonst einer frei, außer dem, der sein Leben nach eigenem Willen führen darf?

P 50 Tu si animo regeris, rex es; si corpore, servus.
Anthologia Latina 1. 716,7
> Lässt du dich vom Geist leiten, bist du König, vom Körper, Sklave.

P 51 Divitiae trepidant, paupertas libera res est.
Anthologia Latina 1. 716,24
> Reichtum versetzt in Angst, Armut bedeutet Freiheit.

P 52 Et humanum genus potissime liberum optime se habet.
Dante, Monarchia 1. 12,1
> Der Menschheit geht es dann am besten, wenn sie die größte Freiheit genießt.

P 53 Liber est autem non, in quem parum licet fortunae, sed in quem nihil.
Seneca, Epistulae morales 110,20
> Frei ist nicht, wem das Schicksal nur wenig anhaben kann, sondern wem es überhaupt
> nichts anhaben kann.

P 54 Libertas iuxta bonis et malis, strenuis atque ignavis optabilis est; verum eam
plerique metu deserunt.
Sallustius, Epistulae ad Caesarem senem de re publica 2. 11,4
> Freiheit ist in gleicher Weise Guten wie Schlechten, Tüchtigen wie Faulen wünschenswert;
> doch die meisten geben sie aus Furcht auf.

P 55 Non enim explendis desideriis libertas comparatur, sed tollenda cupiditate.
Schopenhauer: Die Welt als Wille und Vorstellung 2. 1,2,16 (nach Arrianos)
> Die Freiheit ist nicht dazu geschaffen, seine Wünsche zu befriedigen, sondern seine Gier zu
> unterdrücken.

P56 Non potest gratis constare libertas; hanc si magno aestimas, omnia parvo aestimanda sunt.
Seneca, Epistulae morales 104,34

> Freiheit gibt es nicht zum Nulltarif; wenn sie einem viel wert ist, muss man alles andere für unerheblich halten.

P57 Nihil invitus facit sapiens; necessitatem effugit, quia vult, quod coactura est.
Seneca, Epistulae morales 54,7

> Der Weise tut nichts unter Zwang; er entzieht sich der Notwendigkeit, weil er will, wozu sie ihn zwingen könnte.

P58 Nihil necesse sapienti est.
Seneca, Epistulae morales 9,14

> Für den Weisen gibt es keinen Zwang.

P59 Non fuit consilium privatas opes facere potiorque visa est periculosa libertas quieto servitio.
Sallustius, Historiae, Oratio Lepidi 26

> Ich hatte nicht die Absicht, mir private Macht zu verschaffen, und eine gefährdete Freiheit erschien mir besser als eine gefahrlose Knechtschaft.

P60 Numquam libertas gratior extat / quam sub rege pio.
Claudianus, De consulatu Stilichonis 3. 114–115

> Nie ist Freiheit angenehmer als unter einem verantwortungsbewussten König.

P61 Tam dulce omnibus libertatis est nomen, ut temeritas et audacia, quod illi similes videantur, vulgo placeant.
Petrarca, De sui ipsius et multorum ignorantia 5

> So süß ist allen, was nach Freiheit klingt, dass Verwegenheit und Unverschämtheit, die dieser ähnlich scheinen, beim Volk Gefallen finden.

P62 Nomen et conditionem servitutis culpa genuit, non natura.
Prosper Aquitanus, Liber sententiarum 164

> Begriff und Bedingung der Sklaverei hat die Schuld hervorgebracht, nicht die Natur.

P63 Quod attinet ad ius civile, servi pro nullis habentur: non tamen et iure naturali, quia, quod ad ius naturale attinet, omnes homines aequales sunt.
Corpus Iuris Civilis, Digesta 50. 17,32 (Ulpianus)

> Was das bürgerliche Recht betrifft, sind Sklaven ohne Rechtsstellung, nicht jedoch nach dem Naturrecht, denn was das Naturrecht betrifft, sind alle Menschen gleich.

P64 Et servi homines sunt et aeque unum lactem biberunt, etiamsi illos malus fatus oppresserit.
Petronius, Satyricon 71,1

> Auch Sklaven sind Menschen und haben eine und dieselbe Milch getrunken, nur dass ein schlimmes Geschick sie nicht hat hochkommen lassen.

Politik

Gedankenfreiheit

P65 Rara temporum felicitas, ubi sentire, quae velis, et quae sentias, dicere licet.
~ *Tacitus, Historiae 1. 1,4*
> Selten sind die glücklichen Zeiten, in denen man denken darf, was man will, und sagen, was man denkt.

P66 In civitate libera linguam mentemque liberas esse debere.
Suetonius, De vita Caesarum, Tiberius 28
> In einem freien Staat müssen auch die Zunge und die Gedanken frei sein.

P67 Liberae sunt enim nostrae cogitationes et quae volunt, sic intuentur, ut ea cernimus, quae non videmus.
Cicero, Pro Milone 79
> Unsere Gedanken sind nämlich frei und stellen sich Beliebiges vor, sodass wir auch wahrnehmen, was wir nicht sehen.

P68 Defendat, quod quisque sentit; sunt enim iudicia libera.
Cicero, Tusculanae disputationes 4. 7
> Jeder soll seine Ansichten verteidigen, die Gedanken sind nämlich frei.

P69 Cogitationis poenam nemo patitur.
Corpus Iuris Civilis, Digesta 48. 19,18 (Ulpianus)
> Für seine Gedanken kann niemand bestraft werden. *(vgl. ›Gedanken sind zollfrei.‹)*

P70 Ex meditato non duceris in causam.
Sententiae Varronis 102
> Für bloße Gedanken wird man nicht zur Rechenschaft gezogen.

P71 Custodias, quid dicas, non quid cogites.
Pseudo-Publilius, Sententiae 72
> Hüte deine Zunge, nicht deine Gedanken.

P72 Dicere fortasse, quae sentias, non licet, tacere plane licet.
Cicero, Ad familiares 4. 9,2
> Vielleicht darf man nicht sagen, was man denkt, schweigen jedenfalls darf man.

Willensfreiheit

P73 Arbitrium enim liberum nihil est aliud quam liberum iudicium.
Thomas von Aquin, Summa Theologica 1. 81,2
> Der freie Wille ist nichts anderes als die freie Entscheidung.

P74 Libera vero voluntas omni caret necessitate.
Scotus Eriugena, De praedestinatione 2,1
> Der freie Wille ist keinerlei Zwang unterworfen.

P75 Ubi est rationabilitas, ibi necessario erit libertas.
Scotus Eriugena, De praedestinatione 8,5
> Wo Vernunft das Handeln beherrscht, da herrscht notwendigerweise auch Freiheit.

P76 Neque enim fuerit ulla rationalis natura, quin eidem libertas adsit arbitrii.
Boethius, De consolatione philosophiae 5. p2,3
> Es könnte kein denkendes Wesen geben, wenn es sich nicht auf die Freiheit des Willens verlassen könnte.

P77 Homo est dominus suorum actuum et volendi et non volendi.
Thomas von Aquin; Summa theologiae 2/1. 109,2
> Der Mensch ist Herr seiner Handlungen und seines Wollens und Nichtwollens.

P78 Nemo habet in potestate, quid ei veniat in mentem, sed consentire vel dissentire propriae voluntatis est.
Augustinus, De spiritu et littera 34
> Es steht in niemands Macht, was ihm in den Sinn kommt, aber zustimmen oder anderer Meinung sein ist Sache des eigenen Willens.

P79 Cum libero peccaretur arbitrio victore peccato amissum est et liberum arbitrium.
Augustinus, Enchiridion de fide, spe et caritate 9
> Wenn aus freiem Willen gesündigt wird, geht mit dem Sieg der Sünde auch der freie Wille verloren.

P80 Quamvis, si liberum esset, noluissem, tamen coactus volui.
Corpus Iuris Civilis, Digesta 4. 2,21,5 (Paulus)
> Obwohl ich, wenn ich die Wahl gehabt hätte, nicht gewollt hätte, wollte ich unter Zwang dennoch.

Gleichberechtigung

P81 Aequalitas ordinem nescit pati.
~ Solon bei Ausonius, Ludus septem sapientium 77
> Gleichheit lässt keine Rangfolge zu.

P82 Iura certe paria debent esse eorum inter se, qui sunt cives in eadem re publica.
Cicero, De re publica 1. 49
> Jedenfalls müssen die Rechte derer unter sich gleich sein, die Bürger im gleichen Staat sind.

P83 Attio idem quod Tettio ius esto.
Varro bei Gellius, Noctes Atticae 3. 16,13
> Für Attius soll dasselbe Recht gelten wie für Tettius. *(vgl. ›Was dem einen recht ist, ist dem anderen billig.‹)*

P 84   Aequum inter omnes cives ius sit!
Seneca, Epistulae morales 86,2
> Gleiches Recht herrsche unter allen Bürgern!

P 85   Cum enim par habetur honos summis et infimis, qui sint in omni populo necesse est, ipsa aequitas iniquissima est.
Cicero, De re publica 1. 53
> Wenn die Höchsten wie die Niedrigsten, die es bei jedem Volk geben muss, die gleiche Ehre genießen, ist die Gleichheit äußerst ungerecht.

P 86   Nescit personas respicere, qui meram cogitat aequitatem.
Cassiodorus, Variae 3. 13,2
> Auf Einzelne kann keine Rücksicht nehmen, wer volle Rechtsgleichheit erreichen will.

P 87   Extemplo, simul pares esse coeperint, superiores erunt.
Cato bei Livius, Ab urbe condita 34. 3,2
> Sobald *(die Frauen)* anfangen, gleichberechtigt zu sein, werden sie die Herren sein.

P 88   Utinam lex esset eadem quae uxorist viro.
Plautus, Mercator 823
> Hätte doch der Mann nur die gleichen Rechte wie die Frau!

P 89   Sed nec aequitas ipsa patitur habere plus auctoritatis uxorem quam maritum.
Apuleius, Metamorphoses 9. 27,5
> Die Billigkeit erträgt es nicht, dass die Frau größeren Einfluss hat als der Mann.

Privileg

P 90   Non enim est acceptio personarum apud Deum.
Vulgata, Epistula ad Romanos 2,11
> Denn es ist kein Ansehen der Person vor Gott.

P 91   Non est enim apud Dominum Deum nostrum iniquitas nec personarum acceptio nec cupido munerum.
Vulgata, Liber paralipomenon 2. 19,7
> Vor dem Herrn, unserem Gott, gilt keine Ungleichheit und kein Ansehen der Person und keine Bestechlichkeit.

P 92   Indigna digna habenda sunt, herus quae facit.
Plautus, Captivi 200
> Was der Herr Unwürdiges tut, hat als würdig zu gelten. *(vgl. ›Gewalt geht vor Recht.‹)*

P 93 Medicos, grammaticos et professores alios litterarum una cum uxoribus et filiis nec non etiam rebus, quas in civitatibus suis possident, ab omni functione et ab omnibus muneribus civilibus vel publicis immunes esse praecipimus; mercedes etiam eorum et salaria reddi iubemus, quo facilius liberalibus studiis et memoratis artibus multos instituant.
~ *Corpus Iuris Civilis, Codex Iustinianus 10. 53,6 pr. + 1 (Constantinus a. 321)*

> Wir ordnen an, dass Ärzte, Philologen und andere wissenschaftliche Lehrer zusammen mit ihren Frauen und Kindern mit allem, was sie in ihren Gemeinden besitzen, von jeder öffentlichen Verpflichtung und jeder Art von gemeindlichen und staatlichen Lasten verschont werden und dass man sie entlohnt und besoldet, damit sie umso unbesorgter viele in den freien Wissenschaften und den erwähnten Künsten unterrichten.

P 94 Personis datae immunitates heredibus non relinquuntur.
Corpus Iuris Civilis, Digesta 50. 6,1,1 (Ulpianus)

> Personenbezogene Vergünstigungen gehen nicht auf die Erben über.

P 95 Privilegium tolli per abusum vel per actum contrarium.
Damasus, Regulae canonicae 137

> Ein Vorrecht kann durch Missbrauch oder durch Zuwiderhandeln verloren werden.

Staatsfinanzen

P 96 Res publica incolumis et privatas res facile salvas praestat; publica prodendo tua nequiquam serves.
Livius, Ab urbe condita 26. 36,9

> Ein intaktes Gemeinwesen lässt auch das private Vermögen gern unberührt; wenn man das öffentliche Vermögen aufgibt, kann man das private kaum erfolgreich retten.

P 97 Maximus autem, nisi me forte fallit, in re publica nodus est inopia rei pecuniariae; obdurescunt enim magis cottidie boni viri ad vocem tributi.
Cicero, Ad M. Brutum 26,5

> Die größte Schwierigkeit für den Staat ist, wenn ich mich nicht täusche, der Geldmangel; denn auch die Wohlmeinenden werden von Tag zu Tag beim Wort Steuern abweisender.

P 98 Ne sit aes alienum, quod rei publicae noceat, providendum est.
Cicero, De officiis 2. 84

> Man muss darauf achten, dass es keine Schulden gibt, die dem Staat schaden.

P 99 Ius fisci causam privatam praevenit.
~ *Corpus Iuris Civilis, Codex Iustinianus 7. 73,2 (a. 213)*

> Das Recht des Fiskus hat Vorrang vor privaten Ansprüchen.

Politik

P 100 Quod ad certam speciem civitatis relinquitur, in alios usus convertere non licet.
Corpus Iuris Civilis, Digesta 50. 8,1 (Ulpianus)
> Was für ein bestimmtes öffentliches Vorhaben hinterlassen wird, darf nicht für andere Zwecke verwendet werden.

P 101 Ut visco capiuntur aves, a fisco sic capiuntur opes.
Owen, Epigrammata 4. 239
> Wie Vögel mit Leim, so werden Reichtümer vom Fiskus eingefangen.

P 102 Vectigalia nervi sunt rei publicae.
~ Cicero, De imperio Cn. Pompei 17
> Steuern sind die Nerven des Staates.

P 103 Quicquid conspicuum pulchrumque est aequore toto / res fisci est, ubicumque natat.
Iuvenalis, Saturae 4. 54–55
> Was ansehnlich und schön ist auf dem ganzen Meer, wo immer es schwimmt, gehört dem Fiskus.

P 104 Bona vacantia ad fiscum pertinent.
Corpus Iuris Civilis, Digesta 30. 96,1 (Iulianus)
> Herrenlose Güter gehören dem Fiskus.

P 105 Qui pecuniam fisco vel publicis rationibus competentem furandi studio tulerit, eam reddat in quadruplum.
Edictum Theodorici regis 115
> Wer Geld, das dem Fiskus oder öffentlichen Kassen zusteht, in diebischer Absicht an sich genommen hat, muss es in vierfacher Höhe zurückgeben.

P 106 Fiscus ex suis contractibus usuras non dat, sed ipse accipit.
Corpus Iuris Civilis, Digesta 22. 1,17,5 (Paulus)
> Der Fiskus zahlt aus seinen Verträgen keine Zinsen, aber er kassiert welche.

P 107 Nec solet fiscus satisdare.
Corpus Iuris Civilis, Digesta 36. 3,1,18 (Ulpianus)
> Der Fiskus pflegt keine Sicherheit zu stellen.

P 108 Fiscus non erubescit.
cf. Cicero, Ad familiares 5. 12,1
> Der Fiskus errötet nicht.

P 109 Inicies fisco, quicquid non vis dare Christo.
Binder, Novus thesaurus 1517
> Was du Christus nicht geben willst, wirfst du dem Fiskus in den Rachen. *(vgl. ›Was man Gott nimmt, gehört dem Teufel.‹)*

P 110 Quod non capit Christus, rapit fiscus.
Binder, Novus thesaurus 2889
> Was die Kirche nicht nimmt, nimmt der Staat.

P 111 Reddite ergo, quae sunt Caesaris, Caesari, et quae sunt Dei, Deo.
Vulgata, Evangelium secundum Lucam 20,25
> Gebt dem Kaiser, was des Kaisers ist, und Gott, was Gottes ist.

P 112 Communem nummum dividendum censio est. / Nam noster nummus magna*(m)* habet pecuniam.
Corpus Inscriptionum Latinarum IV 1597 (Graffito aus Pompeji)
> Man sollte die Stadtkasse aufteilen, denn unser Fiskus hat viel Geld.

Politik(er)

P 113 Ars difficilis recte rem publicam regere.
Cicero, Ad Atticum 7. 25
> Es ist eine schwierige Kunst, den Staat richtig zu regieren.

P 114 Certe in optimorum consiliis posita est civitatium salus.
Cicero, De re publica 1. 51
> Ohne Zweifel gründet das Wohl der Staaten auf dem Rat ihrer besten Leute.

P 115 Gerere quam fieri tempore posterius, re atque usu prius est.
Sallustius, Bellum Iugurthinum 85,12
> Macht ausüben kann man erst, wenn man sie erlangt hat, doch müssen Praxis und Erfahrung vorausgehen.

P 116 Ut enim gubernatori cursus secundus, medico salus, imperatori victoria, sic moderatori rei publicae beata civium vita proposita est.
Cicero, De re publica 5. 8
> Wie der Steuermann auf eine günstige Fahrt hinarbeitet, der Arzt auf Gesundheit, der Feldherr auf Sieg, so der führende Politiker auf das Wohlergehen der Bürger.

P 117 Ac mihi quidem videntur huc omnia esse referenda iis, qui praesunt aliis, ut ii, qui erunt in eorum imperio, sint quam beatissimi.
Cicero, Ad Quintum fratrem 1. 1,24
> Meiner Ansicht nach muss, wer anderen zu gebieten hat, alles darauf abstellen, dass die ihm Untergebenen möglichst glücklich sind.

P 118 Caput autem est in omni procuratione negotii et muneris publici, ut avaritiae pellatur etiam minima suspicio.
Cicero, De officiis 2. 75
> Die Hauptsache bei jeder geschäftlichen Verrichtung und jeder Leistung für die Öffentlichkeit ist, dass auch der geringste Verdacht auf Habsucht vermieden wird.

Politik

P 119 Constantia est adhibenda et gravitas, quae resistat non solum gratiae, verum etiam suspicioni.
Cicero, Ad Quintum fratrem 1. 1,20
> Standhaftigkeit und Charakterstärke sind erforderlich, um nicht nur der Parteilichkeit, sondern auch dem Verdacht zu widerstehen.

P 120 Is ordo vitio careto, ceteris specimen esto.
Cicero, De legibus 3. 28
> Dieser Stand *(gemeint sind die Abgeordneten)* soll ohne Fehl und Tadel sein und den Übrigen als Vorbild dienen.

P 121 Quisquis senator curiam officii causa ingrederis, ante hoc ostium privatos affectus omnes abiicito: iuram, vim, odium, amicitiam, adulationem rei pub. personam et curiam subiicito. Nam ut aliis aequuus aut iniquus fueris, ita quoque dei iudicium expectabis et sustinebis.
Inschrift im Regensburger Rathaus, zitiert von Camerarius, Philippus, Meditationes historicae 33
> Jedes Ratsmitglied, das dienstlich hier zu tun hat, werfe vor diesem Eingang alle persönlichen Gefühle von sich: Zorn, Bedrücktheit, Freundschaft, Beeinflussung, er lasse die öffentliche Person und Sorge um die Gemeinde an deren Stelle treten. Denn wie man anderen gegenüber gerecht oder ungerecht war, so wird man auch das Urteil Gottes zu erwarten und auszuhalten haben.

P 122 Nam si qui voluptatibus ducuntur et se vitiorum illecebris et cupiditatium lenociniis dediderunt, missos faciant honores, ne attingant rem publicam, patiantur virorum fortium labore se otio suo perfrui.
Cicero, Pro Sestio 138
> Wer sich von Genusssucht leiten lässt und sich den Verlockungen des Lasters und den Verführungen der Leidenschaften hingibt, soll auf öffentliche Ämter verzichten, sich nicht mit Politik befassen und sich damit zufriedengeben, seine Muße zu genießen, die er der Anstrengung tüchtiger Männer verdankt.

P 123 Habet hoc primum magna fortuna, quod nihil tectum, nihil occultum esse patitur.
Plinius, Panegyricus 83,1
> Eine hohe gesellschaftliche Stellung bringt vor allem mit sich, dass sie nichts verborgen, nichts vertraulich sein lässt.

P 124 Qui demissi in obscuro vitam habent, si quid iracundia deliquere, pauci sciunt, fama atque fortuna eorum pares sunt; qui magno imperio praediti in excelso aetatem agunt, eorum facta cuncti mortales novere. Ita in maxuma fortuna minuma licentia est.
Sallustius, De coniuratione Catilinae 51,12
> Wenn einer, der sein Leben anspruchslos im Dunkeln verbringt, im Zorn sich vergangen hat, erfahren es nur wenige, seine Bekanntheit und sein Los sind gleich unscheinbar; das Tun dessen, der mit amtlichen Befugnissen betraut sein Leben in einer hohen Stellung verbringt, kennt alle Welt. So genießt der höchste Stand die geringste Freiheit.

P 125 Accedere ad rem publicam plerumque homines nulla re bona dignos, cum quibus comparari sordidum.
Cicero, De re publica 1. 9

> In den Staatsdienst treten meist Leute, die zu nichts Gutem wert sind und mit denen verglichen zu werden schändlich ist.

P 126 Virtus, probitas, integritas in candidato, non linguae volubilitas, non ars, non scientia requiri solet.
Cicero, Pro Plancio 62

> Tüchtigkeit, Rechtschaffenheit, Unbescholtenheit erwartet man gewöhnlich von einem Amtsbewerber, nicht Beweglichkeit der Zunge, Kunstfertigkeit, Gelehrtheit.

P 127 Ascensus ad dignitates arduus est, et per labores pervenitur ad labores maiores.
Bacon, Sermones fideles 11,1

> Der Aufstieg zu öffentlichen Ämtern ist mühsam, und durch Arbeit gelangt man zu noch mehr Arbeit.

P 128 Videtis igitur magistratus hanc esse vim, ut praesit praescribatque recta et utilia et coniuncta cum legibus: ut enim magistratibus leges, ita populo praesunt magistratus, vereque dici potest magistratum legem esse loquentem, legem autem mutum magistratum.
Cicero, De legibus 3. 2

> Ihr seht also, dass die Bedeutung der Beamtenschaft darin besteht, dass sie vorgesetzt ist und das Rechte und Nützliche und mit den Gesetzen Zusammenhängende vorschreibt: Denn wie den Beamten die Gesetze, so sind dem Volk die Beamten vorgesetzt, und man kann zu Recht sagen, die Behörde sei ein sprechendes Gesetz, das Gesetz aber ein stummer Beamter.

P 129 Est igitur proprium munus magistratus intellegere se gerere personam civitatis debereque eius dignitatem et decus sustinere, servare leges, iura discribere, ea fidei suae commissa meminisse.
Cicero, De officiis 1. 124

> Als seine eigentliche Aufgabe muss der Beamte erkennen, dass er die Rolle des Staates spielt und dessen Würde und Ansehen vertritt, die Gesetze wahrt, Rechtsbescheide erteilt und sich bewusst ist, dass er dafür verantwortlich ist.

P 130 Omnis etenim magistratus iustitiae famulus est.
Johannes Saresberiensis, Policraticus 5. 11

> Jeder Beamte ist ein Diener der Gerechtigkeit.

P 131 Maior pars aetatis, certe melior, rei publicae data sit; aliquid temporis tui sume etiam tibi.
Seneca, De brevitate vitae 18,1

> Der größte Teil deines Lebens, jedenfalls der bessere, mag der Politik gehören; verwende etwas von deiner Zeit auch für dich selbst.

Politik

P 132   Pulchrum est bene facere rei publicae, etiam bene dicere haud absurdum est.
Sallustius, De coniuratione Catilinae 3,1
> Es ist schön, sich für den Staat einzusetzen, auch gut zu reden ist nicht verkehrt.

P 133   Iovem nec pluvium nec serenum placere omnibus.
Erasmus, Colloquia Familiaria, Philodoxus
> Jupiter kann es nicht allen recht machen, weder wenn er regnen noch wenn er die Sonne scheinen lässt. *(vgl. ›Allen Leuten recht getan ist eine Kunst, die niemand kann.‹)*

P 134   Onus est honos, qui sustinet rem publicam.
~ Varro, De lingua Latina 5. 73
> Würde, die den Staat aufrechterhält, ist eine Bürde.

P 135   Populi est mancipium, quisquis patriae est utilis.
Publilius Syrus, Sententiae 471
> Ein Sklave seines Volks ist, wer seinem Vaterland nützlich ist.

P 136   Populo et scaenae serviendum est.
Cicero, Ad M. Brutum 1. 9,2
> Man muss dem Volk und der Öffentlichkeit *(wörtlich: der Bühne)* dienen.

P 137   Nec vero imperia expetenda ac potius aut non accipienda interdum aut deponenda non numquam.
Cicero, De officiis 1. 68
> Führungsämter sind nicht erstrebenswert; man sollte sie manchmal eher nicht annehmen oder zuweilen sogar niederlegen.

P 138   Honores mutant mores – non, sed ostendunt.
Pauli, Schimpf und Ernst 500
> Hohe Ämter verändern den Charakter – nein, sondern sie legen ihn an den Tag.

P 139   Nec idoneus videtur administrandae rei publicae, qui privatam recte gubernare nescit.
Erasmus, Apophthegmata 2. 153D
> Ungeeignet für ein öffentliches Amt erscheint, wer sein eigenes Leben nicht zu ordnen versteht.

P 140   Tenero tractari pectore nescit / publica maiestas.
Claudianus, In Eutropium 1. 423–424
> Ein noch jugendliches Herz versteht nicht mit Staatsgeschäften umzugehen.

P 141   Nam nec gratuita servitute, sed donis rependitur honor.
Columella, De re rustica 1. pr. 10
> Ein Ehrenamt kostet nicht nur unentgeltliche Dienste, sondern auch Spenden.

P142 Curia pauperibus clausa est; dat census honores.
Ovidius, Amores 3. 8,55
> Die Kurie ist den Armen verschlossen; die Einkünfte schaffen Ämter.

P143 Non gratis prodeo: verum peto a vobis, non pecuniam, sed bonam existimationem atque honorem.
C. Gracchus bei Gellius, Noctes Atticae 11. 10,3
> Ich trete nicht unentgeltlich an, sondern stelle Forderungen an euch, nicht Geld, aber Wertschätzung und Respekt.

P144 At gerere nunc rem publicam non est viri, / qui musicus sit ac probatis moribus.
Erasmus, Adagia 3789 (nach Aristophanes, Equites 191–192)
> Politik machen ist nichts für Gebildete und Charakterstarke. *(vgl. ›Politik verdirbt den Charakter.‹)*

P145 Fructuosus esse debet publicus labor.
Cassiodorus, Variae 3. 19,1
> Einsatz für die Allgemeinheit muss auch etwas einbringen.

P146 Nondum felix es, si nondum turba te deriserit.
Publilius Syrus, Sententiae A1
> Du bist noch nicht erfolgreich, wenn die Masse dich noch nicht verspottet.

P147 Simia simia est, etiamsi aurea gestet insignia.
Erasmus, Adagia 611 (nach Apostolios)
> Ein Affe bleibt ein Affe, auch wenn er goldene Amtsketten trägt.

P148 Sine lingua caput pedarii sententia est.
Laberius, frg. 88
> Ein Kopf ohne Zunge, das ist die Stimme des Hinterbänklers.

Herrschaft

P149 Non est enim potestas nisi a Deo.
Vulgata, Epistula ad Romanos 13,1
> Es gibt keine Obrigkeit außer von Gott.

P150 Id firmissimum longe imperium est, quo oboedientes gaudent.
Livius, Ab urbe condita 8. 13,16
> Die weitaus beständigste Herrschaft ist die, in der sich die Untertanen wohlfühlen.

P151 Imperium gere, sed ubi prius imperium ferre didiceris.
Erasmus, Adagia 2,3 (nach Solon bei Diogenes Laertios, Synagoges 1. 2,12)
> Herrsche, aber erst, wenn du zuvor gelernt hast, Herrschaft zu ertragen.

P 152 Verus est dominus, qui servo non indiget, et quo servus indiget.
Augustinus, Epistulae 138,6

> Ein wahrer Herr ist, wer nicht auf Untergebene angewiesen ist, auf den aber Untergebene angewiesen sind.

P 153 Instabile est regnum, quod non clementia firmat.
Walther von Châtillon, Alexandreis 1. 342

> Eine Herrschaft ist ohne Bestand, wenn Wohlwollen sie nicht festigt.

P 154 Non dominantur opes nec corrumpentia sensus / dona valent: emitur sola virtute potestas.
Claudianus, Panegyricus dictus Honorio Augusto tertium consuli 187

> Nicht Reichtum gibt den Ausschlag und auch nicht die Sinne verführende Geschenke: Macht erwirbt man allein durch Leistung.

P 155 Imperium facile iis artibus retinetur, quibus initio partum est.
Sallustius, De coniuratione Catilinae 2,4

> Macht lässt sich leicht mit den Mitteln erhalten, mit denen sie einmal errungen wurde.

P 156 Non posse bene geri rem publicam multorum imperiis.
Homeros bei Cornelius Nepos, De excellentibus ducibus exterarum gentium, Dion 6,4

> Ein Staat kann nicht gut regiert werden unter der Herrschaft von vielen. *(vgl. ›Viele Köche verderben den Brei.‹)*

P 157 Nulla potentia longa est.
Ovidius, Metamorphoses 2. 416

> Keine Macht ist von langer Dauer.

P 158 Omnis nimia potentia saluberrime in brevitatem constringetur.
Seneca maior, Controversiae 7. 8,1

> Allzu strenge Herrschaft verbraucht sich bald.

P 159 Violenta nemo imperia continuit diu, / moderata durant.
Seneca, Troades 258–259

> Gewaltherrschaft hat niemand lange ausgeübt, maßvolle ist von Dauer.

P 160 Perdere posse sat est, si quem iuvet ipsa potestas.
Ovidius, Heroides 12,75

> Das Bewusstsein, vernichten zu können, genügt dem, der die Macht um ihrer selbst willen liebt.

P 161 Ubi non est pudor, / nec cura iuris, sanctitas, pietas, fides, / instabile regnum est.
Seneca, Thyestes 215–217

> Wo es keine Scham gibt, keine Pflege des Rechts, Ehrfurcht, Verantwortung und Treue, hat Herrschaft keine Dauer.

P 162 An nescis longas regibus esse manus?
Ovidius, Heroides 17,168

> Oder weißt du nicht, dass die Könige lange Hände haben? *(d. h. dass ihre Macht weit reicht; vgl. ›Große Herren haben lange Arme.‹)*

P 163 Sic volo, sic iubeo, sit pro ratione voluntas.
~ Iuvenalis, Saturae 6,223

> So will ich es, so befehle ich es, mein Wille ist Grund genug.

P 164 Exeat aula / qui vult esse pius. Virtus et summa potestas / non coeunt; semper metuet, quem saeva pudebunt.
Lucanus, Bellum civile (Pharsalia) 8. 493–495

> Wer tugendhaft sein will, muss den Hof verlassen. Tugend und oberste Macht passen nicht zusammen; immer wird in Furcht sein, wer sich vor Grausamkeit schämt.

Gewalt

P 165 In ista ipsa potestate inesse quiddam mali, sed bonum quod est quaesitum in ea, sine isto malo non haberemus.
~ Cicero, De legibus 3. 23

> Staatliche Gewalt hat etwas Böses an sich, aber ohne dieses Böse hätten wir das Gute nicht, das man mit ihr gesucht hat.

P 166 Pellitur e medio sapientia, vi geritur res. / Spernitur orator bonus, horridus miles amatur.
Ennius bei Gellius, Noctes Atticae 20. 10,4

> Die Weisheit wird verbannt, Gewalt ist an der Tagesordnung. Verachtet wird ein guter Redner, der brutale Soldat wird geschätzt.

P 167 Non ea sola vis est, quae ad corpus nostrum vitamque pervenit, sed etiam multo maior ea, quae periculo mortis iniecto formidine animum perterritum loco saepe et certo de statu demovet.
Cicero, Pro Caecina 42

> Nicht nur das ist Gewalt, was unseren Körper und unser Leben angeht, sondern noch viel mehr das, was bei Androhung von Lebensgefahr die Seele mit größter Furcht erfüllt und sie dadurch oft aus ihrer Ruhe und ihrer festen Stellung aufschreckt.

P 168 Non dubium sit, quin maior adhibita vis ei sit, cuius animus sit perterritus, quam illi cuius corpus vulneratum sit.
Cicero, Pro Caecina 42

> Es darf kein Zweifel daran bestehen, dass dem, der psychisch unter Druck gesetzt wird, größere Gewalt angetan wird als dem, der körperlich verletzt wird.

P 169 Qui vim facit, dolo malo facit.
Corpus Iuris Civilis, Digesta 47. 8,2,8 (Ulpianus)

> Wer Gewalt anwendet, handelt arglistig.

Politik

P170 Fit via vi.
Vergilius, Aeneis 2. 494
>> Gewalt bahnt sich ihren Weg.

P171 Contra vim non valet ius.
cf. Cicero, Pro Milone 11
>> Gegen Gewalt gibt es kein Recht. *(vgl. ›Gewalt geht vor Recht.‹)*

P172 Cedit viribus aequum.
Ovidius, Tristia 5. 7b,23
>> Das Recht weicht der Gewalt.

P173 Arma vincunt leges.
~ Seneca, Hercules furens 401
>> Waffen sind stärker als Gesetze.

Zwang

P174 Magnatum preces sunt imperia.
cf. Macrobius, Saturnalia 2. 7
>> Die Bitten großer Herren sind Befehle.

P175 Cogit rogando, qui rogat potentior.
Pseudo-Publilius, Proverbia 54
>> Wer als Machthaber bittet, zwingt durch Bitten.

P176 Irrita iura sonant, quae sunt extorta timore.
Ysopet Latinus 31,11
>> Befugnisse, die durch Einschüchterung erpresst wurden, sind ungültig.

P177 Necessitas tollit arbitrium.
~ Seneca, De beneficiis 2. 18,7
>> Eine Zwangslage setzt die freie Entscheidung außer Kraft.

P178 Nihil tam facile est, quin difficile fiat quod invitus facias.
Hieronymus, Commentarius in Ezechielem 7. pr.
>> Nichts ist so leicht, dass es nicht schwer wird, wenn man es ungern macht.

Strenge

P179 Ita probanda est mansuetudo atque clementia, ut adhibeatur rei publicae causa severitas, sine qua administrari civitas non potest.
Cicero, De officiis 1. 88
>> Freundlichkeit und Milde sind zwar gutzuheißen, aber um des Staates willen muss auch Strenge angewendet werden, ohne die ein Gemeinwesen nicht verwaltet werden kann.

P 180 Summissum imperium non tenet vires suas.
Publilius Syrus, Sententiae 599
> Eine sanfte Herrschaft verliert ihre Kraft.

P 181 Severitas acerba videretur, nisi multis condimentis humanitatis mitigaretur.
Cicero, Ad Quintum fratrem 1. 1,21
> Strenge würde bitter schmecken, wenn sie nicht durch viele Beigaben von Freundlichkeit gemildert würde.

P 182 Imperium astringit qui nimis, solvit cito.
Publilius Syrus, Sententiae A260
> Wer seine Macht allzu straff ausübt, lässt sie rasch zerfallen. *(vgl. ›Allzu straff gespannt zerbricht der Bogen.‹)*

P 183 Nimis severus est iniusto proximus.
Publilius Syrus, Sententiae A198
> Allzu große Strenge steht der Ungerechtigkeit sehr nahe.

P 184 Non minus principi turpia sunt multa supplicia quam medico multa funera.
Seneca, De clementia 1. 24,1.
> Für einen Herrscher sind viele Strafen nicht weniger schändlich als für einen Arzt viele Todesfälle.

P 185 Ex saeva animadversione nulla regi gloria est.
Publilius Syrus, Sententiae A298
> Mit grausamen Strafen erntet ein Herrscher keinen Ruhm.

P 186 Severitas assidua tandem frangitur.
Publilius Syrus, Sententiae A162
> Ununterbrochene Strenge ist letztlich zum Scheitern verurteilt.

P 187 Severitas quod maximum remedium habet, assiduitate amittit auctoritatem.
Seneca, De clementia 1. 22,2
> Die Strenge verliert ihr wirksamstes Mittel, die Autorität, durch häufige Wiederholung.

Fürstenspiegel

P 188 A capite bona valetudo.
Seneca, De clementia 2. 2,1
> Am Kopf beginnt die Gesundheit.

P 189 Utque in corporibus, sic in imperio gravissimus est morbus, qui a capite diffunditur.
Plinius, Epistulae 4. 22,7
> Wie beim Körper so ist auch beim Staat die Krankheit die schlimmste, die vom Kopf ausgeht.

P 190 Piscis primum a capite foetet.
Erasmus, Adagia 3197 (nach Apostolios)
Ein Fisch stinkt zuerst am Kopf.

P 191 Componitur orbis / regis ad exemplum.
Claudianus, De quarto consulatu Honorii Augusti 299–300
Die Welt gestaltet sich nach dem Vorbild des Königs.

P 192 In vulgus manant exempla regentum.
Claudianus, De consulatu Stilichonis 1. 168
Das Beispiel der Herrschenden greift auf das Volk über.

P 193 Non autem regit, qui non corrigit.
Isidorus Hispaliensis, Etymologiae (Origines) 9. 3
Wer nicht bessert, regiert nicht.

P 194 Nam facere recte civis suos princeps optimus faciendo docet, cumque sit
imperio maximus, exemplo maior est.
Velleius Paterculus, Historia Romana 2. 126,5
Der beste Fürst lehrt durch sein Handeln seine Bürger, richtig zu handeln, und obwohl er
durch seine Macht der Größte ist, ist er durch sein Beispiel noch größer.

P 195 Tu civem patremque geras, tu consule cunctis, / non tibi: nec tua te moveant,
sed publica vota.
Claudianus, Panegyricus dictus Honorio Augusto quartum consuli 294–295
Zeig dich als Bürger und Vater, denk an alle, nicht nur an dich: Lass dich nicht von deinen
eigenen, sondern von den Interessen der Allgemeinheit leiten.

P 196 Tunc omnia iure tenebis, / cum poteris rex esse tui.
Claudianus, De quarto consulatu Honorii Augusti 261–262
Dann wirst du mit Recht alles beherrschen, wenn du Herr deiner selbst sein kannst.

P 197 Imperium autem non potestatis tantummodo vocabulum, sed etiam orationis
est. Quippe vis imperandi iubendo vetandoque exercetur: nisi bene facta
laudet, nisi perperam gesta reprehendat, nisi hortetur ad virtutem, nisi a vitiis
deterreat, nomen suum deserat et imperator frustra appelletur.
Fronto, Ad Verum imperatorem 2. 12
Amtsgewalt ist nicht nur eine Bezeichnung für Macht, sondern auch für sprachliche
Fähigkeit. Denn Herrschaft wird durch Befehlen und Verbieten ausgeübt. Wer nicht gutes
Handeln lobt und falsches tadelt, wer nicht zu Anstand ermahnt und von Vergehen
abschreckt, setzt sich über seine Amtsbezeichnung hinweg und wird nutzlos Herrscher
genannt.

P 198 In commune iubes si quid censesve tenendum, / primus iussa subi; tunc observantior aequi / fit populus nec ferre negat, cum viderit ipsum / auctorem parere sibi.
Claudianus, Panegyricus dictus Honorio Augusto quartum consuli 296–299

> Wenn du etwas befiehlst oder verordnest, was alle einzuhalten haben, halte dich als Erster an die Gebote, dann wird auch das Volk mehr auf das Rechte achten und sich nicht weigern, es zu übernehmen, wenn es sieht, dass der Initiator selbst sich gehorcht.

P 199 Fallitur, egregio si quis sub principe credit / servitium: numquam libertas gratior exstat / quam sub rege pio.
Claudianus, De consulatu Stilichonis 3. 113–115

> Wer bei einem hervorragenden Fürsten an Unterdrückung denkt, täuscht sich: Nie gibt es angenehmere Freiheit als unter einem verantwortungsbewussten Herrscher.

P 200 Certissima est regnare cupienti via / laudare modica et otium ac somnum loqui.
Seneca, Oedipus 682

> Die sicherste Methode für einen, der herrschen will, ist, Mäßigung gutzuheißen und von Muße und Ruhe zu reden.

P 201 Excogitare nemo quicquam poterit, quod magis decorum regenti sit quam clementia.
Seneca, De clementia 1. 19,1

> Niemand wird sich etwas ausdenken können, was einem Regierenden besser zu Gesicht steht als die Milde.

P 202 Clementia alieno sanguini tamquam suo parcit.
~ Seneca, Epistulae morales 88,30

> Milde schont fremdes Blut, als wäre es eigenes.

P 203 Melius beneficiis imperium custodiatur quam armis.
Seneca, Ad Polybium de consolatione 12,3

> Die Macht sollte man besser mit Wohltaten erhalten als mit Waffen.

P 204 Studeat plus amari quam timeri.
Benedictus Nursinus, Regula 64,15

> Er *(der Abt)* soll sich mehr darum bemühen, geliebt, als gefürchtet zu werden.

P 205 Multos timere debet, quem multi timent.
Publilius Syrus, Sententiae 338

> Viele muss fürchten, wer von vielen gefürchtet wird.

P 206 Necesse est multos timeat, quem multi timent.
Laberius bei Seneca, De ira 2. 11,3

> Wen viele fürchten, der muss viele fürchten.

P207 **Invisa numquam imperia retinentur diu.**
Seneca, Phoenissae 660
> Verhasste Herrschaft hält sich nie lange.

P208 **Odia qui nimium timet, / regnare nescit.**
Seneca, Oedipus 703–704
> Wer Hass zu sehr fürchtet, versteht nicht zu herrschen.

P209 **Periculosius est autem timeri quam despici.**
Seneca, De ira 2. 11,1
> Gefürchtet zu werden ist gefährlicher, als verachtet zu werden.

P210 **Perierunt omnia, ubi, quantum ira suadet, fortuna permittit, nec diu potest, quae multorum malo exercetur, potentia stare; periclitatur enim, ubi eos, qui separatim gemunt, communis metus iunxit.**
Seneca, De ira 3. 16,2
> Alles ist verloren, sobald die Stellung alles erlaubt, was der Zorn rät, und eine Macht, die zum Schaden der Mehrheit ausgeübt wird, kann nicht lange Bestand haben; sie gerät in Gefahr, sobald die gemeinsame Furcht die, die jetzt getrennt stöhnen, vereint hat.

P211 **Qui terret, plus ipse timet: sors ista tyrannis / convenit: invideant claris fortesque trucident.**
Claudianus, Panegyricus dictus Honorio Augusto quartum consuli 290–291
> Wer Schrecken verbreitet, fürchtet selbst mehr: Das ist das Los der Tyrannen, dass sie Vortreffliche hassen und Tüchtige hinmorden.

P212 **Imperia crudelia magis acerba quam diuturna.**
Sallustius, Epistulae ad Caesarem senem 2,3
> Eine grausame Herrschaft ist mehr grausam als von Dauer.

P213 **Iniqua numquam regna perpetuo manent.**
Seneca, Medea 196
> Ungerechte Herrschaft hat nie auf Dauer Bestand.

P214 **Nullum violentum est perpetuum.**
Auctoritates, Aristoteles, De caelo et mundo 2. 50
> Gewaltsames ist nie von Dauer. *(vgl. ›Zwang währt nicht lang.‹)*

P215 **Multis terribilis caveto multos!**
Periandros bei Pseudo-Ausonius, Septem sapientum sententiae 4,5
> Hüte dich vor vielen, wenn du viele in Angst und Schrecken versetzt!

P216 **Herum nemo bene gerit, nisi servierit bene.**
Binder, Novus thesaurus 1295
> Niemand wird ein guter Herr, wenn er nicht gut gedient hat.

P217 In principatu commutando saepius / nil praeter domini mores mutant pauperes.
Phaedrus, Liber fabularum 1. 15,1–2

    Auch wenn die Herrschaft öfter wechselt, für die armen Leute ändert sich nichts außer den Schrullen des Herrschers.

Fallhöhe

P218 Et gravius summo culmine missa ruunt.
Maximianus, Elegiae 1,292

    Was vom höchsten Gipfel gestürzt wird, fällt umso schmerzlicher. *(vgl. ›Je höher der Aufstieg, desto tiefer der Fall.‹)*

P219 Quantum enim maior honor, tantum maius periculum.
Defensor Locociagensis, Liber scintillarum 57

    Je höher die Stellung, desto größer die Gefahr.

P220 Excelsis multo facilius casus nocet.
Publilius Syrus, Sententiae 162

    Für Hochstehende ist ein Sturz viel gefährlicher.

P221 Ni gradus servetur, nulli tutus est summus locus.
Publilius Syrus, Sententiae 431

    Wenn der Abgang unsicher ist, kann sich keiner in einer Spitzenstellung sicher fühlen.

P222 Neminem adversa fortuna comminuit, nisi quem secunda decepit.
Seneca, Ad Helviam matrem de consolatione 5,4

    Das Unglück hat niemanden zerbrochen, es sei denn, das Glück habe ihn zuvor getäuscht.

P223 Magis, unde cadas, quam quo refert.
Seneca, Thyestes 926

    Wichtiger ist, von wo man fällt, als wohin.

P224 Humilis nec alte cadere nec graviter potest.
Publilius Syrus, Sententiae 667

    Wer ganz unten ist, kann weder tief noch schwer fallen.

Hierarchie

P225 Cede maiori.
Binder, Novus thesaurus 473

    Lass dem Ranghöheren den Vortritt.

Politik

P 226 Cum principe non pugnandum.
Erasmus, Adagia 2869.
> Mit seinem Chef soll man sich nicht anlegen. *(vgl. ›Mit hohen Herren ist nicht gut Kirschen essen.‹)*

P 227 Haec enim condicio superiorum est, ut, quicquid faciunt, praecipere videantur.
Pseudo-Quintilianus, Declamationes maiores 3,15
> So steht es mit den Vorgesetzten, dass sie alles, was sie tun, zu befehlen scheinen.

P 228 Neque enim esset rectum minori parere maiorem.
Cicero, Timaeus 21
> Es wäre nicht recht, wenn der Vorgesetzte dem Untergebenen gehorcht.

P 229 Maiores a minoribus iudicari non possunt.
Decretum magistri Gratiani 1. 21,8 Rubrik
> Höhergestellte können nicht von Untergebenen beurteilt werden.

P 230 Hodie enim non, qualis quisque sit, sed quo vocetur nomine, quaeritur: in fortuna ac pecunia omnia insunt, virtuti proprium est nihil.
Ulrich von Hutten (1488 – 1523)
> Heutzutage geht es nicht darum, wie einer ist, sondern was für einen Namen er hat: Vermögen und Geld ist für alles maßgebend, der Leistung gesteht man keinen eigenen Wert zu.

P 231 Non bene cum parvis iunguntur grandia rebus.
Anthologia Latina 1. 407,11
> Großes verbindet sich nicht ordentlich mit Kleinem.

P 232 Non est discipulus super magistrum nec servus super dominum suum.
Vulgata, Evangelium secundum Matthaeum 10,24
> Der Schüler steht nicht über seinem Lehrer und der Diener nicht über seinem Herrn.

P 233 Pauper et dives inimici.
Calpurnius Flaccus, Declamationes 29
> Arme und Reiche sind Feinde.

Gehorsam

P 234 Oboedire oportet Deo magis quam hominibus.
Vulgata, Actus apostolorum 5,29
> Man muss Gott mehr gehorchen als den Menschen.

P 235 Omnis anima potestatibus sublimioribus subdita sit: Non est enim potestas
nisi a Deo; quae autem sunt, a Deo ordinatae sunt.
Vulgata, Epistula ad Romanos 13,1

> Jedermann sei untertan der Obrigkeit, die Gewalt über ihn hat. Denn es ist keine Obrigkeit
> ohne von Gott, wo aber Obrigkeit ist, die ist von Gott verordnet.

P 236 Generale quippe pactum est societatis humanae oboedire regibus suis.
Augustinus, Confessiones 3. 15

> Gehorsam gegenüber der Obrigkeit ist allgemeine Bedingung jeder menschlichen
> Gesellschaft.

P 237 Difficile est regi servire absque incommodo.
Publilius Syrus, Sententiae A330

> Es ist schwer, dem König zu dienen, ohne Schaden zu nehmen.

P 238 Pro dominis peccare etiam virtutis loco est.
Publilius Syrus, Sententiae 486

> Sich für seine Herren strafbar machen ist so viel wie Tugend.

P 239 Faciendum id nobis, quod parentes imperant.
Plautus, Stichus 54

> Wir müssen das tun, was unsere Eltern uns auftragen.

P 240 Parenti potius quam amori obsequi / oportet.
Terentius, Hecyra 448–449

> Den Eltern muss man mehr gehorchen als der Liebe.

P 241 Debet autem discipuli subiectio in tribus consistere: in attentione,
benivolentia et docilitate.
Pseudo-Boethius, De disciplina scolarium 2,2

> Die Willfährigkeit eines Schülers muss dreifach bestehen, in Aufmerksamkeit, Wohlwollen
> und Gelehrigkeit.

P 242 I missus, veni vocatus.
Wander, Deutsches Sprichwörter-Lexikon 3. 1763

> Geh, wenn man dich schickt, komm, wenn man dich ruft.

P 243 Parere scire par imperio gloriast.
Publilius Syrus, Sententiae A250

> Zu gehorchen verstehen ist ein Lob, das dem Herrschen gleichkommt.

P 244 Oboedientia non servili metu, sed caritatis affectu servanda est, non timore
poenae, sed amore iustitiae.
Gregorius Magnus, Moralia in Iob 35. 14

> Gehorsam ist nicht in unterwürfiger Bangigkeit, sondern im Geist der Liebe zu leisten, nicht
> in Furcht vor Strafe, sondern in Liebe zur Gerechtigkeit.

Politik

P245 Primus humilitatis gradus est oboedientia sine mora.
Benedictus Nursinus, Regula 5,1
> Der erste Grad der Demut ist unverzüglicher Gehorsam.

P246 Qui imperia libens excipit, partem acerbissimam servitutis effugit, facere, quod nolit.
Seneca, Epistulae morales 61,3
> Wer Befehle willig vollzieht, kommt um das Bitterste an der Knechtschaft herum, zu tun, was er nicht will.

P247 Omnes aequo animo parent, ubi digni imperant.
Publilius Syrus, Sententiae 441
> Geduldig gehorchen alle, wo Würdige herrschen.

P248 Remissius imperanti melius paretur; natura contumax est humanus animus et in contrarium atque arduum nitens sequiturque facilius, quam ducitur.
Seneca, De clementia 1. 24,1-2
> Einem, der milder herrscht, gehorcht man lieber; der Mensch ist von Natur aus störrisch und wehrt sich gegen das, was ihm zuwider und beschwerlich erscheint; er folgt leichter, als dass er sich führen lässt.

P249 Roganti melius quam imperanti pareas.
Publilius Syrus, Sententiae 579
> Einer Bitte folgt man lieber als einem Befehl.

Pflicht

P250 Nulla enim vitae pars, neque publicis neque privatis neque forensibus neque domesticis in rebus, vacare officio potest.
~ Cicero, De officiis 1. 4
> Kein Bereich unseres Lebens, weder in politischen noch in persönlichen, weder in öffentlichen noch in familiären Angelegenheiten, kann frei sein von Verpflichtungen.

P251 Meo iudicio pietas fundamentum est omnium virtutum.
Cicero, Pro Plancio 29
> Meiner Meinung nach ist das Pflichtbewusstsein die Grundlage aller Tugenden.

P252 Officia sua vir bonus exsequitur inconfusus, intrepidus.
Seneca, De ira 1. 12,2
> Ein redlicher Mann erfüllt unbeirrt und unverzagt seine Pflicht.

P253 Sed nulla lassitudo impedire officium et fidem debet.
Cicero, Ad familiares 12. 25a,1
> Keine Müdigkeit darf daran hindern, treu seine Pflicht zu erfüllen.

P254 Hoc opus, hic labor est.
Vergilius, Aeneis 6. 129
> Das tut not, das ist jetzt die Aufgabe.

P255 Non qua itur, sed qua eundum est, tibi eundum est.
cf. Seneca, De vita beata 1,3
> Du musst nicht den Weg gehen, den man geht, sondern den man gehen muss.

P256 Tibi ut opus est facto, face.
Terentius, Heauton timorumenos 80
> Handle, wie du handeln musst.

P257 In officio et colendo sita vitae est honestas omnis et neglegendo turpitudo.
~ Cicero, De officiis 1. 4
> In der Beachtung der Pflicht steckt alle Sittlichkeit des Lebens, in ihrer Vernachlässigung alle Schande.

P258 Is est honos homini pudico meminisse officium suum.
Plautus, Trinummus 697
> Für einen anständigen Menschen ist es eine Ehre, sich an seine Pflicht zu erinnern.

P259 Est autem officium, quod ita factum est, ut eius facti probabilis ratio reddi possit.
Cicero, De finibus bonorum et malorum 3. 58
> Pflichtgemäßes Handeln ist aber derart, dass dafür eine einleuchtende Begründung gegeben werden kann.

P260 Delinquit enim, qui non implet officium; sed plane peccat, quisquis committit contrarium.
Johannes Saresberiensis, Policraticus 6. 13
> Schuldig macht sich, wer seine Pflicht nicht erfüllt, doch besonders schlimm vergeht sich, wer ihr gar zuwiderhandelt.

Widerstand

P261 Durum est tibi contra stimulum calcitrare.
Vulgata, Actus apostolorum 9,5
> Es wird dir schwer werden, wider den Stachel auszuschlagen.

P262 Durum est natare contra impetum fluminis.
Bebel, Proverbia Germanica 493
> Es ist hart, gegen den Strom zu schwimmen.

P263   Armat spina rosas; mella tegunt apes; / crescunt difficili gaudia iurgio / accenditque magis, quae refugit, Venus. / Quod flenti tuleris, plus sapit osculum.
Claudianus, De nuptiis Honorii Augusti 4,10
> Der Dorn bewaffnet die Rosen, die Bienen schützen den Honig, aus schwerem Streit entstehen die Freuden des Triumphs, und Venus reizt umso mehr, wenn sie sich zurückzieht. Der Kuss, den man einem Trauernden gibt, ist süßer.

P264   Contrarie opinari pluribus nec in omnibus conveniens nec in aliquibus incontingens.
Sententiae Varronis 59
> Sich in seinen Ansichten gegen die Mehrheit zu stellen ist weder bei allem zweckmäßig noch bei manchem unangebracht.

P265   Patientia in adversis numquam felicitas.
Publilius Syrus, Sententiae 491
> Nachgiebigkeit im Unglück ist nie von Vorteil.

P266   Et domitus freno saepe repugnat equus.
Ovidius, Tristia 4. 6,24
> Selbst ein zahmes Pferd bäumt sich oft gegen den Zügel auf.

P267   Tam diu ab isto periculo aberit hic populus, quam diu sciet ferre frenos.
Seneca, De clementia 1. 4,2
> Ein Volk wird so lange keine Gefahr darstellen, als es die Zügel zu tragen vermag.

P268   Nec vincere possis / flumina, si contra, quam rapit unda, nates.
Ovidius, Ars amatoria 2. 181–182
> Man kann die Strömung nicht besiegen, wenn man gegen den Strom schwimmt.

P269   Frustranea agere insignis est amentiae.
Erasmus, Adagia 4104 (nach Sophokles, Antigone 68)
> Sich vergeblich aufzulehnen ist völlig sinnlos.

Weigerung

P270   Verecundia negandi cave ne inferat tibi necessitatem mentiendi, quia honestius est rem negare quam longos terminos dare.
Petrus Alfonsi, Disciplina clericalis 10
> Hüte dich davor, dass die Scheu, zu verweigern, den Zwang, zu lügen, nach sich zieht, denn es ist anständiger, etwas zu verweigern, als es auf die lange Bank zu schieben.

P 271 Sunt quaedam nocitura impetrantibus; quae non dare, sed negare beneficium est.
Seneca, De beneficiis 2. 14,1
> Es gibt manches, was schädlich ist, wenn man es erlangt; dies nicht zu geben, sondern zu verweigern ist eine Wohltat.

P 272 Si dicere metuas, unde paeniteas, melius est dicere: non! quam: sic!
Petrus Alphonsi, Disciplina clericalis 4. De mendacio 3
> Wenn man sich scheut zu sagen, was man bereuen könnte, ist es besser, Nein als Ja zu sagen.

P 273 Pars beneficii est, quod petitur, si belle neges.
Publilius Syrus, Sententiae 469
> Es ist auch eine Wohltat, wenn man die Bitte freundlich abschlägt.

P 274 Repulsam / ex merito patitur, qui postulat ulterius, quam / promeruit.
Walther von Châtillon, Alexandreis 6. 124–126
> Einen Rückschlag erleidet zu Recht, wer mehr fordert, als er verdient hat.

P 275 Belle negandum est.
Q. Cicero, Commentariolum petitionis 45
> Man muss höflich absagen.

P 276 Non semper mihi licet dicere: Nolo.
Seneca, De beneficiis 2. 18,6
> Ich darf nicht immer sagen: Ich will nicht.

P 277 Negandi causa avaro numquam deficit.
Publilius Syrus, Sententiae 386
> Dem Geizigen fehlt es nie an einem Vorwand, nein zu sagen.

P 278 Non possumus.
Kirchenlatein (~ Vulgata, Actus apostolorum 4,20)
> Wir können nicht. *(Weigerungsformel der Kurie gegenüber dem Staat)*

P 279 Tarde velle nolentis est.
Seneca, De beneficiis 2. 5,4
> Langsam wollen ist gleichbedeutend mit nicht wollen.

Zwietracht

P 280 Alta sedent civilis vulnera dextrae.
Lucanus, Bellum civile (Pharsalia) 1. 32
> Tief sind die Wunden, die der Bürgerkrieg schlägt.

Politik

P 281 En quo discordia cives / produxit miseros!
Vergilius, Bucolica 1,71–72

Weh, in welches Elend hat die Zwietracht die Bürger gestürzt!

P 282 Certamina factionum fuerunt eruntque pluribus populis exitio quam bella externa, quam fames morbive.
~ *Livius, Ab urbe condita 4. 9,3*

Innere Auseinandersetzungen stürzten und stürzen mehr Völker ins Verderben als Kriege mit äußeren Feinden, als Hungersnöte und Seuchen.

P 283 Inter turbas et discordias pessimo cuique plurima vis; pax et quies bonis artibus indigent.
Tacitus, Historiae 4. 1,3

Bei Aufruhr und Zwietracht haben gerade die Schlechtesten die meiste Macht; Ruhe und Friede verlangen nach guten Eigenschaften.

P 284 Quis furor, o cives, quae tanta licentia ferri?
Lucanus, Bellum civile (Pharsalia) 1. 8

Welche Raserei, Bürger, welch ungeheure Zügellosigkeit der Waffen!

P 285 O navis, referent in mare te novi / fluctus? o quid agis? fortiter / occupa portum!
Horatius, Carmina 1. 14,1–3

O Schiff, werden neue Fluten dich ins Meer zurückreißen? Was tust du? Gewinne tapfer den Hafen!

P 286 Seditio civium hostium est occasio.
Publilius Syrus, Sententiae 621

Zwietracht der Bürger ist dem Feind willkommen.

P 287 Seditio praesens venenum est civitatis.
Erasmus, Apophthegmata 1. 136A

Aufruhr ist schnell wirkendes Gift für einen Staat.

P 288 Firmanda igitur sunt vel concordiae bona et discordiae mala expellenda.
Sallustius, Epistulae ad Caesarem senem de re publica 1. 5,3

Die Güter der Eintracht muss man stärken und die Übel der Zwietracht ausmerzen.

Krieg

P 289 Imperii et divitiarum causa bella atque certamina omnia inter mortales sunt.
~ *Sallustius, De coniuratione Catilinae 33,4*

Macht und Reichtum sind die Ursache aller Kriege und Auseinandersetzungen unter den Menschen.

P290 Bellum a nulla re bella.
cf. Isidorus Hispaliensis, Etymologiae (Origines) 18. 1,9
> Krieg heißt Krieg, weil er nicht schön ist *(das Wortspiel ist im Deutschen nicht nachzuahmen)*.

P291 Inexpertis enim dulcis est pugna.
Vegetius, Epitoma rei militaris 3. 12,2
> Wer den Kampf nicht kennt, hält ihn für herrlich.

P292 Dulce bellum inexpertis, expertus metuit.
Erasmus, Adagia 3001 (nach Pindaros, frg.)
> Angenehm ist der Krieg nur für den, der ihn nicht kennt; wer ihn kennt, fürchtet ihn.

P293 Silent enim leges inter arma.
Cicero, Pro Milone 11
> Im Waffenlärm schweigen die Gesetze *(d. h. im Krieg gilt kein Recht)*.

P294 Aequalitas non parit bellum.
Binder, Novus thesaurus 88
> Ebenbürtigkeit lässt keinen Krieg aufkommen.

P295 Bellum autem ita suscipiatur, ut nihil aliud nisi pax quaesita videatur.
Cicero, De officiis 1. 80
> Einen Krieg unternehme man in der Absicht, nichts anderes als den Frieden anzustreben.

P296 Suscipienda quidem bella sunt ob eam causam, ut sine iniuria in pace vivatur.
Cicero, De officiis 1. 35
> Kriege muss man aus dem einzigen Grund unternehmen, dass man ohne Unrecht in Frieden leben kann.

P297 Est autem ius etiam bellicum fidesque iuris iurandi saepe cum hoste servanda.
Cicero, De officiis 3. 107
> Auch das Kriegsrecht muss eingehalten werden und oft sogar ein dem Feind unter Eid gegebenes Versprechen.

P298 Bellum nec timendum nec provocandum.
cf. Plinius, Panegyricus 16,2
> Den Krieg darf man nicht fürchten, aber man darf ihn auch nicht provozieren.

P299 Bellum se ipsum alet.
Cato bei Livius, Ab urbe condita 34. 9,12
> Der Krieg ernährt sich selbst.

P300 Saevit toto Mars impius orbe.
Vergilius, Georgica 1. 511
> Erbarmungsloser Krieg wütet auf der ganzen Welt.

Politik

P301   Bella gerant alii, tu, felix Austria, nube, / nam quae Mars aliis, dat tibi regna Venus.
urspr. bezogen auf die Heiratspolitik Maximilians I.; Anfang bei Ovidius, Heroides 13,85
> Kriege sollen andere führen, du, glückliches Österreich, heirate, denn die Reiche, die anderen Mars gibt, gibt dir Venus.

P302   Prima coitiost acerruma.
Terentius, Phormio 346
> Der erste Kampf ist der hitzigste.

P303   Arma amens capio, nec sat rationis in armis.
Vergilius, Aeneis 2. 314
> Kopflos greife ich zu den Waffen, doch auch in den Waffen ist nicht genügend Rat.

P304   Arma virumque cano.
Vergilius, Aeneis 1. 1
> Die Waffen besinge ich und den Mann *(d. h. Äneas).*

P305   Ergo militia est hominum vita, hostibus omnis / plenus ager, multi latitant, ubicumque latrones.
Palingenius, Zodiacus vitae 6. 458–459
> Das menschliche Leben ist Kriegsdienst, das ganze Feld ist voller Feinde, viele halten sich versteckt, überall sind Räuber.

P306   Vivere, Lucili, militare est.
Seneca, Epistulae morales 96,5
> Leben, Lucilius, heißt kämpfen.

P307   Et incerti fallax fiducia Martis.
Silius Italicus, Punica 6. 333
> Trügerisch ist das Vertrauen auf den unsicheren Kriegsgott.

P308   Habent proelia suos eventus.
Pseudo-Hegesippus, De bello Iudaico 4. 2,1
> Schlachten haben ihren eigenen Ausgang.

Militär

P309   Duo sunt, quae ab egregiis principibus exspectentur, sanctitas domi, in armis fortitudo.
~ Pseudo-Aurelius Victor, Epitome de Caesaribus 13,4
> Zweierlei ist es, was man von hervorragenden Heerführern erwartet: Untadeligkeit zu Hause, Tapferkeit unter Waffen.

P310 Securitas militum est imperantis labor.
Caecilius Balbus, Sententiae (W) 30,1
> Sicherheit für die Soldaten bedeutet Arbeit für den Kommandanten.

P311 Ducis in consilio posita est virtus militum.
Publilius Syrus, Sententiae 136
> Auf der Taktik des Feldherrn basiert die Tapferkeit der Soldaten.

P312 Nulla consilia meliora sunt nisi illa, quae ignoraverit adversarius, antequam facias.
Vegetius, Epitoma rei militaris 3. 26,5
> Die beste Strategie ist die, die der Gegner nicht kennt, bevor man sie umsetzt.

P313 Sed ubi summus imperator non adest ad exercitum, / citius, quod non factost, usus fit, quam quod factost opus.
Plautus, Amphitruo 504–505
> Wenn der Feldherr nicht beim Heer ist, reißt schneller ein, was nicht sein dürfte, als was sein muss. (vgl. ›Wenn die Katze aus dem Haus ist, tanzen die Mäuse auf dem Tisch.‹)

P314 Exercitus labore proficit, otio consenescit.
Vegetius, Epitoma rei militaris 3. 26,13
> Das Heer gewinnt durch Strapazen an Kraft, durch Untätigkeit wird es hinfällig.

P315 Disciplinam siquidem non potest servare ieiunus exercitus, dum, quod deest, semper praesumit armatus.
Cassiodorus, Variae 4. 13,2
> Ein Heer mit leerem Magen kann keine Disziplin wahren, denn der Soldat hat immer das im Kopf, was fehlt.

P316 Malus miles est, qui imperatorem gemens sequitur.
Seneca, Epistulae morales 107,9
> Das ist ein schlechter Soldat, der seinem Feldherrn nur seufzend folgt.

P317 Multos castra iuvant et lituo tubae / permixtus sonitus bellaque matribus / detestata.
Horatius, Carmina 1. 1,23–25
> Viele haben Spaß am Soldatenleben, am Klang des Signalhorns, mit der Tuba vermischt, und an Kriegen, die den Müttern verhasst sind.

P318 Nulla fides pietasque viris, qui castra sequuntur.
Lucanus, Bellum civile (Pharsalia) 10. 407
> Treue und Pflicht gelten nicht bei Männern, die einem Kriegsruf folgen.

P319 Quae ad disciplinam militarem pertinent, etiam feriatis diebus peragenda.
Corpus Iuris Civilis, Digesta 2. 12,9 (Ulpianus)
> Was zum Militärdienst gehört, ist auch an Feiertagen zu leisten.

Politik

P 320 Militantium nec indignatio nec laetitia moderata est.
Curtius Rufus, Historiae Alexandri Magni 7. 1,24
Weder Empörung noch Freude ist bei Soldaten gemäßigt.

P 321 Cave multos, si singulos non times.
Historiae Augustae scriptores, Maximini duo 9,4
Nimm dich vor vielen in Acht, wenn du Einzelne nicht fürchtest. *(vgl. ›Viele Hunde sind des Hasen Tod.‹)*

P 322 Quid faciant pauci contra tot milia fortes?
Ovidius, Fasti 2. 229
Was sollen wenige Tapfere gegen so viele Tausende ausrichten?

P 323 Non tam plurium numerus conficit pugnam quam virtus paucorum.
Pseudo-Hegesippus, De bello Iudaico 3. 24
Nicht so sehr die Überzahl entscheidet eine Schlacht als vielmehr die Tüchtigkeit einiger weniger.

P 324 Deteriorum semper maior pars.
Wander, Deutsches Sprichwörter-Lexikon 5. 1036
Das Schlechte ist immer in der Überzahl.

P 325 Maior pars meliorem vicit.
Livius, Ab urbe condita 21. 4,1
Die Mehrheit siegte über die Vernünftigeren.

P 326 Noli pugnare duobus!
Catullus, Carmina 62,64
Kämpfe nicht gegen zwei!

Sieg

P 327 Diu apparandum est bellum, ut vincas celerius.
Publilius Syrus, Sententiae 125
Lange muss man zum Krieg rüsten, um recht schnell zu siegen.

P 328 Qui vincit, non est victor, nisi victus fatetur.
Ennius, Annales, frg. 493
Wer siegt, ist nur Sieger, wenn der Besiegte sich für besiegt erklärt.

P 329 Nulla est victoria maior, / quam quae confessos animo quoque subiugat hostes.
Claudianus, Panegyricus dictus Honorio Augusto sextum consuli 2. 248–249
Kein Sieg ist größer als der, bei dem auch die Feinde sich für überwunden erklären.

P330 Quippe res humanae ita se se habent: in victoria vel ignavis gloriari licet: adversae res etiam bonos detrectant.
Sallustius, Bellum Iugurthinum 53,8

> So ist es nun einmal im Leben: Selbst der Feige darf sich bei einem Sieg rühmen, Unglück setzt auch den Tüchtigen herab.

P331 Satis est superare inimicum, nimium est perdere.
Publilius Syrus, Sententiae 678

> Es genügt, seinen Feind zu überwinden, ihn zu vernichten ist maßlos.

P332 Bis vincit, qui se vincit in victoria.
Publilius Syrus, Sententiae 64

> Doppelt siegt, wer im Sieg über sich selbst zu siegen weiß. *(vgl. ›Sich selbst besiegen ist der größte Sieg.‹)*

P333 Cum semet vincit sapiens, minime vincitur.
Publilius Syrus, Sententiae 654

> Wenn der Weise sich selbst überwindet, ist er unüberwindlich.

P334 Fortior, qui cupiditates, est, quam qui hostes subicit.
Publilius Syrus, Sententiae A49

> Tapferer ist, wer seine Begierden, als wer Feinde überwältigt.

P335 Iam victi vicimus.
Plautus, Casina 510

> Wir haben gesiegt, obwohl wir schon besiegt waren.

P336 Ibi semper est victoria, ubi concordia est.
Publilius Syrus, Sententiae 289

> Der Sieg ist immer dort, wo Eintracht herrscht.

P337 Ingentes geminant discrimina magna triumphos.
Claudianus, Bellum Geticum 295

> Ungewöhnliche Gefahren machen große Triumphe doppelt so groß.

P338 Sine dolore est vulnus, quod ferendum est cum victoria.
Publilius Syrus, Sententiae 606

> Keine Schmerzen bereitet die Wunde, die man als Sieger einstecken muss.

P339 Nec ulla perpetuam gratiam servat nisi modesta victoria.
Pseudo-Quintilianus, Declamationes maiores 9,19

> Nur ein maßvoller Sieg sorgt auf Dauer für gutes Einvernehmen.

P340 Ius esse belli, ut, qui vicissent, iis, quos vicissent, quem ad modum vellent, imperarent.
Caesar, De bello Gallico 1. 36,1

> Es ist Kriegsrecht, dass die Sieger den Besiegten nach Gutdünken gebieten.

P341 Mitigat armatas victrix clementia vires.
Namatianus, De reditu 1. 69
> Nach dem Sieg besänftigt die Milde die Gewalt der Waffen.

P342 Ferme fugiendo in media fata ruitur.
Livius, Ab urbe condita 8. 24,4
> Meist eilt man, wenn man flieht, seinem Schicksal mitten in die Arme.

P343 Non enim est servare se obruere.
Seneca, De tranquillitate animi 5,4
> Sich verkriechen heißt nicht sich in Sicherheit bringen.

P344 Victi vicimus.
Plautus, Casina 510
> Obwohl besiegt, haben wir gesiegt.

P345 Cedere maiori virtutis fama secunda est; / illa gravis palma est, quam minor hostis habet.
Martialis, Liber spectaculorum 32,1
> Dem Stärkeren zu weichen ist die zweite Ehre für den Tapferen; schwer lastet jener Sieg, den der schwächere Gegner davonträgt.

P346 Contendere durum / cum victore.
Horatius, Sermones 1. 9,42–43
> Mit einem Sieger zu streiten ist hart.

P347 Superari a superiore pars est gloriae.
Publilius Syrus, Sententiae 681
> Von einem Stärkeren besiegt zu werden ist ehrenvoll.

P348 Vae victis!
Plautus, Pseudolus 1318 bzw. Livius, Ab urbe condita 5. 48,9
> Wehe den Besiegten! *(Brennus nach der Einnahme Roms)*

P349 Perfugere ad inferiorem se ipsum est tradere.
Publilius Syrus, Sententiae 473
> Bei einem Schwächeren Zuflucht suchen heißt sich selbst übergeben.

Friede

P350 Nulla salus bello, pacem te poscimus omnes.
Vergilius, Aeneis 11. 362
> Im Krieg liegt kein Heil, Frieden verlangen wir alle von dir.

P351 Cedant arma togae, concedat laurea laudi.
Cicero, In Pisonem 73+74

> Die Waffen sollen der Toga weichen, der Lorbeerkranz *(des triumphierenden Feldherrn)* dem politischen Gewicht.

P352 Claudenda est ianua belli.
Silius Italicus, Punica 17. 356

> Man muss das Tor des Kriegs schließen.

P353 Ex lite multa gratiast formosior.
Publilius Syrus, Sententiae 164

> Versöhnung nach langem Streit ist ziemlich schön.

P354 At nobis, pax alma, veni!
Tibullus, Elegiae 1. 10,67

> Komm zu uns, segensreicher Friede!

P355 pax optima rerum, / quas homini novisse datum est, pax una triumphis / innumeris potior, pax custodire salutem / et cives aequare potens
Silius Italicus, Punica 11. 592–595

> Friede, das Beste, was dem Menschen widerfahren kann, Friede allein mächtiger als unzählige Triumphe, Friede, fähig das Wohl der Bürger zu bewahren und sie einander gleichzustellen

P356 Pax maiora decet. Peragit tranquilla potestas / quod violenta nequit, mandataque fortius urget / imperiosa quies.
Claudianus, Panegyricus dictus Mallio Theodoro consuli 239–241

> Größere Unternehmungen setzen Frieden voraus. Ausgleichende Macht setzt durch, was gewalttätige nicht vermag, und die Herrschaft des Friedens sorgt für reibungslosere Durchführung der Befehle.

P357 At haec individua bona, pax et libertas, ea tam omnium tota quam singulorum sunt.
Seneca, Epistulae morales 73,8

> Aber Werte wie Friede und Freiheit sind unteilbar, sie gehören ebenso völlig allen wie jedem Einzelnen.

P358 Melior tutiorque est certa pax quam sperata victoria; haec in tua, illa in deorum manu est.
Livius, Ab urbe condita 30. 30,19

> Besser und sicherer ist ein verlässlicher Friede als ein nur erhoffter Sieg; der erste liegt in deiner Hand, der zweite in der der Götter.

P359 Non est dubium, quin felicior pax sit numquam lacessita quam multo reparata sanguine.
Seneca, Epistulae morales 66,40

> Ein nie gestörter Friede ist ohne Zweifel ersprießlicher als ein mit vielen Opfern wiedergewonnener.

P360 Nulla magna civitas diu quiescere potest; si foris hostem non habet, domi invenit.
Livius, Ab urbe condita 30. 44,8
> Kein großer Staat kann lange in Frieden leben; wenn er keinen äußeren Feind hat, findet er einen inneren.

P361 Pax est tranquilla libertas.
Cicero, Orationes Philippicae 2,113
> Friede ist ungetrübte Freiheit.

P362 Pax est tranquillitas ordinis.
Augustinus, De civitate Dei 19. 15
> Friede ist geordnete Ruhe.

P363 Pax una triumphis / innumeris potior.
Silius Italicus, Punica 11. 593–594
> Ein einziger Friede ist besser als unzählige Triumphe.

Masse

P364 Belua multorum est capitum.
Horatius, Epistulae 1. 1,76
> *(Der Pöbel)* ist ein vielköpfiges Ungeheuer.

P365 Odi profanum vulgus et arceo.
Horatius, Carmina 3. 1,1
> Ich hasse das gemeine Volk und halte es fern von mir.

P366 Ea natura multitudinis est: aut servit humiliter aut superbe dominatur; libertatem, quae media est, nec sibi parare modice nec habere sciunt.
Livius, Ab urbe condita 24. 25,8
> Das ist das Wesen der Masse, entweder sie dient kriecherisch oder sie herrscht überheblich; die Freiheit, die in der Mitte liegt, versteht man weder mit Maß zu erringen noch zu handhaben.

P367 Mobile sic sequitur fortunae lumina vulgus.
Ovidius, Tristia 1. 9,13
> So folgt die wankelmütige Masse dem Gleißen des Glücks.

P368 Mota semel multitudo modum non servat.
Seneca maior, Controversiae (Exc.) 3. 8
> Einmal aufgestachelt, respektiert die Masse keine Grenzen mehr.

P 369 Nihil est incertius vulgo, nihil obscurius voluntate hominum, nihil fallacius ratione tota comitiorum.
Cicero, Pro Murena 36

> Nichts ist unsicherer als die Masse, nichts undurchsichtiger als der Wille der Menschen, nichts trügerischer als das ganze Verfahren der Wahlen.

P 370 Nihil tam incertum nec tam inaestimabile est quam animi multitudinis.
Livius, Ab urbe condita 31. 34,3

> Nichts ist so unsicher und so unberechenbar wie die Stimmung der Masse.

P 371 Non ego ventosae plebis suffragia venor.
Horatius, Epistulae 1. 19,37

> Ich jage nicht nach Stimmen der wetterwendischen Menge.

P 372 Mobile mutatur semper cum principe vulgus.
Claudianus, De quarto consulatu Honorii Augusti 302

> Wetterwendisch ändert sich die Masse immer mit dem Führer. *(vgl. ›sein Mäntelchen nach dem Wind hängen‹)*

P 373 Subducendus populo est tener animus et parum tenax recti: facile transitur ad plures.
~ Seneca, Epistulae morales 7,6

> Ein zartes und noch zu wenig an den rechten Weg gewöhntes Gemüt muss man dem Einfluss der Masse entziehen; leicht verfällt man der Mehrheit.

P 374 Quotiens inter homines fui, minor homo redii.
cf. Seneca, Epistulae morales 7,3

> Jedes Mal, wenn ich unter Menschen war, kehrte ich als jämmerlicherer Mensch zurück.

P 375 Scinditur incertum studia in contraria volgus.
Vergilius, Aeneis 2. 39

> Die ungewiss schwankende Menge spaltet sich in entgegengesetzte Interessen.

P 376 Saepe oculi et aures vulgi sunt testes mali.
Publilius Syrus, Sententiae A221

> Meist sind Augen und Ohren der Masse schlechte Zeugen.

P 377 Vulgi opinio mutari vix potest.
Cicero, Topica 73

> Die Meinung der breiten Masse lässt sich kaum ändern.

P 378 Vulgus veritatis pessimus interpres.
~ Seneca, De vita beata 2,2

> Die Masse ist der schlechteste Vermittler der Wahrheit.

Politik

P379 Vitate, quaecumque vulgo placent.
Seneca, Epistulae morales 8,3
Meidet alles, was der Masse gefällt.

P380 Nusquam facilius culpa quam in turba latet.
Publilius Syrus, Sententiae 435
Nirgends versteckt Schuld sich leichter als in der Menge.

P381 Populus loquax semper et malignus.
Pseudo-Quintilianus, Declamationes maiores 19,13
Die breite Masse ist immer schwatzhaft und bösartig.

P382 Vulgus, ut mos est, cuiuscumque motus novi cupidum.
Tacitus, Historiae 1. 80,2
Die breite Masse ist, wie üblich, auf jede Art von Umsturz versessen.

Popularität

P383 Amor multitudinis commovetur ipsa fama et opinione libertatis, beneficentiae, iustitiae, fidei.
Cicero, De officiis 2. 32
Die Zuneigung der Menge wird allein schon durch den Ruf gewonnen und durch die Vorstellung von Großzügigkeit, Wohltätigkeit, Gerechtigkeit, Zuverlässigkeit.

P384 Conciliantur autem animi dignitate hominis, rebus gestis, existimatione vitae.
Cicero, De oratore 2. 182
Die Herzen der Menschen gewinnt man durch würdevolle Haltung, Leistung, guten Ruf.

P385 At qui favoris gloriam veri petit, / animo magis quam voce laudari volet.
Seneca, Thyestes 209–210
Wer den Ruhm echter Popularität anstrebt, will mehr mit dem Herzen als mit Worten gelobt werden.

P386 Deinde sunt instituendi cuiusque generis amici.
Q. Cicero, Commentariolum petitionis 18
Man muss sich Freunde aus allen Schichten erwerben.

P387 Homini potentiam quaerenti egentissimus quisque opportunissimus.
Sallustius, Bellum Iugurthinum 86,3
Für einen Menschen, der nach Macht strebt, sind gerade die Bedürftigsten das dankbarste Publikum.

P388 Non tam bene cum rebus humanis agitur, ut meliora pluribus placeant: argumentum pessimi turba est.
Seneca, De vita beata 2,1

> Mit uns Menschen steht es nicht so gut, dass der Bessere der Mehrheit gefällt: Gedränge ist Beweis für das ganz Schlechte.

P389 Nulla autem re conciliare facilius benevolentiam multitudinis possunt ii, qui rei publicae praesunt, quam abstinentia et continentia.
Cicero, De officiis 2. 77

> Die führenden Politiker können durch nichts leichter die Zuneigung der Menge gewinnen, als durch Uneigennützigkeit und Selbstlosigkeit.

P390 Gloria vanum et volubile quiddam est auraque mobilius.
Seneca, Epistulae morales 123,16

> Ruhm ist etwas Eitles und Flüchtiges, beweglicher als Luft.

P391 Intellegendum est igitur nec gloriam popularem ipsam per sese expetendam nec ignobilitatem extimescendam.
Cicero, Tusculanae disputationes 5. 104

> Man muss erkennen, dass die Volksgunst selbst an sich nicht erstrebenswert ist und dass Unbekanntheit auch nicht zu fürchten ist.

P392 Maximum in eo vitium est, qui non melioribus vult placere, sed pluribus.
Pseudo-Seneca, Liber de moribus 36

> Den größten Fehler begeht der, der nicht den Besten gefallen will, sondern den meisten.

P393 Omnium autem rerum nec aptius est quicquam ad opes tuendas ac tenendas quam diligi nec alienius quam timeri.
Cicero, De officiis 2. 23

> Von allen Mitteln ist keines geeigneter, eine Macht zu sichern und zu bewahren, als geliebt, und keines unangebrachter, als gefürchtet zu werden.

P394 Inania sunt ista – mihi crede – delectamenta paene puerorum, captare plausus, vehi per urbem, conspici velle.
Cicero, In Pisonem 60

> Wie läppisch ist doch, glaub mir, dieser fast kindische Unfug, nach Beifall zu haschen, durch die Stadt zu fahren, sich präsentieren zu wollen.

Rom

P395 Alme Sol, curru nitido diem qui / promis et celas aliusque et idem / nasceris, possis nihil urbe Roma / visere maius. / Alme sol, possis nihil urbe Roma visere maius.

Horatius, Carmen saeculare 9–12

> Hehre Sonne, die du mit strahlendem Wagen den Tag heraufführst und wieder verbirgst und immer wieder anders und doch gleich geboren wirst, du kannst nichts Größeres erblicken als die Stadt Rom.

P396 Excudent alii spirantia mollius aera / (credo equidem), vivos ducent de marmore voltus, / orabunt causas melius caelique meatus/ describent radio et surgentia sidera dicent: Tu regere imperio populos, Romane, memento / (hae tibi erunt artes) pacique imponere morem, / parcere subiectis et debellare superbos.

Vergilius, Aeneis 6. 847–853

> Andere werden das Erz lebendiger atmend formen (so glaube ich jedenfalls), lebende Züge aus Marmor hervorholen, vor Gericht besser reden, den Kreislauf des Himmels mit dem Zirkel messen und den Aufgang der Gestirne vorhersagen: Du Römer, denke daran, die Völker mit deinem Kommando zu regieren, (das werden deine Fähigkeiten sein), dem Frieden Sitte aufzuerlegen, die Unterworfenen zu schonen und die Überheblichen niederzukämpfen.

P397 Gentibus est aliis tellus data limine certo; / Romanae spatium est urbis et orbis idem.

Ovidius, Fasti 2. 683–684

> Andere Völker haben ein Land mit klaren Grenzen; der Bereich der Stadt Rom deckt sich mit dem der ganzen Welt.

P398 Suis et ipsa Roma viribus ruit.

Horatius, Iambi 16,2

> Rom zerfällt an seiner eigenen Kraft.

P399 His ego nec metas rerum nec tempora pono: / imperium sine fine dedi.

Vergilius, Aeneis 1. 278–279

> Diesen *(den Römern)* setze ich weder räumliche noch zeitliche Grenzen: Ich gab ihnen ein Reich ohne Ende.

P400 Moribus antiquis res stat Romana virisque.

Ennius, Annales frg. 500

> Der römische Staat gründet auf Männern und überkommenen Sitten.

P401 Unus homo nobis cunctando restituit rem.

Ennius, Annales frg. 370 (auf Q. Fabius Maximus Cunctator)

> Ein einziger Mann hat uns durch sein Zaudern den Staat wiederhergestellt.

P 402 Dulcius urbe quid est?
Tibullus (Sulpicia), Elegiae 4. 8,3

 Gibt es etwas Bezaubernderes als die Stadt?

P 403 Urbem venalem et mature perituram, si emptorem invenerit.
Sallustius, Bellum Iugurthinum 35,10

 O diese käufliche Stadt, die bald zugrunde gehen wird, wenn sich ein Käufer findet!

Politik

Q Recht

Naturrecht

Q1 Iuris prudentia est divinarum atque humanarum rerum notitia, iusti atque iniusti scientia.
Corpus Iuris Civilis, Digesta 1. 1,10,2 (Ulpianus)
> Rechtswissenschaft ist die Kenntnis der göttlichen und menschlichen Dinge, die Wissenschaft von dem, was Recht und was Unrecht ist.

Q2 Nulla lex humana habet vim, nisi inquantum a lege naturae derivatur.
cf. Thomas von Aquin, Summa theologiae 2/1. 95,2
> Kein menschliches Gesetz besitzt Kraft, soweit es nicht auf einem Naturgesetz basiert.

Q3 Civilis ratio naturalia iura corrumpere non potest.
Corpus Iuris Civilis, Digesta 4. 5,8 (Gaius)
> Ein bürgerlicher Rechtsgrund kann natürliche Rechte nicht beeinträchtigen.

Q4 Divina quadam providentia naturalia quidem iura semper firma et immutabilia permanent.
Corpus Iuris Civilis, Institutiones 1. 2,11
> Durch göttliche Vorsehung bleiben die natürlichen Rechte immer fest und unveränderlich.

Q5 Ergo est lex iustorum iniustorumque distinctio ad illam antiquissimam et rerum omnium principem expressa naturam, ad quam leges hominum deriguntur, quae supplicio improbos adficiunt, defendunt ac tuentur bonos.
Cicero, De legibus 2. 13
> Gesetz bedeutet Unterscheidung von Recht und Unrecht, geschaffen nach jener uralten und am Anfang aller Dinge stehenden Natur; nach ihr richten sich die menschlichen Gesetze, die die Bösen bestrafen und die Guten verteidigen und beschützen.

Q6 Est igitur haec, iudices, non scripta, sed nata lex, quam non didicimus, accepimus, legimus, verum ex natura ipsa arripuimus, hausimus, expressimus, ad quam non docti, sed facti, non instituti, sed imbuti sumus.
Cicero, Pro Milone 10
> Es gibt also, ihr Richter, ein nicht geschriebenes, sondern gewachsenes Recht, das wir nicht gelernt, gehört, gelesen, sondern aus der Natur selbst übernommen, eingesogen und ausgestaltet haben, zu dem wir nicht erzogen, sondern geschaffen sind, das uns nicht beigebracht wurde, sondern mit dem wir vertraut sind.

Q 7 Est enim unum ius, quo devincta est hominum societas et quod lex constituit una; quae lex est recta ratio imperandi atque prohibendi: quam qui ignorat, is est iniustus, sive est illa scripta uspiam sive nusquam.

Cicero, De legibus 1. 42

> Es gibt nur ein einziges Recht, an das die Gemeinschaft der Menschen gebunden ist und das in einem einzigen Gesetz niedergelegt ist; dieses Gesetz ist die richtige Vernunft im Befehlen und Verbieten. Wer dieses nicht kennt, ist ungerecht, mag es irgendwo niedergeschrieben sein oder nicht.

Q 8 Ius in natura positum est.

~ Cicero, De legibus 1. 34

> Das Recht gründet in der Natur.

Q 9 Nam hoc natura aequum est neminem cum alterius detrimento fieri locupletiorem.

Corpus Iuris Civilis, Digesta 12. 6,14 (Pomponius)

> Es entspricht dem Naturrecht, dass niemand zum Nachteil eines anderen sich bereichern darf.

Völkerrecht

Q 10 Ius naturale est ius commune omnium nationum et quod ubique instinctu naturae, non constitutione aliqua habetur.

Isidorus Hispaliensis, Etymologiae (Origines) 5. 4

> Das Naturrecht ist das gemeinsame Recht aller Völker und was überall aufgrund des Naturtriebs eingehalten wird, nicht aufgrund irgendeiner Festlegung.

Q 11 Naturalia quidem iura, quae apud omnes gentes peraeque servantur, divina quadam providentia constituta semper firma atque immutabilia permanent: ea vero, quae ipsa sibi quaeque civitas constituit, saepe mutari solent vel tacito consensu populi vel alia postea lege lata.

Corpus Iuris Civilis, Institutiones 1. 2,11

> Die natürlichen Rechtsgrundsätze, die bei allen Völkern gleichermaßen beachtet werden und gewissermaßen in der göttlichen Vorsehung gründen, bleiben immer fest und unveränderlich; die aber, die sich jeder staatliche Verband selbst gibt, ändern sich gewöhnlich oft durch stillschweigende Übereinkunft des Volks oder durch spätere Gesetze.

Q 12 Ius gentium est, quo gentes humanae utuntur.

Corpus Iuris Civilis, Digesta 1. 1,1,4 (Ulpianus)

> Völkerrecht ist das Recht, das die Völker anwenden.

Q 13 Animadvertere tamen debemus, ne iuris gentium regulam vel lex aliqua vel quod legis vicem obtinet aliquo casu commutaverit.

Gaius, Institutiones 1. 83

> Wir müssen darauf achten, dass weder ein Gesetz noch eine rechtswirksame Verfügung in irgendeinem Sonderfall die Regel des Völkerrechts ändert.

Recht

Q 14 Gentium ius est, quod acceperis, reddere.
Pseudo-Seneca, De remediis fortuitorum
> Es ist Völkerrecht, zurückzugeben, was man empfangen hat.

Q 15 Libertas naturali iure continetur et dominatio ex gentium iure introducta est.
Corpus Iuris Civilis, Digesta 12. 6,64 (Tryphoninus)
> Die Freiheit ist im Naturrecht begründet, Herrschaft *(über Sklaven)* ist über das Völkerrecht entstanden.

Q 16 Litus enim iure gentium commune omnibus fuit.
Servius, Commentrius in Vergilii Aeneidem 1. 540
> Die Küste war nach Völkerrecht Allgemeinbesitz.

Q 17 Ne impediatur legatio.
Corpus Iuris Civilis, Digesta 5. 1,26 (Paulus)
> Eine Gesandtschaft darf nicht behindert werden.

Q 18 Civis Romanus sum.
Cicero, in Verrem 2. 5,147; cf. Vulgata, Actus apostolorum 22,26
> Ich bin ein römischer Bürger *(und genieße infolgedessen außerhalb Roms Immunität)*.

Rechtsstaat

Q 19 Iuris praecepta sunt haec: honeste vivere, alterum non laedere, suum cuique tribuere.
Corpus Iuris Civilis, Institutiones 1. 10,1
> Das Recht beruht auf drei Vorschriften: sittlich zu leben, den Mitmenschen nicht zu verletzen, jedem das Seine zukommen zu lassen.

Q 20 Nihil tam studiosum in omnibus rebus invenitur quam legum auctoritas, quae et divinas et humanas res bene disponit et omnem iniquitatem expellit.
Corpus Iuris Civilis, Codex Iustinianus 1. 17,1,1 (a. 530)
> Nichts ist in allem so wünschenswert wie die Macht der Gesetze, die Göttlichem und Menschlichem die rechte Ordnung gibt und jegliche Ungleichheit verhindert.

Q 21 Deflecti iura ne pro defensione quidem aequum est.
Quintilianus, Declamationes minores 313,4
> Das Recht zu beugen ist nicht einmal zur Verteidigung zulässig.

Q 22 Iura publica certissima sunt humanae vitae solacia, infirmorum auxilia, potentum frena.
Cassiodorus, Variae 3. 17,3
> Das öffentliche Recht ist die sicherste Zuflucht des menschlichen Lebens, die sicherste Hilfe für Schwache, der sicherste Einhalt für Mächtige.

Q 23 **Omne ius aut consensus fecit aut necessitas constituit aut firmavit consuetudo.**
Corpus Iuris Civilis, Digesta 1. 3,40 (Modestinus)
> Das gesamte Recht ist entweder durch Übereinstimmung geschaffen oder durch Notwendigkeit begründet oder durch Gewohnheit gefestigt worden.

Q 24 **Quaedam enim iura non scripta, sed scriptis omnibus certiora sunt.**
Seneca maior, Controversiae 1. 1,60
> Manche Gesetze sind nicht niedergeschrieben, aber gültiger als alle niedergeschriebenen.

Q 25 **Consuetudine autem ius esse putatur id, quod voluntate omnium sine lege vetustas comprobarit.**
Cicero, De inventione 2. 67
> Als Gewohnheitsrecht bezeichnet man das, was die Zeit nach dem Willen aller ohne Gesetz anerkannt hat.

Q 26 **Ubi lex, ibi poena.**
cf. Cicero, In Verrem 2. 1,124
> Wo es ein Gesetz gibt, da droht auch eine Strafe.

Q 27 **Sed nec de suspicionibus debet aliquis damnari.**
~ Corpus Iuris Civilis, Digesta 48. 19,5 (Traianus)
> Auf bloßen Verdacht hin darf niemand verurteilt werden.

Q 28 **Aliud fori ius, aliud triclinii.**
Ennodius, Epistulae 1. 3
> Vor Gericht gilt ein anderes Recht als im Esszimmer *(d. h. in den eigenen vier Wänden)*.

Q 29 **Ignorantia enim excusatur non iuris, sed facti.**
Corpus Iuris Civilis, Digesta 3. 2,11,4 (Ulpianus)
> Unkenntnis des Rechts wird nicht entschuldigt, nur die von Tatsachen.

Q 30 **Regula est iuris quidem ignorantiam cuique nocere, facti vero ignorantiam non nocere.**
Corpus Iuris Civilis, Digesta 22. 6,9 pr. (Paulus)
> Es gilt der Grundsatz, dass Rechtsunkenntnis jedem schadet, die Unkenntnis von Fakten aber nicht.

Q 31 **Quae publice fiunt, nulli licet ignorare.**
Rechtsregel
> Was veröffentlicht wird, muss jeder kennen.

Q 32 **Imperitia culpae annumeratur.**
Corpus Iuris Civilis, Digesta 50. 17,132 (Gaius)
> Unerfahrenheit wird als Schuld angerechnet.

Recht

Q33　Ius posterius derogat priori.
~ Corpus Iuris Civilis, Digesta 1. 4,4 (Modestinus)
Späteres Recht schränkt früheres ein.

Q34　Videant consules, ne quid detrimenti res publica capiat. *(= senatus consultum ultimum)*
Cicero, In Catilinam 1,4
Die Konsuln sollen darauf achten, dass der Staat keinen Schaden leidet. *(= äußerster Senatsbeschluss, d. h. Notstandsgesetz, indem der Senat seine Befugnisse auf die Konsuln überträgt)*

Zivilrecht

Q35　Ius pluribus modis dicitur: uno modo, cum id, quod semper aequum ac bonum est, ius dicitur, ut est ius naturale, altero modo, quod omnibus aut pluribus in quaque civitate utile est, ut est ius civile.
Corpus Iuris Civilis, Digesta 1. 1,11 (Paulus)
Der Begriff ›Recht‹ wird in mehrfacher Hinsicht verwendet, einmal, wenn das Recht genannt wird, was immer billig und recht ist, also das Naturrecht, zum anderen das, was für alle oder die Mehrheit in jedem Staat von Nutzen ist, also das bürgerliche Recht.

Q36　Ius civile est aequitas constituta iis, qui eiusdem civitatis sunt, ad res suas obtinendas.
Cicero, Topica 9
Das bürgerliche Recht ist Rechtsgleichheit, eingerichtet für die Mitglieder des gleichen Staats zur Wahrung ihrer Interessen.

Q37　Ius civile est, quod neque in totum a naturali vel gentium recedit nec per omnia ei servit: itaque cum aliquid addimus vel detrahimus iuri communi, ius proprium, id est civile efficimus.
Corpus Iuris Civilis, Digesta 1. 1,6 pr. (Ulpianus)
Das bürgerliche Recht ist so, dass es weder völlig vom Naturrecht oder Völkerrecht abweicht noch sich völlig nach ihm richtet: Wenn wir daher dem gemeinen Recht etwas hinzufügen oder etwas von ihm weglassen, schaffen wir ein eigenes, das heißt bürgerliches Recht.

Q38　Ius enim semper est quaesitum aequabile neque enim aliter esset ius.
Cicero, De officiis 2. 42
Bezweckt war immer ein gleiches Recht, denn sonst wäre es kein Recht.

Q39　Quisquis suo iure utitur, iniuriam nulli facit.
cf. Corpus Iuris Civilis, Digesta 43. 29,3,2 (Ulpianus)
Wer sein Recht in Anspruch nimmt, tut keinem Unrecht.

Q40　Non capitur, qui ius publicum sequitur.
Corpus Iuris Civilis, Digesta 50. 17,116,1 (Ulpianus)
Wer öffentliches Recht befolgt, macht sich nicht strafbar.

Q41 **Beneficium iuris nemini est denegandum.**
Rechtsregel
> Der Schutz des Rechts darf niemandem verweigert werden.

Q42 **Summum ius antiqui summam putabant crucem.**
Columella, De re rustica 1. 7
> Die Alten hielten das auf die Spitze getriebene Recht für die größte Folter.

Q43 **Non debet actori licere, quod reo non permittitur.**
Corpus Iuris Civilis, Digesta 50. 17,41 pr. (Ulpianus)
> Dem Kläger darf nicht erlaubt sein, was dem Beklagten nicht gestattet wird.

Gesetz

Q44 **Est lex nihil aliud, nisi recta et a numine deorum tracta ratio, imperans honesta, prohibens contraria.**
Cicero, Orationes Philippicae 11,28
> Gesetz ist nichts anderes als die richtige, vom Willen der Götter abgeleitete Verhaltensregel, die das sittlich Gute befiehlt und das ihm Entgegengesetzte verbietet.

Q45 **Nulla potentia supra leges esse debet.**
Cicero, De domo sua 43
> Über den Gesetzen darf es keine Macht geben.

Q46 **Legis virtus haec est: imperare, vetare, permittere, punire.**
Corpus Iuris Civilis, Digesta 1. 3,7 (Modestinus)
> Die Leistung des Gesetzes besteht darin, zu befehlen, zu verbieten, zu erlauben, zu bestrafen.

Q47 **Lex iubeat, non disputet.**
~ Seneca, Epistulae morales 94,38
> Ein Gesetz soll befehlen, nicht diskutieren.

Q48 **Constat profecto ad salutem civium civitatumque incolumitatem vitamque hominum quietam et beatam inventas esse leges.**
Cicero, De legibus 2. 11
> Es steht in der Tat fest, dass die Gesetze zum Wohlergehen der Bürger, zur Erhaltung der Staaten und zu einem ruhigen und glücklichen Leben der Menschen erfunden wurden.

Q49 **Lex est civilis societatis vinculum.**
~ Cicero, De re publica 1. 49
> Das Gesetz ist das Band der bürgerlichen Gemeinschaft.

Recht

Q 50 Lex est ratio summa insita in natura, quae iubet ea, quae facienda sunt, prohibetque contraria.
Cicero, De legibus 1. 18
> Gesetz ist die höchste Vernunft, im Wesen des Menschen verwurzelt, die befiehlt, was zu tun ist, und das Gegenteil verbietet.

Q 51 Ratio naturalis quasi lex quaedam tacita.
Corpus Iuris Civilis, Digesta 48. 20,7 (Paulus)
> Gesunder Menschenverstand ist eine Art schweigendes Gesetz.

Q 52 Quae rerum natura prohibentur, nulla lege confirmata sunt.
Corpus Iuris Civilis, Digesta 50. 17,188,1 (Celsus)
> Was dem gesunden Menschenverstand zuwiderläuft, wird von keinem Gesetz bestätigt.

Q 53 Lex est regula et mensura humanorum actuum.
Thomas von Aquin, Summa theologiae 2/1. 96,1
> Das Gesetz ist Richtschnur und Maßstab menschlichen Handelns.

Q 54 Scriptum legis angustum, interpretatio diffusa est.
Seneca maior, Controversiae 9. 4,9
> Der Text eines Gesetzes ist kurz gefasst, doch seine Auslegung ist wortreich.

Q 55 Leges ab omnibus intellegi debent.
~ Corpus Iuris Civilis, Codex Iustinianus 1. 14,9 (a. 454)
> Gesetze müssen von allen verstanden werden.

Q 56 Usus legum corrector.
~ Livius, Ab urbe condita 45. 32,7
> Gesetze werden durch Erfahrung verbessert.

Q 57 Leges bonae ex malis moribus procreantur.
Macrobius, Saturnalia 3. 17,10
> Gute Gesetze entstehen aus schlechten Angewohnheiten.

Q 58 Inde datae leges, ne firmior omnia posset.
Ovidius, Fasti 3. 279
> Gesetze wurden gemacht, damit der Stärkere sich nicht alles erlaubt.

Q 59 Leges cupiditates nostras libidinesque moderantur.
cf. Plinius, Panegyricus 24,4
> Die Gesetze bezähmen unsere Wünsche und Triebe.

Q 60 Leges sine moribus / vanae.
Horatius, Carmina 3. 24,35–36
> Gesetze ohne Moralvorstellungen sind sinnlos.

Q 61 Leges quoque proficiunt ad bonos mores.
Seneca, Epistulae morales 94,37
> Auch Gesetze tragen zur Besserung der Sitten bei.

Q 62 Leges rem surdam, inexorabilem esse, salubriorem melioremque inopi quam potenti; nihil laxamenti nec veniae habere, si modum excesseris; periculosum esse in tot humanis erroribus sola innocentia vivere.
Livius, Ab urbe condita 2. 3,5
> Gesetze sind etwas Gefühlloses und Unerbittliches, für die Mittellosen hilfreicher und zweckdienlicher als für die Mächtigen, sie kennen weder Nachsicht noch Gnade, wenn man die Regeln nicht eingehalten hat; denn es ist gefährlich, bei so vielen menschlichen Verstößen allein auf Rechtschaffenheit zu bauen.

Q 63 Dura lex, sed lex.
cf. Corpus Iuris Civilis, Digesta 40. 9,12,1 (Ulpianus)
> Ein hartes Gesetz, aber ein Gesetz.

Q 64 Nullum crimen sine lege.
cf. Corpus Iuris Civilis, Digesta50. 16,131,1 (Ulpianus)
> Kein Verbrechen ohne Gesetz.

Q 65 Nulla poena sine lege.
cf. Corpus Iuris Civilis, Digesta 50. 16,131,1 (Ulpianus)
> Keine Strafe ohne Gesetz.

Q 66 Quod est licitum in genere, non est licitum in specie.
Damasus, Regulae canonicae 27
> Was im Allgemeinen erlaubt ist, ist im Besonderen nicht erlaubt.

Q 67 Lex specialis derogat legi generali.
cf. Corpus Iuris Civilis, Digesta 32. 1,99,5 (Paulus)
> Ein Spezialgesetz hebt ein allgemeines Gesetz auf.

Q 68 Posteriores leges plus valent, quam quae ante eas fuerunt.
cf. Corpus Iuris Civilis, Digesta 1. 4,4 (Modestinus)
> Später erlassene Gesetze haben mehr Geltung als die früheren.

Q 69 Quod raro fit, non observant legislatores.
Corpus Iuris Civilis, Novellae 94,2
> Was selten vorkommt, wird von den Gesetzgebern nicht berücksichtigt.

Q 70 Nulla regula sine exceptione.
Binder, Novus thesaurus 2290; cf. Gaius, Institutiones 4. 117
> Keine Regel ohne Ausnahme.

Recht

Q71 Quam porro subtiliter Anacharsis leges araneorum telis comparabat! Nam ut illas infirmiora animalia retinere, valentiora transmittere, ita his humiles et pauperes constringi, divites et praepotentes non alligari.
Valerius Maximus, Facta et dicta memorabilia 7. 2 ext.14

> Wie feinsinnig verglich Anacharsis die Gesetze mit Spinngewebe! Denn wie diese schwächere Tiere festhalten, kräftigere hindurchlassen, so werden durch jene die Kleinen und Armen im Zaum gehalten, die Reichen und Mächtigen aber nicht eingeschränkt.

Q72 Nihil autem perniciosius bona lege ad malas res deflexa.
Erasmus, Institutio principis Christiani 6

> Nichts ist schädlicher als ein gutes Gesetz, wenn es zu schlechten Zwecken missbraucht wird.

Q73 Quid faciant leges, ubi sola pecunia regnat?
Petronius, Satyricon 14,2

> Was sollen Gesetze, wo ausschließlich das Geld regiert?

Q74 Utque antehac flagitiis, ita tunc legibus laborabatur.
Tacitus, Annales 3. 25,1

> Früher litt man an Verbrechen, jetzt an Gesetzen.

Q75 Sibi primum auxilium eripere est leges tollere.
Publilius Syrus, Sententiae 604

> Sich der wichtigsten Hilfe zu berauben heißt, die Gesetze aufzuheben.

Q76 Cessante ratione legis cessat lex ipsa.
Breviarium advocatorum, Lex 32

> Wenn der Zweck des Gesetzes wegfällt, fällt das Gesetz selbst weg.

Verbot

Q77 Cui peccare licet, peccat minus: ipsa potestas / semina nequitiae languidiora facit.
Ovidius, Amores 3. 4,9–10

> Wer gegen ein Gebot verstoßen darf, verstößt weniger dagegen: Die Erlaubnis selbst schwächt die Anlage zu anstößigem Tun.

Q78 Illud autem, quod omnino non licet, semper non licet nec aliqua necessitate mitigatur.
Ambrosiaster, Quaestiones 61,2

> Was grundsätzlich nicht erlaubt ist, ist immer unerlaubt und wird auch durch keine Notlage untergegraben.

Q79 Illicita amantur, excidit, quicquid licet.
Seneca, Hercules Oetaeus 357

> Man liebt, was nicht erlaubt ist; was erlaubt ist, verliert an Wert.

Q 80 Indignere licet: iuvat inconcessa voluptas.
Ovidius, Amores 3. 4,31

> Und wenn du dich entrüstest: Ein unerlaubtes Vergnügen macht Spaß.

Q 81 Quod licet, ingratum est, quod non licet, acrius urit.
Ovidius, Amores 2. 19,3

> Was erlaubt ist, ist nicht reizvoll, was verboten ist, regt stärker an. *(vgl. ›die Kirschen in Nachbars Garten‹)*

Q 82 Vile est, quod licet, et animus, errore laetus, iniurias diligit.
Petronius, Satyricon 93,1

> Was erlaubt ist, ist wertlos, und aus Freude am Zuwiderhandeln gewinnt man das Unrecht lieb.

Prozess

Q 83 Iudicis est semper in causis verum sequi, patroni non numquam veri simile, etiam si minus sit verum, defendere.
Cicero, De officiis 2. 51

> Aufgabe des Richters ist es, in Prozessen immer der Wahrheit zu folgen, des Verteidigers, manchmal auch das Wahrscheinliche zu vertreten, auch wenn es nicht so ganz wahr ist.

Q 84 Ne bis in idem.
cf. Quintilianus, Institutio oratoria 7. 6,4

> Nicht zweimal gegen dasselbe *(d. h. in derselben Sache darf kein neues Verfahren angestrengt werden)*.

Q 85 Ubi aliquorum praesentia exigitur, in eorum absentia nihil agi potest.
Damasus, Regulae canonicae 26

> Wo jemandes Gegenwart erforderlich ist, kann in seiner Abwesenheit nichts verhandelt werden.

Q 86 Nemo absens diiudicetur.
cf. Corpus Iuris Civilis, Digesta 48. 17,1 pr. (Marcianus)

> Niemand soll in Abwesenheit verurteilt werden.

Q 87 Neque enim inaudita causa quemquam damnari aequitatis ratio patitur.
Corpus Iuris Civilis, Digesta 48. 17,1 pr. (Marcianus)

> Jemanden zu verurteilen, ohne ihn gehört zu haben, lässt die Rücksicht auf Gerechtigkeit nicht zu.

Q 88 Praevalet iure, qui praevenit tempore.
Corpus Iuris Civilis, Codex Iustinianus 8. 17,2 (a. 212)

> Rechtlich hat Vorrang, wer zeitlich der Frühere ist.

Recht

Q 89 Abducet praedam, qui occurrit prior.
~ *Plautus, Pseudolus 1198*
> Die Beute nimmt, wer zuerst kommt. *(vgl. ›Wer zuerst kommt, mahlt zuerst.‹ – ›Der frühe Vogel fängt den Wurm.‹)*

Q 90 Pendente lite nihil innovandum.
cf. Corpus Iuris Civilis, Digesta 49. 7 Rubrik
> Während des Rechtsstreits darf nichts verändert werden.

Q 91 Episcopali sede vacante non debet aliquid innovari.
Decretalia Gregorii 3. 9,1
> Solange ein Bischofsstuhl nicht besetzt ist, darf keine Neuerung erlassen werden.

Q 92 In expensarum causa victum victori esse condemnandum.
Corpus Iuris Civilis, Codex Iustinianus 3. 1,13,6 (a. 530)
> Der Unterlegene muss zur Erstattung der Kosten des Gewinners verurteilt werden.

Q 93 Bene pendet sumptum pensum in iudicio nocens.
Publilius Syrus, Sententiae 704
> Der Schuldige kommt zu Recht für den Aufwand auf, der im Prozess gemacht wurde.

Q 94 Litis comes miseria est.
Pontano, Charon
> Das Elend folgt dem Rechtsstreit auf dem Fuß.

Anwalt

Q 95 Debet enim bonus advocatus pro rei salute brevem neglegentiae reprensionem non pertimescere.
Quintilianus, Institutio oratoria 5. 13,10
> Ein guter Anwalt muss im Interesse des Angeklagten eine leichte Rüge wegen Nachlässigkeit nicht fürchten.

Q 96 Advocatus et non latro, / res miranda populo.
Kirchenlatein (14. Jh.)
> Ein Advokat und kein Räuber, worüber sich das Volk wundern muss. *(urspr. ein Vers auf die Heiligsprechung des Bretonen Ivo von Kermartin (1253 – 1303), heute satirisch verwendet)*

Richter

Q 97 Iudicis officium est, ut res, ita tempora rerum / quaerere; quaesito tempore tutus eris.
Ovidius, Tristia 1. 1,37–38
> Pflicht des Richters ist es, ebenso die Umstände wie den Sachverhalt zu untersuchen; werden die Umstände berücksichtigt, kann man dir nichts anhaben.

Q 98 **Iudex non debet lege clementior esse.**
cf. Corpus Iuris Civilis, Novellae 82,10
> Der Richter darf nicht milder sein als das Gesetz.

Q 99 **Scit bonus iudex non tam quid, quam qua damnet, cernere.**
Pseudo-Seneca, Liber de moribus 97
> Ein guter Richter versteht sich nicht so sehr darauf, zu achten, was, als wie er verurteilen soll.

Q 100 **Damnat, non odit improbum iudex bonus.**
Pseudo-Publilius, Sententiae 73
> Ein guter Richter verurteilt einen Delinquenten, aber er hasst ihn nicht.

Q 101 **Iudex non calculat.**
cf. Corpus Iuris Civilis, Digesta 49. 8,1,1 (Macer)
> Der Richter rechnet nicht *(das ist Sache der Parteien).*

Q 102 **Neque enim aequus iudex aliam de sua, aliam de aliena causa sententiam fert.**
Seneca, De ira 1. 14,2
> Ein gerechter Richter wird in eigener Sache genauso urteilen wie in fremder.

Q 103 **Lite amicorum religio comprobatur iudicis.**
Pseudo-Seneca, Proverbia 41–42
> Bei einem Rechtsstreit unter Freunden bewährt sich die Gewissenhaftigkeit des Richters.

Q 104 **Bonus atque fidus / iudex honestum praetulit utili.**
Horatius, Carmina 4. 9,40–41
> Ein guter und getreuer Richter zieht die Ehrbarkeit dem Eigennutz vor.

Q 105 **In iudicando criminosa est celeritas.**
Publilius Syrus, Sententiae 254
> Schnelligkeit bei der Urteilsfindung ist verbrecherisch.

Q 106 **Iudex esse bonus nemo potest, qui suspicione certa non movetur.**
Cicero, In Verrem 2. 5,65
> Ein guter Richter kann nicht sein, wer sich durch einen begründeten Verdacht nicht beeinflussen lässt.

Q 107 **Non potest ullam auctoritatem habere sententia, ubi, qui damnandus est, damnat.**
Pseudo-Seneca, De remediis fortuitorum
> Ein Richterspruch kann keine Geltung haben, wenn verurteilt, wer selbst verurteilenswert ist.

Q 108 **Se damnat iudex, innocentem qui opprimit.**
Publilius Syrus, Sententiae 614
> Sich selbst verurteilt der Richter, der einen Unschuldigen verurteilt.

Recht

Q109   Iudex damnatur, ubi nocens absolvitur.
Publilius Syrus, Sententiae 257
> Wenn der Schuldige freigesprochen wird, verurteilt sich der Richter selbst.

Beweis

Q110   Ei incumbit probatio, qui dicit, non qui negat.
Corpus Iuris Civilis, Digesta 22. 3,2 (Paulus)
> Den Beweis muss der liefern, der behauptet, nicht der, der bestreitet.

Q111   Negantis probatio nulla est.
cf. Corpus Iuris Civilis, Codex Iustinianus 4. 19,23 (a. 294)
> Wer leugnet, braucht keinen Beweis zu liefern.

Q112   Argumentum est ratio, quae rei dubiae faciat fidem.
cf. Cicero, Topica 8
> Ein Argument ist ein Mittel, das eine strittigen Sache glaubhaft macht.

Q113   Non enim ad multitudinem respici oportet, sed ad sinceram testimoniorum fidem et testimonia, quibus potius lux veritatis adsistit.
Corpus Iuris Civilis, Digesta 22. 5,21,3 (Arcadius)
> Nicht auf die Anzahl muss geachtet werden, sondern auf die Glaubwürdigkeit der Zeugnisse und auf die Zeugnisse, denen das Licht der Wahrheit am nächsten ist.

Q114   Quamvis enim vera sint quaedam; non tamen iudici facile credenda sunt, nisi certis indiciis demonstrentur.
Augustinus, Sermones 351
> Wenn auch manches wahr ist, so darf der Richter es dennoch nicht glauben, wenn es nicht durch sichere Anhaltspunkte bewiesen wird.

Q115   Non opus est verbis, credite rebus!
Ovidius, Fasti 2. 734
> Es bedarf keiner Worte, glaubt den Tatsachen!

Q116   Facta loquuntur.
cf. Cicero, Ad Atticum 9. 13,1
> Die Tatsachen sprechen für sich.

Q117   Res ipsa testis est.
Plautus, Aulularia 421
> Die Sache selbst ist Zeuge.

Q118   Res loquentur nobis tacentibus.
Seneca, De beneficiis 2. 11,6
> Die Dinge reden, auch wenn wir schweigen.

Q 119   Saxa loquuntur.
~ Lucanus, Bellum civile (Pharsalia) 6. 618
> Die Steine reden.

Q 120   Apud me, ut apud bonum iudicem, argumenta plus quam testes valent.
Cicero, De re publica 1. 59
> Bei mir gelten, wie bei einem guten Richter, Tatsachen mehr als Zeugen.

Zeuge

Q 121   Alia est auctoritas praesentium testium, alia testimoniorum, quae recitari solent.
Corpus Iuris Civilis, Digesta 22. 5,3,4 (Callistratus)
> Anwesende Zeugen haben ein anderes Gewicht als Aussagen, die man vorzulesen pflegt.

Q 122   Testes non numerantur, sed ponderantur.
cf. Plinius, Epistulae 2. 12,5
> Zeugen werden nicht gezählt, sondern gewogen.

Q 123   Unius omnino testis responsio non audiatur.
Codex Theodosianus 11. 39,3
> Die Aussage nur eines einzigen Zeugen soll kein Gehör finden.

Q 124   Itaque more maiorum comparatum est, ut in minimis rebus homines amplissimi testimonium de sua ne dicerent.
Cicero, Pro Sex. Roscio Amerino 102
> Durch die Sitte der Vorfahren ist es so geregelt, dass auch bei sehr geringfügigen Angelegenheiten die angesehensten Leute in eigener Sache keine Zeugenaussage machen durften.

Q 125   Nullus idoneus testis in re sua intellegitur.
Corpus Iuris Civilis, Digesta 22. 5,10 (Pomponius)
> In eigener Sache kann keiner ein glaubwürdiger Zeuge sein.

Q 126   Iuravi lingua, mentem iniuratam gero.
Euripides bei Cicero, De officiis 3. 108
> Ich habe mit der Zunge geschworen, mein Geist bleibt unvereidigt.

Q 127   Periurii poena divina exitium, humana dedecus.
Cicero, De legibus 2. 22
> Für Meineid ist die göttliche Strafe der Untergang, die menschliche die Schande.

Recht

Objektivität

Q 128 Audiatur et altera pars.
cf. Seneca, Medea 199–200
> Auch die Gegenseite soll Gehör finden.

Q 129 Dictum unius, dictum nullius.
Binder, Novus thesaurus 764
> Eines Mannes Rede ist keines Mannes Rede.

Q 130 Lex neque innocenti propter simultatem obstrigillat neque nocenti propter amicitiam ignoscit.
Varro, Saturae Menippeae frg. 264, Manius
> Das Gesetz benachteiligt keinen Unschuldigen aus Antipathie noch verzeiht es einem Schuldigen aus Sympathie.

Q 131 Iustum esse facile est, cui vacat pectus metu.
Pseudo-Seneca, Octavia 441
> Gerecht zu sein ist für den leicht, dessen Herz frei von Furcht ist.

Q 132 Bonus iudex damnat improbanda, non odit.
Seneca, De ira 1. 16,6
> Ein guter Richter verurteilt, was er missbilligen muss, aber er hasst es nicht.

Q 133 Ames iudicio, non amore iudices.
cf. Pseudo-Seneca, Liber de moribus 48
> Liebe mit Vernunft, aber urteile nicht mit Liebe.

Q 134 Omnes homines, qui de rebus dubiis consultant, ab odio, amicitia, ira atque misericordia vacuos esse decet.
Sallustius, De coniuratione Catilinae 51,1
> Jedermann, der über eine unsichere Lage berät, muss frei sein von Hass, Freundschaft, Zorn und Mitleid.

Q 135 sine ira et studio
Tacitus, Annales 1. 1,3
> ohne Ressentiment oder Vorliebe *(im Original auf die Geschichtsschreibung bezogen)*

Q 136 Verba rebus, non personis aestimanda sunt.
Pseudo-Seneca, Liber de moribus 13
> Die Worte sind nach den Gegebenheiten, nicht nach den Personen zu beurteilen.

Q 137 Parem laudare pertinet ad gloriam.
Publilius Syrus, Sententiae A93
> Es ehrt einen, wenn man einen Rivalen lobt.

Q138 Sapientissimi igitur artis suae professores sunt, a quibus et propria studia verecunde et aliena callide aestimantur.
Valerius Maximus, Facta et dicta memorabilia 8. 12,1
> Die weisesten Lehrer ihrer Kunst sind die, die ihre eigenen Bemühungen zurückhaltend, fremde mit Sachverstand beurteilen.

Geständnis

Q139 Confessio conscientiae vox est.
Seneca maior, Controversiae (Exc.) 8. 1
> Die Beichte ist die Stimme des Gewissens.

Q140 Confessus pro iudicato est, qui quodammodo sua sententia damnatur.
Corpus Iuris Civilis, Digesta 42. 2,1 (Ulpianus)
> Ein Geständiger wird einem Verurteilten gleichgesetzt, da er sich gewissermaßen durch eigenen Urteilsspruch verurteilt.

Q141 Confessio culpae pondus attenuat et cum confessis mitius est agendum.
Magister Gaufredus: Summa de arte dictandi 2,9
> Ein Bekenntnis verringert die Schwere der Schuld; mit Reumütigen ist milder zu verfahren.

Q142 Mitius agitur cum sponte confesso quam cum in iure convicto.
Damasus, Regulae canonicae 133
> Man verfährt nachsichtiger mit einem, der freiwillig gesteht, als mit einem, der vor Gericht überführt wird.

Q143 Qui confitetur, innocenti proximust.
Publilius Syrus, Sententiae A52
> Wer sich zu seiner Schuld bekennt, ist fast schon unschuldig.

Q144 Fatetur facinus is, qui iudicium fugit.
Publilius Syrus, Sententiae 174
> Wer sich gerichtlicher Untersuchung entzieht, gesteht seine Tat.

Q145 Taciturnitas imitatur confessionem.
Cicero, De inventione 1. 54
> Schweigen kommt dem Bekennen gleich.

Q146 Qui tacet, non utique fatetur, sed tamen verum est eum non negare.
Corpus Iuris Civilis, Digesta 50. 17,142 (Paulus)
> Wer schweigt, gibt nicht unbedingt zu, aber es trifft immerhin zu, dass er nicht abstreitet.

Recht

Urteil

Q147 Iudicium enim hoc est optandum et rectum, ubi per varia negotiorum examina iustum, id est et iniustum ‹deliberatum est›.
Ammianus Marcellinus, Historiae 22. 10,3
> Ein Urteil ist nur dann wünschenswert und richtig, wenn durch ausgiebige Prüfung der Begebenheiten das Rechte und ebenso das Unrechte ausgewogen berücksichtigt wurden.

Q148 Manifesta causa secum habet sententiam.
Publilius Syrus, Sententiae 355
> Ein eindeutiger Fall bringt sein Urteil selber mit.

Q149 Ius ex sententia iudicis fit.
~ Corpus Iuris Civilis, Digesta 5. 2,17,1 (Paulus)
> Ein richterliches Urteil schafft Recht.

Q150 Res iudicata pro veritate accipitur.
Corpus Iuris Civilis, Digesta 1. 5,25 und 50. 17,207 (Ulpianus)
> Eine rechtskräftige Entscheidung gilt als Wahrheit.

Q151 Causa criminalis non praeiudicat civili.
cf. Corpus Iuris Civilis, Digesta 47. 10,6 (Paulus)
> Eine Entscheidung im Strafprozess greift der im Zivilprozess nicht vor.

Q152 Absolutus de certo crimine de eodem iterum accusari non potest.
Decretalia Gregorii 5. 1,6 Summarium
> Wer von einem bestimmten Verbrechen freigesprochen ist, kann desselben Verbrechens wegen nicht ein zweites Mal angeklagt werde.

Q153 Idem delictum non debet bis puniri.
Binder, Novus thesaurus 1357; cf. Gesta Romanorum 3
> Dasselbe Vergehen darf nicht zweimal bestraft werden.

Q154 Nocentem absolvere satius est quam innocentem damnare.
cf. Corpus Iuris Civilis, Digesta 48. 19,5 pr. (Ulpianus)
> Einen Schuldigen freisprechen ist besser als einen Unschuldigen verurteilen.

Q155 Numquam crescit ex post facto praeteriti delicti aestimatio.
Corpus Iuris Civilis, Digesta 50. 17,38 (Pomponius)
> Aufgrund späterer Ereignisse wird kein Delikt strenger beurteilt.

Q156 Severitas iudiciorum patrona est disciplinae.
Pseudo-Seneca, Liber de moribus, Appendix
> Strenge im Urteilen ist die beste Gewähr für Anständigkeit.

Q157 In qua mensura mensi fueritis, remetietur vobis.
Vulgata, Evangelium secundum Marcum 4,24
> Mit dem Maß, mit dem ihr messt, wird man euch wieder messen.

Q158 Nolite iudicare, ut non iudicemini.
Vulgata, Evangelium secundum Matthaeum 7,1
> Richtet nicht, auf dass ihr nicht gerichtet werdet.

Q159 aqua et igni interdicere
~ Cicero, De domo sua 47
> von der Versorgung mit Wasser und Feuer ausschließen, *d. h. ächten, für vogelfrei erklären*

Q160 Legi, intellexi, condemnavi.
Iulianus Apostata bei Sozomenos, Historia ecclesiastica 5,18
> Ich las, begriff, verdammte.

Q161 Et in maioribus et in minoribus negotiis appellandi facultas est. Nec enim iudicem oportet iniuriam sibi fieri existimare, eo quod litigator ad provocationis auxilium convolavit.
Corpus Iuris Civilis, Codex Iustinianus 7. 62,20 (a. 341)
> Sowohl in größeren als auch in kleineren Angelegenheiten gibt es die Möglichkeit der Berufung; der Richter soll nicht glauben, ihm geschehe Unrecht, wenn eine der Parteien ihre Zuflucht zur Berufung nimmt.

Q162 Qui provocet, nondum damnatus videtur.
~ Corpus Iuris Civilis, Digesta 48. 19,2,2 (Ulpianus)
> Wer Rechtsmittel einlegt, gilt noch nicht als verurteilt.

Gnade

Q163 Lex data est, ut gratia quaereretur. Gratia data est, ut lex impleretur.
Prosper Aquitanus, Liber sententiarum 44
> Das Gesetz ist dazu da, dass Gnade erlangt wird. Gnade ist dazu da, dass das Gesetz erfüllt wird.

Q164 Venia est poenae meritae remissio.
Seneca, De clementia 2. 7,1
> Gnade ist Erlass einer verdienten Strafe.

Q165 Sed piger ad poenam princeps, ad praemia velox / et doleat, quotiens cogitur esse ferox.
Ovidius, Epistulae ex Ponto 1. 2,121–122
> Langsam beim Strafen, schnell beim Belohnen sei der Fürst, und es soll ihn schmerzen, wenn man ihn zwingt, grausam zu sein.

Recht

Q166 Regia, crede mihi, res est succurrere lapsis.
Ovidius, Epistulae ex Ponto 2. 9,11
> Königlicher Stil ist es, glaub mir, Gestrauchelten zu Hilfe zu kommen.

Q167 Sola deos aequat clementia nobis.
Claudianus, De quarto consulatu Honorii Augusti 277
> Die Milde allein macht uns den Göttern ebenbürtig.

Q168 Clementiae est aliquid ultrici detrahere sententiae.
Seneca, De clementia (frg. bei Hildebertus)
> Es zeugt von Milde, dem rächenden Schuldspruch etwas von seiner Schärfe zu nehmen.

Q169 Venia, non poena peccatum corrigere est clementiae.
Pseudo-Seneca, Proverbia 94
> Es zeugt von Milde, eine Sünde mit Nachsicht, nicht mit Strafe zu verbessern.

Q170 Saepe autem satius fuit dissimulare quam ulcisci.
Seneca, De ira 2. 33,1
> Oft ist es besser, etwas zu übersehen, als es zu ahnden.

Q171 Poena potest demi, culpa perennis erit.
Ovidius, Epistulae ex Ponto 1. 1,64
> Eine Strafe kann erlassen werden, die Schuld aber wird ewig bleiben.

Q172 Gratia, quae tarde est, ingrata est gratia, namque est, / cum fieri properat, gratia grata magis.
Ausonius, Epigrammata 93
> Gnade, die zu spät kommt, ist eine ungnädige Gnade, denn wenn man schnell Gnade erweist, ist sie gnädiger.

Q173 Clementia non habet legem.
Cassiodorus, Variae 2. 30,1
> Gnade ist keinem Gesetz unterworfen.

Q174 Dissolvit legem misericors, cum iudicat.
Publilius Syrus, Sententiae 706
> Ein mitleidiger Richter löst das Gesetz auf.

Vertrag

Q175 Consensu contrahitur.
Corpus Iuris Civilis, Digesta 18. 5,3 (Paulus)
> Durch Übereinstimmung kommt ein Vertrag zustande.

Q176 **Solus consensus obligat.**
cf. Gaius, Institutiones 3. 135
> Schon das bloße Einverständnis verpflichtet.

Q177 **Etiam nudus consensus sufficit obligationi, quamvis verbis hoc exprimi possit. Sed et nutu solo pleraque consistunt.**
Corpus Iuris Civilis, Digesta 44. 7,52,9–10 (Modestinus)
> Schon bloßes Einverständnis genügt für eine Verpflichtung, obwohl es mit Worten zum Ausdruck gebracht werden kann. Doch schon durch bloßes Nicken erlangt das meiste Gültigkeit.

Q178 **Si quis rem aliquam voverit, voto obligatur.**
Corpus Iuris Civilis, Digesta 50. 12,2 pr. (Callistratus)
> Wenn jemand etwas gelobt, ist er durch das Gelübde gebunden.

Q179 **Obligatio est iuris vinculum, quo necessitate astringimur alicuius rei solvendae secundum iura nostrae civitatis.**
Corpus Iuris Civilis, Institutiones 3. 13 pr.
> Eine Verbindlichkeit ist ein rechtliches Band, durch das wir nach den Rechten unseres Staates mit Notwendigkeit verpflichtet werden, eine gewisse Leistung zu erbringen.

Q180 **Bona fides exigit, ut, quod convenit, fiat.**
Corpus Iuris Civilis, Digesta 19. 2,21 (Iavolenus)
> Treu und Glauben erfordern, dass geschieht, was vereinbart wurde.

Q181 **Pacta sunt servanda.**
~ Decretalia Gregorii 1. 35,1 Summarium; cf. Cicero, De officiis 3. 92
> Verträge müssen eingehalten werden.

Q182 **Sit autem sermo vester: est, est – non, non; quod autem his abundantius est, a malo est.**
Vulgata, Evangelium secundum Matthaeum 5,37
> Eure Rede sei: ja, ja – nein, nein; was darüber ist, das ist vom Übel.

Q183 **Excludat iurgia finis!**
Horatius, Epistulae 2. 1,38
> Eine klare Bestimmung soll Streit ausschließen.

Q184 **Clara pacta, boni amici.**
Wander, Deutsches Sprichwörter-Lexikon 3. 1515
> Eindeutige Abmachungen, gute Freunde.

Q185 **Foederis aequas dicamus leges.**
Vergilius, Aeneis 11. 321; Motto von Rousseaus ›Contrat social‹
> Lasst uns die gerechten Gesetze des Vertrags nennen.

Recht

Q186 In conventionibus contrahentium voluntatem potius quam verba spectari placuit.
Corpus Iuris Civilis, Digesta 50. 16,219 (Papinianus)
> Bei Verträgen ist mehr der Wille der Vertragspartner als der Wortlaut zu beachten.

Q187 Bonam fidem in contractibus considerari aequum est.
Corpus Iuris Civilis, Codex Iustinianus 4. 10,4 (a. 290)
> Bei Verträgen auf den guten Glauben zu achten ist nicht mehr als recht und billig.

Q188 Circumvenire se invicem contrahentibus naturaliter licet.
cf. Corpus Iuris Civilis, Digesta 4. 4,16,4 (Ulpianus)
> Den Vertragsparteien ist es von Natur aus gestattet, sich gegenseitig zu übervorteilen.

Q189 Privatis pactionibus non dubium est non laedi ius ceterorum.
Corpus Iuris Civilis, Digesta 2. 15,3 pr. (Cervidius Scaevola)
> Durch Verträge zwischen Privatpersonen wird das Recht Dritter ohne Zweifel nicht verletzt.

Q190 Non debet alii nocere, quod inter alios actum est.
~ Corpus Iuris Civilis, Digesta 12. 2,10 (Paulus)
> Einem Dritten darf nicht schaden, was zwischen anderen vorgefallen ist.

Q191 Condicio semel impleta non resumitur.
cf. Corpus Iuris Civilis, Novellae 88,1
> Eine einmal erfüllte Bedingung lebt nicht wieder auf.

Q192 Impossibilis condicio pro non scripta habetur.
Corpus Iuris Civilis, Digesta 28. 7,20 pr. (Labeo)
> Eine unerfüllbare Bedingung gilt als nicht geschrieben.

Q193 Nulla iniuria est, quae in volentem fiat.
Corpus Iuris Civilis, Digesta 47. 10,1,5 (Ulpianus)
> Kein Unrecht geschieht einem, der damit einverstanden ist.

Q194 Nullam enim potest videri iniuriam accipere, qui semel voluit.
Corpus Iuris Civilis, Digesta 39. 3,9,1 (Paulus)
> Wer einmal seine Zustimmung gegeben hat, kann sich nicht darauf berufen, ihm sei Unrecht geschehen.

Q195 Numquam volenti dolus infertur.
~ Corpus Iuris Civilis, Codex Iustinianus 2. 4,34
> Wer zustimmt, wird nicht arglistig getäuscht.

Q196 Sciens non fraudatur.
cf. Corpus Iuris Civilis, Digesta 50. 17,145 (Ulpianus)
> Wer Bescheid weiß, wird nicht hintergangen.

Auftrag

Q197 Fieri facias!
~ Plautus, Casina 253

> Veranlasse, dass es geschieht.

Q198 Mandatum nisi gratuitum nullum est: Nam originem ex officio atque amicitia trahit, contrarium ergo est officio merces: Interveniente enim pecunia res ad locationem et conductionem potius respicit.
Corpus Iuris Civilis, Digesta 17. 1,1,4 (Paulus)

> Es gibt nur unentgeltliche Mandate, denn sie gründen auf Gefälligkeit und Freundschaft. Bezahlung steht im Gegensatz zur Gefälligkeit; wenn Geld im Spiel ist, handelt es sich vielmehr um einen Geschäftsvertrag.

Q199 Is, qui exsequitur mandatum, non debet excedere fines mandati.
Corpus Iuris Civilis, Institutiones 3. 26,8

> Wer einen Auftrag ausführt, darf die Grenzen des Auftrags nicht überschreiten.

Q200 Rati enim habitio mandato comparatur.
Corpus Iuris Civilis, Digesta 46. 3,12,4 (Ulpianus)

> Eine Genehmigung ist mit einem Auftrag gleichzusetzen.

Testament

Q201 Hereditas nihil aliud est quam successio in universum ius, quod defunctus habuit.
Corpus Iuris Civilis, Digesta 50. 17,62 (Iulianus)

> Erbschaft ist nichts anderes als die Nachfolge in das gesamte Recht, das der Erblasser hatte.

Q202 Posteriore testamento, quod iure perfectum est, superius rumpitur.
Corpus Iuris Civilis, Institutiones 2. 17,2

> Durch ein späteres rechtmäßig errichtetes Testament wird ein früheres umgestoßen.

Q203 Ambulatoria enim est voluntas defuncti usque ad vitae supremum exitum.
Corpus Iuris Civilis, Digesta 34. 4,4 (Ulpianus)

> Der menschliche Wille lässt sich bis zum Lebensende abändern.

Q204 Quamdiu possit valere testamentum, tamdiu legitimus heres non admittitur.
Corpus Iuris Civilis, Digesta 50. 17,89 (Paulus)

> Solange ein Testament Gültigkeit hat, ist die gesetzliche Erbfolge außer Kraft.

Q205 Legatum est donatio testamento relicta.
Corpus Iuris Civilis, Digesta 31. 1,36 (Modestinus)

> Ein Vermächtnis ist eine testamentarisch hinterlassene Schenkung.

Recht

Q 206 Civilis constitutio est poenalibus actionibus heredes non teneri.
Corpus Iuris Civilis, Digesta 47. 1,1 pr. (Ulpianus)
> Es besteht die Verordnung des bürgerlichen Rechts, dass Erben für Strafen *(des Verstorbenen)* nicht haften.

Q 207 Maior frater dividat patrimonium, minor eligat.
Seneca maior, Controversiae 6. 3,3
> Der ältere Bruder soll das Erbe aufteilen, der jüngere darf auswählen.

Q 208 Semel heres, semper heres.
cf. Corpus Iuris Civilis, Digesta 28. 5,89 (Gaius)
> Einmal Erbe, immer Erbe *(d. h. zeitliche Begrenzung ist nicht möglich).*

Pacht

Q 209 Et locatio et conductio contrahi intellegitur, si de mercede convenerit.
Corpus Iuris Civilis, Digesta 19. 2,2 pr. (Gaius)
> Ein Pachtvertrag gilt als vereinbart, wenn man sich über den Pachtzins einig ist.

Q 210 Locatio quidem sine mercede certa contrahi non potest.
Corpus Iuris Civilis, Digesta 24. 1,52 pr. (Papinianus)
> Eine Vermietung kann ohne Festlegung eines Mietzinses nicht zustande kommen.

Q 211 Cui usus relictus est, uti potest, frui non potest.
Corpus Iuris Civilis, Digesta 7. 8,2 pr. (Ulpianus)
> Wem das Gebrauchsrecht überlassen wurde, der darf die Sache gebrauchen, aber keinen Gewinn daraus erzielen.

Q 212 Amittitur ususfructus, cum etiam ipsa proprietas eo casu amittatur.
Corpus Iuris Civilis, Digesta 7. 4,23 (Pomponius)
> Der Nießbrauch geht verloren, wenn beim gleichen Vorfall auch das Eigentumsrecht verloren geht.

Q 213 Fructuarius custodiam praestare debet.
Corpus Iuris Civilis, Digesta 7. 9,2 (Paulus)
> Wer den Nießbrauch hat, ist verpflichtet, mit der Sache pfleglich umzugehen.

Q 214 Finitur autem ususfructus morte fructuarii.
Corpus Iuris Civilis, Institutiones 2. 4,3
> Der Nießbrauch erlischt mit dem Tod des Berechtigten.

Zubehör

Q 215 Accessio cedat principali.
Corpus Iuris Civilis, Digesta 34. 2,19,13 (Ulpianus)
> Das Beiwerk soll hinter der Hauptsache zurückstehen.

Q 216 Cum principalis causa non consistit, ne ea quidem, quae sequuntur, locum habent.
Corpus Iuris Civilis, Digesta 50. 17,129,1 (Paulus)
> Wenn die Hauptsache entfällt, hat auch, was daraus folgt, keinen Bestand.

Q 217 Solo cedere solent ea, quae aedificantur aut seruntur.
Corpus Iuris Civilis, Digesta 41. 1,9,1 (Gaius)
> Was darauf gebaut oder gepflanzt wird, gehört üblicherweise zum Boden.

Q 218 Superficies ad dominum soli pertinet.
Corpus Iuris Civilis, Digesta 9. 2,50 (Ulpianus)
> Was darauf gebaut ist, gehört dem Eigentümer des Bodens.

Recht

Schulden

Q 219 Aequissima vox est et ius gentium prae se ferens: ›Redde, quod debes‹; haec turpissima est in beneficio.
Seneca, De beneficiis 3. 14,3
> Eine recht angemessene und dem Völkerrecht entsprechende Forderung ist: ›Gib zurück, was du schuldest!‹; bei einer Wohltat wäre sie in höchstem Grade verabscheuenswert.

Q 220 Dissimilis est pecuniae debitio et gratiae.
Cicero, Pro Plancio 68
> Zwischen Geldschulden und Dankesschuld ist ein großer Unterschied.

Q 221 Reddit, non perdit, qui, quod alienum erat, persolvit.
Publilius Syrus, Sententiae 675
> Wer Schulden zahlt, verliert nichts, er gibt zurück.

Q 222 Solvendo esse nemo intellegitur, nisi quis solidum potest solvere.
Corpus Iuris Civilis, Digesta 50. 16,114 (Iavolenus)
> Wer nicht die Gesamtsumme zahlen kann, gilt als nicht zahlungsfähig.

Q 223 Minus solvit, qui tardius solvit: nam et tempore minus solvitur.
Corpus Iuris Civilis, Digesta 50. 16,12,1 (Ulpianus)
> Wer zu spät bezahlt hat, hat zu wenig bezahlt, denn auch der Zeit nach kann zu wenig gezahlt werden.

Q224 Mora fieri intellegitur non ex re, sed ex persona.
Corpus Iuris Civilis, Digesta 22. 1,32 pr. (Marcianus)
Verzug entsteht offenkundig nicht von selbst, sondern durch persönliches Zutun.

Q225 Aliud pro alio invito creditori solvi non potest.
Corpus Iuris Civilis, Digesta 12. 1,2,1 (Paulus)
Ohne Zustimmung des Gläubigers kann die Schuld nicht mit etwas anderem abgegolten werden.

Q226 Incendium aere alieno non exuit debitorem.
Corpus Iuris Civilis, Codex Iustinianus 4. 2,11 (a- 294)
Ein Brand befreit den Schuldner nicht von Schulden.

Q227 Ante tempus debita exigi non possunt.
Corpus Iuris Civilis, Codex Iustinianus 4. 9,1 (a. 294)
Schulden können nicht vor dem Fälligkeitstermin eingefordert werden.

Q228 Qui debet, limen creditoris non amat.
Publilius Syrus, Sententiae 533
Wer Schulden hat, meidet die Tür des Gläubigers.

Q229 Leve aes alienum debitorem facit, grave inimicum.
Seneca, Epistulae morales 19,11
Kleine Schulden lassen einen zum Schuldner werden, große zum Feind.

Q230 Aeris alieni comes miseria.
~ Plinius maior, Naturalis historia 7. 119
Schulden haben das Elend im Geleit.

Q231 Alienum aes homini ingenuo acerba est servitus.
Publilius Syrus, Sententiae 11
Schulden sind für einen Ehrenmann bittere Knechtschaft.

Q232 Capillos liberos non habet.
~ Petronius, Satyricon 38,12
Noch nicht einmal seine Haare sind unverpfändet. *(vgl. ›Er ist bis über den Kopf verschuldet.‹)*

Q233 Animam debet.
Terentius, Phormio 661
Er schuldet seine Seele. *(vgl. ›das Haar auf dem Kopfe schuldig sein‹)*

Q234 Zonam perdidit.
Horatius, Epistulae 2. 2,40
Er hat seinen Gürtel verloren. *(d. h. sein Geld = Er ist ruiniert.)*

Pfand

Q235 Pignus manente proprietate debitoris solam possessionem transfert ad creditorem.
Corpus Iuris Civilis, Digesta 13. 7,35,1 (Florentinus)
> Ein Pfand überträgt nur den Besitz auf den Gläubiger, während es im Eigentum des Schuldners verbleibt.

Q236 Aequum est reponi per fidem, quod creditum est.
Plautus, Cistellaria 760
> Es ist angezeigt, getreu aufzubewahren, was einem anvertraut wurde.

Q237 Amissio pignorum liberat debitorem.
~ Corpus Iuris Civilis, Codex Iustinianus 4. 24,6 (a. 225)
> Der Verlust des Pfands befreit den Schuldner.

Recht

Bürgschaft

Q238 Plus cautionis in re est quam in persona.
Corpus Iuris Civilis, Digesta 50. 17,25 (Pomponius)
> Eine Sache bietet mehr Sicherheit als eine Person.

Q239 Cum reus moram facit, et fideiussor tenetur.
Corpus Iuris Civilis, Digesta 22. 1,24,1 (Paulus)
> Wenn der Schuldner in Verzug gerät, haftet auch der Bürge.

Q240 Sponde, noxa sed praesto tibi.
Thales bei Ausonius, Ludus septem sapientium 181
> Bürge, doch der Verlust ist nicht weit.

Haftung

Q241 Si res deposita deterior reddetur, agi depositi potest.
Corpus Iuris Civilis, Digesta 16. 3,1,16 (Ulpianus)
> Wird eine in Verwahrung gegebene Sache schlechter zurückgegeben, kann wegen schlechter Verwahrung geklagt werden.

Q242 Non videbitur reddita res, quae deterior facta redditur.
Corpus Iuris Civilis, Digesta 13. 6,3,1 (Ulpianus)
> Was in schlechterem Zustand zurückgegeben wird, kann nicht als zurückgegeben gelten.

Q243 Et delicta et noxae caput sequuntur.
Corpus Iuris Civilis, Digesta 16. 3,1,18 (Ulpianus)
> Sowohl Verbrechen als auch Schadenersatzansprüche folgen dem Verursacher.

Q 244 Is damnum dat, qui iubet dare: eius vero nulla culpa est, cui parere necesse sit.
Corpus Iuris Civilis, Digesta 50. 17,169 pr. (Paulus)
> Für Schäden ist verantwortlich, wer sie veranlasst; wer gehorchen muss, ist schuldlos.

Q 245 Qui causam praebuit damni dandi, damnum dedisse.
Corpus Iuris Civilis, Digesta 47. 8,4,14 (Ulpianus)
> Wer Anlass zu einem Schaden bot, hat den Schaden verursacht.

Q 246 Eius debet esse damnum, cuius praemium est.
Seneca maior, Controversiae (Exc.) 3. 6
> Den Schaden muss derjenige tragen, der den Vorteil hat.

Q 247 Et qui occasionem praestat, damnum fecisse videtur.
Corpus Iuris Civilis, Digesta 9. 2,30,3 (Paulus)
> Auch wer die Gelegenheit dazu bietet, hat offenkundig den Schaden angerichtet.

Q 248 Animalium vero casus, mortesque, quae sine culpa accidunt, fugae servorum, qui custodiri non solent, rapinae, tumultus, incendia, aquarum magnitudines, impetus praedonum a nullo praestantur.
Corpus Iuris Civilis, Digesta 50. 17,23 (Ulpianus)
> Für Unfall von Tieren, Tod, der schuldlos eintritt, Flucht von Sklaven, die man nicht zu bewachen hat, Diebstahl, Panik, Brand, Überschwemmungen, Raubüberfälle ist niemand haftbar zu machen.

Q 249 Casus a nullo praestantur.
cf. Corpus Iuris Civilis, Digesta 50. 17,23 (Ulpianus)
> Für Zufälle steht niemand ein.

Q 250 Inferior reus est, quicquid peccat superior.
Publilius Syrus, Sententiae 230
> Der Kleine muss ausbaden, was der Große anstellt.

Q 251 Quam malus est, culpam qui suam alterius facit!
Publilius Syrus, Sententiae 543
> Wie schlecht ist doch, wer eigene Schuld auf andere schiebt!

Gesellschaftsrecht

Q 252 Tres faciunt collegium.
~ Corpus Iuris Civilis, Digesta 50. 16,85 (Marcellus)
> Drei bilden ein Kollegium.

Q 253 Collegium non moritur.
Rechtsregel

> Eine Körperschaft stirbt nicht *(d. h. besteht weiter, auch wenn einzelne Mitglieder ausscheiden).*

Q 254 In decurionibus vel aliis universitatibus nihil refert, utrum omnes iidem maneant, an pars maneat vel omnes immutati sint.
Corpus Iuris Civilis, Digesta 3. 4,7,2 (Ulpianus)

> Bei Stadträten oder anderen Körperschaften spielt es keine Rolle, ob alle Mitglieder die gleichen bleiben oder ob nur ein Teil verbleibt oder alle ausgewechselt werden.

Q 255 In communionem vel societatem nemo compellitur invitus detineri.
Corpus Iuris Civilis, Codex Iustinianus 3. 37,5 (a. 294)

> Niemand wird gegen seinen Willen gezwungen, an einer Gemeinschaft oder Gesellschaft festzuhalten.

Q 256 In societatis contractibus fides exuberet.
Corpus Iuris Civilis, Codex Iustinianus 4. 37,3 (a. 293)

> Bei Gesellschaftsverträgen soll uneingeschränkt Treu und Glauben walten.

Q 257 Manet autem societas eo usque, donec in eodem sensu perseverant; at cum aliquis renuntiaverit societati, societas solvitur.
Gaius, Institutiones 3. 151

> Eine Gesellschaft dauert so lange, wie die Partner einvernehmlich zusammenarbeiten, doch wenn einer von ihnen die Gesellschaft aufkündigt, wird die Gesellschaft aufgelöst.

Q 258 Nulla societatis in aeternum coitio est.
Corpus Iuris Civilis, Digesta 17. 2,70 (Paulus)

> Keine Gesellschaft ist ein Zusammenschluss für alle Zeiten.

Q 259 Si alicuius rei contracta societas sit et finis negotio impositus est, finitur societas.
Corpus Iuris Civilis, Institutiones 3. 25,6

> Ist eine Gesellschaft zu einem bestimmten Zweck gegründet worden und ist dieser Zweck erreicht, erlischt die Gesellschaft.

Q 260 Et nos consentimus talem societatem nullam esse, ut alter lucrum sentiret, alter vero nullum lucrum, sed damnum sentiret: Iniquissimum enim genus societatis est, ex qua quis damnum, non etiam lucrum spectet.
Corpus Iuris Civilis, Digesta 17. 2,29,2 (Ulpianus)

> Wir stimmen darin überein, dass eine Gesellschaft nicht vorliegt, wenn der eine den Gewinn einsteckt, der andere aber keinen Gewinn, sondern den Verlust davonträgt. Es ist eine äußerst ungleiche Gemeinschaft, wenn einer nur den Schaden daraus, aber nicht auch den Gewinn zu sehen bekommt.

Q 261 Alterius solutio totam obligationem interimit.
Corpus Iuris Civilis, Digesta 44. 7,44,3 (Paulus)

> Wenn einer bezahlt, ist die ganze Schuld beglichen.

Recht

Q 262 Iure societatis per socium aere alieno socius non obligatur, nisi in communem arcam pecuniae versae sint.
Corpus Iuris Civilis, Digesta 17. 2,82 (Papinianus)
> Das Gesellschaftsrecht verpflichtet keinen, für die Schulden seines Partners aufzukommen, wenn die Gelder nicht in die gemeinsame Kasse geflossen sind.

Q 263 In re communi nemo dominorum iure facere quicquam invito altero potest.
~ *Corpus Iuris Civilis, Digesta 8. 2,26 (Paulus)*
> Bei gemeinsamem Eigentum kann keiner der Partner gegen den Willen des anderen etwas verfügen.

Q 264 Societas ius quodammodo fraternitatis in se habeat.
Corpus Iuris Civilis, Digesta 17. 2,63 pr. (Ulpianus)
> Eine Gesellschaft soll in etwa auf dem Recht der Brüderlichkeit basieren.

Q 265 Socios inter se dolum et culpam praestare oportet.
Corpus Iuris Civilis, Digesta 17. 2,52,2 (Ulpianus)
> Gesellschafter müssen gegenseitig für Arglist und Schuld einstehen.

Q 266 Socius socio etiam culpae nomine tenetur, id est desidiae atque neglegentiae.
Corpus Iuris Civilis, Digesta 17. 2,72 (Gaius)
> Der Gesellschafter ist dem anderen auch für Schuld haftbar, d. h. für Untätigkeit und Fahrlässigkeit.

Q 267 Flagitiosae rei societas coita nullam vim habet.
Corpus Iuris Civilis, Digesta 46. 1,70,5 (Gaius)
> Eine Gesellschaft, die zum Begehen einer Schandtat gegründet wurde, ist unwirksam.

Q 268 Damna, quae imprudentibus accidunt, hoc est damna fatalia, socii non cogentur praestare.
Corpus Iuris Civilis, Digesta 17. 2,52,3 (Ulpianus)
> Für Schäden, die unversehens eintreten, das heißt schicksalhafte Schäden, müssen Gesellschafter nicht einstehen.

Q 269 Si quid universitati debetur, singulis non debetur; nec quod debet universitas, singuli debent.
Corpus Iuris Civilis, Digesta 3. 4,7,1 (Ulpianus)
> Was einer Gesellschaft geschuldet wird, wird nicht ihren einzelnen Mitgliedern geschuldet, und die Schuld der Gesellschaft ist keine Schuld der einzelnen Mitglieder.

R Straftaten

Grausamkeit

R1 Homo homini lupus.
~ Plautus, Asinaria 495
> Der Mensch ist für den Menschen ein Wolf.

R2 bellum omnium contra omnes
Hobbes, Elementa philosophiae, De cive, pr.
> Krieg aller gegen alle

R3 Homo homini longe est omnium inimicissimum.
Publilius Syrus, Sententiae A67
> Der Mensch ist dem Menschen der schlimmste aller Feinde.

R4 In figura hominis feritas et immanitas beluae.
Cicero, De officiis 3. 32
> In der Gestalt eines Menschen stecken Rohheit und Brutalität eines Tieres.

R5 Homo perniciosior feris omnibus.
Seneca, Epistulae morales 107,7
> Der Mensch ist unheilvoller als jedes wilde Tier.

R6 Homini plurima ex homine sunt mala.
Plinius maior, Naturalis historia 7. 5
> Das meiste Leid erfährt der Mensch vom Menschen.

R7 Pernicies homini quae maxima? Solus homo alter.
Bias bei Pseudo-Ausonius, Septem sapientum sententiae 1,2
> Was ist die schlimmste Pest für den Menschen? Der Mitmensch.

R8 Homini perdere hominem libet.
Seneca, Epistulae morales 103,2
> Der Mensch verspürt Lust, den Mitmenschen zugrunde zu richten.

R9 Considera, quae sint, quae hominem in perniciem hominis instigent: invenies spem, invidiam, odium, metum, contemptum.
Seneca, Epistulae morales 105,1
> Schau, was den Menschen dazu treibt, seinen Mitmenschen zu vernichten; du wirst finden: Hoffnung, Neid, Hass, Furcht und Verachtung.

R 10 Ab homine homini cottidianum periculum; adversus hoc te expedi, hoc intentis oculis intuere: nullum est malum frequentius, nullum pertinacius, nullum blandius.
Seneca, Epistulae morales 103,1
Vom Menschen droht dem Menschen tägliche Gefahr; dagegen rüste dich, das verfolge aufmerksam: Kein Übel ist häufiger, keines hartnäckiger, keines verlockender.

R 11 Charybdis implacata est iracundia.
Publilius Syrus, Sententiae A173
Unversöhnlicher Zorn ist wie die Charybdis.

R 12 Crudelitatis mater iracundia est.
Publilius Syrus, Sententiae A83
Veranlagung zum Jähzorn ist die Mutter der Grausamkeit.

R 13 Crudelis lacrimis pascitur, non frangitur.
Publilius Syrus, Sententiae 114
Der Grausame weidet sich an Tränen und leidet nicht darunter.

R 14 Solius enim barbaricae immanitatis est gratis nocere.
Pseudo-Hegesippus, De bello Iudaico 5. 24,4
Grundlos zu schaden zeugt von besonders grausamer Rohheit.

R 15 Arma non servant modum; / nec temperari facile nec reprimi potest / stricti ensis ira; bella delectat cruor.
Seneca, Hercules furens 403–405
Waffen kennen kein Maß; die Wut eines gezückten Schwerts lässt sich nur schwer bändigen und aufhalten; Kriege weiden sich an Blut.

R 16 Insidiosissime nocet, cui gratiae aguntur pro iniuria.
Seneca, De beneficiis 5. 20,3
Äußerst niederträchtig fügt Böses zu, wer sich für ein Unrecht noch danken lässt.

R 17 Servis crudelis idem est aliis, si potest.
Publilius Syrus, Sententiae A77
Wer zu seinen Untergebenen grausam ist, ist es auch zu anderen, wenn er kann.

R 18 Culpa est totam persequi culpam.
Seneca, De clementia (frg. bei Hildebertus)
Wer eine Schuld bis zum Letzten verfolgt, macht sich schuldig.

R 19 Quae apud alios iracundia dicitur, ea in imperio superbia atque crudelitas appellatur.
Sallustius, De coniuratione Catilinae 51,14
Was sonst als Zorneswallung bezeichnet wird, bedeutet bei Machthabern Überheblichkeit und Grausamkeit.

R 20 Supplicem hominem opprimere virtus non est, sed crudelitas.
Publilius Syrus, Sententiae 682
> Einen Unterwürfigen zu Boden zu strecken zeugt von Grausamkeit, nicht von Mut.

Rücksichtslosigkeit

R 21 Immisericordem profitetur, cui quicquid licet, libet.
Seneca, De clementia (frg. bei Hildebertus)
> Als mitleidlos bekennt sich, wer sich alles herausnimmt, was erlaubt ist.

R 22 Mea nil refert, dum potiar modo.
Terentius, Eunuchus 320
> Mir ist alles gleich, wenn ich nur ans Ziel komme.

R 23 Divitis est semper fragiles male quaerere gazas: / nulla huic in lucro cura pudoris erit.
Anthologia Latina 1. 649,19–20
> Typisch für den Reichen ist, gierig nach vergänglichem Besitz zu streben: wenn es um Profit geht, kennt er keine Schamgrenze.

R 24 Lupus non curat numerum.
cf. Vergilius, Bucolica 7,51–52
> Der Wolf sorgt sich nicht um die Zahl *(der Schafe).*

R 25 Nil pudet assuetos sceptris: mitissima sors est / regnorum sub rege novo.
Lucanus, Bellum civile (Pharsalia) 8. 452–453
> Wer zu herrschen gewohnt ist, kennt keine Scham: Am erträglichsten ist das Leben in Staaten unter einem neuen Herrscher.

R 26 Omnes homines ad suum quaestum callent nec fastidiunt.
Plautus, Truculentus 932
> Alle Menschen sind nur auf ihren Gewinn aus und ekeln sich vor nichts.

R 27 Habet hoc vitium omnis ambitio: non respicit.
Seneca, Epistulae morales 73,3
> Diesen Fehler hat jeder Ehrgeiz, er blickt nicht zurück.

R 28 Ex luxuria exsistat avaritia necesse est, ex avaritia erumpat audacia.
Cicero, Pro Sex. Roscio Amerino 75
> Verschwendungssucht entartet zwangsweise zu Habgier, Habgier explodiert zu Skrupellosigkeit.

R 29 Et ruit in vetitum damni secura libido.
Claudianus, In Eutropium 2. 53
> Unbekümmert um Schaden stürzt sich die Lust ins unerlaubte Vergnügen.

R30 Libertas reverentiam remisit.
Statius, Silvae 1. 6,45
> Die Freizügigkeit verdrängte die Ehrfurcht.

R31 Habet silices pectus eius.
cf. Ovidius, Tristia 3. 11,4
> Seine Brust birgt Kieselsteine.

R32 Inimici ad animum nullae conveniunt preces.
Publilius Syrus, Sententiae 287
> Das Herz des Feindes rühren keine Bitten.

R33 Asperitas odium saevaque bella movet.
Ovidius, Ars amatoria 2. 146
> Rohheit schürt Hass und grausame Kriege.

R34 Me mortuo terra misceatur incendio.
Erasmus, Adagia 280 (nach Suetonius, De vita Caesarum, Nero 38,1)
> Nach meinem Tod soll die Erde im Feuer aufgehen. *(vgl. ›Nach mir die Sintflut.‹)*

R35 Cadant amici, dummodo inimici intercidant.
Bacon, The advancement of learning 2. 23,45
> Mögen die Freunde untergehen, wenn nur die Feinde mit untergehen.

Unrecht

R36 Ius summum saepe summa est malitia.
Terentius, Heauton timorumenos 796
> Höchstes Recht ist oft höchste Bosheit.

R37 Aliqua sunt iniuste facienda, ut multa iuste fieri possint.
Bacon, The advancement of learning 2. 21,11 (nach Plutarchos)
> Manches muss ungerecht geschehen, damit vieles gerecht geschehen kann.

R38 Iniuria est infamia eius, qui irrogat.
Publilius Syrus, Sententiae A259
> Unrecht ist eine Schande für den, der es begeht.

R39 Iis nunc praemium est, qui recta prava faciunt.
Terentius, Phormio 771
> Leute, die Recht zu Unrecht machen, werden heutzutage auch noch dafür belohnt.

R40 Honesta quaedam scelera successus facit.
Seneca, Phaedra 598
> Manche Verbrechen macht der Erfolg ehrbar.

R 41   Existunt etiam saepe iniuriae calumnia quadam et nimis callida, sed malitiosa iuris interpretatione.
Cicero, De officiis 1. 33

> Oft kommt es zu Ungerechtigkeiten durch Schikanen und allzu spitzfindige, aber böswillige Rechtsauslegung.

R 42   Iniuriam facilius facias, quam feras.
Publilius Syrus, Sententiae 280

> Unrecht lässt sich leichter zufügen als ertragen.

R 43   Plus est quam poena iniuriae succumbere.
Publilius Syrus, Sententiae 462

> Vom Unrecht überwältigt zu werden ist mehr als Strafe.

R 44   Accipere quam facere praestat iniuriam.
Cicero, Tusculanae disputationes 5. 56

> Es ist besser, Unrecht zu erleiden als zuzufügen.

R 45   Circumretit enim vis atque iniuria quemque, / atque, unde exorta est, ad eum plerumque revertit.
Lucretius, De rerum natura 5. 1152–1153

> Gewalt und Unrecht umgarnen einen jeden, und sie fallen meist auf den zurück, von dem sie ausgegangen sind.

R 46   Ubi iudicat, qui accusat, vis, non lex valet.
Publilius Syrus, Sententiae 692

> Wo ein Kläger urteilt, herrscht Gewalt, nicht das Gesetz.

R 47   Male partum male disperit.
Plautus, Poenulus 844

> Schlecht Erworbenes geht ebenso schlecht verloren. *(vgl. ›Unrecht Gut gedeiht nicht.‹ – ›Wie gewonnen, so zerronnen.‹)*

Vergehen

R 48   Est peccare tamquam transire lineas.
Cicero, Paradoxa Stoicorum 20

> Sich vergehen heißt so viel wie Grenzen überschreiten.

R 49   Si quotiens peccant homines sua fulmina mittat / Iuppiter, exiguo tempore inermis erit.
Ovidius, Tristia 2. 33–34

> Wollte Jupiter jedes Mal, wenn die Menschen sich vergehen, seine Blitze schleudern, wäre er in kürzester Zeit wehrlos.

Straftaten

R 50 Peccare pauci nolunt, nulli nesciunt.
Publilius Syrus, Sententiae 484
> Nur wenige wollen nicht sündigen, aber jeder kennt sich damit aus.

R 51 Non damnatio, sed causa hominem turpem facit.
Pseudo-Seneca, Liber de moribus 123
> Nicht die Verurteilung bringt Schande über einen Menschen, sondern der Anlass dazu.

R 52 Imperium, si in parvo contemnitur, in omni parte violatur.
Cassiodorus, Variae 2. 12,2
> Wenn eine Vorschrift in einem kleinen Teil vernachlässigt wird, wird sie im Ganzen verletzt.

R 53 Maxima illecebra est peccandi impunitatis spes.
Wander, Deutsches Sprichwörter-Lexikon 4. 888
> Die Hoffnung, ungestraft davonzukommen, ist der größte Anreiz zu Vergehen.

R 54 Deprendi miserum est.
Horatius, Sermones 1. 2,134
> Ertappt zu werden ist peinlich.

R 55 Omne animi vitium tanto conspectius in se / crimen habet, quanto, qui peccat, maior habetur.
Iuvenalis, Saturae 8,140–141
> Eine charakterliche Entgleisung liefert einen umso handfesteren Grund zu einem Vorwurf, je höher das Ansehen dessen ist, der sie begeht.

Verbrechen

R 56 Non, mihi si linguae centum sint oraque centum, / ferrea vox, omnes scelerum comprehendere formas, / omnia poenarum percurrere nomina possim.
Vergilius, Aeneis 6. 625–627
> Selbst wenn ich hundert Zungen hätte und hundert Münder, eine Stimme von Eisen, könnte ich nicht jede Art von Verbrechen erfassen, alle Bezeichnungen für Strafen aufzählen.

R 57 Vi factum id videtur esse, qua de re quis, cum prohibetur, fecit.
Corpus Iuris Civilis, Digesta 50. 17,73,2 (Mucius Scaevola)
> Mit Gewalt geschehen gilt das, was einer entgegen einem Verbot getan hat.

R 58 Semper timidum scelus.
Statius, Thebais 2. 490
> Das Verbrechen ist immer lichtscheu.

R 59 Ne crimen quinquennio continuo sopitum excitetur.
Corpus Iuris Civilis, Digesta 48. 5,30,5 (Ulpianus)
> Ein fünf Jahre in Vergessenheit geratenes Verbrechen soll nicht wieder aufgerollt werden.

R 60 **Prosperum ac felix scelus / virtus vocatur.**
Seneca, Hercules furens 251–252
> Geht es erfolgreich aus, heißt ein Verbrechen Tugend.

R 61 **Rarum ibi crimen, ubi disciplina.**
Wander, Deutsches Sprichwörter-Lexikon 3. 1781
> Wo Zucht herrscht, gibt es selten Verbrechen.

Mord

R 62 **Non est grandis differentia, utrum letum inferas vel admittas.**
Decretum magistri Gratiani 1. 83 pr.
> Es ist kein großer Unterschied, ob man jemanden tötet oder es zulässt.

R 63 **Crudelis est, non fortis, qui infantem necat.**
Publilius Syrus, Sententiae 109
> Grausam, nicht stark ist, wer ein Kind tötet.

R 64 **Neque enim lex aequior ulla est / quam necis artifices arte perire sua.**
Ovidius, Ars amatoria 1. 655–656
> Kein Gesetz ist billiger, als dass Anstifter zum Mord auf ihre eigene Weise umkommen.

Raub

R 65 **Non habet eventus sordida praeda bonos.**
Ovidius, Amores 1. 10,48
> Schmutzige Beute bringt auf Dauer kein Glück. *(vgl. ›Unrecht Gut gedeiht nicht.‹)*

R 66 **Rapere est, non petere, quicquid invito auferas.**
Publilius Syrus, Sententiae 581
> Rauben heißt das, nicht bitten, wenn man einem etwas ohne dessen Zustimmung nimmt.

Diebstahl

R 67 **Furtum est contrectatio rei fraudulosa lucri faciendi gratia vel ipsius rei etiam usus possessionisve.**
Corpus Iuris Civilis, Digesta 47. 2,1,3 (Gaius)
> Diebstahl ist die betrügerische Entwendung einer Sache, um damit Gewinn zu erzielen oder sie zu gebrauchen oder zu besitzen.

Straftaten

R 68 Visco manus tinctas habet.
Binder, Nobus thesaurus 3577
> Er hat mit Vogelleim beschmierte Finger *(d. h. an seinen Fingern bleibt alles kleben, er lässt alles mitgehen).*

R 69 Rapere est accipere, quod non possis reddere.
Publilius Syrus, Sententiae 573
> Ausleihen, was man nicht zurückgeben kann, heißt stehlen.

R 70 Taurum tollet, qui vitulum sustulerit.
~ Petronius, Satyricon 25,6
> Wer ein Kalb gestohlen hat, wird auch einen Stier stehlen.

R 71 Qui in aliena cenacula se dirigunt furandi animo, plus quam fures puniendi sunt.
Corpus Iuris Civilis, Digesta 47. 11,7 (Ulpianus)
> Wer mit der Absicht zu stehlen in fremde Wohnungen eindringt, muss strenger als Diebe bestraft werden.

R 72 Fur semper in mora.
cf. Corpus Iuris Civilis, Digesta 13. 1,8,1 (Ulpianus)
> Der Dieb befindet sich immer im Verzug.

R 73 Semper enim moram fur facere videtur.
Corpus Iuris Civilis, Digesta 13. 1,8,1 (Ulpianus)
> Ein Dieb scheint ständig in Verzug zu sein.

R 74 Nudo detrahere vestimenta quis potest?
cf. Plautus, Asinaria 92
> Wer kann einem Nackten die Kleider wegnehmen? *(vgl. ›einem Nackten in die Tasche greifen‹)*

Hehlerei

R 75 Non tantum autem, qui rapuit, verum is quoque, qui recepit, tenetur.
cf. Corpus Iuris Civilis, Digesta 47. 9,3,3 (Ulpianus)
> Nicht nur, wer den Raub begangen hat, sondern auch wer die Waren übernommen hat, wird belangt.

R 76 Receptores non minus delinquunt quam aggressores.
Corpus Iuris Civilis, Digesta 47. 9,3,3 (Ulpianus)
> Die Empfänger vergehen sich nicht weniger als die Räuber. *(vgl. ›Der Hehler ist nicht besser als der Stehler.‹)*

R 77 **Receptatores perinde puniantur atque latrones.**
cf. Corpus Iuris Civilis, Digesta 47. 16,1 (Marcianus)
> Hehler sind genauso zu bestrafen wie Räuber.

Betrug

R 78 **Fecundum in fraudes hominum genus.**
Silius Italicus, Punica 2. 498
> Die menschliche Rasse ist produktiv im Betrügen.

R 79 **Fraus est accipere, quod non possis reddere.**
Publilius Syrus, Sententiae 172
> Betrug ist, wenn man annimmt, was man nicht zurückgeben kann.

R 80 **Simulare certe est hominis.**
Terentius, Adelphoe 734
> Zu täuschen ist sicher eine menschliche Eigenschaft.

R 81 **Repente dives factus est nemo bonus.**
Publilius Syrus, Sententiae A329
> Unvermittelt reich geworden ist noch kein ehrlicher Mann.

R 82 **Aut captantur aut captant.**
Petronius, Satyricon 116,6
> Entweder man wird hintergangen oder man hintergeht selber.

R 83 **Mundus vult decipi, ergo decipiatur.**
nach Sebastian Brant, Narrenschiff 65
> Die Welt will betrogen werden, also werde sie betrogen.

R 84 **Deficiunt artes deficiuntque doli.**
Tibullus, Elegiae 1. 4,82
> Gibt es keine Kunstgriffe, gibt es auch keine bösen Tricks.

R 85 **Male parta male dilabuntur.**
Naevius bei Cicero, Orationes Philippicae 2,65
> Schlecht Erworbenes geht schlecht dahin *(vgl. ›Unrecht Gut gedeiht nicht.‹ – ›Wie gewonnen, so zerronnen.‹)*

R 86 **In laqueos auceps deciderat suos.**
Ovidius, Remedia amoris 502
> Der Vogelfänger verfing sich in seiner eigenen Schlinge. *(vgl. ›Wer andern eine Grube gräbt, fällt selbst hinein.‹)*

Straftaten

R 87 Nunc premor arte mea.
Tibullus, Elegiae 1. 6,10
Jetzt bin ich auf meinen eigenen Trick hereingefallen.

Arglist

R 88 Aperta odia armaque palam depelli; fraudem et dolum obscura eoque
inevitabilia.
Tacitus, Historiae 4. 24,2
Unverhohlenen Hass und Waffengewalt kann man offen abwehren; Betrug und Hinterlist
aber wirken im Dunkeln, deshalb gibt es gegen sie keinen Schutz.

R 89 Uni se atque eidem studio omnes dedere et arti, / verba dare ut caute possint,
pugnare dolose, / blanditia certare, bonum simulare virum se, / insidias
facere, ut si hostes sint omnibus omnes.
Lucilius, Saturae, frg. 1231–1234
Alle geben sich ein und demselben unermüdlichen Streben hin, sich unverfänglich
auszudrücken, hinterhältig zu kämpfen, um die Wette zu schmeicheln, den Ehrenmann
vorzugaukeln und Intrigen zu spinnen, als hätten sie alle die ganze Welt zu Feinden.

R 90 Dolus malus est, cum aliud agitur, aliud simulatur.
Cicero, Topica 40
Heimtücke liegt dann vor, wenn anders gehandelt als vorgespiegelt wird.

R 91 Subita est ex homine pernicies et eo diligentius tegitur, quo propius accedit.
Seneca, Epistulae morales 103,2
Unheil vonseiten der Menschen kommt unvermittelt und verbirgt sich umso sorgfältiger, je
näher es kommt.

R 92 Aut ulla putatis dona carere dolis Danaum?
Vergilius, Aeneis 2. 43
Glaubt ihr, irgendwelche Geschenke der Griechen blieben ohne Hintergedanken?

R 93 donum exitiale Minervae
Vergilius, Aeneis 2. 31
Minervas verhängnisvolles Geschenk *(urspr. das Trojanische Pferd)*

R 94 Dolus subest.
~ Livius, Ab urbe condita 44. 7,3
Da steckt eine Falle dahinter.

R 95 Dolum facit, qui ex aliena iactura lucrum quaerit.
~ Corpus Iuris Civilis, Digesta 14. 3,17,4 (Ulpianus)
Arglistig handelt, wer an fremdem Verlust sich bereichert.

Straftaten

R 96 **Cave canem.**
Varro, Titel einer Menippeischen Satire
Vorsicht, bissiger Hund! *(übertragen: ›Vorsicht, Falle!‹)*

R 97 **Clandestina iniusta praesumuntur.**
cf. Corpus Iuris Civilis, Codex Iustinianus 4. 35,23,2
Bei Heimlichkeiten kann man von Unrecht ausgehen.

R 98 **Nisi qui scit facere insidias, nescit metuere.**
Publilius Syrus, Sententiae 414
Wer nicht weiß, wie man Fallen stellt, weiß auch nicht, wie er sich davor hüten muss.

R 99 **Habent insidias hominis blanditiae mali.**
Phaedrus, Liber fabularum 1. 19,1
Schmeichelworte eines Bösen bergen Fallen.

R 100 **Hi sunt inimici pessimi, fronte hilaro, corde tristi.**
Caecilius Statius, Hypobolimaeus frg. 5
Das sind die schlimmsten Feinde: ein Lächeln im Gesicht, aber Verbitterung im Herzen.

R 101 **Natura insidians pontum substravit avaris.**
Propertius, Elegiae 3. 7,37
Heimtückisch hat die Natur das Meer für die Habgierigen ausgebreitet.

R 102 **Magis nocent insidiae, quae latent.**
Seneca maior, Controversiae 1. pr. 21
Verborgene Hinterhalte sind gefährlicher.

R 103 **Non est iocus esse malignum.**
Seneca, Epigrammata, Anthologia Latina 1. 412,17
Boshaft zu sein ist kein Scherz.

R 104 **Tenebrae minuunt noxque atra pudorem.**
Ovidius, Metamorphoses 10. 454
Finsternis und dunkle Nacht mindern die Scham.

Täuschung

R 105 **Didicere flere feminae ad mendacium.**
Publilius Syrus, Sententiae 130
Die Frauen haben zu weinen gelernt, um zu täuschen.

R 106 **Fallit enim multas forma sine arte decens.**
Ovidius, Remedia amoris 350
Auf schlichte, ungekünstelte Schönheit fallen viele Frauen herein.

R107   Fallere credentem non est operosa puellam / gloria.
Ovidius, Heroides 2,63
> Es ist kein Ruhmesblatt, ein argloses Mädchen zu hintergehen.

R108   Decipitur calamis et retibus ales.
Martialis, Epigrammata 13. 68,1–2
> Den Vogel täuscht man durch Ruten und Leim.

R109   Semper homo bonus tiro est.
Martialis, Epigrammata 12. 51,2
> Ein anständiger Mensch bleibt immer ein Anfänger *(d. h. ist leicht zu betrügen).*

R110   Qui bene dissimulat, citius inimico nocet.
Publilius Syrus, Sententiae 510
> Wer sich gut verstellen kann, kann seinem Feind schneller schaden.

R111   Anguilla est: elabitur.
Plautus, Pseudolus 747
> Er ist ein Aal, er entgleitet einem. *(vgl. ›Er ist schlüpfrig wie ein Aal.‹)*

R112   Da modo lucra mihi, da facto gaudia lucro, / et fac, ut emptori verba dedisse
iuvet.
Ovidius, Fasti 5. 689–690
> Verschaffe mir nur Profit, verschaffe mir Genuss mit dem erzielten Profit, und sorg dafür,
> dass ich es nicht zu bereuen brauche, den Käufer hinters Licht geführt zu haben.

R113   Invendibili merci oportet ultro emptorem adducere.
Plautus, Poenulus 341
> Für eine unverkäufliche Ware muss man einen Käufer auftreiben.

Verstellung

R114   Multis enim simulationum involucris tegitur et quasi velis quibusdam
obtenditur uniuscuiusque natura; frons, oculi, vultus persaepe mentiuntur,
oratio vero saepissime.
Cicero, Ad Quintum fratrem 1. 1,15
> Bei vielen verbirgt sich der wahre Charakter hinter Hüllen und Verstellungen und ist wie
> von einem Schleier überzogen; Stirn, Augen, Gesichtsausdruck lügen sehr oft, am meisten
> aber das Wort.

R115   Aperte enim vel odisse magis ingenii est quam fronte occultare sententiam.
Cicero, Laelius de amicitia 65
> Offener Hass zeugt von mehr Charakter, als wenn man seine Gesinnung hinter einem
> undurchdringlichen Gesicht verbirgt.

R 116 Vix quemquam invenies, qui possit aperto ostio vivere.
Seneca, Epistulae morales 43,4
> Du wirst kaum einen finden, der bei offener Tür leben könnte.

R 117 Vitia nobis sub virtutum nomine obrepunt.
Seneca, Epistulae morales 45,7
> Laster beschleichen uns unter dem Decknamen von Tugenden.

R 118 Vulpes pilum mutat, non mores.
~ Suetonius, De vita Caesarum, Vespasianus 16,3
> Der Fuchs wechselt den Pelz, nicht seinen Charakter.

R 119 Quaedam enim falsa veri speciem ferunt.
Seneca, De ira 2. 22,2
> Manches Falsche trägt den Schein des Wahren.

R 120 Non bene olet, qui bene semper olet.
Martialis, Epigrammata 2. 12,4
> Wer immer gut riecht, riecht nicht gut *(d. h. er hat etwas zu verbergen)*.

R 121 discidium linguae atque cordis
~ Cicero, De oratore 3. 61
> das Zerwürfnis zwischen Zunge und Herz

R 122 Ergo age, fallaci timide confide figurae.
Ovidius, Ars amatoria 2. 143
> Wohlan denn, vertraue nur zögernd der trügerischen Schönheit.

R 123 Facilius dissimulatur gaudium quam metus.
~ Tacitus, De vita Iulii Agricolae 43,3
> Freude verhehlt man leichter als Furcht.

R 124 Insipiens esto, cum tempus postulat ipsum, / stultitiam simulare loco prudentia summa est.
Disticha Catonis 2. 18
> Stell dich dumm, wenn die Umstände es erfordern, sich unvernünftig zu zeigen ist manchmal äußerst klug.

R 125 Maximum indicium est malae mentis fluctatio et inter simulationem virtutum amoremque vitiorum assidua iactatio.
Seneca, Epistulae morales 120,20
> Das sicherste Anzeichen für einen schlechten Charakter ist das Schwanken und der ständige Wechsel zwischen der Vortäuschung von Tugenden und der Neigung zu Lastern.

Straftaten

R126 Nemo enim potest personam diu ferre. Ficta cito in naturam suam recidunt.
Seneca, De clementia 1. 1,6
> Niemand kann auf Dauer eine Maske tragen. Verstellung fällt schnell in ihre eigene Natur zurück.

R127 Non hominibus tantum, sed rebus persona demenda est et reddenda facies sua.
Seneca, Epistulae morales 24,13
> Nicht nur den Menschen, sondern auch den Dingen muss man die Maske vom Gesicht reißen und ihnen ihr eigentliches Gesicht wiedergeben.

Verrat

R128 Quam miserum est, ubi te captant qui defenderint!
Publilius Syrus, Sententiae 555
> Wie schmerzlich ist es doch, wenn einen die hereinlegen, die einen schützen sollten!

R129 Nemo umquam sapiens proditori credidit.
Publilius Syrus, Sententiae A167
> Kein vernünftiger Mensch hat je einem Verräter vertraut.

R130 Proditores etiam iis, quos anteponunt, invisi sunt.
Tacitus, Annales 1. 58,1
> Verräter sind selbst denen verhasst, denen sie dienen.

Korruption

R131 Ubi divitiae clarae habentur, ibi omnia bona vilia sunt: fides, probitas, pudor, pudicitia.
Sallustius, Epistulae ad Caesarem senem de re publica 2,7,8
> Wo Reichtum als etwas Großartiges gilt, da ist alles Gute käuflich: Treue, Redlichkeit, Schamgefühl, Ehre.

R132 Auro pulsa fides, auro venalia iura, / aurum lex sequitur, mox sine lege pudor.
Propertius, Elegiae 3. 13,49–50
> Die Treue hat dem Gold das Feld geräumt, das Recht ist für Gold käuflich, das Gesetz ist auf Geld aus, bald auch, ohne Gesetz, die Ehre.

R133 Acutiora quippe sunt auri tela quam ferri.
Petrus Damiani, Sermones 66
> Geschosse aus Gold dringen tiefer ein als solche aus Eisen.

R 134 **Aurum lex sequitur.**
Propertius, Elegiae 3. 13,50
> Das Gesetz richtet sich nach dem Gold *(d. h. nach den Besitzenden).*

R 135 **Auro solent adamantinae etiam perfringi fores.**
~ Apuleius, Metamorphoses 9. 18,2
> Gold pflegt selbst stählerne Tore aufzubrechen.

R 136 **Ubi aurum loquitur, nil potest oratio.**
Pseudo-Publilius, Sententiae 370
> Wo das Gold zu Wort kommt, vermögen Worte nichts.

R 137 **Male enim se res habet, cum, quod virtute effici debet, id temptatur pecunia.**
Cicero, De officiis 2. 22
> Es ist ein schlechtes Zeichen, wenn das, was durch Leistung erreicht werden sollte, mit Geld versucht wird.

R 138 **Nihil esse tam sanctum, quod non violari, nihil tam munitum, quod non expugnari pecunia possit.**
Cicero, In Verrem 1,4
> Nichts ist so heilig, dass es mit Geld nicht entweiht, nichts so gesichert, dass es mit Geld nicht erobert werden könnte.

R 139 **Nummus ubi loquitur, / fit iuris confusio.**
Carmina Burana 1,2,1–2
> Wo das Geld das Sagen hat, wird das Recht verdreht.

R 140 **Omnia Romae / cum pretio.**
Iuvenalis, Saturae 3,183–184
> In Rom ist alles für Geld zu haben.

R 141 **Frusto panis conduci potest, vel uti taceat vel uti loquatur.**
Cato bei Gellius, Noctes Atticae 1. 15,10
> Mit einem Stück Brot kann er dazu gebracht werden, entweder zu schweigen oder zu reden. *(vgl. ›für ein Butterbrot‹ bzw. ›Er ist schon für ein Stück Brot zu haben.‹)*

R 142 **Ab omnibus pretium accipiunt et omnes fallunt.**
Gellius, Noctes Atticae 11. 10,4
> Sie lassen sich von allen bestechen und prellen alle.

R 143 **Bene perdit nummos, iudici cum dat nocens.**
Publilius Syrus, Sententiae 71
> Wenn der Schuldige dem Richter Geld gibt, verliert er es zu Recht.

R 144 **Virtutem gratia vincit.**
Balde, Urania Victrix 2. 4,189
> Erkenntlichkeit siegt über Redlichkeit. *(vgl. ›Eine Hand wäscht die andere.‹)*

R 145 Manus manum lavat.
Epicharmos bei Petronius, Satyricon 45,13
Eine Hand wäscht die andere.

R 146 Fures privatorum furtorum in nervo atque in compedibus aetatem agunt, fures publici in auro atque in purpura.
Cato bei Gellius, Noctes Atticae 11. 18,18
Diebe von Privatvermögen verbringen ihr Leben im Gefängnis und in Ketten, die von Staatsvermögen in Gold und in Purpur. *(vgl. ›Die kleinen Diebe hängt man, die großen lässt man laufen.‹)*

R 147 Dat veniam corvis, vexat censura columbas.
Iuvenalis, Saturae 2,63
Mit Raben zeigt der Staat Nachsicht, die Tauben schikaniert er.

R 148 Sacrilegia minuta puniuntur, magna in triumphis feruntur.
Seneca, Epistulae morales 87,23
Kleine Verbrechen werden bestraft, große gefeiert.

Protektion

R 149 Ubique / vincuntur nummis leges magnoque favore.
Palingenius, Zodiacus vitae 6. 508–509
Überall werden die Gesetze vom Geld überwältigt und von großer Begünstigung.

R 150 Etenim tum maxime favor et ambitio dominatur, cum sub aliqua specie severitatis delitescere potest.
Plinius, Epistulae 3. 9,10
Protektion und Karrieresucht herrschen hauptsächlich dann vor, wenn sie sich unter dem Schein von Strenge verbergen können.

R 151 Sed haec inter bonos amicitia, inter malos factio est.
Sallustius, De bello Iugurthino 31,15
Unter Guten heißt das Freundschaft, unter Schlechten Parteiklüngel.

R 152 Solis illis curia placet, qui gratiam eius consequuntur.
Walter Map, De nugis curialium 1. 1
Nur die fühlen sich am Hof wohl, die seine Gunst erlangen.

R 153 Venalis populus, venalis curia patrum, / est favor in pretio.
Petronius, Satyricon 119,41–42
Käuflich ist das Volk, käuflich die Regierung, Protektion hängt vom Preis ab.

R 154 Virtute ambire oportet, non favitoribus; / sed habet favitorum semper, qui recte facit.
Plautus, Amphitruo 78–79

> Durch Leistung soll man für sich werben, nicht durch Protektion, doch wer Ordentliches leistet, findet immer Protektion.

Vorsatz

R 155 Eadem enim severitate voluntatem sceleris qua effectum puniri iura voluerunt.
Corpus Iuris Civilis, Codex Iustinianus 9. 8,5 pr. (a. 397)

> Das Recht wollte, dass der Wille zum Verbrechen mit gleicher Strenge geahndet wird wie das Verbrechen selbst.

R 156 Ad poenam sufficit meditari punienda.
Apuleius, Florida 20,4

> Um bestraft zu werden, genügt es, eine strafbare Tat zu planen.

R 157 Crimen enim contrahitur, si et voluntas nocendi intercedat.
Corpus Iuris Civilis, Codex Iustinianus 9. 16,1,1 (a. 216)

> Ein Verbrechen wird begangen, wenn auch der Vorsatz zu schaden vorhanden ist.

R 158 Fraudis interpretatio semper in iure civili non ex eventu dumtaxat, sed ex consilio quoque desideratur.
Corpus Iuris Civilis, Digesta 50. 17,79 (Papinianus)

> Die Bewertung, ob ein Betrug vorliegt, ist im bürgerlichen Recht immer nicht nur vom Erfolg, sondern auch vom Vorsatz abhängig.

R 159 Culpa lata pro dolo accipitur.
Corpus Iuris Civilis, Digesta 48. 8,7 (Paulus)

> Grobe Fahrlässigkeit gilt als Vorsatz.

R 160 Pari sorte leges scelus quam sceleris puniunt voluntatem.
~ Codex Theodosianus 9. 26,1

> Die Gesetze bestrafen das Verbrechen auf gleiche Weise wie den Vorsatz zu dem Verbrechen.

R 161 Haud est nocens, quicumque non sponte est nocens.
Seneca, Hercules Oetaeus 886

> Nur wer absichtlich sündigt, sündigt wirklich.

R 162 In maleficiis voluntas spectatur, non exitus.
Corpus Iuris Civilis, Digesta 48. 8,14 (Callistratus)

> Bei Straftaten kommt es auf die Absicht, nicht auf das Gelingen an.

Straftaten

R 163 Iniuriam qui facturus est, iam facit.
Seneca, De ira 1. 3,1
> Wer bereit ist, Unrecht zu tun, tut es bereits.

R 164 Peccat voluntas, etsi nullum crimen est.
Publilius Syrus, Sententiae A315
> Der Vorsatz ist ein Vergehen, auch wenn kein Verbrechen folgt.

R 165 Non minus latro est, cuius telum opposita veste elusum est.
Seneca, De constantia sapientis 7,4
> Räuber ist auch, wessen Waffe durch den Schutz der Bekleidung unwirksam geblieben ist.

R 166 Nam scelus intra se tacitum qui cogitat ullum, / facti crimen habet.
Iuvenalis, Saturae 13,209–210
> Wer im Stillen ein heimliches Verbrechen plant, macht sich der Tat schuldig.

R 167 Qui venit, ut noceat, semper meditatus venit.
Publilius Syrus, Sententiae 558
> Wer kommt, um zu schaden, kommt immer mit Vorsatz.

R 168 Voluntas enim in homine, non natura damnatur.
Hieronymus, Epistulae 64,2
> Der Vorsatz wird bei einem Menschen verurteilt, nicht sein Wesen.

R 169 Nihil interest, quo animo facias, quod fecisse vitiosum est, quia facta cernuntur, animus vero non videtur.
Pseudo-Seneca, Liber de moribus 3
> Es ist belanglos, in welcher Absicht du eine Übertretung begehst, denn es kommt auf die Tat an, die Einstellung spielt keine Rolle.

Schuld

R 170 Culpam autem esse, quod cum a diligente provideri poterit, non esset provisum aut tum denuntiatum esset, cum periculum evitari non possit.
Corpus Iuris Civilis, Digesta 9. 2,31 (Paulus)
> Schuldhaftes Verhalten liegt dann vor, wenn keine Vorsorge getroffen wurde für etwas, das von einem Umsichtigen hätte vorhergesehen werden können, oder wenn vor einer Gefahr erst dann gewarnt wurde, wenn sie unausweichlich war.

R 171 Indecorant bene nata culpae.
Horatius, Carmina 4. 4,36
> Schuld entehrt auch edle Anlagen.

R172 Lata culpa est nimia neglegentia, id est non intellegere, quod omnes intellegunt.
Corpus Iuris Civilis, Digesta 50. 16,213,2 (Ulpianus)
> Grobes Verschulden ist allzu große Nachlässigkeit, d. h. nicht wissen, was alle wissen.

R173 Cui prodest scelus, / is fecit.
Seneca, Medea 500–501
> Wem ein Verbrechen nützt, der hat es begangen.

R174 Invitus nemo peccat: peccatum actio est.
Publilius Syrus, Sententiae A19
> Niemand wird ungewollt schuldig: Schuld ist Tat.

R175 Nemo fit fato nocens.
Seneca, Oedipus 1019
> Niemand wird durch das Schicksal schuldig.

R176 Stultum est queri de adversis, ubi culpa est tua.
Publilius Syrus, Sententiae 608
> Es ist töricht, das Schicksal anzuklagen, wenn man selbst schuld ist.

R177 Noxa caput sequitur nec in omnia servus domino parere debet.
Corpus Iuris Civilis, Digesta 47. 10,17,7 (Ulpianus)
> Die Schuld folgt dem Schuldigen, auch ein Sklave darf nicht in allem seinem Herrn gehorchen.

R178 Ad auctorem redit / sceleris coacti culpa.
Seneca, Troades 870–871
> Die Schuld eines erzwungenen Vergehens fällt auf den Urheber zurück.

R179 Culpa est immiscere se rei ad se non pertinenti.
Corpus Iuris Civilis, Digesta 50. 17,36 (Pomponius)
> Verschulden liegt vor, wenn man sich in etwas einmischt, das einen nichts angeht.

R180 Nam culpam, praesertim deprehensam, pertinaciter tueri culpa altera est.
Quintilianus, Institutio oratoria 6. 4,16
> Eine Schuld hartnäckig zu verteidigen ist, zumal wenn sie erwiesen ist, eine zweite Schuld.

R181 Estque pati poena quam meruisse minus.
Ovidius, Epistulae ex Ponto 1. 1,62
> Eine Strafe erleiden ist unerheblicher, als sie verdient zu haben.

R182 Numquam secura est prava conscientia.
Publilius Syrus, Sententiae A14
> Ein schlechtes Gewissen ist nie ohne Sorgen.

Straftaten

R 183 Excusationen vitiis suis quaerere est omnia deo deligere.
Pseudo-Seneca, Liber de moribus 80

> Eine Entschuldigung für seine Fehler suchen heißt, alles Gott in die Schuhe zu schieben.

R 184 Haec enim tacita lex est humanitatis, ut ab homine consilii, non fortunae poena repetatur.
Cicero, Pro Tullio 56

> Es ist ein ungeschriebenes Gesetz der Menschlichkeit, dass dem Menschen für seine Absicht, nicht für den Zufall Strafe auferlegt wird.

R 185 O Tite, tute, Tati, tibi tanta, tyranne, tulisti!
Ennius, Annales frg. 109

> O Titus Tatius, du Tyrann, du hast dir dieses so große Unheil selbst zugezogen!
> *(Paradebeispiel für Alliteration)*

R 186 Id agas, ut ne quis merito tuo ted oderit.
Publilius Syrus, Sententiae A63

> Achte darauf, dass dich keiner zu Recht hasst.

R 187 Iliacos intra muros peccatur et extra.
Horatius, Epistulae 1. 2,16

> In Trojas Mauern wird genauso gesündigt wie außerhalb.

Mitschuld

R 188 Iniustitiae genera duo sunt, unum eorum, qui inferunt, alterum eorum, qui ab is, quibus infertur, si possunt, non propulsant iniuriam.
Cicero, De officiis 1. 23

> Es gibt zwei Arten von Ungerechtigkeit, zum einen das Unrecht der Täter, zum anderen das Unrecht derer, die, wenn sie dazu in der Lage sind, es nicht von denen abwehren, denen es angetan wird.

R 189 Qui non vetat peccare, cum possit, iubet.
Seneca, Troades 291

> Wer ein Vergehen nicht verhindert, obwohl er die Möglichkeit dazu hat, befiehlt es geradezu.

R 190 Qui fert malis auxilium, post tempus dolet.
Phaedrus, Liber fabularum 4. 20,1

> Wer Bösartigen Hilfe bringt, wird es hinterher bereuen.

R 191 Iniuriam ipse facias, ubi non vindices.
Publilius Syrus, Sententiae 285

> Unrecht begeht man selbst, wenn man es nicht ahndet.

R192 **Bis peccas, cum peccanti obsequium accommodas.**
Publilius Syrus, Sententiae 52
> Doppelt schuldig wird man, wenn man einem Schuldigen Gehorsam leistet.

R193 **Quos par culpa ligat, nequaquam poena sequestrat.**
Polythecon 3. 469
> Wen gleiche Schuld miteinander verbindet, trennt auch die Strafe nicht. *(vgl. ›Mitgefangen, mitgehangen.‹)*

R194 **Scelus intueri scelus admittere.**
Valerius Maximus, Facta et dicta memorabilia 9. 2,1
> Bei einem Verbrechen zusehen heißt das Verbrechen zulassen.

R195 **Socius fit culpae, qui nocentem sublevat.**
Publilius Syrus, Sententiae 618
> Wer einem Schuldigen hilft, wird mitschuldig. *(vgl. ›Der Hehler ist nicht besser als der Stehler.‹)*

R196 **Facientem et consentientem par poena constringit.**
Decretum magistri Gratiani 2. 2,1,10
> Ausführende und Einverstandene erfasst die gleiche Strafe.

R197 **Agentes et consentientes pari poena puniuntur.**
~ Decretalia Gregorii 1. 29,1
> Täter und Sympathisanten unterliegen der gleichen Strafe.

R198 **Alienam qui agit causam, se perhibet reum.**
Publilius Syrus, Sententiae 698
> Wer einen Schuldigen verteidigt, klagt sich selbst an.

R199 **Nam et qui occasionem praestat, damnum fecisse videtur.**
Corpus Iuris Civilis, Digesta 9. 2,30,3 (Paulus)
> Auch wer eine Gelegenheit bietet, scheint den Schaden verursacht zu haben.

R200 **Iniustae causae vita confidentiam.**
Publilius Syrus, Sententiae A292
> Lass dich bei einer unrechten Sache nicht ins Vertrauen ziehen.

R201 **Peccatum amici veluti tuum recte putes.**
Publilius Syrus, Sententiae 474
> Betrachte die Schuld des Freundes mit Recht als eigene.

R202 **Magna pars peccatorum tollitur, si peccaturis testis assistit.**
Seneca, Epistulae morales 11,9
> Ein Großteil unserer Verfehlungen kommt nicht zustande, wenn ein Zeuge dabeisteht, wenn wir sie begehen wollen.

Straftaten

Unschuld

R 203 Vacare culpa magnum est solacium.
Cicero, Ad familiares 7. 3,4
> Frei von Schuld zu sein ist ein starker Trost.

R 204 Magnum praesidium in periculis innocentia.
Seneca maior, Controversiae 7. 16,10
> Die Unschuld ist, wenn es kritisch wird, ein guter Schutzschild.

R 205 Parum tuto loco innocentia stat.
~ Ammianus Marcellinus, Res gestae 15. 2,3
> Unschuld steht an zu wenig sicherem Ort *(d. h. ist vielen Angriffen ausgesetzt).*

R 206 Bona causa nullum iudicem verebitur.
Publilius Syrus, Sententiae 702
> Eine gute Sache fürchtet keinen Richter.

R 207 Qui sibi nil conscit, secura mente quiescit.
Binder, Novus thesaurus 2807
> Wer sich keines Unrechts bewusst ist, ruht unbesorgten Sinns. *(vgl. ›Ein gutes Gewissen ist ein sanftes Ruhekissen.‹)*

R 208 Recte faciendo neminem timeas.
Wander, Deutsches Sprichwörter-Lexikon 3. 1540
> Wenn du recht handelst, brauchst du niemanden zu fürchten.

R 209 Reus innocens fortunam non testem timet.
Publilius Syrus, Sententiae 571
> Wer zu Unrecht angeklagt ist, fürchtet mehr das Schicksal als die Zeugen.

R 210 Bonus quilibet praesumitur in dubio.
Binder, Novus thesaurus 365
> Im Zweifelsfall hat jeder als unbescholten zu gelten.

R 211 Non plenas di requirunt, sed puras manus.
Publilius Syrus, Sententiae A3
> Nicht volle Hände lieben die Götter, sondern reine.

R 212 Cor mundum crea in me, Deus, et spiritum rectum innova in visceribus meis!
Vulgata, Psalmus 51(50),12
> Schaffe in mir, Gott, ein reines Herz und gib mir einen neuen, gewissen Geist!

R 213 In parvulis autem nulla deprehenditur culpa.
Corpus Iuris Civilis, Digesta 40. 5,55,1 (Marcianus)
> Bei kleinen Kindern findet sich jedoch keine Schuld.

R214 Sordidius multo vivimus, quam nascimur.
Publilius Syrus, Sententiae A181
> Wir leben viel erbärmlicher, als wir geboren werden.

R215 Nulla reparabilis arte / laesa pudicitia est. Deperit illa semel.
Ovidius, Heroides 5,103–104
> Mit keiner Kunst lässt sich verlorene Unschuld wiedergewinnen; sie geht nur einmal verloren.

R216 Lavabo in innocentia manus meas.
Vulgata, Psalmus 25(26),6
> Ich wasche meine Hände in Unschuld.

R217 Qui sine peccato est vestrum, primus in illam lapidem mittat.
Vulgata, Evangelium secundum Ioannem 8,7
> Wer unter euch ohne Sünde ist, der werfe den ersten Stein auf sie.

R218 Namque eam esse consuetudinem regiam, ut casus adversos hominibus tribuant, secundos fortunae suae.
Cornelius Nepos, De excellentibus ducibus exterarum gentium, Datames 5,4
> Das ist bei Königen so üblich, Niederlagen den Untertanen, Erfolge ihrem Geschick zuzuschreiben.

R219 Prospera omnes sibi vindicant, adversa uni imputantur.
Tacitus, De vita Iulii Agricolae 27,1
> Erfolge nehmen alle für sich in Anspruch; Misserfolg wird einem Einzelnen zur Last gelegt.

R220 Qui asinum non potest, stratum caedit.
Petronius, Satyricon 45,8
> Wer den Esel nicht schlagen kann, schlägt den Packsattel. *(vgl. ›Den Sack schlägt man, und den Esel meint man.‹)*

R221 Ardea culpat aquas, cum nesciat ipsa natare.
Binder, Novus thesaurus 227
> Der Reiher gibt dem Wasser die Schuld, dass er selbst nicht schwimmen kann.

R222 Si Tiberis ascendit in moenia, si Nilus non ascendit in arva, si caelum stetit, si terra movit, si fames, si lues, statim ›Christianos ad leonem!‹ acclamatur.
Tertullianus, Apologeticus 40,2]
> Wenn der Tiber Stadtteile überflutet, wenn der Nil nicht die Ländereien bewässert, wenn der Himmel stehen bleibt, wenn die Erde bebt, bei Hungersnot, bei Seuchen, sofort schreit man: ›Werft die Christen dem Löwen vor!‹

Straftaten

Rache

R 223 Oculum pro oculo et dentem pro dente.
Vulgata, Liber Exodus 21,24
Auge um Auge und Zahn um Zahn.

R 224 par pari respondere
~ Plautus, Truculentus 939
Gleiches mit Gleichem vergelten *(vgl. ›mit gleicher Münze heimzahlen‹)*

R 225 Numquam homini scelere vindicandum ullum scelus.
Publilius Syrus, Sententiae A18
Nie darf man ein Verbrechen durch ein Verbrechen sühnen.

R 226 Paria enim delicta mutua pensatione dissolvuntur.
Corpus Iuris Civilis, Digesta 24. 3,39 (Papinianus)
Gleiche Vergehen werden durch gegenseitige Aufrechnung aufgehoben.

R 227 Impune pecces in eum, qui peccat prior.
Publilius Syrus, Sententiae 242
Ohne Folgen vergehst du dich an dem, der sich zuerst an dir verging.

R 228 Nullum scelus scelere vincendum est.
~ Pseudo-Seneca, Liber de moribus 139
Kein Verbrechen darf mit einem Verbrechen überwunden werden.

R 229 Ultio doloris confessio est; non est magnus animus, quem incurvat iniuria.
Seneca, De ira 3. 5,8
Rache ist Eingeständnis des Gekränktseins; der ist kein großer Geist, den eine Schmähung erschüttert.

R 230 Infirmi est animi exiguique voluptas ultio.
Iuvenalis, Satura 13,190
Rache ist das Vergnügen eines schwachen und kümmerlichen Geistes.

R 231 Lucrum est dolorem posse damno exstinguere.
Publilius Syrus, Sententiae 668
Es tut gut, wenn man Schmerzen stillen kann, indem man Schaden zufügt.

R 232 At vindicta bonum vita iucundius ipsa.
Iuvenalis, Saturae 13,180
Rache ist ein angenehmeres Gut als das Leben selbst. *(vgl. ›Rache ist süß.‹)*

R 233 Nihil dulcius est ultione.
Quintilianus, Declamationes minores 381,2
Nichts ist süßer als Rache.

R234　Minuet vindicta dolorem.
Ovidius, Amores 1. 7,63
> Die Rache wird den Schmerz lindern.

R235　Exoriare aliquis nostris ex ossibus ultor.
Vergilius, Aeneis 4. 625
> Möge ein Rächer entstehen aus unsern Gebeinen.

R236　Philippis iterum me videbis.
nach Plutarchos, Brutus 36
> Bei Philippi sehen wir uns wieder. *(vgl. ›Wir treffen uns noch!‹)*

Strafe

R237　Atque ea sunt animadvertenda peccata maxime, quae difficillime praecaventur.
Cicero, Pro Sex. Roscio Amerino 116
> Die Vergehen müssen am schärfsten geahndet werden, vor denen man sich am schwersten schützen kann.

R238　Culpam poena premit comes.
Horatius, Carmina 4. 5,24
> Die Strafe folgt der Schuld auf dem Fuß.

R239　Lex vult, quod nullus debet bis puniri pro uno delicto.
Gesta Romanorum 3
> Das Gesetz will, dass keiner für ein und dasselbe Vergehen zweimal bestraft werden darf.

R240　Nemo prudens punit, quia peccatum est, sed ne peccetur; revocari enim praeterita non possunt, futura prohibentur.
Platon bei Seneca, De ira 1. 19,7
> Kein Vernünftiger straft wegen einer Verfehlung, sondern um Verfehlungen zu verhüten. Denn Vergangenes lässt sich nicht ungeschehen machen, Künftiges aber abwehren.

R241　Poena constituitur in emendationem hominum.
Corpus Iuris Civilis, Digesta 48. 19,20 (Paulus)
> Strafe wird zur Besserung der Menschen verhängt.

R242　Castigo te, non quod odio habeam, sed quod amem.
Fielding, The History of Tom Jones, a Foundling 3. 6
> Ich strafe dich, nicht weil ich dich hasse, sondern weil ich dich liebe.

R243　Qui blando verbo castigatus non corrigitur, acrius necesse est arguatur.
Isidorus Hispaliensis, Sententiae 3. 46,11
> Wer sich mit sanften Worten nicht bekehren lässt, muss schärfer angegangen werden. *(vgl. ›Wer nicht hören will, muss fühlen.‹)*

Straftaten

R 244 Severitas est virtus debito supplicio coercens iniuriam.
Pseudo-Guillelmus de Conchis, Moralium dogma philosophorum 1,B,1
> Strenge ist die Tugend, die mit verdienter Strafe das Unrecht in Schranken hält.

R 245 Omnis enim poena non tam ad delictum pertinet quam ad exemplum.
Quintilianus, Declamationes minores 274
> Alle Strafen werden ebenso des Vergehens wegen verhängt wie des Exempels wegen.

R 246 Non est iniuria pati, quod prior feceris.
Seneca, De ira 2. 30,1
> Es geschieht einem kein Unrecht, wenn man erleidet, was man vorher selbst getan hat.

R 247 In suo vitio quisque plectatur.
Cicero, De legibus 3. 46
> Jeder soll nach seiner Verfehlung belangt werden.

R 248 Sunt autem quaedam officia adversus eos servanda, a quibus iniuriam acceperis: est enim ulciscendi et puniendi modus, atque haud scio an satis sit eum, qui lacessierit, iniuriae suae paenitere, ut et ipse ne quid tale posthac et ceteri sint ad iniuriam tardiores.
Cicero, De officiis 1. 34
> Gewisse Pflichten muss man auch denen gegenüber einhalten, von denen man Unrecht erlitten hat: Es gibt nämlich ein Maß im Rächen und Bestrafen, und es genügt vielleicht schon, wenn der Angreifer sein Unrecht bereut, sodass er selbst künftig nichts Derartiges mehr tut und die Übrigen weniger rasch Unrecht begehen.

R 249 Puniri non est malum, sed fieri poena dignum.
Thomas von Aquin, Quaestiones disputatae de malo 1. 5
> Nicht Strafe zu verbüßen ist schlimm, sondern Strafe verdient zu haben.

R 250 Leniter, ex merito quicquid patiare, ferendum est; / quae venit indigne, poena dolenda venit.
Ovidius, Heroides 5,7–8
> Leicht ist es zu ertragen, wenn man verdient leidet, doch kommt sie unverschuldet, ist die Strafe schmerzlich.

R 251 Poenam unde mereas, frustra praesidium petas.
Publilius Syrus, Sententiae A220
> Wo man Strafe verdient, dürfte man vergeblich um Schutz bitten.

R 252 Cito improborum laeta ad perniciem cadunt.
Publilius Syrus, Sententiae 101
> Schnell verkehrt sich der Jubel des Bösewichts in Jammer.

R 253 Ego pretium ob stultitiam fero.
Terentius, Andria 610
> Ich erhalte den Lohn meiner Torheit.

R 254 Luat in corpore, qui non luet in aere.
cf. Corpus Iuris Civilis, Digesta 48. 19,1,3 (Ulpianus)
> Mit dem Leib soll büßen, wer nicht mit Geld büßen kann.

R 255 Poenam moratur improbus, non praeterit.
Publilius Syrus, Sententiae 478
> Strafe für einen Schurken lässt auf sich warten, doch sie bleibt nicht aus.

R 256 Crimina morte exstinguuntur.
cf. Corpus Iuris Civilis, Digesta 48. 4,11 (Ulpianus)
> Verbrechen werden durch den Tod getilgt.

Abschreckung

R 257 Refert bonorum exemplis puniri improbos.
Publilius Syrus, Sententiae A319
> Den Guten muss daran liegen, dass die Unredlichen zur Warnung bestraft werden.

R 258 Malus quicumque in poena est, praesidium est bonis.
Publilius Syrus, Sententiae 376
> Die Bestrafung eines Bösen dient dem Schutz der Guten.

R 259 Ut plures corrigantur, rite pauci eliduntur.
Publilius Syrus, Sententiae 689
> Damit recht viele sich bessern, gehen zu Recht einige wenige zugrunde.

R 260 Melius semper legum pondere pressa curatur audacia et, dum metus talibus imponitur, peccandi licentia non praebetur.
Cassiodorus, Variae 2. 13,2
> Durch den Druck der Gesetze kommt man verwegenem Handeln am besten bei: Solange Furcht dem entgegensteht, bietet sich kein Freibrief für Verstöße.

R 261 Metus improbos compescit, non clementia.
Publilius Syrus, Sententiae 357
> Furcht bringt Schurken zur Zurückhaltung, nicht Güte.

R 262 Paucorum multis prosunt exempla malorum.
Corippus, Panegyricus in laudem Iustini Augusti minoris 4. 359
> Wie man mit einigen wenigen Schlechten verfährt, kommt vielen zugute.

Straftaten

Straflosigkeit

R 263   Invitat culpam, qui peccatum praeterit.
Publilius Syrus, Sententiae 238

> Wer ein Vergehen hinnimmt, fordert zu einem neuen heraus.

R 264   Probi delicta neglegens leges teras.
Publilius Syrus, Sententiae 468

> Wenn man die Vergehen eines Anständigen übersieht, zerschleißt man die Gesetze.

R 265   Veterem ferendo iniuriam invites novam.
Publilius Syrus, Sententiae 645

> Wer altes Unrecht erträgt, lädt ein zu neuem.

R 266   Ubi omnes peccant, spes querellae tollitur.
Publilius Syrus, Sententiae 712

> Wenn alle sich vergehen, gibt es keine Hoffnung auf Klage mehr.

R 267   Omnes, cum occulte peccant, peccant tutius.
Publilius Syrus, Sententiae 448

> Recht ungefährdet machen sich alle strafbar, die sich unbemerkt strafbar machen.

S Leid

Armut

S1 Aqua et panis – vita canis.
Binder, Novus thesaurus 207
> Wasser und Brot – ein Hundeleben.

S2 Hominem experiri multa paupertas iubet.
Publilius Syrus, Sententiae 210
> Die Armut lässt den Menschen viel durchmachen.

S3 Crimina suadet / egestas.
~ Claudianus, In Eutropium 2. 179–180
> Not rät zu Übergriffen.

S4 Dives ubique placet, pauper ubique iacet.
Rapularius II 74 (2. Teil nach Ovidius, Fasti 1. 218)
> Den Reichen empfängt man überall mit offenen Armen, der Arme bleibt überall am Boden liegen.

S5 Semper pauper eris, si pauper es, Aemiliane; / dantur opes nullis nunc nisi divitibus.
Martialis, Epigrammata 5. 81,1–2
> Wenn du arm bist, wirst du immer arm bleiben, Ämilianus; heutzutage bekommen nur die Reichen etwas hinzu.

S6 Miserum istuc verbum et pessumum est, ›habuisse‹ et nihil habere.
Plautus, Rudens 1321
> Das ist ein betrübliches und äußerst schlimmes Wort: ›gehabt zu haben‹, wenn man nichts mehr hat.

S7 Multo equidem honestius iudico magisque, quod concedere possit res publica, miserorum fortunam non insectari quam infinite tribuere potentibus, quae cupiditatem ad arrogantiam incendere possint.
Cicero, Ad M. Brutum 1. 4,2
> Meiner Meinung nach ist es ehrenvoller und dem Staat eher zuzumuten, die Situation der Unglücklichen nicht zu verschlimmern, als den Mächtigen endlose Zugeständnisse zu machen, sodass sie ihre Gier ins Maßlose steigern können.

S8 Non habet, unde suum paupertas pascat amorem.
Ovidius, Remedia amoris 749
> Die Armut hat nichts, womit sie ihre Liebe nähren könnte.

S9 Pauperis est numerare pecus.
Ovidius, Metamorphoses 13. 824
   Die Herde zu zählen ist Sache der Armen.

S10 Genus est mortis male vivere.
Ovidius, Epistulae ex Ponto 3. 4,74
   Schlecht leben ist eine Art Tod.

S11 malesuada Fames et turpis Egestas
Vergilius, Aeneis 6. 276
   der schlechte Ratgeber Hunger und die schändliche Armut

S12 Fortuna miserrima tuta est.
Ovidius, Epistulae ex Ponto 2. 2,31
   Tiefstes Elend ist sicher *(d. h. schlimmer kann es kaum werden).*

S13 Hoc, quod tibi calamitas videtur, tot gentium vita est!
Seneca, De providentia 4,15
   Was dir als Unheil erscheint, ist der Alltag so vieler Völker.

S14 In ipsa desperatione extrema remedia temptet.
Seneca, Epistulae morales 29,3
   In verzweifelter Lage muss man die äußersten Mittel versuchen.

S15 Necessitas egentem mendacem facit.
Publilius Syrus, Sententiae 407
   Die Not macht einen Armen zum Betrüger.

S16 Non licet hominem esse saepe ita, ut vult, si res non sinit.
Terentius, Heauton timorumenos 666
   Oft kann ein Mensch nicht sein, wie er will, wenn die Umstände es nicht zulassen.

S17 Paupertas contenta est desideriis instantibus satis facere.
Seneca, Epistulae morales 17,4
   Der Armut genügt es schon, unmittelbare Bedürfnisse zu befriedigen.

S18 Paupertas est, non quae pauca possidet, sed quae multa non possidet.
Seneca, Epistulae morales 87,39
   Armut ist nicht, wenig zu haben, sondern vieles nicht zu haben.

S19 Plenus sacculus est aranearum.
Catullus, Carmina 13,8
   Der Geldbeutel ist voll Spinnweben *(d. h. leer).*

S20 Probitas laudatur et alget.
Iuvenalis, Saturae 1,74
   Die Tugend wird gelobt und friert.

S 21 Quidvis egestas imperat.
Plautus, Asinaria 671
> Die Armut zwingt zu allem Möglichen. *(vgl. ›Not kennt kein Gebot.‹)*

S 22 Divitis opprobrium gemitus est pauperis ingens.
Columbanus, Praecepta vivendi 41
> Tiefes Seufzen eines Armen ist ein Vorwurf für den Reichen.

S 23 Semper pauperies quaestum praedivitis auget.
Anthologia Latina 1. 716,29
> Armut vergrößert den Überreichen immer ihr Einkommen.

Leid

S 24 Usque adeo nulla est sincera voluptas, / sollicitumque aliquid laetis intervenit.
Ovidius, Metamorphoses 7. 453–454
> Bis heute gibt es keine reine Lust, irgendein Kummer kommt den Fröhlichen immer dazwischen. *(vgl. Schiller: ›Des Lebens ungemischte Freude ward keinem Irdischen zuteil.‹)*

S 25 Voluptatem ut maeror comes consequitur.
~ Plautus, Amphitruo 635
> Dem Vergnügen hängt wie ein Gefolgsmann die Trauer an.

S 26 Brevis ipsa vita est, sed malis fit longior.
Publilius Syrus, Sententiae 79
> Das Leben an sich ist kurz, aber durch Leid wird es allzu lang.

S 27 Pati necesse est multa mortales mala.
Naevius, Fabulae frg. 106
> Die Menschen müssen viel Leid erdulden.

S 28 Senectus, si nihil quicquam aliud vitii / apportes tecum, quum advenis, unum id sat est, / quod diu vivendo multa, quae non vult, videt.
Caecilius Statius bei Cicero, Cato maior de senectute 25
> Wenn du kein anderes Laster mit dir bringst, Greisenalter, eines reicht schon, dass ein langes Leben viel sehen lässt, was man sich gar nicht wünscht.

S 29 Cura quoque interdum nulla medicabilis arte est, / aut, ut sit, longa est extenuanda mora.
Ovidius, Epistulae ex Ponto 1. 3,25–26
> Manchmal ist auch seelischer Schmerz mit keiner Kunst zu heilen oder lange Zeit muss ihn abschwächen.

S 30 Dies dolorem minuit.
cf. Seneca, Ad Marciam de consolatione 8,1
> Die Zeit heilt die Wunden.

Leid

S31 Is demum miser est, qui aerumnam suam nequit occultare.
Caecilius Statius bei Gellius, Noctes Atticae 2. 23,10
Der ist wirklich bedauernswert, der seinen Kummer nicht für sich behalten kann.

S32 Multa tuli.
Ovidius, Tristia 4. 10,102
Ich habe viel durchgemacht.

S33 Quis miserum sciret, verba nisi haberet dolor?
Publilius Syrus, Sententiae 559
Wer wüsste schon, wer elend ist, wenn der Schmerz keine Worte fände?

S34 Heu, dolor quam miser est, qui in tormento vocem non habet!
Publilius Syrus, Sententiae 211
Ach, wie groß ist doch der Schmerz, der auch unter Qualen noch stumm bleibt.

S35 Peiora vultu cogitat mutus dolor.
Publilius Syrus, Sententiae 457
Ein Schmerz, der stumm bleibt, denkt an noch viel Schlimmeres.

S36 Sua cuique calamitas praecipue misera atque intoleranda videtur.
~ Pseudo-Quintilianus, Declamationes maiores 6,1
Jedem kommt sein eigenes Missgeschick besonders elend und unerträglich vor.

S37 Dolorem patitur, qui dolendo vincitur.
Publilius Syrus, Sententiae A228
Schmerz erleidet, wer sich vom Leid überwältigen lässt.

S38 Dolor animi [nimio] gravior est quam corporis.
Publilius Syrus, Sententiae 143
Seelischer Schmerz quält viel mehr als körperlicher.

S39 Frangit fortia corda dolor.
Tibullus (Lygdamus), Elegiae 3. 2,6
Schmerz bricht auch tapfere Herzen.

S40 Non dolore tantum, sed doloris opinione vexamur.
~ Seneca, De constantia sapientis 5,2
Nicht erst der Schmerz quält uns, sondern schon die Vorstellung von Schmerz.

S41 Dolor esse videtur acerrumus virtutis adversarius; is ardentes faces intentat, is fortitudinem, magnitudinem animi, patientiam se debilitaturum minatur.
Cicero, Tusculanae disputationes 5. 76
Der Schmerz scheint der schärfste Gegner der Tugend zu sein, er zündet brennende Fackeln an, er droht, die Tapferkeit, den Edelmut und die Geduld zu schwächen.

542 Doloris magnitudinem celeritas, diuturnitatem allevatio consolatur.
~ *Cicero, De finibus bonorum et malorum 1. 40*

> Die Schnelligkeit, mit der der Schmerz wieder vergeht, macht seine Stärke erträglich, die Erleichterung seinen Fortbestand.

543 Dolor decrescit, ubi, quo crescat, non habet.
Publilius Syrus, Sententiae 129

> Der Schmerz nimmt ab, wenn er nicht größer werden kann.

544 Nullum enim dolorem longum esse, qui magnus est.
Seneca, Epistulae morales 30,14

> Kein Schmerz dauert lang, wenn er groß ist *(nach Epikur)*.

545 Graves casus docent rectissime.
Manutius, Adagia, Appendix

> Schwere Stürze lehren am nachhaltigsten.

546 Duplicat dolorem, immerito indignus qui intulit.
Publilius Syrus, Sententiae A258

> Wenn ein Ehrloser uns unverdient Schmerz zufügt, wirkt das doppelt schmerzlich.

547 Vires duplicat dolor.
cf. Silius Italicus, Punica 13. 234

> Der Schmerz verdoppelt die Kräfte.

548 Plus ostentatio doloris exigit quam dolor: quotus quisque sibi tristis est?
Seneca, Epistulae morales 99,16

> Die Zurschaustellung des Schmerzes beansprucht einen mehr als der Schmerz selbst. Wie viele sind denn allein für sich traurig?

549 Quaedam ergo nos magis torquent quam debent; quaedam ante torquent quam debent; quaedam torquent, cum omnino non debeant. Aut augemus dolorem aut praecipimus aut fingimus.
Seneca, Epistulae morales 13,5

> Manches quält uns mehr als nötig, manches quält uns, bevor es nötig ist; manches quält uns, obwohl es überhaupt nicht nötig ist. Wir steigern den Schmerz oder nehmen ihn vorweg oder bilden ihn uns ein.

Unglück

550 Fortuna obesse nulli contenta est semel.
Publilius Syrus, Sententiae 183

> Das Schicksal begnügt sich nicht damit, einem nur einmal zu schaden. *(vgl. ›Ein Unheil kommt selten allein.‹)*

S51 Damna damnis continuantur.
~ *Tacitus, De vita Iulii Agricolae 41,3*
Schaden reiht sich an Schaden.

S52 Aliud ex alio malum.
Terentius, Eunuchus 987
Ein Übel bringt ein anderes hervor.

S53 Numquam perniciosa servant modum.
Seneca, Epistulae morales 85,12
Schädliches hält nie Maß.

S54 Cuivis potest accidere, quod cuiquam potest.
Publilius Syrus, Sententiae 119
Was einen treffen kann, kann alle treffen.

S55 Calamitas saepius disciplina virtutis est.
Minucius Felix, Octavius 36,8
Unglück ist oft eine gute Schule für Tüchtigkeit. *(vgl. ›Not macht erfinderisch.‹)*

S56 Adversarum impetus rerum viri fortis non vertit animum.
Seneca, De providentia 2,1
Das Hereinbrechen von Unglück ändert nicht den Charakter eines tapferen Mannes.

S57 Corruptio optimi pessima.
nach Gregorius Magnus, Moralia in Iob
Das Verderben des Besten ist das Schlimmste von allem.

S58 Gravius nocet, quodcumque inexpertum accidit.
Publilius Syrus, Sententiae 199
Ein Unglück, das den Unerfahrenen trifft, richtet schwereren Schaden an.

S59 Principiis obsta: sero medicina paratur, / cum mala per longas convaluere moras.
Ovidius, Remedia amoris 91–92
Wehre den Anfängen, denn spät findet sich ein Gegenmittel, wenn das Unheil durch langes Zögern Kräfte gewonnen hat.

S60 Omnes cum secundae res sunt maxume, tum maxume / meditari secum oportet, quo pacto advorsam aerumnam ferant.
Terentius, Phormio 241–242
Gerade wenn es einem am besten geht, sollte man sich überlegen, wie man ein Unglück erträgt.

S61 Ignoratio futurorum malorum utilior est quam scientia.
Cicero, De divinatione 2. 23
Unkenntnis künftiger Übel ist nützlicher als das Wissen darum.

S62   Crudelis est in re adversa obiurgatio.
Publilius Syrus, Sententiae 86
> Es ist grausam, wenn man im Unglück auch noch gescholten wird.

S63   Igne quid utilius? Siquis tamen urere tecta / comparat, audaces instruit igne manus.
Ovidius, Tristia 2. 267–268
> Gibt es Nützlicheres als das Feuer? Doch wer Häuser anzünden will, stattet seine tollkühnen Hände mit Feuer aus.

Schicksal

S64   Ea condicione nati sumus, ut nihil, quod homini accidere possit, recusare debeamus.
Cicero, Ad Atticum 15. 1,1
> Wir sind nun einmal dazu bestimmt, alles, was einem Menschen zustoßen kann, hinnehmen zu müssen.

S65   Diutius accusare fata possumus, mutare non possumus: stant dura et inexorabilia. Nemo illa convicio, nemo fletu, nemo causa movet; nihil umquam ulli parcunt nec remittunt. Proinde parcamus lacrimis nihil proficientibus.
Seneca, Ad Polybium de consolatione 4,1
> Lang und breit können wir uns über das Schicksal beklagen, ändern können wir es nicht: Es bleibt unbeugsam und unerbittlich. Niemand kann es rühren, weder durch Vorwürfe noch durch Tränen noch durch Argumente; es verschont nie einen und lässt einem nichts durchgehen. Sparen wir uns also die Tränen, die doch nichts nützen.

S66   Ludit in humanis divina potentia rebus, / et certam praesens vix habet hora fidem. / Tu quoque fac timeas, et quae tibi laeta videntur, / dum loqueris, fieri tristia posse puta.
Ovidius, Epistulae ex Ponto 4. 3,49–50 + 57–58
> Die göttliche Macht treibt ihr Spiel mit den menschlichen Dingen, und auf die gegenwärtige Stunde ist so gut wie kein Verlass. Fürchte deshalb auch du dich, und denk daran, dass, was dir fröhlich erscheint, während du sprichst, in Trauer umschlagen kann.

S67   Dis aliter visum.
Vergilius, Aeneis 2. 428
> Die Götter haben es anders beschlossen.

S68   Sic volvere Parcae.
~ Vergilius, Aeneis 1. 22
> So bestimmen es die Parzen.

Leid

S 69 Tres sunt fatales, quae ducunt fila, sorores: / Clotho colum baiulat, Lachesis trahit, Atropos occat.
Anthologia Latina 1. 792
> Drei schicksalhafte Schwestern sind es, die die Fäden ziehen: Clotho trägt den Rocken, Lachesis zieht den Faden, Atropos schneidet ihn ab.

S 70 Sic erat in fatis.
Ovidius, Fasti 1. 481
> So war es vorherbestimmt.

S 71 Fata viam invenient.
Vergilius, Aeneis 10. 113
> Das Schicksal findet seinen Weg.

S 72 Nemo extra ictum vulneris positus est.
Pseudo-Seneca, De remediis fortuitorum
> Niemand ist sicher vor Verwundungen.

S 73 Circuit fatum, et si quid diu praeteriit, repetit; quaedam rarius sollicitat, saepius quaedam, nihil immune esse et innoxium sinit.
Seneca, Naturales quaestiones 6. 1,13
> Das Schicksal geht im Kreis, und wenn es etwas lange übergangen hat, kommt es wieder; manches ruft es seltener auf, manches öfter, nichts lässt es in Ruhe und unangefochten.

S 74 Quem saepe transit casus, aliquando invenit.
Seneca, Hercules furens 328
> Das Schicksal trifft auch den einmal, den es lange verschont hat.

S 75 Quae fato manent, quamvis significata, non vitantur.
Tacitus, Historiae 1. 18,1
> Seinem Schicksal kann man, selbst wenn es sich vorher ankündigt, nicht entrinnen.

S 76 Nullus autem contra fortunam inexpugnabilis murus est.
Seneca, Epistulae morales 74,19
> Es gibt keine Mauer, die das Schicksal nicht überwindet.

S 77 Ne crastino quidem dominamur.
cf. Seneca, Epistulae morales 91,16
> Nicht einmal der kommende Tag steht in unserer Macht.

S 78 Ducunt volentem fata, nolentem trahunt.
Kleanthes bei Seneca, Epistulae morales 107,11
> Den Willigen leitet das Schicksal, den Widerwilligen reißt es mit sich.

S 79 Fatum est: quid ergo caveas, quod certum manet?
Publilius Syrus, Sententiae A206
> So ist das Schicksal – wozu also meiden, was unverrückbar feststeht?

S80 Crux est, si metuas, vincere quod nequeas.
Anacharsis bei Pseudo-Ausonius, Septem sapientum sententiae 7,4
Es ist eine Qual, wenn man fürchtet, was man nicht besiegen kann.

S81 Semper plus metuit animus ignotum malum.
Publilius Syrus, Sententiae 596
Ein unbekanntes Übel fürchtet man immer am meisten.

S82 Multa eveniunt homini, quae vult, quae non vult.
Plautus, Trinummus 361
Vieles widerfährt einem Menschen, ob er es will oder nicht.

S83 Necessitas quod celat, frustra quaeritur.
Publilius Syrus, Sententiae 418
Was das Schicksal verbirgt, sucht man vergebens.

S84 Totaque res vacillat et claudicat.
Cicero, De natura deorum 1. 107
Die ganze Sache schwankt und hinkt.

S85 Nusquam tuta fides.
Vergilius, Aeneis 4. 373
Auf nichts kann man sich wirklich verlassen.

S86 Sors aequa merentes / respicit.
Statius, Thebais 1. 661–662
Ein gerechtes Geschick nimmt Rücksicht auf Verdienste.

Zufall

S87 Rapit omnia casus.
Lucanus, Bellum civile (Pharsalia) 7. 487
Der Zufall reißt alles mit sich.

S88 Res hominum fragiles alit et regit et perimit fors.
Ausonius, Technopaegnion 3,1
Die gebrechliche menschliche Situation hegt und lenkt und vernichtet der Zufall.

S89 Casus magister alius et paene numerosior.
Plinius maior, Naturalis historia 17. 101
Der Zufall ist ein weiterer Lehrmeister, und fast der häufigere.

S90 Necesse est multum in vita nostra casus possit, quia vivimus casu.
Seneca, Epistulae morales 71,3
Notwendigerweise spielt der Zufall in unserem Leben eine wichtige Rolle, da wir ja durch Zufall leben.

Leid

Notwendigkeit

S91 Adversus necessitatem ne dii quidem resistunt.
cf. Livius, Ab urbe condita 9. 4,16
> Gegen die Notwendigkeit leisten nicht einmal die Götter Widerstand.

S92 Te semper anteit saeva necessitas.
Horatius, Carmina 1. 35,17
> Die grausame Notwendigkeit geht dir immer voran.

S93 Durum telum necessitas.
cf. Livius, Ab urbe condita 4. 28,5
> Ein hartes Geschoss ist die Notwendigkeit. *(vgl. ›Muss ist eine harte Nuss.‹)*

S94 Necessitas quod poscit, nisi des, eripit.
Publilius Syrus, Sententiae 409
> Die Notwendigkeit nimmt sich, was sie verlangt, wenn du es nicht gibst.

S95 Necessitatem ferre, non flere addecet.
Publilius Syrus, Sententiae 434
> Es ziemt sich, die Notwendigkeit hinzunehmen, nicht sie zu beweinen.

S96 Libenter feras, quod necesse est.
Pseudo-Seneca, Liber de moribus 6
> Nimm gern auf dich, was unausweichlich ist.

S97 Honeste servit, qui succumbit tempori.
Publilius Syrus, Sententiae 219
> Ehrbar ist die Knechtschaft dessen, der sich in die Umstände fügt.

S98 Necessitas dat legem, non ipsa accipit.
Publilius Syrus, Sententiae 399
> Die Notwendigkeit gibt das Gesetz, sie empfängt es nicht.

S99 Honesta lex est temporis necessitas.
Publilius Syrus, Sententiae A325
> Ein achtbares Gesetz ist der Zwang der Umstände.

S100 Necessitas plus posse, quam pietas solet.
Seneca, Troades 581
> Die Notwendigkeit kann oft mehr bewirken als die Liebe.

S101 Necessitas legem non habet.
Decretum magistri Gratiani 3. 1,11 (cf. Publilius Syrus, Sententiae 399)
> ›Not kennt kein Gebot.‹

S102 **Necessitas frangit duram legem.**
Wander, Deutsches Sprichwörter-Lexikon 3. 1051
> Die Notwendigkeit bricht das harte Gesetz.

S103 **Necessitas ab homine, quae vult, impetrat.**
Publilius Syrus, Sententiae 403
> Die Notwendigkeit bewirkt beim Menschen, was sie will.

S104 **Aequa lege necessitas / sortitur insignis et imos; / omne capax movet urna nomen.**
Horatius, Carmina 3. 1,14–16
> Nach gleichem Gesetz erlost die Notwendigkeit Hohe wie Niedrige; die geräumige Urne lässt jeden Namen kreisen.

S105 **Necessitudo etiam timidos fortis facit.**
~ Sallustius, De coniuratione Catilinae 58,19
> Notwendigkeit macht selbst Angsthasen tapfer.

Furcht

S106 **Tres res sunt, quae omnes homines sollicitent, metus, cupiditas, aegritudo.**
Rhetorica ad Herennium 2. 34
> Drei Dinge gibt es, die alle Menschen beunruhigen: Furcht, Begierde und Kummer.

S107 **Plures enim intra legem metus cohibet, paucos vero voluntas constituit in lege, quia timoris est non audere timenda neglegere, perfectae vero religionis est praescriptis velle parere.**
Hilarius Pictaviensis, Tractatus super Psalmos 11
> Furcht lässt mehr Leute gesetzestreu bleiben, aus eigenem Antrieb verhalten sich nur wenige so, denn Furcht bringt die Scheu mit sich, sich über etwas hinwegzusetzen, das man fürchten muss, echtes Verantwortungsgefühl aber bedeutet, Vorschriften willentlich zu befolgen.

S108 **Legem nocens veretur, fortunam innocens.**
Publilius Syrus, Sententiae 299
> Der Schuldige fürchtet das Gesetz, der Unschuldige das Schicksal.

S109 **Metus instantis vel futuri periculi causa mentis trepidatio.**
Corpus Iuris Civilis, Digesta 4. 2,1 (Ulpianus)
> Furcht ist eine in bevorstehender oder künftiger Gefahr begründete Ängstlichkeit.

S110 **Infidelis recti magister est metus.**
Plinius, Panegyricus 45,6
> Furcht ist nur ein unzuverlässiger Lehrmeister für richtiges Verhalten.

Leid

S111 Stultum est timere, quod vitari non potest.
Publilius Syrus, Sententiae A100
> Es ist töricht, zu fürchten, was sich nicht umgehen lässt.

S112 Sed malus interpres rerum metus omne trahebat / augurium peiore via.
Claudianus, Bellum Geticum 2. 262–263
> Die Furcht, ein schlechter Deuter des Geschehens, legte jede Erscheinung auf schlimmere Weise aus.

S113 Prona est timoris semper in peius fides.
Seneca, Hercules furens 316
> Furcht neigt immer dazu, ans Schlimmere zu glauben.

S114 Timetur inopia, timentur morbi, timentur, quae per vim potentioris eveniunt.
Seneca, Epistulae morales 14,3
> Man fürchtet den Mangel, man fürchtet die Krankheiten, man fürchtet, was ein Mächtigerer einem antun könnte.

S115 Timendi causa est nescire.
~ Seneca, Naturales quaestiones 6. 3,4
> Unwissenheit ist ein Grund zur Furcht.

S116 Cottidie damnatur, qui semper timet.
Publilius Syrus, Sententiae 97
> Wer sich immer fürchtet, wird täglich bestraft.

S117 Mens semper, quod timet, esse putat.
Ovidius, Ars amatoria 3. 720
> Der Verstand glaubt immer, dass das, was er fürchtet, auch existiert.

S118 Animus in pedes decidit.
Erasmus, Adagia 770 (nach Homeros, Ilias 15. 280)
> Das Herz fällt in die Füße. *(vgl. ›Mir rutscht das Herz in die Hose.‹)*

S119 Assidua ei sunt tormenta, qui se ipsum timet.
Publilius Syrus, Sententiae 699
> Ständige Qualen erleidet, wer sich vor sich selbst fürchtet.

S120 Semper in auctores redundat timor nec quisquam metuitur ipse securus.
Seneca, De ira 2. 11,3
> Die Furcht trifft immer auch den, von dem sie ausgeht, gefürchtet wird nur, wer selbst ohne Furcht sein kann.

S121 Qui timet amicum, amicus ut timeat, docet.
Publilius Syrus, Sententiae 524
> Wer Angst vor seinem Freund hat, lehrt den Freund das Fürchten.

S122 Ingrata sunt beneficia, quis comes est metus.
Publilius Syrus, Sententiae 270
> Gefälligkeiten sind nicht willkommen, wenn Furcht sie begleitet.

S123 Famulatur dominus, ubi timet, quibus imperat.
Publilius Syrus, Sententiae 707
> Der Herr wird zum Sklaven, wenn er die fürchtet, die ihm unterstehen.

S124 Oderint, dum metuant.
Accius bei Cicero, Pro Sestio 102 (Wahlspruch des Kaisers Caligula)
> Sollen sie mich hassen, wenn sie mich nur fürchten.

S125 Ubi omnis vita metus est, mors est optima.
Publilius Syrus, Sententiae 631
> Wo Leben nur aus Furcht besteht, ist der Tod das Beste.

Todesfurcht

S126 Crudelius est quam mori semper mortem timere.
Seneca maior, Controversiae (Exc.) 3. 5,2
> Grausamer als der Tod selbst ist die ständige Furcht vor dem Tod.

S127 Non mortem timemus, sed cogitationem mortis.
Seneca, Epistulae morales 30,17
> Nicht den Tod fürchten wir, sondern den Gedanken an den Tod.

S128 Saepe enim causa moriendi est timide mori.
Seneca, De tranquillitate animi 11,4
> Oft ist die Furcht vor dem Tod die Ursache für den Tod.

S129 Multum venturi ne cures tempora fati: / non metuit mortem, qui scit contemnere vitam.
Disticha Catonis 4. 22
> Sorge dich nicht zu viel um das, was kommen wird; wer das Leben zu verachten weiß, fürchtet den Tod nicht.

S130 Nec timeat mortem bene conscia vita nec optet.
Ausonius, Ephemeris 3,73
> Wer ein gutes Gewissen hat, soll den Tod nicht fürchten, aber auch nicht herbeisehnen.

S131 Optanda mors est sine metu mortis mori.
Seneca, Troades 869
> Ein wünschenswerter Tod ist es, ohne Furcht vor dem Tod zu sterben.

Leid

Angst

S 132 Timor ipse malorum / saepe supervacuos cogit habere metus.
Ovidius, Epistulae ex Ponto 2. 7,5–6
> Die Furcht vor Unheil zwingt oft zu überflüssigen Ängsten.

S 133 Eheu, quam miserum est fieri metuendo senem.
Publilius Syrus, Sententiae 160
> Wie elend ist es doch, unter Angst alt zu werden.

S 134 Sua quemque premit terroris imago.
Lucanus, Bellum civile (Pharsalia) 7. 773
> Jeden bedrängt sein eigenes Schreckensbild.

S 135 Timeo, totus torpeo.
Plautus, Amphitruo 335
> Ich bin ganz versteinert vor Angst.

S 136 Atqui, in quem cadit aegritudo, in eundem timor.
Cicero, Tusculanae disputationes 3. 14
> Doch wen Kummer plagt, den plagen auch Ängste.

S 137 Credula res amor est.
Ovidius, Heroides 6,21
> Liebe ist leichtgläubig. *(d. h. auch leicht in Furcht zu versetzen)*

S 138 Dum timent, ne aliquando cadant, semper iacent.
Quintilianus, Institutio oratoria 8. 5,32
> Solange man zu fallen fürchtet, kommt man nie nach oben.

S 139 Quaenam perversi rabies tam stulta cerebri, / dum mala formides, nec bona posse pati!
Namatianus, De reditu 1. 445–446
> Welch törichter Wahnsinn eines verwirrten Gehirns, auch Gutes nicht ertragen zu können, weil man Schlechtes befürchtet!

S 140 Sed anxietas totum credit posse evenire, quod metuit.
~ Ennodius, Epistulae 1. 26
> Ängstlichkeit glaubt, alles könne geschehen, was sie befürchtet.

Sorge

S 141 Habet hoc sollicitudo, quod omnia necessaria putat.
Plinius, Epistulae 6. 9,1
> Das hat Besorgnis so an sich, dass sie alles Mögliche für unbedingt nötig hält.

S142 **Numquam non miser est, qui, quod timeat, cogitat.**
Publilius Syrus, Sententiae 413
> Immer elend ist, wer an das denkt, was er befürchten muss.

S143 **Metus cum venit, rarum habet somnus locum.**
Publilius Syrus, Sententiae 318
> Wenn die Furcht kommt, ist nur selten Platz für Schlaf.

S144 **Curae cito senescere faciunt.**
Bebel, Proverbia Germanica 436
> Sorgen lassen früh alt werden. *(vgl. ›Sorgen machen graue Haare.‹)*

S145 **Nec placidam membris dat cura quietem.**
Vergilius, Aeneis 4. 5
> Die Sorge gönnt den müden Gliedern keine ruhige Entspannung.

S146 **Nullum a labore me reclinat otium.**
Horatius, Iambi 17,24
> Keine Erholung erlöst mich von meinem Leiden.

S147 **Gerunt cum timidis etiam bellum insomnia.**
Caecilius Balbus, Sententiae (F) 78
> Mit Verzagten führen schlaflose Nächte Kriege.

S148 **Gravior noctis quam sollicitudo diei est.**
Baudri von Bourgueil, Carmina 37,4
> Drückender sind die Sorgen der Nacht als die des Tages.

S149 **Insomnes longo veniunt examine curae.**
Claudianus, In Rufinum 1. 38
> In langem Zug nahen die schlaflosen Sorgen.

S150 **Noctes vigilantur amarae.**
Ovidius, Heroides 12,169
> Man durchwacht bittere Nächte.

S151 **Cogitatus victus avertit somnum.**
Vulgata, Liber ecclesiasticus 31,2
> Sorge um den Lebensunterhalt bringt um den Schlaf.

S152 **Curarum maxima nutrix / nox.**
Ovidius, Metamorphoses 8. 81–82
> Die Nacht ist die mächtigste Nährerin der Sorgen.

S153 **In noctis spatio miserorum vulnera durant.**
Petronius, Carmina 43,16
> Die Leiden der Unglücklichen dauern auch während der Nacht noch an.

Leid

S 154 Somnus sollicitas deficit ante domos.
Tibullus (Lygdamus), Elegiae 3. 4,20
> Der Schlaf wird Häusern untreu, wenn Kummer herrscht.

S 155 Attenuant iuvenum vigilatae corpora noctes, / curaque et, in magno qui fit amore, dolor.
Ovidius, Ars amatoria 1. 735–736
> Durchwachte Nächte entkräften den Leib der jungen Männer, dazu Sorge und Liebeskummer, der bei großer Liebe vorkommt.

S 156 Ante tempus senectam adducet cogitatus.
Vulgata, Liber ecclesiasticus 30,26
> Kummer macht vorzeitig alt.

S 157 Zelus et iracundia minuunt dies, et ante tempus senectam adducet cogitatus.
Vulgata, Liber ecclesiasticus 30,26
> Eifersucht und Zorn verkürzen das Leben, und Sorgen machen vorzeitig alt.

S 158 Ossa ac pellis totust, ita cura macet.
Plautus, Aulularia 564
> Er besteht nur noch aus Haut und Knochen, so verzehren ihn die Sorgen.

S 159 Et tenuant vigiles corpus miserabile curae.
Ovidius, Metamorphoses 3. 396
> Immer brennende Sorgen zehren den elenden Körper aus.

S 160 Magis exurunt, quos secretae / lacerant curae.
Seneca, Agamemno 665–666
> Wen geheime Sorgen quälen, der verzehrt sich noch mehr.

S 161 Pallentes procul hinc abite curae!
Martialis, Epigrammata 11. 6,6
> Geht weit weg, bleich machende Sorgen!

S 162 Non hic curatur, qui curat.
~ Inschrift an den Caracalla-Thermen in Rom
> Wer Sorgen hat, findet hier keine Heilung. *(vgl. ›Lasset die Sorgen zu Haus.‹)*

S 163 Nihil interest, in se quis veritus sit an in liberis suis.
Corpus Iuris Civilis, Digesta 4. 2,8,3 (Paulus)
> Es macht keinen Unterschied, ob jemand um sich selbst fürchtet oder um seine Kinder.

S 164 Et dest et superat miseris cogitatio.
Publilius Syrus, Sententiae 151
> Die Armen machen sich zu wenig und zu viel Gedanken.

S 165 Curae leves loquuntur, ingentes stupent.
Seneca, Phaedra 607
> Leichte Sorgen regen zum Sprechen an, schwere machen stumm.

S 166 Semina curarum de capite orta tuo.
Propertius, Elegiae 3. 7,4
> Die Samen für deine Sorgen kommen aus deinem Kopf.

S 167 Dedita mens curis fit veri nescia iuris.
Godefridus Wintoniensis, Liber proverbiorum 95,1
> Wer von Sorgen aufgefressen wird, verliert den Blick für die Wirklichkeit.

S 168 Nescit nostra suam quo quaerat cura salutem.
Panfilus 459
> Unsere Besorgnis weiß nicht, so sie Rettung finden kann.

S 169 Cor nisi cura, nihil; caro nil nisi triste cadaver: / nasci aegrotare est, vivere saepe mori.
Owen, Epigrammata 3. 109
> Das Herz ist nichts als Sorge, das Fleisch ein trauriger Leichnam: Geboren werden heißt krank sein, leben oft sterben.

S 170 Nulli potest secura vita contingere, qui de producenda nimis cogitat.
Seneca, Epistulae morales 4,4
> Niemand kann ein sorgenfreies Leben erlangen, der allzu sehr daran denkt, es zu verlängern.

Albtraum

S 171 Nox venit et secum somnia nigra trahit.
Ovidius, Fasti 4. 662
> Die Nacht bricht herein und hat finstere Träume im Gefolge.

S 172 Bellum gerunt cum timidis etiam insomnia.
Publilius Syrus, Sententiae A225
> Mit Ängstlichen führen selbst Traumbilder Krieg.

S 173 Miris modis di ludos faciunt hominibus, / mirisque exemplis somnia in somnis danunt: / ne dormientis quidem sinunt quiescere.
Plautus, Rudens 593–595
> Auf wundersame Weise spielen die Götter mit den Menschen und auf seltsame Weise schicken sie Träume während des Schlafs; nicht einmal die Schlafenden lassen sie ruhen.

Leid

S174   Somnia fallaci ludunt temeraria nocte / et pavidas mentes falsa timere iubent.
Tibullus (Lygdamus), Elegiae 3. 4,7–8
> Beliebige Träume treiben ihr Spiel in trügerischer Nacht und lassen ängstliche Herzen von Furcht erstarren. *(vgl. ›Träume sind Schäume.‹)*

Leiden

S175   Ille dolet vere, qui sine teste dolet.
Martialis, Epigrammata 1. 33,4
> Der leidet wirklich, der ohne Zeugen leidet. *(vgl. ›Geteiltes Leid ist halbes Leid.‹)*

S176   Contra naturam est torquere corpus suum.
Seneca, Epistulae morales 5,4
> Es ist naturwidrig, seinen Körper zu kasteien.

S177   Ferre laborem, contemnere volnus consuetudo docet.
Cicero, Tusculanae disputationes 2. 38
> Strapazen zu ertragen und Wunden gering zu schätzen lehrt die Gewöhnung.

S178   Non quid, sed quemadmodum feras, interest.
Seneca, De providentia 2,4
> Es kommt nicht darauf an, was, sondern wie man etwas erträgt.

S179   Parvulum differt patiaris adversa an exspectes.
Plinius, Epistulae 8. 17,6
> Es macht nicht viel aus, ob man Unglück erleidet oder erwartet.

S180   Plus dolet, quam necesse est, qui ante dolet, quam necesse est.
Seneca, Epistulae morales 98,8
> Mehr als nötig leidet, wer schon leidet, bevor es nötig ist.

S181   Manet cicatrix, etiam cum vulnus coit.
Pseudo-Publilius, Sententiae 187
> Die Narbe bleibt, auch wenn die Wunde sich schließt.

S182   Humiles laborant, ubi potentes dissident.
Phaedrus, Liber fabularum 1. 30,1
> Unter dem Streit der Mächtigen haben die Untertanen zu leiden.

S183   Quicquid delirant reges, plectuntur Achivi.
Horatius, Epistulae 1. 2,14
> Jeden Wahnsinn, den die Könige beschließen, müssen die Achäer büßen.

Hoffnungslosigkeit

S 184 Desperatio aegritudo sine ulla rerum exspectatione meliorum.
Cicero, Tusculanae disputationes 4. 18

> Verzweiflung ist Kummer ohne jegliche Hoffnung auf Besserung.

S 185 Ultimum malorum omnium desperatio est, ad quam nemo unquam nisi ante tempus accessit.
Petrarca, De secreto conflictu curarum mearum 3

> Das schlimmste aller Übel ist die Verzweiflung; niemand hat sich je zu spät auf sie eingelassen.

S 186 Desperatio aut militem facit aut monachum.
Binder, Novus thesaurus 746

> Verzweiflung macht einen entweder zum Soldaten oder zum Mönch.

S 187 In rebus asperis et tenui spe fortissima quaeque consilia tutissima sunt.
Livius, Ab urbe condita 25. 38,18

> In kritischen Situationen und bei nur geringer Hoffnung sind gerade die verwegensten Vorschläge die Erfolg versprechendsten.

S 188 Qui nil potest sperare, desperet nihil.
Seneca, Medea 163

> Wer nichts hoffen kann, braucht auch nicht zu verzweifeln.

S 189 Crimen relinquit vitae, qui mortem appetit.
Publilius Syrus, Sententiae 105

> Wer den Tod sucht, lässt einen Vorwurf an das Leben zurück.

S 190 Una salus victis nullam sperare salutem.
Vergilius, Aeneis 2. 354

> Die einzige Rettung für die Besiegten liegt darin, auf keine Rettung zu hoffen.

S 191 Clausa fides miseris.
Lucanus, Bellum civile (Pharsalia) 9. 246

> Zuversicht bleibt den Unglücklichen versagt.

S 192 Plus est quam poena sine spe miserum vivere.
Publilius Syrus, Sententiae 454

> Ohne Hoffnung im Elend leben ist mehr als Strafe.

S 193 Is demum infortunatus est homo / pauper, qui educit in egestatem liberos.
Menandros bei Gellius, Noctes Atticae 2. 23,21

> Wirklich unglücklich ist der Arme, der seine Kinder zur Armut aufzieht.

Leid

Hilflosigkeit

S194 Contra potentes nemo est munitus satis.
Phaedrus, Liber fabularum 2. 6,1
Gegen die Machthaber kann sich niemand genug schützen.

S195 Inimicitiae potentium graves sunt.
Seneca, De providentia 3,14
Feindschaft der Mächtigen wiegt schwer.

S196 Aut assentiendum est nulla cum gravitate paucis aut frustra dissentiendum.
Cicero, Ad familiares 1. 8,3
Man kann nur entweder unterwürfig den wenigen zustimmen oder erfolglos protestieren.

S197 Prodesse qui vult nec potest, heu quam est miser!
Publilius Syrus, Sententiae 451
Wer helfen will und es doch nicht kann, ist arm dran.

S198 Ei mihi, quod nullis amor est sanabilis herbis!
Ovidius, Metamorphoses 1. 523
Weh mir, dass gegen Liebe kein Kraut gewachsen ist!

S199 Nec mortem effugere quisquam nec amorem potest.
Publilius Syrus, Sententiae 433
Weder dem Tod noch der Liebe kann irgendjemand entrinnen.

S200 Quae res in se neque consilium neque modum / habet ullum, eam consilio regere non potes.
Terentius, Eunuchus 57–58
Was in sich weder Vernunft noch Maß besitzt, kannst du nicht mit Vernunft lenken.

S201 Remedium frustra est contra fulmen quaerere.
Publilius Syrus, Sententiae 582
Gegen den Blitz sucht man vergeblich ein Mittel.

Enttäuschung

S202 Quem spes delusit, huic querela convenit.
Phaedrus, Liber fabularum 5. 6,7
Wen die Hoffnung getrogen hat, der darf sich beklagen.

S203 Nihil gravius quam destitutae spes torquet.
Pseudo-Quintilianus, Declamationes maiores 12,17
Nichts peinigt uns mehr als enttäuschte Erwartungen.

S204 Fallitur augurio spes bona saepe suo.
Ovidius, Heroides 17,234

> Gute Hoffnung täuscht sich oft in sich selbst. *(vgl. ›Hoffen und Harren hält manchen zum Narren.‹)*

S205 Speravi melius, quia me meruisse putavi.
Ovidius, Heroides 2,61

> Ich habe Besseres erwartet, weil ich glaubte, mich verdient gemacht zu haben.

S206 I modo, venare leporem, nunc cirim tenes.
Plautus, Captivi 184

> Geh nur auf Hasenjagd, und du findest einen Igel.

S207 Minus decipitur, cui negatur celeriter.
Publilius Syrus, Sententiae 333

> Wenn schnell verneint wird, wird die Enttäuschung geringer.

S208 Et tu, mi fili? *(auch zitiert als ›Et tu, Brute?‹)*
cf. Suetonius, De vita Caesarum, Caesar 82,2

> Auch du, mein Sohn? *(Brutus)*

Leid

Tränen

S209 Fleque meos casus: est quaedam flere voluptas: / expletur lacrimis egeriturque dolor.
Ovidius, Tristia 4. 3,37–38

> Beweine mein Los: Im Weinen liegt eine gewisse Wonne, und in Tränen gelöst findet der Schmerz Trost.

S210 Expletur lacrimis egeriturque dolor.
Ovidius, Tristia 4. 3,38

> Tränen lösen und stillen den Schmerz.

S211 Excidunt etiam retinentibus lacrimae, et animum profusae levant.
Seneca, Epistulae morales 99,15

> Tränen kommen auch dem, der sie unterdrücken will, und bringen, wenn sie strömen, Linderung.

S212 Fletus aerumnas levat.
Seneca, Troades 765

> Weinen lindert den Kummer.

S213 Plerumque omnis dolor per lacrimas effluit.
Seneca maior, Controversiae 10. 1,6

> Jeder Schmerz löst sich meist in Tränen.

S 214 Interdum lacrimae pondera vocis habent.
Ovidius, Epistulae ex Ponto 3. 1,158
> Tränen haben manchmal die Kraft von Worten.

S 215 Fortes vetant maerere, degeneres iubent.
Seneca, Hercules Oetaeus 1836
> Tapfere lassen keine Tränen aufkommen, nur Schwache rufen sie hervor.

S 216 Cito enim exarescit lacrima, praesertim in alienis malis.
Cicero, Partitiones oratoriae 57
> Schnell trocknen die Tränen, zumal bei fremdem Unglück.

S 217 Nihil enim lacrima citius arescit.
Rhetorica ad Herennium 2. 50
> Nichts trocknet schneller als Tränen.

S 218 Lacrimandum est, non plorandum.
Seneca, Epistulae morales 63,1
> Weinen darf man, jammern nicht.

Wehklagen

S 219 Amant miseri lamenta malisque fruuntur.
Statius, Thebais 12. 45
> Die Unglücklichen lieben es, zu jammern, und weiden sich an ihrem Leid.

S 220 Dolor ipse disertum / fecerat.
Ovidius, Metamorphoses 13. 228–229
> Der Schmerz selbst hatte die Zunge gelöst.

S 221 Clamorem ad sidera tollunt.
Vergilius, Aeneis 10. 262
> Sie erheben ein Geschrei zu den Sternen.

S 222 Dulce loqui miseris veteresque reducere questus.
Statius, Thebais 5. 48
> Unglücklichen behagt es, zu reden und alte Klagen zu erneuern.

S 223 Impatientia clamosa semper et querula est.
Cyprianus, Ad Demetrianum 19
> Unvermögen ist immer mit lautem Wehklagen verbunden.

Schande

S224 Bene natis turpe est male vivere.
Erasmus, Adagia 4134 (nach Sophokles, Elektra 989)
> Für Menschen guter Abstammung ist es eine Schande, schlecht zu leben.

S225 Turpitudo peius est quam dolor.
Cicero, Tusculanae disputationes 2. 31
> Schande ist schlimmer als Schmerz.

S226 In infamia plus poenae quam in morte.
~ Quintilianus, Institutio oratoria 6. 2,23
> Ehrverlust ist eine schlimmere Strafe als der Tod.

S227 Multo deformius amittere quam non assequi laudem.
Plinius, Epistulae 8. 24,9
> Es ist weitaus schimpflicher, Anerkennung zu verlieren, als sie überhaupt nicht zu erlangen.

S228 Numquam sanantur deformis vulnera famae.
Anthologia Latina 1. 716,5
> Die Wunden eines entehrenden Rufs verheilen nie.

S229 Turpes mores peius caeno collinunt.
Plautus, Mostellaria 291
> Schlechte Gewohnheiten beflecken mehr als Kot.

S230 Nihil admittas, quod tibi inurat notam.
Sextos, Enchiridion 38
> Tu nichts, was dich brandmarken *(d. h. als schändlich kennzeichnen)* könnte.

S231 Contemni est sapienti gravius quam stultitiae percuti.
Publilius Syrus, Sententiae 102
> Verachtet zu werden ist für den Weisen schlimmer als Verfolgung.

S232 Honesta turpitudo est pro causa bona.
Publilius Syrus, Sententiae 207
> Ehrenvoll ist Schande für eine gute Sache.

Leid

T Kultur

Bildung

T1 Qui verba Latina fecerunt quique his probe usi sunt, ›humanitatem‹ non id esse voluerunt, quod volgus existimat quodque a Graecis φιλανθρωπια dicitur et significat dexteritatem quandam benivolentiamque erga omnes homines promiscam, sed ›humanitatem‹ appellaverunt id propemodum, quod Graeci παιδειαν vocant, nos eruditionem institutionemque in bonas artes dicimus.
Gellius, Noctes Atticae 13. 17,1

> Wer Latein gesprochen hat, und zwar vorbildlich, wollte nicht, dass ›humanitas‹ das ist, was allgemein dafür gehalten wird und auf Griechisch φιλανθρωπια heißt und eine Art von Freundlichkeit und Wohlwollen gegen jede Art von Menschen darstellt, sondern er nannte ›humanitas‹ etwa das, was die Griechen παιδεια nennen, wir Bildung und Ausbildung in den schönen Wissenschaften.

T2 Doctos potius esse quam pecuniae confidentes. Doctum ex omnibus solum neque in alienis locis peregrinum neque amissis familiaribus et necessariis inopem amicorum, sed in omni civitate esse civem difficilesque fortunae sine timore posse despicere casus; at qui non doctrinarum, sed felicitatis praesidiis putaret se esse vallatum, labidis itineribus vadentem non stabili, sed infirma conflictari vita.
Theophrastos bei Vitruvius, De architectura 6. pr. 2

> Es ist besser, gebildet zu sein, als auf Geld zu vertrauen. Der Gebildete ist als Einziger weder ein Fremder in fremdem Land noch nach Verlust seiner Angehörigen und Verwandten ohne Freunde, sondern er ist in jeder Gemeinde Bürger und kann furchtlos auf schwere Schicksalsschläge herabsehen; wer dagegen glaubt, nicht durch Bildung, sondern durch Glücksgüter geschützt zu sein, geht auf schlüpfrigen Pfaden und hat unter einem unsteten, aber haltlosen Leben zu leiden.

T3 Graecia capta ferum victorem cepit et artis / intulit agresti Latio.
Horatius, Epistulae 2. 1,156–157

> Das bezwungene Griechenland bezwang den trotzigen Sieger *(nämlich Rom, durch seine geistige Kultur)* und führte im bäuerlichen Latium die Künste ein.

T4 Instrue praeceptis animum; ne discere cessa, / nam sine doctrina vita est quasi mortis imago.
Disticha Catonis 3. 1

> Statte deinen Geist mit Richtlinien aus; hör nicht auf zu lernen, denn ohne Bildung ist das Leben wie ein Schattenbild des Todes.

T5 Homo doctus in se semper divitias habet.
Phaedrus, Liber fabularum 4. 23,1

> Der gebildete Mensch hat einen Schatz immer in sich.

T6 Haec studia adulescentiam acuunt, senectutem oblectant, secundas res ornant, adversis perfugium ac solacium praebent, delectant domi, non impediunt foris, pernoctant nobiscum, peregrinantur, rusticantur.

Cicero, Pro Archia 16

> Unsere Studien nähren die Jugend, ergötzen das Alter, verschönern das Glück, bieten Zuflucht und Trost im Unglück, erfreuen im Haus, stören nicht außerhalb, bleiben nachts mit uns wach, gehen mit auf Reisen und aufs Land.

T7 Doctrina est fructus dulcis radicis amarae.

Anthologia Latina 1. 716,40

> Bildung ist die süße Frucht einer bitteren Wurzel.

T8 Abeunt studia in mores.

Ovidius, Heroides 15,83

> Geistige Beschäftigung bildet den Charakter.

T9 Studendum vero semper et ubique. neque enim fere tam est ullus dies occupatus, ut nihil lucrativae operae ad scribendum aut legendum aut dicendum rapi aliquo momento temporis possit.

~ Quintilianus, Institutio oratoria 10. 7,27

> Studieren muss man immer und überall. Denn in der Regel ist kein Tag so ausgefüllt, dass man ihm nicht irgendwann eine sinnvolle Gelegenheit zum Schreiben, Lesen oder Reden entlocken könnte.

T10 Ut ex studiis gaudium, sic studia hilaritate proveniunt.

Plinius, Epistulae 8. 19,2

> Wie sich durch die Studien ein Glücksgefühl entwickelt, so aus dieser fröhlichen Stimmung heraus Studien.

T11 Addiscere aliquid delectabile est.

Auctoritates, Aristoteles, Rhetorica 26

> Etwas hinzuzulernen ist reizvoll.

T12 Cum tibi sunt nati nec opes, tunc artibus illos / instrue, quo possint inopem defendere vitam.

Disticha Catonis 1. 28

> Hast du Söhne, aber kein Vermögen, unterweise sie in den Künsten, damit sie ihr armseliges Leben meistern können.

T13 Cum tibi contigerit studio cognoscere multa, / fac discas multa, vita nescire doceri.

Disticha Catonis 4. 48

> Wenn du die Gelegenheit hast, dir vieles durch Lernen anzueignen, lerne viel, vermeide es, keine Lehren anzunehmen.

Kultur

T14   Non enim parum cognosse, sed in parum cognito stulte et diu perseverasse turpe est, propterea quod alterum communi hominum infirmitati, alterum singulari cuiusque vitio est adtributum.
Cicero, De inventione 2. 9

> Nicht zu wenig wissen ist verwerflich, sondern töricht auf diesem geringen Wissensstand lange zu verharren, weil das eine der allgemeinen menschlichen Schwäche, das andere der Unzulänglichkeit jedes Einzelnen angehört.

T15   Crede mihi, quicquid discis, tibi discis.
Petronius, Satyricon 46,8

> Glaub mir, was du lernst, lernst du für dich.

T16   Delectat artium notitia multarum.
Seneca, Epistulae morales 88,36

> Sich in vielen Fachbereichen auszukennen macht Freude.

T17   Disce, sed a doctis, indoctos ipse doceto: / propaganda etenim est rerum doctrina bonarum.
Disticha Catonis 4. 23

> Lerne nur von Gebildeten, Ungebildete lehre selbst, denn die Kenntnis guter Dinge muss man verbreiten.

T18   Non omnis aetas ad perdiscendum sat est.
Plautus, Truculentus 22

> Ein ganzes Leben reicht zum gründlichen Lernen nicht aus.

T19   Eruditio absque dilectione inflat, dilectio absque eruditione deerrat.
cf. Bernardus Claraevallensis, Sermones in Cantica canticorum 69,2

> Bildung ohne Liebe macht hochmütig, Liebe ohne Bildung verliert die Orientierung.

T20   Gloriosa est denique scientia litterarum, quia, quod primum est in homine, mors purgat, quod secundum, verborum gratiam sumministrat.
Cassiodorus, Variae 3. 33,3

> Rühmenswert ist schließlich die wissenschaftliche Bildung, weil sie erstens den Menschen läutert, zweitens seinen Worten Anmut verleiht.

T21   Amor ingenii neminem umquam divitem fecit.
Petronius, Satyricon 83,9

> Liebe zu geistigen Dingen hat noch nie einen Menschen reich gemacht.

T22   Animum impleri debere, non arcam.
Seneca, Epistulae morales 92,31

> Der Geist muss sich füllen, nicht die Kasse.

Kunst

T23 Omnis ars naturae imitatio est.
Seneca, Epistulae morales 65,3
> Jede Art von Kunst ist Nachahmung der Natur.

T24 Ars supplet defectum naturae.
Auctoritates, Aristoteles, Politica 134
> Die Kunst gleicht den Mangel der Natur aus.

T25 Ars est celare artem.
cf. Ovidius, Ars amatoria 2. 313
> Die Kunst besteht darin, die Kunst nicht merken zu lassen.

T26 Perire artem putamus, nisi appareat, cum desinat ars esse, si apparet.
Quintilianus, Institutio oratoria 4. 2,127
> Wir glauben, die Kunst gehe verloren, wenn sie nicht in Erscheinung tritt, wo sie doch
> aufhört Kunst zu sein, wenn sie in Erscheinung tritt.

T27 Magis utile nil est / artibus his, quae nil utilitatis habent.
Ovidius, Epistulae ex Ponto 1. 5,53–54
> Nichts ist nützlicher als Künste, die nichts Nützliches an sich haben.

T28 Ars gratia artis.
Motto von Metro-Goldwyn-Mayer (Hollywood)
> Kunst um der Kunst willen.

T29 Artes ministrae sunt, praestare debent, quod promittunt, sapientia domina
rectrixque est; artes serviunt vitae, sapientia imperat.
Seneca, Epistulae morales 85,32
> Die Künste sind Dienerinnen, sie müssen einlösen, was sie versprechen, die Weisheit ist
> ihre Herrin und Lenkerin; die Künste dienen dem Leben, die Weisheit lenkt sie.

T30 Non datur ad Musas currere lata via.
Propertius, Elegiae 3. 1,14
> Zu den Musen führt kein breiter Weg.

T31 Tu nihil invita dices faciesve Minerva.
Horatius, De arte poetica (Epistula ad Pisones) 385
> Du wirst nichts tun und machen gegen Minervas Willen.

T32 Docti rationem artis intelligunt, etiam indocti voluptatem.
Quintilianus, Institutio oratoria 9. 4,116
> Fachleute erfassen das Wesen der Kunst, doch auch Unkundige ihren Reiz.

Kultur

T33 Noster in arte labor positus, spes omnis in illa.
Ovidius, Halieuticon 82
Unsere Anstrengung gilt der Kunst, sie allein gewährt uns Hoffnung.

T34 Ingenium probitas artemque modestia vincit.
Statius, Silvae 3. 5,67
Redlichkeit übertrifft das Talent und Bescheidenheit die Geschicklichkeit.

T35 Materiam superabat opus.
Ovidius, Metamorphoses 2. 5
Das Werk übertraf den Stoff.

T36 Artem quaevis alit terra.
cf. Suetonius, De vita Caesarum, Nero 40,2
Jedes Land nährt die Kunst. *(vgl. ›Die Kunst findet überall ihr Brot.‹)*

T37 Manus larga artium nutrit ingenia, quando qui de victu non cogitat, perficere
iussa festinat.
Cassiodorus, Variae 7. 5,6
Eine freigiebige Hand nährt künstlerisches Talent, denn wer nicht an seinen
Lebensunterhalt denken muss, führt seine Aufträge rasch durch.

T38 Ars longa, vita brevis.
Hippokrates bei Seneca, De brevitate vitae 1,1
Die Kunst ist lang, das Leben kurz.

T39 Pictura est laicorum scriptura.
cf. Gregorius Magnus, Registrum epistularum 11. 10
Das Bild ist die Schrift der Ungebildeten.

T40 Nam quod legentibus scriptura, hoc idiotis praestat pictura cernentibus, quia
in ipsa ignorantes vident, quod sequi debeant, in ipsa legunt, qui litteras
nesciunt; unde praecipue gentibus pro lectione pictura est.
Gregorius Magnus, Registrum epistularum 11. 10
Was für Leser die Schrift, das bietet den Ungebildeten beim Anschauen das Bild, weil die
Analphabeten in ihm sehen, woran sie sich halten sollen, in ihm lesen, ohne Buchstaben zu
kennen; daher nimmt gerade beim einfachen Volk das Bild die Stelle der Lesung ein.

T41 Idcirco enim pictura in ecclesiis adhibetur, ut hi, qui litteras nesciunt, saltem
in parietibus videndo legant, quae legere in codicibus non valent.
Gregorius Magnus, Registrum epistularum 9. 209
Bilder werden in den Kirchen dazu verwendet, dass Analphabeten wenigstens an den
Wänden mit den Augen aufnehmen, was sie in den Büchern nicht zu lesen vermögen.

T42 Pictura et ornamenta in ecclesia sunt laicorum lectiones et scripturae.
Durandus, Rationale divinorum officiorum
> Bilder und Ausschmückungen verkörpern in der Kirche Lesungen und Schriften für die Laien.

Kreativität

T43 Magni autem est ingenii sevocare mentem a sensibus et cogitationem ab consuetudine abducere.
Cicero, Tusculanae disputationes 1. 38
> Es zeugt von hoher Geistesgabe, den Verstand von der Sinneswahrnehmung zu trennen und das Denken von den gewohnten Bahnen abzubringen.

T44 Miserrimi est ingenii semper inventis uti et numquam inveniendis.
Pseudo-Boethius, De disciplina scolarium 5,4
> Es zeugt von höchst armseliger Veranlagung, immer nur wiederzugeben, was andere gefunden haben, und nie selbst etwas zu finden.

T45 Nihil autem crescit sola imitatione.
Quintilianus, Institutio oratoria 10. 2,8
> Wo man nur nachahmt, gedeiht nichts.

T46 Artis maxime proprium est creare et gignere.
cf. Zenon von Kition bei Cicero, De natura deorum 2. 57
> Schaffen und zeugen ist das Hauptmerkmal der Kunst.

T47 Ingenia coacta male respondent.
Binder, Novus thesaurus 1504
> Unter Zwang arbeiten Genies schlecht.

T48 Non uno contenta valet natura tenore, / sed permutatas gaudet habere vices.
Petronius in Anthologia Latina 1. 690,9–10
> Die Natur ist in ihrem Wirken nicht mit einer Lösung zufrieden, sondern freut sich daran, vielfältige Abwechslung zu bieten.

T49 Amant alterna Camoenae.
Vergilius, Bucolica 3,59
> Die Musen lieben Abwechslung.

Schönheit

T50 Pulchra enim dicuntur, quae visa placent.
Thomas von Aquin, Summa theologiae 1. 5,4,1
> Als schön gilt, was dem Auge gefällt.

Kultur

T51 Pulchra enim oblectant, turpia contristant.
Exner, Valerius Maximus Christianus 3. 2
Schönes macht heiter, Hässliches traurig.

T52 Culta placent.
Ovidius, De medicamine faciei 7
Gepflegtes gefällt.

T53 Unicuique delectabile est istud, quod amat.
Auctoritates, Aristoteles, Ethica 16
Reizvoll ist einem jeden das, was er liebt.

T54 Pulchrum est paucorum hominum.
Nietzsche, Der Fall Wagner 6
Nur wenige Menschen haben Sinn für das Schöne.

T55 Res est forma fugax; quis sapiens bono / confidat fragili?
Seneca, Phaedra 773–774
Schönheit ist vergänglich; welcher Weise vertraut schon einem zerbrechlichen Gut?

Musik

T56 Ita nobis musicam naturaliter esse coniunctam, ut ea, ne si velimus quidem, carere possimus.
Boethius, De institutione musicae 1. 1
Die Musik ist von Natur aus derart mit uns verbunden, dass wir sie, selbst wenn wir wollten, nicht entbehren können.

T57 Iure igitur musica capitur omne, quod vivit, quia caelestis anima, qua animatur universitas, originem sumpsit ex musica.
Macrobius, Commentarium in Somnium Scipionis 2. 3,11
Zu Recht wird von der Musik alles erfasst, was lebt, denn die himmlische Seele, die die Welt belebt, hat ihren Ursprung in der Musik.

T58 Sine musica nulla vita.
cf. Macrobius, Commentarius in Somnium Scipionis 2. 3,11
Ohne Musik kein Leben.

T59 Musicam natura ipsa videtur ad tolerandos facilius labores velut muneri nobis dedisse, si quidem et remigem cantus hortatur.
~ Quintilianus, Institutio oratoria 1. 10,16
Die Musik scheint uns die Natur selbst als Geschenk gegeben zu haben, damit wir Strapazen leichter ertragen, da Gesang ja auch den Ruderer anfeuert.

T 60 **Musica est potens laetificare homines.**
Auctoritates, Aristoteles, Politica 142
> Die Musik besitzt die Macht, die Menschen fröhlich zu stimmen.

T 61 **Minuentur atrae / carmine curae.**
Horatius, Carmina 4. 11,35–36
> Finstere Sorgen werden sich beim Lied verringern.

T 62 **Cantet, amat quod quisque: levant et carmina curas.**
Nemesianus, Bucolica 4,19
> Jeder soll nach Belieben singen: Lieder lindern auch die Sorgen.

T 63 **Homo naturaliter delectatur in metro et symphonia.**
Auctoritates, Aristoteles, Poetica 5
> Der Mensch erfreut sich von Natur aus an Versen und Wohlklang.

T 64 **Carmina poscit amor nec fistula cedit amori.**
Calpurnius Siculus, Eclogae 2,92
> Die Liebe verlangt nach Liedern, und die Flöte versagt sich der Liebe nicht.

T 65 **Musicam docet amor.**
Erasmus, Adagia 3415 (nach Plutarchos)
> Die Liebe lässt Musik erklingen.

T 66 **Carmina mansuetus lenia quaerit Amor.**
Propertius, Elegiae 1. 9,12
> Zärtliche Lieder verlangt der süße Amor.

T 67 **Enervant animos citharae lotosque lyraeque / et vox et numeris bracchia mota suis.**
Ovidius, Remedia amoris 753–754
> Zither und Flöte und Leier und Gesang und die rhythmisch bewegten Arme entnerven den Geist.

T 68 **Musica abscondita nullius est rei.**
~ Gellius, Noctes Atticae 13. 32,3
> Musik, die man nicht hört, ist nichts wert.

Dichtung

T 69 **Vera poesis a deo est.**
Platon bei Lupinus Calidonius, Quaestio a poetis a re publica minime pellendis
> Wahre Dichtung kommt von Gott.

Kultur

T70   Carmina sola carent fato mortemque repellunt.
Anthologia Latina 1. 417,9
> Nur die Dichtung ist nicht dem Schicksal unterworfen und entzieht sich dem Tod.

T71   Carmina morte carent.
Ovidius, Amores 1. 15,32
> Gedichte kennen keinen Tod.

T72   Carmine fit vivax virtus, expersque sepulcri / notitiam serae posteritatis habet.
Ovidius, Epistulae ex Ponto 4. 8,47–48
> Die Poesie verleiht der Leistung Leben und bringt sie über das Grab hinaus zur Kenntnis der späten Nachkommen.

T73   Non satis est pulchra esse poemata; dulcia sunto, / et quocumque volent, animum auditoris agunto.
Horatius, De arte poetica (Epistula ad Pisones) 99–100
> Es genügt nicht, dass Dichtungen schön sind; bezaubernd sollen sie sein und den Zuhörer mitreißen zu ihrem Ziel.

T74   Omne tulit punctum, qui miscuit utile dulci / lectorem delectando pariterque monendo.
Horatius, De arte poetica (Epistula ad Pisones) 343–344
> Die Zustimmung aller ist dem sicher, der Nützliches mit Angenehmem verbindet und den Leser ebenso unterhält wie belehrt.

T75   Amoenitas intertexta fastidio narrationum medetur.
Macrobius, Saturnalia 5. 16,4
> Eingeflochtene erheiternde Episoden gleichen das Unbehagen bei den Erzählungen aus.

T76   Aut prodesse volunt aut delectare poetae, / aut simul et iucunda et idonea dicere vitae. / Quicquid praecipies, esto brevis, ut cito dicta / percipiant animi dociles teneantque fideles.
Horatius, De arte poetica (Epistula ad Pisones) 333–336
> Die Dichter wollen entweder belehren oder unterhalten oder beides, Angenehmes wie Nützliches für das Leben bieten. Halte deine Empfehlungen kurz, damit der Geist gelehrig das Gesagte rasch erfasst und getreulich festhält.

T77   Ut pictura poesis.
Horatius, De arte poetica (Epistula ad Pisones) 361
> Ein Gedicht ähnelt einem Gemälde *(was Wert und Wirkung betrifft).*

T78   Adiuvant urbanitatem et versus commode positi.
Quintilianus, Institutio oratoria 6. 3,96
> Zur feinen Lebensart verhelfen auch gefällige Verse.

T79 **Carmen est enim magis artis et diligentiae quam incitationis et motus.**
~ *Cicero, De divinatione 2. 111*
> Ein Gedicht ist mehr das Produkt handwerklicher Sorgfalt als emotionaler Begeisterung.

T80 **Denique sit, quod vis, simplex dumtaxat et unum.**
Horatius, De arte poetica (Epistula ad Pisones) 23
> Schließlich, was du auch schaffen willst, es sei schlicht und einfach.

T81 **Carmina laudantur; sed munera magna petuntur.**
Ovidius, Ars amatoria 2. 275
> Gedichte lobt man zwar, aber haben will man große Präsente.

T82 **Ei mihi, non multum carmen honoris habet.**
Ovidius, Ars amatoria 2. 274
> Weh mir, ein Gedicht bringt wenig Ehre.

T83 **Carmina non dant panem.**
cf. Petronius, Satyricon 83,9
> Gedichte schaffen kein Brot.

T84 **Nam carmina et versus neque dignitatem ullam auctoribus suis conciliant neque utilitates alunt; voluptatem autem brevem, laudem inanem et infructuosam consequuntur.**
~ *Tacitus, Dialogus de oratoribus 9,1*
> Gedichte und Verse verschaffen ihren Verfassern weder irgendwelches Ansehen noch bringen sie Vorteile; sie erzielen nur ein kurzes Vergnügen und leeren, fruchtlosen Ruhm.

Kultur

T85 **Dignum laude virum Musa vetat mori.**
Horatius, Carmina 4. 8,28
> Einen Mann, der Ruhm verdient hat, lässt die Muse nicht sterben.

T86 **Et quod temptabam scribere, versus erat.**
Ovidius, Tristia 4. 10,26
> Was ich auch zu schreiben versuchte, es war ein Vers.

T87 **Facit indignatio versum.**
Iuvenalis, Saturae 1,79
> Aus Entrüstung entstehen Verse.

T88 **In vitium ducit culpae fuga, si caret arte.**
Horatius, De arte poetica (Epistula ad Pisones) 31
> Die Furcht vor einem Missklang verführt zu Fehlern, wenn es an Können mangelt.

T 89 Nulla placere diu nec vivere carmina possunt, / quae scribuntur aquae potoribus.
Horatius, Epistulae 1. 19,2–3
> Kein Gedicht kann lange Gefallen finden oder leben, das von einem Wassertrinker geschrieben wird.

T 90 Non scribit, cuius carmina nemo legit.
Martialis, Epigrammata 3. 9,2
> Der ist kein Schriftsteller, dessen Gedichte niemand liest.

T 91 Nam castum esse decet pium poetam / ipsum, versiculos nihil necesse est.
Catullus, Carmina 16,5–6
> Der Dichter selbst soll keusch und fromm sein, doch seine Verse brauchen es nicht.

T 92 Lasciva est nobis pagina, vita proba.
Martialis, Epigrammata 1. 4,8
> Was wir schreiben, ist schlüpfrig, aber unser Leben ist rein.

T 93 Ideo prohibetur Christianus figmenta legere poetarum, quia per oblectamenta inanium fabularum mentem excitant ad incentiva libidinum.
Isidorus Hispaliensis, Sententiae 3. 13,1
> Der Christ ist deshalb gehalten, nicht zu lesen, was die Dichter sich ausgedacht haben, weil der Genuss sinnloser Geschichten die Sinne erregt, sodass die Leidenschaften geweckt werden.

T 94 Comoediam esse Cicero ait imitationem vitae, speculum consuetudinis, imaginem veritatis.
Cicero, De re publica 4. 11,13 (frg.)
> Cicero bezeichnet die Komödie als Nachahmung des Lebens, Spiegel der Gewohnheit, Abbild der Wahrheit.

Fiktion

T 95 Magnaque pars mendax operum est et ficta meorum: / plus sibi permisit compositore suo.
Ovidius, Tristia 2. 355–356
> Ein großer Teil meiner Werke ist erdichtet und erfunden: Sie haben sich mehr herausgenommen als ihr Verfasser.

T 96 Exit in immensum fecunda licentia vatum, / obligat historica nec sua verba fide.
Ovidius, Amores 3. 12,41–42
> Die dichterische Freiheit schweift ausgiebig ins Unermessliche; sie bürgt mit ihren Worten nicht für historische Zuverlässigkeit.

T 97 **Et quo non possum corpore, mente feror.**
Ovidius, Heroides 18,30
Wo ich mit dem Körper nicht hingelangen kann, dorthin trägt mich der Geist.

T 98 **Breve confinium artis et falsi.**
Tacitus, Annales 4. 58,3
Dichtung und Unwahrheit grenzen nah aneinander.

T 99 **Multa mentiuntur poetae.**
Auctoritates, Aristoteles, Metaphysica 26
Die Dichter lügen viel.

T 100 **Poeta facit illud veri simile, quod mendacium est.**
Plautus, Pseudolus 403
Der Dichter macht wahrscheinlich, was eine Lüge ist.

T 101 **Docti fingunt magis quam norunt.**
Livius, Ab urbe condita 26. 22,14
Die Gelehrten erfinden das mehr, als dass sie es kennen.

Geschichtsschreibung

T 102 **Ceterum ex aliis negotiis, quae ingenio exercentur, in primis magno usui est memoria rerum gestarum.**
Sallustius, Bellum Iugurthinum 4,1
Unter den sonstigen Betätigungen, bei denen es auf den Geist ankommt, ist von besonders hohem Wert die Geschichtsschreibung.

T 103 **clarorum virorum facta moresque posteris tradere**
Tacitus, De vita Iulii Agricolae 1,1
Taten und Lebensweise berühmter Männer der Nachwelt überliefern

T 104 **Historia vero testis temporum, lux veritatis, vita memoriae, magistra vitae, nuntia vetustatis.**
Cicero, De oratore 2. 36
Die Geschichte ist Zeugnis der Vergangenheit, Licht der Wahrheit, lebendige Erinnerung, Lehrerin des Lebens, Künderin des Altertums.

T 105 **Praecipuum munus annalium reor, ne virtutes sileantur utque pravis dictis factisque ex posteritate et infamia metus sit.**
Tacitus, Annales 3. 65,1
Die Hauptaufgabe der Geschichtsschreibung besteht meines Erachtens darin, anständige Taten nicht zu verschweigen und von schlechten Worten und Taten wegen der Schande bei künftigen Generationen abzuschrecken.

Kultur

T106 Eius, qui vitas aliorum scribere orditur, officium est digna cognitione
perscribere.
Historiae Augustae scriptores, Opilius Macrinus 1,2
Wer über das Leben anderer zu schreiben beginnt, muss Wissenswertes aufzeichnen.

T107 Arduum videtur res gestas scribere.
Sallustius, De coniuratione Catilinae 3,2
Geschichtsschreibung erweist sich als mühselig.

T108 Facta dictis exaequanda sunt.
Sallustius, De coniuratione Catilinae 3,2
Die Leistungen müssen sprachlich angemessen wiedergegeben werden.

T109 Aliud est enim epistulam, aliud historiam, aliud amico, aliud omnibus
scribere.
Plinius, Epistulae 6. 16,22
Einen Brief zu schreiben ist etwas anderes als Geschichtsschreibung, dem Freund zu
schreiben etwas anderes als für die Öffentlichkeit.

Schriftsteller

T110 Beatos puto, quibus deorum munere datum est aut facere scribenda aut
scribere legenda: beatissimus vero, quibus utrumque.
Plinius, Epistulae 6. 16,3
Für glücklich halte ich die, denen die Götter die Gabe verliehen haben, etwas zu leisten,
was niedergeschrieben zu werden, oder etwas zu schreiben, was gelesen zu werden
verdient; für die Glücklichsten aber die, denen beides gegeben ist.

T111 Cito scribendo non fit, ut bene scribatur, bene scribendo fit, ut cito.
Quintilianus, Institutio oratoria 10. 3,10
Schreibt man schnell, schreibt man nicht automatisch gut, schreibt man gut, schreibt man
schnell.

T112 Utilissima est propriae invidiae mordacitas scribenti publicanda; quibus scierit
facile ignoscendum, id mordacius lima coaequet.
Sententiae Varronis 110
Sehr nützlich ist scharfe Selbstkritik für einen, der für die Veröffentlichung schreibt; je
verzeihlicher etwas ist, umso gründlicher sollte daran gefeilt werden.

T113 Nihil est enim aptius ad delectationem lectoris quam temporum varietates
fortunaeque vicissitudines.
Cicero, Ad familiares 5. 12,4
Nichts eignet sich besser, um den Leser zu fesseln, als kunterbunte Ereignisse und
wechselvolle Schicksale.

T114 **Saepe stilum vertas, iterum quae digna legi sint, / scripturus.**
Horatius, Sermones 1. 10,72–73
> Willst du schreiben, was immer wieder lesenswert ist, so musst du oft den Griffel umdrehen *(um das Geschriebene zu tilgen).*

T115 **Ipsissima verba.**
cf. Pompeius Maurus, Commentum artis Donati
> Das sind seine ureigensten Worte.

T116 **Scitum est, per tempus si obviam est, verbum vetus.**
Plautus, Poenulus 135
> Ein altes Sprichwort passt doch immer, wenn es einem rechtzeitig einfällt.

T117 **Carpet citius aliquis, quam imitabitur.**
Erasmus, Adagia 1184
> Einer wird schneller kopieren als nacheifern.

T118 **Inventores laudat, qui alienis gloriatur.**
Sententiae Varronis 125
> Wer mit fremden Gedanken angibt, lobt ihre Quelle.

T119 **Nullum est iam dictum, quod non sit dictum prius.**
Terentius, Eunuchus 41
> Nichts ist je gesagt worden, was andere nicht schon früher gesagt hätten.

T120 **Pereant, qui ante nos nostra dixerunt.**
Donatus bei Hieronymus, Commentarius in Ecclesiasten 1,9
> Zum Teufel mit denen, die vor mir meine Gedanken geäußert haben!

T121 **Laudabiliter se subiecit et opus reprobavit.**
Kirchenlatein: Formel, mit der die päpstliche Indexkommission die Kapitulation eines gerügten Schriftstellers mitteilte.
> Er hat sich lobenswerterweise unterworfen und sein Werk verworfen.

Buch

T122 **Faciendi plures libros nullus est finis.**
Vulgata, Liber ecclesiastes 12,12
> Das viele Bücherschreiben findet kein Ende.

T123 **Eadem enim dicuntur a multis, ex quo libris omnia referserunt.**
Cicero, Tusculanae disputationes 2. 6
> Seit man alles mit Büchern vollgestopft hat, wird von vielen dasselbe gesagt.

Kultur

T124 Libri muti magistri.
cf. Gellius, Noctes Atticae 14. 2,1
   Bücher sind stumme Lehrmeister.

T125 Libri] sunt magistri, qui nos instruunt sine virgis et ferula, sine verbis et
cholera, sine pannis et pecunia. Si accedis, non dormiunt; si inquirens
interrogas, non abscondunt; non remurmurant, si oberres; cachinnos nesciunt,
si ignores.
Ricardus de Bury, Philobiblon 1
   Bücher sind Lehrer, die uns ohne Stockschläge unterrichten, ohne zornige Worte, ohne
   Geschenke und Geld. Wenn man sie aufsucht, schlafen sie nicht, wenn man sie eindringlich
   befragt, verbergen sie nichts; sie sind nicht mürrisch, wenn man sich irrt; sie lachen einen
   nicht aus, wenn man etwas nicht weiß.

T126 Non refert, quam multos *(libros)*, sed quam bonos habeas.
Seneca, Epistulae morales 45,1
   Es kommt nicht darauf an, wie viele, sondern wie gute Bücher man besitzt.

T127 Perlectus liber utique ex integro resumendus.
Quintilianus, Institutio oratoria 10. 1,20
   Ein durchgelesenes Buch muss man sich unbedingt erneut vornehmen.

T128 Numquam de manu et oculis tuis recedat liber.
Hieronymus, Epistulae 125,11
   Ein Buch soll nie außer Reichweite der Hand und der Augen liegen.

T129 Pro captu lectoris habent sua fata libelli
Terentianus Maurus, De litteris 1286
   Bücher haben ihre Schicksale je nach Auffassungsgabe des Lesers.

T130 Mecum tantum et cum libellis loquor. O rectam sinceramque vitam! O dulce
otium honestumque ac fere omni negotio pulchrius!
Plinius, Epistulae 1. 9,6
   Ich unterhalte mich nur mit mir und meinen Büchern. Welch echtes, ungetrübtes Leben!
   Welch süßer, ehrbarer Müßiggang, schöner fast als alle Tätigkeit.

T131 Non est eiusdem nummosque librosque probare.
Johannes Saresberiensis, Policraticus, Entheticus 271
   Ein und derselbe kann nicht zugleich das Geld und die Bücher lieben.

T132 Nullum esse librum tam malum, ut non aliqua parte prodesset.
Plinius, Epistulae 3. 5,10 (als Ausspruch Plinius' des Älteren)
   Kein Buch ist so schlecht, dass es nicht in irgendeiner Hinsicht nützlich sein könnte.

T133 Sapientia non est in litteris.
~ Seneca, Epistulae morales 88,32
   Weisheit beruht nicht auf Bücherwissen.

Lektüre

T 134 Ac diu non nisi optimus quisque et qui credentem sibi minime fallat, legendus est, sed diligenter ac paene ad scribendi sollicitudinem nec per partes modo scrutandi omnia, sed perlectus liber utique ex integro resumendus.
Quintilianus, Institutio oratoria 10. 1,20

> Lange Zeit soll man nur die besten Bücher lesen und solche, die, den, der sich auf sie verlässt, am wenigsten irreführen, und zwar gewissenhaft und fast mit der ängstlichen Sorgfalt wie beim Schreiben, und man soll auch nicht nur in Teilen alles untersuchen, sondern ein Buch muss man sich nach der Lektüre in jedem Fall erneut als Ganzes vornehmen.

T 135 Alit lectio ingenium et studio fatigatum reficit.
~ Seneca, Epistulae morales 84,1

> Lektüre stärkt den Geist und erfrischt ihn, wenn er vom Nachdenken ermüdet ist.

T 136 Aegrescit profecto ingenium, nisi iugi lectione reparetur.
Cassiodorus, Variae 11. pr. 8

> Der Geist wird gewiss krank, wenn er nicht durch ständige Lektüre aufgefrischt wird.

T 137 Non scholam, sed assiduitatem legendi doctrinam.
Caecilius Balbus, Sententiae (W) 43,3

> Nicht die Schule, sondern Ausdauer im Lesen verschafft Bildung.

T 138 Multa magis quam multorum lectione formanda mens.
Quintilianus, Institutio oratoria 10. 1,59

> Der Geist muss mehr durch viel als durch vielerlei Lesen gebildet werden.

T 139 Egregios cumulare libros praeclara supellex: / ast unum utilius volvere saepe librum.
Owen, Monosticha 63

> Hervorragende Bücher anzuhäufen ist eine treffliche Einrichtung, doch oft ist es nützlicher, ein einziges Buch öfter zu lesen.

T 140 Lectio, quae placuit semel, decies repetita placebit.
cf. Horatius, De arte poetica (Epistula ad Pisones) 365

> Eine Lektüre, die einmal gefallen hat, wird auch beim zehnten Wiederlesen noch Gefallen finden.

T 141 Multa legas facito, perlectis perlege multa, / nam miranda canunt, sed non credenda poetae.
Disticha Catonis 3. 18

> Bemühe dich, viel zu lesen, und lies viel, wenn du es gelesen hast, noch einmal, denn die Dichter verkünden Wunderbares, wenn auch nicht immer Glaubwürdiges.

Kultur

T 142 Libri medullitus delectant, colloquuntur, consulunt et viva quadam nobis atque arguta familiaritate iunguntur, neque solum sese lectoribus quisque suis insinuat, sed et aliorum nomen ingerit et alter alterius desiderium facit.
Petrarca, De vita solitaria 3. 18

> Bücher beleben uns bis ins Mark, unterhalten sich mit uns, geben uns Ratschläge und vereinen sich mit uns in lebhafter und geistreicher Vertrautheit, und ein jedes dringt nicht nur selbst in das Herz seiner Leser ein, sondern es drängt auch den Titel anderer auf, und so weckt ein Buch den Wunsch nach dem nächsten.

T 143 Multoque satius est paucis te auctoribus tradere quam errare per multos.
Seneca, De tranquillitate animi 9,4

> Es ist viel besser, sich an wenige Schriftsteller zu halten, als sich von vielen verwirren zu lassen.

T 144 Lectio nimirum esca animi est; quae si bona prodest, / si mala sit, non parva solet dare damna legenti.
Palingenius, Zodiacus vitae 10. 702–703

> Lektüre ist natürlich Seelennahrung; ist sie gut, bekommt sie, ist sie schlecht, richtet sie beim Leser meist beträchtlichen Schaden an.

T 145 Non quae vel quot legeris, sed quae vel quod scieris, attendendum.
Sententiae Varronis 83

> Es kommt nicht darauf an, was und wie viel man liest, sondern was und wie viel man weiß.

T 146 Intellegis, quae legis?
Vulgata, Actus apostolorum 8,30

> Verstehst du auch, was du liest?

T 147 Legere enim et non intellegere neglegere est.
Disticha Catonis, Epistula

> Lesen und nicht verstehen ist Interesselosigkeit.

T 148 Usus libri, non lectio prudentes facit.
Sambucus, Emblemata 56

> Die Anwendung eines Buchs, nicht schon die Lektüre macht klug.

T 149 Quicquid inveneris, legas, sed non credas, quicquid legeris.
Petrus Alfonsi, Disciplina clericalis 15

> Lies alles, was dir begegnet, aber glaub nicht alles, was du gelesen hast.

T 150 Lectio certa prodest, varia delectat.
Seneca, Epistulae morales 45,1

> Fachbezogene Lektüre bringt Nutzen, unterschiedliche Vergnügen.

T 151 Duplex libelli dos est: quod risum movet / et quod prudentis vitam consilio monet.
Phaedrus, Liber fabularum 1. prologus 3–4
> Zweifache Gabe bringt mein Büchlein: was Lachen erregt und den Klugen Ratschläge fürs Leben gibt.

T 152 Notitia litterarum lux est animarum.
Wipo, Proverbia 4
> Kenntnis der Schriften ist Licht für die Seelen.

T 153 Ergo ades, et quae sit sapientia, disce legendo.
Disticha Catonis 2. pr. 10
> Pass auf und lerne durch Lesen, was Weisheit ist.

T 154 Laudant illa, sed ista legunt.
Martialis, Epigrammata 4. 49,10
> Jenes loben sie, aber dieses lesen sie.

T 155 Tolle, lege!,
Augustinus, Confessiones 8. 12
> Nimm und lies!

T 156 Lege, quaere et invenies.
Augustinus, Sermones 46
> Lies, such und du wirst finden.

T 157 Quis leget haec?
Persius, Saturae 1,2 (nach Lucilius)
> Wer liest schon so etwas?

T 158 Nec tamen est facinus versus evolvere molles, / multa licet castae non facienda legant.
Ovidius, Tristia 2. 307–308
> Es ist doch kein Frevel, in verführerische Bücher zu blicken, eine anständige Frau darf vieles lesen, ohne dass sie es auch ausführt.

Bibliothek

T 159 In bibliothecis immortales animae loquuntur.
~ Plinius maior, Naturalis historia 35. 9
> In den Bibliotheken kommen die unsterblichen Seelen zu Wort.

Kultur

T 160 Monasterium sine libris est sicut civitas sine opibus, castra sine numeris, coquina sine supellectili, mensa sine cibis, hortus sine herbis, pratum sine floribus, arbor sine foliis.
Eco, Der Name der Rose, 1. Tag, Tertia

Ein Kloster ohne Bücher ist wie ein Staat ohne Vermögen, ein Lager ohne Truppen, eine Küche ohne Geräte, ein Tisch ohne Speisen, ein Garten ohne Pflanzen, eine Wiese ohne Blumen, ein Baum ohne Blätter.

T 161 Mihi omne tempus est ad meos libros vacuum, numquam enim sunt illi occupati.
Cicero, De re publica 1. 14

Meine Bücher stehen mir jederzeit zur Verfügung, denn sie sind nie beschäftigt.

T 162 Temporis nimium in lectione et studiis terere speciosa quaedam socordia est, iisdem ad ornatum mollius abuti affectio mera est quae seipsam prodit.
Bacon, Sermones fideles 48

Zu viel Zeit mit Lesen und Studieren zu verbringen, ist verblendete Leichtfertigkeit; die Bücher behaglicher als Zierde zu missbrauchen, reine Affektiertheit, die sich selbst bloßstellt.

T 163 Distringit librorum multitudo: itaque cum legere non possis, quantum habueris, satis est habere, quantum legas.
Seneca, Epistulae morales 2,3

Eine Vielzahl Bücher wirkt zerstreuend: Da man ohnehin nicht alle lesen kann, die man besitzt, genügt es, so viele zu besitzen, wie man lesen kann.

T 164 Quo innumerabiles libros et bibliothecas, quarum dominus vix tota vita indices perlegit? Onerat discentem turba, non instruit, multoque satius est paucis te auctoribus tradere quam errare per multos.
Seneca, De tranquillitate animi 9,4

Wozu unzählige Bücher und Regale, wenn ihr Besitzer in seinem ganzen Leben kaum die Titel gelesen hat? Die Vielzahl belastet den Lernenden, belehrt ihn nicht, und viel vernünftiger wäre es, sich einigen wenigen Schriftstellern zu widmen, als in vielen herumzuschmökern.

T 165 Plerisque ignaris etiam puerilium litterarum libri non studiorum instrumenta, sed cenationum ornamenta sunt.
Seneca, De tranquillitate animi 9,5

Die meisten, denen sogar die Elementarkenntnisse fehlen, betrachten Bücher nicht als Hilfsmittel zur Bildung, sondern als Schmuck ihrer Speisezimmer.

T 166 Paretur itaque librorum quantum satis sit, nihil in apparatum.
Seneca, De tranquillitate animi 9,5

Man schaffe sich also nur so viele Bücher an, wie ausreichen, keine zur bloßen Dekoration.

T 167 Armarium cave pectore habeas doctius.
Caecilius Balbus, Sententiae (F) 16

Pass auf, dass deine Bibliothek nicht gebildeter ist als dein Herz!

T168 Non efficit doctos librorum copia.
Camerarius, Joachim, Sententiae versibus senariis 95
Eine Unmenge Bücher macht noch keinen gelehrt.

Philosophie

T169 Verus philosophus est amator Dei.
Augustinus, De civitate Dei 8. 1
Der wahre Philosoph ist Liebhaber Gottes.

T170 Philosophia ancilla theologiae.
~ Petrus Damiani, De divina omnipotentia 5
Die Philosophie ist die Dienerin der Theologie.

T171 Nec quicquam aliud est philosophia, si interpretari velis, praeter studium sapientiae.
Cicero, De officiis 2. 5
Philosophie ist, wenn man den Begriff übersetzen will, nichts anderes als Bemühung um Weisheit.

T172 Philosophiae non accommodari tempus, sed dari oportet; ipsa enim praecipuus est dei cultus.
Sententiae Varronis 39
Der Philosophie darf man Zeit nicht abtreten, man muss sie ihr widmen; sie selbst ist nämlich ein besonderer Gottesdienst.

T173 Beatas fore res publicas, si eas vel studiosi sapientiae regerent vel earum rectores studere sapientiae contigisset.
Platon bei Boethius, De consolatione philosophiae 1. p4,5
Glücklich sind Staaten, wenn Philosophen sie regieren oder wenn deren Regierende erfreulicherweise Philosophie studieren.

T174 Ars est enim philosophia vitae; de qua disserens arripere verba de foro non potest.
Cicero, De finibus bonorum et malorum 3. 4
Philosophie ist die Lehre vom Leben; wer darüber spricht, kann seine Worte nicht vom Markt beziehen.

T175 Philosophia in tris partis est tributa, in naturae obscuritatem, in disserendi subtilitatem, in vitam atque mores.
Cicero, De oratore 1. 68
Die Philosophie ist in drei Teile gegliedert: die Erforschung der Geheimnisse der Natur, die Lehre vom scharfsinnigen Streitgespräch, die Anleitung zu sittsamer Lebensführung.

Kultur

T176　Philosophiae tres partes esse dixerunt et maximi et plurimi auctores: moralem, naturalem, rationalem. Prima componit animum; secunda rerum naturam scrutatur; tertia proprietates verborum exigit et structuram et argumentationes, ne pro vero falsa subrepant.
Seneca, Epistulae morales 89,9

> Die meisten großen Lehrer benannten drei Teile der Philosophie: Ethik, Naturlehre, Logik. Der erste bildet die Seele, der zweite erforscht das Wesen der Natur, der dritte untersucht die Eigenheiten der Wörter und ihr Gefüge sowie die Beweisführung, damit nicht unvermerkt Falsches an die Stelle von Wahrem tritt.

T177　Philosophia autem et contemplativa est et activa: spectat simul agitque.
Seneca, Epistulae morales 95,10

> Die Philosophie ist sowohl eine theoretische als auch eine praktische Disziplin: Sie erkennt und handelt gleichzeitig.

T178　O vitae philosophia dux, o virtutis indagatrix expultrixque vitiorum! Quid non modo nos, sed omnino vita hominum sine te esse potuisset?
Cicero, Tusculanae disputationes 5. 5

> O Philosophie, wie lenkst du doch das Leben, spürst die Tugend auf, vertreibst die Laster! Was könnten nicht nur wir, sondern überhaupt das Leben der Menschen ohne dich sein?

T179　Hoc primum philosophia promittit: sensum communem, humanitatem et congregationem.
Seneca, Epistulae morales 5,4

> Das verspricht die Philosophie als Erstes: Gemeinsinn, Menschlichkeit, Geselligkeit.

T180　Cultura autem animi philosophia est.
Cicero, Tusculanae disputationes 2. 13

> Die Kultur des Geistes ist die Philosophie.

T181　Bonum est legere; utile est currere; aptum est scribere; optimum est philosophari.
Terentius bei Priscianus, Institutiones grammaticae 18.

> Lesen ist gut, Laufen ist nützlich, Schreiben ist zweckmäßig, am besten ist Philosophieren.

T182　Non est philosophia populare artificium nec ostentationi paratum; non in verbis, sed in rebus est.
Seneca, Epistulae morales 16,3

> Die Philosophie ist kein leicht zugängliches Gewerbe und taugt nicht zur Schaustellung; sie zeigt sich nicht in Worten, sondern in Taten.

Neugier

T183　Curiositas enim experiendi incitamentum facit.
Albertus Magnus, Super Danielem 14,15

> Neugier liefert den Anstoß zur Forschung.

T184 **Curiosum nobis natura ingenium dedit.**
Seneca, De otio 5,2
> Die Natur hat uns eine neugierige Veranlagung gegeben.

T185 **Est natura hominum novitatis avida.**
Plinius maior, Naturalis historia 12. 11
> Der Mensch ist von Natur aus gierig nach Neuem.

T186 **Curiosus spectator excutit singula et quaerit.**
Seneca, Naturales quaestiones 1. pr. 12
> Der neugierige Betrachter prüft und untersucht jede Einzelheit.

T187 **Novarum urit sitis.**
Balde, Dissertatio de studio poetico 54
> Der Durst nach Neuem versetzt in Glut.

T188 **Curiositas nihil recusat.**
Historiae Augustae scriptores, Aurelianus 10,1
> Der Neugier ist nichts zu gering.

T189 **Acrior est cupiditas ignota cognoscendi quam nota repetendi.**
Seneca maior, Controversiae 4. pr. 1
> Der Wunsch, Unbekanntes kennenzulernen, ist lebhafter als der, Bekanntes erneut zu sehen.

T190 **Incitantur homines ad cognoscenda, quae differuntur.**
Plinius, Epistulae 9. 27,2
> Es reizt die Menschen, zu erfahren, was man ihnen vorenthält.

T191 **Humanum genus est avidum nimis auricularum.**
Lucretius, De rerum natura 4. 594
> Das Menschengeschlecht ist unersättlich darin, Neuigkeiten zu hören.

T192 **Populus est novarum rerum cupiens pavidusque.**
Tacitus, Annales 15. 46,1
> Das Volk ist gierig nach Neuem und schreckt gleichzeitig davor zurück.

T193 **Ad nova homines concurrunt, ad nota non veniunt.**
Seneca maior, Controversiae 4. pr. 1
> Bei Neuem strömen die Menschen zusammen, Bekanntes lockt sie nicht.

T194 **Hos mores habet populus, hos imperitissimus quisque: in secreta irrumpere cupit.**
Seneca, Epistulae morales 68,4
> So hat es sich beim Volk, so gerade bei den Ungebildeten eingebürgert: In Geheimgehaltenes wünscht man einzudringen.

Kultur

T195 Non expedit omnia videre, omnia audire. Multae nos iniuriae transeant, ex quibus plerasque non accipit, qui nescit.
Seneca, De ira 3. 11,1
> Es ist unnütz, alles zu sehen, alles zu hören. Viele Kränkungen blieben uns erspart, die meisten verspürt man nicht, wenn man sie nicht kennt.

T196 Aiunt homines plus in alieno negotio videre.
Seneca, Epistulae morales 109,16
> Für fremde Angelegenheiten haben die Menschen bekanntlich ein schärferes Auge.

T197 Nam curiosus nemo est, quin sit malevolus.
Plautus, Stichus 208
> Niemand ist neugierig, ohne zugleich missgünstig zu sein.

T198 Tua quod nil refert, ne cures.
Plautus, Stichus 319
> Kümmere dich nicht um Dinge, die dich nichts angehen.

T199 Aliena ne cures.
Terentius, Heauton timorumenos 76
> Kümmere dich nicht um die Dinge anderer! *(vgl. ›vor seiner eigenen Türe kehren‹)*

Neuheit

T200 Est quoque cunctarum novitas carissima rerum.
Ovidius, Epistulae ex Ponto 3. 4,51
> Am liebsten ist bei allem die Neuheit.

T201 Eventus varios res nova semper habet.
Maximianus, Elegiae 2,54
> Neues führt immer zu unterschiedlichen Ergebnissen.

T202 Grata rerum novitas.
cf. Ovidius, Epistulae ex Ponto 3. 4,51
> Neues ist willkommen.

T203 Novitas tamen omnium convertit oculos.
Petronius, Satyricon 35,1
> Etwas Neues zieht alle Blicke auf sich.

T204 Quae e longinquo, magis placent.
cf. Tacitus, Annales 1. 47,2
> Was von weit her kommt, findet mehr Anklang.

T205 Scopae recentiores semper meliores.
Wander, Deutsches Sprichwörter-Lexikon 1. 324
> Neuere Besen sind immer besser. *(vgl. ›Neue Besen kehren gut.‹)*

T206 Res, aetas, usus semper aliquid apportat novi.
Terentius, Adelphoe 856
> Die Umstände, die Zeit und die Erfahrung bringen immer wieder etwas Neues.

T207 Consuetudo oculis nil sinit esse novum.
Ausonius, Incerta 10
> Die Gewöhnung lässt den Augen nichts neu bleiben.

T208 Nihil sub sole novum.
Vulgata, Liber ecclesiastes 1,10
> Es gibt nichts Neues unter der Sonne.

Sensation

T209 Quid non miraculo est, cum primum in notitiam venit?
Plinius maior, Naturalis historia 7. 6
> Was kommt einem nicht wunderbar vor, wenn man es zum ersten Mal bemerkt?

T210 Mira quidem, sed tamen acta, loquor.
Ovidius, Fasti 6. 612
> Ich berichte von Wundern, die dennoch geschehen sind.

T211 Suave mari magno turbantibus aequora ventis / e terra magnum alterius spectare laborem.
Lucretius, De rerum natura 2. 1–2
> Angenehm ist es, wenn auf hoher See Stürme die Fluten aufpeitschen, der großen Not eines anderen vom Land aus zuzuschauen.

T212 Sunt enim maxime mirabilia, quae maxime inexspectata, maxime periculosa.
Plinius, Epistulae 9. 26,4
> Am meisten bestaunt werden Dinge, die äußerst unerwartet, ja äußerst gefährlich sind.

T213 Miro tamen omnes studio visendi pericula salutis neglegebant.
Apuleius, Metamorphoses 3. 2,5
> Alle kümmerten sich jedoch, vor lauter Eifer zuzuschauen, nicht um die Lebensgefahr.

T214 Magna pars vulgi levis / odit scelus spectatque.
Seneca, Troades 1128–1129
> Ein großer Teil der wankelmütigen Menge hasst Verbrechen und schaut doch *(gebannt)* zu.

Kultur

Seltenheit

T215 Rara iuvant.
Martialis, Epigrammata 4. 29,3
Seltenes gefällt.

T216 Voluptates commendat rarior usus.
Iuvenalis, Saturae 11,208
Seltener Genuss erhöht das Vergnügen.

T217 Quod rarum, carum.
cf. Publilius Syrus, Sententiae 572
Was selten ist, ist teuer.

T218 Rarum esse oportet, quod diu carum velis.
Publilius Syrus, Sententiae 572
Was lange wertvoll sein soll, muss selten sein.

T219 Quod voles gratum esse, rarum effice.
Seneca, De beneficiis 1. 14,1
Was du dankbar aufgenommen wissen willst, das tu selten.

T220 Parit enim conversatio contemptum; raritas conciliat admirationem.
Apuleius, De deo Socratis 4
Täglicher Umgang zeitigt Geringschätzung, Seltenheit sorgt für Bewunderung.

Staunen

T221 Naturale est magis nova quam magna mirari.
Seneca, Naturales quaestiones 7. 1,4
Es ist völlig natürlich, mehr das Neue als das Große zu bewundern.

T222 Propter admirationem enim et nunc et primo inceperunt homines philosophari.
Auctoritates, Aristoteles, Metaphysica 18
Die Verwunderung hat sowohl jetzt als auch ehemals die Menschen zum Philosophieren angeregt.

T223 Est autem admiratio desiderium quoddam sciendi.
Thomas von Aquin, Summa theologiae 2/1. 32,8
Staunen bedeutet so etwas wie Sehnsucht nach Wissen.

T224 Super mirari coeperunt philosophari.
Bacon, Promus; cf. Auctoritates Aristotelis, Metaphysica 18
Über das Sichwundern begann man zu philosophieren.

T225 **Admirari est philosophari.**
cf. Auctoritates, Aristoteles, Metaphysica 2
Philosophieren heißt bewundern.

T226 **Cogitate nihil praeter animum esse mirabile, cui magno nihil magnum est.**
Seneca, Epistulae morales 8,5
Denkt daran, dass nur der Geist Bewunderung verdient; ist er groß, ist für ihn nichts groß.

T227 **Mirari, non rimari sapientia vera est.**
Wander, Deuitsches Sprichwörter-Lexikon 4. 1601
Bewundern, nicht ergründen ist wahre Weisheit.

T228 **Quae enim felicitatis sunt, admirationem quandam pariunt, laudem minime.**
Bacon, De dignitate et augmentis scientiarum 6. 3
Was das Glück hervorgebracht hat, sorgt für eine gewisse Bewunderung, keineswegs für Lob.

T229 **Miramur enim exotica, cum interdum domi habeamus meliora.**
Erasmus, Adagia 2838
Wir bewundern Exotisches, während wir zu Hause Besseres haben.

T230 **Ita affecti sumus, ut nihil aeque magnam apud nos admirationem occupet quam homo fortiter miser.**
Seneca, Ad Helviam matrem de consolatione 13,6
Innerlich sind wir so gestimmt, dass nichts bei uns ebenso große Bewunderung beansprucht wie ein Mensch, der sein Elend tapfer trägt.

T231 **Praesentia invidia, praeterita veneratione prosequimur et his nos obrui, illis instrui credimus.**
Velleius Paterculus, Historia Romana 2. 92,5
Die Gegenwart betrachten wir mit Unwillen, die Vergangenheit mit Bewunderung, denn wir glauben, das Heute erdrücke, das Gestern belehre uns.

T232 **Omnia enim stolidi magis admirantur amantque, / inversis quae sub verbis latitantia cernunt.**
Lucretius, De rerum natura 1. 641–642
Die Einfältigen zollen mehr Bewunderung und Liebe dem, was sie unter bizarren Worten verborgen sehen.

T233 **Nihil magis quam amplitudo commendat.**
~ Plinius, Epistulae 1. 20,5
Nichts macht mehr Eindruck als Größe.

T234 **Admirationem autem, quae maxima est, non verba parere, sed silentium.**
Gellius, Noctes Atticae 5. 1,5
Große Bewunderung ruft nicht Worte hervor, sondern Schweigen.

Kultur

T235 Ah dictum sapienti sat est.
Terentius, Phormio 541
> Ah! zu sagen reicht bei einem Weisen aus.

Erkenntnis

T236 Cor sapientis quaerit doctrinam.
Vulgata, Liber proverbiorum 15,14
> Das Herz des Weisen strebt nach Einsicht.

T237 Natura inest in mentibus nostris insatiabilis quaedam cupiditas veri videndi.
Cicero, Tusculanae disputationes 1. 44
> Von Natur aus steckt in uns das unersättliche Verlangen, die Wahrheit zu erkennen.

T238 Nec enim minus nostra sunt, quae animo complectimur, quam quae oculis intuemur.
Cicero, Ad familiares 5. 17,4
> Was wir mit dem Geist erfassen, gehört nicht weniger zu uns, als was wir mit Augen sehen.

T239 Eritis sicut deus, scientes bonum et malum.
Vulgata, Liber Genesis 3,5
> Ihr werdet sein wie Gott und wissen, was gut und böse ist.

T240 Paucorum est intellegere, quid celet deus.
Publilius Syrus, Sententiae 480
> Nur wenige dürften wohl erkennen, was Gott verbergen will.

T241 Felix, qui potuit rerum cognoscere causas.
Vergilius, Georgica 2. 490
> Glücklich, wer die Grundlagen des Seins erkennen konnte.

T242 Imperitis improbabile saepe verum; disquirenti nil perfecte notum.
Sententiae Varronis 147
> Unerfahrene halten aus der Luft Gegriffenes oft für wahr, für den Forscher gilt nichts als vollkommen bekannt.

T243 Accidentia magnam partem conferunt ad cognoscendum, quod quid est.
Auctoritates, Aristoteles, De anima 7
> Unwesentliche Bestandteile tragen einen großen Teil bei zur Erkenntnis dessen, was etwas ist.

T244 Sci vias!
Hildegard von Bingen (1098 – 1179), Titel
> Wisse die Wege!

T245 Scribendi recte sapere est et principium et fons. / Rem tibi Socraticae
poterunt ostendere chartae / verbaque provisam rem non invita sequentur.
Horatius, De arte poetica (Epistula ad Pisones) 309–311

> Ursprung und Quelle wahrer Dichtung ist Erkenntnis. Die sokratischen Schriften können dir
> die Themen aufweisen, und die Worte werden der Erkenntnis gern folgen.

T246 Magni artificis est clusisse totum in exiguo.
Seneca, Epistulae morales 53,11

> Es zeugt von großer Kunst, im Kleinen ein Ganzes zu umfassen.

T247 Si quid novimus, solo intellectu contineri puto et eo solo posse comprehendi.
Augustinus, De ordine 2. 2

> Wenn wir etwas kennen, ist es meines Erachtens allein im Geist vorhanden und kann allein
> von ihm erfasst werden.

Erfindung

T248 Plurimum ad inveniendum contulit, qui speravit posse reperiri.
Seneca, Naturales quaestiones 6. 5,2

> Viel hat zu einer Erfindung beigetragen, wer hoffte, sie könne gemacht werden.

T249 Nil tam difficile est, quin quaerendo investigari possiet.
Terentius, Heauton timorumenos 675

> Nichts ist so schwierig, dass es durch Nachforschen sich nicht herausfinden ließe. *(vgl. ›Wer
> sucht, der findet.‹)*

T250 Qui quaerit, invenit.
Walther, Proverbia sententiaeque 39848b6b1

> ›Wer sucht, der findet.‹

T251 Nihil est enim simul et inventum et perfectum.
Cicero, Brutus 71

> Nichts ist schon vollkommen, wenn es gerade erfunden wurde.

T252 Bivium nobis enim ad culturam dedit natura: experientiam et imitationem.
Varro, De re rustica 1. 18,7

> Einen doppelten Zugang zum Fortschritt hat uns die Natur gegeben: Untersuchung und
> Nachahmung.

T253 Mechanicus, si fas est dicere, paene socius est naturae, occulta reserans,
manifesta convertens, miraculis ludens, ita pulchre simulans, ut, quod
compositum non ambigitur, veritas aestimetur.
Cassiodorus, Variae 1. 45,11

> Der Techniker ist, wenn man so sagen darf, fast ein Partner der Natur, der ihre Geheimnisse
> erschließt, ihre Erscheinungen verwandelt, mit Wundern angibt und so herrlich täuscht,
> dass man als Wahrheit auffasst, was doch ohne Zweifel nur erfunden ist.

Kultur

T254 Quicquid inoptatum cadit, hoc homo corrigat arte.
Anthologia Latina 1. 716,69
Auch unerwünschte Ereignisse macht sich der Mensch mit seiner Kunstfertigkeit erträglich.

T255 Novitas habet suspicionem.
Hyginus gromaticus, De generibus controversiarum
Eine Neuerung erregt Verdacht.

T256 Adeo nihil motum ex antiquo probabile est.
Livius, Ab urbe condita 34. 54,8
Man kann nichts billigen, was von der Tradition abgerückt ist.

T257 Cedit enim rerum novitate extrusa vetustas / semper, et ex aliis aliud reparare necessest.
Lucretius, De rerum natura 3. 964–965
Das Alte weicht immer, verdrängt von Neuheiten, und das eine muss aus anderem erneuert werden.

Wissenschaft

T258 Naturalis philosophi est sanitatis et infirmitatis prima principia invenire.
Auctoritates, Aristoteles, De sensu et sensato 1
Aufgabe des Naturforschers ist es, die Ursachen für Gesundheit und Krankheit herauszufinden.

T259 Scientiae enim naturalis non est simpliciter narrata accipere, sed in rebus naturalibus inquirere causas.
Albertus Magnus, Mineralia 2. 2,1
Die Naturwissenschaft hat nicht die Aufgabe, einfach zu übernehmen, was jemand berichtet hat, sondern in den Erscheinungen der Natur die Ursachen zu erforschen.

T260 Sapiens enim causas naturalium et quaerit et novit, quorum numeros mensurasque geometres persequitur et subputat.
Seneca, Epistulae morales 88,26
Der Weise untersucht und kennt die Ursachen der Naturvorgänge, deren Zahlen und Maße der Mathematiker verfolgt und berechnet.

T261 Rerum naturam peragranti numquam in fastidium veritas veniet: falsa satiabunt.
Seneca, Epistulae morales 78,26
Wer die Natur erforscht, bekommt nie genug von der Wahrheit: Nur Falsches hat man schnell satt.

T262 Inventas vitam iuvat excoluisse per artes.
Inschrift auf den Nobelpreis-Medaillen, cf. Vergilius, Aeneis 6. 663
Es ist reizvoll, das Leben mithilfe von Kunst und Erfindungen zu bereichern.

T263 Meta autem scientiarum vera et legitima non alia est quam ut dotetur vita humana novis inventis et copiis.

Bacon, Novum organum 2. aph. 81

> Das wahre und berechtigte Ziel der Wissenschaften besteht ausschließlich darin, das menschliche Leben mit neuen Erfindungen und Mitteln zu bereichern.

T264 Multum interest, utrum rem ipsam an libros inspicias. Meus est, clamat philosophia, quem res ipsae docuerunt. Libri non nisi scientiarum paupercula monumenta sunt: principia inquirendorum continent, ut ab his negotiandi principia sumat animus, nil aliud agens nisi forte propter id ipsum intermittit, ne omittat. Eo tantum studia intermittantur, ne omittantur.

Sententiae Varronis 60–62

> Es ist ein großer Unterschied, ob man die Wirklichkeit selbst in Augenschein nimmt oder nur in Bücher schaut. Mein ist, ruft die Philosophie, wen die Wirklichkeit selbst gelehrt hat. Bücher sind nur armselige Fingerzeige auf die Wissenschaften: Sie halten die Anfänge dessen fest, was untersucht werden muss, damit der Geist angeregt wird, sich damit zu beschäftigen, wenn er nichts anderes zu tun hat, es sei denn, dass er deshalb untätig ist, um nicht aufzugeben. Nur dazu darf geistige Beschäftigung unterbrochen werden, dass sie nicht aufgegeben wird.

T265 Nec aliqua in mundo potest esse fortuna, quam litterarum non augeat gloriosa notitia.

Cassiodorus, Variae 10. 3,4

> Auf der Welt kann es kein Los geben, das rühmliche Kenntnis der Wissenschaften nicht verbessern könnte.

T266 Non in disciplinis fidem, sed scientiam habe: fides est media opinionis et scientiae, neutram attingens.

Sententiae Varronis 45

> Gewinne in den Wissenschaften nicht Glauben, sondern Wissen: Glaube liegt in der Mitte zwischen Meinung und Wissen, ohne sich mit einem davon zu decken.

T267 Omnis scientia est cognitio certa et evidens.

Cartesius, Regulae ad directionem ingenii 2,1

> Alle Wissenschaft ist sichere und offenbare Erkenntnis.

T268 Scientiae aliae aliis favent, et una ad alterius cognitionem confert. Immo, quod magis est, una sine aliis sciri perfecte non potest. Proinde coguntur aliae ab aliis mutuari.

Sanchez, Quod nihil scitur 82

> Die verschiedenen Wissenschaften befruchten sich gegenseitig und eine trägt zur Erkenntnis der anderen bei. Ja noch mehr, eine kann man ohne die anderen nicht vollkommen beherrschen. Folglich sind sie gezwungen, einander gegenseitig auszuhelfen.

Kultur

T269 Sed prior haec homini cura est: cognoscere terram / quaeque in ea miranda tulit natura notare.
Aetna 251–252

> Doch der Mensch ist vor allem darauf bedacht, die Erde kennenzulernen und die Wunder zu beobachten, die die Schöpfung auf ihr hervorgebracht hat.

T270 Sic studendum, ut propter id te putes natum.
Sententiae Varronis 151

> Um Wissenschaft muss man sich so bemühen, als glaube man, dafür geboren zu sein.

T271 Inter doctos non constat .
cf. Cicero, De oratore 1. 69

> Die Gelehrten sind sich nicht einig.

Wissen

T272 Natura semina nobis scientiae dedit, scientiam non dedit.
~ Seneca, Epistulae morales 120,4

> Die Natur hat uns die Anlage zum Wissen gegeben, nicht das Wissen selbst.

T273 Omnes homines naturaliter scire desiderant.
Auctoritates, Aristoteles, Metaphysica 1

> Alle Menschen streben von Natur aus nach Wissen.

T274 Discas oportet, quamdiu est, quod nescias.
Pseudo-Publilius, Sententiae 90

> Man muss lernen, solange man etwas nicht weiß.

T275 Ne pudeat, quae nescieris, te velle doceri, / scire aliquid laus est; culpa est nil discere velle.
Disticha Catonis 4. 29

> Schäme dich nicht, dich in dem, was du nicht weißt, belehren zu lassen; etwas zu wissen ist lobenswert, schuldhaft, nichts lernen zu wollen.

T276 Discere ne cessa, cura sapientia crescat: / rara datur longo prudentia temporis usu.
Disticha Catonis 4. 27

> Hör nicht auf zu lernen, Wissen wächst mit dem Engagement: Seltene Klugheit erlangt man nur durch dauernden Einsatz.

T277 Ex auditis memoriae referas laudem, ex inventis ingenio. Non tam laudabile est meminisse quam invenisse: illud enim alienum, hoc proprii muneris est. Neutrum sine altero scientem facit.
Sententiae Varronis 43–44
> Gehörtes kann einem Lob für das Gedächtnis einbringen, Herausgefundenes für den Geist. Es ist nicht so verdienstvoll, sich an etwas zu erinnern, wie es herausgefunden zu haben: Denn jenes ist fremdes Gut, dieses zeugt von eigener Leistung. Keines ohne das andere verschafft Wissen.

T278 Mediocriter nosse aliqua non nosse est.
Sententiae Varronis 27
> Etwas nur oberflächlich kennen heißt es nicht kennen.

T279 Omnia in rebus humanis dubia, incerta, suspensa magisque omnia verisimilia quam vera.
Minucius Felix, Octavius 5,2
> Alles menschliche Wissen ist zweifelhaft, unsicher, vorläufig, alles ist mehr wahrscheinlich als wahr.

T280 Ex parte enim cognoscimus et ex parte prophetamus.
Vulgata, Epistula ad Corinthios 1. 13,9
> Denn unser Wissen ist Stückwerk und unser Weissagen ist Stückwerk.

T281 Hereditarium putes, quicquid audisti, lucrum autem, quae inveneris.
Sententiae Varronis 124
> Betrachte als ererbt, was du gehört hast, als erworben, was du selbst herausgefunden hast.

T282 Nam et ipsa scientia potestas est.
Bacon, Meditationes sacrae 11
> Wissen ist Macht.

T283 Insipiens doctrina timenda est.
Palingenius, Zodiacus vitae 10. 123
> Wissen ohne Vernunft ist Furcht erregend.

T284 Nihil sciri potest, ne id ipsum quidem.
cf. Cicero, Academica posteriora 1. 45
> Man kann nichts wissen, noch nicht einmal dies.

T285 Id, quod scis, prodest nihil, id, quod nescis, obest.
Cicero, Orator 166
> Was man weiß, nützt nichts, was man nicht weiß, schadet.

T286 Non est vera scientia boni, nisi ad hoc comprehendatur, ut agatur.
Prosper Aquitanus, Liber sententiarum 24
> Wahres Wissen ist nur dann für etwas gut, wenn man es erlangt, um damit etwas anzufangen.

Kultur

T287 Quid multa nosse profuit, si ea necessitatibus tuis accomodare nescivisti?
Petrarca, De secreto conflictu curarum mearum 3
> Was nützt dir dein vielfältiges Wissen, wenn du es nicht verstehst, es für deine Lebensgestaltung umzusetzen?

T288 Stude, non ut plus aliquid scias, sed ut melius.
Seneca, Epistulae morales 89,23
> Bemühe dich, nicht mehr von etwas zu kennen, sondern es besser zu kennen.

T289 Plus scire velle, quam sit satis, intemperantiae genus est.
Seneca, Epistulae morales 88,36
> Mehr wissen zu wollen, als nötig ist, ist eine Art von Maßlosigkeit.

T290 Satius est supervacua scire quam nihil.
Seneca, Epistulae morales 88,45
> Es ist noch besser, Überflüssiges zu wissen als gar nichts.

T291 Scientia inflat, caritas vero aedificat.
Vulgata, Epistula ad Corinthios 1. 8,1
> Wissen bläht auf, aber die Liebe baut auf.

T292 Scientia non habet inimicum nisi ignorantem.
Lullus, Disputatio fidei et intellectus 13
> Wissen hat keinen Feind außer dem Ignoranten.

T293 Sinite eos; caeci sunt et duces caecorum. Caecus autem si caeco ducatum praestet, ambo in foveam cadunt.
Vulgata, Evangelium secundum Matthaeum 15,14
> Lasst sie, es sind blinde Blindenführer. Wenn aber ein Blinder einen Blinden führt, werden beide in eine Grube fallen.

T294 Suavissima hic est vita, si sapias nihil. / Nam sapere nil doloris expers est malum.
Erasmus, Adagia 1981 (nach Sophokles, Aias 554–555)
> Am angenehmsten lebt man, wenn man nichts weiß. Denn nichts zu wissen ist ein Übel, das nicht wehtut.

Vorurteil

T295 Opinionibus vulgi rapimur in errorem nec vera cernimus.
Cicero, De legibus 2. 43
> Durch landläufige Vorstellungen verfallen wir dem Irrtum und erkennen die Wahrheit nicht.

296 Dum unusquisque mavult credere quam iudicare, numquam de vita iudicatur, semper creditur.
Seneca, De vita beata 1,4

Solange jeder Einzelne lieber glauben als urteilen will, wird über das Leben nie geurteilt, immer nur geglaubt.

297 Grave praeiudicium est, quod iudicium non habet.
Publilius Syrus, Sententiae 194

Ein Vorurteil ist schlimm, weil ihm das Urteil fehlt.

298 In modio rendi non est vola plena sciendi.
Wander, Deutsches Sprichwörter-Lexikon 4. 1742

In einem Scheffel Meinen ist keine Handvoll Wissen.

299 Ubi explorari vera non possunt, falsa per metum augentur.
Curtius Rufus, Historiae Alexandri Magni 4. 10,10

Wenn sich die Wahrheit nicht ermitteln lässt, gewinnt mithilfe der Furcht das Falsche die Oberhand.

300 Temeritas est damnare, quod nescias.
Seneca, Epistulae morales 91,21

Unbesonnenheit heißt verurteilen, was man nicht kennt.

301 Minus est enim necessitate officium deserere quam voluntate praepropera iudicare.
Symmachus, Epistulae 3. 4,1

Durch äußeren Zwang eine Pflicht zu versäumen wiegt weniger schwer, als aus übereiltem Wohlwollen zu urteilen.

302 Quod nescias, damnare summa est temeritas.
Pseudo-Publilius, Sententiae 311

Zu verurteilen, was man nicht kennt, ist der Gipfel der Leichtfertigkeit.

303 Vulgus ex veritate pauca, ex opinione multa aestimat.
Cicero, Pro Roscio comoedo 29

Die Masse beurteilt wenig nach dem Wahrheitsgehalt, vieles nach Gerüchten.

Wahrheit

304 Cognoscetis veritatem, et veritas liberabit vos.
Vulgata, Evangelium secundum Ioannem 8,32

Ihr werdet die Wahrheit erkennen, und die Wahrheit wird euch frei machen.

305 Magna est veritas et praevalebit.
cf. Tertullianus, Adversus Praxean 26

Die Wahrheit ist mächtig und wird sich durchsetzen.

Kultur

T306 Quod verum est, per se lucet; sed non nisi pertinaciter disquirenti apparet.
Sententiae Varronis 49
   Die Wahrheit leuchtet von sich aus, aber sie zeigt sich nur dem, der beharrlich nach ihr sucht.

T307 Veritas obvia, sed requirentibus.
Minucius Felix, Octavius 23,8
   Die Wahrheit liegt auf der Straße, aber nur für die, die sie suchen.

T308 Vincit omnia veritas.
cf. Vergilius, Georgica 1. 145 bzw. Bucolica 10,69
   Die Wahrheit siegt über alles.

T309 Quid est veritas?
Vulgata, Evangelium secundum Ioannem 18,38
   Was ist Wahrheit? *(Pilatusfrage)*

T310 Veritas est adaequatio rei et intellectus.
Thomas von Aquin, Quaestiones disputatae de veritate 1,2
   Wahrheit ist die Übereinstimmung der Realität mit der Wahrnehmung.

T311 Praesumptio cedit veritati.
cf. Corpus Iuris Civilis, Digesta 23. 3,57 (Iavolenus)
   Die Vermutung weicht der Wahrheit.

T312 Liceat concedere veris.
Horatius, Sermones 2. 3,305
   Der Wahrheit sei die Ehre.

T313 Licentiam des linguae, cum verum petas.
Publilius Syrus, Sententiae 308
   Lass der Zunge freien Lauf, wenn du die Wahrheit suchst.

T314 vitam impendere vero
Wahlspruch von Rousseau; Iuvenalis, Saturae 4,91
   sein Leben der Wahrheit widmen

T315 Veritas in omnem partem sui eadem est.
Seneca, Epistulae morales 79,18
   Die Wahrheit ist in jedem ihrer Teile immer dieselbe.

T316 Veritas numquam latet.
Seneca, Troades 230
   Die Wahrheit bleibt nie verborgen.

T317 **Veritatis simplex oratio est.**
Euripides bei Seneca, Epistulae morales 49,12
> Die Sprache der Wahrheit ist schlicht.

T318 **Vero tenor permanet, falsa non durant.**
Seneca, Epistulae morales 120,19
> Grundzug des Wahren ist die Dauer, Falsches hat keinen Bestand.

T319 **Errare malo cum Platone, quam cum istis vera sentire.**
~ Cicero, Tusculanae disputationes 1. 39
> Lieber will ich mit Plato irren, als mit jenen *(den Pythagoreern)* der rechten Ansicht sein.

T320 **Vide, non tantum an verum sit, quod dicis, sed an ille, cui dicitur, veri patiens sit.**
Seneca, De ira 3. 36,4
> Achte nicht nur darauf, ob, was du sagst, wahr ist, sondern ob der, dem du die Wahrheit sagst, sie auch ertragen kann.

T321 **Verum non loquimur, nam audire ipsi nolumus.**
Publilius Syrus, Sententiae A136
> Wir sagen nicht die Wahrheit, denn wir wollen sie selbst nicht hören.

T322 **Amara est veritas.**
Augustinus, Sermones 153
> Die Wahrheit ist bitter.

Kultur

U Sprache

Kommunikation

U1   Et utique verba propterea sunt instituta, non per quae se homines invicem fallant, sed per quae in alterius quisque notitiam cogitationes suas perferat.
Augustinus, Enchiridion de fide, spe et caritate 22

Die Sprache ist jedenfalls nicht dazu geschaffen, dass die Menschen sich gegenseitig täuschen, sondern dass sie ihre Gedanken gegenseitig austauschen.

U2   Homines enim per sermones sociantur; at verba ex captu vulgi imponuntur. Itaque mala et inepta verborum impositio miris modis intellectum obsidet.
Bacon, Novum organum 2. aph. 43

Die Menschen kommunizieren mittels der Sprache; die Begriffe aber werden nach der Auffassungsfähigkeit der Menge gebildet. Daher schränkt die schlechte und unzweckmäßige Begriffsbildung den Geist ein.

U3   Nec fuge colloquium.
Ovidius, Remedia Amoris 587

Geh einer Aussprache nicht aus dem Weg.

U4   Verbum bonum super datum optimum.
Beda Venerabilis, Proverbiorum liber V28

Ein gutes Wort ist mehr wert als das beste Geschenk.

U5   Nam sermonem vultus, gestus, vox ipsa moderatur; epistula omnibus commendationibus destituta malignitati interpretantium exponitur.
Plinius, Epistulae 5. 7,6

Mimik, Gestik und Tonfall entschärfen das gesprochene Wort; das geschriebene, das keinen solchen Ausgleich kennt, ist der Böswilligkeit derer ausgeliefert, die es deuten.

U6   Propter hoc enim nobis datus est sermo, ut praesto nobis fiant mutuae voluntatis indicia.
Auctoritates, Platon, Timaeus 15

Dazu ist uns die Sprache gegeben, dass uns die Zeichen gegenseitigen Einverständnisses schnell erkennbar werden.

U7   Plus tamen tibi et viva vox et convictus quam oratio proderit.
Seneca, Epistulae morales 6,5

Doch mehr als ein Vortrag wird dir ein persönliches Gespräch und der tägliche Umgang nützen.

U 8 Plurimum proficit sermo, quia minutatim irrepit animo: disputationes praeparatae et effusae audiente populo plus habent strepitus, minus familiaritatis.

Seneca, Epistulae morales 38,1

> Äußerst nützlich ist ein Gespräch, weil es nach und nach in die Seele eindringt: Ausgearbeitete und vor Publikum gehaltene Vorträge sorgen für mehr Aufsehen, sind aber zu unpersönlich.

U 9 Nam cum est omnium officiorum finis aliquis, tum optime libertati venia obsequio praeparatur.

Plinius, Epistulae 3. 4,8

> Wie alle Verpflichtungen ihre Grenze haben, so sichert man sich durch Entgegenkommen das Einverständnis mit der eigenen Meinung.

U 10 At in eo, qui verum invitus dicturus est, prima felicitas interrogantis extorquere, quod is noluerit.

Quintilianus, Institutio oratoria 5. 7,17

> Bei einem, der ungern die Wahrheit sagen will, besteht das höchste Glück des Interviewers darin, ihm zu entlocken, was er nicht sagen wollte.

U 11 Deme supercilio nubem; plerumque modestus / occupat obscuri speciem, taciturnus acerbi.

Horatius, Epistulae 1. 18,94–95

> Vertreib die Wolke von deiner Stirn; Zurückhaltung lässt oft verschlossen, Schweigsamkeit streng aussehen.

U 12 Duris quaesitis non est responsio mitis.

Walther, Proverbia sententiaeque 6824

> Auf ruppige Fragen gibt es keine freundliche Antwort. *(vgl. ›Wie man in den Wald hineinschreit, so schallt es wieder heraus.‹)*

U 13 Aut alitur aut sustentatur scriptione diligentia: ministra affectionis est epistularis confabulatio.

Ennodius, Epistulae 2. 26

> Durchs Schreiben wird die Liebe gepflegt und erhalten: Gehilfin der Zuneigung ist die schriftliche Unterhaltung.

U 14 Conversari cum amicis absentibus licet.

Seneca, Epistulae morales 55,9

> Umgang haben kann man auch mit abwesenden Freunden.

U 15 Amicorum absentium colloquia epistulae.

cf. Cicero, Orationes Philippicae 2,7

> Briefe sind Zwiegespräche mit abwesenden Freunden.

U 16 Ut clavis portam, sic pandit epistula pectus.

Goethe, Tagebücher 28. 6. 1811

> Wie ein Schlüssel die Tür, so öffnet ein Brief das Herz.

Sprache

U17 Littera multa solet duras mollire puellas.
Balderich, Carmina, Murieli 19
Häufige Briefe lassen gewöhnlich auch standhafte Mädchen weich werden.

U18 Scripto se faciet praesentem quilibet absens; / nemo magis fidus nuntius esse potest: / id solum referet, quod tu commiseris illi, / quaeque loqui pudeat, scribere multa licet.
Abaelardus, Monita ad Astralabium 961–964
Jeder, der abwesend ist, vergegenwärtigt sich mit einem Brief; niemand kann ein zuverlässigerer Bote sein: Es kommt nur darauf an, was man diesem anvertraut, was man sich zu sagen schämt, darf man ausführlich schreiben.

U19 Oportet enim versari in convivio sermones, ut castitate integros, ita appetibiles venustate.
Macrobius, Saturnalia 1. 1,4
Zu einem Festessen gehören nun einmal Tischgespräche, allerdings ohne Anzüglichkeiten, aber doch voller Charme.

U20 Qui secum loqui poterit, sermonem alterius non requiret.
Cicero, Tusculanae disputationes 5. 117
Wer mit sich selbst sprechen kann, wird kein Verlangen nach einem Gespräch mit anderen tragen.

U21 Cura, ut aditus ad te diurni nocturnique pateant, neque solum foribus aedium tuarum, sed etiam vultu ac fronte, quae est animi ianua; quae, si significat voluntatem abditam esse ac retrusam, parvi refert patere ostium.
Q. Cicero, Commentariolum petitionis 44
Sorg dafür, dass man Tag und Nacht Zutritt zu dir findet, und zwar nicht nur an der Tür deines Hauses, sondern auch an deinem Gesicht und deiner Stirn, den Toren zu deinem Herzen; denn wenn diese zeigen, dass dein Wille abgeneigt und verschlossen ist, nützt es wenig, dass die Tür offen steht.

U22 Perficiendum est, si quid agere aut proficere vis, ut homines te non solum audiant, verum etiam libenter studioseque audiant.
Cicero, Divinatio in Q. Caecilium 39
Man muss es, wenn man etwas erreichen will, dahin bringen, dass die Menschen einen nicht nur anhören, sondern auch gern und aufmerksam anhören.

U23 Quem delectat audire, alterum loqui provocat.
Ambrosius, De officiis 1. 76
Wer interessiert zuhört, regt den Partner zum Reden an.

U24 Audi, ut audiaris!
cf. Moresenus, Deliberatio supra hymnum trium puerorum 8.
Hör zu, damit man dir zuhört.

U 25 **Tu quam loquaris, audias libentius.**
Publilius Syrus, Sententiae A119
> Hör lieber zu, statt zu reden.

U 26 **Datus est verbis ad amicas transitus aures.**
Ovidius, Metamorphoses 4. 77
> Die Worte fanden Zugang zu geneigten Ohren.

U 27 **Docilem, benevolum, attentum auditorem habere volumus.**
Rhetorica ad Herennium 1. 7
> Gelehrig, geneigt, aufmerksam wollen wir unseren Zuhörer haben.

U 28 **Si quis habet aures audiendi, audiat.**
Vulgata, Evangelium secundum Marcum 4,23
> Wer Ohren hat zu hören, der höre!

U 29 **Inanis venter non audit verba libenter.**
Regimen sanitatis Salernitanum, Cibatio
> Ein leerer Bauch hört nicht gern zu.

Gruß

U 30 **Salve!**
Plautus, Miles gloriosus 902
> Sei gegrüßt!

U 31 **Ave, imperator, morituri te salutant.**
Suetonius, De vita Caesarum, Claudius 21,6
> Sei gegrüßt, Kaiser, die Todgeweihten begrüßen dich! *(Gruß der Gladiatoren an den Kaiser zu Beginn der Kämpfe)*

U 32 **Pax vobiscum!**
~ Vulgata, Evangelium secundum Lucam 24,36
> Friede sei mit euch!

U 33 **Dominus vobiscum.**
Kirchenlatein (Vulgata, Liber Ruth 2,4)
> Der Herr sei mit euch.

Glückwunsch

U 34 **Tibi di, quaecumque preceris, / commoda dent!**
Horatius, Sermones 2. 8,75–76
> Die Götter mögen dir all deine Wünsche erfüllen!

Sprache

U35 **Di vortant bene, / quod agas!**
Terentius, Hecyra 196–197
> Mögen die Götter zum Guten wenden, was du tust!

U36 **Di fortunabunt vostra consilia!**
Plautus, Trinummus 576
> Mögen die Götter deine Pläne segnen!

U37 **Di tibi sint faciles et opis nullius egentem / fortunam praestent!**
Ovidius, Tristia 1. 5a,15–16
> Mögen die Götter dir gefällig sein und dir ein Glück gewähren, dem es an nichts fehlt!

U38 **Di meliora ferant!**
Tibullus (Lygdamus), Elegiae 3. 4,1
> Mögen die Götter doch Besseres bringen!

U39 **Bene eveniat!**
Cicero, Ad Atticum 7. 2,4
> Es mag gut ausgehen! *(vgl. ›Viel Glück!‹)*

U40 **Fors fuat!**
Plautus, Pseudolus 432
> Es soll erfolgreich verlaufen!

U41 **Utinam verum tibi venerit omen!**
Ovidius, Epistulae ex Ponto 4. 11,21
> Möge der Wunsch dir in Erfüllung gehen!

U42 **Transeat hic sine nube dies!**
Propertius, Elegiae 3. 10,5
> Dieser Tag möge ohne Wolke vorübergehen!

U43 **Di tibi dent annos, a te nam cetera sumes.**
Ovidius, Epistulae ex Ponto 2. 3,53
> Mögen die Götter dir *(viele)* Jahre geben, denn das Übrige wirst du selbst leisten.

U44 **Melioribus utere fatis!**
Vergilius, Aeneis 6. 546
> Genieße ein besseres Schicksal!

Sprache

U 45 Deus nullo magis hominem separavit a ceteris animalibus, quam dicendi facultate.
~ *Quintilianus, Institutio oratoria 2. 16,12*

> Durch nichts hat Gott den Menschen mehr von den übrigen Lebewesen unterschieden als durch die Fähigkeit zu reden.

U 46 Generis humani vinculum est ratio et oratio, quae docendo, discendo, communicando, disceptando, iudicando conciliat inter se homines coniungitque naturali quadam societate.
~ *Cicero, De officiis 1. 50*

> Was die Menschheit verbindet, ist die Fähigkeit zu denken und zu reden. Sie versöhnt die Menschen miteinander durch Lehren und Lernen, Gespräch, Erörterung und Entscheidung und vereinigt sie in natürlicher Geselligkeit.

U 47 Societatis vinculum est ratio et oratio.
~ *Cicero, De officiis 1. 50*

> Das Band der Gesellschaft ist Vernunft und Sprache.

U 48 Interpresque mentis oratio verbis discrepat, sententiis congruens.
Cicero, De legibus 1. 30

> Die Sprache, die Vermittlerin des Geistes, weist zwar ein unterschiedliches Vokabular auf, im Sinngehalt ist sie jedoch einheitlich.

U 49 Ergo consuetudinem sermonis vocabo consensum eruditorum, sicut vivendi consensum bonorum.
Quintilianus, Institutio oratoria 1. 6,45

> Als allgemeinen Sprachgebrauch bezeichne ich das, worin die Gebildeten sich einig sind, entsprechend der allgemeinen Lebensart, worin die Anständigen sich einig sind.

U 50 Alia erudita, alia popularis oratio.
~ *Cicero, Paradoxa Stoicorum pr. 4*

> Gebildete reden anders als das Volk.

U 51 Loqui nobis communiter datum est, solus ornatus est, qui discernit indoctos.
Cassiodorus, Variae, pr. 3

> Die Sprache ist uns allen gemeinsam gegeben; nur der Redeschmuck ist es, der die Ungebildeten *(von den Gebildeten)* unterscheidet.

U 52 Magni interest, quos quisque audiat cottidie domi, quibuscum loquatur a puero, quem ad modum patres, paedagogi, matres etiam loquantur.
Cicero, Brutus 210

> Es ist von großer Bedeutung, wen man täglich zu Hause hört, mit wem man von Kind an spricht, wie Väter, Erzieher, sogar Mütter sprechen.

U53 Multa renascentur, quae iam cecidere, cadentque, / quae nunc sunt in honore vocabula, si volet usus.
Horatius, De arte poetica (Epistula ad Pisones) 70–71

> Vieles wird wieder aufleben, was schon untergegangen ist, und Wörter, die jetzt im Schwange sind, werden absterben, wenn der Sprachgebrauch es will.

U54 Oratio certam regulam non habet: consuetudo illam civitatis, quae numquam in eodem diu stetit, versat.
Seneca, Epistulae morales 114,13

> Die Sprache folgt keiner festen Regel: Was in einem Staat, der ständigen Veränderungen unterworfen ist, jeweils gilt, verändert den Sprachgebrauch.

U55 Nihil est enim tam tenerum neque tam flexibile neque quod tam facile sequatur, quocumque ducas, quam oratio.
Cicero, De oratore 3. 176

> Nichts ist so geschmeidig und biegsam, nichts folgt so willig, wohin man es führt, wie die Sprache.

U56 Munda, sed e medio consueta verba, puellae, / scribite: sermonis publica forma placet.
Ovidius, Ars amatoria 3. 479–480

> Schreibt elegante, aber ungekünstelte und geläufige Worte, ihr Mädchen: Eine allgemein verständliche Sprache kommt an.

U57 Puritas quoque sermonis triplex est, ut sit sine mendacio, sine iactantia, sine multiloquio: verus, humilis, parcus.
Alanus de Insulis, Memorabilia

> Die Reinheit des sprachlichen Ausdrucks besteht in dreierlei, dass sie ohne Lüge ist, ohne Übertreibung, ohne Geschwätzigkeit: wahr, unaufdringlich, schlicht.

U58 Quomodo conviviorum luxuria, quomodo vestium aegrae civitatis indicia sunt, sic orationis licentia, si modo frequens est, ostendit animos quoque, a quibus verba exeunt, procidisse.
Seneca, Epistulae morales 114,11

> Wie der Prunk bei Gastmählern und Bekleidung Kennzeichen eines kranken Staatswesens sind, so die Verwahrlosung der Sprache; wenn sie um sich greift, weist das auf einen Verfall des Geistes hin, von dem die Worte ausgehen.

U59 Speculum enim mentis plerumque in verbis refulget.
Ambrosius, De officiis 1. 67

> Das Bild des Geistes spiegelt sich meist in den Worten.

U60 Ut te videam, aliquid et loquere.
Sokrates bei Apuleius, Florida 2,1

> Sprich, damit ich dich sehe.

U 61 **Imago animi sermo est: Qualis vita, talis oratio.**
Pseudo-Seneca, Liber de moribus 72–73

> **Die Sprache ist das Bild der Seele: Wie der Mann, so seine Rede.**

U 62 **Oratio cultus animi est.**
Seneca, Epistulae morales 115,2

> **Die Sprache ist das Gewand der Seele.**

U 63 **Index est animi sermo morumque fidelis / haud dubio testis.**
Palingenius, Zodiacus vitae 1. 194

> **Die Sprache ist Ausdruck der Seele und zweifellos ein zuverlässiger Zeuge des Charakters.**

U 64 **Viri character ex sermone dignoscitur.**
Menandros bei Bebel, Proverbia Germanica 117

> **Den Charakter eines Menschen erkennt man an seinen Worten.**

U 65 **Sermo / haud dubie ostendit mores animumque latentem.**
Palingenius, Zodiacus vitae 4. 624–625

> **Die Sprache zeigt untrüglich den Charakter an und geheime Gedanken.**

U 66 **Perspicito cuncta tacitus, quid quisque loquatur: / sermo hominum mores et celat et indicat idem.**
Disticha Catonis 4. 20

> **Achte schweigend auf alles, was ein jeder sagt: Die Worte verhüllen die Gesinnung eines Menschen und offenbaren sie zugleich.**

U 67 **Multum viva vox facit.**
Seneca, Epistulae morales 33,9

> **Das lebendige Wort bewirkt viel.**

U 68 **Praeterea multo magis, ut vulgo dicitur, viva vox afficit.**
Plinius, Epistulae 2. 3,9

> **Außerdem beeindruckt das lebendige Wort, wie man allgemein sagt, viel mehr.**

U 69 **Vive ergo moribus praeteritis, loquere verbis praesentibus.**
Gellius, Noctes Atticae 1. 10,4

> **Lebe also nach altem Brauch, aber sprich die Sprache der Gegenwart.**

U 70 **Quot linguas quis callet, tot homines valet.**
Wahlspruch Kaiser Karls V.

> **Wie viele Sprachen einer kennt, so viele Menschen ist er wert.**

Sprache

U71 Qui proficiscitur in partes exteras, antequam in lingua gentis, quam adit, aliquos fecit progressus, ad ludum grammaticum vadit, non ad peregrinandum.
Bacon, Sermones fideles 18
> Wer in ein fremdes Land reist, bevor er in der Sprache des Volks, das er aufsucht, einige Fortschritte gemacht hat, geht in die Elementarschule und nicht auf Reisen.

U72 Res pretium verbis, rebus dant verba decorem.
Arnulfus Lexoviensis, Carmina 2,19
> Die Dinge geben den Worten ihren Wert, die Worte verleihen den Dingen ihren Glanz.

U73 Id enim exspectant aures, ut verbis colligetur sententia.
Cicero, Orator 168
> Die Ohren erwarten, dass sich der Gedanke mit passenden Worten verbindet.

U74 Sermo datur cunctis, animi sapientia paucis.
Disticha Catonis 1. 10,2
> Die Sprache haben alle bekommen, Weisheit des Herzens nur wenige.

U75 Lingua in se mel continet ac venenum.
Boncampagnus, Breviloquium 8,1
> Die Zunge enthält ebenso Honig in sich wie Gift.

U76 Sed verba plane vim faciunt intellectui et omnia turbant et homines ad inanes et innumeras controversias et commenta deducunt.
Bacon, Novum Organum 2. aph. 43
> Worte tun dem Geist richtig Gewalt an, verwirren alles und verleiten die Menschen zu unzähligen sinnlosen Streitigkeiten und Lügen.

U77 Delere licebit / quod non edideris; nescit vox missa reverti.
Horatius, De arte poetica (Epistula ad Pisones) 389–390
> Das Wort, das du noch nicht ausgesprochen hast, kannst du noch tilgen; ist es dir entfahren, kann es nicht mehr zurückkehren.

U78 Expressa nocent, non expressa non nocent.
Corpus Iuris Civilis, Digesta 35. 1,52 und 50. 17,195 (Modestinus)
> Ausgesprochenes schadet, Unausgesprochenes schadet nicht.

U79 Voces sunt earum, quae sunt in anima, passionum notae.
Aristoteles bei Ockham, Summa logicae 1. 12,2
> Äußerungen sind der Ausdruck seelischer Affekte.

U80   Quid de quoque viro et cui dicas, saepe videto. / Percontatorem fugito: nam garrulus idem est / nec retinent patulae commissa fideliter aures / et semel emissum volat irrevocabile verbum.
Horatius, Epistulae 1. 18,68–71

> Achte ständig darauf, was du über jemanden und wem du es sagst. Meide den, der dich ausfragen will, denn er plaudert auch aus; ein weit offenes Ohr behält Anvertrautes nicht treu bei sich, und einmal ausgesprochen, fliegt das Wort unwiderruflich dahin.

U81   Est brevitate opus, ut currat sententia.
Horatius, Sermones 1. 10,9

> Kürze ist nötig, damit der Gedanke geläufig wird.

U82   Ubi convivium, non effundas sermonem et importune noli extolli in sapientia tua.
Vulgata, Liber ecclesiasticus 32,6

> Wo man in Feierlaune ist, vergeude deine Worte nicht! Stell dich nicht zur Unzeit als Weisen dar.

U83   Observat sapiens sibi tempus forte loquendi; / insipiens loquitur spretum sine tempore verbum.
Columbanus, Praecepta vivendi 167–168

> Wer klug ist, achtet gerade auf die Zeit, zu der er spricht; der Tor spricht zur Unzeit ein verwerfliches Wort.

U84   Sermo extra tempus indicium malitiosae mentis.
Sextos, Enchiridion 163

> Eine Äußerung zur Unzeit zeugt von einer bösartigen Gesinnung.

U85   Eadem res saepe aut probatur aut reicitur alio atque alio elata verbo.
Cicero, Orator 72

> Oft findet dieselbe Sache Zustimmung oder Ablehnung, je nachdem, mit welchen Worten sie vorgetragen wird.

U86   Non videtur esse celatus, qui scit, neque certiorari debuit, qui non ignoravit.
Corpus Iuris Civilis, Digesta 19. 1,1,1 (Ulpianus)

> Offensichtlich ist nicht übergangen worden, wer informiert ist, und wer Bescheid wusste, brauchte nicht benachrichtigt zu werden.

U87   Certior factus non debet certiorari.
cf. Liber Sextus Decretalium 5. 13,31

> Wer Bescheid weiß, braucht nicht benachrichtigt zu werden.

U88   Noli tacere, quod velis intellegi.
Publilius Syrus, Sententiae A183

> Schweig nicht über das, was andere verstehen sollen.

Sprache

U 89   Grammatici certant et adhuc sub iudice lis est.
Horatius, De arte poetica (Epistula ad Pisones) 78
> Darüber streiten die Gelehrten, und noch ist der Streit nicht entschieden.

U 90   In discussione autem fas unicuique est a pristina sua conclusione recedere.
Codex iuris canonici, Can. 1871,4
> In einer Diskussion ist es jedem gestattet, eine frühere Beurteilung zurückzunehmen.

U 91   Quot capita, tot sententiae.
cf. Terentius, Phormio 454
> So viele Köpfe, so viele Meinungen.

Terminologie

U 92   Rebus novis nova ponenda nomina.
Cicero, De natura deorum 1. 44
> Neuen Begriffen muss man auch neue Namen geben.

U 93   Rerum enim copia verborum copiam gignit.
Cicero, De oratore 3. 125
> Die Fülle der Gegenstände hat eine Fülle der Wörter zur Folge.

U 94   Concessum a Graecia est, ut doctissimi homines de rebus non pervagatis inusitatis verbis uterentur.
Cicero, De finibus bonorum et malorum 3. 5
> Die Griechen ließen es durchgehen, dass die größten Gelehrten für nicht allgemein bekannte Dinge ungebräuchliche Wörter benutzten.

U 95   Corrixandi materiam saepius dant definitiones.
Sententiae Varronis 47
> Begriffe liefern öfter Stoff, miteinander zu streiten.

U 96   Cum intellegitur, quid significetur, minus laborandum est de nomine.
Cicero, Topica 35
> Wenn man versteht, was gemeint ist, braucht man sich mit dem Begriff nicht so viel Mühe zu geben.

U 97   Nomina si nescis, perit et cognitio rerum.
Linné, Critica botanica; cf. Isidorus Hispaliensis, Etymologiae (Origines) 1. 7,1
> Wenn man die Namen nicht kennt, geht auch das Wissen um die Dinge verloren.

U 98   Omnia vocabula fiunt nova, quando e philosophia in theologiam transferuntur.
Luther, Werke, WA 39/I. S. 231
> Alle Begriffe bekommen eine neue Bedeutung, wenn sie aus der Philosophie auf die Theologie übertragen werden.

U 99 Rerum enim vocabula immutabilia sunt, hominum mutabilia.
Corpus Iuris Civilis, Digesta 30. 4 pr.
Die Bezeichnungen für Gegenstände sind unveränderlich, die für Menschen veränderlich.

U 100 Tyrannus autem a rege factis distat, non nomine.
Seneca, De clementia 1. 12,1
Ein Tyrann unterscheidet sich von einem König durch sein Handeln, nicht durch die Bezeichnung.

U 101 Verba parienda sunt imponendaque nova rebus novis nomina.
Cicero, De finibus bonorum et malorum 3. 3
Wir müssen Wörter schaffen und neuen Dingen neue Namen geben.

U 102 Definitio est oratio, quae id, quod definitur, explicat, quid sit.
Cicero, Topica 26
Eine Definition ist eine Aussage, die erklärt, was das ist, was definiert wird.

U 103 Est definitio oratio, quae, quid sit id, de quo agitur, ostendit quam brevissime.
Cicero, Orator 116
Eine Definition ist eine Aussage, die so knapp wie möglich das Wesen dessen, worum es geht, aufzeigt.

U 104 Omnis enim, quae ratione suscipitur de aliqua re, institutio, debet a definitione proficisci, ut intellegatur, quid sit id, de quo disputetur.
Cicero, De officiis 1. 7
Jede systematische Unterweisung in irgendeiner Sache muss von der Bestimmung der Begriffe ausgehen, damit Klarheit darüber herrscht, womit man sich beschäftigt.

Wortlaut

U 105 A verbis legis non est recedendum.
cf. Corpus Iuris Civilis, Digesta 32. 69 pr. (Marcellus)
Vom Wortlaut des Gesetzes darf man nicht abweichen.

U 106 Certum est, quod is committit in legem, qui legis verba complectens contra legis nititur voluntatem.
Liber Sextus Decretalium 5. 13,88; Corpus Iuris Civilis, Codex Iustinianus 1. 14,5 pr. (a. 439)
Es ist unbestreitbar, dass der gegen ein Gesetz verstößt, der sich zwar an die Worte des Gesetzes hält, aber gegen die Absicht des Gesetzes vorgeht.

U 107 Contra legem facit, qui id facit, quod lex prohibet, in fraudem legis vero, qui salvis verbis legis sententiam eius circumvenit.
Corpus Iuris Civilis, Digesta 1. 3,29 (Paulus)
Gesetzwidrig handelt, wer tut, was das Gesetz verbietet, betrügerisch, wer unter Beachtung des Wortlauts den Sinn des Gesetzes umgeht.

Sprache

U 108   Omnis aequitas perturbatur, si verbis legum ac non sententiis pareatur.
Cicero, Partitiones oratoriae 136

Jede Ausgewogenheit wird auf den Kopf gestellt, wenn man nur dem Wortlaut der Gesetze folgt und nicht ihrem Sinn.

U 109   Prior atque potentior est quam vox mens dicentis.
Corpus Iuris Civilis, Digesta 33. 10,7,2 (Celsus)

Die Absicht hinter einer Aussage hat mehr Kraft und Wirkung als die Worte.

U 110   Cum manifestissimus est sensus testatoris, verborum interpretatio nusquam tantum valeat, ut melior sensus existat.
Corpus Iuris Civilis, Codex Iustinianus 6. 28,3 (a. 531)

Wenn die Absicht des Erblassers völlig klar ist, kann die Auslegung des Wortlauts niemals so viel Geltung haben, dass eine bessere Absicht zustande kommt.

U 111   In condicionibus testamentorum voluntatem potius quam verba considerari oportet.
~ *Corpus Iuris Civilis, Digesta 35. 1,101 pr. (Papinianus)*

Bei testamentarischen Bedingungen muss eher auf den Willen als auf den Wortlaut geachtet werden.

U 112   In contractibus rei veritas potius quam scriptura prospici debet.
Corpus Iuris Civilis, Codex Iustinianus 4. 22,1 (a. 259)

Bei Verträgen muss man mehr auf den Wahrheitsgehalt der Sache als auf den Wortlaut achten.

U 113   In re dubia melius est verbis edicti servire.
Corpus Iuris Civilis, Digesta 14. 1,1,20 (Ulpianus)

In Zweifelsfällen ist es besser, sich an den Wortlaut des Edikts zu halten.

U 114   Cum receditur a littera, iudex transit in legislatorem.
Bacon, De dignitate et augmentis scientiarum 6. 3, Exempla 46

Wenn vom Buchstaben abgewichen wird, wird der Richter zum Gesetzgeber.

Interpretation

U 115   In ambiguis orationibus maxime sententia spectanda est eius, qui eas protulisset.
Corpus Iuris Civilis, Digesta 50. 17,96 (Maecianus)

Bei zweideutigen Aussagen ist vor allem auf die Ansicht dessen zu achten, der sie getroffen hat.

U 116   Si verbis legis stari non potest, voluntate standum est.
Quintilianus, Institutio oratoria 3. 6,100

Wenn die Worte des Gesetzes nicht sicher sind, muss man Sicherheit bei seiner Absicht suchen.

U117 Intellegentia enim dictorum ex causis est adsumenda dicendi, quia non sermoni res sed rei est sermo subiectus.
Hilarius Pictaviensis, De trinitate 4. 14
> Das Verständnis von Aussagen ist aus dem Anlass der Äußerung zu entnehmen, denn nicht die Sache ist von der Sprache, sondern die Sprache von der Sache abhängig.

U118 Benignius leges interpretandae sunt, quo voluntas earum conservetur.
Corpus Iuris Civilis, Digesta 1. 3,18 (Celsus)
> Gesetze müssen eher wohlwollend ausgelegt werden, damit ihre Absicht befolgt wird.

U119 Verba non debent sophistice intellegi.
Everardi, Loci argumentorum legales, Summaria in locum ab opinione vulgi 3
> Worte dürfen nicht spitzfindig ausgelegt werden.

U120 Ubi et verborum ordo mysterium est, non verbum e verbo, sed sensum exprimere e sensu.
Hieronymus, Epistulae 57,5,2
> Wo auch die Abfolge der Wörter geheimnisvoll ist, nicht Wort für Wort, sondern den Sinn sinngemäß wiedergeben.

Rede

U121 Orator est vir bonus dicendi peritus.
Cato bei Seneca maior, Controversiae 1. pr. 9
> Ein Redner ist ein tüchtiger Mann, der zu reden versteht.

U122 Etenim necesse est, qui ita dicat, ut a multitudine probetur, eundem doctis probari.
Cicero, Brutus 184
> Der Redner, der so spricht, dass er bei der Menge ankommt, muss auch bei den Fachleuten Anerkennung finden.

U123 Nam et prima est eloquentiae virtus perspicuitas.
Quintilianus, Institutio oratoria 2. 3,8
> Die wichtigste Tugend der Beredsamkeit ist Klarheit.

U124 Nec me praeterit usum et esse et haberi optimum dicendi magistrum.
Plinius, Epistulae 6. 29,4
> Mir ist wohl bekannt, dass die Praxis die beste Lehrerin der Rede ist, und das wird auch allgemein anerkannt.

U125 Nulla enim res tantum ad dicendum proficit quantum scriptio.
Cicero, Brutus 92
> Nichts verhilft so sehr zu gewandtem Reden wie das Schreiben.

Sprache

U 126   Generalitas parit obscuritatem.
Albertanus Brixiensis, Ars loquendi et tacendi 1
> Verallgemeinerung schafft Undeutlichkeit.

U 127   Verba vana aut risui apta non loqui.
Benedictus Nursinus, Regula 4,53
> Keine leeren oder zum Lachen reizenden Worte reden.

U 128   Gaudet enim res varietate, et sicut oculi diversarum adspectu rerum magis detinentur, ita semper animis praestat, in quod se velut novum intendant.
Quintilianus, Institutio oratoria 9. 2,63
> Der Vortrag liebt Abwechslung, und wie die Augen beim Anblick verschiedener Dinge mehr gefesselt werden, so ist für den Geist immer besser, woran er wie an etwas Neuem interessiert ist.

U 129   Sed in orationis numero nihil est tam vitiosum, quam si semper est idem.
Rufinus Antiochensis, De compositione et de metris oratorum
> Nichts stört den Wohlklang einer Rede so sehr, als wenn immer wieder das Gleiche gesagt wird.

U 130   Etsi utile est etiam subito saepe dicere, tamen illud utilius, sumpto spatio ad cogitandum paratius atque accuratius dicere.
Cicero, De oratore 1. 150
> Es mag zwar oft zweckdienlich sein, aus dem Stegreif zu sprechen, doch ist es zweckdienlicher, sich Zeit zum Nachdenken zu nehmen und dann besser vorbereitet und angemessener zu sprechen.

U 131   Non a quo, sed quid dicatur, sit tibi curae.
Abaelardus, Monita ad Astralabium 7
> Kümmere dich nicht darum, von wem etwas gesagt wird, sondern was.

U 132   Rem tene, verba sequentur.
Cato bei Iulius Victor, Ars rhetorica 197
> Halte dich an die Sache, die Worte werden folgen.

U 133   Brevissimi docendo sunt optimi.
Binder, Novus thesaurus 379
> Die kürzesten Redner haben den besten Lehrerfolg.

U 134   Quod est brevius, semper est delectabilius.
Auctoritates, Aristoteles, Rhetorica 62
> Was kürzer ist, ist immer erfreulicher. *(vgl. ›In der Kürze liegt die Würze.‹)*

U 135 Brevitas autem conficitur simplicibus verbis, semel una quaque re dicenda, nulli rei nisi ut dilucide dicas serviendo.
Cicero, Partitiones oratoriae 19

Kürze erreicht man mit einfachen Worten, dadurch dass man alles nur einmal sagt, nichts bezweckt, außer klar zu reden.

U 136 Brevitas autem laus est interdum in aliqua parte dicendi, in universa eloquentia laudem non habet.
Cicero, Brutus 50

Kürze mag beim Reden da oder dort lobenswert sein, insgesamt gesehen verdient sie bei der Beredsamkeit kein Lob.

U 137 Nil umquam longum est, quod sine fine placet.
Namatianus, De reditu 1. 4

Nichts ist je lang, was ohne Ende gefällt.

U 138 Avius a vera longe ratione vagaris.
Lucretius, De rerum natura 2. 82

Du schweifst weit ab vom wahren Kern. *(vgl. ›Du bist auf dem Holzweg.‹)*

U 139 Deverticula et anfractus suffugia sunt infirmitatis.
Quintilianus, Institutio oratoria 9. 2,78

In Umwege und Abschweifungen flüchtet sich nur die Schwäche.

U 140 Hic est aut nusquam, quod quaerimus.
Horatius, Epistulae 1. 17,39

Hier oder nirgendwo ist, was wir suchen *(d. h. das ist die Kernfrage)*.

U 141 Ibi iacet lepus.
Rabelais, Gargantua 1,19

Dort liegt der Hase. *(vgl. ›Da liegt der Hase im Pfeffer‹, d. h. darauf kommt es an.)*

U 142 in medias res
Horatius, De arte poetica (Epistula ad Pisones) 148

mitten in die Dinge hinein *(d. h. gleich zum Wesentlichen kommen)*

U 143 Mantisa obsonia vincit.
Lucilius bei Festus, De verborum significatu, M

Die Beigabe ist besser als das Hauptgericht. *(vgl. ›Die Brühe ist besser als der Fisch.‹)*

Beredsamkeit

U 144 O flexanima atque omnium regina rerum oratio!
Pacuvius bei Nonius Marcellus, De compendiosa doctrina 2. (Flexanima)

O herzerweichende und alles beherrschende *(Gewalt der)* Rede!

Sprache

U145 Pacis est comes otiique socia et iam bene constitutae civitatis quasi alumna quaedam eloquentia.
Cicero, Brutus 45
> Die Beredsamkeit ist die Gefährtin des Friedens, die Vertraute der Muße und gewissermaßen das Pflegekind eines wohlgeordneten Staates.

U146 Discitur, innocuas ut agat facundia causas: / protegit haec sontes immeritosque premit.
Ovidius, Tristia 2. 273–273
> Die Redekunst lernt man, um Prozesse von Unschuldigen zu führen; doch sie schützt auch Schuldige und verfolgt Schuldlose.

U147 Ut enim hominis decus ingenium, sic ingenii ipsius lumen est eloquentia.
Cicero, Brutus 59
> Wie der Geist das ist, was den Menschen auszeichnet, so ist die Beredsamkeit das, was eben diesem Geist Glanz verleiht.

U148 In omni genere sermonis, in omni parte humanitatis dixerim oratorem perfectum esse debere.
Cicero, De oratore 1. 71
> Meiner Meinung nach muss ein Redner bei jeder Art des Vortrags und in jedem Bereich der Bildung vollkommen sein.

U149 Tria sunt item, quae praestare debeat orator, ut doceat, moveat, delectet.
Quintilianus, Institutio oratoria 3. 5,2
> Dreierlei ist es, was der Redner leisten muss: belehren, erregen, unterhalten.

U150 Docere debitum est, delectare honorarium, permovere necessarium.
Cicero, De optimo genere oratorum 3
> Belehren ist *(für den Redner)* Pflicht, Unterhalten Ehrensache, Erregen unabdingbar.

U151 Optimus est enim orator, qui dicendo animos audientium et docet et delectat et permovet.
Cicero, De optimo genere oratorum 3
> Der beste Redner ist der, der beim Reden seine Zuhörer belehrt, unterhält und anspornt.

U152 Probare necessitatis est, delectare suavitatis, flectere victoriae.
Cicero, Orator 69
> Beweisen gehört zum Notwendigen, Erfreuen zum Angenehmen, Rühren verschafft den Sieg.

U153 Nam eloquentiam, quae admirationem non habet, nullam iudico.
Cicero bei Quintilianus, Institutio oratoria 8. 3,6
> Beredsamkeit, die keine Bewunderung auf sich zieht, gilt mir nichts.

U 154 Auditorum benevolentia crescere dicentium facultatem.
Donatianus bei Priscianus, Institutiones grammaticae 6. 34
> Die Macht des Redners wächst mit dem Wohlwollen der Zuhörer.

U 155 Oratori autem clamore plausuque opus est et velut quodam theatro.
Tacitus, Dialogus de oratoribus 39,4
> Ein Redner braucht Beifallsgeschrei und so etwas wie ein Theaterpublikum.

U 156 Magna autem debet esse eloquentia, quae invitis placeat.
Seneca maior, Controversiae 10. pr. 4
> Groß muss die Beredsamkeit sein, die auch bei der Gegenseite Anklang finden will.

U 157 Ad rem commoveantur, non ad verba conposita: alioquin nocet illis eloquentia, si non rerum cupiditatem facit, sed sui.
Seneca, Epistulae morales 52,14
> Für die Sache soll man sich begeistern, nicht für schöne Formulierungen; sonst schadet einem die Beredsamkeit, wenn sie das Interesse nicht auf die Sache lenkt, sondern auf sich selbst.

U 158 Cui lecta potenter erit res, / nec facundia deseret hunc nec lucidus ordo.
Horatius, De arte poetica (Epistula ad Pisones) 40–41
> Wenn der Stoff den Kräften entspricht, wird es weder an den rechten Worten fehlen noch an klarem Aufbau.

U 159 Sat est disertus, e quo loquitur veritas.
Publilius Syrus, Sententiae 684
> Beredt genug ist, aus wem die Wahrheit spricht.

U 160 Ex abundantia enim cordis os loquitur.
Vulgata, Evangelium secundum Matthaeum 12,34
> Der Mund spricht aus der Fülle des Herzens. *(Luther: ›Wes das Herz voll ist, des geht der Mund über.‹)*

U 161 Fac tantum incipias, sponte disertus eris.
Ovidius, Ars amatoria 1. 610 (altera lectio)
> Fang nur einmal an, beredt wirst du von selbst. *(vgl. ›Die Worte stellen sich von selbst ein.‹)*

U 162 Is erit igitur eloquens, qui poterit parva summisse, modica temperate, magna graviter dicere.
~ Cicero, Orator 101
> Beredt wird sein, wer Kleines bescheiden, Mittleres maßvoll, Großes beachtenswert ausdrücken kann.

Sprache

U 163 Pectus est enim, quod disertos facit, et vis mentis: ideoque imperitis quoque, si modo sunt aliquo affectu, verba non desunt.
Quintilianus, Institutio oratoria 10. 7,15

> Das Herz ist es, was beredt macht, und die Kraft der Empfindung; deshalb fehlen auch denen, die nicht ausgebildet sind, die Worte nicht, wenn sie nur von irgendeiner Leidenschaft ergriffen sind.

Humor

U 164 Facetiae omnium sermonum condimenta.
cf. Cicero, Laelius de amicitia 66 (cf. Cicero, De oratore 2. 271)

> Humor ist die Würze aller Gespräche.

U 165 Hilaritas benevolentiam conciliat ei, per quem excitata est.
Cicero, De oratore 2. 236

> Heiterkeit verschafft dem, der sie erregt hat, Sympathie.

U 166 Acutior est illa atque velocior in urbanitate brevitas.
Quintilianus, Institutio oratoria 6. 3,45

> Treffender und schneller wirkt beim geistreichen Witz die bewährte Kürze.

U 167 Duplex omnino est iocandi genus unum illiberale, petulans, flagitiosum, obscenum alterum elegans, urbanum, ingeniosum, facetum.
Cicero, De officiis 1. 104

> Es gibt zwei Arten von Scherzen, die eine unfein, schamlos, ehrenrührig, unzüchtig, die andere elegant, gebildet, geistreich, witzig.

U 168 Hilaritas] tristitiam ac severitatem mitigat et relaxat odiosasque res saepe, quas argumentis dilui non facile est, ioco risuque dissolvit.
Cicero, De oratore 2. 236

> Heiterkeit mildert und mäßigt unfreundliche Strenge und löst oft widerwärtige Dinge, denen man mit Argumenten kaum beikommt, in Scherz und Lachen auf.

U 169 Linque severa!
Horatius, Carmina 3. 8,28

> Lass den Ernst beiseite!

U 170 Tetrica sunt amoenanda iocularibus.
Sidonius Apollinaris, Epistulae 1. 9,8

> Deprimierendes muss man durch Scherze annehmbarer machen.

U 171 Ut amari sales, ita frequenter amaritudo ipsa ridicula est.
Quintilianus, Institutio oratoria 10. 1,117

> Witze sind zwar bitter, doch oft reizt gerade die Bitterkeit zum Lachen.

U172 **Me absentem percutiant.**
Binder, Novus thesaurus 1813
> Sollen sie mich totschlagen, wenn ich nur nicht dabei bin.

U173 **Multum verba valent grato condita lepore.**
Delius, De arte iocandi 1. 49
> Worte vermögen viel, wenn sie mit bezaubernder Liebenswürdigkeit gewürzt sind.

U174 **Ambigua sunt in primis acuta atque in verbo posita, non in re; sed non saepe magnum risum movent, magis ut belle, ut litterate dicta laudantur.**
Cicero, De oratore 2. 253
> Zweideutigkeiten wirken besonders spitz und liegen im Sprachgebrauch, nicht in der Sache. Sie regen jedoch selten zu erheblichem Lachen an, eher lobt man den hübschen und geistreichen Ausdruck.

U175 **Urbana autem dissimulatio est, cum alia dicuntur ac sentias.**
Cicero, De oratore 2. 269
> Geistreich ist auch die Ironie, bei der man anders redet, als man denkt.

U176 **Quamquam ridentem dicere verum / quid vetat?**
Horatius, Sermones 1. 1,24–25
> Doch was hindert daran, mit Lachen die Wahrheit zu sagen?

U177 **Verbula ficta iocis iurgia nulla movent.**
Polythecon 7. 260
> Zum Scherz ersonnene Anspielungen erregen keinen Streit.

U178 **Exspectationibus enim decipiendis et naturis aliorum inridendis, ipsorum ridicule indicandis et similitudine turpioris et dissimulatione et subabsurda dicendo et stulta reprehendendo risus moventur.**
Cicero, De oratore 2. 289
> Lachen erregt man, indem man Erwartungen enttäuscht, die Eigenheit anderer Leute verspottet und sich über die eigene lustig macht, auf etwas ziemlich Ungehöriges anspielt, ironisch wird, Ungereimtes sagt und Torheiten anprangert.

U179 **Animus defessus audiendo aut admiratione integratur aut risu novatur.**
Cicero, De inventione 1. 25
> Ein vom Zuhören müder Geist frischt sich entweder durch Sichverwundern wieder auf oder erholt sich durch Lachen.

U180 **Immodicus risus non est sapientis, at index / stultitiae; lepidi sint sine dente ioci.**
Owen, Monosticha 75
> Maßloses Lachen zeugt nicht von Weisheit, sondern von Torheit; Scherze seien geistreich und ohne Schärfe.

Sprache

U 181 A derisu non procul abest risus.
Quintilianus, Institutio oratoria 6. 3,7
> Lachen ist nicht weit weg vom Auslachen.

U 182 In calamitoso risus etiam iniuria est.
Publilius Syrus, Sententiae 256
> Bei einem Unglücklichen wirkt Lachen schon als Kränkung.

U 183 Nam reprehensibilis risus est, si immodicus, si pueriliter effusus, si muliebriter fractus.
Martinus Bracarensis, Formula vitae honestae 3
> Anstößig ist Lachen, wenn es maßlos ist, kindlich ausgelassen, altjüngferlich prüde.

U 184 Nec bene mendaci risus componitur ore, / nec bene sollicitis ebria verba sonant.
Tibullus (Lygdamus), Elegiae 3. 6,35–36
> Ein Lachen wirkt nicht echt aus einem verlogenem Mund, und abstoßend klingen für Betrübte trunkene Worte.

U 185 Odibilem quoque hominem facit risus aut superbus aut clarus aut malignus et furtivus aut alienis malis evocatus.
Martinus Bracarensis, Formula vitae honestae 3
> Hassenswert macht einen überhebliches Lachen, überlautes, böswilliges, verstohlenes oder schadenfreudiges.

U 186 Non aliis risum, qui ex se cepit, praebuit.
Pseudo-Publilius, Sententiae 230
> Wer über sich selbst lachen kann, bietet anderen keinen Anlass zum Lachen.

U 187 Sardonicis quodammodo herbis omnem Romanum populum putes esse saturatum: moritur et ridet.
Salvianus, De gubernatione Dei 7. 1
> Man könnte glauben, das römische Volk habe sich an sardonischen Kräutern berauscht: Es stirbt und lacht.

Argumentation

U 188 Argumentum est, quicquid quocumque modo rei dubiae, de qua disputatur, fidem facit.
Everardi, Loci argumentorum legales, Summaria in praeambula 2, cf. Cicero, Topica 8
> Ein Argument ist alles, was einer zweifelhaften Sache, die man untersucht, irgendwie Glaubwürdigkeit verleiht.

U 189   Non enim tam auctoritatis in disputando quam rationis momenta quaerenda sunt.
Cicero, De natura deorum 1. 10

> Bei einer Diskussion darf es nicht so sehr auf das Ansehen der Person als auf die Kraft der Argumente ankommen.

U 190   Magna ars est contra artifices loqui et apud illos aliquid agere, qui se putant omnia praevidere.
Cassiodorus, Variae 2. 6,2

> Es verlangt viel Können, gegen Meister der Sprache anzukommen und bei denen etwas zu erreichen, die glauben, alle Gegenargumente schon im Voraus zu kennen.

U 191   Dialectica ist utilis ad tria, scilicet ad exercitationem, ad obviationem et philosophiae disciplinas.
Auctoritates, Aristoteles, Topica 2

> Die Dialektik ist in dreierlei Hinsicht nützlich, nämlich zum geistigen Training, zur Entgegnung und zur Unterweisung in der Philosophie.

U 192   Plebeia ingenia magis exemplis quam ratione capiuntur.
Macrobius, Saturnalia 7. 4,4

> Die Herzen des Volks gewinnt man eher durch Beispiele als durch Argumentation.

U 193   Contra facta non valent argumenta.
cf. Cicero, De divinatione 2. 46

> Gegen Tatsachen kommen Argumente nicht an.

U 194   Arte pugnandum est et adhibenda, quae prosunt.
Quintilianus, Institutio oratoria 2. 17,29

> Man muss sich mit Tricks durchkämpfen und alles einsetzen, was nützlich sein kann.

U 195   Negativa non sunt probanda.
cf. Corpus Iuris Civilis, Digesta 22. 3,2 (Paulus)

> Verneinungen sind nicht zu beweisen.

U 196   Perspicuitas enim argumentatione elevatur.
Cicero, De natura deorum 3. 9

> Eine Sache, die klar ist, wird durch *(zergliedernde)* Argumentation verdunkelt.

U 197   Iuris consulti sive erroris obiciundi causa, quo plura et difficiliora scire videantur, sive, quod similius veri est, ignoratione docendi (nam non solum scire aliquid artis est, sed quaedam ars est etiam docendi) saepe, quod positum est in una cognitione, id in infinitam dispertiuntur.
Cicero, De legibus 2. 47

> Die Rechtsgelehrten spalten die Inhalte eines einzigen Begriffs oft bis ins Unendliche auf, sei es, um irrtümlich den Anschein zu erwecken, sie wüssten mehr und Schwierigeres, sei es, was der Wahrheit näher kommt, aus Unkenntnis im Lehren (es ist nämlich nicht nur eine Kunst, etwas zu wissen, sondern zu lehren ist eine eigene Kunst).

Sprache

U 198 Audi, quantum mali faciat nimia subtilitas et quam infesta veritati sit.
Seneca, Epistulae morales 88,43
> Vernimm, wie viel Unheil übertriebene Spitzfindigkeit anrichtet und wie abträglich sie der Wahrheit ist.

U 199 Non est ornamentum virile concinnitas.
Seneca, Epistulae morales 115,2
> Wortklauberei ist keine Manneszierde.

U 200 Sciunt, quod Iuno fabulata est cum Iove.
Plautus, Trinummus 208
> Sie wissen, was Juno mit Jupiter gesprochen hat. *(vgl. ›Sie hören das Gras wachsen.‹)*

Verständlichkeit

U 201 Melius est, reprehendant nos grammatici, quam non intellegant populi.
Augustinus, Enarrationes in psalmos 138,20
> Es ist besser, die Philologen tadeln uns, als dass das Volk uns nicht versteht.

U 202 Aperta quoque apertiora fieri solent.
Seneca, Epistulae morales 94,26
> Selbst Verständliches kann meist noch verständlicher werden.

U 203 Archimedes non posset melius describere.
Erasmus, Adagia 3495 (cf. Cicero, Pro Cluentio 87)
> Archimedes hätte es nicht besser beschreiben können.

U 204 Legem enim brevem esse oportet, quo facilius ab imperitis teneatur.
Seneca, Epistulae morales 94,38
> Ein Gesetz muss kurz sein, damit es leichter von Ungebildeten eingehalten werden kann.

U 205 Obscure dictum habetur pro non dicto.
cf. Corpus Iuris Civilis, Digesta 11. 1,11,7 (Ulpianus)
> Unverständliche Worte gelten als nicht gesprochen.

U 206 Philosophantem rhetorem intellegunt pauci, loquentem rusticum multi.
Gregorius Turonensis, Historia Francorum, pr.
> Einen Redner, der philosophiert, verstehen nur wenige, einen Bauern, der redet, viele.

Gerede

U 207 Vanae voces populi non sunt audiendae.
Corpus Iuris Civilis, Codex Iustinianus 9. 47,12 (ca. a. 300)
> Auf das leere Geschwätz der Menge darf man nichts geben.

U208 **Divulgata atque incredibilia avide accepta.**
~ Tacitus, Annales 4. 11,3
> Weit verbreitete Ungeheuerlichkeiten werden begierig aufgenommen.

U209 **In ore est omni populo.**
Terentius, Adelphoe 93
> Das ist in aller Leute Mund. *(vgl. ›Die Spatzen pfeifen es von den Dächern.‹)*

U210 **Scis multos dicere multa.**
Martialis, Epigrammata 6. 56,5
> Du weißt, dass viele vieles reden.

U211 **Semper formosis fabula poena fuit.**
Propertius, Elegiae 2. 32,26
> Schon immer mussten die Schönen unter dem Klatsch leiden.

U212 **Ipse rumor iam raucus est factus.**
~ Cicero, Ad familiares 9. 2,5
> Das Gerücht hat sich schon heiser geschrien.

U213 **Nec mutam repertam ullam esse mulierem ullo in saeculo.**
~ Plautus, Aulularia 125–126
> Man fand noch zu keiner Zeit eine Frau, die schweigen konnte.

U214 **Contra verbosos noli contendere verbis: / sermo datur cunctis, animi sapientia paucis.**
Disticha Catonis 1. 10
> Kämpfe gegen Schwätzer nicht mit Worten: Die Sprache ist vielen gegeben, Vernunft nur wenigen.

U215 **Conscientiae satis fiat, nil in famam laboremus!**
Seneca, De ira 3. 41,1
> Das Gewissen muss sein Recht erhalten, lasst uns unbekümmert sein um das Gerede der Leute!

U216 **Dicenda tacenda locutus.**
Horatius, Epistulae 1. 7,72
> Er sprach über Dinge, die man sagen darf, und über solche, die man verschweigen sollte *(vgl. ›über Mögliches und Unmögliches reden‹).*

U217 **Fecundi calices quem non fecere disertum?**
Horatius, Epistulae 1. 5,19
> Wen hätten volle Becher nicht gesprächig gemacht?

U218 **Nec caput nec pes sermoni apparet.**
Plautus, Asinaria 729
> Die Rede hat weder Kopf noch Fuß. *(vgl. ›weder Hand noch Fuß‹)*

U 219 Verbosa lingua saepe indicium malitiae est.
Publilius Syrus, Sententiae A267
> Eine geschwätzige Zunge zeugt oft von Bosheit.

U 220 Quod uni dixeris, omnibus dixeris.
Tertullianus, De virginibus velandis 17,3
> Was du einer gesagt hast, hast du allen gesagt.

U 221 Vixdum conveniunt Catharina, Johanna, Sibylla, / garrire incipiunt et ab hoc, et ab hac, et. ab illa.
Binder, Novus thesaurus 3591
> Kaum treffen sich Catharina, Johanna, Sibylla, schon beginnen sie ihren Klatsch über dies, über diese, über jene.

Gerücht

U 222 Mixtaque cum veris passim commenta vagantur / milia rumorum confusaque verba volutant. / E quibus hi vacuas implent sermonibus aures, / hi narrata ferunt alio, mensuraque ficti / crescit, et auditis aliquid novus adicit auctor.
Ovidius, Metamorphoses 12. 54–58
> Mit Wahrem vermischt pflanzen sich überall Tausende erfundener Gerüchte fort und verbreiten wirres Geschwätz. Manche Leute füllen müßige Ohren mit Gerede, manche tragen weiter, was man ihnen erzählt hat, und so wächst das Maß des Erdichteten und jeder neue Erzähler fügt dem Gehörten etwas hinzu.

U 223 Fama] veris addere falsa / gaudet et e minimo sua per mendacia crescit.
Ovidius, Metamorphoses 9. 139–140
> Fama liebt es, Falsches zu Wahrem zu fügen und mithilfe ihrer Lügen aus kleinsten Versuchen immer größer zu werden.

U 224 Fama, malum qua non aliud velocius ullum; / mobilitate viget, viresque acquirit eundo; / parva metu primo, mox se se attollit in auras; / ingrediturque solo, et caput inter nubila condit.
Vergilius, Aeneis 4. 173–176
> Das Gerücht ist ein Übel, schneller als jedes andere; es lebt von seiner Beweglichkeit und gewinnt Kräfte im Laufen; anfangs ist es noch klein und zaghaft, bald erhebt es sich in die Lüfte; es schreitet auf dem Boden und birgt sein Haupt in den Wolken.

U 225 Contemne famam: fama vix vero favet, / peius merenti melior et peior bono.
Seneca, Phaedra 269–270
> Achte nicht darauf, was die Leute reden. Es dient kaum der Wahrheit, es lässt den, der Schlechteres verdient, besser und den Tüchtigen schlechter davonkommen.

U 226 Adeo maxima quaeque ambigua sunt, dum alii quoquo modo audita pro
compertis habent, alii vera in contrarium vertunt, et gliscit utrumque
posteritate.
Tacitus, Annales 3. 19,2
> Gerade das Wesentliche bleibt strittig: die einen nehmen, was sie nur vom Hörensagen
> kennen, für bare Münze, die anderen verkehren die Wahrheit in ihr Gegenteil, und so
> verbreitet sich beides in der Nachwelt.

U 227 Et terram rumor transilit et maria.
Propertius, Elegiae 2. 18,38
> Das Gerücht fliegt über Länder und Meere.

U 228 Fama volat parvam subito vulgata per urbem.
Vergilius, Aeneis 8. 554
> Das Gerücht eilt, sich plötzlich verbreitend, durch die kleine Stadt.

U 229 Rumores fuge, ne incipias novus auctor haberi; / nam nulli tacuisse nocet,
nocet esse locutum.
Disticha Catonis 1. 12
> Meide Gerüchte, damit man dich nicht für ihren Erfinder hält; denn es schadet keinem,
> geschwiegen zu haben; es schadet, den Mund aufgemacht zu haben.

U 230 Rumori ne crede novo nec ficta loquendo / laeteris: nocuit cunctis audacia
semper.
Disticha Catonis 3. 8a
> Glaub keinem neuen Gerücht und finde keinen Gefallen daran, Unwahrheiten zu
> verbreiten: Taktlosigkeit hat allen noch immer geschadet.

U 231 Solet fama novitates augere.
Ammianus Marcellinus, Res gestae 22. 2,3
> Neuigkeiten werden durch Gerüchte gewöhnlich aufgebauscht.

U 232 Haud semper errat fama; aliquando et elegit.
Tacitus, De vita Iulii Agricolae 9,5
> Nicht immer irrt die öffentliche Meinung, manchmal zeichnet sie auch aus.

U 233 Quem fama semel oppressit, vix restituitur.
Publilius Syrus, Sententiae 520
> Wen das Gerücht einmal nach unten gedrückt hat, der kommt kaum wieder hoch.

U 234 Ad calamitatem quilibet rumor valet.
Publilius Syrus, Sententiae 17
> Zum Unglücklichsein reicht schon ein vages Gerücht.

U 235 Falsa tempore ac spatio vanescunt.
~ Tacitus, Annales 2. 82,5
> Falsche Gerüchte verstummen mit der Zeit von selbst.

Sprache

U 236 Relinquendum etiam rumoribus tempus, quo senescant: plerumque innocentes recenti invidiae impares.
Tacitus, Annales 2. 77,2
> Gerüchten muss man Zeit lassen, damit sie verkümmern; Unschuldige kommen meist nur gegen frischen Hass nicht an.

Schweigen

U 237 Virtutem primam esse puto compescere linguam: / proximus ille deo est, qui scit ratione tacere.
Disticha Catonis 1. 3
> Die erste der Tugenden ist es wohl, seine Zunge in Schach zu halten: Jener ist beinahe ein Gott, der mit Überlegung zu schweigen versteht.

U 238 Tacendo iam dixi.
Tertullianus, Adversus Valentinianos 32,4
> Indem ich schwieg, habe ich schon alles gesagt. *(vgl. ›Keine Antwort ist auch eine Antwort.‹ bzw. ›beredtes Schweigen‹)*

U 239 Cum tacent, clamant.
Cicero, in Catilinam 1,21
> Ihr Schweigen bedeutet laute Anklage.

U 240 Accepi enim non minus interdum oratorium esse tacere quam dicere.
Plinius, Epistulae 7. 6,7
> Ich habe gelernt, dass schweigen manchmal nicht weniger beredt ist als reden. *(vgl. ›Schweigen zur rechten Zeit übertrifft Beredsamkeit.‹)*

U 241 Silentium fermentatio cogitationum.
Bacon, De dignitate et augmentis scientiarum 6. 3, Exempla 31
> Schweigen heißt Gedanken in Gärung.

U 242 Si tacuisses, philosophus mansisses.
Wander, Deutsches Sprichwörter-Lexikon 3. 917;(cf. Boethius, De consolatione philosophiae 2. p7,20)
> Wenn du geschwiegen hättest, könntest du weiter als weise gelten.

U 243 Taciturnitas stulto homini pro sapientia est.
Publilius Syrus, Sententiae 627
> Bei einem Toren gilt Schweigen so viel wie Weisheit.

U 244 Audi, vide, tace, si vis vivere in pace.
Pergamenus, Dialogus creaturarum 21
> Hör, sieh und schweig, wenn du in Ruhe leben willst.

U 245 **Miserum est tacere cogi, quod cupias loqui.**
Publilius Syrus, Sententiae 314
> Es tut weh, zum Schweigen gezwungen zu sein, wo man reden möchte.

U 246 **Iactum tacendo crimen facias acrius.**
Publilius Syrus, Sententiae 252
> Einen Vorwurf kann man durch Schweigen noch bitterer machen.

U 247 **Homo, qui tacere nescit, nescit dicere.**
Pseudo-Seneca, Liber de moribus 132
> Ein Mensch, der nicht zu schweigen versteht, versteht auch nicht zu reden.

U 248 **Tacita est bona mulier semper quam loquens.**
Plautus, Rudens 1114
> Eine Frau, die schweigt, ist besser als eine, die immer redet.

U 249 **Favete linguis!**
Horatius, Carmina 3. 1,2
> Haltet eure Zungen im Zaum!

U 250 **Cetera mitte loqui!**
Horatius, Iambi 13,7
> Sprich nicht weiter.

Verschwiegenheit

U 251 **Commissumque teges et vino tortus et ira.**
Horatius, Epistulae 1. 18,38
> Verheimliche, was man dir anvertraut hat, auch wenn Wein und Zorn dich befallen.

U 252 **Est et fideli tuta silentio / merces.**
Horatius, Carmina 3. 2,25–26
> Auch treues Schweigen findet sicheren Lohn.

U 253 **Quod tacitum esse velis, nemini dixeris.**
Pseudo-Seneca, Liber de moribus 16
> Sag niemandem, was du verschwiegen haben willst.

U 254 **Verbi non dicti pretium inaestimabile.**
Publilius Syrus, Sententiae A252
> Der Wert eines nicht gesprochenen Worts ist unschätzbar.

U 255 **Tacere multis discitur vitae malis.**
Seneca, Thyestes 319
> Schweigen lernt man durch viele traurige Erfahrungen.

U 256 Si sapis, / quod scis, nescis.
Terentius, Eunuchus 721–722
> Wenn du weise bist, weißt du nicht, was du weißt.

U 257 Aliud est celare, aliud tacere.
Diogenes bei Cicero, De officiis 3. 52
> Verschweigen ist etwas anderes als schweigen.

U 258 Res est magna tacere.
Martialis, Epigrammata 4. 80,6
> Verschwiegenheit ist eine große Sache.

Vertraulichkeit

U 259 Exigua est virtus praestare silentia rebus, / at contra gravis est culpa tacenda loqui.
Ovidius, Ars amatoria 2. 603–604
> Es ist nur ein geringes Verdienst, über etwas Schweigen zu bewahren, dagegen ist es eine schwere Schuld, Geheimes auszuplaudern.

U 260 Nam citius flammas mortales ore tenebunt / quam secreta tegant. Quicquid demittis in aurem, / effluit et subitis rumoribus oppida pulsat. / Nec satis est vulgasse fidem: cumulatius exit / proditionis opus famamque onerare laborat.
Petronius in Anthologia Latina 1. 476,1–5
> Die Menschen werden eher Feuer im Mund behalten, als dass sie Geheimnisse wahren. Was man einem ins Ohr flüstert, strömt heraus und durcheilt mit schnellem Gerede die Städte. Und es reicht nicht, das Anvertraute überall verbreitet zu haben, man bauscht noch auf, was man verrät, und schürt das Gerücht.

U 261 Est mihi libertas tecum secreta loquendi.
Ovidius, Metamorphoses 9. 559
> Ich bin so frei, mit dir Geheimes zu besprechen.

U 262 Ubi honesta causa est, iustus secreta non prodit.
Martinus Bracarensis, Formula honestae vitae 4
> In einer ehrenhaften Sache verrät ein Redlicher keine Geheimnisse.

U 263 Quod vis taceri, cave, ne cuiquam dixeris.
Publilius Syrus, Sententiae A75
> Hüte dich, jemandem zu sagen, was du verschwiegen wissen willst.

U 264 Semper sit, quem audieris solus, sermo apud te conditus.
Caecilius Balbus, Sententiae (F) 173
> Ein Gespräch unter vier Augen soll immer bei dir verwahrt bleiben.

J265 Alterius litteras, crumenam et abacum ne inspicito!
Bebel, Proverbia Germanica 124
Schau einem andern nicht in die Briefe, den Geldbeutel und die Bilanz.

J266 Nimia familiaritas contemptum parit.
Auctoritates, Aristoteles, De regimine principum 7
Allzu große Vertraulichkeit lässt Missachtung entstehen.

J267 Interdum quaedam nescire convenit.
Isidorus Hispaliensis, Sententiae 2. 1,6
Manchmal ist es angebracht, manches nicht zu wissen.

J268 Habeas tibi.
Plautus, Stichus 615
Behalt es für dich.

J269 Plus oportet scire servum quam loqui.
Plautus, Miles gloriosus 477
Der Diener muss mehr wissen als reden.

Übertreibung

J270 E rivo flumina magna facis.
Ovidius, Epistulae ex Ponto 2. 5,22
Aus einem Bächlein machst du mächtige Ströme. *(vgl. ›aus einer Mücke einen Elefanten machen‹)*

J271 arcem facere e cloaca
Cicero, Pro Plancio 95
aus einem Abwasserkanal ein Schloss machen *(d. h. etwas aufbauschen)*

J272 Maiore fama, uti mos est de ignotis.
Tacitus, De vita Iulii Agricolae 25,3
Das Gerücht übertreibt, wie bei Unbekannten üblich.

J273 Maxima de nihilo nascitur historia.
Propertius, Elegiae 2. 1,16
Aus einem Nichts entsteht eine Riesengeschichte.

J274 Iniquum petendum, ut aequum feras.
Quintilianus, Institutio oratoria 4. 5,16
Man muss Ungerechtfertigtes verlangen, um Gerechtfertigtes zu bekommen.

Sprache

Glaubwürdigkeit

U 275 Auctoritas ab oratoribus vel historicis peti solet.
Quintilianus, Institutio oratoria 1. 6,2
> Von Rednern oder Historikern erwartet man gewöhnlich Glaubwürdigkeit.

U 276 Fiduciam igitur orator prae se ferat semperque ita dicat, tamquam de causa optime sentiat.
Quintilianus, Institutio oratoria 5. 13,51
> Zuversicht muss der Redner ausstrahlen und immer so sprechen, als sei er von seiner Sache völlig überzeugt.

U 277 Factis, ut credam, facis.
Terentius, Hecyra 857
> Deine Taten *(d. h. nicht deine Worte)* bewirken, dass ich dir glaube.

U 278 Licet, quod cuique libet, loquatur, credere non est necesse.
Cicero, Orationes Philippicae 1,33
> Mag jeder reden, was ihm beliebt, man muss ihm ja nicht glauben.

U 279 Pluris est oculatus testis unus quam auriti decem.
Plautus, Truculentus 489
> Ein Augenzeuge gilt mehr als zehn Ohrenzeugen.

U 280 Non credam, nisi legero.
Martialis, Epigrammata 12. 73,2
> Ich glaube es erst, wenn ich es gelesen habe.

U 281 Traditum magis quam creditum.
Curtius Rufus, Historiae Alexandri Magni 10. 10,12
> Das ist mehr überliefert als für wahr gehalten.

U 282 Relata refero.
cf. Vitalis Blesensis, Geta 451 nach Herodotos, Historiae 7. 152,3
> Ich berichte nur, was man *(mir)* berichtet hat.

U 283 Caveat lector.
Paschasius Radbertus, Expositio in Matthaeo 11.
> Der Leser muss auf der Hut sein.

U 284 Damnati lingua vocem habet, vim non habet.
Publilius Syrus, Sententiae 142
> Der Mund des Verurteilten hat eine Stimme, aber keine Kraft.

Öffentlichkeit

U 285 Nam multo satius est vitiosa tenebris occulere quam culpanda praesumpta importunitate vulgare.
Cassiodorus, Variae 11. pr. 2

> Es ist weitaus besser, Anstößiges unter den Teppich zu kehren, als Missstände mit anmaßender Rücksichtslosigkeit an die Öffentlichkeit zu bringen.

U 286 Fama in novis coeptis validissima est.
~ Tacitus, Annales 13. 8,3

> Die öffentliche Meinung spielt bei neuen Vorhaben eine sehr wichtige Rolle.

U 287 Est quasi grande forum vox alta trium mulierum.
Binder, Novus thesaurus 991

> Das laute Geschrei dreier Weiber bildet schon eine große Öffentlichkeit.

V Beeinflussung

Diplomatie

V1 Duae sint artes, quae possint locare homines in amplissimo gradu dignitatis, una imperatoris, altera oratoris boni. Ab hoc enim pacis ornamenta retinentur, ab illo belli pericula repelluntur.
Cicero, Pro Murena 30
> Mit zwei Stärken können die Menschen zur obersten Stufe des Ansehens gelangen, der eines Heerführers und der eines guten Redners. Dieser wahrt die Werte des Friedens, jener wendet die Gefahren des Krieges ab.

V2 Frequenter enim, quod arma explere nequeunt, oblectamenta suavitatis imponunt.
Cassiodorus, Variae 1. 45,1
> Was Waffen nicht erreichen können, bringen oft unterhaltsame Liebenswürdigkeiten zustande.

V3 Emunctae sit naris homo, qui degit in aula: / regum ignara solent urere labra dapes.
Binder, Novus thesaurus 949
> Wer am Hof lebt, muss dein schlauer Kopf sein; an Fürstentafeln kann man sich leicht den Mund verbrennen

V4 Multum in re publica valent tempora.
Binder, Novus thesaurus 1941
> Bei der Politik kommt es sehr auf den richtigen Zeitpunkt an.

V5 Non enim iam satis est consilio pugnare: artificium quoddam excogitandum est.
Cicero, Ad familiares 9. 16,2
> Es genügt schon nicht mehr, im Kampf den Verstand einzusetzen: Man muss sich schon eine trickreiche Strategie ausdenken.

Bitten

V6 Aequum est, a quo quid velis, ad eum currere.
Binder, Novus thesaurus 90
> Es ist nicht mehr als recht und billig, dass man zu dem geht, von dem man etwas haben will.

7   Nil carius emitur quam precibus.
cf. Seneca, De beneficiis 2. 1,4
> Nichts ist teurer erkauft, als worum man bitten muss.

8   Malo emere quam rogare.
Cicero, In Verrem 2. 4,12
> Lieber will ich kaufen als bitten.

9   Extorquere est plus quam semel rogare.
Sententiae Varronis 15
> Mehr als einmal bitten heißt erpressen.

10   Qui timide rogat, / docet negare.
Seneca, Phaedra 593–594
> Wer schüchtern bittet, empfiehlt abzulehnen. *(vgl. ›Wer nicht dreist fordert, bekommt gar nichts.‹)*

11   Neque enim aut levi mercede emit, qui precatur, aut parvum pretium accipit, qui rogatur.
Apuleius, Florida 16,16
> Nicht um geringen Preis kauft, wer bittet, und keinen kleinen Lohn empfängt, wer gebeten wird.

12   Nihil petes quid negaturus fuisti, nihil negabis, quod petiturus fuisti.
Pseudo-Seneca, Liber de moribus 33
> Bitte um nichts, was du verweigert hättest, verweigere nichts, worum du gebeten hättest.

13   Rogare beneficium servitus quodammodo est.
Publilius Syrus, Sententiae 583
> Um eine Gefälligkeit zu betteln ist eine Art von Sklaverei.

Beein-flussung

Fragen

14   Nam interrogare sapienter est docere.
Alcuinus, Disputatio de rhetorica et de virtutibus 35
> Klug fragen heißt belehren.

15   Prudens interrogatio quasi dimidium sapientiae.
Bacon, De dignitate et augmentis scientiarum 5. 3
> Eine kluge Frage ist schon fast die halbe Weisheit.

16   Multa interrogans fit ingratus.
Bebel, Proverbia Germanica 70
> Wer viel fragt, wird lästig.

V 17 Quis, quid, ubi, quibus auxiliis, cur, quomodo, quando?
Thomas von Aquin, Summa theologiae 2/2. 7,3
Wer, was, wo, wodurch, warum, wie, wann?

Überreden

V 18 Ferrum coquere facilius quam mulierem flectere.
Binder, Novus thesaurus 1126
Es ist leichter, Eisen zum Kochen zu bringen, als eine Frau umzustimmen.

V 19 Facile est auditorem concitare ad cupidinem recti.
Seneca, Epistulae morales 108,8
Es ist leicht, einen Zuhörer für die richtige Einstellung zu gewinnen.

V 20 Maiorum pulchra definitio est sic apte dicere, ut audientibus possis concepta vota suadere.
Cassiodorus, Variae pr. 16
Eine schöne Vorschrift der Alten rät, so geschickt zu reden, dass man den Zuhörer zu seinen eigenen Vorstellungen überreden kann.

V 21 Argenti fontes loquuntur.
Erasmus, Adagia 1213 (nach Apostolios)
Silberne Quellen reden. *(vgl. ›Geld regiert die Welt.‹)*

Überzeugen

V 22 Oratorem te puta, ipse si tibi persuaseris.
Publilius Syrus, Sententiae A28
Halte dich für einen überzeugenden Redner, wenn du dich selbst überzeugen kannst.

V 23 In sententia permaneto, vero nisi sententiam sententia alia vicerit melior.
Cicero, Pro Murena 65–66
Bleib bei deiner Meinung, es sei denn, eine andere bessere Meinung hat über deine Meinung gesiegt.

V 24 Credere parato nulla inefficax persuasio est.
Petrarca, Familiares 1. 6
Wenn man bereit ist zu glauben, überzeugt jeder Rat.

V 25 Officium oratoris est persuadere dictione.
Victorinus, Explanationes in Ciceronis rhetoricam 1. 5 (cf. Cicero, De inventione 1. 6)
Aufgabe des Redners ist es, durch den Vortrag zu überzeugen.

V 26 Tribus rebus homines ad nostram sententiam perducimus: aut docendo aut conciliando aut permovendo.
Cicero, De oratore 2. 310

> Mit drei Methoden bringen wir die Menschen dazu, mit uns übereinzustimmen: wenn wir sie belehren oder ihre Zuneigung gewinnen oder sie begeistern.

V 27 Quod persuaseris, diuturnum est, quod coegeris, in occasione.
Sententiae Catonis 50

> Was man aus innerer Überzeugung tut, ist von Dauer, wozu man gezwungen wird, gilt nur für den Augenblick. *(vgl. ›Zwang währt nicht lang.‹)*

Manipulation

V 28 Causa inferior dicendo fieri superior potest.
~ Cicero, Brutus 30

> Durch Beredsamkeit kann die schwächere Sache zur stärkeren werden. *(Versprechung griechischer Sophisten)*

V 29 Nihil est tam incredibile, quod non dicendo fiat probabile: nihil tam horridum, tam incultum, quod non splendescat oratione et tamquam excolatur.
Cicero, Paradoxa Stoicorum 3

> Nicht ist so unglaublich, dass die Redekunst es nicht annehmbar machen könnte, nichts so scheußlich und unfein, dass es durch die Rede nicht Glanz erlangen und gewissermaßen geadelt werden kann.

V 30 Nihil est facilius quam in quemlibet affectum movere populum.
Pseudo-Quintilianus, Declamationes maiores 11,7

> Nichts ist leichter, als die Masse in jede beliebige Stimmung zu versetzen.

V 31 Nil est, quin male narrando possit depravari.
~ Terentius, Phormio 696

> Es gibt nichts, was man nicht entstellen könnte, indem man es in schlechtes Licht rückt.

V 32 Ita vita est hominum, quasi quom ludas tesseris: / si illud, quod maxume opus est, iactu non cadit, / illud, quod cecidit forte, id arte ut corrigas.
Terentius, Adelphoe 739–741

> Das Menschenleben ist einem Würfelspiel vergleichbar, wenn die Augenzahl, die man braucht, sich nicht ergibt, muss man das Ergebnis mit Geschicklichkeit verbessern.

Beein-
flussung

V 33 Homo politicus illud tamquam fundamentum prudentiae suae substernat, quod praesupponat homines non recte nec tuto ad ea, quae volumus, flecti aut adduci posse, praeterquam solo metu; ideoque det operam, ut omnes, quantum in se est, obnoxii sint atque in periculis et angustiis consituti.

Bacon, De dignitate et augmentis scientiarum 8. 2 (nach Machiavelli, Il principe 18)

Ein Politiker sollte bei seinem Taktieren grundsätzlich davon ausgehen, dass die Menschen lediglich durch Furcht angemessen und zuverlässig zur Zustimmung zu seinen Projekten bewegt werden können; deshalb muss er sich bemühen, dass alle, soweit er es erreichen kann, von ihm abhängig und Gefahren und Zwangslagen ausgesetzt sind.

V 34 Ceterum libertas et speciosa nomina praetexuntur; nec quisquam alienum servitium et dominationem sibi concupivit, ut non eadem ista vocabula usurparet.

Tacitus, Historiae 4. 73,3

Im Übrigen werden Freiheit und andere wohlklingende Begriffe zum Vorwand genommen; denn keiner hat je Macht durch Unterwerfung anderer angestrebt, ohne eben dieselben Schlagwörter zu verwenden.

V 35 Veritas autem docendo persuadet, non suadendo docet.

Tertullianus, Adversus Valentinianos 1,4

Die Wahrheit überzeugt durch Belehrung, sie belehrt nicht durch Beeinflussung.

Schmeichelei

V 36 Assentatio, quamvis perniciosa sit, nocere tamen nemini potest nisi ei, qui eam recipit atque ea delectatur.

Cicero, Laelius de amicitia 97

So schädlich Liebedienerei auch sein mag, sie kann doch nur dem schaden, der sie an sich heranlässt und auch noch Gefallen an ihr findet.

V 37 Pessimum inimicorum genus laudantes.

Tacitus, De vita Iulii Agricolae 41,1

Die schlimmste Art Feinde sind die Lobredner.

V 38 Sermones blandos blaesosque cavere memento: / simplicitas veri fama est, fraus ficta loquendi.

Disticha Catonis 3. 4

Hüte dich vor schmeichlerischen und Süßholz raspelnden Reden: Die Sprache der Wahrheit ist schlicht, Lügen verbreiten ist Betrug.

V 39 Adulatores ut inimicos cave; corrumpunt fictis laudibus leves animas.

Pseudo-Seneca, Liber de moribus, Appendix

Hüte dich vor Schmeichlern wie vor Feinden; mit erlogenem Lob verderben sie schwache Seelen.

V40 **Adulatio vitiorum altrix.**
~ Ammianus Marcellinus, Res gestae 20. 8,11
> Schmeichelei ist ein Nährboden für Laster.

V41 **Habet suum venenum blanda oratio.**
Publilius Syrus, Sententiae 214
> Schmeichelnde Worte enthalten ihr eigenes Gift.

V42 **O nullis tutum credere blanditiis!**
Propertius, Elegiae 1. 15,42
> Weh, wie gefährlich ist es doch, Schmeicheleien zu trauen!

V43 **Fuit olim vitium, nunc mos assentatio est.**
Pseudo-Publilius, Sententiae 122
> Einst galt sie als Laster, jetzt ist Speichelleckerei Mode.

Heuchelei

V44 **In melle sunt linguae sitae vostrae atque orationes, / facta atque corda in felle sunt sita atque acerbo aceto.**
Plautus, Truculentus 178–179
> Eure Zungen und Worte sind voll Honig, eure Taten und Herzen voll Galle und bitterem Essig.

V45 **Et cum oratis, non eritis sicut hypocritae, qui amant in synagogis et in angulis platearum stantes orare, ut videantur ab hominibus.**
Vulgata, Evangelium secundum Matthaeum 6,5
> Wenn ihr betet, macht es nicht wie die Heuchler. Sie stellen sich beim Gebet gern in die Synagogen und an Straßenecken, um von den Leuten gesehen zu werden.

V46 **Nemo cautius malus est, quam qui absconditur sub appellatione pietatis: tutum est iniquitatis exercitium, quod honestatis tegitur indumento.**
Ennodius, Dictiones 14
> Kein Bösewicht ist vorsichtiger, als wer sich unter dem Deckmantel der Frömmigkeit verbirgt; sicher ist das Begehen von Unrecht, das sich mit dem Gewand der Ehrbarkeit bedeckt.

V47 **Non omnes sancti sunt, qui delubra deorum intrant.**
Bebel, Proverbia Germanica 61
> Es sind nicht alles Heilige, die in die Kirche gehen.

V48 **Potentiorum amico amicitia est perdenda aut veritas.**
Publilius Syrus, Sententiae A96
> Der Freund von Machthabern muss entweder die Freundschaft aufgeben oder seine Wahrheitsliebe.

Beein-flussung

V 49 Ambitio multos mortalis falsos fieri subegit, aliud clausum in pectore, aliud in lingua promptum habere.
Sallustius, De coniuratione Catilinae 10,5
> Der Ehrgeiz zwang viele Menschen zur Verstellung, anderes im Herzen verschlossen, als auf der Zunge bereitzuhaben.

V 50 Malitia ut peior veniat, se simulat bonam.
Publilius Syrus, Sententiae 368
> Um noch mehr Schlechtes zu bewirken, gibt Bosheit sich als Güte aus.

V 51 Malus, bonum ubi se simulat, tunc est pessimus.
Publilius Syrus, Sententiae 317
> Abgrundtief schlecht ist der Schlechte, wenn er sich als gut ausgibt.

V 52 Dimitte bilingues / ex animo socios!
Silius Italicus, Punica 16. 156–157
> Schlag dir deine doppelzüngigen Kameraden aus dem Sinn!

V 53 Bonitatis verba imitari maior malitia est.
Publilius Syrus, Sententiae 61
> Die Sprache der Güte zu heucheln ist der Gipfel der Bosheit.

V 54 Nonnumquam vultu tegitur mens taetra sereno.
Anthologia Latina 1. 716,62
> Manchmal versteckt sich ein schändlicher Sinn hinter heiterer Miene.

V 55 Odia sub vultu, sub osculo etiam multorum latent.
Publilius Syrus, Sententiae A23
> Hass lauert hinter dem Lächeln vieler, ja sogar hinter ihrem Kuss.

V 56 Paratae lacrimae insidias, non fletum indicant.
Publilius Syrus, Sententiae 488
> Tränen, die schnell fließen, zeugen von List, nicht von Trauer.

V 57 Demissos animo et tacitos vitare memento.
Disticha Catonis 4. 31,1
> Meide die, die sich absichtlich niedergeschlagen und verschwiegen geben.

V 58 Irrepit in hominum mentes alia dicentis ac significantis dissimulatio.
Cicero, De oratore 3. 203
> In die Herzen der Menschen schleicht sich die Verstellung ein, wenn etwas anderes gesagt wird, als gemeint ist.

V 59 Inique ac pravissime aliis severissimi sumus nobis indulgentissimi.
Salvianus, De gubernatione Dei 4. 2
> Ungerecht und äußerst gemein sind wir zu anderen die Strenge in Person, zu uns die Nachsicht selbst.

V 60 Exsecrantur publice quod occulte agunt.
Salvianus, De gubernatione Dei 3. 10
> Sie verfluchen öffentlich, was sie insgeheim tun.

V 61 Heredis fletus sub persona risus est.
Publilius Syrus, Sententiae 221
> Das Weinen des Erben ist unter der Maske Lachen.

V 62 Vera redit facies, assimulata perit.
Petronius, Satyricon 80,9
> Das wahre Gesicht zeigt sich wieder, wenn die Maske fällt.

V 63 Nescio quid agitat, cum bonum imitatur malus.
Publilius Syrus, Sententiae 400
> Übles hat der Schurke vor, wenn er den Guten spielt.

V 64 Naturam abscondit, cum improbus recte facit.
Publilius Syrus, Sententiae 387
> Sein wahres Wesen verbirgt der Schurke, wenn er richtig handelt.

V 65 Numquam bonae honestatis longa simulatio est.
Pseudo-Seneca, Liber de moribus 126
> Ehrbarkeit kann man nie lange vortäuschen.

Beschönigung

V 66 Causa patrocinio non bona peior erit.
Ovidius, Tristia 1. 1,26
> Eine schlechte Sache wird noch schlechter, wenn man sie verteidigt.

V 67 Nullum est vitium sine patrocinio.
Seneca, Epistulae morales 116,2
> Es gibt kein Laster ohne Verteidiger.

V 68 Cautum se timidus, sordidus parcum vocat.
Pseudo-Publilius, Sententiae 46
> Der Angsthase bezeichnet sich als vorsichtig, der Geizhals als sparsam.

V 69 Simpliciter pateat vitium fortasse pusillum: / Quod tegitur, maius creditur esse malum.
Martialis, Epigrammata 3. 42,3–4
> Einen vielleicht nur kleinen Fehler soll man offen zeigen: Was verdeckt wird, gilt als größeres Übel.

Beein-flussung

V70 Omne quippe malum silentio convalescit, et perniciosa dissimulatio fovet illicitum.
Asterius Ansedunensis, Liber ad Renatum monachum 20
> Jedes Übel gewinnt Stärke, wenn man es verschweigt, und schädliche Nichtbeachtung begünstigt das Unerlaubte.

V71 Qui scelera abscondet, veniam non forte meretur.
Columbanus, Praecepta vivendi 23
> Wer Verbrechen vertuscht, verdient keine Verzeihung.

V72 Difficile factu est, ut honor angustis rebus addatur.
Symmachus, Epistulae 1. 4,2
> Es ist schwer, beengte Verhältnisse in strahlendem Licht erscheinen zu lassen.

Lüge

V73 Inter mendacium dicere et mentiri distat. Qui mentitur, ipse non fallitur, alterum fallere conatur; qui mendacium dicit, ipse fallitur. Qui mentitur, fallit, quantum in se est, at qui mendacium dicit, ipse non fallit, quantum in se est.
Figulus bei Gellius, Noctes Atticae 11. 11,1–2
> Es besteht ein Unterschied zwischen Unwahrheit sagen und lügen. Wer lügt, täuscht sich selbst nicht, er versucht, sein Gegenüber zu täuschen; wer die Unwahrheit sagt, täuscht sich selbst. Wer lügt, täuscht absichtlich, doch wer die Unwahrheit sagt, täuscht selbst nicht absichtlich.

V74 Tria falsi sunt testimonia: docere et non facere; docere, quod nescis; docere, quod non ita sit.
Florilegium Frisingense 426
> Es gibt drei Arten die Unwahrheit zu bezeugen: lehren und nicht so handeln, lehren, was man nicht weiß, lehren, was nicht so ist.

V75 Nullum tam impudens mendacium est, ut teste careat.
Plinius maior, Naturalis historia 8. 22
> Keine Lüge ist so schamlos, dass sie nicht Zeugen beibrächte.

V76 Atque utinam muti omnes homines essemus! Minus improbitas instrumenti haberet.
Cato bei Gellius, Noctes Atticae 18. 7,3
> Ach, wären wir Menschen doch alle ohne Sprache! Die Unredlichkeit hätte ein Werkzeug weniger.

V77 Impudenter certa negantibus difficilior est venia.
~ Livius, Ab urbe condita 30. 42,14
> Wer schamlos sichere Tatsachen in Abrede stellt, verdient weniger Nachsicht.

V78 Multi mentiuntur, ut decipiant, multi quia decepti sunt.
Seneca, De ira 2. 29,2
> Viele lügen, um zu hintergehen, viele, weil sie hintergangen wurden.

V79 Fallacia / alia aliam trudit.
Terentius, Andria 778–779
> Eine Lüge zieht die andere nach sich.

V80 Mendacem memorem esse oportet.
~ Quintilianus, Institutio oratoria 4. 2,91
> Wer lügt, muss ein gutes Gedächtnis haben.

V81 Quod finxit lingua, spernit conscientia.
Publilius Syrus, Sententiae A275
> Was die Zunge erdichtet hat, davon will das Gewissen nichts wissen.

V82 Tenue est mendacium: perlucet, si diligenter inspexeris.
Seneca, Epistulae morales 79,18
> Lügen sind fadenscheinig; schaut man genau hin, schimmern sie durch.

V83 Tantum est enim tacere verum quantum et falsum dicere.
Querolus 21
> Die Wahrheit verschweigen ist so viel wie falsch aussagen.

V84 Mendaci homini ne verum quidem dicenti creditur.
~ Cicero, De divinatione 2. 146
> Dem Lügner glaubt man nicht einmal, wenn er die Wahrheit sagt. *(vgl. ›Wer einmal lügt, dem glaubt man nicht, und wenn er auch die Wahrheit spricht.‹)*

V85 Poetis mentiri licet.
Plinius, Epistulae 6. 21,5
> Dichter dürfen lügen.

V86 Nam et mendacium dicere etiam sapienti aliquando concessum est, et affectus, si aliter ad aequitatem perduci iudex non poterit, necessario movebit orator: imperiti enim iudicant et qui frequenter in hoc ipsum fallendi sint, ne errent.
Quintilianus, Institutio oratoria 2. 17,27
> Die Unwahrheit zu sagen ist manchmal auch einem Weisen gestattet, und auch der Redner wird, wenn sich der Richter nicht anders zu einem angemessenen Urteil bringen lässt, notgedrungen emotional vorgehen: Zu Gericht sitzen unerfahrene Schöffen, die man oft dazu täuschen muss, damit sie kein Fehlurteil sprechen.

V87 Etiam innocentes cogit mentiri dolor.
Publilius Syrus, Sententiae 147
> Der Schmerz zwingt auch Unschuldige oft zur Lüge.

Beein-
flussung

V 88   Verum est, quod pro salute fit mendacium.
Publilius Syrus, Sententiae 636
> Zur Wahrheit wird, wenn es ums Leben geht, die Lüge.

Ausrede

V 89   Mentiuntur, qui sibi obstare ad studia liberalia turbam negotiorum videri volunt: simulant occupationes et augent et ipsi se occupant.
Seneca, Epistulae morales 62,1
> Wer den Eindruck erwecken will, die Fülle seiner Verpflichtungen hindere ihn an wissenschaftlicher Beschäftigung, der lügt: Er schützt Pflichten vor, übertreibt sie und stiehlt sich selbst die Zeit.

V 90   Nolle in causa est, non posse praetenditur.
Seneca, Epistulae morales 116,8
> Nicht zu wollen ist begründbar, nicht zu können ist nur ein Vorwand.

V 91   Suam quisque culpam auctores ad negotia transferunt.
Sallustius, De bello Iugurthino 1,4
> Wer sich vergangen hat, schiebt seine Schuld auf die Umstände.

V 92   Frustra mala omnia ad crimen fortunae relegamus.
Quintilianus, Institutio oratoria 6. pr. 13
> Vergebens schieben wir die Schuld an all unserem Unglück auf das Schicksal.

V 93   Omne peccatum actio est. Actio autem omnis voluntaria tam honesta quam turpis. Ergo voluntarium est omne peccatum. Tolle excusationem: Nemo peccat invitus.
Pseudo-Seneca, Liber de moribus 1
> Jedes Vergehen ist Handeln. Jedes Handeln aber ist freiwillig, sowohl ehrenwertes als auch schändliches. Folglich ist jedes Vergehen freiwillig. Lass keine Entschuldigung gelten: Keiner vergeht sich gegen seinen Willen.

V 94   Se quisque absolvere gestit, / transferat ut proprias aliena in crimina culpas.
Ausonius, Cupido cruciatus 19,63–64
> Jeder versucht sich herauszureden, indem er seine eigenen Fehler anderen anlastet.

V 95   Conscientia animi nullas invenit linguae preces.
Publilius Syrus, Sententiae 100
> Das Gewissen findet keine Bitten für die Zunge *(d. h. kommt als Fürsprecher nicht in Frage)*.

V 96 Turpissimam aiebat Fabius imperatori excusationem esse: ›non putavi‹, ego turpissimam homini puto.
Seneca, De ira 2. 31,4

> Fabius Maximus pflegte zu sagen, für einen Feldherrn sei es die erbärmlichste Ausrede, zu sagen: ›Das hätte ich nicht gedacht‹, ich halte sie für die erbärmlichste für einen Menschen.

Entschuldigung

V 97 Absit invidia verbo.
Livius, Ab urbe condita 9. 19,15

> Missgunst sei dem Ausdruck fern. *(d. h. ›mit Verlaub zu sagen‹)*

V 98 Da veniam culpae.
Ovidius, Fasti 4. 755

> Verzeih den Fehler.

V 99 Puerum aetas excusat, feminam sexus, extraneum libertas, domesticum familiaritas.
Seneca, De ira 3. 24,3

> Das Kind entschuldigt sein Alter, die Frau ihr Geschlecht, den Fremden seine Freiheit, den Hausgenossen seine Vertrautheit.

V 100 Fecimus et nos / haec iuvenes.
Iuvenalis, Saturae 8,163–164

> In unserer Jugend haben wir auch so gehandelt.

V 101 Ut desint vires, tamen est laudanda voluntas.
Ovidius, Epistulae ex Ponto 3. 4,79

> Mögen auch die Kräfte fehlen, so ist doch der gute Wille zu loben.

Beeinflussung

Kritik

V 102 Eos adversarios existimemus, qui arma contra patriam ferant; non eos, qui suo iudicio tueri rem publicam velint.
Platon bei Cicero, De officiis 1. 87

> Wir sollen die als Feinde betrachten, die die Waffen gegen unser Vaterland erheben, nicht die, die durch ihre Kritik den Staat schützen wollen.

V 103 Admoneri bonus gaudet, pessimus quisque rectorem asperrime patitur.
Seneca, De ira 3. 36,4

> Der Tüchtige freut sich über Kritik, doch gerade die größten Stümper lassen sich nicht korrigieren.

V 104 Egestas et ignominia ei, qui deserit disciplinam; qui autem acquiescit arguenti, glorificabitur.
Vulgata, Liber proverbiorum 13,18

> Armut und Schande dem, der Lehren in den Wind schlägt, wer aber der Kritik folgt, erntet Lob.

V 105 Magis amat obiurgator sanans quam adulator unguens caput.
Augustinus, Epistulae 28,6

> Der Tadler, der unsere Fehler heilt, liebt uns mehr als der Schmeichler, der uns Brei ums Maul schmiert *(wörtlich: unser Haupt salbt)*.

V 106 Quamvis acerbus qui monet, nulli nocet.
Publilius Syrus, Sententiae 568

> Eine Ermahnung, und mag sie noch so bitter sein, schadet niemandem.

V 107 Neque enim ulli patientius reprehenduntur, quam qui maxime laudari merentur.
Plinius, Epistulae 7. 20,1

> Niemand lässt sich geduldiger tadeln, als wer besonders gelobt zu werden verdient.

V 108 Est iniqua in omni re accusanda praetermissis bonis malorum enumeratio vitiorumque selectio.
Cicero, De legibus 3. 23

> Es ist nicht fair, bei allem, was man zu beklagen hat, nur das Schlechte aufzuzählen und die Mängel herauszukehren und dabei das Gute wegzulassen.

V 109 Peccantem puerum quisquis non corrigit, odit.
Muretus, Institutio puerilis 12

> Wer einen Jungen, der einen Fehler begeht, nicht zurechtweist, hasst ihn.

V 110 Peccata potius corrigas quam vindices.
Publilius Syrus, Sententiae A94

> Fehler sollte man eher verbessern als tadeln.

V 111 Nam qui admonent amice, docendi sunt, qui inimice insectantur, repellendi.
Cicero, De natura deorum 1. 5

> Wer wohlmeinend kritisiert, muss sich auch belehren lassen, wer aber böswillig verunglimpft, muss zurechtgewiesen werden.

V 112 Clam coarguas propinquum, quem palam laudaveris.
Solon bei Pseudo-Ausonius, Septem sapientum sententiae 5,4

> Tadle deinen Freund insgeheim, wenn du ihn öffentlich gelobt hast.

V 113 Secreto amicos admone, lauda palam.
Publilius Syrus, Sententiae A103

> Mahne deine Freunde heimlich, lobe sie öffentlich.

V114 Nemo nisi vanus falso laetatur honore; / conscia mens culpae, quam
maledicta movent.
Johannes Saresberiensis, Policraticus, Entheticus 221–222
> Nur der Eitle freut sich über falsches Lob; ein Verriss trifft nur Schuldbewusste.

V115 Cum vere obiurges, sic inimice iuvas; / cum falso laudes, tunc et amice noces.
Anacharsis bei Pseudo-Ausonius, Septem sapientum sententiae 7,5–6
> Wenn man richtig tadelt, hilft man auf unfreundliche Weise; wenn man fälschlich lobt, schadet man auf freundliche Weise.

V116 Facilius est operis iudicem quam operarium esse.
Wander, Deutsches Sprichwörter-Lexikon 4. 988
> Es ist leichter, über eine Arbeit zu urteilen, als sie selbst zu verrichten. *(vgl. ›Tadeln ist leichter als selber machen.‹)*

V117 Homines enim, cum rem destruere non possunt, iactationem eius incessunt.
Plinius, Epistulae 1. 8,15
> Wenn die Menschen eine Sache nicht herabsetzen können, prangern sie doch das ihr gezollte Lob an.

V118 Aliena enim vitia quisque reprendi mavult quam sua.
Quintilianus, Institutio oratoria 2. 5,16
> Jedem ist lieber, dass die Fehler anderer gerügt werden als seine eigenen.

V119 Quanto perditior quisque est, tanto acrius urget.
Horatius, Sermones 1. 2,15
> Je schlechter es einem jeden geht, desto strenger ist er gegen andere.

V120 Consueta vitia ferimus, nova reprehendimus.
Publilius Syrus, Sententiae 85
> Gewohnte Fehler nehmen wir geduldig hin, neue tadeln wir hart.

V121 Offendere plures / vix tutum.
Martialis, Epigrammata 9. 55,5–6
> Viele zu kränken ist nicht ganz ungefährlich.

V122 Pone supercilium!
Martialis, Epigrammata 1. 4,2
> Zieh nicht die Augenbraue hoch *(d. h. sei gnädig, sei nicht streng)*!

V123 Quem diligas, etiam queri de ipso malum est.
Publilius Syrus, Sententiae 557
> Schon sich über jemanden beklagen, den man liebt, ist schlecht.

V124 Multum interest, obiurges an punias.
Seneca maior, Controversiae (Exc.) 6. 8
> Es ist ein großer Unterschied zwischen Tadeln und Bestrafen.

Beein-flussung

V 125 Damnare est obiurgare, cum auxilio est opus.
Publilius Syrus, Sententiae 124
> Tadeln heißt verurteilen, wenn Hilfe gefragt ist.

V 126 At non effugies meos iambos!
Catullus, frg. 3
> Doch meinen Jamben wirst du nicht entrinnen.

V 127 Vox occidi non potest.
Petrus Chrysologus, Sermones 174
> Das Wort kann man nicht töten.

Vorwurf

V 128 Meliorem illum facies ferendo, utique peiorem exprobrando.
Seneca, De beneficiis 7. 28,3
> Bessern kannst du einen, wenn du ihn erträgst, durch Vorwürfe wird er in jedem Fall schlechter.

V 129 Grave crimen, etiam leviter cum est dictum, nocet.
Publilius Syrus, Sententiae 202
> Ein schwerer Vorwurf ist schädlich, auch wenn er leicht über die Lippen kommt.

V 130 Crimen velut sagitta facile infigitur.
Publilius Syrus, Sententiae A269
> Ein Vorwurf bleibt wie ein Pfeil leicht haften.

V 131 Obiurgari in calamitate gravius est quam calamitas.
Publilius Syrus, Sententiae 439
> Im Unglück auch noch gescholten zu werden ist schlimmer als das Unglück selbst.

V 132 Lapides loqueris.
Plautus, Aulularia 152
> Du redest Steine *(d. h. das sind harte Brocken, die du mir vorsetzt)*.

V 133 Est aliqua ingrato meritum exprobrare voluptas.
Ovidius, Heroides 12,21
> Es ist eine Wonne, einem Undankbaren ein Verdienst vorzuhalten.

Lob

V 134 Laus virtutis reflexio est.
Bacon, Sermones fideles 51
> Lob ist das Spiegelbild der Leistung.

V135 **Omnes mortales sese laudarier optant.**
Ennius, Annales frg. 560
Alle Menschen wünschen gelobt zu werden.

V136 **Sed laudare dignos, honesta actio est.**
Seneca, Epistulae morales 102,10
Menschen zu loben, die es verdient haben, ist eine ehrenvolle Tat.

V137 **Sufficit dignis stricta laudatio.**
Ennodius, Epistulae 8. 38
Schon ein kurzes Lob genügt denen, die seiner würdig sind.

V138 **Vel parem vel inferiorem ubi laudaris, laus est tua.**
Pseudo-Seneca, Proverbia 93
Wenn man einen Ebenbürtigen oder Schwächeren lobt, lobt man sich selbst.

V139 **Bonum est laudari, sed praestantius est esse laudabilem.**
~ Pseudo-Seneca, Liber de moribus 38
Es ist gut, gelobt zu werden, doch es ist besser, lobenswert zu sein.

V140 **Bonum est non laudari et esse laudabilem.**
Pseudo-Seneca, Liber de moribus 38
Es ist gut, nicht gelobt zu werden und doch lobenswert zu sein.

V141 **Non minorem laudem de inventis quam de rebus possumus acquirere custoditis.**
Cassiodorus, Variae 3. 9,1
Ebenso großes Lob können wir für die Schaffung von Neuem wie für den Erhalt des Alten ernten.

V142 **Laus nova nisi oritur, etiam vetus amittitur.**
Publilius Syrus, Sententiae 293
Wenn kein neues Lob entsteht, vergeht auch das alte.

V143 **Malis displicere laudari est.**
Pseudo-Seneca, De remediis fortuitorum
Schlechten zu missfallen heißt gelobt zu werden.

V144 **Si non culpabor, sat mihi laudis erit.**
Leibniz, Essais de theodicee 251
Es ist mir schon Lobes genug, wenn ich nicht getadelt werde.

**Beein-
flussung**

Empfehlung

V145 Omnis commendatio amicis testimonium tribuit, suffragium praestat incognitis.
Symmachus, Epistulae 7. 87
> Eine Empfehlung stellt Freunden ein Zeugnis aus und verschafft Unbekannten eine Hilfe.

V146 Sua enim luce conspicui precariis testimoniis non iuvantur.
Symmachus, Epistulae 3. 91
> Wer im eigenen Licht erstrahlt, braucht nicht die Unterstützung durch erbetene Empfehlungen.

V147 Alios commendet epistula: peccat, / qui commendandum se putat esse suis.
Martialis, Epigrammata 3. 5,11–12
> Ein Brief mag Fremde empfehlen: Wer glaubt, er müsse sich den Seinen empfehlen, irrt sich gewaltig.

V148 Apud bonos in bona causa supervacua est commendatio, cum ipsa res impetret, quod precibus exoraretur.
Erasmus, Apophthegmata 1. 101C/D
> Bei guten Menschen ist bei einer guten Sache eine Empfehlung überflüssig, da schon die Sache veranlasst, was Bitten erreichen wollen.

V149 Opera enim illorum sequuntur illos.
Vulgata, Apocalypsis Ioannis 14,13
> Ihre Werke folgen ihnen nach *(d. h. sprechen für sie)*.

V150 Facile omnes, cum valemus, recta consilia aegrotis damus.
Terentius, Andria 309
> Für uns Gesunde ist es leicht, den Kranken Ratschläge zu geben.

V151 Qualem commendes, etiam atque etiam aspice, ne mox / incutiant aliena tibi peccata pudorem.
Horatius, Epistulae 1. 18,76–77
> Wen du empfehlen willst, den prüfe immer wieder, damit nicht bald die Vergehen des anderen dich bloßstellen.

Ratschlag

V152 Neque enim satis est reprehendisse peccantem, si non doceat recti viam.
Columella, De re rustica 11. 1
> Es reicht nicht aus, einen Irrenden zu tadeln, wenn man ihm nicht den richtigen Weg weist.

V153 Docere necessitatis est, delectare suavitatis, flectere victoriae.
Augustinus, De doctrina christiana 4. 12
> Notwendig ist ein Rat, wenn er belehrt, erfreulich, wenn er gefällig ist, erfolgreich, wenn er sich auswirkt.

V 154 **Ex commendatione et consilio generali nulla nascitur obligatio.**
cf. Corpus Iuris Civilis, Digesta 17. 1,2,6 (Gaius)
Aus einer Empfehlung und einem allgemeinen Rat entsteht keinerlei Haftung.

V 155 **Nemo ex consilio obligatur, etiamsi non expediat ei cui dabatur, quia liberum est cuique apud se explorare, an expediat sibi consilium.**
Corpus Iuris Civilis, Digesta 17. 1,2,6 (Gaius)
Niemand kann für einen Rat haftbar gemacht werden, auch wenn dieser dem, dem er gegeben wurde, nichts nützt, weil es jedem freisteht, zu erkunden, ob ein Rat ihm nützt.

V 156 **Quibusdam remedia monstranda, quibusdam inculcanda sunt.**
Seneca, Epistulae morales 27,9
Manchen braucht man nur zu zeigen, was ihnen hilft, manchen muss man es aufdrängen. (vgl. ›jemanden zu seinem Glück zwingen‹)

V 157 **Nam fere verum consilium, quod initio auditu grave est, in posterum cognita utilitate fit iucundum.**
Rutilius Lupus, Schemata dianoeas et lexeos 2. 19
In der Regel wird ein aufrichtiger Rat, der sich anfänglich hart anhört, in der Folge annehmbar, wenn man seinen Nutzen erkannt hat.

V 158 **In suadendo nihil est optabilius quam dignitas.**
Cicero, De oratore 2. 334
Bei der Erteilung eines Rats ist nichts wünschenswerter als Ehrenhaftigkeit.

V 159 **Utilibus monitis prudens accommodat aurem.**
Anthologia Latina 1. 716,1
Nützlichem Rat leiht der Kluge sein Ohr.

V 160 **Quae nosti, sine arrogantia postulanti imperties.**
Martinus Bracarensis, Formula vitae honestae 3
Lass andern auf Fragen ohne Überheblichkeit zukommen, was du weißt.

V 161 **Declinanda est suasio, quae plus habet periculi quam decoris.**
Cassiodorus, Variae pr. 6
Einen Rat, der mehr Gefahr als Ruhm nach sich zieht, muss man ablehnen.

V 162 **Ira et spes fallaces sunt auctores.**
~ Livius, Ab urbe condita 7. 40,19
Zorn und Hoffnung sind trügerische Ratgeber.

V 163 **Malus auctor etiam honestam rem turpem facit.**
Publilius Syrus, Sententiae A251
Ein schlechter Ratgeber macht auch etwas Anständiges unanständig.

Beein-flussung

V 164 Malum consilium consultori est pessimum.
Varro, De re rustica 3. 2,1 (nach Hesiodos, Erga 266)
Ein schlechter Rat wirkt sich am schlechtesten auf den aus, der ihn gegeben hat.

V 165 Ubi multa consilia, ibi sunt multa falsa.
Cyrillus, Speculum sapientiae 1. 10, Summarium
Wo es viele Ratschläge gibt, da sind viele falsch. *(vgl. ›Viele Köche verderben den Brei.‹)*

V 166 Homini consilium tum deest, cum multa invenit.
Publilius Syrus, Sententiae 229
Der Mensch ist dann ratlos, wenn er viele Ratschläge gefunden hat.

Ermutigung

V 167 Nutriunt enim praemiorum exempla virtutes.
Cassiodorus, Variae 2. 16,1
Gelegentliche Belohnungen fördern die Leistung.

V 168 Non docet admonitio, sed advertit, sed excitat, sed memoriam continet nec
patitur elabi. Pleraque ante oculos posita transimus: Admonere genus
adhortandi est.
Seneca, Epistulae morales 94,25
Eine Erinnerung belehrt nicht, sondern macht aufmerksam, regt an, stärkt das Gedächtnis
und lässt nicht in Vergessenheit geraten. Am meisten, das vor unseren Augen liegt, gehen
wir achtlos vorbei. Ermahnen ist eine Art Aufmunterung.

V 169 Plausibus ex ipsis populi laetoque favore / ingenium quodvis incaluisse
potest.
Ovidius, Epistulae ex Ponto 3. 4,29–30
Am Beifall der Menge und ihrer hellen Begeisterung kann sich jedes Talent erwärmen.

V 170 Acer et ad palmae per se cursurus honores, / si tamen horteris, fortius ibit
equus.
Ovidius, Epistulae ex Ponto 2. 11,21–22
Ein feuriges Pferd, das von selbst zu Siegesehren strebt, wird noch stürmischer rennen,
wenn man es anspornt.

V 171 Excitat auditor studium, laudataque virtus / crescit, et immensum gloria calcar
habet.
Ovidius, Epistulae ex Ponto 4. 2,35–36
Das Publikum spornt den Eifer an, gelobt wächst die Virtuosität, und der Ruhm bietet einen
gewaltigen Ansporn.

V 172 In excitando autem et in acuendo plurimum valet, si laudes eum, quem cohortere.
Cicero, Ad familiares 15. 21,4

> Beim Antreiben und Anspornen ist man am erfolgreichsten, wenn man den lobt, den man aufmuntern will.

V 173 Egregios invitant praemia mores.
Claudianus, De consulatu Stilichonis 2. 125

> Belohnung ist Anreiz zu hervorragendem Verhalten.

V 174 Denique non parvas animo dat gloria vires, / et fecunda facit pectora laudis amor.
Ovidius, Tristia 5. 12,37–38

> Schließlich verleiht der Ruhm dem Geist keine geringen Kräfte, und gern gehörtes Lob macht die Brust fruchtbar.

V 175 Magnum genus incitamenti credere desiderata compleri.
Cassiodorus, Variae 5. 17,1

> Der Glaube, dass ein Ziel erreichbar ist, ist ein gewaltiger Ansporn.

V 176 In medio omnibus palma est posita.
~ Terentius, Phormio 16–17

> Allen steht als Siegespreis die Palme vor Augen.

V 177 Ignaviam quoque necessitas acuit.
Curtius Rufus, Historiae Alexandri Magni 5. 4,31

> Die Notwendigkeit spornt auch die Feigen an.

V 178 Eia age, rumpe moras!
Vergilius, Aeneis 4. 569

> Auf denn, beende das Zögern!

V 179 Excute / corde metum.
Ovidius, Metamorphoses 3. 689–690

> Vertreib die Furcht aus deinem Herzen.

V 180 Exspectes et sustineas!
Martialis, Epigrammata 9. 3,13

> Hoffe und harre aus!

V 181 Ut moveas alios, tu moveare prius.
Owen, Epigrammata 3. 47,4

> Um andere zu motivieren, musst du zuvor dich motivieren.

Beein-flussung

V 182 Sicut est autem, ut teneatur ad audiendum, delectandus auditor, ita flectendus, ut moveatur ad agendum.
Augustinus, De doctrina Christiana 4. 27

> Wie man den Zuhörer erfreuen muss, um seine Aufmerksamkeit zu fesseln, so muss man ihn rühren, um ihn zum Handeln zu bewegen.

V 183 Qui unius culpae ignoscit, suadet pluribus.
Publilius Syrus, Sententiae 535

> Wer einem Einzigen eine Tat verzeiht, ermuntert viele andere, sie zu begehen.

V 184 Qui ulcisci dubitat, improbos plures facit.
Publilius Syrus, Sententiae 528

> Wer zu strafen zögert, vermehrt die Zahl der Schlechten.

Versprechen

V 185 Deliberandum est, antequam promiseris.
Publilius Syrus, Sententiae A39

> Bevor man Versprechungen macht, muss man nachdenken.

V 186 Priusquam promittas, deliberes, et cum promiseris, facias.
Pseudo-Seneca, Liber de moribus 25

> Überlege, bevor du etwas versprichst, und wenn du es versprochen hast, dann handle auch danach.

V 187 Cum consideratione promitte, plenius, quam promiseris, praesta.
Martinus Bracarensis, Formula honestae vitae 1

> Versprich mit Bedacht, leiste mehr, als du versprochen hast.

V 188 Praestabis facile, honesta si promiseris.
Publilius Syrus, Sententiae A89

> Wenn man Achtbares verspricht, kann man es leicht halten.

V 189 Facito incunctanter, quod semel promiseris.
Publilius Syrus, Sententiae A293

> Halte, ohne zu zögern, was du einem versprochen hast.

V 190 Omne promissum initio est liberae voluntatis, deinde necessitatis.
Wander, Deutsches Sprichwörter-Lexikon 4. 1594

> Jedes Versprechen ist anfangs eine Sache des freien Willens, dann eine Sache der Notwendigkeit.

V 191 Incipe pollicitis addere facta tuis!
Ovidius, Amores 2. 16,48

> Fang an, deinen Versprechungen Taten hinzuzufügen.

V 192 Nam beneficia promissa opperiri oportet neque ante remunerari, quam facta sint; iniurias autem imminentis praecavisse iustum est, quam exspectavisse.
Cato bei Gellius, Noctes Atticae 6. 3,41

Versprochene Vergünstigungen muss man abwarten und darf sie erst vergelten, wenn sie erwiesen sind; Vorkehrungen gegen drohende Ungerechtigkeiten zu treffen, statt sie abzuwarten, ist aber berechtigt.

V 193 Dicta fides sequitur.
Ovidius, Metamorphoses 3. 527

Den Worten folgt die Tat.

V 194 Etiam impacato recte praestatur fides.
Publilius Syrus, Sententiae 148

Auch einem Streitsüchtigen hält man zu Recht sein Wort.

V 195 Factis procul, verbis tenus.
Epiktetos bei Gellius, Noctes Atticae 17. 19,1

Weit von Taten, nahe bei Worten.

V 196 Multa fidem promissa levant.
Horatius, Epistulae 2. 2,10

Viele Versprechungen mindern die Glaubwürdigkeit.

V 197 Nec timide promitte, trahunt promissa puellas.
Ovidius, Ars amatoria 1. 631

Versprich nicht zaghaft, Versprechungen ziehen die Mädchen an.

V 198 Promittas, facito! Quid enim promittere laedit? / Pollicitis dives quilibet esse potest.
Ovidius, Ars amatoria 1. 443–444

Versprich frisch drauflos! Welchen Schaden richten schon Versprechungen an? An Versprechungen kann jeder reich sein.

Warnung

V 199 Est amicorum ante dicere ea, quae vitari possunt.
Cicero, Orationes Philippicae 1,26

Es ist Aufgabe der Freunde, vorher auf das aufmerksam zu machen, was man vermeiden kann.

V 200 Quid cautus caveas, aliena exempla docebunt.
Anthologia Latina 1. 716,38

Was man mit Vorsicht verhüten kann, zeigen einem fremde Beispiele.

Beein-flussung

V201   Vos ego nunc moneo: felix, quicumque dolore / alterius disces posse cavere suo.
Tibullus (Lygdamus), Elegiae 3. 6,43–44
> Dazu ermahne ich euch jetzt: Glücklich ist der, der vom Leid des anderen lernt, sich vor eigenem Leid zu hüten.

V202   Aliorum exempla commovent.
Terentius, Andria 812
> Die Beispiele anderer dienen als Warnung.

V203   Cautis prodesse pericula aliorum solent.
Phaedrus, Liber fabularum, Appendix Gudiana 30,8
> Vorsichtige ziehen meist Nutzen aus Gefahren anderer.

V204   Optimum est alia insania frui.
Plinius maior, Naturalis historia 18. 31
> Am besten ist es, von der Torheit anderer zu lernen.

V205   Cautum debet reddere, non sequacem error alienus.
Cassiodorus, Variae 7. 2,2
> Vorsichtig muss ein fremder Fehler machen, nicht folgsam.

V206   Eventus stultorum magister est.
~ Livius, Ab urbe condita 22. 39,10
> Der Ausgang ist der Lehrmeister der Dummen. *(vgl. ›Durch Schaden wird man klug.‹)*

Kränkung

V207   Homines de te male loquuntur: Si merito, non quod loquuntur molestum fuit, sed quod non mentiuntur. Si immerito, innocentia mea nunc maxime gaudeo; apparet enim illos obiecturos vera, si possent.
Pseudo-Seneca, Liber de moribus 42
> Die Menschen reden schlecht über einen: Falls zu Recht, ist nicht ärgerlich, was sie reden, sondern dass sie nicht lügen. Falls zu Unrecht, freue ich mich erst jetzt so richtig meiner Anständigkeit, denn es ist klar, dass sie Wahres vorwerfen würden, wenn sie könnten.

V208   Multas iniurias transit prudens et plerasque non accipit, quia aut eas nescit aut, si scierit, in ludum eas iocumque convertit.
Martinus Bracarensis, De ira 5
> Wer klug ist, übersieht viele Kränkungen und nimmt die meisten nicht zur Kenntnis, weil er sie entweder nicht bemerkt oder, wenn er sie bemerkt, sie in Scherz und Spaß umdeutet.

V 209 **Laedere numquam velimus, longeque absit illud propositum potius amicum quam dictum perdendi.**
Quintilianus, Institutio oratoria 6. 3,28
> Wir sollten nie verletzen wollen, und fern liege uns jener bedenkliche Vorsatz, lieber einen Freund zu verlieren, als auf einen Witz zu verzichten.

V 210 **Cave, ne quem sermone laedas vel aperto vel inverso vel absentem vel coram.**
Iulius Victor, Ars rhetorica, De sermocinatione
> Pass auf, dass du keinen mit Worten verletzt, weder offen noch versteckt, weder in seiner Abwesenheit noch in seiner Gegenwart.

V 211 **Ingenua nimirum ingenia magis verba timent quam verbera.**
Giraldus Camprensis, Speculum duorum 1.
> Anständige Menschen fürchten Worte mehr als Schläge.

V 212 **Mens est, quae diros sentiat ictus.**
Ovidius, Metamorphoses 4. 499
> Es ist das Herz, das die schrecklichen Stiche spürt.

V 213 **Ut quisque contemptissimus et ludibrio est, ita solutissimae linguae est.**
Seneca, De constantia sapientis 11,3
> Je verächtlicher und lächerlicher einer ist, umso loser ist sein Mundwerk.

V 214 **Lingua fuit damno.**
Ovidius, Metamorphoses 2. 540
> Die Zunge hat den Schaden angerichtet.

V 215 **Este procul, lites et amarae proelia linguae!**
Ovidius, Ars amatoria 2. 151
> Bleibt weit weg, Streit und Gezänk erbitterter Zunge!

V 216 **Auxilium profligatis contumelia est.**
Publilius Syrus, Sententiae 694
> Hilfe nach der Erniedrigung ist Kränkung.

V 217 **Iniuria solvit amores.**
Erasmus, Adagia 3679 (nach einem griechischen Epigramm)
> Kränkung lässt die Liebe in Hass umschlagen.

V 218 **Bonus animus laesus gravius multo irascitur.**
Publilius Syrus, Sententiae 53
> Wenn es gekränkt ist, zürnt ein edles Herz viel stärker.

V 219 **Ingenuitatem laedas, cum indignum roges.**
Publilius Syrus, Sententiae 233
> Wenn man Unwürdige bittet, kränkt man die Würdigen.

Beein-flussung

Beleidigung

V 220 Nihil est autem tam volucre quam maledictum, nihil facilius emittitur, nihil citius excipitur, nihil latius dissipatur.
Cicero, Pro Plancio 57
> Nichts ist schneller als ein böses Wort, nichts wird leichter ausgesprochen, rascher aufgegriffen, nichts breitet sich weiter aus.

V 221 Habet enim quendam aculeum contumelia, quem pati prudentes ac viri boni difficillime possunt.
Cicero, In Verrem 2. 3,95
> Eine Beleidigung hinterlässt einen Stachel, den kluge und tüchtige Männer nur sehr schwer ertragen können.

V 222 Atrocior est, quae in conspectu fiat.
Corpus Iuris Civilis, Digesta 47. 10,7,8 (Ulpianus)
> Eine Beleidigung, die in der Öffentlichkeit geschieht, wiegt schwerer.

V 223 Aequo animo audienda sunt imperitorum convicia.
Seneca, Epistulae morales 76,4
> Die Schmähungen der Einfältigen muss man mit Gleichmut über sich ergehen lassen.

V 224 Heu, quam miserum est ab eo laedi, de quo non possis queri!
Publilius Syrus, Sententiae 209
> Wie schlimm, wenn man von dem beleidigt wird, an dem man selbst nichts auszusetzen hat.

V 225 Iniuriam aures quam oculi facilius ferunt.
Publilius Syrus, Sententiae 265
> Die Ohren ertragen eine Beleidigung leichter als die Augen.

V 226 Maledictum interpretando facias acrius.
Publilius Syrus, Sententiae 331
> Eine Schmähung wird durch Erläuterungen noch schmählicher.

V 227 Pudor dimissus numquam redit in gratiam.
Publilius Syrus, Sententiae 459
> Gekränktes Ehrgefühl lässt sich nie wieder aussöhnen.

Verleumdung

V 228 Falsum male dictum malevolum mendacium est.
Publilius Syrus, Sententiae 186
> Eine üble Nachrede ist eine böswillige Lüge.

V 229 Aliud est male dicere, aliud accusare. Accusatio crimen desiderat, rem ut definiat, hominem notet, argumento probet, teste confirmet. Maledictio autem nihil habet propositi praeter contumeliam.
Cicero, Pro Caelio 6

> Verleumden und Anklagen ist nicht dasselbe. Anklage setzt ein Vergehen voraus, d. h. sie legt die Art des Vergehens fest, kennzeichnet den Täter, bestätigt mit Belegen und Zeugen. Verleumdung hingegen hat nur das Ziel, jemanden in Misskredit zu bringen.

V 230 Absentem qui rodit, amicum / qui non defendit, alio culpante, solutos / qui captat risus hominum famamque dicacis, / fingere qui non visa potest, commissa tacere / qui nequit: hic niger est, hunc tu, Romane, caveto!
Horatius, Sermones 1. 4,81–85

> Wer einen hinterm Rücken schlecht macht, den Freund nicht verteidigt, auf das ausgelassene Gelächter der Menge und den Ruf eines Witzbolds aus ist, erfinden kann, was er nicht erlebt hat, Anvertrautes nicht bei sich behalten kann: Das ist eine schwarze Seele, vor dem nimm dich in Acht, Römer!

V 231 Mali sunt homines, qui bonis dicunt male.
Plautus, Bacchides 118

> Schlecht sind die Menschen, die von Guten schlecht reden.

V 232 Mala lingua eum, quem carpit, meliorem indicat.
Publilius Syrus, Sententiae A265

> Ein Lästermaul lässt den für besser gelten, den es zerreißt.

V 233 Vocis malignae numquam libertas tacet.
Publilius Syrus, Sententiae 709

> Die Zügellosigkeit einer Lästerzunge ist nie zum Schweigen zu bringen.

Spott

V 234 Nemo risum praebuit, qui ex se cepit.
Seneca, De constantia sapientis 17,2

> Niemand hat sich je dem Gespött ausgesetzt, der über sich selbst spotten konnte.

V 235 Ludibrii haud expers, mala quem fortuna fatigat.
Binder, Novus thesaurus 1704

> ›Wer den Schaden hat, braucht für den Spott nicht zu sorgen.‹

V 236 Numquam sunt grati, qui nocuere, sales.
Pseudo-Seneca, Epigrammata 412,18

> Scherze, die verletzen, sind nie willkommen.

V 237 Nam risu inepto res ineptior nulla est.
Catullus, Carmina 39,16

> Nichts ist dümmer als ein dummes Lachen.

Beeinflussung

V 238 Difficile est saturam non scribere!
Iuvenalis, Saturae 1,30
> Es ist schwer, darüber keine Satire zu schreiben.

V 239 Si natura negat, facit indignatio versum.
Iuvenalis, Saturae 1,79
> Wenn die Begabung es versagt, dann schmiedet Entrüstung den Vers.

Drohung

V 240 Quos ego ...!
Vergilius, Aeneis 1. 135
> Euch werde ich ...! *(Neptuns Empörung über das Vorgehen der Winde)*

V 241 Derideri merito potest, qui sine virtute vanas exercet minas.
~ *Phaedrus, Liber fabularum 3. 6,10–11*
> Zu Recht kann man über den spotten, der leere Drohungen ausstößt, ohne sie umsetzen zu können.

V 242 Fit enim, ut, quod blande non struitur, minaciter impetretur.
Saxo grammaticus, Gesta Danorum 2. 8,20
> Es ist möglich, mit Drohungen zu erreichen, was man mit Liebkosungen nicht schafft.

V 243 Infirmi et timidi est nimirum multa minari. / Verbaque femineae vires sunt, facta virorum.
Palingenius, Zodiacus vitae 4. 804–805
> Es zeugt von Schwäche und Furcht, viel zu drohen. Worte sind die Macht der Frauen, Taten die der Männer.

V 244 Timidi est adversario minari.
Wander, Deutsches Sprichwörter-Lexikon 1. 1281
> Dem Gegner zu drohen zeugt von Ängstlichkeit.

V 245 Minarum strepitus asinarum crepitus.
Binder, Novus thesaurus 1859
> Auch noch so laute Drohungen sind wie das Wiehern von Eseln.

Verwünschung

V 246 Detestatio est denuntiatio facta cum testatione.
Corpus Iuris Civilis, Digesta 50. 16,40 pr. (Ulpianus)
> Verwünschung ist eine unter Anrufung von Zeugen vollzogene Androhung.

V247 **Detestari est absenti denuntiare.**
Corpus Iuris Civilis, Digesta 50. 16,39,2 (Paulus)
> Verwünschen heißt einem Abwesenden etwas androhen.

V248 **Abi in malam rem maxumam.**
Plautus, Epidicus 78
> Scher dich zum Teufel! *(wörtlich: Geh weg ins schlimmste Unheil!)*

V249 **I in malam crucem!**
Plautus, Casina 977
> Geh an den Galgen! *(vgl. ›Geh zum Teufel!‹)*

Reaktion

V250 **Alterius factum ac dictum ne carpseris umquam, / exemplo simili ne te derideat alter.**
Disticha Catonis 3. 7
> Tadle nie Taten und Worte eines anderen, damit dieser dich nicht nach deinem eigenen Vorbild verhöhnt.

V251 **Est bellum illud quoque, ex quo is, qui dixit, irridetur in eo ipso genere, quo dixit.**
Cicero, De oratore 2. 277
> Hübsch ist auch eine Entgegnung, mit der man den Gegenspieler mit derselben Waffe, die er benutzt hat, der Lächerlichkeit preisgibt.

V252 **Audit, quod non vult, qui pergit dicere, quod vult.**
Anthologia Latina 1. 716,10
> Wer immer wieder sagt, was er will, bekommt zu hören, was er nicht will. *(vgl. ›Wie man in den Wald hineinschreit, so schallt es wieder heraus.‹)*

V253 **Contumeliam si dices, audies.**
Plautus, Pseudolus 1173
> Wer Beleidigungen ausspricht, wird auch welche hören.

V254 **Si mihi perget, quae volt, dicere, ea, quae non volt, audiet.**
Terentius, Andria 920
> Wenn er mir weiterhin sagt, was er will, wird er zu hören bekommen, was er nicht will.

V255 **Aliena narrans crimina audibit sua.**
Publilius Syrus, Sententiae A268
> Wer fremde Vergehen herumerzählt, wird seine eigenen zu hören bekommen-

V256 **Solet a despectis par referri gratia.**
Phaedrus, Liber fabularum 3. 2,1
> Oft wird uns von denen, die wir verachtet haben, gleicher Dank erstattet.

Beein-flussung

V257 Audibis male, si maledicis mihi.
Caecilius Statius bei Gellius, Noctes Atticae 6. 17,13
> Wenn du mich beleidigst, wirst du auch Beleidigungen zu hören bekommen.

V258 Fallite fallentes!
Ovidius, Ars amatoria 1. 645
> Betrügt die, die euch betrügen!

V259 Fraus est concessa repellere fraudem.
Ovidius, Ars amatoria 3. 491
> Betrug darf man mit Betrug abwehren.

V260 Malo arboris nodo malus cuneus requirendus est.
Hieronymus, Epistulae 69,5
> Auf einen groben Klotz gehört ein grober Keil.

V261 Quia ventum seminabunt et turbinem metent.
Vulgata, Prophetia Osee 8,7
> Denn sie säen Wind und werden Sturm ernten.

W Persönlichkeit

Individuum

W1 Velle suum cuique est nec voto vivitur uno.
Persius, Saturae 5,53

> Jeder hat seine eigene Vorstellung und lebt nicht nach einem einheitlichen Willen. *(vgl.* ›*Des Menschen Wille ist sein Himmelreich.*‹)

W2 Dissimilis cunctis vox, vultus, vita, voluntas.
Anthologia Latina 1. 716,27

> Unterschiedlich ist bei allen die Stimme, die Miene, das Leben, der Wille.

W3 Non ex uno omnes sunt modulo calceandi hominum pedes.
Pseudo-Publilius, Sententiae 236

> Mit einem einzigen Leisten lassen sich nicht alle menschlichen Füße beschuhen.

W4 In eodem prato bos herbam quaerit, canis leporem, ciconia lacertum.
Seneca, Epistulae morales 108,29

> Auf derselben Wiese findet die Kuh das Gras, der Hund den Hasen, der Storch die Eidechse.

W5 Excedere communem omnium vel plurium cognitionem pulcherrimum est, si modo non insanis.
Sententiae Varronis 72

> Besonders herrlich ist es, nicht die allgemeinen Überzeugungen aller oder der Mehrheit zu teilen, vorausgesetzt, man ist bei klarem Verstand.

W6 Putas tu posse unam omnium esse sententiam? Non est unius una sententia.
Seneca, Epistulae morales 102,13

> Glaubst du, alle Menschen könnten einer Meinung sein? Nicht einmal ein Einziger hat nur eine Meinung.

W7 Quot homines, tot sententiae: suo quoique mos.
Terentius, Phormio 454

> Es gibt so viele Meinungen wie Menschen; jeder hat seine eigene Einstellung.

W8 Metiri se quemque decet propriisque iuvari / laudibus alterius nec bona ferre sibi.
Avianus, Fabulae 5,1–2

> Jeder soll seinen Maßstab in sich selbst suchen und sich an eigenen Verdiensten erfreuen und nicht die Leistung eines anderen als eigene ausgeben.

W9   Metiri se quemque suo modulo ac pede verum est.
Horatius, Epistulae 1. 7,98
> Jeder messe sich nach seinem eigenen Maß, das ist das Entscheidende.

W10   Pareto legi, quam tibi ipse scripseris.
Publilius Syrus, Sententiae A168
> Gehorch dem Gesetz, das du dir selbst verordnet hast.

W11   Id enim maxime quemque decet, quod est cuiusque maxime suum.
Cicero, De officiis 1. 113
> Das geziemt einem jeden am meisten, was ihm am meisten entspricht.

W12   Aliud alios decet.
~ Quintilianus, Institutio oratoria 11. 3,177
> Für jeden ziemt sich etwas anderes. *(vgl. ›Eines schickt sich nicht für alle.‹)*

W13   Suum quemque decet.
Plautus, Stichus 693
> Für jeden ziemt sich das Seine.

W14   Unusquisque sua noverit ire via.
Propertius, Elegiae 2. 25,38
> Jeder soll lernen, seinen Weg zu gehen.

W15   Alter frenis eget, alter calcaribus.
~ Cicero, Ad Atticum 6. 1,12
> Der eine bedarf der Zügel, der andere der Sporen.

W16   Omnia non pariter rerum sunt omnibus apta.
Propertius, Elegiae 3. 9,7
> Nicht alles passt in gleicher Weise für alle. *(vgl. ›Allerlei dient nicht jedermann.‹)*

W17   Sua enim cuique sunt vitia.
Quintilianus, Institutio oratoria 11. 3,121
> Jeder hat seine eigenen Fehler.

W18   Nemo moritur nisi sua morte.
Seneca, Epistulae morales 69,6
> Jeder stirbt seinen eigenen Tod.

W19   Circumspiciendum ergo nobis est, quomodo a vulgo tuti esse possimus.
Seneca, Epistulae morales 14,9
> Wir müssen gründlich prüfen, wie wir uns vor der Masse schützen können.

W20 Alienis perimus exemplis; sanabimur, si separemur modo a coetu.
Seneca, De vita beata 1,4
> Am Beispiel anderer gehen wir zugrunde; wir werden geheilt, wenn wir uns nur von der Masse absondern.

W21 Loquaris ut omnes, sentias ut pauci.
Sententiae Varronis 8
> Sprich wie alle *(d. h. stell dich nicht gegen die herrschende Meinung)*, denk wie wenige.

W22 Etiam si omnes, ego non.
cf. Vulgata, Evangelium secundum Marcum 14,29
> Auch wenn alle anderen *(so handeln)*, ich nicht.

Charakter

W23 Neminem excelsi ingenii virum humilia delectant et sordida: magnarum rerum species ad se vocat et extollit.
Seneca, Epistulae morales 39,2
> Ein Mann von edlem Charakter hat keine Freude an Gemeinem und Schmutz: Nach Großem muss aussehen, was ihn anzieht und erhebt.

W24 Quantum habet voluptatis sincera et per se inornata simplicitas, nihil obtendens moribus suis!
Seneca, De tranquillitate animi 17,2
> Wie erfreulich ist doch die unverdorbene und völlig ungeschminkte Natürlichkeit, die den wahren Charakter nicht verbirgt!

W25 Sibi quisque dat mores, ministeria casus assignat.
Seneca, Epistulae morales 47,15
> Seinen Charakter gibt sich jeder selbst, über seine Aufgaben entscheidet der Zufall.

W26 Non census nec clarum nomen avorum, / sed probitas magnos ingeniumque facit.
Ovidius, Epistulae ex Ponto 1. 9,39–40
> Weder Reichtum noch der glanzvolle Namen der Vorfahren, sondern Rechtschaffenheit macht groß und der Charakter.

W27 Quid ipse sis, non quid habearis, interest.
Publilius Syrus, Sententiae A62
> Es kommt darauf an, was man ist, nicht was man hat.

W28 Ego vero malo virum, qui pecunia egeat, quam pecuniam, quae viro.
Themistokles bei Cicero, De officiis 2. 71
> Mir ist ein Mann, hinter dem kein Geld steht, lieber, als Geld, hinter dem kein Mann steht.

Persönlichkeit

W29 Non enim ubi prognatus, sed uti moratus quisque sit, spectandum.
Apuleius, Apologia 24,2
> Man muss nicht darauf achten, woher jemand stammt, sondern wie er geartet ist.

W30 Virum bonum natura, non ordo facit.
Publilius Syrus, Sententiae 643
> Der Charakter, nicht der Stand macht einen Edelmann aus.

W31 Magnopere, quid sis, non quid habeare, interest.
Pseudo-Publilius, Sententiae 174
> Es liegt viel daran, was man ist, nicht was man gilt.

W32 Homines, cum se permisere fortunae, etiam naturam dediscere.
Curtius Rufus, Historiae Alexandri Magni 3. 2,18
> Wenn Menschen sich dem Glück überlassen haben, entfremden sie sich ihrem Wesen.

W33 Adversa magnos probant.
Plinius, Epistulae 9. 33,6
> Wahre Größe erweist sich im Unglück.

W34 Ego utrum / nave ferar magna an parva, ferar unus et idem.
Horatius, Epistulae 2. 2,199–200
> Ob ich in einem großen oder kleinen Schiff fahre, ich werde ein und derselbe bleiben.

W35 Magis, quis veneris, quam quo, interest.
Seneca, Epistulae morales 28,4
> Es kommt mehr darauf an, in welcher Verfassung man kommt, als wohin.

W36 Mens impudicam facere, non casus solet.
Seneca, Phaedra 735
> Die Gesinnung macht meist eine Frau schamlos, nicht die Gelegenheit.

W37 Non natura tantum, sed etiam disciplina mores facit.
Columella, De re rustica 7. 12
> Nicht nur die Veranlagung, sondern auch die Erziehung formt den Charakter.

W38 Non dicitur bonus homo, qui habet bonum intellectum, sed qui habet bonam voluntatem.
Thomas von Aquin, Summa theologiae 1. 5,4
> Nicht der gilt als guter Mensch, der gute geistige Fähigkeiten, sondern der guten Willen hat.

W39 Naturam quidem mutare difficile est.
Seneca, De ira 2. 20,2
> Es ist schwer, sein Wesen zu ändern.

W40 Qualis homo, talis eius oratio.
~ *Cicero, Tusculanae disputationes 5. 47*
> **Wie der Mensch, so seine Sprache.**

W41 Sermo animi imago est: ut vir, sic oratio.
Publilius Syrus, Sententiae A156
> **Die Sprache ist ein Spiegelbild der Seele: Wie der Mann, so seine Rede.**

Ehrbarkeit

W42 Si modo non census, nec clarum nomen avorum, / sed probitas magnos ingeniumque facit.
Ovidius, Epistulae ex Ponto 1. 9,39–40
> **Nicht das Vermögen und der Ruhm der Vorfahren verschaffen Größe, sondern Rechtschaffenheit und Charakter.**

W43 Boni sibi haec expetunt: rem, fidem, honorem, / gloriam et gratiam; hoc probis pretium est.
Plautus, Trinummus 272–273
> **Gute Leute wünschen sich Folgendes: Vermögen, Aufrichtigkeit, Ehre, Ruhm und Ansehen: Das ist der Lohn für ehrbares Verhalten.**

W44 Nihil est aliud bene et beate vivere nisi honeste et recte vivere.
Cicero, Paradoxa Stoicorum 15
> **Gut und glücklich zu leben ist doch nichts anderes, als anständig und rechtschaffen zu leben.**

W45 In omni vita sua quemque a recta conscientia traversum unguem non oportet discedere.
Cicero, Ad Atticum 13. 20,4
> **In seinem ganzen Leben darf man keinen Fingerbreit von seinem guten Gewissen abweichen.**

W46 Honesta enim bonis viris, non occulta petuntur.
Cicero, De officiis 3. 38
> **Ordentliche Männer sind auf Ehrbarkeit aus, nicht auf Hinterhältigkeit.**

W47 Natis honeste turpe vivere turpiter.
Erasmus, Adagia 4134 (nach Sophokles, Elektra 989)
> **Für Menschen edler Herkunft ist es schändlich, schändlich zu leben.**
> **(vgl. ›Noblesse oblige.‹)**

W48 Contumeliam nec facere pote nec ingenuus pati.
Publilius Syrus, Sententiae 99
> **Ein Edler kann eine Schmach weder zufügen noch ertragen.**

Persön-
lichkeit

W 49   Ita nec ut emat melius nec ut vendat, quicquam simulabit aut dissimulabit vir bonus.
Cicero, De officiis 3. 61
> Ein ehrbarer Mann wird nichts, weder um günstiger zu kaufen noch zu verkaufen, vortäuschen oder verheimlichen.

W 50   Quaenam summa boni est? mens semper conscia recti.
Bias bei Pseudo-Ausonius, Septem sapientum sententiae 1,1
> Was ist das höchste Gut? ein gesundes Rechtsbewusstsein.

W 51   Nil honestum esse potest, quod iustitia vacat.
Cicero, De officiis 1. 62
> Nichts kann rechtschaffen sein, wenn es nicht im Einklang mit der Gerechtigkeit steht.

W 52   Nullum enim opus vere sine fide et castitate fieri potest.
Vitruvius, De architectura 1. 1,7
> Ohne Zuverlässigkeit und Redlichkeit kann keine Tätigkeit sinnvoll ausgeführt werden.

W 53   Perdidisse honeste mallem, quam accepisse turpiter.
Publilius Syrus, Sententiae 479
> Ich möchte lieber ehrenvoll verlieren als schändlich profitieren.

W 54   Expetas, quod te numquam paeniteat.
Pseudo-Seneca, Liber de moribus 7
> Bemühe dich um das, was du niemals zu bereuen brauchst.

W 55   Sat vixit, siquem vitae non poenitet actae.
Marullus, Epigrammata 1. 48,49
> Genug gelebt hat, wer sein Leben nicht zu bereuen hat.

W 56   Esse bonum facile est, ubi, quod vetet esse, remotum est.
~ Ovidius, Tristia 5. 14,25
> Ehrlich zu sein ist leicht, wenn, was daran hindert, weit weg ist.

W 57   Candor in hoc aevo res intermortua paene.
Ovidius, Epistulae ex Ponto 2. 5,5
> Aufrichtigkeit ist heutzutage eine schon fast ausgestorbene Tugend.

W 58   Quomodo potest regere mores et praecipere castitatem et mariti auctoritatem tenere, qui nupsit?
Seneca bei Hieronymus, Adversus Iovinianum 1. 49
> Wie kann einer, der sich hat heiraten lassen, auf Charakterstärke pochen und Keuschheit vorschreiben und die Würde eines Ehemannes bewahren?

W 59   Nequitia est sibi ipsa poena, felix innocentia est.
Pseudo-Publilius, Sententiae 212
> Nichtsnutz straft sich selbst, glücklich ist nur Rechtschaffenheit.

Integrität

W 60 Omnia praeclara rara, nec quicquam difficilius quam reperire, quod sit omni
in parte in suo genere perfectum.
Cicero, Laelius de amicitia 79

> Alles Vortreffliche ist selten, und nichts ist schwerer zu finden als etwas, das in seiner Art in
> jeder Beziehung vollkommen wäre.

W 61 Integer vitae scelerisque purus, / non eget Mauris iaculis neque arcu, / nec
venenatis gravida sagittis, / Fusce, pharetra.
Horatius, Carmina 1. 22,1–4

> Wer untadelig in seinem Leben und frei von Schuld ist, bedarf nicht maurischer Wurfspieße
> noch des Bogens noch eines Köchers voll vergifteter Pfeile, Fuscus.

W 62 Hic murus aeneus esto: / nil conscire sibi, nulla pallescere culpa.
Horatius, Epistulae 1. 1,60–61

> Dies sei ein eherner Schutz: sich nichts vorzuwerfen haben und vor keiner Schuld zu
> erblassen.

W 63 Est hominis ingenui et liberaliter educati velle bene audire a parentibus, a
propinquis, a bonis etiam viris, id que propter rem ipsam, non propter usum.
~ Cicero, De finibus bonorum et malorum 3. 57

> Einem edlen und anständig erzogenen Menschen muss daran liegen, bei seinen Eltern,
> Verwandten und auch achtbaren Männern in gutem Ruf zu stehen, und zwar der Sache,
> nicht eines Vorteils wegen.

W 64 Haec sit propositi nostri summa; quod sentimus loquamur: quod loquimur,
sentiamus; concordet sermo cum vita.
Seneca, Epistulae morales 75,4

> Dies sei unser oberster Grundsatz: sagen, was wir denken, denken, was wir sagen; unsere
> Worte sollen im Einklang mit unserem Leben stehen.

W 65 Observa innocentiam et vide aequitatem, quoniam est posteritas homini
pacifico.
Vulgata, Psalmus 37(36),37

> Bemühe dich um Redlichkeit und achte auf Billigkeit, denn Zukunft hat nur ein friedlicher
> Mann. *(vgl. ›Üb immer Treu und Redlichkeit!‹)*

W 66 Boni est viri etiam in morte nullum fallere.
Publilius Syrus, Sententiae 84

> Ein guter Mensch wird selbst im Sterben niemanden betrügen.

W 67 Omnia munda mundis.
Vulgata, Epistula ad Titum 1,15

> Den Reinen ist alles rein.

**Persön-
lichkeit**

W 68 Etiam in cogitationibus mundus esto a peccato.
Sextos, Enchiridion 181
> Sei auch in Gedanken rein von Sünde.

W 69 Hominem frugi omnia recte facere.
Cicero, Tusculanae disputationes 4. 36
> Ein rechtschaffener Mensch macht alles richtig.

W 70 Nam statum cuiusque ac securitatem melius innocentia tuetur quam
eloquentia.
Tacitus, Dialogus de oratoribus 11,4
> Unbescholtenheit ist ein besserer Schutz für die Stellung und Sicherheit eines jeden als
> seine Beredsamkeit.

W 71 Qui alterum incusat probri, ipsum se intueri oportet.
Plautus, Truculentus 160
> Wer andere der Unredlichkeit beschuldigt, muss sich selbst ins Gesicht sehen können *(d. h.*
> *selbst ohne Tadel sein).*

W 72 Vitio omni carere decet, dicere vult qui in alterum.
Pseudo-Cicero, Invectiva in Sallustium 21
> Wer andere tadeln will, sollte selbst untadelig sein.

Selbstbeherrschung

W 73 Animum vincere, iracundiam cohibere, victo temperare, adversarium
nobilitate, ingenio, virtute, praestantem non modo extollere iacentem, sed
etiam amplificare eius pristinam dignitatem, haec qui faciat, non ego eum
cum summis viris comparo, sed simillimum deo iudico.
Cicero, Pro Marcello 8
> Seine Emotionen beherrschen, den Zorn im Zaum halten, Besiegte maßvoll behandeln,
> einen Gegner, der sich durch Adel, Geist und Tüchtigkeit auszeichnet, nicht nur vom Boden
> aufheben, sondern sogar seine frühere Würde erhöhen – wer das leistet, den stelle ich
> nicht nur an die Seite der bedeutendsten Männer, sondern den halte ich für den Göttern
> ebenbürtig.

W 74 Bonus vir est, qui eo usque perduxit affectum animi, ut non iam peccare non
velit, sed etiam non possit.
Pseudo-Seneca, Liber de moribus 140
> Ein guter Mann ist, wer seine Gefühlsregungen so im Griff hat, dass er nicht nur kein
> Unrecht tun will, sondern es auch nicht kann.

W 75 Fortior est, qui cupiditatem vincit quam qui hostem subicit.
Pseudo-Seneca, Liber de moribus 81
> Wer seine Begierde besiegt, ist tapferer, als wer einen Feind unterwirft.

W 76 **Animo ni imperabis, animus imperet potius tibi.**
Publilius Syrus, Sententiae 700
> Wenn du nicht Herr deiner Leidenschaften wirst, herrschen die Leidenschaften eher über dich.

W 77 **Animo ventrique imperare debet, qui frugi esse volt.**
Publilius Syrus, Sententiae 701
> Trieb und Bauch muss beherrschen, wer ein ordentlicher Mensch sein will.

W 78 **Animum rege, qui nisi paret, / imperat; hunc frenis, hunc tu compesce catena.**
Horatius, Epistulae 1. 2,62–63
> Zügle deinen inneren Drang: Wenn er nicht gehorcht, herrscht er, bändige ihn mit Zügeln, mit einer Kette.

W 79 **Difficillimum est se ipsum vincere.**
Pseudo-Seneca, Liber de moribus 82
> Sich selbst zu überwinden ist am schwersten.

W 80 **In omnibus saeculis pauciores viri reperti sunt, qui suas cupiditates quam qui hostium copias vincerent.**
Cicero, Ad familiares 15. 4,15
> Zu allen Zeiten fand man weniger Männer, die über ihre Begierden als über feindliche Heere siegten.

W 81 **Multoque se ipsum quam hostem superare operosius est.**
Valerius Maximus, Facta et dicta memorabilia 4. 1,2
> Es ist weit mühsamer, sich selbst zu überwinden als den Feind.

W 82 **Maius opus mores composuisse suos.**
Ovidius, Ars amatoria 3. 370
> Es ist eine ziemlich schwere Aufgabe, sein Temperament zu zügeln.

W 83 **Imperium magnum est imperare ipsum sibi.**
Publilius Syrus, Sententiae A132
> Es ist eine große Macht, seiner selbst mächtig zu sein.

W 84 **Sibi imperare quemque imperium est maximum.**
Pseudo-Publilius, Sententiae 346
> Sich selbst zu beherrschen ist die bedeutendste Herrschaft. *(vgl. ›Sich selbst besiegen ist der größte Sieg.‹)*

W 85 **Se vincere ipsum longe est difficillimum.**
Publilius Syrus, Sententiae A192
> Sich selbst zu besiegen ist bei Weitem das Schwerste.

Persön-
lichkeit

W86 Infandos procul / averte sensus; pectoris sani parum / magni tamen compesce dementem impetum.
Seneca, Hercules furens 973–975

> Lass gottlose Gedanken nicht an dich herankommen; unterdrücke den unsinnigen Drang deines zwar edlen, aber zu wenig vernünftigen Sinns.

W87 Nil peccant oculi, si animus oculis imperet.
Publilius Syrus, Sententiae 378

> Die Augen sündigen nicht, wenn der Geist über sie herrscht.

W88 Nocere posse et nolle laus amplissima est.
Publilius Syrus, Sententiae 397

> Schaden zu können und nicht zu wollen verdient höchstes Lob.

W89 Nullo potest peccato resistere, qui se non potest gubernare.
Pseudo-Seneca, Liber de moribus, Appendix

> Keiner Versuchung kann widerstehen, wer sich selbst nicht beherrschen kann.

W90 Numquam sapiens irascitur.
Cicero, Pro Murena 62

> Der Weise ist nie zornig.

W91 Pone irae frena modumque!
Iuvenalis, Saturae 8,88

> Lege deinem Zorn Zügel und Maß an.

W92 Saepe dissimulare satius iram quam ulcisci fuit.
Publilius Syrus, Sententiae A301

> Oft ist es besser, seinen Zorn zu verbergen, als ihm freien Lauf zu lassen.

W93 Caederem te, nisi irascerer.
Sokrates bei Seneca, De ira 1. 15,3

> Ich würde dich schlagen, wenn ich nicht zornig wäre.

W94 Decet non solum manus, sed etiam oculos abstinentes habere.
Cicero, De officiis 1. 144

> Man sollte sich nicht nur mit den Händen, sondern auch mit den Augen zurückhalten.

W95 Compesce mentem!
Horatius, Carmina 1. 16,22

> Bezwing deinen Groll!

W96 Potentissimus est, qui se habet in potestate.
~ Seneca, Epistulae morales 90,34

> Am stärksten ist, wer sich selbst in der Gewalt hat.

W97 Quanto plus liceat, tam libeat minus.
Kleobulos bei Pseudo-Ausonius, Septem sapientum sententiae 3,1
> Je mehr man darf, desto weniger sollte man sich erlauben.

W98 Satius est suadere et expugnare affectus, non circumscribere.
Seneca, Epistulae morales 87,41
> Es ist vorteilhafter, der Leidenschaften völlig Herr zu werden, als sie zu begrenzen.

W99 Tu si animum vicisti potius quam animus te, est, quod gaudeas.
Plautus, Trinummus 310
> Wenn du deine Leidenschaften eher besiegt hast als sie dich, hast du einen Grund, dich zu freuen.

W100 Te feritate magis faciet moderatio clarum.
Columbanus, Praecepta vivendi 46
> Selbstbeherrschung verschafft einem mehr Ruhm als wildes Gehabe.

W101 Temperantia est rationis in libidinem atque in alios non rectos impetus animi firma et moderata dominatio.
Cicero, De inventione 2. 164
> Mäßigung ist die sichere und ausgewogene Herrschaft der Vernunft über die sinnliche Lust und andere ungute Triebe.

W102 Stultum est aliis imperare velle, qui haud possit sibi.
Publilius Syrus, Sententiae A278
> Es ist töricht, wenn einer über andere herrschen will, der nicht über sich selbst herrschen kann.

W103 Si ipse animum pepulit, dum vivit, victor victorum cluet.
Plautus, Trinummus 309
> Wer seiner selbst Herr ist, wird sein Leben lang als Sieger aller Sieger gepriesen.

W104 Sibi servire gravissima est servitus.
Seneca, Naturales quaestiones 3. pr. 17
> Sich selbst zu dienen ist die würdigste Art von Knechtschaft.

W105 Ut licentiosa mancipia acri imperio coerce linguam, ventrem, libidinem.
Pseudo-Seneca, Monita 133
> Weise wie ausschweifende Diener mit harschem Befehl deine Zunge, deinen Magen, deine Gier in die Schranken.

Selbstbewusstsein

W106 Quod non es, non esse velis. Quod es, esse fatere.
Gualterus Anglicus, sog. Anonymus Neveleti 42,15
> Wünsche nicht zu sein, was du nicht bist. Steh zu dem, was du bist.

W107 Crescit licentia spiritus, servitute comminuitur.
Seneca, De ira 2. 21,3
Mit der Freiheit wächst das Selbstbewusstsein, in der Unterdrückung wird es geschwächt.

W108 Ego semper sensi neminem alterius, qui suae confideret virtuti, invidere.
Cicero, Orationes Philippicae 10,1
Ich war immer der Auffassung, dass keiner, der auf seine eigene Leistung vertraut, auf die eines anderen neidisch ist.

W109 Cedo nulli.
Wahlspruch des Erasmus, ~ Seneca maior, Controversiae 10. 2,12
Ich weiche vor keinem.

W110 In me omnis spes mihi est.
Terentius, Phormio 139
Meine ganze Hoffnung beruht auf mir selbst.

W111 Primum contemni contemne, si beatus esse vis.
Publilius Syrus, Sententiae A97
Wenn du glücklich sein willst, gib nicht viel darauf, wenn man nicht viel von dir hält.

W112 Secundas fortunas decent superbiae.
Plautus, Stichus 300
Zum Erfolg gehört der Stolz.

Selbsterkenntnis

W113 Illud ›nosce teipsum‹ noli putare ad arrogantiam minuendam solum esse dictum, verum etiam ut bona nostra norimus.
Cicero, Ad Quintum fratrem 3. 5,7
Glaub nicht, jener Ausspruch ›Erkenne dich selbst‹ ziele nur darauf, unsere Überheblichkeit zu dämpfen, er will auch, dass wir unsere Qualitäten erkennen.

W114 E caelo descendit ›Γνῶθι σεαυτον‹ / figendum et memori tractandum pectore.
Iuvenalis, Saturae 11,27–28
Vom Himmel herab kam das Wort ›Erkenne dich selbst!‹, einprägsam immer im Bewusstsein zu behalten.

W115 Minime sibi quisque notus est et difficillime de se quisque sentit.
Cicero, De oratore 3. 33
Am wenigsten gut kennt man sich selber, und am schwersten fällt es einem, über sich selbst zu urteilen.

W116 Terram scrutamur: pectus scrutari piget.
Publilius Syrus, Sententiae A145
Wir durchforschen die Erde, die eigene Brust wollen wir nicht erkunden.

W 117 **Ante omnia necesse est se ipsum aestimare.**
Seneca, De tranquillitate animi 6,2
> Vor allem muss man sich selbst richtig einschätzen.

W 118 **Nemo in sese temptat descendere!**
Persius, Saturae 4,23
> Keiner versucht, in sich hinabzusteigen *(= sich selbst kennenzulernen).*

W 119 **Nec te quaesiveris extra.**
Persius, Saturae 1,7
> Such dich nicht außerhalb deiner selbst.

W 120 **Lucrum est sapientiae, ut te redducat tibi.**
Publilius Syrus, Sententiae A90
> Ein Vorzug der Weisheit ist, dass sie einen zu einem selbst zurückbringt.

W 121 **Ab ipso lare incipe.**
Binder, Novus thesaurus 24
> Beginne beim eigenen Haus. *(vgl. ›Kehre zuerst vor der eigenen Haustür.‹)*

W 122 **Bonas partes tecum ipse tracta!**
Seneca, Epistulae morales 78,18
> Vergegenwärtige dir deine guten Seiten!

W 123 **Vires nostrae cum rebus, quas temptaturi sumus, comparandae.**
Seneca, De tranquillitate animi 6,5
> Wir müssen unsere Kräfte in Beziehung setzen zu dem, was wir vorhaben.

W 124 **Cum accusas alium, propriam prius inspice vitam.**
Anthologia Latina 1. 716,41
> Bevor du einen andern beschuldigst, blick erst auf dein eigenes Leben.

W 125 **Cum vitia alterius satis acri lumine cernas / nec tua prospicias, fis vero crimine caecus.**
Anthologia Latina 1. 716,48–49
> Wenn du die Fehler des anderen ziemlich genau siehst und der eigenen nicht gewahr wirst, wirst du verblendet von eigener Schuld.

W 126 **O quam irreprehensibiles esse poteramus, si tam diligenter nostra vitia caveremus, sicut scrutamur aliena.**
Defensor Locociagensis, Liber scintillarum 69
> Wie untadelig könnten wir sein, wenn wir uns mit solcher Sorgfalt vor unseren Lastern hüten würden, wie wir fremde aufzuspüren versuchen.

W 127 **Minus saepe pecces, si scias, quod nescias.**
Publilius Syrus, Sententiae 375
> Wenn du weißt, was du nicht weißt, wirst du seltener Fehler machen.

Persön-
lichkeit

W 128 Insania scire se non potest, non magis quam caecitas se videre.
Apuleius, Apologia 80,2
> Der Dumme kann sich ebenso wenig selbst beurteilen, wie der Blinde sich sehen kann.

W 129 Non pote non sapere, qui se stultum intellegit.
Publilius Syrus, Sententiae 406
> Wer sich selbst für dumm hält, kann nicht ganz ohne Vernunft sein.

Selbstkritik

W 130 Acrior semper in te iudex quam in alios.
Walther, Proverbia sententiaeque 34409
> Sei gegen dich immer ein strengerer Richter als gegen andere.

W 131 Hoc in omni vitae genere teneamus, ut nobis implacabiles simus.
Plinius, Epistulae 8. 22,3
> In jeder Lebenslage wollen wir den Grundsatz befolgen, gegen uns selbst unerbittlich zu sein.

W 132 Nulla quam sui ipsius increpatio acrior, nulla salubrior.
Petrarca, Familiares 23. 2
> Keine Kritik ist gnadenloser als die an einem selbst, keine heilsamer.

W 133 Quicquid dicturus es aliis, prius dicas tibi.
Publilius Syrus, Sententiae A201
> Sag zuerst dir selbst, was du anderen zu sagen hast.

W 134 Cum te aliquis laudat, iudex tuus esse memento; / plus aliis de te quam tu tibi credere noli.
Disticha Catonis 1. 14
> Urteile selbst kritisch, wenn dich jemand lobt; glaub anderen nicht mehr über dich als dir selbst.

W 135 Ignoscas aliis multa, tibi nihil!
Kleobulos bei Pseudo-Ausonius, Septem sapientum sententiae 3,4
> Andern magst du viel verzeihen, dir selbst nichts!

W 136 Multis si tua vita placuit, tibi placere non potest.
Publilius Syrus, Sententiae A98
> Wenn dein Leben vielen gefällt, kann es dir selbst nicht gefallen.

W 137 Ipse enim domino placet, qui sibi displicet.
Cassiodorus, Expositio psalmorum 31
> Wer mit sich selbst unzufrieden ist, mit dem ist Gott zufrieden.

W 138 Qui semet ipse accusat, eum alius non potest.
Publilius Syrus, Sententiae 672
> Wer sich selbst anklagt, den kann ein anderer nicht mehr anklagen.

W 139 Tempora ne culpes, cum sit tibi causa doloris.
Disticha Catonis 2. 30
> Such die Schuld nicht bei den Umständen, wenn du dein Leid selbst verursacht hast.

W 140 Ambitiosissimum gloriandi genus est etiam deridere.
Quintilianus, Institutio oratoria 11. 1,22
> Eine besonders ehrgeizige Art, sich zu rühmen, ist, sich sogar über sich selbst lustig zu machen.

W 141 Si quando fatuo delectari volo, non est mihi longe quaerendus: me rideo.
Seneca, Epistulae morales 50,2
> Wenn ich mich einmal über einen Narren amüsieren will, brauche ich nicht lange zu suchen: Ich lache über mich.

Selbstsicherheit

W 142 Beatus, qui non iudicat semetipsum in eo, quod probat.
Vulgata, Epistula ad Romanos 14,22
> Selig, wer sich in seinen Überzeugungen nicht zu verurteilen braucht.

W 143 Accusent te mille licet, mens conscia recti / stat tamen et numquam iudicis ora timet.
Walther, Proverbia sententiaeque 34404a
> Mögen einen auch tausend anklagen, wer sich seines rechten Verhaltens sicher ist, steht aufrecht und fürchtet keinen Richterspruch.

W 144 Hic sto: aliter non possum: Deus me iuvet, Amen.
Luther zugeschrieben (1519)
> Hier stehe ich, ich kann nicht anders, Gott helfe mir. Amen.

W 145 Non invidet alienae scientiae vel virtuti, qui confidit de sua.
Albertanus Brixiensis, De amore et dilectione Dei 4. 5
> Auf fremde Fähigkeit und fremde Leistung ist niemand neidisch, der sich seiner eigenen sicher ist.

W 146 Et mihi res, non me rebus subiungere conor.
Horatius, Epistulae 1. 1,19
> Ich versuche, mir die Dinge ergeben zu machen, nicht mich den Dingen.

W 147 Inaestimabile bonum est suum fieri.
Seneca, Epistulae morales 75,18
> Sich selbst zu gehören ist ein unschätzbarer Vorzug.

Persön-
lichkeit

W 148 Nil erit, quod virtuti nostrae se opponat.
Seneca maior, Suasoriae 2,7
> Es gibt nichts, was sich unserer Tüchtigkeit in den Weg stellen könnte.

W 149 Qui nimis sibi confidit, periculo se exponit.
Thomas a Kempis, Recommendatio humilitatis 55
> Wer zu sehr auf sich selbst vertraut, setzt sich Gefahren aus.

Selbstvertrauen

W 150 Audentes facit homines fiducia sui, quia se non patitur occulere, quem praecipit natura prodire.
Cassiodorus, Variae 2. 2,5
> Selbstvertrauen macht die Menschen wagemutig, weil jemand, den die Natur hervorragen lässt, nicht zulässt, sich im Hintergrund zu halten.

W 151 Optima est autem emendatio verecundiae fiducia et quamlibet imbecilla frons magna conscientia sustinetur.
Quintilianus, Institutio oratoria 12. 5,4
> Das beste Gegenmittel gegen Schüchternheit ist Selbstvertrauen, denn noch so große Verzagtheit wird durch ein starkes Selbstbewusstsein behoben.

W 152 Unum bonum est, quod beatae vitae causa et firmamentum est, sibi fidere.
Seneca, Epistulae morales 31,3
> Ein einziges Gut ist Ursache und Grundlage eines glücklichen Lebens: Selbstvertrauen.

W 153 Magnos animos magnis honoribus fieri.
Livius, Ab urbe condita 4. 35,9
> Großes Selbstbewusstsein gewinnt man aus hohen Ämtern.

W 154 Crescit audacia experimento.
Plinius, Epistulae 9. 33,6
> Mit dem *(geglückten)* Versuch wächst die Kühnheit.

W 155 Amicus esse mihi coepi.
Hekaton bei Seneca, Epistulae morales 6,7
> Ich habe angefangen, mein Freund zu sein.

W 156 Possunt, quia posse videntur.
Vergilius, Aeneis 5. 231
> Sie sind stark, weil sie stark zu sein glauben.

W 157 Nemo facere metuit, quod se bene didicisse confidit.
Johannes Saresberiensis, Policraticus 6. 2
> Niemand fürchtet zu tun, was er seiner Überzeugung nach gut gelernt hat.

W158 Fulciendus est animus spe fortunae secundioris.
Erasmus, Colloquia familiaria, Formulae
> Das Selbstvertrauen muss bestärkt werden durch die Hoffnung auf ein besseres Geschick.

W159 Fiducia ipsa solet opinione arrogantiae laborare.
Quintilianus, Institutio oratoria 4. 1,33
> Selbstvertrauen leidet gewöhnlich unter dem Ruf der Überheblichkeit.

W160 Nam quid prodest, si, quod non possumus, volumus aut si, quod possumus, nolumus?
Augustinus, De gratia et libero arbitrio
> Wozu soll es führen, wenn wir wollen, was wir nicht können, oder wenn wir nicht wollen, was wir können.

W161 Praemia si cessant, artis fiducia muta est.
Anthologia Latina 1. 725,5 (Carmina Einsidlensia)
> Wenn der Lohn ausbleibt, verstummt das Vertrauen in die Fähigkeit.

W162 Fides in animum, unde abiit, vix umquam redit.
cf. Publilius Syrus, Sententiae 181
> Wenn das Selbstvertrauen verloren gegangen ist, kehrt es kaum jemals wieder.

Bescheidenheit

W163 Magni pectoris est inter secunda moderatio.
Seneca maior, Suasoriae 1,3
> Ein edles Herz hält auch im Erfolg Maß.

W164 Ceterum neque generosior spiritus vanitatem amat neque concipere aut edere partum mens potest nisi ingenti flumine litterarum inundata.
Petronius, Satyricon 118
> Doch ein wirklich edler Sinn neigt nicht zur Angeberei, und der Geist kann nur empfangen und hervorbringen, wenn er in den großen Strom der Gelehrsamkeit sich versenkt hat.

W165 Laudabiliora videntur omnia, quae sine venditatione et sine populo teste fiunt.
Cicero, Tusculanae disputationes 2. 64
> Recht lobenswert erscheint alles, was ohne Anpreisung und ohne öffentliches Aufsehen geschieht.

W166 Dulce sonat modicum, confert fastidia magnum.
Ecbasis cuiusdam captivi 1204
> Bescheidenes klingt süß, Auffälliges schafft Verdruss.

Persön-
lichkeit

W 167 Malo humilis vinci quam superbus vincere.
Publilius Syrus, Sententiae A176
> Ich will lieber in Demut besiegt werden als in Überheblichkeit siegen.

W 168 Vive et amicitias nimio splendore nitentes / et quicquid colitur perspicuum, fugito! / Ingentes dominos et famae nomina clarae / illustrique graves nobilitate domos / devita et longe tenuis cole; contrahe vela / et te litoribus cymba propinqua vehat.
Seneca, Epigrammata, Anthologia Latina 1. 407,3–8
> Mach in deinem Leben einen weiten Bogen um Freundschaften, die in allzu großem Glanz erstrahlen, und alles Eindrucksvolle. Mächtige Herren, Namen von hellem Ruhm, ehrwürdige Häuser von vornehmem Adel meide und lebe bescheiden weit davon, raffe die Segel, und dein Kahn wird dich nah an den Küsten führen.

W 169 Vive tibi, quantumque potes, praelustria vita: / saevum praelustri fulmen ab arce venit.
Ovidius, Tristia 3. 4,5–6
> Lebe nur für dich und meide, soweit du kannst, allzu Hohes: Aus dem erhabenen Palast kommt ein wütender Blitz.

W 170 Tu quoque formida nimium sublimia semper.
Ovidius, Tristia 3. 4,31
> Fürchte auch du dich stets vor dem, was zu hoch ist!

W 171 Modice et modeste melius est vitam vivere.
Plautus, Persa 346
> Es ist besser, maßvoll und bescheiden zu leben.

W 172 Nihil magnum est in rebus humanis nisi animus magna despiciens.
Pseudo-Seneca, Liber de moribus 44
> Im Menschenleben gibt es nichts Großes außer einem Sinn, der Großes verachtet.

W 173 Nil magnum in rebust nisi despiciens magna homo.
Publilius Syrus, Sententiae A8
> Großartiges findet man um sich herum nur, wenn man selbst nicht großartig ist.

W 174 Eripit se aufertque ex oculis perfecta virtus.
Seneca, Ad Marciam de consolatione 23,3
> Vollkommene Tugend entzieht sich den Augen.

W 175 Numquam ulla humilitas ingenium infirmat bonum.
Accius, Persidae frg. 1
> Bescheidenheit entwertet nie einen guten Charakter.

Bescheidenheit

W 176 Quanto maior eris, tanto moderatior esto: / alta cadunt odiis, parva extolluntur amore.
Anthologia Latina 1. 716,20–21

> Je größer du bist, desto bescheidener gib dich: Hohes fällt durch Hass, Kleines wird groß durch Liebe.

W 177 Plurimum facere, minimum ipse de se loqui.
Fronto, Ad Antonium imperatorem 3. 1,3

> Sehr viel tun und sehr wenig von sich selbst reden.

W 178 Etiam oblivisci, quid sis, interdum expedit.
Publilius Syrus, Sententiae 152

> Manchmal ist es auch zweckmäßig, wenn man vergisst, wer man ist.

W 179 Sic habita, ut potius laudetur dominus quam domus.
Pseudo-Seneca, Liber de moribus 121

> Wohne so, dass der Hausherr mehr gelobt wird als das Haus.

W 180 Inter convivas fac sis sermone modestus, / ne dicare loquax, cum vis urbanus haberi.
Disticha Catonis 3. 19

> Achte beim Gastmahl auf Zurückhaltung in deinen Reden, damit man dich nicht einen Schwätzer nennt, wo du doch nur als geistreich gelten willst.

W 181 Nil opus invidia est; procul absit gloria vulgi: / qui sapit, in tacito gaudeat ille sinu.
Tibullus, Elegiae 4. 13,7–8

> Ich sehne mich nicht nach Neid; fern sei der Ruhm der Menge; die Verständigen mögen sich still für sich freuen.

W 182 Quod sis, esse velis, nihilque malis.
Martialis, Epigrammata 10. 47,12

> Du musst das sein wollen, was du bist, und nichts mehr.

W 183 Hoc unum scio, id est nihil scire.
nach Sokrates

> Ich weiß, dass ich nichts weiß.

W 184 Apud mensam verecundari neminem decet.
~ Plautus, Trinummus 478

> Bei Tisch darf niemand schüchtern sein *(sonst wird er nicht satt).*

W 185 Oscula qui sumpsit, si non et cetera sumet, / haec quoque, quae data sunt, perdere dignus erit.
Ovidius, Ars amatoria 1. 669–670

> Wenn der, der sich Küsse nahm, das Übrige nicht nimmt, verdient er, auch das zu verlieren, was er erhalten hat.

Persön-lichkeit

Demut

W186 Respice post te, te hominem esse memento!
Tertullianus, Apologeticum 33,4
> Blick hinter dich; bedenke, dass du nur ein Mensch bist. *(Mahnung an den Triumphator)*

W187 Haec sunt namque verae humilitatis testimonia: et iniquitatem suam quemque cognoscere et cognitam voce confessionis aperire.
Gregorius Magnus, Moralia in Iob 22. 15
> Das sind die Zeichen wahrer Demut: seine eigene Unzulänglichkeit zu erkennen und sie danach laut zu bekennen.

W188 Ministrare aliis melius est quam ministrari ab aliis.
Sextos, Enchiridion 336
> Anderen zu dienen ist besser, als sich von anderen bedienen zu lassen.

W189 Humilitas est virtus, qua homo verissima sui cognitione sibi ipse vilescit.
Bernardus Claraevallensis, Liber de gradibus humilitatis 2,3
> Demut ist die Tugend, durch die der Mensch in völlig wahrer Erkenntnis seiner selbst sich selbst wertlos wird.

W190 Felicem te submitte, infelicem erige.
Publilius Syrus, Sententiae A186
> Sei demütig im Glück, aufrecht im Unglück.

W191 Humilitas ad sapientiam disponit.
Thomas von Aquin, Quaestiones disputatae de malo 8,3
> Demut macht fähig zur Weisheit.

W192 Remissio animum frangit; arcum intensio.
Publilius Syrus, Sententiae A209
> Demut bricht den Stolz, Spannung den Bogen.

Genügsamkeit

W193 Aut gratuitum est, quo egemus, aut vile: panem et aquam natura desiderat. Nemo ad haec pauper est.
Seneca, Epistulae morales 25,4
> Was wir wirklich brauchen, gibt es entweder umsonst oder billig: Unser Körper kommt mit Brot und Wasser aus. Daran ist niemand arm.

W194 Corporis exigua desideria sunt.
Seneca, Ad Helviam matrem de consolatione 10,2
> Die Bedürfnisse des Körpers sind gering.

W 195 Ad veras potius te converte divitias; disce parvo esse contentus.
Seneca, Epistulae morales 110,18
> Wende dich lieber wahrem Reichtum zu; lerne es, mit wenigem zufrieden zu sein.

W 196 Qui suis rebus contentus est, huic maximae et certissimae divitiae.
cf. Cicero, Paradoxa Stoicorum 51
> Wer mit seiner Situation zufrieden ist, hat den größten und verlässlichsten Reichtum.

W 197 Aude, hospes, contemnere opes: via prima salutis.
Anthologia Latina 1. 719,62
> Wag es, Freund, den Reichtum zu verachten. Das ist der beste Weg zum Glück.

W 198 Divitiae grandes homini sunt vivere parce / aequo animo; neque enim est umquam penuria parvi.
Lucretius, De rerum natura 5. 1118–1119
> Großen Reichtum bedeutet es für einen Menschen, mit Bedacht sparsam zu leben; denn an Anspruchslosem herrscht niemals Mangel.

W 199 Si vis dives fieri, non pecuniae est adiciendum, sed cupiditati detrahendum.
Pseudo-Guillelmus de Conchis, Moralium dogma philosophorum 3,C,1c
> Willst du reich werden, musst du nicht dein Geld mehren, sondern deine Gier vermindern.

W 200 Dilige denarium, sed parce dilige formam, / quam nemo sanctus nec honestus captat habere.
Disticha Catonis 4. 4
> Ehre das Kleingeld, doch sei vorsichtig mit den Goldstücken, die kein Gewissenhafter und Ehrbarer zu bekommen trachtet.

W 201 Magnus ille, qui in divitiis pauper est.
Seneca, Epistulae morales 20,10
> Groß ist jener, der im Reichtum arm ist.

W 202 Maximas habet divitias, qui nullas desiderat.
Pseudo-Seneca, Proverbia 68
> Den größten Reichtum hat, wer keinen begehrt.

W 203 Cui convenit cum paupertate, dives est.
Publilius Syrus, Sententiae A302
> Wer mit der Armut gut auskommt, ist reich.

W 204 Is maxime divitiis fruitur, qui minime divitiis indiget.
Seneca, Epistulae morales 14,17
> Der genießt seinen Reichtum am besten, wer ihn am wenigsten benötigt.

Persön-lichkeit

W 205 Nescire, quid sit paupertas, optimus est ad summas divitias progressus.
Sententiae Varronis 95

> Nicht zu wissen, was Armut ist, ist der beste Fortschritt, den man auf dem Weg zum größten Reichtum machen kann.

W 206 Modeste melius facere sumptum quam ampliter.
Plautus, Stichus 692

> Mäßiger Aufwand ist besser als Verschwendung.

W 207 Laudato ingentia rura, / exiguum colito.
Vergilius, Georgica 2. 412–413

> Lobe große Güter, aber bebaue ein kleines.

W 208 Necesse est te contemnas aut pecuniam.
Publilius Syrus, Sententiae A273

> Du musst dich selbst gering schätzen oder das Geld.

W 209 Ambitiosa non est fames, contenta desinere est; quo desinat, non nimis curat.
Seneca, Epistulae morales 119,14

> Hunger ist nicht wählerisch, er ist zufrieden, wenn er aufhört; womit er aufhört, kümmert ihn weniger.

W 210 Ad manum est, quod sat est.
Seneca, Epistulae morales 4,11

> Was zur Verfügung steht, reicht aus.

W 211 Bene est, cui deus obtulit / parca, quod satis est, manu.
Horatius, Carmina 3. 16,43–44

> Gesegnet, wem ein Gott mit sparsamer Hand gewährt, was ihm ausreicht.

W 212 Cena brevis iuvat et prope rivum somnus in herba.
Horatius, Epistulae 1. 14,35

> Mir gefällt ein kurzes Mahl und ein Schlaf im Gras am Bach.

W 213 Cibus famem domet, potio sitim, libido, qua necesse est, fluat.
Seneca, De tranquillitate animi 9,2

> Die Nahrung soll unseren Hunger stillen, der Trank unseren Durst, der Geschlechtstrieb soll sich auf das Nötige beschränken.

W 214 Cum sale panis / latrantem stomachum bene leniet.
Horatius, Sermones 2. 2,17

> Etwas Brot mit Salz wird den knurrenden Magen befriedigen.

W215 Felicem scivi, non qui, quod vellet, haberet, / sed qui per fatum non data non cuperet.

Ausonius, Epicedion in patrem 23–24

Glücklich ist für mich nicht, wer hat, was er sich wünscht, sondern wer gar nicht erst begehrt, was ihm das Schicksal versagt.

W216 Desiderantem, quod satis est, neque / tumultuosum sollicitat mare / nec saevus Arcturi cadentis / impetus aut orientis Haedi.

Horatius, Carmina 3. 1,25–28

Wenn jemand nur wünscht, was genug ist, den beunruhigt nicht das stürmische Meer noch der wilde Ansturm des sinkenden Arkturus oder des aufgehenden Hädus.

W217 Disce parvo esse contentus!

Seneca, Epistulae morales 110,18

Lerne, dich mit wenigem zu begnügen!

W218 Fac vivas contentus eo, quod tempora praebent.

Disticha Catonis 3. 11

Lebe zufrieden mit dem, was die Umstände gewähren.

W219 Felix, qui didicit contentus vivere parvo / nec spem ullam in rebus ponit quas linquere cogit.

Palingenius, Zodiacus vitae 2. 474–475

Glücklich, wer mit wenigem zu leben gelernt hat.

W220 Vivitur parvo bene.

Horatius, Carmina 2. 16,13

Man braucht nur wenig zum Leben.

W221 Vivitur exiguo melius; natura beatis / omnibus esse dedit, si quis cognoverit uti.

Claudianus, In Rufinum 1. 215–216

Besser lebt man mit wenig; die Natur lässt alle glücklich sein, man muss nur verstehen, dies umzusetzen.

W222 Frugalitatem exigit philosophia, non poenam: potest autem esse non incompta frugalitas.

Seneca, Epistulae morales 5,5

Anspruchslosigkeit fordert die Philosophie, nicht Kasteiung; solche Anspruchslosigkeit darf aber ruhig geschmackvoll sein.

W223 Is minimo eget mortalis, qui minimum cupit.

Seneca, Epistulae morales 108,11

Wer sehr geringe Bedürfnisse hat, braucht nur sehr wenig.

Persön-lichkeit

W 224 **Primum est suo esse contentum.**
Plinius, Epistulae 9. 30,3
> In erster Linie muss man mit dem, was man hat, zufrieden sein.

W 225 **Nescio quo modo bonae mentis soror est paupertas.**
Petronius, Satyricon 84.4
> Irgendwie ist die Armut die Schwester des gesunden Menschenverstands.

W 226 **Omnia mea mecum porto.**
Bias bei Valerius Maximus, Facta et dicta memorabilia 7. 2, ext. 3
> All meine Habe trage ich bei mir.

W 227 **Quam multa non desidero!**
Sokrates bei Cicero, Tusculanae disputationes 5. 91
> Nach wie vielem trage ich kein Verlangen!

W 228 **Quis plurimum habet? is qui omnium minimum cupit.**
Publilius Syrus, Sententiae A68
> Wer am meisten besitzt? Wer am wenigsten von allem begehrt.

W 229 **Quod habes, ita utere, alieno ut ne egeas tibi.**
Publilius Syrus, Sententiae A169
> Gebrauche, was du hast, so, dass du nichts anderes benötigst.

W 230 **Quod nimium est, fugito, parvo gaudere memento: / tuta mage est puppis, modico quae flumine fertur.**
Disticha Catonis 2. 6
> Meide alles Übermaß, erfreue dich an wenigem: Sicherer ist ein Schiff, das in mäßiger Strömung treibt.

W 231 **Quod tibi deerit, a te ipso mutuare.**
Cato bei Seneca, De beneficiis 5. 7,5
> Leihe bei dir selbst aus, was dir fehlt.

W 232 **Quoniam non potest id fieri, quod vis, / id velis, quod possit.**
Terentius, Andria 305–306
> Da nicht geschehen kann, was du willst, solltest du das wollen, was möglich ist.

W 233 **Quod vult, habet, qui velle, quod satis est, potest.**
Seneca, Epistulae morales 108,11
> Wer seine Wünsche auf das zu beschränken versteht, was ausreicht, hat das Gewünschte.

W 234 **Si quid est, quod utar, utor; si non est, egeo.**
Cato bei Gellius, Noctes Atticae 13. 24,1
> Wenn ich etwas habe, was ich gebrauchen kann, gebrauche ich es, wenn nicht, komme ich auch ohne aus.

W235 Tecum habita: noris, quam sit tibi curta supellex.
Persius, Saturae 4,52
> Wohne in dir selbst, und du wirst erkennen, wie mangelhaft dein Mobiliar ist.

W236 Serviet aeternum, parvo qui nesciet uti.
Horatius, Epistulae 1. 10,41
> Wer nicht mit Wenigem auskommen kann, wird immer abhängig sein.

Sparsamkeit

W237 Est parcitas necessitatum remedium.
Publilius Syrus, Sententiae A229
> Sparsamkeit ist ein Mittel gegen zwingende Ausgaben.

W238 Et facillimum vectigal est et honestissimum parsimonia.
Pseudo-Seneca, Monita 22
> Das müheloseste und ehrbarste Einkommen verschafft die Sparsamkeit.

W239 Optimum autem et in privatis familiis et in re publica vectigal duco esse parsimoniam.
Cicero, De re publica 4. 7
> Für die beste Einnahme aber sowohl im Privatleben als auch im Staat halte ich die Sparsamkeit.

W240 Non intellegunt homines, quam magnum vectigal sit parsimonia.
Cicero, Paradoxa Stoicorum 49
> Die Menschen begreifen nicht, wie einträglich die Sparsamkeit ist.

W241 Ne tibi quid desit, quaesitis utere parce, / utque, quod est, serves, semper deesse putato.
Disticha Catonis 1. 24
> Damit es dir an nichts fehlt, geh behutsam mit dem um, was du dir geschaffen hast, und um deinen Besitz zu wahren, geh immer davon aus, er sei nicht vorhanden.

W242 Expeditius ad divitias iter est impensas minuere quam pecuniam augere.
Pseudo-Seneca, Monita 23
> Der einfachere Weg, zu Reichtum zu gelangen, ist, seine Ausgaben zu vermindern, als sein Geld zu vermehren.

W243 Nullam enim patitur infirmitatem, qui diligit parcitatem.
Pseudo-Seneca, Liber de moribus, Appendix
> Wer die Sparsamkeit liebt, erleidet keinen Mangel.

W244 Quod nescias, cui serves, stultum est parcere.
Publilius Syrus, Sententiae 531
> Wenn du nicht weißt, wem sie zugutekommt, ist Sparsamkeit töricht.

Persön-
lichkeit

W 245 Sera parsimonia in fundo est.
Seneca, Epistulae morales 1,5
> Zu spät kommt Sparsamkeit, wenn fast nichts mehr da ist.

W 246 Frustra fit per plura, quod potest fieri per pauciora.
Ockham, Summa logicae 1. 12
> Umsonst macht man etwas durch mehr, was durch weniger gemacht werden kann. *(sog. Ockham'sches Rasiermesserprinzip)*

Wirtschaftlichkeit

W 247 Ad divitias duae res efficacissimae: et quaerendi et custodiendi scientia.
~ Seneca, Epistulae morales 101,2
> Um zu Reichtum zu gelangen, sind zwei Dinge am nützlichsten: die Kenntnis sowohl des Erwerbens als auch des Bewahrens.

W 248 Bonus condus bonus promus.
Binder, Novus thesaurus 361
> Wer gut wirtschaftet, kann sich viel leisten.

W 249 Ne sumptus fructum superet.
~ Varro, De re rustica 1. 53,1
> Der Aufwand darf nicht höher sein als der Ertrag.

W 250 Ratio quaestuum et necessitas erogationum inter se debent congruere.
~ Tacitus, Annales 13. 50,3
> Einnahmen und notwendige Ausgaben müssen miteinander übereinstimmen.

W 251 Patrem familias vendacem et non emacem esse oportet.
Cato, De agri cultura 2,7
> Ein guter Hausvater muss mehr einnehmen als ausgeben.

W 252 Eandem illam rationem antiquam obtine: / Conserva, quaere, parce.
Terentius, Adelphoe 812–813
> Halte dich an jenen alten Grundsatz: Bewahre, erwirb, sei sparsam.

W 253 Bona temperante bono animo est pecunia.
Publilius Syrus, Sententiae 73
> Wenn die Vernunft sparsam mit dem Vermögen umgeht, ist das Gold wert.

W 254 Ille sapit vere, qui servat parta labore.
Walther, Proverbia sententiaeque 11466b
> Jener ist wirklich klug, der zu erhalten weiß, was er durch Arbeit erworben hat.

W255 Messe tenus propria vive.
Persius, Saturae 6,25

> Leb nach deiner eigenen Ernte *(d. h. richte deine Ausgaben nach dem Einkommen; vgl.*
> *›sich nach der Decke strecken‹).*

W256 Nullus est tam tutus quaestus, quam quod habeas parcere.
Publilius Syrus, Sententiae 381

> Kein Gewinn ist so sicher, wie sein Eigentum zu schonen.

W257 Utere quaesitis modice: cum sumptus abundat, / labitur exiguo, quod partum est tempore longo.
Disticha Catonis 2. 17

> Genieße bescheiden, was du erworben hast, wenn die Ausgaben überhand nehmen, schwindet, was in langer Zeit erworben wurde, in kurzer dahin.

W258 Emas, non quod opus est, sed quod necesse est; quod non opus est, asse carum est.
Cato bei Seneca, Epistulae morales 94,27

> Kauf nicht, was du gebrauchen kannst, sondern was du dringend brauchst; was du nicht brauchst, ist schon für einen Heller zu teuer bezahlt.

W259 Habenda autem ratio est rei familiaris, quam quidem dilabi sinere flagitiosum est, sed ita, ut illiberalitatis avaritiaeque absit suspicio.
Cicero, De officiis 2. 64

> Auf das Privatvermögen muss man Rücksicht nehmen – es zerrinnen zu lassen ist ja schändlich –, jedoch so, dass nicht der Verdacht aufkommt, man sei geizig und habgierig.

W260 Nemo enim sanus debet velle impensam ac sumptum facere in cultura, si videt non posse refici.
Varro, De re rustica 1. 2,8

> Kein vernünftiger Mensch kann Aufwand und Unkosten in ein Projekt *(wörtlich: Landbau)* investieren wollen, wenn er sieht, dass sie sich nicht wieder erwirtschaften lassen.

Verzicht

W261 Bene praecipiunt, qui vetant quicquam agere, quod dubites, aequum sit an iniquum.
Cicero, De officiis 1. 30

> Die raten gut, die verbieten etwas zu tun, wenn man unschlüssig ist, ob es richtig oder falsch ist.

W262 Multi quidem facilius se abstinent, ut non utantur, quam temperent, ut bene utantur.
Augustinus, De bono coniugali 21,25

> Für viele ist es leichter, sich des Gebrauchs einer Sache zu enthalten, als sich zu mäßigen, um sie gut zu gebrauchen.

Persön-
lichkeit

W 263 Est enim non modo liberale paulum non numquam de suo iure decedere, sed interdum etiam fructuosum.
Cicero, De officiis 2. 64

> Es ist nicht nur edelmütig, gelegentlich etwas von seinem Recht aufzugeben, sondern manchmal auch vorteilhaft.

W 264 Disce meo exemplo formosis posse carere: / est virtus placitis abstinuisse bonis.
Ovidius, Heroides 17,97–98

> Lerne an meinem Beispiel auf Schönes verzichten zu können: Tugend heißt reizvollen Genüssen entsagen.

W 265 Beneficium est eo carere, quod tu invitus possides.
Publilius Syrus, Sententiae A159

> Es ist eine Wohltat, das nicht zu haben, was man ungern besitzt.

W 266 Est etiam, ubi profecto damnum praestet facere quam lucrum.
Plautus, Captivi 327

> Es gibt auch Gelegenheiten, wo es besser ist, Verlust zu machen statt Gewinn.

W 267 Non est tantus quaestus quam eo, quod habes, carere.
Wander, Deutsches Sprichwörter-Lexikon 3. 1624

> Kein Gewinn ist so groß, wie wenn man auf etwas, das man hat, verzichtet.

W 268 Quae nocitura tenes, quamvis sint cara, relinque: / utilitas opibus praeponi tempore debet.
Disticha Catonis 1. 6

> Gib auf, was du Schädliches hast, mag es dir auch noch so teuer sein; zur rechten Zeit muss der Nutzen wichtiger sein als der Besitz.

W 269 Potius caruisse fruendis, / quam trepidare malis.
Ausonius, Ephemeris 8,30–31

> Lieber auf Vergnügen verzichten als vor Furcht zittern.

W 270 Est virtus placitis abstinuisse bonis.
Ovidius, Heroides 17,98

> Tugend heißt auf etwas zu verzichten, was einem zusagt.

W 271 Formosam raro non sibi quisque petit.
Propertius, Elegiae 2. 34,4

> Nur selten wünscht einer eine hübsche Frau nicht für sich.

W 272 Quod dubites, ne feceris!
Plinius, Epistulae 1. 18,5

> Worüber du im Zweifel bist, das lass sein!

Anerkennung

W 273 **Fax mentis honestae / gloria.**
Silius Italicus, Punica 6. 332–333
> Anerkennung ist Anreiz zu ehrenhafter Gesinnung

W 274 **Laus alit artes.**
Seneca, Epistulae morales 102,16
> Lob nährt die Künste.

W 275 **Opus opificem probat.**
Maximinus, Dissertatio contra Ambrosium
> Das Werk empfiehlt den Meister.

W 276 **Laetus sum laudari me a laudato viro.**
~ Naevius bei Cicero, Tusculanae disputationes 4. 67
> Ich freue mich, von einem gelobten Mann gelobt zu werden.

W 277 **Principibus placuisse viris non ultima laus est.**
Horatius, Epistulae 1. 17,35
> Die Gunst der ersten Männer zu erringen ist nicht der schlechteste Ruhm.

W 278 **Bono probari malo quam multis malis.**
Pittakos bei Pseudo-Ausonius, Septem sapientum sententiae 2,2
> Ich will lieber von einem Guten anerkannt werden als von vielen Schlechten.

W 279 **Neque te ut miretur turba labores / contentus paucis lectoribus.**
Horatius, Sermones 1. 10,73–74
> Streb nicht danach, dass die Menge dich bewundert, sei mit wenigen Lesern zufrieden.

W 280 **Non quam multis placeas, sed qualibus, stude!**
Pseudo-Seneca, Liber de moribus 8
> Achte nicht darauf, wie vielen du gefällst, sondern welchen!

W 281 **Cui omnes bene dicunt, possidet populi bona.**
Publilius Syrus, Sententiae 112
> Von wem alle gut reden, der besitzt das Gute aller Welt.

W 282 **Et memorem famam, quod bene cessit, habet.**
Ovidius, Fasti 2. 380
> Eine gute Leistung erntet bleibenden Ruhm.

W 283 **Facile, qui bene faciant, aderunt, cum, qui fecerunt, coles.**
Publilius Syrus, Sententiae 664
> Künftige Wohltäter stellen sich leicht ein, wenn man wahre Wohltäter ehrt.

Persön-
lichkeit

W284 Id agas, ne quis aut contemnere aut vereri te velit.
Pseudo-Publilius, Sententiae 137
> Handle so, dass niemand dich verachten oder fürchten möchte.

W285 Quaedam virtutes stimulis, quaedam frenis egent.
Seneca, De vita beata 25,5
> Manche Tugenden bedürfen der Sporen, manche der Zügel.

W286 Malis te displicere quam laudabile est!
Publilius Syrus, Sententiae A29
> Wie rühmlich ist es doch, den Schlechten zu missfallen.

W287 Pessimis etenim displicere est laudari.
cf. Pseudo-Seneca, Liber de moribus 40
> Den Schlechten missfallen heißt gelobt werden.

Ansehen

W288 Ad fidem enim faciendam auctoritas quaeritur.
Cicero, Topica 73
> Um glaubwürdig zu sein, ist Autorität erforderlich.

W289 Apex est autem senectutis auctoritas.
Cicero, Cato maior de senectute 60
> Die größte Zierde des Alters ist die Autorität.

W290 Suppara longa gere, si vis os omne tacere!
Werner, Lateinische Sprichwörter S228
> Trag eine lange Robe, wenn du alle zum Schweigen bringen willst.

W291 Plus potest, qui plus valet.
Plautus, Truculentus 812
> Je mehr einer gilt, desto mehr vermag er.

W292 Non opibus bona fama datur, sed moribus ipsis.
Disticha Catonis 3. 1a
> Nicht Reichtum verschafft guten Ruf, sondern der Charakter.

W293 Bona opinio hominum tutior pecunia est.
Publilius Syrus, Sententiae 62
> Ein guter Ruf ist ein sichereres Gut als Geld.

W294 Bona fama in tenebris proprium splendorem tenet.
Publilius Syrus, Sententiae 69
> Ein guter Ruf behält auch in finsteren Zeiten seinen Glanz.

W 295 Ego si bonam famam mihi servasso, sat ero dives.
Plautus, Mostellaria 228
> Wenn ich meinen guten Ruf bewahrt habe, bin ich reich genug.

W 296 Ego fidem meam malo quam thesauros.
Petronius, Satyricon 57,9
> Meine Glaubwürdigkeit ist mir lieber als Kostbarkeiten.

W 297 Probo bona fama maxima est hereditas.
Publilius Syrus, Sententiae 498
> Ein guter Ruf ist für einen Redlichen die größte Erbschaft.

W 298 Bene audire alterum patrimonium est.
Publilius Syrus, Sententiae 83
> Ein guter Ruf ist wie ein zweites Erbe.

W 299 Assem habeas, assem valeas; habes, habeberis.
Petronius, Satyricon 77,6
> Hast du einen Groschen, bist du einen Groschen wert; hast du etwas, giltst du als etwas.
> *(vgl. ›Hast du was, bist du was.‹)*

W 300 Nec te contemni nec timeri fac sinas.
Publilius Syrus, Sententiae A155
> Sorg dafür, dass man dich weder verachtet noch fürchtet.

W 301 Fama malum gravius quam res trahit.
Horatius, Sermones 1. 2,59
> Der Leumund erleidet schwereren Schaden als das Vermögen.

W 302 Aegrotat fama vacillans.
Lucretius, De rerum natura 4. 1123
> Der Ruf leidet, wenn er schwankt.

W 303 Nullam ego rem citiorem apud homines esse quam famam reor.
Plautus bei Festus, De verborum significatu, Citior
> Ich glaube, dass nichts bei den Menschen schneller verloren geht als der gute Ruf.

W 304 Multi famam, conscientiam pauci verentur.
Plinius, Epistulae 3. 20,9
> Viele machen sich Sorgen um ihren guten Ruf, wenige um ihr Gewissen.

Persön-lichkeit

Ehre

W305 Is autem, qui vere appellari potest honos, non invitamentum ad tempus, sed perpetuae virtutis est praemium.
Cicero, Ad familiares 10. 10,2
> Die Ehre aber, die zu Recht ihren Namen tragen darf, ist keine augenblickliche Verlockung zu dem oder jenem, sondern Belohnung für ein bleibendes Verdienst.

W306 Honos honestum decorat, inhonestum notat.
Publilius Syrus, Sententiae 226
> Ehre zeichnet den Würdigen aus und brandmarkt den Unwürdigen *(da er sie nicht redlich erworben hat).*

W307 Est enim demum vera felicitas, felicitate dignum videri.
Plinius, Panegyricus 74,1
> Das erst ist wahres Glück, des Glücks würdig scheinen.

W308 Non erunt honores umquam fortuiti muneris.
Solon bei Pseudo-Ausonius, Septem sapientum sententiae 5,3
> Ehren werden nie aus Zufall geschenkt.

W309 Honos praemium virtutis.
~ Cicero, Brutus 281
> Ehre ist der Lohn für Leistung.

W310 Cui honorem, honorem.
Vulgata, Epistula ad Romanos 13,7
> Ehre, wem Ehre gebührt.

W311 Palmam qui meruit, ferat.
Gellius, Noctes Atticae 3. 6,3
> Wer ihn verdient hat, trage den Palmzweig. *(vgl. ›Ehre, wem Ehre gebührt.‹)*

W312 Honos alit artes omnesque incenduntur ad studia gloriae.
Cicero, Tusculanae disputationes 1. 4
> Die Ehre nährt die Künste, und alle brennen vor Gier nach Ruhm. *(vgl. ›Kunst will Gunst.‹)*

W313 Potius mori quam foedari.
cf. Livius, Ab urbe condita 22. 50,7
> Lieber sterben als ehrlos werden.

W314 Pudorem alienum qui eripit, perdit suum.
Publilius Syrus, Sententiae 455
> Wer fremde Ehre raubt, verliert die eigene.

W315 Redire, cum perit, nescit pudor.
Seneca, Agamemno 113; cf. Publilius Syrus, Sententiae 459
> Die Ehre, die man verloren hat, kehrt nicht wieder zurück.

W316 Fidem qui perdit, nil pote ultra perdere.
Publilius Syrus, Sententiae 179
> Wer seine Ehre verloren hat, hat nichts mehr zu verlieren. *(vgl. ›Ehre verloren, alles verloren.‹)*

Ehrfurcht

W317 Admiratione autem afficiuntur ii, qui anteire ceteris virtute putantur et cum omni carere dedecore, tum vero iis vitiis, quibus alii non facile possunt obsistere.
Cicero, De officiis 2. 37
> Bewundert werden diejenigen, von denen man glaubt, dass sie die Übrigen an Tüchtigkeit übertreffen, und denen nicht nur keinerlei Schande anhaftet, sondern vor allem auch nicht die Fehler, denen andere nicht leicht widerstehen können.

W318 Qui hoc facit, quod nullus, mirantur omnes.
Bernardus Claraevallensis, De consideratione 1. 9,12
> Alle bewundern einen, der tut, was sonst keiner tut.

W319 Magna fuit quondam capitis reverentia cani.
Ovidius, Fasti 5. 57
> Hoch stand einst die Verehrung eines grauen Hauptes.

W320 Verba quis auderet coram sene digna rubore / dicere?
Ovidius, Fasti 5. 69–70
> Wer würde es wagen, vor einem Greis ein Wort zu sprechen, das zum Erröten Anlass geben könnte?

W321 Vile nil decet sonare in maximorum laudibus.
Publilius Syrus, Sententiae A320
> Beim Preis der Größten darf nichts verächtlich klingen.

W322 Decet verecundum esse adulescentem.
Plautus, Asinaria 833
> Die Jugend sollte ehrerbietig sein.

W323 Numquam grave est, quod filium pietas iubet.
Publilius Syrus, Sententiae A287
> Nie ist eine Last, was die Ehrfurcht einem Sohn gebietet.

Persön-
lichkeit

W324 Patri pietatem, amicis praestabis fidem.
Publilius Syrus, Sententiae A43
> Deinem Vater gegenüber erweise dich ehrfürchtig, deinen Freunden gegenüber treu.

W325 Reverentia frenat animos ac vitia compescit.
Seneca, Epistulae morales 94,44
> Ehrfurcht zügelt unseren Stolz und unterdrückt unsere Laster.

W326 Maior e longinquo reverentia.
Tacitus, Annales 1. 47,2
> Die Bewunderung nimmt mit dem Abstand zu.

W327 Mitium dominorum apud servos ipsa consuetudine metus exolescit.
Plinius, Epistulae 1. 4,4
> Durch die Gewöhnung an milde Herrn schwindet bei Knechten der Respekt.

W328 Honestum laedis, cum pro indigno intervenis.
Publilius Syrus, Sententiae 708
> Du beleidigst einen Anständigen, wenn du für einen Unwürdigen eintrittst.

W329 Una vescitur omnis ordo mensa, / parvi, femina, plebs, eques, senatus: / libertas reverentiam remisit.
Statius, Silvae 1. 5,43–45
> Alle Stände sitzen an einem Tisch: Kinder, Frauen, Pöbel, Ritter, Senatoren, die Freiheit hat die Ehrfurcht verdrängt.

Name

W330 Nomen atque omen quantivis iam est preti.
Plautus, Persa 625
> Der Name und seine Vorbedeutung haben einen beträchtlichen Wert.

W331 Nomen est omen.
cf. Plautus, Persa 625
> Der Name hat eine Vorbedeutung.

W332 Ex re nomen habet.
Ovidius, Amores 1. 8,3
> Er trägt seinen Namen zu Recht.

W333 Dilectis pueris varia nomina damus.
Bebel, Proverbia Germanica 471
> Geliebten Kindern gibt man viele Namen.

W334 **Mundus titulis titillatur.**
Moscherosch, Gesichte Philanders von Sittewalt 1. 2
> Die Welt wird durch Titel gekitzelt.

W335 **Falsi nominis vel cognominis asseveratio poena falsi coercetur.**
Corpus Iuris Civilis, Digesta 48. 10,13 (Papinianus)
> Die Führung eines falschen Namens oder Beinamens wird mit der Strafe für Fälschung belegt.

W336 **Mutato nomine de te / fabula narratur.**
Horatius, Sermones 1. 1,69–70
> Wenn man den Namen ändert, handelt die Geschichte von dir.

W337 **Nomina sunt odiosa.**
cf. Cicero, Pro Sex. Roscio Amerino 47
> Namen zu nennen ist heikel.

Ruhm

W338 **Sed in omni genere scientiae et summis admiratio veneratioque et inferioribus merita laus contigit.**
Columella, De re rustica 1. pr. 31
> Bei jeder Art meisterlichen Könnens ernten die Größten Bewunderung und Verehrung, die ihnen am nächsten kommen die verdiente Anerkennung.

W339 **Est autem gloria laus recte factorum magnorumque in rem publicam meritorum, quae cum optimi cuiusque, tum etiam multitudinis testimonio comprobatur.**
Cicero, Orationes Philippicae 1,29
> Ruhm ist die Würdigung redlichen Tuns und großer Verdienste um den Staat, die durch das Zeugnis der Besten wie der Menge bestätigt wird.

W340 **Vel pace vel bello clarum fieri licet; et qui fecere et qui facta aliorum scripsere, multi laudantur.**
Sallustius, De coniuratione Catilinae 3,1
> Man kann im Frieden wie im Krieg Berühmtheit erlangen; sowohl die, die etwas geleistet, als auch die, die die Leistungen anderer beschrieben haben, werden vielfach gelobt.

W341 **Gloria industria alitur; ubi eam dempseris, ipsa per se virtus amara atque aspera est.**
Sallustius, Epistulae ad Caesarem senem de re publica 2. 7,7
> Tatkraft wird vom Ruhm genährt; fällt er weg, ist die Tüchtigkeit an sich bitter und hart.

W342 **Ardua per praeceps gloria vadit iter.**
Ovidius, Tristia 4. 3,74
> Schwierig und steil ist der Weg zum Ruhm.

Persön-
lichkeit

W 343 Gloria virtutem tamquam umbra sequitur.
~ *Cicero, Tusculanae disputationes 1. 109*
> Der Ruhm folgt der Leistung wie ihr Schatten.

W 344 Gloria fugientes magis sequitur.
Seneca, De beneficiis 5. 1,4
> Der Ruhm stellt sich eher bei denen ein, die ihn fliehen.

W 345 At pulchrum est digito monstrari et dicier: Hic est!
Persius, Saturae 1,28
> Doch schön ist es, wenn die Leute mit dem Finger auf einen zeigen und sagen: Das ist er!

W 346 Gloria est frequens de aliquo fama cum laude.
Cicero, De inventione 2. 166
> Berühmt sein heißt, dass häufig anerkennend über einen gesprochen wird.

W 347 Gloriam qui spreverit, veram habebit.
Livius, Ab urbe condita 22. 39,20
> Wer eitlen Ruhm verachtet, wird echten gewinnen.

W 348 Sic itur ad astra.
Vergilius, Aeneis 9. 641
> So gelangt man zu den Sternen *(d. h. zu hohen Ehren).*

W 349 Victoria sine adversario brevis est laus.
Caecilius Balbus, Sententiae (W) 1,30
> Ein Sieg ohne Gegner bringt nur kurzen Ruhm.

W 350 Minuit praesentia famam.
Claudianus, De bello Gildonico 1. 385
> Zugegen zu sein ist dem Ruhm abträglich. *(vgl. ›Der Prophet gilt nichts in seinem Vaterland.‹)*

Nachruhm

W 351 Per aspera ad astra.
~ *Seneca, Hercules furens 437*
> Auf steinigen Wegen zu den Sternen. *(vgl. ›Durch Nacht zum Licht.‹)*

W 352 Non est ad astra mollis e terris via.
Seneca, Hercules furens 437
> Es gibt keinen bequemen Weg von der Erde zu den Sternen.

W 353 Ingenio stat sine morte decus.
Propertius, Elegiae 3. 2,24
> Für ein Genie ist der Ruhm unsterblich.

W354 At non ingenio quaesitum nomen ab aevo / excidet: ingenio stat sine morte decus.
Propertius, Elegiae 3. 2,23–24

> Doch der Name, der durch geistige Leistung der Zeit abgerungen ist, wird nicht untergehen: Dem Geist bleibt, ohne zu sterben, der Ruhm.

W355 Exegi monumentum aere perennius / regalique situ pyramidum altius, / quod non imber edax, non Aquilo impotens / possit diruere aut innumerabilis / annorum series et fuga temporum.
Horatius, Carmina 3. 30,1–5

> Ich habe ein Denkmal geschaffen, dauerhafter als Erz, höher als der majestätische Bau der Pyramiden, das weder der nagende Regen noch der zügellose Nordwind zerstören kann noch die unzählbare Folge der Jahre und die Flucht der Zeiten.

W356 Non omnis moriar, multaque pars mei / vitabit Libitinam.
Horatius, Carmina 3. 30,6–7

> Ich werde nicht völlig sterben, und ein großer Teil von mir wird der Todesgöttin entgehen.

W357 Hectora quis nosset, felix si Troia fuisset? / Publica virtuti per mala facta via est.
Ovidius, Tristia 4. 3,75–76

> Wer würde Hektor kennen, wenn Troja glücklich geblieben wäre? Erst durch dessen Untergang wurde seine Tapferkeit bekannt.

W358 Quem referent Musae, vivet, dum robora tellus, / dum caelum stellas, dum vehet amnis aquas.
Tibullus, Elegiae 1. 4,65–66

> Wen die Musen nennen, der wird leben, solange die Erde Eichen, solange der Himmel Sterne trägt und der Fluss Wasser führt.

W359 Ergo cum silices, cum dens patientis aratri / depereant aevo, carmina morte carent.
Ovidius, Amores 1. 15,31–32

> Während die Kieselsteine, während die Schar des beharrlichen Pflugs mit der Zeit verfallen, Gedichte kennen den Tod nicht.

W360 Ingenio mors nulla nocet, vacat undique tutum; / illaesum semper carmina nomen habent.
Anthologia Latina 1. 418,5–6

> Dem Geist schadet kein Tod, er ist ringsum geschützt; Gedichten bleibt unbeschadet ewiger Ruhm.

W361 Mens et gloria non queunt humari.
Sidonius Apollinaris, Epistulae 4. 11,6

> Geist und Ruhm lassen sich nicht unter die Erde bringen.

Persön-
lichkeit

W362 Post te victurae per te quoque vivere chartae / incipiant: cineri gloria sera venit.
Martialis, Epigrammata 1. 25,7–8
> Mögen die Schriften, die bestimmt sind, nach dir zu leben, auch durch dich leben: Für die Asche kommt der Ruhm zu spät.

W363 Exiguum nobis vitae curriculum natura circumscripsit, sed immensum gloriae.
Cicero, Pro C. Rabirio perduellionis reo 68
> Die Natur hat die Bahn für den Lauf unseres Lebens recht knapp bemessen, doch außerordentlich weit die für unseren Ruhm.

W364 Famae post obitum fingit maiora vetustas: / maius ab exsequiis nomen in ora venit.
Propertius, Elegiae 3. 1,23–24
> Nach dem Tod verklärt das Alter den Ruhm; erst nach der Bestattung kommt der Name in aller Munde.

W365 Famaque post cineres maior venit.
Ovidius, Epistulae ex Ponto 4. 16,3
> Nach der Asche nimmt der Ruhm zu.

W366 Fas est praeteritos semper amare viros.
Propertius, Elegiae 2. 13,52
> Es ist Schicksal, dass wir große Männer immer erst dann lieben, wenn sie tot sind.

W367 Semper honos nomenque tuum laudesque manebunt.
Vergilius, Aeneis 1. 609
> Immer werden deine Ehre, dein Name und dein Ruhm bleiben.

W368 Vivit, vivetque per omnium saeculorum memoriam.
Velleius Paterculus, Historia Romana 2. 66,5
> Er lebt und wird leben im Gedächtnis aller Zeiten. *(im Original auf Cicero bezogen)*

W369 Vivos interdum fortuna, saepe invidia fatigat: ubi anima naturae cessit, demptis obtrectatoribus ipsa per se virtus magis magisque extollit.
Sallustius, Epistulae ad Caesarem senem de re publica 2. 13,7
> Die Lebenden plagt manchmal das Schicksal, oft der Neid; sind sie aber dahingeschieden, verstummen auch die Lästerzungen und die Leistung ragt von selbst immer mehr empor.

X Tugend

Sittlichkeit

X1 Virtus, Albine, est, pretium persolvere verum, / quis in versamur, quis vivimus rebus, potesse, / virtus est homini scire id quod quaeque habeat res, / virtus, scire, homini rectum, utile quid sit, honestum, / quae bona, quae mala item, quid inutile, turpe, inhonestum, / virtus, quaerendae finem rei scire modumque, / virtus, divitiis pretium persolvere posse, / virtus, id dare, quod re ipsa debetur honori, / hostem esse atque inimicum hominum morumque malorum, / contra defensorem hominum morumque bonorum, / hos magni facere, bis bene velle, his vivere amicum, / commoda praeterea patriai prima putare, / deinde parentum, tertia iam postremaque nostra.
Lucilius bei Lactantius, Divinae institutiones 6. 5,2

> Sittlichkeit, Albinus, ist die Fähigkeit, den Verhältnissen, in denen wir sind und leben, den wahren Wert zuzuerkennen; Sittlichkeit heißt für den Menschen, zu wissen, welche Bedeutung einer jeden Sache zukommt; Sittlichkeit, zu wissen, was für den Menschen recht, nützlich und ehrenhaft ist, was gut, ebenso was schlecht, unnütz, schändlich, unehrenhaft ist; Sittlichkeit, beim Streben nach Besitz Maß und Ziel zu kennen; Sittlichkeit, dem Reichtum seinen Wert zuerkennen zu können; Sittlichkeit, der Ehre zuzugestehen, was man ihr tatsächlich schuldet, schlechten Menschen und Sitten Feind und Gegner zu sein, dagegen Beschützer guter Menschen und Sitten, diese hoch achten, diesen zugetan sein, diesen Freundschaft zu bewahren; überdies die Interessen des Vaterlands an erste Stelle zu setzen, dann die der Eltern, an dritte und letzte Stelle die eigenen.

X2 Bono vinci satius est quam malo more iniuriam vincere.
Sallustius, Bellum Iugurthinum 42,3

> Ein anständiger Mensch lässt sich eher besiegen, als dass er mit unrechten Mitteln über das Unrecht siegt.

X3 Breve enim tempus aetatis satis longum est ad bene honesteque vivendum.
Cicero, Cato maior de senectute 70

> Auch eine kurze Lebenszeit reicht aus, um gut und ehrenhaft zu leben.

X4 Cum hominibus pacem, bellum cum vitiis agas.
Pseudo-Publilius, Sententiae 69

> Lebe in Frieden mit den Menschen, im Krieg mit den Lastern.

X5 Honesta primum est velle nec labi via.
Seneca, Phaedra 140

> Das Wichtigste ist, Schickliches zu wollen und nicht vom Weg zu gleiten.

X6   Innocue vivite: numen adest.
Ovidius, Ars amatoria 1. 640
> Lebt, ohne Unrecht zu tun, Gott steht euch *bei (bzw. Gott sieht alles)*.

X7   Nec tibi quid liceat, sed quid fecisse decebit / occurrat, mentemque domet respectus honesti.
Claudianus, Panegyricus de quarto consulatu Honorii Augusti 265–268
> Mach dir keine Gedanken darüber, was erlaubt ist, sondern was zu tun sich gebührt, und der Blick auf den Anstand soll deine Gedanken beherrschen.

X8   Non pecces tunc, cum peccare impune licebit.
Anthologia Latina 1. 716,76
> Vergeh dich auch dann nicht, wenn du es ungestraft tun darfst.

X9   Non vivas in solitudine aliter, aliter in foro.
Publilius Syrus, Sententiae A5
> Lebe in der Einsamkeit nicht anders als in der Öffentlichkeit.

X10   Pudor si quem non flectit, non frangit timor.
Publilius Syrus, Sententiae 494
> Wen die Scham nicht beugt, den bricht auch die Furcht nicht.

X11   Pudor doceri non potest, nasci potest.
Publilius Syrus, Sententiae 453
> Ehrgefühl ist nicht lehrbar, es kann aber aufkeimen.

X12   Sapiens autem nihil facit, quod non debet, nihil praetermittit, quod debet.
Seneca, De clementia 2. 7,1
> Der Weise tut nichts, was er nicht tun soll, und er unterlässt nichts, was er tun soll.

X13   Vir bonus est, qui peccare nec vult nec potest.
Publilius Syrus, Sententiae A143
> Gut ist ein Mensch, der nicht sündigen will und es auch nicht kann.

Tugend

X14   Proprium suum cuiusque munus est, ut fortitudo in laboribus periculisque cernatur, temperantia in praetermittendis voluptatibus, prudentia in dilectu bonorum et malorum, iustitia in suo cuique tribuendo.
Cicero, De finibus bonorum et malorum 5. 67
> Jede Tugend hat ihren eigenen Bereich: So kann man die Tapferkeit bei Mühen und Gefahren erkennen, die Beherrschung beim Verzicht auf Vergnügungen, die Klugheit bei der Unterscheidung von gut und böse und die Gerechtigkeit, wenn jedem das Seine zugestanden wird.

X 15 Cui virtus aliqua contingit, omnes insunt.
~ *Plinius, Panegyricus 59,5*
> Wer im Besitz irgendeiner Tugend ist, besitzt sie alle.

X 16 Bona autem omnia carere culpa decet: pura sunt, non corrumpunt animos, non sollicitant.
Seneca, Epistulae morales 87,32
> Gutes muss völlig ohne Makel sein: Es ist rein, verdirbt uns nicht, regt uns nicht auf.

X 17 Est autem virtus nihil aliud nisi perfecta et ad summum perducta natura.
Cicero, De legibus 1. 25
> Tugend ist nichts anderes als die vollkommene und zur Vollendung gebrachte Natur.

X 18 Virtus est animi habitus naturae modo atque rationi consentaneus.
Cicero, De inventione 2. 159
> Tugend ist eine Seelenhaltung, die im Einklang steht mit der Natur und der Vernunft.

X 19 Ingenium autem et officium et forma et disciplina et consilium et victoria et facundia sicut ipsae virtutum amplitudines nullis finibus cohibentur, sed quanto maiora auctioraque sunt, multo etiam tanto laudatiora sunt.
Gellius, Noctes Atticae 4. 9,14
> Talent, Pflichtbewusstsein, Schönheit, Zucht, Einsicht, Sieg und Beredsamkeit sind bedeutsame Tugenden, die durch nichts beschränkt werden, je größer und reicher sie jedoch sind, desto höheres Lob verdienen sie.

X 20 Est igitur vis virtutis duplex: aut enim scientia cernitur virtus aut actione.
Cicero, Partitiones oratoriae 76
> Die Bedeutung der Tugend ist zweigeteilt, sie zeigt sich entweder im Wissen oder im Handeln.

X 21 In quattuor partes honestum dividi solet: prudentiam, iustitiam, fortitudinem et temperantiam.
cf. Cicero, De officiis 1. 15
> Das Sittlichgute pflegt man in vier Bereiche aufzugliedern: Klugheit, Gerechtigkeit, Tapferkeit und Maßhalten.

X 22 Interrogas, quid petam ex virtute? Ipsam. Nihil enim habet melius, ipsa pretium sui.
Seneca, De vita beata 9,4
> Du willst wissen, was ich von der Tugend erwarte? Sie selbst. Etwas Besseres kann sie nämlich nicht bieten, sie selbst ist ihr Wert.

X 23 Virtutum omnium pretium in ipsis est.
Seneca, Epistulae morales 81,19
> Jede Tugend trägt ihren Lohn in sich.

X 24 Ipsa quidem virtus pretium sibi, solaque late / fortunae secura nitet nec fascibus ullis / erigitur plausuve petit clarescere vulgi.
Claudianus, Panegyricus dictus Malleo Theodoro consuli 1–3

Die Tugend ist selbst ihr eigener Lohn und unbekümmert um das Schicksal strahlt sie allein weithin, wird durch keine Ehrenämter aufgewertet und müht sich nicht, im Beifall der Menge zu glänzen.

X 25 Mercede caret per seque petenda est / externis virtus incomitata bonis.
Ovidius, Epistulae ex Ponto 2. 3,35–36

Tugend wird nicht belohnt und muss um ihrer selbst willen erstrebt werden, ohne dass irdische Güter sie begleiten.

X 26 Recte factorum verus fructus est fecisse, nec ullum virtutum pretium dignum illis extra ipsas est.
~ Seneca, De clementia 1. 1,1

Die wahre Frucht unserer guten Taten ist, sie getan zu haben, und kein würdiger Lohn für Tugenden liegt außerhalb ihrer selbst.

X 27 Nec quicquam sine virtute laudabile.
Cicero, Tusculanae disputationes 5. 48

Nichts ist lobenswert ohne Tugend.

X 28 Quicquid fit cum virtute, fit cum gloria.
Publilius Syrus, Sententiae 538

Alles, was tugendhaft geschieht, geschieht ruhmvoll.

X 29 Numquam potest non esse virtuti locus.
Seneca, Medea 161

Niemals kann Tugend nicht am Platz sein.

X 30 Virtus non contingit animo nisi instituto et edocto et ad summum assidua exercitatione perducto.
Seneca, Epistulae morales 90,46

Tugend erlangt nur ein erzogener, gebildeter und durch ständige Übung vervollkommneter Mensch.

X 31 Perit voluptas, virtus immortalis est.
Publilius Syrus, Sententiae A316

Die Lust vergeht, die Tugend ist unsterblich.

X 32 Nobilitas sola est atque unica virtus.
Iuvenalis, Saturae 8,20

Adel liegt einzig und allein in der Tugend.

X 33 Beatus enim esse sine virtute nemo potest.
Cicero, De natura deorum 1. 48

Ohne Tugend kann niemand glücklich sein.

X34 Virtus est vitium fugere et sapientia prima / stultitia caruisse.
Horatius, Epistulae 1. 1,41–42
> Das Laster zu meiden heißt schon Tugend, und von Dummheit frei zu sein ist der Anfang der Weisheit.

X35 Virtus est medium vitiorum et utrimque reductum.
Horatius, Epistulae 1. 18,9
> Tugend hält in schönem Abstand die Mitte zwischen *(entgegengesetzten)* Lastern.

X36 Sunt enim, ut scis, virtutibus vitia confinia.
Seneca, Epistulae morales 120,8
> Wie du weißt, grenzen die Tugenden nahe an Laster.

X37 Et mala sunt vicina bonis.
Ovidius, Remedia amoris 323
> Die Übel liegen nahe bei den Vorzügen.

Tapferkeit

X38 Appellata est enim ex viro virtus; viri autem propria maxime est fortitudo, cuius munera duo sunt maxima: mortis dolorisque contemptio.
Cicero, Tusculanae disputationes 2. 43
> Mannhaftigkeit ist nach dem Mann benannt; dem Mann vor allem zu eigen ist die Tapferkeit mit ihren beiden wesentlichsten Gaben: Verachtung des Todes und des Schmerzes.

X39 Virtus praemium est optumum, / virtus omnibus rebus anteit profecto.
Plautus, Amphitruo 648–649
> Mannesmut ist der schönste Lohn, Mannesmut übertrifft wirklich alles.

X40 Aut virtus nomen inane est, / aut decus et pretium recte petit experiens vir.
Horatius, Epistulae 1. 17,41–42
> Entweder ist Tapferkeit ein leerer Begriff, oder es strebt zu Recht nach Auszeichnung und Lohn, wer Großes wagt.

X41 Adversis etenim frangi non esse virorum.
Silius Italicus, Punica 10. 617
> Sich von Widrigkeiten entmutigen zu lassen ist nicht Mannesart.

X42 Fortes enim non modo fortuna adiuvat, ut est in vetere proverbio, sed multo magis ratio, quae quibusdam quasi praeceptis confirmat vim fortitudinis.
Cicero, Tusculanae disputationes 2. 11
> Den Tapferen hilft nicht nur das Glück, wie es in einem alten Sprichwort heißt, sondern noch viel mehr ihr Verstand, der durch eine Art von Anweisungen die Kraft der Tapferkeit festigt.

Tugend

X43 Fortitudo est considerata periculorum susceptio et laborum perpessio.
Cicero, De inventione 2. 163
Tapfer sein heißt, nach reiflicher Überlegung Gefahren auf sich nehmen und Strapazen ertragen.

X44 Non est virtus / timere vitam, sed malis ingentibus / obstare nec se vertere nec retro dare.
~ Seneca, Phoenissae 190–192
Tapferkeit heißt nicht das Leben zu fürchten, sondern gewaltigem Unheil entgegenzutreten, sich nicht abzuwenden und sich nicht zurückzuziehen.

X45 Fortissimus ille est / qui, promptus metuenda pati, si comminus instent, / et differre potest.
Lucanus, Bellum civile (Pharsalia) 7. 105–107
Am tapfersten ist, wer bereit ist, Schrecknisse zu ertragen, und sie, wenn sie an ihn herankommen, sogar noch hinauszögern kann.

X46 Virtutis est domare, quae cuncti pavent.
Seneca, Hercules furens 435
Tapferkeit zeigt sich darin, dass man bezwingt, was alle fürchten.

X47 Non novit virtus calamitati cedere.
Publilius Syrus, Sententiae 402
Unterwerfung unter das Unglück kennt die Tapferkeit nicht.

X48 Rebus in angustis facile est contemnere vitam; / fortiter ille facit, qui miser esse potest.
Martialis, Epigrammata 11. 56,15–16
In Lebensgefahr ist es leicht, das Leben gering zu schätzen; tapfer handelt nur, wer Elend ertragen kann.

X49 Acerrima virtus est, quam ultima necessitas extundit.
Seneca, De clementia 1. 12,5
Am unerbittlichsten ist Tapferkeit, die aus äußerster Bedrängnis entspringt.

X50 Maiore animo tolerari adversa quam relinqui: fortes et strenuos etiam contra fortunam insistere spei, timidos et ignavos ad desperationem formidine properare.
Tacitus, Historiae 2. 46,2
Es gehört mehr Mut dazu, Missgeschick zu ertragen, als ihm aus dem Weg zu gehen: Tapfere und tüchtige Männer halten auch gegen das Schicksal an der Hoffnung fest, furchtsame und kraftlose stürzen sich aus Angst in Verzweiflung.

X51 Inter omnes igitur hoc constat, nec doctos homines solum, sed etiam indoctos, virorum esse fortium et magnanimorum et patientium et humana vincentium toleranter dolorem pati.
Cicero, Tusculanae disputationes 2. 43

> Für alle Menschen, nicht nur gebildete, sondern auch ungebildete, steht fest, dass zu tapferen, edlen, ausdauernden und über allzu Menschliches erhabenen Männern auch geduldiges Ertragen von Schmerzen gehört.

X52 Si quid est, quo teneris, aut expedi aut incide.
Seneca, Epistulae morales 17,1

> Wenn es etwas gibt, was dich beengt, so mach dich davon frei oder zerhaue es.

X53 Tunc est probanda, si locum virtus habet.
Seneca, Medea 160

> Tapferkeit ist zu loben, wenn sie angebracht ist.

X54 Non in mari tantum aut in proelio vir fortis apparet: exhibetur etiam in lectulo virtus.
Pseudo-Seneca, De remediis fortuitorum

> Nicht nur auf dem Meer oder in der Schlacht zeigt sich ein Mann als tapfer: Auch auf dem Sterbebett erweist sich Tapferkeit.

X55 Audendo magnus tegitur timor.
Lucanus, Bellum civile (Pharsalia) 4. 702

> Mit kühner Tat verdeckt man große Angst.

X56 Semper in proelio iis maxumum est periculum, qui maxume timent: audacia pro muro habetur.
Sallustius, De coniuratione Catilinae 58,17

> Im Kampf sind immer die in größter Gefahr, die am meisten Angst haben: Kühnheit ist so viel wert wie eine Schutzmauer.

X57 Tutissimum est inferre, cum timeas, gradum.
Seneca, Phaedra 722

> Am sichersten ist es, anzugreifen, wenn man sich fürchtet. *(vgl. ›Angriff ist die beste Verteidigung.‹)*

X58 Et mihi sunt vires, et mea tela nocent.
Ovidius, Heroides 16,354

> Auch ich bin stark, auch meine Pfeile können treffen.

X59 A cane non magno saepe tenetur aper.
Ovidius, Remedia amoris 422

> Oft wird schon von einem kleinen Hund ein Eber gehalten.

Tugend

X60 Non turpis est cicatrix, quam virtus parit.
Publilius Syrus, Sententiae 388
> Eine Narbe, die die Tapferkeit einbringt, ist nicht hässlich.

Mut

X61 Eris magnanimis, si pericula nec appetas ut temerarius nec formides ut timidus.
Martinus Bracarensis, Formula vitae honestae 2
> Mutig ist man, wenn man Gefahren weder sucht wie ein Hitzkopf noch fürchtet wie ein Angsthase.

X62 Pericla, qui audet, ante vincit, quam accipit.
Publilius Syrus, Sententiae 499
> Der Mutige meistert die Gefahren, bevor er ihnen begegnet.

X63 Audentes deus ipse iuvat.
Ovidius, Metamorphoses 10. 586
> Den Mutigen hilft Gott selbst.

X64 Fors iuvat audentes.
Claudianus, Carmina minora 41,9
> Das Schicksal hilft den Kühnen.

X65 Fortes fortuna adiuvat.
Terentius, Phormio 203
> Den Mutigen hilft das Glück. *(vgl. ›Dem Mutigen hilft Gott.‹)*

X66 Audendum est: fortes adiuvat ipsa Venus.
Tibullus, Elegiae 1. 2,16
> Man muss wagen, denn Venus hilft nur den Starken.

X67 Animosa nullos mater admittit metus.
Seneca, Troades 588
> Eine beherzte Mutter lässt keine Furcht aufkommen.

X68 Felix, qui, quod amat, defendere fortiter audet.
Ovidius, Amores 2. 5,9
> Glücklich, wer sein Liebstes tapfer zu verteidigen wagt.

X69 Audendo virtus crescit, tardando timor.
Publilius Syrus, Sententiae A227
> Wenn man sich traut, wächst der Mut, wenn man zögert, die Furcht.

X70 **Audaces cogimur esse metu.**
Ovidius, Tristia 1. 4,4
Furcht zwingt uns dazu, mutig zu sein.

X71 **Et nihil est, quod non effreno captus amore / ausit.**
Ovidius, Metamorphoses 6. 465–466
Es gibt nichts, was ein von unbändiger Liebe Ergriffener nicht wagte.

X72 **In rebus dubiis plurimi est audacia.**
Publilius Syrus, Sententiae 259
In gefährlicher Lage vermag Kühnheit am meisten.

X73 **Non fit sine periclo facinus magnum nec memorabile.**
Terentius, Heauton timorumenos 314
Ohne Risiko kommt es zu keiner großen und denkwürdigen Leistung.

X74 **Ut possis vincere, est audendum fortiter.**
Publilius Syrus, Sententiae A272
Damit du siegen kannst, musst du tapfer wagen.

X75 **Fortuna opes auferre, non animum potest.**
Seneca, Medea 176
Das Glück kann mir das Vermögen rauben, nicht den Mut.

X76 **In audaces non est audacia tuta.**
Ovidius, Metamorphoses 10. 544
Gegen Mutige bietet Mut keine Sicherheit.

X77 **Magnarum rerum etiam si prosper non fuerit successus, honestius et tamen ipse conatus.**
Pseudo-Seneca, Liber de moribus 85
Wenn bei großen Vorhaben auch kein Erfolg beschieden war, so ist doch der Versuch an sich schon recht anerkennenswert.

X78 **Expensio vero periculi revocat hominem ab audacia.**
Erasmus, Apophthegmata 4. 213F
Die Bewertung des Risikos hält den Menschen von waghalsigem Tun ab.

X79 **Caeca est temeritas, quae petit casum ducem.**
Seneca, Agamemno 145
Blind ist die Verwegenheit, die dem Zufall folgt.

X80 **Ex avaritia erumpit audacia, inde omnia scelera ac maleficia gignuntur.**
~ Cicero, Pro Sex. Roscio Amerino 75
Aus Habgier bricht Verwegenheit hervor, aus der alle Verbrechen und Übeltaten sich entwickeln.

Tugend

X 81 Fortitudinem audacia imitatur.
Cicero, Partitiones oratoriae 81
> Dreistigkeit ahmt die Tapferkeit nach.

X 82 Non semper temeritas est felix.
Livius, Ab urbe condita 28. 42,7
> Waghalsigkeit endet nicht immer gut.

X 83 In rebus plurimis dubia est audacia.
Sedulius Scotus, Collectaneum miscellaneum 20,24,9
> Bei den meisten Dingen ist Verwegenheit bedenklich.

Gefahr

X 84 O pessimum periclum, quod opertum latet!
Publilius Syrus, Sententiae 447
> Am schlimmsten ist die Gefahr, die im Verborgenen lauert.

X 85 Latet anguis in herba.
Vergilius, Bucolica 3,93
> Die Schlange lauert im Gras.

X 86 Insidias et campus habet.
Martialis, Epigrammata 12. 14,5
> Auch das freie Feld birgt Tücken.

X 87 Nihil tam firmum est, cui periculum non sit etiam ab invalido.
Curtius Rufus, Historiae Alexandri Magni 7. 8,15
> Nichts ist so stark, dass ihm nicht sogar von einem Schwachen Gefahr drohte.

X 88 Cum periclo inferior quaerit, quod superior occulit.
Publilius Syrus, Sententiae 659a
> Nur unter Gefahren kommt der Schwächere dahinter, was der Stärkere zu verbergen hat.

X 89 Res quanto est maior, tanto est insidiosior.
Publilius Syrus, Sententiae 578
> Je größer etwas ist, desto gefährlicher ist es.

X 90 Nemo diu tutus est periculo proximus.
Cyprianus, Epistulae 4,2,2
> Niemand kann lange sicher sein in der Nähe eines Gefahrenherds.

X 91 Iam proximus ardet / Ucalegon.
Vergilius, Aeneis 2. 311–312
> Schon steht das Haus des Ucalegon *(Nachbar des Äneas)* in Flammen.

X 92 **Hannibal ad portas!** *(meist zitiert als ›Hannibal ante portas!‹)*
~ Cicero, Orationes Philippicae 1,11
> Hannibal vor den Toren!

X 93 **In eadem es navi.**
Cicero, Ad familiares 2. 5,1
> Du sitzt im selben Boot.

X 94 **Mures etiam migraverunt.**
Cicero, Ad Atticum 14. 9,1
> Selbst die Ratten haben das Weite gesucht. *(vgl. ›Die Ratten verlassen das sinkende Schiff.‹)*

X 95 **Potenti irasci sibi periclum est quaerere.**
Publilius Syrus, Sententiae 483
> Sich über einen Mächtigen entrüsten heißt Gefahren suchen.

X 96 **Summum ad gradum cum claritatis veneris, / consistes aegre, nictu citius decidas.**
Laberius bei Macrobius, Saturnalia 2. 7,9
> Wenn du den Gipfel der Berühmtheit erreicht hast, kannst du kaum festen Fuß fassen, schneller als ein Wimpernschlag kannst du fallen.

X 97 **Feriuntque summos / fulgura montes.**
Horatius, Carmina 2. 10,11–12
> Die Blitze schlagen in die Gipfel der Berge ein.

X 98 **Exitus in dubio est: audebimus ultima!**
Ovidius, Fasti 2. 781
> Der Erfolg ist zweifelhaft; lasst uns das Äußerste wagen!

X 99 **Numquam periclum sine periclo vincitur.**
Publilius Syrus, Sententiae 383
> Eine Gefahr überwindet man nie gefahrlos.

X 100 **Qui amat periculum, in illo peribit.**
Vulgata, Liber ecclesiasticus 3,27
> Wer die Gefahr liebt, kommt darin um.

X 101 **Miserum est sine periclo nescire vivere.**
Publilius Syrus, Sententiae 329
> Es ist erbärmlich, ohne Gefahr nicht leben zu können.

X 102 **Tanta malorum impendet Ιλιας.**
Cicero, Ad Atticum 8. 11,3
> Eine ganze Ilias an Unheil kommt auf uns zu.

Tugend

X 103 Cantabit vacuus coram latrone viator.
Iuvenalis, Saturae 10,22
> Ein Wanderer mit leeren Taschen singt angesichts eines Diebs.
> *(vgl. ›Einem nackten Mann kann man nicht in die Tasche greifen.‹)*

X 104 Tranquillo quilibet gubernator est.
Seneca, Epistulae morales 85,34
> Bei ruhiger See kann jeder Steuermann sein.

X 105 Via trita, via tuta.
cf. Wander, Deutsches Sprichwörter-Lexikon 2. 797
> Ein ausgetretener Weg ist ein sicherer Weg.

X 106 Absenti nemo non nocuisse velit.
Propertius, Elegiae 2. 19,32
> Einem Abwesenden möchte jeder schaden.

Herausforderung

X 107 Plura mala contingere nobis quam accidere.
Seneca, Epistulae morales 110,3
> Widerwärtigkeiten fördern uns öfter, als dass sie uns entkräften. *(vgl. Nietzsche: ›Was mich nicht umbringt, macht mich stärker.‹)*

X 108 Explorant adversa viros perque aspera duro / nititur ad laudem virtus interrita clivo.
Silius Italicus, Punica 4. 603–604
> Im Unglück zeigt sich der Mann, und durch alle Schwierigkeiten strebt die Tüchtigkeit unerschrocken auf rauem Pfad hinauf zum Ruhm.

X 109 Calamitas virtutis occasio est.
Seneca, De providentia 4,6
> Unglück ist eine Gelegenheit, seine Stärke zu zeigen.

X 110 Avida est periculi virtus.
Seneca, De providentia 4,4
> Tapferkeit sehnt sich nach Gefahr.

X 111 Crescit in adversis virtus.
~ Lucanus, Bellum civile (Pharsalia) 3. 614
> Der Mut wächst mit der Gefahr.

X 112 Multum enim sibi adicit sibi virtus lacessita.
Seneca, Epistulae morales 13,3
> Tapferkeit gewinnt an Kraft, wenn man sie reizt.

X 113 Poscimur.
Horatius, Carmina 1. 32,1 (varia lectio)
   Wir sind gefordert.

X 114 Labor optimos citat.
Seneca, De providentia 5,4
   Strapazen fordern die Besten heraus.

X 115 Laborem si non recuses, parum est, posce!
Seneca, Epistulae morales 31,6
   Sich Strapazen nicht zu entziehen ist zu wenig; fordere sie heraus!

X 116 Ceterum, etiamsi spes non subesset, necessitas tamen stimulare deberet.
Curtius Rufus, Historiae Alexandri Magni 4. 14,22
   Selbst wenn es keine Hoffnung mehr gäbe, müsste doch die Not Ansporn sein.

X 117 Generosos animos labor nutrit.
Seneca, Epistulae morales 31,4
   Edle Seelen spornt die Schwere der Aufgabe an.

X 118 Crescit animus, quotiens coepti magnitudinem attendit.
Seneca, Naturales quaestiones 3. pr. 4
   Der Geist wächst, sooft er sich auf die Größe eines Vorhabens einstellt.

X 119 Crescit enim cum amplitudine rerum vis ingenii.
Tacitus, Dialogus de oratoribus 37,5
   Die Kraft des Geistes wächst mit der Größe der Gegebenheiten.

X 120 Da vacuae menti, quo teneatur, opus!
Ovidius, Remedia amoris 150
   Gib dem untätigen Geist eine Aufgabe, die ihn fesselt.

X 121 Ingenium mala saepe movent.
Ovidius, Ars amatoria 2. 43
   Unheil spornt oft den Geist an. *(vgl. ›Not macht erfinderisch.‹)*

X 122 Mirabile quidem paupertatis ingenium.
cf. Petronius, Satyricon 135,7
   Wunderbar ist der Erfindungsgeist der Armut.

X 123 Paupertas artes omnes perdocet.
~ Plautus, Stichus 178
   Armut lehrt alle Künste.

X 124 Efficacior omni arte necessitas.
Curtius Rufus, Historiae Alexandri Magni 4. 3,24
   Die Notwendigkeit bewirkt mehr als jede Kunst.

Tugend

X125 Necessitas magistra.
Erasmus, Adagia 3655
> Not ist ein guter Lehrmeister.

X126 Grande doloris / ingenium est miserisque venit sollertia rebus.
Ovidius, Metamorphoses 6. 574–575
> Groß ist die Erfindungsgabe des Schmerzes und der Not kommt Geschicklichkeit entgegen.
> *(vgl. ›aus der Not eine Tugend machen‹)*

X127 Effugere non potes necessitates, potes vincere.
Seneca, Epistulae morales 37,3
> Entkommen kann man der Notwendigkeit nicht, aber man kann sie überwinden.

X128 Multa docet fames.
cf. Seneca, Epistulae morales 15,7
> Vieles lehrt der Hunger.

X129 Crescit sub pondere virtus.
cf. Lucanus, Bellum civile (Pharsalia) 3. 614
> Unter Druck wächst die Leistung.

X130 Ignis aurum probat, miseria fortes viros.
Seneca, De providentia 5,10
> Das Feuer prüft Gold, Unglück tapfere Männer.

X131 Increscunt animi, virescit vulnere virtus.
Furius Antias bei Gellius, Noctes Atticae 18. 11,4
> Der Mut wächst; die Tapferkeit lebt auf mit der Verwundung.

X132 Secundae res acrioribus stimulis animos explorant, quia miseriae tolerantur, felicitate corrumpimur.
Tacitus, Historiae 1. 15,3
> Glückliche Umstände stellen uns auf eine härtere Probe, denn ins Elend schickt man sich, vom Glück wird man verdorben.

X133 Suspice, etiam si decidunt, magna conantes.
Seneca, De vita beata 20,2
> Bewundere die, die sich hohe Ziele stecken, auch wenn sie erfolglos bleiben.

Entschlossenheit

X134 Tu ne cede malis, sed contra audentior ito.
Vergilius, Aeneis 6. 95
> Weich vor dem Unglück nicht zurück, sondern geh mutiger dagegen an.

X135 Ad profectum enim opus est studio, non indignatione.
Quintilianus, Institutio oratoria 10. 3,15
> Um voranzukommen, braucht man Schaffensdrang, nicht Verdrossenheit.

X 136 Volo et mente tota volo.
Seneca, Epistulae morales 71,36
>Ich will, und ich will von ganzem Herzen.

X 137 Tutissimum est timere nil praeter deum.
Publilius Syrus, Sententiae A117
>Am sichersten ist, nichts außer Gott zu fürchten.

X 138 Grande aliquid si velle tenes, et posse tenebis.
Walther von Châtillon, Alexandreis 1. 117
>Bist du fest entschlossen, etwas Großes zu erreichen, kannst du es auch bestimmt.

X 139 Multa experiendo confieri, quae segnibus ardua videntur.
Tacitus, Annales 15. 59,2
>Ein beherzter Versuch vollbringt vieles, was Energielosen allzu schwierig erscheint.

X 140 Multum celeritas fecit, multum abstulit mora.
Seneca, De beneficiis 2. 6,1
>Viel vollbringt die Schnelligkeit, viel vereitelt der Aufschub. *(vgl. ›Was du heute kannst besorgen, das verschiebe nicht auf morgen.‹)*

X 141 Aut viam inveniam aut faciam.
cf. Seneca, Hercules furens 275–276
>Entweder finde ich den Weg oder ich bahne ihn mir.

X 142 Nil mortalibus ardui est.
Horatius, Carmina 1. 3,37
>Nichts ist für den Menschen unüberwindlich.

X 143 Si vis, potes.
Horatius, Sermones 2. 6,39
>Du kannst, wenn du willst.

X 144 Audentes fortuna iuvat, piger ipse sibi obstat.
Seneca, Epistulae morales 94,28
>Den Tapferen hilft das Schicksal, der Faule steht sich selbst im Weg.

X 145 Invida fata piis et fors ingentibus ausis / rara comes.
Statius, Thebais 10. 384–385
>Das Schicksal hasst Pflichtbewusstsein, und das Glück ist selten auf Seiten der Entschlossenheit.

X 146 Disce, puer, virtutem ex me verumque laborem, / fortunam ex aliis.
Vergilius, Aeneis 12. 434–435
>Lerne, mein Sohn, von mir Tapferkeit und echten Einsatz, aber das Glück von andern. *(Aeneas zu Ascanius vor dem Entscheidungskampf mit Turnus)*

Tugend

X 147 Flectere si nequeo superos, Acheronta movebo.
Vergilius, Aeneis 7. 312
Wenn ich die Götter *(der Oberwelt)* nicht umstimmen kann, werde ich die Unterwelt erschüttern.

X 148 Nunc tempus est faciendi, nunc tempus est pugnandi.
Thomas a Kempis, De imitatione Christi 1. 22,26
Jetzt ist Zeit zu handeln, jetzt ist Zeit zu kämpfen.

X 149 Eripe te morae!
Horatius, Carmina 3. 29,5
Entreiß dich dem Zaudern! *(d. h. Tu endlich etwas!)*

X 150 Fac, quod faciendum est.
Seneca, Apocolocyntosis 3,2
Tu, was zu tun ist.

Beharrlichkeit

X 151 Pertinacia impedimentum omne transcendit ostenditque nihil esse difficile, cuius sibi ipsa mens patientiam indiceret.
Seneca, De ira 2. 12,5
Beharrlichkeit überwindet jedes Hindernis und zeigt, dass nichts schwer ist für den, der innerlich dazu bereit ist, alles geduldig zu ertragen.

X 152 Iustum et tenacem propositi virum / non civium ardor prava iubentium, / non vultus instantis tyranni / mente quatit solida, neque Auster, // dux inquieti turbidus Hadriae, / nec fulminantis magna manus Iovis: / si fractus illabatur orbis, / impavidum ferient ruinae.
Horatius, Carmina 3. 3,1–8
Den gerechten und an seinem Vorsatz fest haltenden Mann kann weder die Wut der Bürger, die Widersinniges befehlen, noch der Blick des drohenden Tyrannen in seinem festen Sinn erschüttern, noch der Südwind, // der stürmische Herrscher der unruhigen Adria, noch die gewaltige Hand des Blitze schleudernden Jupiter: Wenn die Welt in Trümmer zerfällt, werden sie einen Unerschrockenen treffen.

X 153 Fortis vero animi et constantis est non perturbari in rebus asperis.
Cicero, De officiis 1. 80
Es zeugt von Entschlossenheit und Standhaftigkeit, sich im Unglück nicht beirren zu lassen.

X 154 Vir constans quicquid coepit, complere laborat.
Anthologia Latina 1. 716,65
Was ein Mann mit Durchhaltevermögen begonnen hat, will er auch tatkräftig zu Ende bringen.

X 155 Et poteris, modo velle tene!
Ovidius, Remedia amoris 787
> Du wirst können, halte nur am Wollen fest! *(vgl. ›Der Wille versetzt Berge.‹)*

X 156 Propositum perfice opus.
Ovidius, Remedia amoris 40
> Führe die Arbeit, die du dir vorgenommen hast, zu Ende.

X 157 Perfer et obdura! multo graviora tulisti.
Ovidius, Tristia 5. 11,7
> Dulde und harre aus! Du hast schon Schwereres ertragen.

X 158 Persta atque obdura!
Horatius, Sermones 2. 5,39
> Harre aus und bleibe hart!

X 159 Quicquid erit, superanda omnis fortuna ferendo est.
Vergilius, Aeneis 5. 710
> Was auch immer es sei, jeder Schicksalsschlag lässt sich überwinden, indem man ihn erträgt.

X 160 Ad gloriam nihil maius patientia.
Cyprianus, De bono patientiae 1
> Für den Ruhm ist nichts wichtiger als Ausdauer.

X 161 Inceptum est: retro abire non licet nec relinquere oportet.
Thomas a Kempis, De imitatione Christi 3. 56,29
> Wenn man begonnen hat, darf man nicht zurückkehren und nicht aufgeben.

X 162 Incipere plurimorum est, perserverare paucorum.
Hieronymus, Adversus Iovinianum 1. 36
> Sehr viele beginnen, aber nur wenige halten durch.

X 163 Plus operis est in eo, ut proposita custodias, quam ut honesta proponas.
Seneca, Epistulae morales 16,1
> Es kostet mehr Mühe, seinen Vorsätzen treu zu bleiben, als gute Vorsätze zu fassen.

X 164 Aut numquam incipies aut coeptum perfice. Vincit / cuncta labor. Nihil est investigabile forti.
Polythecon 9. 243–244
> Fang entweder nie an oder führ das Begonnene zu Ende. Die Arbeit besiegt alles. Nichts ist dem Tüchtigen unerreichbar.

X 165 Aut non temptasses aut perfice.
Ovidius, Ars amatoria 1. 389
> Versuch es gar nicht erst, oder zieh die Sache durch.

Tugend

X 166 Durate et vosmet rebus servate secundis.
Vergilius, Aeneis 1. 207
> Haltet durch und bewahrt euch für bessere Zeiten.

X 167 Fortiter malum qui patitur, idem post potitur bonum.
Plautus, Asinaria 324
> Wer einen Nachteil tapfer erträgt, der erlangt später einen Vorteil.

X 168 Frangar, non flectar.
~ Seneca, Thyestes 200
> Man kann mich zerbrechen, aber nicht verbiegen.

X 169 Ille velut pelagi rupes immota resistit.
Vergilius, Aeneis 7. 586
> Unerschütterlich wie ein Fels in der Brandung blieb er stehen.

X 170 Mens immota manet, lacrimae volvuntur inanes.
Vergilius, Aeneis 4. 449
> Ungerührt bleibt sein Sinn, die Tränen fließen vergeblich. *(im Original bezogen auf die vergeblichen Versuche Didos, Äneas zum Bleiben zu bewegen)*

Konsequenz

X 171 Maneant illi semel placita nec ulla in decretis eius litura sit.
Seneca, De vita beata 8,3
> Wofür man sich einmal entschieden hat, das soll gelten und bei diesen Entschlüssen darf es keine Korrekturen geben.

X 172 Maximum hoc est et officium sapientiae et indicium, ut verbis opera concordent, ut ipse ubique par sibi idemque sit.
Seneca, Epistulae morales 20,2
> Das ist der höchste Zweck der Weisheit und zugleich ihr Kennzeichen, dass mit den Worten die Taten übereinstimmen, dass der Mensch immer in voller Übereinstimmung mit sich selbst lebt.

X 173 Nec enim satis est iudicare, quid faciendum non faciendumve sit, sed stare etiam oportet in eo, quod sit iudicatum.
Cicero, De finibus bonorum et malorum 1. 47
> Es genügt nicht, zu entscheiden, was zu tun oder zu lassen sei, sondern man muss auch zu dem stehen, wofür man sich entschieden hat.

X 174 Necesse est initia inter se et exitus congruant.
Seneca, Epistulae morales 9,9
> Anfang und Ende müssen zusammenpassen.

X175 Noli petere, quod negaris; quod petieris, nil neges.
Pseudo-Seneca, Proverbia 6–7
> Bitte um nichts, was du verweigern würdest, verweigere nichts, worum du bitten würdest.

X176 Non igitur ex singulis vocibus philosophi spectandi sunt, sed ex perpetuitate atque constantia.
Cicero, Tusculanae disputationes 5. 31
> Nicht an einzelnen Aussagen sind die Philosophen zu messen, sondern an ihrer Stetigkeit und Folgerichtigkeit.

X177 Quid est sapientia? Semper idem velle atque idem nolle.
Seneca, Epistulae morales 20,5
> Was heißt Weisheit? Stets dasselbe wollen und dasselbe nicht wollen.

X178 Semper eadem *(femininum sg.)*.
~ Cicero, Tusculanae disputationes 3. 31
> Immer dieselbe. *(Wahlspruch Elisabeths I.)*

X179 Semper eadem *(neutrum pl.)*.
Cicero, Timaeus 4
> Immer dasselbe.

X180 Verba rebus proba!
Seneca, Epistulae morales 20,1
> Mach deine Worte durch Taten glaubhaft!

X181 Sic loquimini et sic facite.
Vulgata, Epistula Iacobi 2,12
> Redet so und handelt auch so.

X182 Tute hoc intristi, tibi omne est exedendum.
Terentius, Phormio 318
> Du hast dir das alles selbst eingebrockt, also musst du es auch essen. *(vgl. ›die Suppe auslöffeln, die man sich eingebrockt hat‹)*

Maß

X183 Est modus in rebus, sunt certi denique fines, / quos ultra citraque nequit consistere rectum.
Horatius, Sermones 1. 1,106–107
> Es gibt in allem ein rechtes Maß, es gibt letztlich feste Grenzen; was diese hier wie dort überschreitet, ist nicht haltbar.

Tugend

X 184 Est enim temperantia libidinum inimica, libidines autem consectatrices
voluptatis.
Cicero, De officiis 3. 117
> Mäßigung ist die Feindin der Begierden, Begierden aber sind das Gefolge der Lust.

X 185 Certum voto pete finem.
Horatius, Epistulae 1. 2,56
> Setz deinen Begierden eine deutliche Grenze.

X 186 Consequuntur magni dolores eos, qui ratione voluptatem sequi nesciunt.
Cicero, De finibus bonorum et malorum 1. 32
> Große Schmerzen erleiden diejenigen, die es nicht verstehen, der Lust vernünftig
> nachzugehen.

X 187 Immodicis brevis est aetas et rara senectus; / quicquid amas, cupias non
placuisse nimis.
Martialis, Epigrammata 6. 29,7–8
> Wer nicht Maß hält, hat ein kurzes Leben und selten ein hohes Alter; man sollte wünschen,
> dass das, was man liebt, nicht zu sehr gefällt.

X 188 Imponit finem sapiens et rebus honestis.
Iuvenalis, Saturae 6,444
> Auch guten Dingen setzt der Weise Schranken.

X 189 Temperatus sit sapiens.
Seneca, De ira 2. 17,2
> Der Weise sei maßvoll.

X 190 Etsi enim suus cuique modus est, tamen magis offendit nimium quam parum.
Cicero, Orator 73
> Obwohl alles sein eigenes Maß hat, ist zu viel anstößiger als zu wenig.

X 191 Omne quidem nimium semper vitare memento.
Anthologia Latina 1. 950
> Denk daran, alles, was zu viel ist, immer zu meiden.

X 192 Omnia, quae excesserunt modum, nocent.
~ Seneca, De providentia 4,10
> Alles, was ein gewisses Maß übersteigt, ist schädlich.

X 193 Optimus tamen modus est. Quis negat? Sed non minus non servat modum,
qui infra rem, quam qui supra, qui astrictius, quam qui effusius dicit.
Plinius, Epistulae 1. 20,20
> Maßhalten ist doch immer noch das Beste! Wer bestreitet das? Aber das Maß lässt ebenso
> vermissen, wer zu wenig, als wer zu viel sagt, wer zu knapp, als wer zu weitschweifig
> redet.

X 194 Magna res est vocis et silentii temperamentum.
Pseudo-Seneca, Liber de moribus 74
> Das rechte Maß im Reden und Schweigen ist eine große Leistung.

X 195 Semper vocis et silenti temperamentum tene.
Publilius Syrus, Sententiae A118
> Halte beim Reden wie beim Schweigen immer das rechte Maß.

X 196 Neminem cito accusaris nec cito laudaveris.
Publilius Syrus, Sententiae A15
> Beschuldige niemanden schnell, lobe aber auch keinen schnell.

X 197 Parce gaudere oportet et sensim queri.
Phaedrus, Liber fabularum 4. 18,9
> Man soll sich maßvoll freuen und in aller Stille klagen.

X 198 Modus ubique laudandus est.
Cassiodorus, Variae 1. 19,1
> Maßzuhalten ist in jeder Beziehung lobenswert.

X 199 Ne quid nimis.
Terentius, Andria 61 (lateinische Version des delphischen Μηδεν αγαν)
> Nichts im Übermaß. *(vgl. ›Allzu viel ist ungesund.‹)*

X 200 Nihil nimium cupere. *Plinius maior, Naturalis historia 7. 119*
> Nichts zu sehr wünschen.

X 201 Noscenda est mensura sui spectandaque rebus / in summis minimisque.
Iuvenalis, Saturae 11,35–36
> Man muss sein eigenes Maß herausfinden und es im Großen und Kleinen beachten.

X 202 Omnis in modo est virtus.
Seneca, Epistulae morales 66,9
> Jede Tugend besteht im Maßhalten.

X 203 Optimus cunctis modus.
Kleobulos bei Ausonius, Ludus septem sapientium 68
> Maßzuhalten ist in allem das Beste.

X 204 Nescia mens hominum fati sortisque futurae / et servare modum rebus sublata secundis.
Vergilius, Aeneis 10. 501–502
> Der Mensch weiß nichts vom Schicksal und künftigen Los, er weiß auch nicht maßzuhalten auf dem Gipfel des Glücks.

Tugend

X 205 Non cibus nobis, non umor, non vigilia, non somnus sine mensura quadam salubria sunt.
Seneca, Naturales quaestiones 6. 2,3
> Weder Speise noch Trank, weder Wachen noch Schlaf sind uns förderlich ohne ein gewisses Maß.

X 206 Prodigus est et parcus idem: nam nescit uterque / uti opibus, peccant ambo; res deterit ambos.
Anthologia Latina 1. 485,143–144
> Verschwender und Geizhals gleichen sich: Denn beide wissen ihr Vermögen nicht zu gebrauchen, sie vergehen sich beide; ihre Habe zerreibt beide.

X 207 Ut cavere decet, timere non decet, sic gaudere decet, laetari non decet.
Cicero, Tusculanae disputationes 4. 66
> Wie man vorsichtig, aber nicht ängstlich sein soll, so soll man sich freuen, aber nicht ausgelassen sein.

X 208 In praecipiti voluptas ad dolorem vergit, nisi modum tenuit.
Seneca, Epistulae morales 23,6
> Die Lust verwandelt sich unvermittelt in Schmerz, wenn man nicht maßhält.

X 209 De vita ut de convivio optimum est nec sitientem exire nec ebrium.
Pseudo-Seneca, Monita 181
> Am besten scheidet man aus dem Leben wie aus einem Gastmahl, weder dürstend noch berauscht.

Mitte

X 210 Auream quisquis mediocritatem / diligit, tutus caret obsoleti / sordibus tecti, caret invidenda / sobrius aula.
Horatius, Carmina 2. 10,5–8
> Wer den goldenen Mittelweg wählt, meidet sicher den Schmutz der verfallenen Hütte, meidet besonnen den Neid erweckenden Hof.

X 211 In plerisque rebus mediocritas optima est.
Cicero, De officiis 1. 130
> In den meisten Fällen ist die rechte Mitte am besten.

X 212 Illud, quod medium est atque inter utrumque, probamus: / nec volo, quod cruciat, nec volo, quod satiat.
Martialis, Epigrammata 1. 57,3–4
> Mir gefällt, was in der Mitte liegt und für Ausgleich sorgt, mir gefällt weder, was quält, noch, was übersättigt.

X213 Eademque mediocritas ad omnem usum cultumque vitae transferenda est.
Cicero, De officiis 1. 140
> Dieses Mittelmaß muss man auf alle Lebensumstände und Gewohnheiten übertragen.

X214 Medio tutissimus ibis.
Ovidius, Metamorphoses 2. 137 (Rat des Daidalos an seinen Sohn Ikaros)
> In der Mitte wirst du am sichersten vorankommen.

X215 Inter utrumque tene.
Ovidius, Metamorphoses 2. 140
> Halte dich an die Mitte *(wörtlich: zwischen beide, d. h. zwischen Meer und Sonne).*

X216 Mediocritas est inter nimium et parum.
~ Cicero, De officiis 1. 89
> Die rechte Mitte liegt zwischen zu viel und zu wenig.

X217 Tuta me media vehat / vita decurrens via.
Seneca, Oedipus 890–891
> Auf der mittleren Bahn ablaufend, leite das Leben mich sicher.

X218 Intacta invidia media sunt.
Livius, Ab urbe condita 45. 35,5
> Mittelmaß wird vom Neid nicht erreicht.

Angemessenheit

X219 Fac, quod te par sit, non alter quod mereatur.
Anthologia Latina 1. 716,26
> Tu, was dir entspricht, nicht was dein Gegenüber verdient.

X220 unicuique secundum propriam virtutem
Vulgata, Evangelium secundum Matthaeum 25,15
> einem jeden nach seinem Vermögen

X221 Aequitas de iure multum remittit.
Donatus, Commentarius in Terenti Fabulas, Adelphoe 1,1
> Billigkeit nimmt dem Recht viel von seiner Schärfe.

X222 Cavendum est, ne maior poena quam culpa sit et ne iisdem de causis alii plectantur, alii ne appellentur quidem.
Cicero, De officiis 1. 89
> Man muss Acht geben, dass die Strafe nicht schwerer wird als die Schuld und dass nicht bei gleichem Anlass die einen verurteilt, andere nicht einmal angeklagt werden.

Tugend

X223 Noxiae poena par esto!
Cicero, De legibus 3. 36
> Die Strafe soll der Schuld angemessen sein!

X224 Omni orationi cum is rebus, de quibus explicat, videtur esse cognatio.
Cicero, Timaeus 8 (nach Platon 29b)
> Jede Rede muss dem, was sie ausdrückt, verwandt sein.

X225 Ad mores et opiniones audientium prudens vocem formabit.
Sententiae Varronis 105
> Wer klug ist, passt seine Worte der Lebensweise und den Ansichten seiner Zuhörer an.

X226 Sed convenientia verbi ex circumstantia percipitur facti.
Cyrillus, Speculum sapientiae 1. 13
> Die Angemessenheit eines Worts ergibt sich aus der jeweiligen Sachlage.

X227 Qui sua metitur pondera, ferre potest.
Martialis, Epigrammata 12. 98,8
> Wer seine Last abmisst, kann sie auch tragen.

Gerechtigkeit

X228 Iustitia suum cuique distribuit.
~ Cicero, De natura deorum 3. 38
> Die Gerechtigkeit teilt jedem das Seine zu.

X229 Iustitia autem praecipit parcere omnibus, consulere generi hominum, suum cuique tribuere, sacra, publica, aliena non tangere.
Cicero, De re publica 3. 24
> Die Gerechtigkeit schreibt vor, alle zu schonen, für die Menschheit zu sorgen, jedem das Seine zuzuteilen, heiliges, öffentliches und fremdes Gut nicht anzurühren.

X230 Iustitia est constans et perpetua voluntas ius suum cuique tribuendi.
Corpus Iuris Civilis, Digesta 1. 1,10 pr. (Ulpianus)
> Gerechtigkeit ist der unbeirrbare und standhafte Wille, jedem das ihm gebührende Recht zukommen zu lassen.

X231 Iustitia est habitus animi communi utilitate conservata suam cuique tribuens dignitatem.
Sedulius Scotus, Collectaneum miscellaneum 52,1
> Gerechtigkeit ist eine Geisteshaltung, die unter Wahrung des allgemeinen Nutzens jedem seinen ihm eigenen Wert zuweist.

X232 Quid est autem iustitia nisi naturae tacita conventio in adiutorium multorum inventa?

Martinus Bracarensis, Formula vitae honestae 4

> Was ist Gerechtigkeit anderes als stillschweigende Übereinkunft der Natur zur Unterstützung vieler?

X233 Ille perfectus est, cui nihil deest, iustus, cui nihil supra est; hoc enim est iustitiae tenere mensuram.

Ambrosius, De Iacob et vita beata 2. 21

> Vollkommen ist, wem nichts fehlt, gerecht, wer nichts zu viel hat, denn das ist charakteristisch für Gerechtigkeit, maßzuhalten.

X234 Religionis est propria iustitia, quae nullum alium animal attingit.

Lactantius, De ira Dei 7,13

> Wesensmerkmal der Religion ist die Gerechtigkeit. An ihr hat kein anderes Lebewesen teil.

X235 Discite iustitiam moniti et non temnere divos.

Vergilius, Aeneis 6. 620

> Übt euch auf diese Warnung hin in Gerechtigkeit und in Ehrfurcht vor den Göttern.

X236 Iustitia erga deos religio dicitur, erga parentes pietas.

~ Cicero, Partitiones oratoriae 78

> Gerechtigkeit gegenüber den Göttern nennt man Religion, gegenüber den Eltern Ehrerbietung.

X237 O sancta iustitia!

Lortzing, Zar und Zimmermann

> O heilige Gerechtigkeit!

X238 Facit autem iudicium et iustitiam, qui recte vivit. Recte autem vivit, qui obtemperat praecipienti Deo.

Augustinus, De civitate Dei 17. 4

> Recht und Gerechtigkeit übt, wer recht lebt. Recht lebt aber, wer dem Gebot Gottes gehorcht.

X239 Haec est perfecta iustitia, qua potius potiora et minus minora diligimus.

Augustinus, De vera religione 262

> Vollkommene Gerechtigkeit besteht darin, dass wir das Höhere höher und das Geringere geringer lieben.

X240 Iustitia et pietas sunt regnorum omnium fundamenta.

Inschrift am Hohen Tor in Danzig

> Gerechtigkeit und Frömmigkeit sind die Fundamente aller Königreiche.

X241 Sine summa iustitia rem publicam geri nullo modo posse.

Cicero, De re publica 2. 70

> Ohne ein Höchstmaß an Gerechtigkeit kann ein Staat auf keinen Fall regiert werden.

Tugend

X242 Iustitiae debetur, quod homo homini sit Deus, non lupus.
Bacon, De dignitate et augmentis scientiarum 6. 3, Exempla 20
> Der Gerechtigkeit ist es zu verdanken, wenn der Mensch dem Menschen ein Gott und nicht ein Wolf ist.

X243 Iustitia exiguis examinat omnia granis, / sola potens hominum conciliare genus.
Inschrift im Danziger Rathaus
> Die Gerechtigkeit prüft alles bis in alle Einzelheiten, sie allein hat die Macht, das Menschengeschlecht zu vereinen.

X244 Remota itaque iustitia quid sunt regna nisi magna latrocinia?
Augustinus, De civitate Dei 4. 4
> Was sind Staaten, wenn die Gerechtigkeit nicht gilt, anderes als große Räuberbanden?

X245 Tota iustitiae ratio est, ut declinentur mala et fiant bona.
Prosper Aquitanus, Liber sententiarum 98
> Das Prinzip der Gerechtigkeit geht davon aus, dass das Böse vermieden wird und das Gute geschieht.

X246 Quae concordiam gignunt, sunt illa, quae ad iustitiam, aequitatem et honestatem referuntur.
Spinoza, Ethica 4. Appendix 15
> Was Eintracht erzeugt, ist dasselbe, was zur Gerechtigkeit, Billigkeit und Sittlichkeit gehört.

X247 Si vis pacem, cole iustitiam!
Inschrift am Friedenspalast in Den Haag
> Willst du Frieden, übe Gerechtigkeit!

X248 De tenebris historiae processit sol iustitiae.
Walther von Châtillon, Carmina 3,26, Refrain
> Aus dem Dunkel der Geschichte trat die Sonne der Gerechtigkeit *(d. h. das Christentum)* hervor.

X249 Iustitia elevat gentem, vituperium autem populorum est peccatum.
Vulgata, Liber proverbiorum 14,34
> Gerechtigkeit erhöht ein Volk, aber die Sünde bringt den Leuten Schmach.

X250 Dum vulgus colat iustitiam, nil interest, utrum vera an falsa praedices.
Sententiae Varronis 99
> Solange das Volk die Gerechtigkeit pflegt, ist es ohne Belang, ob man wahre oder falsche Behauptungen aufstellt.

X251 Iustitia est obtemperatio scriptis legibus institutisque populorum.
Cicero, De legibus 1. 42
> Gerechtigkeit ist Gehorsam gegenüber den geschriebenen Gesetzen und den Einrichtungen der Völker.

X 252 Iustitia utilibus rectum praeponere suadet / communesque sequi leges iniustaque numquam / largiri sociis.
Claudianus, De consulatu Stilichonis 2. 103–105

Gerechtigkeit lehrt, das Rechte dem Nützlichen vorzuziehen, die allgemeinen Gesetze zu befolgen und Freunde nie auf Kosten anderer zu bereichern.

X 253 In societate civili aut lex aut vis valet. Est autem et vis quaedam legem simulans, et lex nonnulla magis vim sapiens quam aequitatem iuris.
Bacon, De dignitate et augmentis scientiarum 8. 3, aph. 1

In der bürgerlichen Gesellschaft herrscht entweder das Recht oder die Gewalt. Es gibt aber sowohl eine Art Gewalt, die das Recht nur vortäuscht, als auch eine Art Recht, die eher der Gewalt ähnelt als der Gerechtigkeit.

X 254 Iustitiae primum munus est, ut ne cui quis noceat nisi lacessitus iniuria, deinde ut communibus pro communibus utatur, privatis ut suis.
Cicero, De officiis 1. 20

Die erste Aufgabe der Gerechtigkeit ist, dass keiner einem anderen schadet, es sei denn, er wäre durch Unrecht gereizt, sodann, dass er Gemeingut als Gemeingut behandelt und nur Privates als sein Eigentum.

X 255 Iustitiae tanta vis est, ut ne illi quidem, qui maleficio et scelere pascuntur, possint sine ulla particula iustitiae vivere.
~ Cicero, De officiis 2. 40

Die Gerechtigkeit ist so mächtig, dass nicht einmal jene, die von Schandtaten und Verbrechen leben, ohne einen Rest von Gerechtigkeit leben können.

X 256 Fundamentum enim est perpetuae commendationis et famae iustitia, sine qua nihil potest esse laudabile.
Cicero, De officiis 2. 71

Voraussetzung für dauerhafte Empfehlung und guten Ruf ist die Gerechtigkeit, ohne die es nichts Lobenswertes geben kann.

X 257 Diligite iustitiam, qui iudicatis terram.
Vulgata, Liber sapientiae 1,1

Liebt die Gerechtigkeit, die ihr auf der Welt herrscht.

X 258 Iustitia est caritas sapientis.
Leibniz, Codex iuris gentium diplomaticus (1693) pr.

Gerechtigkeit ist die Liebesbezeugung des Weisen.

X 259 Concupiscens sapientiam conserva iustitiam.
Vulgata, Liber ecclesiasticus 1,33

Suchst du nach Weisheit, bewahre die Gerechtigkeit.

X 260 Aequitas enim lucet ipsa per se: dubitatio cogitationem significat iniuriae.
Cicero, De officiis 1. 30

Gerechtigkeit bezieht ihren Glanz aus sich selbst: Unentschlossenheit zeigt, dass man an Unrecht denkt.

Tugend

X 261 Impetrare oportet, qui aequum postulat.
Plautus, Stichus 726
> Wer Gerechtigkeit fordert, muss sie auch durchsetzen.

X 262 Placuit in omnibus rebus praecipuam esse iustitiae aequitatisque quam stricti iuris rationem.
Corpus Iuris Civilis, Codex Iustinianus 3. 1,8 (a. 314)
> Man geht davon aus, dass in allem die Rücksicht auf Gerechtigkeit und Angemessenheit Vorrang hat vor der vollen Strenge des Rechts.

X 263 Iustitiae virtus vitiis obsessa duobus, / inter mollitiem saevitiamque sedet.
Hildebertus von Lavardin, De quattuor virtutibus vitae honestae 409–410
> Die Tugend der Gerechtigkeit liegt, von zwei Lastern bedrängt, in der Mitte zwischen Nachgiebigkeit und Strenge.

X 264 Iustitia in se virtutem complectitur omnem.
Erasmus, Adagia 1273 (nach Theognis)
> Die Gerechtigkeit schließt alle anderen Tugenden in sich ein.

X 265 Iustitia enim una virtus omnium est domina et regina virtutum.
Cicero, De officiis 3. 28
> Die Gerechtigkeit ist als einzige Tugend Herrin und Königin aller Tugenden.

X 266 Iustitia non novit fratrem, non novit patrem, non novit matrem; veritatem novit, personam non accipit, Deum imitatur.
Hieronymus, Tractatus in psalmos 14
> Die Gerechtigkeit kennt weder Vater noch Mutter, sie achtet nur auf die Wahrheit.

X 267 Nam nihil nocere non est iustitia, sed abstinentia mali est.
Martinus Bracarensis, Formula vitae honestae 4
> Keinen Schaden zufügen bedeutet noch nicht Gerechtigkeit, sondern lediglich Verzicht auf Unrecht.

X 268 Nihil honestum esse potest, quod iustitia vacat.
Cicero, De officiis 1. 62
> Nichts kann ehrenhaft sein, was ohne Gerechtigkeit ist.

X 269 Fiat iustitia, et pereat mundus.
Wahlspruch Kaiser Ferdinands I.
> Gerechtigkeit soll ihren Lauf nehmen, und wenn die Welt dabei zugrunde geht. *(vgl. ›Nach mir die Sintflut.‹)*

X 270 Fiat iustitia, et ruat caelum.
Luther, Kommentar zu Psalm 110
> Gerechtigkeit soll ihren Lauf nehmen, mag auch der Himmel einstürzen.

X271 Summum ius summa iniuria.
Cicero, De officiis 1. 33

> Höchstes *(d. h. auf die Spitze getriebenes)* Recht ist höchste Ungerechtigkeit.

X272 Intellegentiae iustitia coniuncta, quantum volet, habebit ad faciendam fidem virium, iustitia sine prudentia multum proderit, sine iustitia nihil valebit prudentia.
Cicero, De officiis 2. 34

> Mit Einsicht verbunden wird Gerechtigkeit beliebig viel Kraft haben, um Vertrauen zu gewinnen; Gerechtigkeit ohne Klugheit wird viel vermögen, ohne Gerechtigkeit wird Klugheit keine Macht erlangen.

X273 Invitat igitur vera ratio bene sanos ad iustitiam, aequitatem, fidem.
Cicero, De finibus bonorum et malorum 1. 52

> Die wahre Vernunft ruft die Verständigen auf zur Gerechtigkeit, angemessenem Verhalten und Zuverlässigkeit.

Besonnenheit

X274 Quae concesserit fortuna, temperet iustitia; quae invenerit iustitia, temperet moderantia.
Sokrates bei Burleigh, Liber de vita et moribus philosophorum

> Was das Glück zugestanden hat, soll die Gerechtigkeit, was die Gerechtigkeit gefunden hat, soll die Besonnenheit ins rechte Maß bringen.

X275 Agere considerate pluris est quam cogitare prudenter.
~ Cicero, De officiis 1. 160

> Mit Bedacht zu handeln ist mehr wert, als klug zu denken.

X276 Consilium ante opus semen est sequentis fructus.
Wipo, Gesta Chuonradi II. imperatoris 1

> Überlegen vor dem Handeln ist der Same für schnellen Erfolg.

X277 Delibera, priusquam agas, et antequam agas, pervide, quale sit, quod facturus es.
Sextos, Enchiridion 93

> Überlege, bevor du handelst, und bevor du handelst, prüfe, wie das beschaffen ist, was du tun willst.

X278 Consilio melius vincas quam iracundia.
Publilius Syrus, Sententiae 95

> Mit Überlegung setzt man sich eher durch als mit Erregung.

X279 Quod diu tractaris, id puta rectissimum.
Publilius Syrus, Sententiae A256

> Was du lange überdacht hast, das halte für das einzig Richtige.

Tugend

X280 Secundae cogitationes semper sunt meliores.
Wander, Deutsches Sprichwörter-Lexikon 2. 570
Die zweiten Gedanken sind immer die besseren.

X281 Saepe acri potior prudentia dextra.
Valerius Flaccus, Argonautica 4. 622
Klugheit vermag oft mehr als eine kräftige Faust.

X282 Vis consili expers mole ruit sua, / vim temperatam di quoque provehunt / in maius; idem odere vires / omne nefas animo moventis.
Horatius, Carmina 3. 4,65–68
Sinnlose Kraft bricht unter der eigenen Last zusammen, doch bleibt sie beherrscht, fördern auch die Götter sie; denn sie hassen die Kräfte, die sich jedem Frevel zur Verfügung stellen.

X283 Nil est, quod ampliorem curam postulet, / quam cogitare, quid gerendum sit.
Periandros bei Ausonius, Ludus septem sapientium 7,226–227
Es gibt nichts, was größere Sorgfalt erfordert, als nachzudenken, was man tun soll.

X284 Consilium in adversis prudentis remedium est.
Publilius Syrus, Sententiae 657
Besonnenheit ist die Arznei des Klugen im Unglück.

X285 Omnia non properanti clara certaque erunt; festinatio improvida est et caeca.
Livius, Ab urbe condita 22. 39; 22
Für den, der mit Bedacht vorgeht, wird alles offenbar und gewiss sein, Eile ist unvorsichtig und blind.

X286 Numquam autem liquidum sincerumque ex turbido venit.
Seneca, De clementia 2. 6,1
Aus einem aufgewühlten Sinn kommt nie ein klarer und reiner Gedanke.

X287 Dis proximus ille, / quem ratio, non ira movet, qui facta rependens / consilio punire potest.
Claudianus, Panegyricus dictus Mallio Theodoro consuli 227–229
Den Göttern am nächsten kommt, wer sich von Vernunft, nicht von Zorn leiten lässt, wer das Geschehene abwägend mit Bedacht zu strafen versteht.

X288 Duo maxime contraria sunt consilio, festinatio et ira.
~ Caecilius Balbus, Sententiae (W) 28,5
Zwei Dinge stehen vernünftiger Überlegung am meisten im Weg: Eile und Zorn.

X 289 Efficiendum autem est, ut appetitus rationi oboediant eamque neque praecurrant nec propter pigritiam aut ignaviam deserant: sintque tranquilli atque omni animi perturbatione careant.
Cicero, De officiis 1. 102

> Man muss dafür sorgen, dass die Begierden auf die Stimme der Vernunft hören und ihr nicht zuvorkommen oder sie aus Faulheit oder Feigheit im Stich lassen: Sie sollen sich ruhig verhalten und von jeder verwirrenden Leidenschaft frei bleiben.

X 290 Etiam hosti est aequus qui habet in consilio fidem.
Publilius Syrus, Sententiae 161

> Recht und billig handelt, wer im Rat auch dem Feind Vertrauen schenkt.

X 291 Nam segniores omnes in coeptis novis, / meditatio si rei gerendae defuit. / Nil est, quod ampliorem curam postulet, / quam cogitare, quid gerendum sit. Dehinc / incogitantes fors, non consilium regit.
Ausonius, Ludus septem sapientium 224–228

> Bei neuem Unterfangen wird jeder träger, wenn über das Vorgehen nicht richtig nachgedacht wurde. Nichts erfordert größere Sorgfalt, als darüber nachzudenken, wie vorzugehen ist. Infolgedessen beherrscht der Zufall die Unbedachten, nicht die Überlegung.

Klugheit

X 292 Mens enim et ratio et consilium in senibus est; qui si nulli fuissent, nullae omnino civitates fuissent.
Cicero, Cato maior de senectute 67

> Verstand, Vernunft und Einsicht findet man bei den Greisen, und hätte es keine gegeben, hätte es auch nie Staaten gegeben.

X 293 Prudentiae est nihil paenitendum appetere et nihil praeter iustum velle facere.
Alcherus Claraevallensis, De spiritu et anima 20

> Zur Klugheit gehört es, nichts zu begehren, was man bereuen müsste, und nichts außer dem Rechten tun zu wollen.

X 294 Prudentia est enim locata in dilectu bonorum et malorum.
Cicero, De officiis 3. 71

> Klugheit erkennt man an der Fähigkeit, Gutes und Schlechtes auseinanderzuhalten.

X 295 Ingenio vires cedunt. Prudentia victrix / cuncta domat.
Palingenius, Zodiacus vitae 4. 798–799

> Die Gewalt weicht dem Geist. Siegreich herrscht die Klugheit über alles.

X 296 Nullus potest esse virtuosus, nisi habeat prudentiam.
Thomas von Aquin, Summa theologiae 2/2. 47,14,3

> Keiner kann tugendhaft sein, wenn er ohne Klugheit ist.

Tugend

X 297 Ante consulas / post agas.
Rom, Sala Paolina in der Engelsburg (über der Statue der Klugheit)
Denk erst nach, dann handle.

X 298 Manent ingenia senibus, modo permaneat studium et industria.
Cicero, Cato maior de senectute 22
Kluge Einfälle haben auch noch Greise, wenn nur Eifer und Fleiß noch fortbestehen.

X 299 Iuvenes non possunt esse prudentes, quia prudentia praerequirit experientiam quae indiget tempore.
Auctoritates, Aristoteles, Ethica 115
Junge Leute können nicht klug sein, denn Klugheit setzt Erfahrung voraus, und diese braucht Zeit.

X 300 Gloria doctorum sapientia discipulorum.
Wipo, Proverbia 111
Klugheit der Schüler ist der Ruhm ihrer Lehrer.

X 301 Saepe etiam est olitor valde opportuna locutus.
Gellius, Noctes Atticae 2. 6,9 (urspr. griechisch)
Auch ein Gemüsegärtner sagt oft etwas sehr Treffendes.

X 302 Quicquid agas, prudenter agas, et respice finem!
Gesta Romanorum 103
Was auch immer du tust, handle klug und bedenke das Ende.

X 303 Neque enim, quod ante oculos situm est, suffecerit intueri; rerum exitus prudentia metitur.
Boethius, De consolatione philosophiae 2. p1,15
Es darf nicht genügen, nur zu betrachten, was vor Augen liegt; die Klugheit urteilt nach dem Ausgang der Dinge.

X 304 Multa, quae impedita natura sunt, consilio expediuntur.
Livius, Ab urbe condita 25. 11,16
Vieles, was von der Natur verschlossen ist, erschließt sich der Überlegung.

X 305 Virtus est, ubi occasio admonet, dispicere.
Plautus, Persa 268
Im rechten Augenblick den Durchblick zu haben will gekonnt sein.

X 306 Nullas recipit prudentia metas.
Claudianus, Panegyricus dictus Malleo Theodoro consuli 143
Klugheit kennt keine Grenzen.

Weisheit

X307 Usus me genuit, mater peperit Memoria: / Sophiam vocant me Graii, vos Sapientiam.
Afranius bei Gellius, Noctes Atticae 13. 8,3

> Erfahrung hat mich gezeugt, Erinnerung zur Welt gebracht, Weisheit nennen mich die Griechen, Klugheit ihr.

X308 Sapientia est mens perfecta vel ad summum optimumque perducta; ars enim vitae est.
Seneca, Epistulae morales 117,12

> Weisheit ist die vollkommene bzw. dem Ideal möglichst angenäherte geistig-seelische Verfassung; sie ist die Kunst zu leben.

X309 Sapientia ars vivendi putanda est.
~ Cicero, De finibus bonorum et malorum 1. 42

> Weisheit muss man für die Kunst halten, das Leben zu bewältigen.

X310 A rerum natura non deerrare et ad illius legem exemplumque formari sapientia est.
~ Seneca, De vita beata 3,3

> Von der Natur nicht abzuweichen und sich nach ihrem Gesetz und Beispiel zu richten heißt Weisheit.

X311 Sapientia est filia usus et memoriae.
~ Afranius bei Gellius, Noctes Atticae 13. 8 pr.

> Weisheit ist eine Tochter der Erfahrung und der Erinnerung.

X312 Id enim est sapientis: providere; ex quo sapientia est appellata prudentia.
Cicero bei Nonius Marcellus, De compendiosa doctrina 1. (Prudentiam)

> Das ist typisch für einen Weisen, vorherzusehen; daher heißt Weisheit auch Vorhersicht.

X313 Sapiens, qui sibi imperiosus, / quem neque pauperies neque mors neque vincula terrent.
Horatius, Sermones 2. 7,83–84

> Weise ist, wer sich selbst beherrscht, wen weder Armut noch Tod noch Gefangenschaft schrecken.

X314 Sensus, non aetas invenit sapientiam.
Publilius Syrus, Sententiae 590

> Verstand, nicht das Alter führt zur Weisheit.

X315 Non aetate, verum ingenio apiscitur sapientia.
Plautus, Trinummus 367

> Nicht mit den Jahren, sondern mit Vernunft gelangt man zur Weisheit.

X316 Ut sol oculorum, sic sapientia lumen est cordis humani.
Lactantius, Divinae institutiones 2. 7,2
Wie bei den Augen die Sonne, so ist die Weisheit das Licht des menschlichen Herzens.

X317 Istud est sapere, qui, ubicumque opus sit, animum possit flectere.
Terentius, Hecyra 608
Das ist Weisheit: seine Gedanken auf das Erforderliche konzentrieren.

X318 Sapiens uno minor est Iove, dives, / liber, honoratus, pulcher, rex denique regum, / praecipue sanus.
Horatius, Epistulae 1. 1,106–108
Der Weise muss allein Jupiter den Vortritt lassen: Er ist reich, frei, geehrt, schön, König aller Könige und besonders gesund.

X319 Dives, qui sapiens est.
Horatius, Sermones 1. 3,124
Reich ist, wer weise ist.

X320 Saepe est etiam sub palliolo sordido sapientia.
Caecilius Statius bei Cicero, Tusculanae disputationes 3. 56
Auch unter einem schmutzigen Mantel verbirgt sich oft Weisheit.

X321 Nulli sapere casu obtigit.
Seneca, Epistulae morales 76,5
Keiner ist durch Zufall *(d. h. ohne sein Zutun)* weise.

X322 Licet sapere sine pompa, sine invidia.
Seneca, Epistulae morales 103,5
Man kann weise sein, ohne großes Getue und ohne Neid zu erregen.

X323 Quisquis plus iusto non sapit, ille sapit.
Martialis, Epigrammata 14. 210,2
Weise ist, wer es nicht übermäßig ist.

X324 Nequiquam sapit, qui sibi non sapit.
cf. Ennius bei Cicero, De officiis 3. 62
Wer für sich selbst nicht weise ist, ist vergeblich weise.

X325 Sapiens contra omnes arma fert, cum cogitat.
Publilius Syrus, Sententiae 587
Der Weise kämpft gegen alle an, wenn er denkt.

X326 Confessae imperitiae summa prudentia est.
Minucius Felix, Octavius 13,2
Im Bekenntnis der Unwissenheit liegt die höchste Weisheit.

Gelassenheit

X327 Aegri animi ista iactatio est: primum argumentum compositae mentis existimo posse consistere et secum morari.
Seneca, Epistulae morales 2,1
> Unausgeglichenheit ist ein Zeichen psychischer Erkrankung: Hauptmerkmal eines geordneten Geistes ist meiner Meinung nach die Fähigkeit zu Beharrlichkeit und zur Einkehr in sich selbst.

X328 Adhibe rationem difficultatibus: possunt et dura molliri et angusta laxari et gravia scite ferentes minus premere.
Seneca, De tranquillitate animi 10,4
> Geh mit Bedacht an Schwierigkeiten heran: Hartes kann weich, Enges weit werden und Schweres den weniger drücken, der es zu tragen versteht.

X329 Elevanda ergo omnia et facili animo ferenda: humanius est deridere vitam quam deplorare.
Seneca, De tranquillitate animi 15
> Man sollte also alles leichter verschmerzen und gelassen hinnehmen: Es entspricht dem Menschen mehr, über das Leben zu lachen, als zu jammern.

X330 Compone mores tuos, attolle animum, adversus formidata consiste.
Seneca, Epistulae morales 29,9
> Zeige Charakterstärke, fasse Mut, lass dich von Ängsten nicht erschüttern.

X331 Aequam memento rebus in arduis / servare mentem, non secus in bonis / ab insolenti temperatam / laetitia, moriture Delli.
Horatius, Carmina 2. 3,1–4
> Denk in schweren Zeiten daran, den Gleichmut zu bewahren, so wie in guten Beherrschung bei maßloser Freude, Dellius, der du einst sterben musst.

X332 Est iactura gravis, quae sunt, amittere damnis, sed tibi, cum valeas, semper superesse putato.
Disticha Catonis 4. 36
> Es ist ein schwerer Verlust, bei einem Schadensfall seine Habe einzubüßen, doch denk daran, dass dir, wenn du heil bleibst, immer genug bleibt.

X333 Animus aequus optimum est aerumnae condimentum.
Plautus, Rudens 402
> Gelassenheit ist die beste Würze im Leid.

X334 Difficile est dolori convenire cum patientia.
Publilius Syrus, Sententiae 145
> Es ist schwer, Schmerzen und Geduld zusammenzubringen.

X335 Melius mala ferre silendo.
Ovidius, Tristia 1. 5,49
> Es ist besser, Leiden klaglos zu ertragen.

Tugend

X336 Medicina calamitatis est aequanimitas.
Publilius Syrus, Sententiae 342
>   Gelassenheit ist Medizin im Unglück.

X337 Ne abiciat te calamitas, ne felicitas efferat.
Pseudo-Seneca, Monita, Sententiae Cleobuli 16
>   Unheil soll dich nicht entmutigen, Glück nicht übermütig werden lassen.

X338 Aequum animum indigna iniquat contumelia.
Laberius bei Nonius Marcellus, De compendiosa doctrina 2. (Iniquat)
>   Unverdiente Schmach bringt die Gelassenheit außer Fassung.

X339 Aut potentior te aut imbecillior laesit; si imbecillior, parce illi, si potentior,
tibi.
Seneca, De ira 3. 5,8
>   Entweder hat ein Mächtigerer dich beleidigt oder ein Schwächerer; ist es ein Schwächerer,
>   schone ihn, ist es ein Mächtigerer, schone dich.

X340 Contemnendi sunt ineruditorum contemptus, si ad summa vis progredi.
Sententiae Varronis 141
>   Verächtliche Bemerkungen Ungebildeter muss man verachten, wenn man hohe Ziele
>   erreichen will.

X341 Mos est optimorum parentium maledictis suorum infantium arridere.
cf. Seneca, De beneficiis 7. 31,4
>   Wirklich gute Eltern pflegen über Kränkungen durch ihre Kinder zu lächeln.

X342 Libertas est animum superponere iniuriis.
Seneca, De constantia sapientis 19,2
>   Freiheit heißt, innerlich über Beleidigungen erhaben zu sein.

X343 Ne cures, si quis tacito sermone loquatur: / conscius ipse sibi de se putat
omnia dici.
Disticha Catonis 1. 17
>   Kümmere dich nicht darum, wenn jemand heimlich redet; nur wer ein schlechtes Gewissen
>   hat, bezieht alles, was gesagt wird, auf sich.

X344 Pacem animus nulla trepidus formidine servat / nec timet ignavae crimina
desidiae.
Anthologia Latina 1. 433,3–4
>   Ein von keiner Furcht beunruhigtes Gemüt bleibt gelassen und fürchtet nicht dem Vorwurf
>   feiger Trägheit.

X345 Ferendum esse aequo animo, quicquid acciderit.
Phaedrus, Liber fabularum, Appendix Perottina 19, Summarium
>   Man muss mit Gleichmut ertragen, was auch immer geschieht.

X346 Nil admirari.
Horatius, Epistulae 1. 6,1 (nach Pythagoras)
> Über nichts aus der Fassung geraten.

X347 Nec facile est aequa commoda mente pati.
Ovidius, Ars amatoria 2. 438
> Es ist nicht leicht, Erfolg gelassen hinzunehmen.

X348 Non laeta extollant animum nec tristia frangant!
Anthologia Latina 1. 716,2
> Erfreuliches soll nicht übermütig machen, Betrübliches nicht entmutigen.

X349 Feras, non culpes, quod mutari non potest.
Publilius Syrus, Sententiae 176
> Was man nicht ändern kann, muss man ertragen, nicht anklagen.

X350 Vivas, ut possis, quando non quis, ut velis.
Caecilius Statius bei Donatus, Ars maior
> Lebe, wie du kannst, wenn du nicht leben kannst, wie du willst.

X351 Animo aequo e vita, cum ea non placeat, tamquam e theatro exeamus.
Cicero, De finibus bonorum et malorum 1. 49
> Lasst uns mit Gleichmut, wenn es uns nicht gefällt, aus dem Leben weggehen wie aus einem Theater.

X352 Quemcumque dederit exitum casus, feram!
Seneca, Phaedra 138
> Welches Ende mir das Schicksal auch bestimmt hat, ich werde es ertragen.

Seelenruhe

X353 Aegritudo perturbatio est animi: semper igitur ea sapiens vacabit.
Cicero, Tusculanae disputationes 3. 15
> Kummer ist eine Verwirrung der Seele: Der Weise wird immer frei davon sein.

X354 Abest ergo a sapiente aegritudo.
Cicero, Tusculanae disputationes 3. 21
> Kummer liegt dem Weisen fern.

X355 Grande est intra se aliquem tranquillum esse et sibi convenire.
Ambrosius, De Iacob et vita beata 2. 29
> Es ist etwas Großartiges, innerlich ruhig und mit sich im Einklang zu sein.

X356 Sapiens in se reconditur, secum est.
~ Seneca, Epistulae morales 9,16
> Der Weise zieht sich in sein Inneres zurück, ruht in sich selbst.

Tugend

X357 Illa tranquillitas vera est, in quam bona mens explicatur.
Seneca, Epistulae morales 56,6
Wahre Ruhe liegt nur vor, wenn sich edler Sinn in ihr auswirkt.

X358 Dabit dilectis suis somnum.
Vulgata, Psalmus 127(126),2
Seinen Lieben gibt der Herr Schlaf. *(meist wiedergegeben mit: ›Den Seinen gibt's der Herr im Schlaf.‹)*

X359 O quid solutis est beatius curis!
Catullus, Carmina 31,7
Was gibt es Seligeres, als von Sorgen erlöst zu sein!

X360 Quid est vita beata? securitas et perpetua tranquillitas.
Seneca, Epistulae morales 92,3
Was heißt glücklich zu leben? Freiheit von Sorgen und ständige Ausgeglichenheit.

X361 Sapiens ille plenus est gaudio, hilaris et placidus, inconcussus; cum dis ex pari vivit.
Seneca, Epistulae morales 59,14
Der Weise ist reich an Freuden, heiter und ruhig, unerschütterlich; sein Leben gleicht dem der Götter.

X362 Misera mors sapienti non potest accidere.
~ Cicero, In Catilinam 4,3
Einem Weisen kann kein elender Tod widerfahren.

X363 Beatitudo est ultimus finis humanae vitae.
Thomas von Aquin, Summa theologiae 2/1. 69,1
Glückseligkeit ist das letzte Ziel des menschlichen Lebens.

X364 In virtute posita est vera felicitas.
Seneca, De vita beata 16,1
Wahres Glück beruht auf der Tugend.

X365 Nos autem beatam vitam in animi securitate et in omnium vacatione munerum ponimus.
Cicero, De natura deorum 1. 53
Unter einem glückseligen Leben verstehen wir Seelenruhe und Freisein von allen Verpflichtungen.

X366 Nos beatam vitam non depulsione mali, sed adeptione boni iudicamus.
Cicero, De finibus bonorum et malorum 2. 41
Für uns liegt ein glückseliges Leben nicht darin, Übel fern zu halten, sondern Gutes zu erreichen.

X367 Ubi non est vera honestas, non est vera felicitas.
Salvianus, De gubernatione Dei 7. 5
> Wo keine echte Ehrbarkeit ist, da ist auch kein echtes Glück.

X368 Felicitas perfecta est usus virtutis.
Auctoritates, Aristoteles, Politica 122
> Glück ist die vollkommene Anwendung der Tugend.

X369 Beata est ergo vita conveniens naturae suae, quae non aliter contingere potest, quam si primum sana mens est et in perpetua possessione sanitatis suae, deinde fortis ac vehemens, tunc pulcherrime patiens, apta temporibus, corporis sui pertinentiumque ad id curiosa non anxie, tum aliarum rerum, quae vitam instruunt, diligens sine admiratione cuiusquam, usura fortunae muneribus, non servitura.
Seneca, De vita beata 3,3
> Glücklich ist ein Leben in Übereinstimmung mit dem eigenen Wesen, was nur gelingen kann, wenn erstens die Seele gesund ist, und zwar unablässig gesund, ferner tapfer und energisch, weiter herrlich ausdauernd, den Umständen sich anpassend, um ihren Körper und was mit ihm zusammenhängt, angemessen besorgt, dazu um das andere, was zur Lebensführung dient, ohne besondere Vorliebe gewissenhaft bemüht in der Absicht, die Geschenke des Glücks zu nutzen, nicht ihnen zu dienen.

X370 Beatum dicamus hominem eum, cui nullum bonum malumque sit nisi bonus malusque animus, honesti cultorem, virtute contentum, quem nec extollant fortuita nec frangant, cui nullum maius bonum eo, quod sibi ipse dare potest, noverit, cui vera voluptas erit voluptatum contemptio.
Seneca, De vita beata 4,2
> Glücklich wollen wir den nennen, für den es nichts Gutes und Schlechtes gibt außer einem guten und schlechten Charakter, einen Verehrer des Guten, der glücklich ist über Tugend, den Zufälligkeiten weder übermütig machen noch zerbrechen, für den es kein größeres Gut gibt als das, was er sich selbst verschaffen kann, für den wahre Lust der Verzicht auf Lust darstellt.

Seelenadel

X371 Nobilitas animi sola est ac unica virtus; / hac quicumque caret, nobilis esse nequit.
Walther, Proverbia sententiaeque 17011b (cf. Iuvenalis, Saturae 8,20)
> Seelenadel allein ist eine einzigartige Tugend; wer ihn nicht besitzt, kann nicht edel sein.

X372 Nobilitas est generosus animus.
Pseudo-Seneca, Monita 73
> Adel heißt edle Gesinnung.

X373 Nobilitas vera est ingeni generositas.
Publilius Syrus, Sententiae A195
> Wahrer Adel ist Edelmut der Seele.

Tugend

X 374   Nobilis est et ingenuus, quem nobilitat sua virtus.
Thomas a Kempis, Hortulus rosarum 9
> Edel und anständig ist, wen seine Tüchtigkeit adelt.

X 375   Generosae mentis est laudis honore teneri potius quam pecuniae.
Erasmus, Apophthegmata 2. 142C
> Es zeugt von edler Gesinnung, sich eher vom Glanz des Ruhms als dem des Geldes leiten zu lassen.

X 376   Nobilitas sola est atque unica virtus.
Iuvenalis, Saturae 8,20
> Adel liegt einzig und allein in der Tugend.

X 377   Indicium mores nobilitatis habent.
Ovidius, Epistulae ex Ponto 3. 2,104
> Gute Sitten zeugen von edler Gesinnung.

X 378   Nobilis est ille, quem nobilitavit sua virtus; / degener est ille, quem virtus nulla beavit.
Carmina Burana 7,4
> Adlig ist, wen seine Tüchtigkeit adelt; entartet ist, wer mit keiner Tugend gesegnet ist.

X 379   Nobilitas morum plus ornat quam genitorum.
Abraham a Sancta Clara, Judas der Erzschelm 3. 2
> Adlige Lebensweise zeichnet mehr aus als adlige Eltern.

X 380   Non eget exterius, qui moribus intus abundat. / Nobilitas sola est, animum quae moribus ornat.
Walther von Châtillon, Alexandreis 1. 103
> Wer reich an sittlicher Größe ist, bedarf keiner äußeren Habe. Das allein ist Adel, was das Herz mit Sittlichkeit ziert.

X 381   Non facit nobilem atrium plenum fumosis imaginibus; nemo in nostram gloriam vixit, nec, quod ante nos fuit, nostrum est. Animus facit nobilem.
Seneca, Epistulae morales 44,5
> Nicht eine Halle voll rauchgeschwärzter Ahnenbilder macht den Adel aus; niemand hat zu unserem Ruhm gelebt, und was vor uns war, gehört uns nicht. Die Gesinnung macht den Adel aus.

X 382   Satius est fieri nobilem quam nasci.
Pseudo-Seneca, Monita 62
> Es ist mehr wert, adlig zu werden, als adlig auf die Welt zu kommen.

X 383   Pulchrius multo parari quam creari nobilem.
Solon bei Pseudo-Ausonius, Septem sapientum sententiae 5,6
> Es ist viel schöner, seinen Adel zu verdienen, als ihn zu erben.

X 384 Tota licet veteres exornent undique cerae / atria, nobilitas sola est atque unica virtus.

Iuvenalis, Saturae 8,19–20

> Mögen auch alte Ahnenmasken ringsum die Atrien zieren, wahren Adel verleiht einzig und allein die Tugend.

Naturgemäßheit

X 385 Tenenda nobis via est, quam natura praescripsit, nec ab illa declinandum: illam sequentibus omnia facilia, expedita sunt, contra illam nitentibus non alia vita est quam contra aquam remigantibus.

Seneca, Epistulae morales 122,19

> Wir müssen auf dem von der Natur vorgeschriebenen Weg bleiben und dürfen nicht von ihm abweichen: Wer ihr folgt, dem ist alles leicht und bequem; wer sich ihr widersetzt, führt ein Leben wie einer, der gegen die Strömung anrudert.

X 386 Bonorum unum propositum est consentire naturae; hoc in omnibus par est.

Seneca, Epistulae morales 66,41

> Die einzige Bestimmung der wahren Werte ist der Einklang mit der Natur; das gilt für alle in gleicher Weise.

X 387 Bonum appello, quicquid secundum naturam est.

Cicero, De finibus bonorum et malorum 5. 89

> Gut nenne ich, was im Einklang mit der Natur steht.

X 388 In hoc sumus sapientes, quod naturam optimam ducem tamquam deum sequimur eique paremus.

Cicero, Cato maior de senectute 5

> Darin bin ich weise, dass ich der Natur als der besten Führerin wie einem Gott folge und ihr gehorche.

X 389 Brevis est institutio vitae honestae beataeque, si cedas naturae.

Quintilianus, Institutio oratoria 12. 11,12

> Kurz ist die Anleitung zu einem ehrbaren und glücklichen Leben, wenn man der Natur folgt.

X 390 Ex natura vivere summum bonum sit.

Cicero, De legibus 1. 56

> Naturgemäß leben muss das höchste Gut sein.

X 391 Natura optima bene vivendi dux.

~ Cicero, Laelius de amicitia 19

> Die Natur ist die beste Führerin zu einem guten Leben.

X 392 Idem est ergo beate vivere et secundum naturam.

Seneca, De vita beata 8,2

> Glücklich und naturgemäß zu leben ist also dasselbe.

Tugend

X 393 Nam virtus est animi habitus naturae modo atque rationi consentaneus.
Cicero, De inventione 2. 159

> Tugend ist eine Geisteshaltung, die mit dem Maß und der Vernünftigkeit der Natur im Einklang lebt.

X 394 Si ad naturam vives, numquam eris pauper; si ad opiniones, numquam eris dives.
Epikuros bei Seneca, Epistulae morales 16,7

> Wenn du nach der Natur lebst, wirst du nie arm, wenn nach Wunschbildern, nie reich.

Ideal

X 395 summum bonum
Cicero, Academica passim

> das höchste Gut *(in der christlichen Theologie Gott)*

X 396 Summum bonum est animi concordia.
~ Seneca, De vita beata 8,6

> Das höchste Gut ist der Einklang der Seele mit sich selbst.

X 397 Id esse optimum, quod, cum te facile credideris consequi imitatione, non possis.
Cicero bei Quintilianus, Institutio oratoria 11. 1,92

> Das Beste ist, was man nicht erreichen kann, obwohl man glaubt, es durch Nachahmung leicht erreichen zu können.

X 398 Honestum est perfectum bonum, quo beata vita completur, cuius contactu alia quoque bona fiant.
Seneca, Epistulae morales 118,10

> Das Sittliche ist das ganz und gar Gute, durch das das glückliche Leben erst vollendet wird und das auch anderen Dingen einen Wert verleiht, wenn sie mit ihm in Berührung kommen.

X 399 Filius autem / corporis egregii miseros trepidosque parentes / semper habet. Rara est adeo concordia formae / atque pudicitiae!
Iuvenalis, Saturae 10,295–298

> Ein Sohn mit schönem Körper macht seine Eltern immer unglücklich und besorgt: So selten ist es, dass Schönheit und Sittsamkeit vereint sind.

X 400 Gratior et pulchro veniens in corpore virtus.
Vergilius, Aeneis 5. 344

> In einem schönen Körper erscheint die Tugend noch reizvoller.

X 401 Ingenii dotes corporis adde bonis!
Ovidius, Ars amatoria 2. 112

> Füge geistige Gaben zu der Schönheit des Körpers!

Y Laster

Laster

Y1 Unicuique virtuti finitimum vitium reperietur.
Cicero, De inventione 2. 165
> Zu jeder Tugend findet sich ein benachbartes Laster.

Y2 Nulla aetas vacavit a culpa.
Seneca, Epistulae morales 97,1
> Kein Zeitalter war frei von Lastern.

Y3 Alitur vitium vivitque tegendo.
Vergilius, Georgica 3. 454
> Das Laster gedeiht und lebt davon, dass man es verbirgt.

Y4 Difficulter reciduntur vitia, quae nobiscum creverunt.
Seneca, De ira 2. 18,2
> Fehler, die mit uns groß geworden sind, lassen sich nur schwer ausmerzen.

Y5 Fallit enim vitium specie virtutis et umbra.
Iuvenalis, Saturae 14,109
> Das Laster täuscht durch den Anschein und den Schatten der Tugend.

Y6 Vitia nostra quia amamus, defendimus et malumus excusare illa quam excutere.
Seneca, Epistulae morales 116,8
> Wir verteidigen unsere Fehler, weil wir sie lieben, und neigen eher dazu, sie zu entschuldigen als abzustellen.

Y7 Sublatus pudor omnis, licentia fenus refertur.
Lucilius bei Nonius Marcellus, De compendiosa doctrina 4. (Sublatum)
> Jegliches Schamgefühl ist ausgemerzt, Hemmungslosigkeit gilt als Erfolg.

Gier

Y8 Sed dum abest, quod avemus, id exsuperare videtur / cetera; post aliud, cum contigit illud, avemus; / et sitis aequa tenet vitai semper hiantes.
Lucretius, De rerum natura 3. 1082–1084
> Solange uns fehlt, was wir wünschten, erscheint es uns wertvoller als alles; sobald es aber erlangt ist, begehren wir etwas anderes; und so hält immer der gleiche Durst uns fest, die wir nach dem Leben lechzen.

Y9 **Non finis erit cupiditatis, sed gradus.**
Seneca, Ad Helviam matrem de consolatione 11,4
> Die Begehrlichkeit kennt kein Ende, nur Steigerung.

Y10 **Maxima pars hominum morbo iactatur eodem.**
Horatius, Sermones 2. 3,121
> Die meisten Menschen leiden an derselben Krankheit.

Y11 **Maiora cupimus, quo maiora venerunt.**
Seneca, De beneficiis 2. 27,3
> Wir begehren umso mehr, je mehr uns zuteilgeworden ist.

Y12 **Cui nullus finis cupiendi, est nullus habendi.**
Ausonius, De herediolo 15
> Wer für seine Begierden kein Maß kennt, hat auch keines für seinen Besitz.

Y13 **Nil magis amat cupiditas, quam quod non licet.**
Publilius Syrus, Sententiae 393
> Die Begierde richtet sich vor allem auf das Verbotene.

Y14 **Nitimur in vetitum semper, cupimusque negata.**
Ovidius, Amores 3. 4,17
> Wir streben immer nach dem Verbotenen und begehren das Versagte.

Y15 **Nihil est tam arduum, quod non improbitas extorqueat.**
Petronius, Satyricon 87
> Nichts ist so schwer, dass unersättliche Gier es nicht erzwingen könnte.

Y16 **Quod vult, cupiditas cogitat, non quod decet.**
Publilius Syrus, Sententiae 508
> Die Gier denkt allein an ihre Wünsche, nicht an den Anstand.

Y17 **Magnamque indigentiam nasci non ex inopia magna, sed ex magna copia.**
Gellius, Noctes Atticae 9. 8,1
> Großer Bedarf entsteht nicht aus großem Mangel, sondern aus großem Überfluss.

Y18 **Et avida felicitas est et alienae aviditati exposita.**
Seneca, Epistulae morales 19,7
> Das Glück ist selbst gierig und fremder Gier ausgesetzt.

Y19 **Meretricem ego item esse reor mare ut est; / quod des devorat, nec datis umquam abundat.**
Plautus, Truculentus 568–569
> Eine Hure ist meines Erachtens wie das Meer, was man ihm gibt, verschlingt es und läuft doch nie davon über.

Y 20 Quicquid est domi, vile est.
Seneca, De beneficiis 3. 3,1
> Was man im Haus hat, gilt nicht viel.

Y 21 Quod naturae satis est, homini non est.
Seneca, Epistulae morales 119,8
> Was der Natur genügt, genügt dem Menschen noch lange nicht.

Y 22 Cupiditati nihil satis est, naturae satis est etiam parum.
Seneca, Ad Helviam matrem de consolatione 10,11
> Der Gier ist nichts genug, der Natur reicht auch ganz wenig.

Y 23 Quod satiare potest, dives natura ministrat: / quod docet infrenis gloria, fine caret.
Petronius in Anthologia Latina 1. 694,9–10
> Die Natur bietet in reichem Maße, was die Bedürfnisse befriedigen kann: Was die zügellose Ruhmsucht lehrt, kennt weder Maß noch Ziel.

Y 24 Nam qui cupiet, metuet quoque; porro, / qui metuens vivet, liber mihi non erit umquam.
Horatius, Epistulae 1,16,65–66
> Begierde ist mit Angst verbunden, und wer in Angst lebt, gilt mir nicht als freier Mann.

Y 25 Ambitio et luxuria et impotentia scaenam desiderant: sanabis ista, si absconderis.
Seneca, Epistulae morales 94,71
> Ehrsucht, Luxus und Zügellosigkeit verlangen nach Publikum: du heilst diese Laster, wenn du sie verbirgst.

Y 26 Cupiditatem si opprimere non potes, paululum remitte.
Pseudo-Seneca, Monita 135
> Wenn du deine Gier nicht unterdrücken kannst, mäßige sie ein wenig.

Y 27 Sperne lucrum! Versat mentes insana cupido.
Anthologia Latina 1. 495
> Verachte die Gewinnsucht. Die unselige Gier bringt einen um den Verstand.

Y 28 Libidinem abstinentia domat.
Isidorus Hispaliensis, Sententiae 2. 37,3
> Enthaltsamkeit zähmt die Gier.

Y 29 Stultust, qui cupida cupiens cupienter cupit.
Ennius bei Nonius Marcellus, De compendiosa doctrina 2. (cupienter)
> Ein Narr ist, wer Gieriges begehrend gierig begehrt.

Laster

Habgier

Y30 Nec plura venena / miscuit aut ferro grassatur saepius ullum / humanae mentis vitium quam saeva cupido / immodici census; nam dives qui fieri vult, / et cito vult fieri; sed quae reverentia legum, / quis metus aut pudor est umquam properantis avari?
Iuvenalis, Saturae 14,173–178

> Kein Laster der menschlichen Seele mischte mehr Gift oder wütet öfter mit dem Schwert als die wilde Gier nach maßlosem Besitz. Denn wer reich werden will, will es auch schnell werden; doch welchen Respekt vor Gesetzen, welche Furcht oder Scheu zeigt je ein Geizhals, der es eilig hat?

Y31 Avaritia fidem, probitatem ceterasque artis bonas subvortit; pro his superbiam, crudelitatem, deos neglegere, omnia venalia habere edocuit.
Sallustius, De coniuratione Catilinae 10,4

> Die Habsucht untergräbt Vertrauen, Rechtschaffenheit und die übrigen guten Eigenschaften, dafür lehrt sie Überheblichkeit, Grausamkeit, die Götter zu missachten und alles für käuflich zu halten. *(vgl. ›Wer gut schmiert, der gut fährt.‹)*

Y32 Ubi cupido divitiarum invasit, neque disciplina neque artes bonae neque ingenium ullum satis pollet, quin animus magis aut minus mature postremo tamen succumbat.
Sallustius, Epistulae ad Caesarem senem de re publica 2. 7,4

> Sobald die Gier nach Reichtum Einlass gefunden hat, ist keine Erziehung, keine gute Eigenschaft, keine Veranlagung stark genug, dass der Mensch nicht doch früher oder später ihr zum Opfer fällt.

Y33 Ea invasit homines habendi cupido, ut possideri magis quam possidere videantur.
Plinius, Epistulae 9. 30,4

> Die Menschen sind von einer solchen Besitzgier befallen, dass sie offenbar mehr besessen werden, als dass sie besitzen.

Y34 Tempore crevit amor, qui nunc est summus, habendi; / vix ultra, quo iam progrediatur, habet.
Ovidius, Fasti 1. 195–196

> Mit der Zeit wuchs die Habgier, die jetzt unüberbietbar ist; es gibt kaum etwas, was sie noch nicht erreicht hat.

Y35 Vivitur ex rapto; non hospes ab hospite tutus, / non socer a genero, fratrum quoque gratia rara est.
Ovidius, Metamorphoses 1. 144–145

> Man lebt vom Raub, der Freund ist vor dem anderen nicht sicher, nicht der Schwiegervater vor dem Schwiegersohn, selbst die Bruderliebe ist selten. *(vgl. ›Brüder bleiben selten einig.‹)*

Y36 Avaritia pecuniae studium habet, quam nemo sapiens concupivit: ea quasi venenis malis imbuta corpus animumque virilem effeminat, semper infinita, insatiabilis est, neque copia neque inopia minuitur.
Sallustius, De coniuratione Catilinae 11,3

> Die Habsucht giert nach Geld, nach dem es noch keinen Weisen gelüstet hat; wie mit verderblichen Giften getränkt macht sie den männlichen Sinn weibisch, ist immer maßlos, unersättlich und lässt weder bei Fülle noch bei Mangel nach.

Y37 Avaritia belua fera, immanis, intoleranda est.
Sallustius, Epistulae ad Caesarem senem de re publica 2. 8,4

> Habsucht ist ein wildes, grauenhaftes und unerträgliches Ungeheuer.

Y38 In censum vigilant omnia: quaeritur / semper dulce lucrum, cuius odor bonus / ex re qualibet afflat / et nareis animas trahit.
Balde, Carmina lyrica 4. 5,17–20; cf. Iuvenalis, Saturae 14,204–205

> Wenn es um Besitz geht, sind alle hellwach: Immer wird süßer Profit angestrebt, dessen Wohlgeruch aus allem entgegenweht und die Seelen an der Nase anzieht.

Y39 Quid non mortalia pectora cogis, / auri sacra fames!
Vergilius, Aeneis 3. 56–57

> Wozu treibst du nicht die sterblichen Herzen, verfluchte Gier nach Gold!

Y40 Novis semper cupiditatibus occupati non, quid habeamus, sed quid petamus, spectamus.
Seneca, De beneficiis 3. 3,1

> Von immer neuen Begierden besessen achten wir nicht darauf, was wir haben, sondern was wir haben wollen.

Y41 Non propter vitam faciunt patrimonia quidam, / sed vitio caeci propter patrimonia vivunt.
Iuvenalis, Saturae 12,50–51

> Nicht um zu leben, erwerben viele ein Vermögen, sondern blind vor Gier leben sie nur für das Vermögen.

Y42 Quo plus sunt potae, plus sitiuntur aquae.
Ovidius, Fasti 1. 216

> Je mehr Wasser sie getrunken haben, desto größer wird der Durst. *(vgl. ›Der Appetit kommt beim Essen.‹)*

Y43 Crescentem sequitur cura pecuniam / maiorumque fames.
Horatius, Carmina 3. 16,17–18

> Wächst der Reichtum, wächst auch die Sorge und der Hunger nach mehr.

Y44 Crescit amor nummi, quantum ipsa pecunia crescit.
Iuvenalis, Saturae 14,139

> Die Liebe zum Geld nimmt zu, je mehr das Geld selbst zunimmt.

Y45 Fortuna multis dat nimium, satis nulli.
Martialis, Epigrammata 12. 10,2; ~ Publilius Syrus, Sententiae A324
Das Glück gibt vielen zu viel, aber keinem genug.

Y46 Irritat avidum, non explet pecunia.
Pseudo-Seneca, Proverbia 48
Geld stachelt den Gierigen auf, befriedigt ihn nicht.

Y47 Avarus animus nullo satiatur lucro.
Seneca, Epistulae morales 94,43
Einen Habgierigen sättigt kein Gewinn.

Y48 Inflammatur lucro avaritia, non restinguitur.
Ambrosius, De Nabuthae 4
Die Habgier wird durch Gewinn angefacht, nicht gelöscht.

Y49 Stulto nil satis, omnia cum sint.
~ Lucilius, Saturae frg. 558
Der Tor hat nie genug, auch wenn er alles hat.

Y50 Ego istos novi polypos, qui, ubi quicquid tetigerunt, tenent.
Plautus, Aulularia 198
Ich kenne diese Polypen, die, sobald sie etwas berühren, es umklammern.

Y51 Et maiora cupimus, quo maiora venerunt.
Seneca, De beneficiis 2. 27,3
Je größer das, was wir erhalten haben, desto mehr wünschen wir.

Y52 Infelices, ecquid intellegitis maiorem vos famem habere quam ventrem?
Seneca, Epistulae morales 89,22
Erkennt ihr Unglücklichen denn nicht, dass euer Hunger größer ist als euer Magen?

Y53 Instructa inopia est in divitiis cupiditas.
Publilius Syrus, Sententiae 237
Wohl ausgestattete Armut ist die Habsucht der Reichen.

Y54 Nullam invenies quae parcat amanti: / ardeat ipsa licet, tormentis gaudet amantis / et spoliis.
Iuvenalis, Saturae 6,208–210
Du wirst keine finden, die ihren Liebhaber schont: Mag sie auch noch so verliebt sein, sie macht sich einen Spaß daraus, ihn zu quälen und auszurauben.

Y55 Avaritia bonas artes praepedit.
~ Sallustius, Bellum Iugurthinum 28,5
Habsucht macht gute Anlagen unwirksam.

Y56 Avaritiam si tollere vultis, mater eius est tollenda, luxuries.
Cicero, De oratore 2. 171
> Wer die Habsucht beseitigen will, muss ihre Mutter beseitigen, die Verschwendung.

Y57 Avarus ipse miseriae causa est suae.
Publilius Syrus, Sententiae 14
> Der Habgierige ist selbst die Ursache seines Elends.

Y58 Avarus nisi cum moritur, nil recte facit.
Publilius Syrus, Sententiae 23
> Der Habgierige macht nichts gut, außer wenn er stirbt.

Y59 Semper inops, quicumque cupit.
Claudianus, In Rufinum 1. 200
> Wer nie genug bekommt, ist immer arm.

Y60 Amittit merito proprium, qui alienum appetit.
Phaedrus, Liber fabularum 1. 4,1
> Wer nach fremdem Gut trachtet, verliert zu Recht sein eigenes.

Y61 Sua multi amittunt, cupide cum aliena appetunt.
Publilius Syrus, Sententiae A174
> Viele verlieren, was sie haben, wenn sie eifrig Fremdes begehren.

Y62 Maximo periclo custoditur, quod multis placet.
Publilius Syrus, Sententiae 326
> Was vielen gefällt, lässt sich nur mit hohem Risiko bewachen.

Y63 Non facile solus serves, quod multis placet.
Publilius Syrus, Sententiae 408
> Was vielen zusagt, kann man schlecht für sich behalten.

Geiz

Y64 Semper avarus eget; certum voto pete finem.
Horatius, Epistulae 1. 2,56
> Der Geizige ist immer arm; bemühe dich, deine Begierden fest zu begrenzen.

Y65 Ad omnia alia aetate sapimus rectius, / solum unum hoc vitium affert senectus hominibus: / attentiores sumus ad rem omnes, quam sat est.
Terentius, Adelphoe 832–834
> In allem anderen werden wir mit dem Alter weiser, allein dieses Laster bringt das Alter den Menschen: Aufs Geld achten wir genauer, als recht ist.

Laster

Y 66 Nimium ad rem in senecta attenti sumus.
Terentius, Adelphoe 954
> Wir sehen im Alter allzu sehr aufs Geld. *(vgl. ›Je älter, desto kärger.‹)*

Y 67 Monstro similis est avaritia senis. Quid enim stultius est, quod dici solet, quam via deficiente augere viaticum.
Pseudo-Seneca, Liber de moribus 18
> Der Geiz eines Alten ähnelt einem Ungeheuer. Denn was ist törichter, wie man zu sagen pflegt, als am Ende einer Reise das Reisegeld aufzubessern?

Y 68 Avaritia vero senilis quid sibi velit, non intellego; potest enim quicquam esse absurdius quam, quo viae minus restet, eo plus viatici quaerere?
Cicero, Cato maior de senectute 66
> Ich sehe nicht ein, wofür Geiz im Alter gut sein soll. Kann etwas unsinniger sein, als, je kürzer der Reiseweg ist, desto mehr Reisegeld zu beschaffen?

Y 69 Manifesta phrenesis, / ut locuples moriaris, egentis vivere fato.
Iuvenalis, Saturae 14,136–137
> Es ist offenkundiger Wahnsinn, in Not zu leben, um reich zu sterben.

Y 70 Parcus ob heredis curam nimiumque severus / assidet insano.
Horatius, Epistulae 1. 5,13–14
> Dem Erben zuliebe zu knausern und allzu hart zu leben grenzt an Verrücktheit.

Y 71 Cuncta manus avidas fugient heredis, amico / quae dederis animo.
Horatius, Carmina 4. 7,19–20
> Den gierigen Händen des Erben wird entrinnen, was du deinem lieben Ich vorher gegönnt hast.

Y 72 Nec unam avarus horam neglexit lucrum.
Publilius Syrus, Sententiae A175
> Nicht eine Stunde lang lässt ein Geizhals den Profit aus den Augen.

Y 73 Avarus non sibi vivit, sed libidini.
Publilius Syrus, Sententiae A153
> Der Geizhals lebt nicht für sich, sondern für seine Gier.

Y 74 Aquam hercle plorat, cum lavat, profundere.
Plautus, Aulularia 308
> Wenn er sich wäscht, klagt er über das vergossene Wasser.

Y 75 Cum das avaro praemium, ut noceat rogas.
Publilius Syrus, Sententiae 122
> Wenn man einen Geizigen belohnt, ermutigt man ihn zu schaden.

Y76 Avarum irritat, non satiat pecunia.
Publilius Syrus, Sententiae A48
> Den Geizhals sättigt Geld nicht, es reizt ihn nur.

Y77 Inopiae desunt multa, avaritiae omnia.
Publilius Syrus, Sententiae 236
> Der Armut mangelt es an vielem, dem Geiz an allem.

Y78 Avaro acerba poena natura est sua.
Publilius Syrus, Sententiae 696
> Ein Geizhals erleidet selbst eine bittere Strafe.

Y79 Avaro non est vita, sed mors longior.
Publilius Syrus, Sententiae 697
> Ein Geizhals lebt nicht, sondern stirbt ziemlich lange.

Y80 Frugalitas miseria est rumoris boni.
Publilius Syrus, Sententiae 193
> Knauserigkeit führt zum Ruin des guten Rufs.

Y81 In nullum avarus bonus, sed in se semper pessimus.
Sententiae Varronis 156
> Der Geizige ist zu keinem gut, zu sich selbst am unbarmherzigsten.

Y82 Tam deest avaro, quod habet, quam quod non habet.
Publilius Syrus, Sententiae 628
> Dem Geizigen fehlt sowohl, was er hat, als was er nicht hat.

Hass

Y83 Naturale est enim et odisse, quem times, et quem metueris, infestare, si posses.
Minucius Felix, Octavius 27,8
> Es ist nur natürlich, dass man hasst, wen man fürchtet, und womöglich anfeindet, vor wem man sich gefürchtet hat.

Y84 Odium ira inveterata.
Cicero, Tusculanae disputationes 4. 21
> Hass ist alteingesessener Zorn.

Y85 Peiora sunt tecta odia quam aperta.
Pseudo-Seneca, Liber de moribus 52
> Verdeckter Hass ist schlimmer als offener.

Laster

Y 86 Ferme acerrima proximorum odia sunt.
Tacitus, Historiae 4. 70,2
> Unter nahen Verwandten ist Hass in der Regel am erbittertsten.

Y 87 Oderunt hilarem tristes tristemque iocosi.
Horatius, Epistulae 1. 18,89
> Die Betrübten hassen den Heiteren, die Lustigen den Betrübten.

Y 88 Proprium humani ingenii est odisse, quem laeseris.
Tacitus, De vita Iulii Agricolae 42,4
> Es entspricht dem menschlichen Wesen, den zu hassen, den man verletzt hat.

Y 89 Turpe est odisse, quem laudes.
Seneca, De ira 3. 29,1
> Es ist schändlich, jemanden zu hassen, den man loben müsste.

Y 90 Saepe tacens odii semina vultus habet.
Ovidius, Ars amatoria 3. 512
> Oft zeigt ein schweigender Mund den Anfang des Hasses.

Zorn

Y 91 Magna pars hominum est, quae non peccatis irascitur, sed peccantibus.
Seneca, De ira 2. 28,8
> Ein großer Teil der Menschen ist nicht zornig auf die Vergehen, sondern auf die, die sie begehen.

Y 92 Quantulacumque adeo est, occasio sufficit irae.
Iuvenalis, Saturae 13,183
> Für den Zorn genügt ein Anlass, mag er auch noch so klein sein.

Y 93 Iratus facinus etiam consilium putat.
Publilius Syrus, Sententiae 262
> Der Zornige hält schon den Gedanken für ein Verbrechen.

Y 94 Iratus nil non criminis loquitur loco.
Publilius Syrus, Sententiae 281
> Ein Zorniger spricht alles wie einen Vorwurf aus.

Y 95 Legem solet oblivisci iracundia.
Publilius Syrus, Sententiae 305
> Der Zorn hält sich gewöhnlich an keine Spielregeln.

Y 96 Respicere nil consuevit iracundia.
Publilius Syrus, Sententiae 580
> Zorn nimmt gewöhnlich auf nichts Rücksicht.

Y97 Iustum praeterit ira modum.
Ovidius, Fasti 5. 304
> Der Zorn überschreitet das gebührende Maß.

Y98 Ita enim inveterescens ira fit odium.
Augustinus, Epistulae 38,2
> Zorn, der sich einnistet, geht in Hass über.

Y99 Rei nulli prodest mora nisi iracundiae.
Publilius Syrus, Sententiae 570
> Aufschub nützt bei nichts, außer bei Zorn.

Y100 Maximum remedium irae mora est.
Seneca, De ira 2. 29,1; 3. 12,4 ›dilatio est‹
> Wirksamstes Mittel gegen den Zorn ist der Aufschub.

Y101 Quamlibet infirmas adiuvat ira manus.
Ovidius, Amores 1. 7,66
> Zorn gibt auch noch so schwachen Händen Kraft.

Y102 Semper metuendum, quicquid irasci potest.
Publilius Syrus, Sententiae 620
> Was zürnen kann, ist immer zu fürchten.

Y103 Nimirum veri dantur mihi signa caloris: / nam sine amore gravi femina nulla dolet.
Propertius, Elegiae 3. 8,9–10
> Zweifellos bekomme ich Zeichen für echte Liebesglut: Denn ohne ernsthaft verliebt zu sein, zürnt keine Frau.

Y104 Inde ira et lacrimae.
Iuvenalis, Saturae 1,168
> Daher der Zorn und die Tränen.

Y105 Saepe simultates ira morata facit.
Ovidius, Amores 1. 8,82
> Zorn, der sich nicht entlädt, führt oft zu Feindseligkeiten.

Y106 Parens iratus in se est crudelissimus.
Publilius Syrus, Sententiae 466
> Ein Vater in seinem Zorn ist am grausamsten gegen sich selbst.

Y107 Prudentis est irasci nec sero et semel.
cf. Publilius Syrus, Sententiae 113
> Es zeugt von Klugheit, gleich zu zürnen und nur einmal.

Laster

Y 108 Tarde irascitur vir gravis.
Publilius Syrus, Sententiae 685
> Ein besonnener Mann gerät langsam in Zorn.

Y 109 Ut fragilis glacies interit ira mora.
Ovidius, Ars amatoria 1. 374
> Wie zerbrechliches Eis zergeht der Zorn mit der Zeit.

Bosheit

Y 110 Cogitatio humani cordis in malum prona est ab adulescentia sua.
Vulgata, Liber Genesis 8,21
> Das Bestreben des menschlichen Herzens ist böse von Jugend auf.

Y 111 Malae naturae numquam doctore indigent.
Publilius Syrus, Sententiae 328
> Schlechte Gesinnung braucht keinen Lehrer.

Y 112 Malevolus semper sua natura vescitur.
Publilius Syrus, Sententiae 337
> Der Böswillige nährt sich immer aus seinem eigenen Wesen.

Y 113 Male facere qui vult, numquam non causam invenit.
Publilius Syrus, Sententiae 336
> Wer Schaden zufügen will, findet immer einen Grund.

Y 114 Paucorum improbitas est multorum calamitas.
Publilius Syrus, Sententiae 485
> Die Unredlichkeit weniger ist das Unglück vieler.

Y 115 Mala herba non facile marcescit.
Bebel, Proverbia Germanica 367
> ›Unkraut vergeht nicht.‹

Y 116 Crimine ab uno / disce omnes.
Vergilius, Aeneis 2. 65–66
> Am Verbrechen eines Einzelnen lern alle kennen.

Aggressivität

Y 117 Voluntas laedendi omnibus quidem inest in statu naturae.
Hobbes, Elementa philosophiae, De cive 1,4
> Der Vorsatz zu verletzen ist jedem in der Naturanlage mitgegeben.

Y 118 Tanto est accusare quam defendere, quanto facere quam sanare vulnera facilius.
Quintilianus, Institutio oratoria 5. 13,3

> Anklagen ist so viel leichter als verteidigen, wie Wunden beizubringen leichter ist, als zu heilen.

Y 119 Caedimur et totidem plagis consumimus hostem.
Horatius, Epistulae 2. 2,97

> Man schlägt uns, und mit ebenso vielen Schlägen setzen wir dem Gegner zu. *(vgl. ›Wie du mir, so ich dir.‹)*

Y 120 Nam cupide conculcatur nimis ante metutum.
Lucretius, De rerum natura 5. 1140

> Gierig tritt man mit Füßen, was man zuvor zu sehr gefürchtet hat.

Y 121 Vetus dictum est a lasso rixam quaeri; aeque autem et ab esuriente et a sitiente et ab omni homine, quem aliqua res urit.
Seneca, De ira 3. 9,5

> Nach einem alten Sprichwort sucht Händel, wer müde ist, doch auch wer Hunger oder Durst verspürt und jeder, den etwas bedrückt.

Y 122 Accendamque animos insani Martis amore.
Vergilius, Aeneis 7. 550

> Ich will die Herzen entflammen zu unseliger Kriegsleidenschaft.

Y 123 Conturbare animam potis est, quicumque adoritur.
Lucilius, Saturae frg. 120

> Verwirrung stiften kann, wer *(als Erster)* angreift. *(vgl. ›Angriff ist die beste Verteidigung.‹)*

Y 124 Faenum habet in cornu; longe fuge.
Horatius, Sermones 1. 4,34

> Er hat Heu am Horn *(d. h. er ist ein stößiger Stier)*, geh weit weg!

Doppelmoral

Y 125 Nihil turpius est, quam cum crimen obiectum in obiciente cognoscitur.
Pseudo-Seneca, Liber de moribus 116

> Nichts ist schändlicher, als wenn man bei dem, der einem ein Vergehen vorwirft, dieses Vergehen vorfindet.

Y 126 Turpe est alteri exprobrare, quod tuum spectat probrum.
Pseudo-Seneca, Proverbia 54

> Es ist schändlich, einem anderen vorzuwerfen, was man sich selbst vorwerfen muss.

Laster

Y 127 Turpe est aliud loqui, aliud sentire; quanto turpius aliud scribere, aliud
sentire.
Seneca, Epistulae morales 24,19
> Schändlich ist, anders zu reden, als man denkt; umso schändlicher, anders zu schreiben, als man denkt.

Y 128 Doctor si in eo, quod docuit, peccat, turpiust.
Publilius Syrus, Sententiae A34
> Wenn ein Lehrer gegen das verstößt, was er lehrt, ist das recht schändlich.

Y 129 Peccatum solent incessere homines, ipsi admittere.
Pseudo-Seneca, Proverbia 106
> Übertretungen pflegen die Leute anzuprangern, aber selbst zu begehen.

Y 130 Non convenire moribus aliud palam, aliud agere secreto.
~ Plinius, Epistulae 5. 1,3
> Es widerspricht der Moral, nach außen so und insgeheim anders zu handeln.

Y 131 Homo fert prae se aliud, aliud furtim cogitat.
Publilius Syrus, Sententiae 216
> Der Mensch äußert sich anders, als er im Stillen denkt.

Y 132 Laudaris quodcumque palam, quodcumque probaris, / hoc vide, ne rursus
levitatis crimine damnes.
Disticha Catonis 4. 25
> Achte darauf, dass du nicht, was du öffentlich gelobt und anerkannt hast, später verurteilen musst und dir den Vorwurf fahrlässigen Urteilens zuziehst.

Y 133 Nec petes, quod tu negabis, nec negabis quod petes.
Publilius Syrus, Sententiae A6
> Begehre nicht, was du ablehnst, und lehne nicht ab, was du begehrst.

Y 134 Discrepant facta cum dictis.
~ Cicero, De finibus bonorum et malorum 2. 96
> Die Taten stimmen nicht mit den Worten überein.

Y 135 Aliud stans, aliud sedens *(loquitur)*.
Sallustius, Invectiva in Ciceronem 7
> Im Stehen redet er anders als im Sitzen.

Y 136 Multi cum aliis maledicunt, sibi ipsi convicium faciunt.
Pseudo-Seneca, Liber de moribus 115
> Viele beschuldigen sich selbst, wenn sie über andere lästern.

Maßlosigkeit

Y 137 Intemperantia omnium perturbationum mater est.
cf. Cicero, Academica posteriora 1. 38
> Die Maßlosigkeit ist die Mutter aller Leidenschaften.

Y 138 Lascivia et laus numquam habent concordiam.
Publilius Syrus, Sententiae 298
> Ausschweifung und Ruhm leben nie in Eintracht zusammen.

Y 139 Vitiosum est ubique, quod nimium est.
Seneca, De tranquillitate animi 9,6
> Verwerflich ist in jedem Fall, was ein Übermaß darstellt.

Y 140 Magis offendit nimium quam parum.
Cicero, Orator 73
> Zu viel schadet mehr als zu wenig.

Y 141 Nemini nimium bene est.
Afranius, Emancipatus frg. 6
> Zu viel ist für keinen gut.

Y 142 Omnia nimia, cum vel in tempestate vel in agris vel in corporibus laetiora fuerunt, in contraria fere convertuntur, maximeque id in rebus publicis evenit.
Cicero, De re publica 1. 68
> Jedes Übermaß, ob es beim Wetter oder auf den Feldern oder in den Körpern zu üppig zuging, schlägt leicht ins Gegenteil um, und das gilt in besonderem Maß für die Politik.

Y 143 Semper facit a magnis improba ad maiora spes gradum.
Pseudo-Publilius, Sententiae 340
> Übersteigerte Hoffnung macht immer einen Schritt vom Großen zu noch Größerem.

Y 144 Cui enim assecuto satis fuit, quod optanti nimium videbatur? Non est, ut existimant homines avidi, ardua felicitas, sed pusilla: itaque neminem satiat.
Seneca, Epistulae morales 118,6
> Wem hat es genügt, etwas erreicht zu haben, was ihm in seinen Wünschen als unschätzbar groß erschienen ist? Das Glück ist nicht, wie die Menschen meinen, etwas Überwältigendes, sondern etwas Dürftiges; deshalb sättigt es niemanden.

Y 145 Animos immoderata felicitas rumpit.
~ Seneca, Epistulae morales 39,4
> Übermäßiges Glück zerbricht die Menschen.

Laster

Y 146 Cum omnia, quae excesserunt modum, noceant, periculosissima felicitatis intemperantia est.
Seneca, De providentia 4,9
> Zwar ist alles schädlich, was das Maß überschreitet, am gefährlichsten aber ist maßloses Glück.

Y 147 Esca alitur corpus, corpus consumitur esca, / vimque suam minuit, si quid protenditur ultra.
Anthologia Latina 1. 689b,56–57
> Der Körper nährt sich durch Essen, der Körper wird durch Essen geschwächt, wenn etwas zu weit getrieben wird, mindert es seine Kraft.

Y 148 Perniciosissimum autem et in omni quidem vita, quod nimium, praecipue tamen corpori
Plinius maior, Naturalis historia 11. 284
> Was zu viel ist, ist im ganzen Leben das Verderblichste, besonders für den Körper.

Y 149 Turpe est stomachi sui mensuram non nosse.
cf. Seneca, Epistulae morales 83,18
> Schimpflich ist es, das Maß seines Magens nicht zu kennen.

Y 150 Ita benignitate benignitas tollitur; qua quo in plures usus sis, eo minus in multos uti possis.
Cicero, De officiis 2. 52
> So hebt sich Güte durch Güte auf; je mehr Leuten gegenüber man sie gezeigt hat, desto weniger Leuten gegenüber kann man sie noch zeigen.

Überheblichkeit

Y 151 Superbia est de se prae amore sui plus iusto sentire.
Spinoza, Ethica 3. Affectuum definitiones 28
> Hochmut heißt, aus Eigenliebe mehr von sich zu halten, als gerechtfertigt ist.

Y 152 Quod licet Iovi, non licet bovi.
cf. Terentius, Heauton timorumenos 797
> Was Jupiter erlaubt ist, ist einem Rindvieh nicht erlaubt. *(vgl. ›Wenn zwei dasselbe tun, ist es nicht dasselbe.‹)*

Y 153 Avaritia et arrogantia praecipua validiorum vitia.
~ Tacitus, Historiae 1. 51,4
> Habgier und Anmaßung sind die Hauptlaster der Mächtigen.

Y 154 Audax omnia perpeti / gens humana ruit per vetitum nefas.
Horatius, Carmina 1. 3,25–26
> Kühn aufs Ganze zu gehen lässt sich die Menschheit zu verbotenem Frevel hinreißen.

155 Contritionem praecedit superbia et ante ruinam exaltatur spiritus.
Vulgata, Liber proverbiorum 16,18

> Überheblichkeit geht dem Elend voraus und vor dem Untergang erhöht sich der Hochmut. *(vgl. ›Hochmut kommt vor dem Fall.‹)*

156 Caelum ipsum petimus stultitia neque / per nostrum patimur scelus / iracunda Iovem ponere fulmina.
Horatius, Carmina 1. 3,38–40

> In unserer Torheit greifen wir selbst den Himmel an und sorgen durch unseren Frevel dafür, dass Jupiter seine Zornesblitze nicht ruhen lässt.

157 Cito ignominia fit superbi gloria.
Publilius Syrus, Sententiae 94

> Der Ruhm eines Überheblichen wird schnell zur Schande.

158 Conterunt plebeia celsum saepe dicta verticem.
Publilius Syrus, Sententiae A306

> Gemeine Worte bringen ein stolzes Haupt oft zu Fall.

159 Felicitas est superba.
~ Curtius Rufus, Historiae Alexandri Magni 5. 5,12

> Glück verleitet zum Hochmut.

160 Fortuna nimium quem fovet, stultum facit.
Publilius Syrus, Sententiae 173

> Wen das Glück zu sehr begünstigt, dem raubt es den Verstand.

161 In fortuna sese efferre fortunae est succumbere.
Pseudo-Publilius, Sententiae 150

> Im Glück überheblich zu werden heißt dem Glück zu erliegen.

162 Irritare est calamitatem, cum te felicem vocas.
Publilius Syrus, Sententiae 241

> Wenn man sich glücklich preist, ruft man das Unheil herbei.

163 Maior sum, quam cui possit fortuna nocere.
Ovidius, Metamorphoses 6. 195

> Ich bin zu groß, als dass mir das Schicksal schaden könnte. *(Niobe)*

164 Aestuat ingens / uno in corde pudor mixtoque insania luctu / et furiis agitatus amor et conscia virtus.
Vergilius, Aeneis 12. 666–668

> In einem einzigen Herzen brennt ungeheure Scham, Wahnsinn mit Kummer vermischt, furiengepeitschte Liebe und strotzendes Selbstbewusstsein.

Laster

Y165   Ubi uber, ibi tuber.
Apuleius, Florida 18,5
> Wo viel Busen ist, da schwillt er auch.

Y166   Prospera animos efferunt.
Seneca, Agamemno 252
> Erfolg macht übermütig.

Y167   Qualis artifex pereo!
Suetonius, De vita Caesarum, Nero 49,1
> Welch ein Künstler stirbt mit mir!

Y168   Maxima quaeque domus servis est plena superbis.
Iuvenalis, Saturae 5,66
> Gerade die Häuser der Großen sind voll eingebildeter Diener.

Y169   Miserum autem est eum magistrum fieri, qui numquam novit se discipulum esse.
Pseudo-Boethius, De disciplina scolarium 2,2
> Es ist erbärmlich, wenn einer Lehrer wird, der nie gelernt hat, ein Schüler zu sein.

Y170   Inquinat egregios adiuncta superbia mores.
Claudianus, De quarto consulatu Honorii Augusti 305
> Ist Überheblichkeit dabei, besudelt sie auch den besten Charakter.

Y171   Cum omnis arrogantia odiosa est, tum illa ingeni atque eloquentiae multo molestissima.
Cicero, Divinatio in Q. Caecilium 36
> Zwar ist jeder Dünkel widerwärtig, aber der der Intelligenz und der Beredsamkeit bei Weitem der unerträglichste.

Y172   Inops, potentem dum vult imitari, perit.
Phaedrus, Liber fabularum 2. 24,1
> Ein Armer geht zugrunde, wenn er einen Mächtigen nachahmen will.

Y173   Multa saluberrima consilia contemnuntur propter personae consulentis humilitatem.
Wander, Deutsches Sprichwörter-Lexikon 5. 141
> Viele sehr nützliche Ratschläge werden verschmäht wegen der niedrigen Stellung des Ratgebers.

Y174   Nam stultum nimis est, cum tu pravissima tentes, / alterius censor ut vitiosa notes.
Avianus, Fabulae 3,11–12
> Es ist allzu töricht, wenn man selbst ein lasterhaftes Leben führt, sich als Zensor aufzuspielen und die Laster eines anderen zu brandmarken.

Y175 Multo quidem importunius superbiae genus est alios deprimere, quam se ipsum debito magis attollere.
Petrarca, De secreto conflictu curarum mearum 2.

> Es ist eine weitaus unverschämtere Art des Stolzes, andere herabzusetzen, als ich selbst über Gebühr zu erheben.

Y176 Negotiatorem clericum et ex inope divitem et ex ignobili gloriosum quasi quandam pestem fuge.
Hieronymus, Epistulae 52,5

> Meide wie die Pest einen Handel treibenden Geistlichen, einen Armen, der gerade reich geworden ist, und einen Prominenten, den eben noch keiner kannte.

Y177 Si parva licet componere magnis.
Vergilius, Georgica 4. 176

> Wenn man Kleines mit Großem vergleichen darf.

Y178 Sine pennis volare haud facile est.
Plautus, Poenulus 871

> Ohne Federn zu fliegen ist nicht leicht.

Genusssucht

Y179 Dissuasor honesti / luxus et humanas oblimat copia mentes, / provocet ut segnes animos rerumque remotas / ingeniosa vias paulatim exploret egestas.
Claudianus, De raptu Proserpinae 3. 28–31

> Genusssucht, die Widersacherin der Sittlichkeit, und Überfluss benebeln den menschlichen Verstand, sodass er die trägen Sinne aufreizt und der erfinderische Mangel nach und nach entlegene Wege auskundschaftet.

Y180 Ingeniosa gula est.
Petronius, Satyricon 119,33 + Martialis, Epigrammata 13. 62,2

> Die Genusssucht ist erfinderisch.

Y181 Voluptas ex omni quaeritur, nullum intra se manet vitium: in avaritiam luxuria praeceps est. Honesti oblivio invasit: nihil turpe est, cuius placet pretium. Homo, sacra res homini, iam per lusum ac iocum occiditur.
Seneca, Epistulae morales 95,33

> Genuss wird in allem gesucht, kein Laster bleibt begrenzt, Verschwendung führt Hals über Kopf zur Habsucht. Ehrbarkeit ist in Vergessenheit geraten: Nichts ist schimpflich, dessen Preis akzeptiert wird. Der Mensch, dem Menschen einst heilig, wird jetzt im Spiel und zum Scherz umgebracht.

Y182 Quae voluptates vocantur, ubi transcenderunt modum, poenas esse.
Seneca, Epistulae morales 83,27

> Wenn sogenannte Vergnügungen das Maß überschreiten, sind sie eine Plage.

Laster

Y 183   Deliciarum finis corruptio.
Sextos, Enchiridion 73
> Genuss endet in Verderbtheit.

Y 184   Nunc vero quam longe processerunt mala valitudinis! Has usuras voluptatium pendimus ultra modum fasque concupitarum.
Seneca, Epistulae morales 95,23
> In welchem Maß haben heutzutage die gesundheitlichen Schäden zugenommen! Dies bezahlen wir als Zinsen für die in Unmaßen und über Gebühr in Anspruch genommenen Vergnügungen.

Y 185   Pecunia est enim effectrix multarum et magnarum voluptatum.
~ Cicero, De finibus bonorum et malorum 2. 55
> Das Geld ist der Urheber vieler starker Vergnügen.

Y 186   Parum est autem luxuriae, quod naturae satis est.
Seneca, De vita beata 13,4
> Was der Natur genügt, ist der Genusssucht zu wenig.

Y 187   In ipsis voluptatibus causae doloris oriuntur.
Seneca, Epistulae morales 91,5
> Mitten im Genuss entspringt die Quelle zu Leid.

Y 188   Intueri non debet, quod non licet concupiscere.
Gregorius Magnus, Moralia in Iob 21,2
> Was man nicht begehren darf, soll man auch nicht betrachten.

Y 189   Cedit enim labori voluptas, animum autem vacantem cito praeoccupat.
Isidorus Hispaliensis, Sententiae 3. 19,5
> Vor der Arbeit weicht die Genusssucht, doch einen Untätigen nimmt sie leicht in Beschlag.

Y 190   Omnes tendunt ad gaudium, sed unde stabile magnumque consequantur, ignorant.
~ Seneca, Epistulae morales 59,15
> Alle sind auf Freude aus, aber wo sie dauerhafte und große Freude finden, wissen sie nicht.

Y 191   Quae maior voluptas quam fastidium ipsius voluptatis?
Tertullianus, De spectaculis 29,2
> Welcher Genuss kann größer sein als die Verachtung des Genusses?

Lust

192 Divine enim Plato ›escam malorum‹ voluptatem appellat, quod ea videlicet homines capiantur ut pisces.
Cicero, Cato maior de senectute 44

> Vortrefflich bezeichnet Plato die Lust als Köder aller Übel, weil mit ihr wie Fische die Menschen gefangen werden.

193 Doloris omnis privatio recte nominata est voluptas.
Cicero, De finibus bonorum et malorum 1. 37

> Die Befreiung von jeglichem Schmerz wird mit Recht Lust genannt.

194 Libido opinio venturi boni.
Cicero, Tusculanae disputationes 4. 14

> Lust ist die Vorstellung sich anbahnender Befriedigung.

195 Animo voluptas oritur propter voluptatem corporis, et maior est animi voluptas quam corporis.
Cicero, De finibus bonorum et malorum 2. 108

> Innere Lust entsteht wegen körperlicher Lust und wirkt stärker als die körperliche.

196 Effluit igitur voluptas corporis et prima quaeque avolat saepiusque relinquit causam paenitendi quam recordandi.
Cicero, De finibus bonorum et malorum 2. 106

> Körperliche Lust verflüchtigt sich und verschwindet als Erste und hinterlässt eher einen Grund zur Reue als zur Erinnerung.

197 Ingenium est omnium / hominum ab labore proclive ad lubidinem.
Terentius, Andria 77–78

> Der Sinn aller Menschen wendet sich bereitwillig von der Mühe der Lust zu.

198 Quod in se iucundissimum omnis voluptas habet, in finem sui differt.
Seneca, Epistulae morales 12,5

> Den größten Reiz spart jede Lust bis an ihr Ende auf.

199 Libido cunctos etiam sub vultu domat.
Publilius Syrus, Sententiae 301

> Die Lust überwältigt alle, wenn man es auch nicht merkt.

200 Rectae ac bonae voluntatis non dux, sed comes sit voluptas.
Seneca, De vita beata 8,1

> Für den rechten und guten Willen soll die Lust nicht Führerin, sondern nur Begleiterin sein.

Laster

Y201 At voluptas tunc, cum maxime delectat, exstinguitur. Non multum loci habet; itaque cito implet et taedio est, et post primum impetum marcet.
Seneca, De vita beata 7,4
> Doch die Lust stirbt gerade dann ab, wenn sie am meisten Vergnügen macht. Ihr bleibt nicht viel Raum, deshalb sättigt sie schnell und widert an, und nach kurzer Aufwallung erschlafft sie.

Y202 Bene perdas gaudium, ubi dolor pariter perit.
Publilius Syrus, Sententiae 81
> Es ist erträglich, eine Lust zu verlieren, wenn der Schmerz zugleich verloren geht.

Y203 Omnis voluptas, quamcumque arrisit, nocet.
Publilius Syrus, Sententiae 436
> Jede Lust, mag sie auch noch so harmlos lächeln, bringt Schaden.

Y204 Successore novo vincitur omnis amor.
Ovidius, Remedia amoris 462
> Jede Leidenschaft wird von einer nachfolgenden verdrängt.

Y205 Maximas vero virtutes iacere omnes necesse est voluptate dominante.
Cicero, De finibus bonorum et malorum 2. 117
> Die größten Tugenden bleiben wirkungslos, wenn die Lust herrscht.

Y206 Libidinis initia tunc timebis, cum de exitu cogitabis.
Pseudo-Seneca, Liber de moribus 66
> Den Beginn der Leidenschaft muss man dann fürchten, wenn man an den Ausgang denkt.

Y207 Vincit sanctos dira libido.
Seneca, Phaedra 981
> Die schreckliche Lust besiegt selbst Grundanständige.

Y208 Sperne voluptates: nocet empta dolore voluptas.
Horatius, Epistulae 1. 2,55
> Verachte die Vergnügungen: Lust, mit Schmerz erkauft, schafft Leid.

Y209 Ubi intenderis ingenium, valet; si lubido possidet, ea dominatur, animus nihil valet.
Sallustius, De coniuratione Catilinae 51,3
> Wenn man seinen Geist anspannt, ist er leistungsfähig; hat einen dagegen die Lust im Griff, herrscht sie, und der Geist vermag nichts.

Y210 Libido effrenata effrenatam appetentiam efficit.
cf. Cicero, Tusculanae disputationes 4. 15
> Ungezügelte Lust führt zu ungezügelter Gier.

Y 211 Impedit enim consilium voluptas, rationi inimica est, ut ita dicam, praestringit oculos nec habet ullum cum virtute commercium.
Cicero, Cato maior de senectute 42

Die Lust verhindert, klar zu denken, sie ist eine Feindin der Vernunft, bindet sozusagen dem Geist die Augen zu und hat keinerlei Gemeinsamkeit mit der Tugend.

Y 212 In primis autem respuendae voluptates: enervant et effeminant et multum petunt, multum autem a fortuna petendum est.
Seneca, Epistulae morales 104,34

Vor allem gilt es, auf sinnliche Freuden zu verzichten: Sie entkräften, verweichlichen und verlangen viel Kraft; um viel Kraft aber müssen wir das Schicksal bitten.

Y 213 Inde punimur, unde delectamur.
Pseudo-Bernardus Claraevallensis, Meditationes piissimae 32

Wir werden für das bestraft, womit wir uns vergnügen.

Y 214 Misera est voluptas, ubi pericli memoria est.
Publilius Syrus, Sententiae 365

Erbärmlich ist die Lust, wenn sie nur aus Erinnerung an Gefahr besteht.

Y 215 Quae datur officio non est mihi grata voluptas.
Ovidius, Ars amatoria 2. 687

Eine Lust, die pflichtgemäß geboten wird, ist mir nicht willkommen.

Y 216 Voluptas tacita metus est magis quam gaudium.
Publilius Syrus, Sententiae 650

Lust, die nicht aus sich herausgeht, bringt mehr Furcht als Freude.

Y 217 Vera voluptas erit voluptatum contemptio.
Seneca, De vita beata 4,2

Wahre Lust wird erst die Verachtung der Lust bringen.

Y 218 Voluptas e difficili data dulcissima est.
Publilius Syrus, Sententiae 630

Am süßesten ist die Lust, wenn sie schwer erarbeitet wurde.

Y 219 Modica enim voluptas laxat animos et temperat.
Seneca, De ira 2. 20,3

Maßvolles Vergnügen entspannt und stimmt friedlich.

Y 220 Voluptatem natura necessariis rebus admiscuit, non ut illam peteremus, sed ut ea, sine quibus non possumus vivere, gratiora nobis illius faceret accessio.
Seneca, Epistulae morales 116,3

Die Natur hat dem, was zum Leben notwendig ist, die Lust beigemischt, nicht damit wir ihr nachlaufen, sondern damit deren Beteiligung uns das anziehend macht, was das Leben erst ermöglicht.

Laster

Luxus

Y221 Recessit enim ille naturalis modus desideria ope necessaria finiens; iam rusticitatis et miseriae est velle, quantum sat est.
Seneca, Epistulae morales 90,19
Dahin ist jenes natürliche Maß, das die Befriedigung unserer Bedürfnisse auf das Notwendige begrenzte; nunmehr gilt es als ungebildet und armselig, nur zu wollen, was ausreicht.

Y222 Libidinosa et intemperans adulescentia effetum corpus tradit senectuti.
Cicero, Cato maior de senectute 29
Eine der Lust und Ausschweifung frönende Jugend lässt dem Alter nur noch einen ausgemergelten Körper übrig.

Y223 Luxuria invictum malum.
Seneca, Naturales quaestiones 4b. 13,11
Ausschweifung ist ein unüberwindbares Übel.

Y224 Luxuria vero cum omni aetati turpis, tum senectuti foedissima est.
Cicero, De officiis 1. 123
Ausschweifung ist zwar für jede Altersstufe schändlich, für das Greisenalter aber besonders abscheulich.

Y225 Musice aetatem agit.
~ Plautus, Mostellaria 728
Er führt ein feudales Leben.

Y226 Non cuivis homini contingit adire Corinthum.
Horatius, Epistulae 1. 17,36
Nicht jeder hat das Glück, nach Korinth *(bekannt für Luxus)* zu reisen.

Y227 Non omnes possunt olere unguenta exotica.
Plautus, Mostellaria 42
Nicht jeder kann nach exotischem Parfüm riechen.

Y228 Res alienae possidentur, cum superflua possidentur.
Augustinus, Enarrationes in psalmos 147,12
Wer Überflüssiges besitzt, besitzt das Eigentum anderer. *(vgl. ›Eigentum ist Diebstahl.‹ – Proudhon)*

Y229 Licet enim sine luxuria agere festum diem.
Seneca, Epistulae morales 18,4
Ein Fest kann man auch ohne Exzesse feiern.

Verschwendung

Y230 luxuries, praedulce malum, quae dedita semper / corporis arbitriis hebetat caligine sensus / membraque Circaeis effeminat acrius herbis, / blanda quidem vultus, sed qua non taetrior ulla / interius
Claudianus, De consulatu Stilichonis 2. 132–136

> die Verschwendungssucht mit ihrem lieblichen Gesicht, das verlockende Übel, das immer den körperlichen Gelüsten ergeben mit seiner Ausstrahlung Sinne und Glieder recht kräftig mit Zauberkräutern verzärtelt, betörend im Aussehen, doch innerlich das größte Scheusal, das es gibt

Y231 Ita iniustissume luxuria et ignavia, pessumae artes, illis, qui coluere eas, nihil officiunt, rei publicae innoxiae cladi sunt.
Sallustius, Bellum Iugurthinum 85,43

> Ausschweifung und Untätigkeit, die schlimmsten Eigenschaften, beeinträchtigen auf äußerst ungerechte Weise die, die sie praktizieren, keineswegs, den Staat, der nichts dafürkann, aber treiben sie in den Untergang.

Y232 Neque mittatis margaritas vestras ante porcos!
Vulgata, Evangelium secundum Matthaeum 7,6

> Werft eure Perlen nicht vor die Säue!

Y233 Oleum perdit et impensas.
Hieronymus, Epistulae 57,12,3

> Er vergeudet Öl und Aufwand.

Y234 Nullus tam parcus, quin prodigus ex alieno.
Anthologia Latina 1. 716,9

> So geizig ist keiner, dass er nicht mit Fremdem verschwenderisch wäre.

Y235 Piaculum est miserere nos hominum rei male gerentum.
Plautus, Truculentus 223

> Es ist ein Fehler, mit Leuten Mitleid zu haben, die ihr Vermögen nicht zusammenhalten können.

Y236 Quicquid improbis donatur, eripitur probis.
Publilius Syrus, Sententiae 536

> Was man Schlechten schenkt, nimmt man Guten weg.

Y237 Ubi coepit ditem pauper imitari, perit.
Publilius Syrus, Sententiae 644

> Wenn der Arme den Reichen zu spielen beginnt, bringt er sich um.

Laster

Undank

Y 238 Verum ita sunt isti nostri divites: / siquid bene facias, levior plumba est
gratia: / siquid peccatum est, plumbeas iras gerunt.
Plautus, Poenulus 811–813
> Doch so sind unsere Reichen hier: Erweist man ihnen Gutes, ist ihr Dank so leicht wie eine
> Feder, hat man sich an ihnen vergangen, wiegt ihr Zorn schwer wie Blei.

Y 239 Ingratus est, qui beneficium accepisse se negat, quod accepit; ingratus est, qui
dissimulat; ingratus, qui non reddit; ingratissimus omnium, qui oblitus est.
Seneca, De beneficiis 3. 1,3
> Undankbar ist, wer bestreitet, eine Wohltat empfangen zu haben, undankbar ist, wer sie
> unterschlägt, undankbar, wer sie nicht erwidert, am undankbarsten von allen, wer sie
> vergisst.

Y 240 Omnia sunt ingrata; nihil fecisse benigne / prodest, immo etiam taedet
obestque magis.
Catullus, Carmina 73,3–4
> Alles ist undankbar; es nützt nichts, hilfsbereit gehandelt zu haben, im Gegenteil, es schafft
> Verdruss und schadet noch mehr.

Y 241 Acerbumst, pro benefactis quom mali messim metas.
Plautus, Epidicus 718
> Es ist bitter, für Wohltaten Undank zu ernten.

Y 242 Improbus est homo, qui beneficium scit accipere et reddere nescit.
Plautus, Persa 762
> Der ist unverschämt, der eine Wohltat zu empfangen, aber nicht zu erwidern weiß.

Y 243 Ingratus unus omnibus miseris nocet.
Publilius Syrus, Sententiae 243
> Ein einziger Undankbarer schadet allen Unglücklichen.

Y 244 Malignos fieri maxime ingrati docent.
Publilius Syrus, Sententiae 309
> Die Undankbaren verleiten uns am meisten dazu, knauserig zu werden.

Y 245 Lucrum praestatum ingratis damnum fit probis.
Publilius Syrus, Sententiae A279
> Nutzen, den man Undankbaren zugestanden hat, wird zum Schaden für die Redlichen.

Y 246 Ipse decor recti, facto si praemia desint, / non movet et gratis paenitet esse
probum.
Ovidius, Epistulae ex Ponto 2. 3,13–14
> Selbst der Ruhm der Aufrichtigkeit kann nicht reizen, wenn der Tat nicht der Lohn folgt,
> und man bereut, umsonst rechtschaffen zu sein.

Y247 Ingratus est, qui remotis arbitris agit gratias.
Seneca, De beneficiis 2. 23,2

>> Undankbar ist, wer sich erst bedankt, wenn keine Zeugen mehr da sind.

Y248 Qui invitus debet, ingratus est.
Seneca, De beneficiis 4. 40,5

>> Wer ungern etwas schuldet, ist undankbar.

Y249 Dixeris male dicta cuncta, cum ingratum hominem dixeris.
Publilius Syrus, Sententiae 126

>> Alle Schande sagt man einem, wenn man ihn undankbar nennt.

Y250 Perdit, non donat, qui dat, nisi sit memoria.
Publilius Syrus, Sententiae 467

>> Wer gibt, was ihm keiner dankt, schenkt nicht, er wirft weg.

Y251 Verna fit ingratus, dum mox opus est operatus.
Binder, Novus thesaurus 3514

>> Sobald er seine Arbeit getan hat, wird der Knecht lästig. *(vgl. ›Der Mohr hat seine Schuldigkeit getan, der Mohr kann gehen.‹)*

Y252 Apud paucos post rem manet gratia.
Seneca, De beneficiis 1. 12,2

>> Nur bei wenigen überlebt die Dankbarkeit die erwiesene Gefälligkeit.

Z Schwächen

Eitelkeit

Z1 Ipsi illi philosophi etiam illis libellis, quos de contemnenda gloria scribunt, nomen suum inscribunt.
Cicero, Pro Archia 26
> Manche Philosophen setzen sogar auf die Abhandlungen, die sie über die Verachtung des Ruhms schreiben, ihren Namen.

Z2 Saepe de ipso vanae gloriae contemptu vanius gloriatur.
Augustinus, Confessiones 10. 38
> Oft rühmt man sich unter dem Vorwand der Verachtung des eitlen Ruhms noch selbstgefälliger.

Z3 Etiam sapientibus cupido gloriae novissima exuitur.
Tacitus, Historiae 4. 6,1
> Selbst bei Weisen ist die Gier nach Ruhm das Letzte, wovon sie sich freimachen.

Z4 Qui se laudari gaudet verbis subdolis, / sera dat poenas turpes poenitentia.
Phaedrus, Liber fabularum 1. 13,1–2
> Wer an schmeichlerischem Lob Gefallen findet, wird in zu später Reue schmählich bestraft werden.

Z5 Multa sunt mulierum vitia; sed hoc e multis maximum est, / cum sibi nimis placent, nimisque operam dant, ut placeant viris.
Plautus, Poenulus 1203–1204
> Zahlreich sind die Laster der Frauen, doch dies ist das größte von allen, wenn sie zu selbstgefällig sind und zu viele Künste darauf verwenden, den Männern zu gefallen.

Z6 Est etiam placuisse sibi quaecumque voluptas: / virginibus cordi grataque forma sua est.
Ovidius, Medicamina faciei femineae 31–32
> Es ist auch ein gewaltiges Vergnügen, sich selbst zu gefallen: Junge Mädchen lieben ihr Aussehen und kümmern sich sehr darum.

Z7 Quae vult videri bella nimis, nulli negat.
Publilius Syrus, Sententiae 532
> Eine Frau, die allzu schön sein will, sagt zu keinem Nein.

Z8 Multis placere quae cupit, culpam cupit.
Publilius Syrus, Sententiae 351
> Eine Frau, die vielen gefallen will, will schuldig werden.

Z9 Non multum abest a contemptu viri, quae se nimis suspicit.
Pseudo-Seneca, De remediis fortuitorum

> An der Verachtung ihres Mannes fehlt nicht mehr viel, wenn eine Frau sich zu sehr bewundert.

Z10 Fastus inest pulchris, sequiturque superbia formam.
Ovidius, Fasti 1. 419

> Stolz beseelt die Schönen, und es folgt der Hochmut der Anmut.

Z11 A! nimiast iuveni propriae fiducia formae, / exspectat siquis, dum prior illa roget.
Ovidius, Ars amatoria 1. 707–708

> Ach, wenn ein junger Mann abwartet, dass das Mädchen ihm zuerst einen Antrag macht, bildet er sich zu viel auf seine eigene Schönheit ein.

Z12 Fuscatur pulcher, cum pulchrior emicat alter.
Werner, Lateinische Sprichwörter F88

> Der Schönling ärgert sich schwarz, wenn ein anderer schöner erstrahlt.

Z13 Atque etiam in rebus prosperis et ad voluntatem nostram fluentibus superbiam magnopere fastidium arrogantiamque fugiamus.
Cicero, De officiis 1. 90

> Auch wenn wir Erfolg haben und alles nach unseren Wünschen läuft, müssen wir uns sehr hüten vor Überheblichkeit, Hochmut und Anmaßung.

Z14 Gloria cuique sua est.
Tibullus, Elegiae 1. 4,77

> Jeder genießt seinen Ruhm.

Z15 Non placet ille mihi, quisquis placuit sibi multum.
Monosticha Catonis 11

> Wer sich zu sehr gefällt, gefällt mir nicht.

Z16 Quisque es, assiduas aufuge blanditias.
Propertius, Elegiae 1. 9,30

> Wer du auch bist, flieh vor ständigen Schmeicheleien.

Z17 Homine imperito numquam quicquam iniustius est, / qui, nisi quod ipse fecit, nil rectum putat.
Terentius, Adelphoe 98–99

> Es gibt nichts Ungerechteres als einen unerfahrenen Menschen, der nichts für recht hält, was er nicht selbst getan hat.

Z18 Iniustus, qui sola putat proba, quae facit ipse.
Anthologia Latina 1. 716,66

> Ungerecht, wer nur für brauchbar hält, was er selbst tut.

Schwächen

Einbildung

Z 19 Omnia ex opinione suspensa sunt; non ambitio tantum ad illam respicit et luxuria et avaritia: ad opinionem dolemus.
Seneca, Epistulae morales 78,13
> Alles hängt von der Einbildung ab; nicht nur Ehrgeiz, Verschwendung und Habsucht beugen sich ihr, auch den Schmerz bilden wir uns nur ein.

Z 20 Plus nobis videmur posse, quam possumus.
Seneca, De tranquillitate animi 6,2
> Wir bilden uns ein, mehr zu können, als wir können.

Z 21 Desine iam tibi videri, quod soli tibi videris.
~ Martialis, Epigrammata 1. 41,14–15
> Hör auf, von dir zu glauben, was nur du von dir glaubst.

Z 22 Malleus / manubrio sapientior.
~ Plautus, Epidicus 524–525
> Der Hammer ist gescheiter als der Stiel. *(vgl. ›Das Ei will klüger sein als die Henne.‹)*

Z 23 Adhuc neminem cognovi poetam, qui sibi non optimus videretur.
~ Cicero, Tusculanae disputationes 5. 63
> Ich habe noch keinen Dichter kennengelernt, der sich nicht selbst für den besten gehalten hätte.

Z 24 Exiguum natura desiderat, opinio immensum.
Seneca, Epistulae morales 16,8
> Die Natur verlangt nur wenig, die Einbildung unendlich viel.

Z 25 Inflati si rogentur, inflatiores fiunt.
Binder, Novus thesaurus 1502
> Wenn Eingebildete um etwas gebeten werden, bilden sie sich noch mehr ein.

Z 26 Nil rectum, nisi quod placuit sibi, ducunt.
Horatius, Epistulae 2. 1,83
> Sie halten nur für richtig, was ihnen selbst gefällt.

Z 27 Opinari enim te scire, quod nescias, non est sapientis, sed temerarii potius ac stulti.
Lactantius, Divinae institutiones 3. 4,1
> Zu glauben, man wüsste, was man nicht weiß, zeugt nicht von Weisheit, sondern eher von Leichtsinn und Torheit.

Z 28 In alio pediclum vides, in te ricinum non vides.
Petronius, Satyricon 57,7
> Bei einem andern siehst du eine kleine Laus, dein eigenes Ungeziefer nicht. *(vgl. ›Du siehst den Splitter im Auge des Nächsten, den Balken im eigenen Auge siehst du nicht.‹)*

Z 29 Pericla timidus etiam, quae non sunt, videt.
Publilius Syrus, Sententiae 452
> Der Ängstliche sieht auch Gefahren, wo gar keine sind.

Z 30 Saepius opinione quam re laboramus.
Seneca, Epistulae morales 13,4
> Wir haben öfter unter der Einbildung zu leiden als unter der Wirklichkeit.

Z 31 Tam miser est quisque, quam credidit.
Seneca, Epistulae morales 78,13
> Jeder ist so unglücklich, wie er es sich einbildet.

Z 32 Umbram suam metuit.
Q. Cicero, Commentariolum petitionis 9
> Er fürchtet sogar seinen eigenen Schatten.

Z 33 Vanaque sollicitis incutit umbra metum.
Ovidius, Epistulae ex Ponto 2. 7,14
> Ängstlichen flößt schon der bloße Schatten Furcht ein.

Eigenlob

Z 34 Innatum est cuique suis bonis gloriari; differt autem, quod sapiens apud se, imperiti in publico.
Sententiae Varronis 107
> Es ist jedem angeboren, sich seiner Vorzüge zu rühmen; der Unterschied ist nur, dass der Weise dies nur bei sich tut, die Unbedachten öffentlich.

Z 35 Nec tua laudabis studia aut aliena reprendes.
Horatius, Epistulae 1. 18,39
> Man soll weder seine eigenen Neigungen loben noch fremde schelten.

Z 36 Deforme etiam est de se ipsum praedicare, falsa praesertim.
Cicero, De officiis 1. 137
> Es ist unfein, sich selbst zu rühmen, zumal wegen etwas, was gar nicht zutrifft.

Z 37 Sua quisque fortia facta ad caelum fert.
Sallustius, Bellum Iugurthinum 53,8
> Jeder hebt seine Heldentaten in den Himmel.

Z 38 Auctor opus laudat.
Ovidius, Epistulae ex Ponto 3. 3,9
> Jeder lobt sein Werk.

Z 39 Dignus est decipi, qui, cuius rei auctor, eius et laudator est.
Sententiae Varronis 108
> Unbeachtet zu bleiben verdient, wer seine Leistungen auch selbst lobt.

Z 40 Multi laudem amittunt, quoniam ipsi eam de se praedicant.
Sententiae Varronis 142
> Viele verlieren ihren guten Ruf, da sie selbst ihn an sich rühmen. *(vgl. ›Eigenlob stinkt.‹)*

Z 41 Qui se ipse laudat, cito derisorem invenit.
Publilius Syrus, Sententiae 545
> Wer sich selbst lobt, braucht nicht lange auf Spott zu warten.   .

Angeberei

Z 42 Parturient montes, nascetur ridiculus mus.
Horatius, De arte poetica (Epistula ad Pisones) 139
> Die Berge kreißen, geboren wird eine lächerliche Maus. *(vgl. ›Viel Lärm um nichts.‹)*

Z 43 Plus sonat, quam valet.
Seneca, Epistulae morales 40,5
> Es tönt mehr, als es ausrichtet.

Z 44 Hic vivimus ambitiosa / paupertate omnes.
Iuvenalis, Saturae 3,182–183
> In prahlender Armut leben wir alle hier *(d. h. über unsere Verhältnisse).*

Z 45 Splendidum te, si tuam non habes, aliena claritudo non efficit.
Boethius, De consolatione philosophiae 3. p6,8
> Fremder Glanz macht dich nicht bedeutend, wenn du keinen eigenen hast.

Z 46 Nisi utile est, quod facimus, stulta est gloria.
Phaedrus, Liber fabularum 3. 17,12
> Wenn unser Tun nicht nützlich ist, ist es törichtes Prahlen.

Z 47 Odi homines ignava opera, philosopha sententia.
Pacuvius, frg. 348
> Ich hasse Menschen, die philosophisch daherreden, aber zu feige zum Handeln sind.

Z 48 Hic Rhodus, hic saltus! *(meist zitiert als ›salta‹)*
Erasmus, Adagia 2228 (nach Aisopos)
> Hier ist Rhodos, hier springe! *(Aufforderung, eine angebliche Leistung in der Gegenwart zu vollbringen)*

Egoismus

Z 49 Caritas bene ordinata incipit a se ipso.
Binder, Novus thesaurus 444
> Gut organisierte Liebe beginnt bei sich selbst. *(vgl. ›Jeder ist sich selbst der Nächste.‹)*

Z 50 Proximus sum egomet mihi.
Terentius, Andria 636
> Ich bin mir selbst der Nächste.

Z 51 Innata nobis caritas est corporis.
Publilius Syrus, Sententiae A313
> Die Liebe zu unserem Körper ist uns angeboren.

Z 52 Omne animal se ipsum diligit.
Cicero, De finibus bonorum et malorum 5. 24
> Jedes Lebewesen liebt sich selbst.

Z 53 Sese omnes amant.
Plautus, Captivi 477
> Alle lieben nur sich selbst.

Z 54 Nulla est spes iuventutis, sese omnis amant.
Plautus, Captivi 104
> Die Jugend ist hoffnungslos, jeder liebt nur sich selbst.

Z 55 Suam quisque homo rem meminit.
Plautus, Mercator 1011
> Jeder denkt an seine eigenen Angelegenheiten.

Z 56 Curae sua cuique voluptas.
Ovidius, Ars amatoria 1. 749
> Jeder denkt nur an das eigene Vergnügen.

Z 57 Tunica propior pallio est.
Plautus, Trinummus 1154
> Das Hemd ist mir näher als der Rock.

Z 58 Se ipse amans sine rivali.
Cicero, Ad Quintum fratrem 3. 6,4
> Wer sich selbst liebt, hat keinen Rivalen.

Z 59 Non vivere, ut praeceptum est, cupiunt, sed praeceptum, ut vivitur.
Publilius Syrus, Sententiae A160
> Man will nicht leben, wie vorgeschrieben, sondern dass, wie man lebt, zur Vorschrift wird.

Schwächen

Z 60 O quam bene cum quibusdam ageretur, si a se aberrarent.
Seneca, Epistulae morales 104,8
> Wie gut ginge es doch manchen Menschen, wenn sie von sich selbst loskommen könnten.

Z 61 Mulier cum sola cogitat, male cogitat.
Publilius Syrus, Sententiae 335
> Wenn eine Frau für sich allein denkt, denkt sie schlecht.

Z 62 Mos est oblivisci hominibus / neque novisse, quoius nihili sit faciunda gratia.
Plautus, Captivi 985–986
> Die Menschen haben die Gewohnheit, die zu vergessen und nicht mehr zu kennen, deren Wohlwollen ihnen nichts einbringt.

Z 63 Iniquissimum est bono publico derelicto amare solum se.
Sententiae Varronis 154
> Es ist äußerst ungerecht, das Staatswohl zu vernachlässigen und nur sich selbst zu lieben.

Z 64 Qui sibimet vivit, aliis merito est mortuus.
Publilius Syrus, Sententiae 537
> Wer nur für sich selbst lebt, gilt für andere als tot.

Z 65 Pereant amici, dum inimici una intercidant.
Cicero, Pro rege Deiotaro 25
> Die Freunde mögen zugrunde gehen, wenn nur die Feinde mit ihnen zusammen umkommen.

Ehrgeiz

Z 66 Natura quippe omnis homo laudis atque honoris est appetens.
Platon bei Calcidius, Commentarius in Platonis Timaeum 161
> Von Natur aus strebt jeder Mensch nach Ruhm und Ehre.

Z 67 Trahimur omnes studio laudis.
Cicero, Pro Archia 26
> Wir alle sind vom Streben nach Ruhm bestimmt.

Z 68 Maior famae sitis est quam / virtutis.
Iuvenalis, Saturae 10,140–141
> Größer ist das Verlangen nach Ruhm als nach Tugend.

Z 69 Tanto maior famae sitis est quam / virtutis. Quis enim virtutem amplectitur ipsam, / praemia si tollas?
Iuvenalis, Saturae 10,140–142
> Um so viel stärker ist die Gier nach Ruhm als nach Tüchtigkeit; denn wer reißt sich noch um Tüchtigkeit, wenn man ihr die Belohnung vorenthält?

Z 70 **Est genus hominum, qui esse primos se omnium rerum volunt.**
Terentius, Eunuchus 248
Es gibt eine Art Menschen, die in allem die Ersten sein wollen.

Z 71 **Miserrima omnino est ambitio honorumque contentio.**
Cicero, De officiis 1. 87
Am schändlichsten überhaupt ist der Ehrgeiz und das Ringen um Ämter.

Z 72 **Denique avarities et honorum caeca cupido, / quae miseros homines cogunt transcendere fines / iuris et interdum socios scelerum atque ministros / noctes atque dies niti praestante labore / ad summas emergere opes, haec vulnera vitae / non minimam partem mortis formidine aluntur.**
Lucretius, De rerum natura 3. 59–64
Endlich die Unersättlichkeit und die blinde Gier nach Ämtern, die die armen Menschen treibt, die Grenzen des Rechts zu überschreiten und als Helfer und Diener von Verbrechen Tag und Nacht oft mit gewaltigem Einsatz zum Gipfel der Macht aufsteigen zu wollen, diese Wunden des Lebens nähren sich zu einem nicht gerade geringen Teil von der Todesangst.

Z 73 **Aut Caesar, aut nihil.**
cf. Suetonius, De vita Caesarum, Caligula 37,1 (Wahlspruch Cesare Borgias)
Entweder Caesar *(d. h. der Mächtigste)* oder nichts.

Z 74 **Cupido dominandi cunctis affectibus flagrantior est.**
Tacitus, Annales 15. 53,4
Die Machtgier ist die stärkste aller Leidenschaften.

Z 75 **Arduum est eodem loci potentiam et concordiam esse.**
~ Tacitus, Annales 4. 4,1
Machtstreben und Eintracht lassen sich nur schwer miteinander vereinbaren.

Z 76 **Ambitio inimica semper iustitiae.**
Cassiodorus, Variae 10. 28,2
Ehrgeiz ist immer der Feind der Gerechtigkeit.

Z 77 **Avarities et honorum caeca cupido, miseros homines cogunt transcendere fines iuris.**
~ Lucretius, De rerum natura 3. 59–61
Habsucht und blinder Ehrgeiz treiben die armen Menschen dazu, die Grenzen des Rechts zu überschreiten.

Z 78 **Quantulum est enim, quod naturae datur! Parvo illa dimittitur: non fames nobis ventris nostri magno constat, sed ambitio.**
Seneca, Epistulae morales 60,3
Wie wenig ist es, was die Natur beansprucht. Mit wenigem ist sie zufrieden: Nicht der Hunger unseres Magens kommt uns teuer zu stehen, sondern unser Ehrgeiz.

Schwächen

Z 79   Non fames nobis ventris nostri magno constat, sed ambitio.
Seneca, Epistulae morales 60,3
> Nicht der Hunger unseres Magens ist kostspielig, sondern unsere Ehrsucht.

Z 80   Non possunt primi esse omnes omni in tempore.
Laberius bei Macrobius, Saturnalia 2. 7,9
> Es können nicht alle gleichzeitig die Ersten sein.

Z 81   Spes spem excitat, ambitionem ambitio.
Seneca, De brevitate vitae 17,4
> Eine Hoffnung weckt eine neue, ein Ehrgeiz einen neuen.

Z 82   Illis difficile est in potestatibus temperare, qui per ambitionem sese probos simulavere.
Sallustius, De bello Iugurthino 85,9
> Für Leute, die sich aus Ehrgeiz als tüchtig ausgegeben haben, ist es schwer, sich zu mäßigen, wenn sie die Macht erlangt haben.

Z 83   Spiritus magnos fuga!
Seneca, Troades 505
> Verbiete dir zu großen Ehrgeiz.

Eifersucht

Z 84   Qui fit Maecenas, ut nemo, quam sibi sortem / seu ratio dederit seu fors obiecerit, illa / contentus vivat, laudet diversa sequentes?
Horatius, Sermones 1. 1,1–3
> Wie kommt es, Maecenas, dass niemand mit dem Los, das er sich selbst ausgesucht oder das ihm das Schicksal beschert hat, zufrieden lebt, man dagegen die lobt, die ein anderes gezogen haben?

Z 85   Cui placet alterius, sua nimirum est odio sors.
Horatius, Epistulae 1. 14,11
> Wem ein fremdes Los gefällt, dem ist freilich das eigene verhasst.

Z 86   Est aemulatio aegritudo, si eo, quod concupierit, alius potiatur, ipse careat.
Cicero, Tusculanae disputationes 4. 17
> Eifersucht ist Kummer darüber, dass ein anderer sich dessen bemächtigt, was man begehrt, man selbst es aber entbehren muss.

Z 87   Aemulantis angi alieno bono, quod ipse non habeat.
Cicero, Tusculanae disputationes 4. 56
> Der Eifersüchtige leidet unter fremdem Besitz, den er selbst nicht hat.

Z 88   Turpis tristitia in alterius commodo est.
Publilius Syrus, Sententiae A197
> Sich über einen Vorteil des anderen zu ärgern ist schändlich.

Z 89   Nihil est tam pronum ad simultates quam aemulatio, in feminis praesertim: ea porro maxime nascitur ex coniunctione, alitur aequalitate, exardescit invidia, cuius est finis odium.
Plinius, Panegyricus 84,2
> Nichts sorgt so leicht für Zerwürfnisse wie Eifersucht, zumal bei Frauen; sie entsteht vor allem im engen Umkreis, nährt sich von Gleichartigkeit, entbrennt bei Neid und mündet schließlich in Hass.

Z 90   Ei mihi! non tutum est, quod ames, laudare sodali! / Cum tibi laudanti credidit, ipse subit.
Ovidius, Ars amatoria 1. 741–742
> Weh mir! Es ist riskant, vor dem Freund zu loben, was man liebt. Glaubt er dem, der lobt, rückt er selbst an dessen Stelle.

Z 91   Auris zeli audit omnia.
Vulgata, Liber sapientiae 1,10
> Ein eifersüchtiges Ohr hört alles.

Z 92   Zelari autem hominibus vitiosum est.
Publilius Syrus, Sententiae A149
> Eifersüchtig zu sein ist ein Laster der Menschen.

Z 93   Rivalitatem non amat victoria.
Publilius Syrus, Sententiae 575
> Der Sieg liebt keine Teilhaberschaft.

Z 94   Numquam erit felix, quem torquebit felicior.
Seneca, De ira 3. 30,3
> Nie wird erfolgreich sein, wer sich über einen Erfolgreicheren entrüstet.

Z 95   Qui non zelat, non amat.
Augustinus, Contra Adimantum 13,2
> Wer nicht eifersüchtig ist, liebt nicht.

Z 96   Rivalem possum non ego ferre Iovem.
Propertius, Elegiae 2. 34,18
> Nicht einmal Jupiter selbst kann ich als Rivalen ertragen.

Z 97   Uno animo omnes socrus oderunt nurus.
Terentius, Hecyra 201
> Die Schwiegermütter sind sich alle einig im Hass auf die Schwiegertöchter.

Schwächen

Neid

Z 98 Est enim hoc commune vitium in magnis liberisque civitatibus, ut invidia gloriae comes sit et libenter de iis detrahant, quos eminere videant altius.
Cornelius Nepos, De excellentibus ducibus exterarum gentium, Chabrias 3,3
> Das ist ein allgemeiner Fehler bei großen und freien Staaten, dass der Neid den Ruhm begleitet und man gern an denen herummäkelt, die man höher aufragen sieht.

Z 99 Invidia gloriae comes.
Cornelius Nepos, De excellentibus ducibus exterarum gentium, Chabrias 3,3
> Der Neid ist der Begleiter des Ruhms.

Z 100 Nec invideamus altius stantibus: quae excelsa videntur, praerupta sunt.
Seneca, De tranquillitate animi 10,5
> Beneiden wir nicht die, die eine höhere Stellung haben: Was sich hoch aufragend zeigt, steht nah am Abgrund.

Z 101 Summa petit livor: perflant altissima venti, / summa petunt dextra fulmina missa Iovis.
Ovidius, Remedia amoris 369–370
> Neid richtet sich aufs Höchste: Bis in höchste Höhen wehen die Winde, die Blitze aus der Hand Jupiters zielen aufs Höchste.

Z 102 Invidia dolor est ex alienis commodis.
Publilius Syrus, Sententiae A112
> Neid ist Leiden unter den Vorteilen anderer.

Z 103 Invident autem homines maxime paribus aut inferioribus, cum se relictos sentiunt, illos autem dolent evolasse.
Cicero, De oratore 2. 209
> Neidisch sind die Menschen vor allem auf Gleichgestellte oder unter ihnen Stehende, wenn sie merken, dass sie selbst zurückgeblieben, jene aber zu ihrem Leidwesen emporgestiegen sind.

Z 104 Ita comparatam esse hominum naturam omnium, / aliena ut melius videant et diiudicent / quam sua.
Terentius, Heauton timorumenos 503–505
> Alle Menschen sind von Natur so beschaffen, dass sie besser Fremdes beachten und begutachten als das Eigene.

Z 105 Aliena melius ut videant et diiudicent / quam sua!
Terentius, Heauton timorumenos 504–505
> Dass die Menschen doch Fremdes immer größer sehen und beurteilen als das Eigene!

Z 106 Maiorque videtur / et melior vicina seges.
Iuvenalis, Saturae 14,142–143
> Größer und besser erscheint die Ernte des Nachbarn. *(vgl. ›die Kirschen in Nachbars Garten‹)*

Z 107 Et capiunt animos plus aliena suis.
~ Ovidius, Ars amatoria 1. 348
> Fremdes begeistert das Herz mehr als Eigenes.

Z 108 Fertilior seges est alienis semper in agris: / vicinumque pecus grandius uber habet.
Ovidius, Ars amatoria 1. 349–350
> Fremde Äcker haben immer einen reicheren Ertrag und die Tiere des Nachbarn geben mehr Milch.

Z 109 Est miserorum, ut malevolentes sint atque invideant bonis.
Plautus, Captivi 583
> Im Unglück ist man leicht böswillig und beneidet die, die es besser haben.

Z 110 Nulli ad aliena respicienti sua placent.
Seneca, De ira 3. 31,1
> Wer auf Fremdes schielt, dem gefällt das Eigene nicht mehr.

Z 111 Bono nulla cuiusquam boni invidia est.
Seneca, Epistulae morales 65,10
> Ein Guter hegt keinen Neid gegen etwas Gutes.

Z 112 Bonus invidet vir alienis numquam bonis.
Pseudo-Seneca, Proverbia 112–113
> Ein guter Mensch neidet Fremden nie ihre Güter.

Z 113 Demens superbis invidet felicibus.
Pittakos bei Pseudo-Ausonius, Septem sapientum sententiae 2,3
> Wer nicht bei Sinnen ist, neidet die Hochnäsigen um ihren Erfolg.

Z 114 Est miser nemo nisi comparatus.
Seneca, Troades 1023
> Elend ist nur, wer sich *(mit anderen)* vergleicht.

Z 115 Invidia loquitur, quod videt, non quod subest.
Publilius Syrus, Sententiae 263
> Der Neid beurteilt nach dem Schein, nicht danach, was dahintersteckt.

Z 116 Magis amicorum est cavenda invidia quam insidiae hostium.
Publilius Syrus, Sententiae A276
> Vor dem Neid der Freunde muss man sich mehr in Acht nehmen als vor dem Hinterhalt der Feinde.

Z 117 Multi inimici invidia fiunt, etsi nulli iniuria.
Publilius Syrus, Sententiae A2
> Viele werden aus Neid zu Feinden, ohne dass man ihnen etwas zuleide tut.

Schwächen

Z 118 Uvaque conspecta livorem ducit ab uva.
Iuvenalis, Saturae 2,81
> Eine Traube färbt sich beim Anblick einer anderen Traube blau.

Z 119 Rumpitur invidia.
Martialis, Epigrammata 9. 97,12
> Er platzt vor Neid.

Z 120 Invidus alterius macrescit rebus opimis.
Horatius, Epistulae 1. 2,57
> Ein Neidhammel magert ab, wenn bei einem anderen die Geschäfte blühen.

Z 121 Invidia tacite, sed inimice irascitur.
Publilius Syrus, Sententiae 248
> Der Neid zürnt schweigend, doch voll Feindschaft.

Z 122 Quid latuisse iuvat? Rabiem livoris acerbi / nulla potest placare quies.
Claudianus, De raptu Proserpinae 3. 290–291
> Was hilft es, sich verborgen zu halten? Keine Zurückgezogenheit kann das Rasen des bitteren Neids besänftigen.

Z 123 Invidiam nimio cultu vitare memento; / quae si non laedit, tamen hanc sufferre molestum.
Disticha Catonis 2. 13
> Hüte dich davor, durch allzu üppiges Leben Neid zu erregen; dieser kann dir zwar nichts anhaben, doch ist er unangenehm zu ertragen.

Z 124 Invidiam effugies, si te non ingesseris oculis, si bona tua non iactaveris, si scieris in sinu gaudere.
Seneca, Epistulae morales 105,3
> Du wirst der Missgunst entgehen, wenn du nicht die Blicke auf dich ziehst, wenn du mit deinem Besitz nicht prahlst, wenn du es verstehst, dich insgeheim zu freuen.

Z 125 Magnanima invidia virtus caret.
Silius Italicus, Punica 15. 387
> Edle Leistung bleibt ohne Missgunst.

Z 126 Invidiam ferre aut fortis aut felix potest.
Publilius Syrus, Sententiae 246
> Wer tapfer oder glücklich ist, weiß Missgunst zu ertragen.

Z 127 Fruantur alii: non moror, non sum invidus; / nam sese excruciat, qui beatis invidet.
Anthologia Latina 1. 712,2–3 (Apuleius)
> Mögen andere glücklich sein, ich bin kein Narr und nicht neidisch; denn wer Glückliche beneidet, martert sich nur.

Z128 Mavelim mihi inimicos invidere quam me inimicis meis.
Plautus, Truculentus 743

Lieber will ich, dass die Feinde mich, als dass ich meine Feinde beneide.

Z129 Nostra nos sine comparatione delectent, numquam erit felix, quem torquebit felicior.
Seneca, De ira 3. 30,3

Das Unsere soll uns erfreuen, ohne dass wir Vergleiche anstellen; nie wird glücklich sein, wen ein noch Glücklicherer beunruhigt.

Z130 Si non invideas, maior, minor es, si invides.
Publilius Syrus, Sententiae A111

Wenn man nicht neidisch ist, ist man edel, erbärmlich, wenn man neidisch ist.

Schadenfreude

Z131 Cum ceciderit inimicus tuus, ne gaudeas, et in ruina eius ne exsultet cor tuum.
Vulgata, Liber proverbiorum 24,17

Freue dich nicht über das Unglück deines Feindes, dein Herz juble nicht, wenn er zu Fall kommt.

Z132 Non est, quod credas quemquam fieri aliena infelicitate felicem.
Seneca, Epistulae morales 94,67

Glaub ja nicht, dass jemand durch fremdes Unglück glücklich wird!

Z133 Malum ne alienum feceris tuum gaudium.
Publilius Syrus, Sententiae A216

Mach nicht fremdes Leid zu deiner Lust.

Z134 Laeso doloris remedium inimici est dolor.
Publilius Syrus, Sententiae 294

Für den Leidenden bringt der Schmerz des Feindes Linderung.

Z135 Levis est consolatio ex miseriis aliorum.
Cicero, Ad familiares 6. 3,4

Das Elend anderer ist nur ein schwacher Trost.

Z136 Quisque miser casu alterius solacia sumit.
Anthologia Latina 1. 716,63

Gerade im Elend gewinnt man Trost aus dem Unglück des Nächsten.

Z137 Duobus litigantibus tertius gaudet.
Binder, Novus thesaurus 885

Wenn zwei sich streiten, freut sich der Dritte.

Schwächen

Launenhaftigkeit

Z 138 Omnes fere mortales uno morbo laboramus: extremis contrariis iactamur.
Petrarca, Familiares 1. 10
> Fast alle Menschen leiden an einer einzigen Krankheit: Wir fallen von einem Extrem ins andere.

Z 139 Diruit, aedificat, mutat quadrata rotundis.
Horatius, Epistulae 1. 1,100
> Er reißt ein, baut auf, vertauscht Eckiges mit Rundem. *(vgl. ›Er fällt von einem Extrem ins andere.‹)*

Z 140 Nam inter cetera mala illud pessimum est, quod vitia ipsa mutamus.
Seneca, De otio 1,2
> Unter den sonstigen Übeln ist das schlimmste, dass wir sogar unsere Fehler wechseln.

Z 141 Non est huius animus in recto, cuius acta discordant.
Seneca, Epistulae morales 34,4
> Der Geist dessen, dessen Handlungen nicht zusammenstimmen, ist nicht in Ordnung.

Z 142 Variam semper dant otia mentem.
Lucanus, Bellum civile (Pharsalia) 4. 704
> Untätigkeit sorgt stets für Wankelmut. *(vgl. ›Müßiggang ist aller Laster Anfang.‹)*

Z 143 Mobilis et varia est ferme natura malorum.
Iuvenalis, Saturae 13,236
> Launenhaft und veränderlich ist meist das Wesen der Bösen.

Z 144 Remove existimationem hominum: dubia semper est et in partem utramque dividitur.
Seneca, Epistulae morales 26,6
> Lass die öffentliche Meinung aus dem Spiel, sie ist immer launenhaft und schwankt zwischen Pro und Contra.

Z 145 Levis est fortuna; cito reposcit, quod dedit.
Publilius Syrus, Sententiae 295
> Das Glück ist launisch; was es gegeben hat, fordert es schnell zurück.

Inkonsequenz

Z 146 Facta cum dictis discrepant.
cf. Cicero, De finibus bonorum et malorum 2. 96
> Die Taten stimmen nicht mit den Worten überein.

Z 147 Video meliora proboque, / deteriora sequor.
Ovidius, Metamorphoses 7. 20–21
> Ich erkenne das Bessere und heiße es gut, aber dem Schlechteren folge ich.

Z148 Interdum enim enixe petimus id, quod recusaremus, si quis offerret.
Seneca, Epistulae morales 95,2
> Manchmal bitten wir inständig um etwas, was wir zurückweisen würden, wenn es uns jemand anböte.

Z149 Nil petas, quod negaturus fuisti.
~ Pseudo-Seneca, Liber de moribus 33
> Bitte um nichts, was du verweigert hättest.

Verführbarkeit

Z150 Avarior redeo, ambitiosior, luxuriosior, immo vero crudelior et inhumanior, quia inter homines fui.
Seneca, Epistulae morales 7,3
> Habgieriger, ehrgeiziger, verschwenderischer, ja sogar grausamer und unmenschlicher komme ich zurück, weil ich unter Menschen war.

Z151 Cavete, ne forte decipiatur cor vestrum.
Vulgata, Liber deuteronomii 11,16
> Passt auf, dass euer Herz nicht in die Irre geführt wird.

Z152 Fili mi, si te iactaverint peccatores, ne acquiescas eis.
Vulgata, Liber proverbiorum 1,10
> Mein Sohn, wenn dich die bösen Buben locken, so folge ihnen nicht.

Z153 Fortuna cum blanditur, captatum venit.
Publilius Syrus, Sententiae 167
> Wenn das Glück schmeichelt, kommt es, einen zu umgarnen.

Z154 Nullum sine auctoramento malum est.
Seneca, Epistulae morales 69,4
> Kein Übel bleibt ohne Ansporn.

Z155 Malus blandiloquus laqueus innocentium est.
Publilius Syrus, Sententiae A253
> Ein schmeichlerischer Schurke ist ein Fallstrick für die Unschuldigen.

Z156 Ebriosus convictores in amorem meri traxit.
Seneca, De ira 3. 8,1
> Ein Trinker verführt alle, die mit ihm zu Tisch sitzen, zur Liebe zum Wein.

Z157 Apage, Satana!
Vulgata, Evangelium secundum Matthaeum 4,10
> Weiche, Satan!

Schwächen

Z 158 Multi aperta transeunt, condita et abstrusa rimantur; furem signata sollicitant.
Seneca, Epistulae morales 68,4
> Viele gehen an offen Daliegendem achtlos vorbei, suchen aber Verstecktes und
> Verborgenes auf; den Dieb reizt, was verriegelt ist.

Z 159 Aquae furtivae dulciores sunt.
Vulgata, Liber proverbiorum 9,17
> Gestohlenes Wasser schmeckt süßer.

Z 160 Hominem etiam frugi flectit saepe occasio.
Publilius Syrus, Sententiae 228
> Auch einen ordentlichen Menschen bringt die Gelegenheit oft auf die schiefe Bahn. *(vgl.*
> *›Gelegenheit macht Diebe.‹)*

Z 161 Illa mulier lapidem silicem subigere, ut se amet, potest.
Plautus, Poenulus 290
> Jene Frau könnte selbst einen Kieselstein dazu bringen, dass er sie liebt.

Z 162 Illecebrosius / fieri nil potest: nox, mulier, vinum homini adulescentulo.
Plautus, Bacchides 88–89
> Für einen jungen Mann kann es nichts Verführerischeres geben als Nacht, Frau, Wein.

Unbesonnenheit

Z 163 Maior pars populi facit, quod, cur faciat, ignorat.
Seneca bei Augustinus, De civitate Dei 6. 11
> Die Mehrheit des Volks handelt, ohne zu wissen, warum es so handelt.

Z 164 Non enim sciunt, quid faciunt.
Vulgata, Evangelium secundum Lucam 23,34
> Sie wissen nicht, was sie tun.

Z 165 Mens otiosa in mille furias incidit.
Publilius Syrus, Sententiae A95
> Wer nichts zu tun hat, kommt auf tausend dumme Gedanken.

Z 166 Ad paenitendum properat, cito qui iudicat.
Publilius Syrus, Sententiae 32
> Wer schnell urteilt, bereut schnell.

Z 167 Advorsae res edomant et docent, quid opus siet facto. Secundae res laetitia
transvorsum trudere solent a recte consulendo atque intellegendo.
Cato bei Gellius, Noctes Atticae 6. 3,14
> Unglück überwältigt und lehrt, was zu tun ist. Glück versetzt meist in einen Taumel und
> führt damit vom rechten Weg ab, weg von Überlegung und Einsicht.

Z 168 **Alte virtus animosa cadit.**
Seneca, Hercules furens 201
> Ungestüme Kühnheit stürzt tief.

Z 169 **Homini misero, si ad malum accedit malum, / maior libido est fugere et facere nequiter.**
Plautus, Menaechmi 82–83
> Wenn sich bei einem Unglücklichen die Übel häufen, steigt seine Lust, davonzulaufen und leichtfertig zu handeln.

Z 170 **Nam frustra vitium vitaveris illud, / si te alio pravum detorseris.**
Horatius, Sermones 2. 2,54–55
> Vergebens wirst du den einen Fehler vermeiden, wenn du dich abwegig in einen anderen verrennst.

Z 171 **Solet esse in dubiis pro consilio temeritas.**
Publilius Syrus, Sententiae 593
> In kritischen Situationen steht meist Verwegenheit für Bedachtsamkeit.

Z 172 **Nocuit temeraria virtus.**
Ovidius, Metamorphoses 8. 407
> Unbesonnene Tapferkeit hat geschadet. *(vgl. ›Verwegenheit tut selten gut.‹)*

Z 173 **Velox consilium sequitur paenitentia.**
Publilius Syrus, Sententiae A285
> Einem voreiligen Entschluss folgt die Reue.

Leichtsinn

Z 174 **Contemptum periculorum assiduitas periclitandi dabit.**
Seneca, De providentia 4,12
> Ständige Gegenwart von Gefahr sorgt dafür, dass man sie gering schätzt *(aber auch: dass man nachlässig mit ihr umgeht).*

Z 175 **Credulitas enim error est magis quam culpa.**
Cicero, Ad familiares 10. 23,1
> Gutgläubigkeit ist eher ein Irrtum als ein Verschulden.

Z 176 **Somnus et vinum inimicissima diligentiae.**
~ Columella, De re rustica 11. 13
> Schlaf und Wein sind die größten Feinde der Sorgfalt.

Z 177 **Sua quemque credulitas decipit.**
Seneca, Ad Polybium de consolatione 11,1
> Die eigene Leichtgläubigkeit betrügt einen jeden.

Schwächen

Z 178 Paucis temeritas est bono, multis malo.
Phaedrus, Liber fabularum 5. 4,12
Für wenige führt Leichtsinn zum Erfolg, für viele zum Schaden.

Z 179 Fortunas secundas neglegentiam prendere solere.
Cato, Orationes frg. 23,1
Erfolg verführt gern zu Nachlässigkeit.

Z 180 Felicitas in socordiam vertit.
~ Tacitus, De vita Iulii Agricolae 31,3
Erfolg stumpft ab.

Z 181 Numquam in solido stetit superba felicitas, et ingentium imperiorum magna
fastigia oblivione fragilitatis humanae collapsa sunt.
Seneca maior, Suasoriae 2.3
Überheblichkeit beim Erfolg stand noch nie auf festem Boden, und die hohe Stellung
mächtiger Reiche brach durch die Vernachlässigung menschlicher Schwäche zusammen.

Z 182 Non est sapientiae profutura contemnere.
Cassiodorus, Variae 2. 7
Es zeugt nicht von Klugheit, gering zu schätzen, was noch von Nutzen sein kann.

Z 183 Libido, non iudicium est, quod levitas sapit.
Publilius Syrus, Sententiae 300
Wenn Leichtsinn Einsicht zeigt, ist es nur Laune, nicht Vernunft.

Z 184 Ubi nil timetur, quod timeatur, nascitur.
Publilius Syrus, Sententiae 634
Wo man nichts fürchtet, entsteht etwas, was man fürchten muss.

Z 185 Temeritas sub titulo fortitudinis latet.
Seneca, Epistulae morales 45,7
Leichtsinn verbirgt sich unter dem Namen Tapferkeit.

Z 186 Formosis levitas semper amica fuit.
Propertius, Elegiae 2. 16,26
Leichtfertigkeit war schon immer die Freundin der Schönheit.

Nachlässigkeit

Z 187 Turpissima tamen est iactura, quae per neglegentiam fit.
Seneca, Epistulae morales 1,1
Am schändlichsten ist ein Schaden, der durch Fahrlässigkeit eintritt.

Z 188 Vitae pessima est iactura, quae fit neglegentia.
Pseudo-Publilius, Sententiae 388
> Der schlimmste Verlust im Leben ist der, der aus Nachlässigkeit entsteht.

Z 189 Citius venit periclum, cum contemnitur.
Publilius Syrus, Sententiae 92
> Eine Gefahr kommt schneller, wenn man sie gering schätzt.

Z 190 Minimum malum fit contemnendo maxumum.
Publilius Syrus, Sententiae A177
> Auch ein geringer Schaden wird gewaltig, wenn man ihn nicht zur Kenntnis nimmt.

Z 191 Non est minimum in vita hominis neglegere minima.
Sextos, Enchiridion 10
> Kleinigkeiten vernachlässigen ist im Leben eines Menschen keine Kleinigkeit.

Z 192 Damnum nisi ex opulentia raro evenit.
Publilius Syrus, Sententiae A217
> Schäden entstehen meist nur aufgrund des Überflusses.

Z 193 Multa amittuntur tarditie et socordia.
Accius bei Nonius Marcellus, De compendiosa doctrina 2. (Tardituidinem)
> Durch Langsamkeit und Nachlässigkeit geht viel verloren.

Z 194 Facilitas intellegentiae veri parit neglegentiam.
Sententiae Varronis 50
> Routine bei der Wahrheitsfindung bewirkt mangelnde Sorgfalt.

Z 195 Malus et nequam est homo, qui nili eri imperium sui servos facit: / Nihilst autem, suom qui officium facere immemor est nisi est admonitus.
Plautus, Pseudolus 1103–1104
> Schlecht und nichtsnutzig ist ein Diener, der sich nicht um die Befehle seines Herrn kümmert. Nichts taugt, wer seine Pflicht zu tun vergisst, wenn er nicht daran gemahnt wird.

Z 196 Qui mollis et dissolutus est in opere suo, frater est sua opera dissipantis.
Otloh, Libellus proverbiorum Q33
> Wer bei seiner Arbeit energielos und nachlässig ist, ist der Bruder eines Verschwenders.

Z 197 Iners malorum remedium ignorantia est.
Seneca, Oedipus 515
> Nichtstun bei Krankheiten ist ein untaugliches Mittel.

Z 198 Perdere est dignus bona, / quis nescit uti.
Seneca, Phaedra 442–443
> Seinen Besitz zu verlieren verdient, wer ihn nicht zu benutzen weiß.

Schwächen

Z199 Sicut in unoquoque opere'mater invenitur constantia, ita universae doctrinae et disciplinae noverca est neglegentia.
Pseudo-Boethius, De disciplina scolarium 6,9
> Wie bei jeder Arbeit die Ausdauer sich als Mutter einstellt, so ist die Stiefmutter der ganzen Gelehrsamkeit und Unterweisung die Nachlässigkeit.

Z200 Durum est nobis traditionem parentum relinquere.
Augustinus, Epistulae 93,1
> Es fällt uns schwer, das von den Eltern Überlieferte hintanzusetzen.

Z201 Ad providum igitur gubernatorem pertinet neglegere aliquem defectum bonitatis in parte, ut fiat augmentum bonitatis in toto.
Thomas von Aquin, Summa contra gentiles 3. 71
> Es gehört zu einem vorsorgenden Staatsmann, einen Qualitätsmangel bei einem Teil zu vernachlässigen, um eine Vermehrung der Qualität im Ganzen zustande zu bringen.

Faulheit

Z202 Falce et aratro relictis intra murum correpsimus et in circis potius ac theatris quam in segetibus ac vineis manus movemus.
Columella, De re rustica 1. pr. 15
> Wir haben Sichel und Pflug verlassen und uns in Städten verkrochen und rühren unsere Hände lieber im Zirkus und im Theater als auf Äckern und Weinbergen.

Z203 Languent per inertiam saginata nec labore tantum, sed motu et ipso sui onere deficiunt.
Seneca, De providentia 2,6
> Was sich mit Nichtstun mästet, bleibt ohne Kraft und verausgabt sich nicht nur durch Anstrengung, sondern schon durch Bewegung und das eigene Gewicht.

Z204 Cernis, ut ignavum corrumpant otia corpus, / ut capiant vitium, ni moveantur aquae.
Ovidius, Epistulae ex Ponto 1. 5,5–6
> Du siehst, wie die Untätigkeit den trägen Körper verdirbt und wie das Wasser faul wird, wenn es sich nicht bewegt.

Z205 Segnitiem fugito, quae vitae ignavia fertur; / nam cum animus languet, consumit inertia corpus.
Disticha Catonis 3. 5
> Meide Untätigkeit, die als lebensuntüchtig gilt; denn wenn der Geist erschlafft, verbraucht die Trägheit den Körper.

Z206 Turpe est orientem solem raro videre.
Pseudo-Seneca, Monita 149
> Es ist schimpflich, die aufgehende Sonne selten zu sehen.

Z207 Vires otio corrumpuntur.
~ Iustinus, Epitoma historiarum Philippicarum 2. 15
Untätigkeit beeinträchtigt die Leistungsfähigkeit.

Z208 Ignavis semper feriae sunt.
Erasmus, Adagia 1512 (nach Theokritos)
Faule haben immer Urlaub.

Z209 Ignavus omni cessat omnis tempore.
Publilius Syrus, Sententiae A312
Ein Faulpelz ist zu jeder Zeit untätig.

Z210 Inertia indicatur, cum fugitur labor.
Publilius Syrus, Sententiae 272
Faulheit zeigt sich, wenn die Arbeit gemieden wird.

Z211 Lingua factiosi, inertes opera.
Plautus, Bacchides 542
Mit der Zunge unternehmungslustig, beim Arbeiten gehemmt.

Z212 Tarditas grave vitium est, temeritas multo gravius.
Pseudo-Seneca, Monita 124
Trägheit ist ein schlimmes Vergehen, Unbesonnenheit ein viel schlimmeres.

Z213 Piger ipse sibi obstat.
Vergilius, Aeneis 10. 284
Der Faule ist sein eigener Feind.

Z214 Nihil agendo homines male agere discunt.
Cato bei Columella, De re rustica 11. 1,26
Durch Nichtstun lernen die Menschen Böses tun. *(vgl. ›Müßiggang ist aller Laster Anfang.‹)*

Z215 Pigris semper esse festum.
Manutius, Adagia, Appendix
Faule haben immer Ferien.

Bequemlichkeit

Z216 Satis natura homini dedit roboris, si illo modo utamur, si vires nostras colligamus ac totas pro nobis, certe non contra nos concitemus; nolle in causa est, non posse praetenditur.
Seneca, Epistulae morales 116,8
Die Natur hat dem Menschen genug Kraft gegeben, wenn wir sie nur nutzen, wenn wir unsere Kräfte sammeln und ganz für uns, jedenfalls nicht gegen uns einsetzen; Nichtwollen ist der eigentliche Grund, Nichtkönnen dient nur als Vorwand.

Schwächen

Z217 Difficultatis patrocinia praeteximus segnitiae;
Quintilianus, Institutio oratoria 1. 12,16
Schwierigkeit dient uns als Rechtfertigung für unsere Bequemlichkeit.

Z218 Ne quaere mollia, ne tibi contingant dura.
Erasmus, Adagia 1548 (nach Epicharmos)
Mach es dir nicht zu bequem, damit du nicht in Schwierigkeiten kommst.

Z219 Numquam autem invenietur, si contenti fuerimus inventis.
Seneca, Epistulae morales 33,10
Neues wird man nie entdecken, wenn man sich mit dem begnügt, was andere schon gefunden haben.

Z220 Desuetudo omnibus pigritiam, pigritia veternum parit.
Apuleius, Florida 17,5
Entwöhnung bewirkt bei allen Trägheit, Trägheit Verschlafenheit.

Z221 Languet vis mentis nimia pinguedine ventris.
Otloh, Libellus proverbiorum L41
Der Geist wird träge, wenn der Bauch allzu fett wird. *(vgl. ›Ein voller Bauch studiert nicht gern.‹)*

Z222 Quae sibi quisque facilia factu putat, aequo animo accipit.
Sallustius, De coniuratione Catilinae 3,2
Jeder nimmt nur gelassen auf sich, was er für leicht zu tun hält.

Z223 Iacente quercu quivis lignatum venit.
Pseudo-Publilius, Sententiae 136
Wenn die Eiche gefällt ist, kommt jeder, um Holz zu holen.

Z224 Secundae res sapientium animos fatigant.
Sallustius, De coniuratione Catilinae 11,8
Glück lässt auch Weise schwach werden.

Feigheit

Z225 Degeneres animos timor arguit.
Vergilius, Aeneis 4. 13
Gemeine Herzen entlarvt die Furcht.

Z226 Nemo timendo ad summum pervenit locum.
Publilius Syrus, Sententiae 426
Ein Angsthase hat es noch nie weit gebracht.

Z227 Sine virtute argutum civem mihi habeam pro praefica, quae alios collaudat, eapse se vero non potest.
Plautus, Truculentus 495–496

> Ein schlauer, aber mutloser Bürger gilt mir so viel wie ein Klageweib, das Lobreden über andere hält, über sich aber nicht das Gleiche sagen kann.

Z228 Turpe referre pedem nec passu stare tenaci.
Ovidius, Epistulae ex Ponto 2. 6,21

> Schändlich zu weichen und nicht auf festem Fuß zu stehen.

Z229 Domi tyranni saepe servi sunt foris.
Publilius Syrus, Sententiae A274

> Tyrannen im eigenen Haus sind außerhalb oft Kriecher.

Z230 Fugiendo ferme in media fata incurritur.
Publilius Syrus, Sententiae A310

> Auf der Flucht rennt man meist mitten ins Unheil.

Z231 Sed timidi est optare necem.
Ovidius, Metamorphoses 4. 115

> Sich den Tod zu wünschen zeugt von Feigheit.

Irrtum

Z232 Cuiusvis hominis est errare, nullius nisi insipientis in errore perseverare.
Cicero, Orationes Philippicae 12,5

> Jeder Mensch kann irren, nur Toren verharren im Irrtum.

Z233 Errare humanum est.
cf. Hieronymus, Epistulae 57,12,3

> Irren ist menschlich.

Z234 Et errasse humanum est et confiteri errorem prudentis.
Hieronymus, Epistulae 57,12,3

> Sich zu irren ist menschlich und seinen Irrtum einzugestehen klug.

Z235 Erratis neglegentia venia paratior datur.
Fronto, Laudes neglegentiae 2

> Irrtümer aus Versehen verzeiht man recht gern.

Z236 Nemo sibi tantummodo errat, sed alieni erroris et causa et auctor est.
Seneca, De vita beata 1,4

> Niemand irrt nur für sich allein, sondern ist auch Anlass und Verursacher fremden Irrtums.

Schwächen

Z 237   Nulla enim voluntas errantis est.
Corpus Iuris Civilis, Digesta 39. 3,20 (Pomponius)
Wer sich irrt, hat keinen Willen.

Z 238   Non videntur, qui errant, consentire.
Corpus Iuris Civilis, Digesta 50. 17,116,2 (Ulpianus)
Wer irrt, stimmt offensichtlich nicht zu.

Z 239   Saepe error ingens sceleris obtinuit locum.
Seneca, Hercules furens 1238
Oft erlangt ein großer Irrtum den Rang eines Verbrechens.

Z 240   Si enim fallor, sum. Nam qui non est, utique nec falli potest; ac per hoc sum, si fallor.
Augustinus, De civitate Dei 11. 26
Wenn ich irre, weiß ich, dass ich bin. Denn wer nicht ist, kann sich keinesfalls irren; und deshalb bin ich, wenn ich irre. *(vgl. ›Ich denke, also bin ich.‹ – Cartesius)*

Z 241   Tota erras via.
Terentius, Eunuchus 245
Du irrst dich auf dem ganzen Weg. *(vgl. ›Du bist auf dem Holzweg.‹)*

Z 242   Vehementer errasti.
Cicero, Pro Murena 46
Du hast dich gewaltig geirrt.

Z 243   Morbus est iudicium in pravo pertinax.
Seneca, Epistulae morales 75,11
Hartnäckiges Festhalten an einer irrigen Meinung ist eine *(seelische)* Krankheit.

Z 244   Incurristi amens in columnas.
Cicero, Pro Scauro 45
Wie ein Verrückter rennst du gegen Säulen an. *(vgl. ›mit dem Kopf durch die Wand rennen‹)*

Fehler

Z 245   Auriculas asini quis non habet?
Persius, Saturae 1,121
Wer hat keine Eselsohren? *(d. h. Wer hat noch nie eine Dummheit begangen?)*

Z 246   Nemo sine vitiis nascitur; optimus ille est, qui minimis urgetur.
Erasmus, Laus stultitiae 19
Keiner wird ohne Fehler geboren. Der Beste ist der, dem die wenigsten anhaften.

Z247 Etiam prudentissimi peccant.
Seneca, De ira 3. 25,2
> Selbst die klügsten Leute machen Fehler.

Z248 Primo falli incommodum est, secundo stultum, tertio turpe.
Petrus Venerabilis, Epistula 192
> Beim ersten Mal einen Fehler begehen ist ärgerlich, beim zweiten Mal töricht, beim dritten Mal schändlich.

Z249 Qui pote celare vitium, vitium non fugit.
Publilius Syrus, Sententiae 541
> Wer einen Fehler zu verbergen weiß, wird ihn nicht los.

Z250 Secundae res mire sunt vitiis obtentui.
Sallustius, Historiae, Oratio Lepidi 24
> Der Erfolg deckt wundersamerweise Fehler zu.

Z251 Qui vitia odit, homines odit.
Thrasea bei Plinius, Epistulae 8. 22,3
> Wer ihre Fehler hasst, hasst auch die Menschen *(d. h. Menschen ohne Fehler kann es nicht geben).*

Z252 Non est enim in rebus vitium, sed in ipso animo.
Seneca, Epistulae morales 17,12
> Der Fehler liegt nicht in den Dingen, sondern in unserer Einstellung.

Z253 Quod initio vitiosum est, non potest tractu temporis convalescere.
Corpus Iuris Civilis, Digesta 50. 17,29 (Paulus)
> Was von Anfang an fehlerhaft war, kann auch mit der Zeit nicht Gültigkeit erlangen.

Unzulänglichkeit

Z254 Davus sum, non Oedipus.
Terentius, Andria 194
> Ich bin Davus *(üblicher Sklavenname in der Komödie)*, nicht Ödipus. *(d. h. Von einem einfachen Sklaven kann man nicht erwarten, dass er das Rätsel der Sphinx löst wie Ödipus; vgl. ›Ich kann nicht hexen.‹)*

Z255 Appensus es in statera, et inventus es minus habens.
Vulgata, Prophetia Danielis 5,27
> Du wurdest auf der Waage gewogen und zu leicht befunden.

Z256 Non omnia possumus omnes.
Vergilius, Bucolica 8,63 (nach Lucilius)
> Nicht alles können wir alle.

Schwächen

Z 257 Alius enim alio plura invenire potest: nemo omnia.
Ausonius, Griphus ternarii numeri, Epistula ad Symmachum
Einer kann mehr ergründen als ein anderer: keiner alles.

Z 258 Nemo enim omnia potest scire.
Varro, De re rustica 2. 1,2
Niemand kann alles wissen.

Z 259 Utinam tam facile vera invenire possem quam falsa convincere.
Cicero, De natura deorum 1. 91
Könnte ich doch so leicht die Wahrheit finden wie das Falsche widerlegen.

Z 260 Invidet humanis comes imperfectio rebus: / omnis prosperitas integritatis
eget.
Polythecon 1. 479–480
Mangelhaftigkeit ist neidische Begleiterscheinung alles Menschlichen: Kein Gelingen ist
vollkommen.

Z 261 Nemo sine vitio est.
Seneca maior, Controversiae 2. 4,4
Niemand ist ohne Fehler.

Z 262 Unicuique dedit vitium natura creato.
Propertius, Elegiae 2. 22,17
Jedem Geschöpf gab die Natur einen Fehler.

Z 263 Inertia est laboris excusatio.
Publilius Syrus, Sententiae 279
Unvermögen ist nur eine Ausrede, um sich vor der Arbeit zu drücken.

Z 264 Nil posse quicquam mortuum hoc est vivere.
Publilius Syrus, Sententiae A214
Überhaupt nichts zu können, das heißt, wie ein Toter zu leben.

Quellenverzeichnis

A. Autoren

Abaelardus, Petrus (1079 – 1142), scholastischer Philosoph

Abraham a Sancta Clara (1644 – 1709), Prediger

Accius, Lucius (ca. 170 – 86 v. Chr.), Tragiker

Afranius, Lucius (2. Jh. v. Chr.), Komödiendichter

Agrippa von Nettesheim (1486 – 1535), Philosoph

Alanus de Insulis (Alain de Lille) (ca. 1125/30 – 1203), Theologe und Dichter

Albertanus Brixiensis (1. Hälfte 13. Jh.), Schriftsteller

Albertus Magnus (eigentl. Albert von Lauingen) (ca. 1193 – 1280), scholastischer Philosoph

Alcherus Claraevallensis (Ende 12. Jh.), Kleriker

Alciatus, Andreas (1492 – 1550), italienischer Humanist

Alcuinus (ca. 730 – 804), angelsächsischer Theologe

Ambrosiaster = Pseudo-Ambrosius (2. Hälfte 4. Jh.), Bibelkommentator

Ambrosius, Marcus Theodosius (ca. 339 – 397), Kirchenvater

Ammianus Marcellinus (4. Jh.), Geschichtsschreiber

Anacharsis (6. Jh. v. Chr.), skythischer Fürst

Andreas Capellanus (12./13. Jh.), französischer Schriftsteller

Anselmus Cantuarensis (1033/1034 – 1109), scholastischer Theologe

Anysius, Ianus (1475 – ca. 1540), italienischer Humanist

Appius Claudius Caecus (4./3. Jh. v. Chr.), bedeutender römischer Politiker

Apuleius (Apuleius Madaurensis) (ca. 125 – ca. 180), Philosoph und Schriftsteller

Arcadius, Aurelius Charisius (um 300), Jurist

Archimedes (287 – 212 v. Chr.), bedeutendster griechischer Mathematiker und Physiker

Archipoeta (ca. 1125/1140 – nach 1165), Dichter

Aristoteles (384 – 322 v. Chr.), griechischer Philosoph

Arnobius aus Sicca (um 300), Apologet

Arnobius Iunior (5. Jh.), Kleriker

Arnulfus Lexoviensis (ca. 1106 – 1184), gallischer Kleriker

Asterius Ansedunensis (5. Jh.), Philosoph

Atilius (2. Jh. v. Chr.), römischer Komödiendichter

Augustinus, Aurelius (354 – 430), Kirchenvater

Aurelius Victor, Sextus (4. Jh.), Geschichtsschreiber

Ausonius, Decimus Magnus (ca. 310 – ca. 395), Rhetor und Dichter

Avianus (um 400), Fabeldichter

Babrius (um 100 n. Chr.), römischer Fabeldichter (im Original griechisch)

Bacon, Francis (1561 – 1626), englischer Philosoph

Balde, Jacob (1604 – 1668), Lyriker und Dramatiker

Baudri (Balderich) von Bourgueil (1046 – 1130), Schriftsteller

Bebel, Heinrich (1472 – 1518), Humanist

Beda Venerabilis (672/673 – 735), angelsächsischer Historiker

Benedictus Nursinus (ca. 480 – ca. 550), Gründer des Benediktinerordens

Bernardus Claraevallensis (Bernhard von Clairvaux) (1090 – 1153), Kirchenlehrer

Bias von Priene (ca. 590 – 530), einer der ›sieben Weisen‹

Binder, Wilhelm (1810 – 1876), Philologe

Bismarck, Otto von (1815 – 1898), Reichskanzler

Boethius, Anicius Manlius Torquatus Severinus (ca. 478 – 524), Politiker und Philosoph

Bonaventura, Johannes Fidanza (1217 – 1274), Theologe

Boncompagnus de Silva (1165 – 1240), Grammatiker

Brant, Sebastian (1458 – 1521), Humanist

Brutus, Lucius, legendärer Begründer der römischen Republik (um 500 v. Chr.)

Buchanan, George (1506 – 1582), schottischer Humanist

Burleigh, Walter (1275 – nach 1343), englischer Philosoph

Caecilius Balbus (ca. 7. Jh.), Verfasser einer Zitatensammlung

Caecilius Statius (ca. 220 – 168 v. Chr.), Komödiendichter

Caesar, Gaius Iulius (100 – 44 v. Chr.), Politiker

Caesarius Arelatensis (469 – 542), Kleriker

Caesarius von Heisterbach (ca. 1180 – nach 1240), Schriftsteller

Callistratus (um 200), Jurist

Calpurnius Flaccus (2. Jh.), Rhetor

Calpurnius Siculus (Titus Calpurnius Siculus) (Mitte 1. Jh.), Lyriker

Camerarius, Joachim d. Ä. (1500 – 1574), Humanist

Camerarius, Joachim d. J. (1534 – 1598), Schriftsteller

Camerarius, Philippus (1537 – 1624), Schriftsteller

Campanella, Tommaso (1568 – 1639), italienischer Philosoph

Canisius, Petrus (1521 – 1597), Jesuit, Kirchenlehrer

Cartesius, (Descartes, René) (1596 – 1650), französischer Philosoph

Cassiodorus, Flavius Magnus Aurelius (ca. 485 – ca. 580), Politiker und Schriftsteller

Cassius (Gaius Cassius Longinus) (1. Jh. – 42 v. Chr.), Verschwörer gegen Caesar

Cato (Marcus Porcius Cato Censorius) (234 – 149 v. Chr.), Politiker und Schriftsteller

Catullus, Gaius Valerius (ca. 84 – 47 v. Chr.), Lyriker

Celsus, Aulus Cornelius (1. Hälfte 1. Jh.), Enzyklopädist

Celsus, Publius Iuventius (1. Hälfte 2. Jh.), Jurist

Celtis, Konrad (1459 – 1508), Dichter

Censorinus (3. Jh.), Grammatiker

Cervidius Scaevola, Quintus (Mitte 2. Jh.), Jurist

Chilon aus Sparta (6. Jh. v. Chr.), einer der ›sieben Weisen‹

Cicero, Marcus Tullius (106 – 43 v. Chr.), Redner, Politiker, Schriftsteller

Cicero, Quintus Tullius (ca. 102 – 43 v. Chr.), Politiker, Bruder des Redners

Claudianus, Claudius (ca. 375 – ca. 405), Dichter

Columbanus (543 – 615), Theologe

Columella, Lucius Iunius Moderatus (1. Jh.), Agrarschriftsteller

Comenius, Jan Amos (1592 – 1670), tschechischer Theologe und Pädagoge

Corippus, Flavius Cresconius (ca. 510 – 570), Epiker

Cornelius Nepos (ca. 100 – 25 v. Chr.), Biograf

Cornelius Severus (1. Jh. v. Chr.), Epiker

Curtius Rufus, Quintus (1. Jh.), Historiker

Cusanus, Nicolaus (1401 – 1464), Theologe und Philosoph

Cyprianus, Thascius Caecilius (ca. 200 – 258); Kirchenvater

Cyrillus (13. Jh.), Kleriker

Dach, Simon (1605 – 1659), Lyriker

Damasus (Mitte 16. Jh.), Jurist

Dante (Dante Alighieri) (1265 – 1321), italienischer Dichter

Delius, Matthaeus (16. Jh.), Dichter

Demades (ca. 380 – 319 v. Chr.), attischer Redner und Politiker

Denis, Michael (1729 – 1800), Dichter

Diogenes von Sinope (ca. 412 – 323 v. Chr.), kynischer Philosoph

Donatianus (5. Jh.), Grammatiker

Donatus, Aelius (4. Jh.), Grammatiker

Dracontius, Blossius Aemilius (Ende 5. Jh.), Lyriker

Durandus, Guillaume (1230 – 1296), französischer Geistlicher und Schriftsteller

Eco, Umberto (1932 – 20??), italienischer Philosoph und Schriftsteller

Egbertus Leodiensis (ca. 972 – ?), Kleriker

Eichendorff, Joseph von (1788 – 1857), Dichter

Ennius, Quintus (239 – 169 v. Chr.), Dichter

Ennodius, Magnus Felix (473 – 521), Theologe und Schriftsteller

Epicharmos (ca. 550 – 460 v.Chr.), griechischer Dichter

Epiktetos (ca. 55 – ca. 135), Stoiker

Epikuros (342 – 270), Begründer der Philosophenschule der Epikureer

Erasmus von Rotterdam (1466/1469 – 1526), Humanist

Eusebios aus Kaisareia (260/265 – 339/340), Theologe und Schriftsteller

Euripides (485/84 – 406), griechischer Tragödiendichter

Everardi, Nicolaus (1462 – 1532), Jurist

Exner, Balthasar (1576 – 1624), Philologe

Festus, Sextus Pompeius (2. Jh.), römischer Grammatiker

Fielding, Henry (1707 – 1754), englischer Romancier

Filliucius (Figliucci), Felix (ca. 1520 – ca. 1590), italienischer Humanist

Florentinus (2. Hälfte 2. Jh.), Jurist

Florus, Lucius Annaeus (Mitte 2. Jh.), Historiker

Fronto, Marcus Cornelius (Mitte 2. Jh.), Rhetor

Fulgentius, Fabius Claudius (F. Mythographus) (ca. 500), Schriftsteller

Furius Antias (1. Hälfte 1. Jh. v. Chr.), Politiker und Schriftsteller

Gaius (ca. 120 – 180), Jurist

Galandus Regniacensis (1104 – 1153), Kleriker

Gaudentius (von Brescia) (Ende 4. Jh.), Theologe

Gellius, Aulus (ca. 125 – 170), Schriftsteller

Germanicus, Gaius Iulius Caesar (Germanicus) (15 v. Chr. – 19 n. Chr.), Feldherr

Giraldus Cambrensis (Giraldus de Barri) (1146 – 1223), Theologe und Wissenschaftler

Glandorp, Johann (1501 - 1564), Humanist

Godefridus Wintoniensis (Godefrid von Winchester) (ca. 1050 – 1107), Dichter

Goethe, Johann Wolfgang von (1749 – 1832), Dichter

Gracchus, Gaius Sempronius (153 – 121 v. Chr.), römischer Sozialrevolutionär

Grattius Faliscus (1. Jh. v.Chr. – 1. Jh. n. Chr.), Dichter

Grécourt, Abbé de (1683 – 1743, Kleriker

Gregorius Magnus (Papst Gregor I., der Große) (ca. 540 – 604), Kirchenlehrer

Gregorius Turonensis (Gregorius Florentinus) (538/39 – 594/595), Historiker

Gualterus Anglicus (2. Hälfte 12. Jh.), *sog. Anonymus Neveleti* (ca. 1175), Fabeldichter

Hammer, Matthias (1600 – 1665), Schriftsteller

Hekaton (2. Jh. v. Chr.), stoischer Philosoph

Herakleitos aus Ephesos (500 v. Chr.), Philosoph

Hermogenes aus Tarsos (ca. 160 – 226), Rhetor

Hermogenianus (um 300), Jurist

Hesiodos aus Askra in Böotien (Wende vom 8. zum 7. Jh. v. Chr.), Epiker

Hieronymus, Eusebius (ca. 347 – 419/420), Kirchenvater

Hilarius Pictaviensis (ca. 315 – ca. 367), Kirchenlehrer

Hildebertus von Lavardin (1056 – 1134), Dichter

Hildegard von Bingen (1098 – 1179), Mystikerin

Hippokrates aus Kos (ca. 460 – ca. 370), Arzt

Hobbes, Thomas (1588 – 1679), englischer Philosoph

Homeros (8. Jh. v. Chr.), Epiker

Horatius (Quintus Horatius Flaccus) (65 – 8 v. Chr.) Lyriker

Hrotsvit(h) von Gandersheim (ca. 935 – ca. 973), Darmatikerin

Hugo von St. Victor (ca. 1096 – 1141), Theologe

Hyginus (gromaticus minor bzw. maior) (2. Jh.), Fachschriftsteller

Iavolenus (Lucius Iavolenus Priscus) (um 100), Jurist

Innocentius III. (ca. 1160 – 1216, Papst seit 1198)

Isidorus Hispaliensis (ca. 560 – 636), Kirchenlehrer

Iulianus (Flavius Claudius Iulianus Apostata) (ca. 331 – 363, Kaiser 361 – 363)

Iulius Victor (4. Jh.), Rhetoriker

Iustinus, Marcus Iunianus (3. Jh.), Schriftsteller

Iuvenalis, Decimus Iunius (ca. 60 – nach 128), Satiriker

Jacopone da Todi (1230 – 1306), Hymnendichter

Johannes Chrysostomos (ca. 350 – 407), griechischer Kirchenlehrer

Johannes Saresberiensis (von Salisbury) (ca. 1115 – 1180), Philosoph und Theologe

Josephus Exoniensis (2. Hälfte 12. Jh.), englischer Kleriker

Kleanthes (ca. 330 – ca. 230), stoischer Philosoph

Kleobulos von Lindos (6. Jh. v. Chr.), einer der ›sieben Weisen‹

Konrad von Mure (ca. 1210 – 1281), Schriftsteller

Labeo, Marcus Antistius (Ende 1. Jh. v. Chr.), Jurist

Laberius, Decimus (ca. 115 – 43 v. Chr.), Mimendichter

Lactantius, Lucius Caecilius Firmianus (ca. 250 – ca. 325), Kirchenvater

Leibniz, Gottfried Wilhelm (1646 – 1716), Philosoph

Leo Magnus (Papst Leo I., der Große) (Papst 440 – 461)

Linné, Carl von (1707 – 1778), schwedischer Naturforscher

Livius, Titus (59 v. Chr. – 17 n. Chr.), Historiker

Locke, John (1632 – 1704), englischer Philosoph

Lortzing, Albert von (1801 – 1851), Komponist

Lucanus, Marcus Annaeus (39 – 65), Epiker

Lucilius, Gaius (2. Jh. v. Chr.), Satiriker

Lucretius (Titus Lucretius Carus) (ca. 97 – 55 v. Chr.), Philosoph und Epiker

Lullus (Raimundus Lullus bzw. Ramon Llul) (1233 – 1316), Philosoph und Schriftsteller

Luther, Martin (1483 – 1546), Reformator

Macer, Aemilius (1. Hälfte 3. Jh.), Jurist

Macrobius, Ambrosius Theodosius (ca. 360 – ca. 425), Schriftsteller

Macropedius, Georgius (Georg von Lankveld) (ca. 1475 – 1558), Dramatiker

Maecenas, Gaius Cilnius (1. Jh. v. Chr.), Kunstförderer

Magister Gaufredus (Ende 12. Jh.), Rhetoriker

Manilius, Marcus (Anfang 1. Jh.), Epiker

Mantuanus (Giovanni Battista Spagnoli) (1448 – 1516), italienischer Dichter

Manutius, Paulus (1512 – 1574), Bearbeiter der »Adagia« von Erasmus

Marcellus, Ulpius (Mitte 2. Jh.), Jurist

Marcianus, Aelius (1. Hälfte 3. Jh.), Jurist

Marlowe, Christopher (1564 – 1593), englischer Dramatiker

Martialis, Marcus Valerius (ca. 40 – 103/104), Epigrammatiker

Martinus Bracarensis (ca. 515 – 580), Theologe

Marullus, Michael (1453 – 1500), Dichter

Maximianus Etruscus (1. Hälfte 6. Jh.), Elegiker

Maximinus (4./5. Jh.), gotischer Geistlicher

Melanchthon, Philipp (eigentlich Philipp Schwarzert) (1497 – 1560), Humanist

Menandros (Menander) (242 – 291 v. Chr.), Dichter der sog. Neuen Komödie

Mimnermos (ca. 600 v. Chr.), griechischer Elegiker

Minucius Felix, Marcus (? – ca. 250), Apologet

Modestinus, Herennius (1. Hälfte 3. Jh.), Jurist

Moresenus, Gerardus (ca. 977 – 1046), ungarischer Mönch

Moscherosch, Johann Michael (1601 – 1669), Satiriker

Muretus, Marcus Antonius (1526 – 1585), französischer Humanist

Musonius, Gaius M. Rufus (1. Jh. n. Chr.), Stoiker

Naevius, Gnaeus (ca. 275 – ca. 201 v. Chr.), Dramatiker

Namatianus, Rutilius Claudius (1. Hälfte 5. Jh.), Dichter

Newton, Isaac (1643 – 1727), englischer Physiker

Nietzsche, Friedrich (1844 – 1900), deutscher Philosoph

Nigidius Figulus, Publius (1. Hälfte 1. Jh. v. Chr.), Naturforscher und Grammatiker

Nivardus (1. Hälfte 12. Jh.), Epiker

Novatianus (3. Jh.), Theologe

Ockham, Wilhelm von (ca. 1285 – 1349), englischer Philosoph

Odo von Cherington (1. Hälfte 13. Jh.), englischer Kleriker

Orientius (Mitte 5. Jh.), Dichter

Origenes (Origenes Adamantius) (ca. 185 – 254), griechischer Theologe

Otloh (von St. Emmeran) (ca. 1010 – ca. 1070), Schriftsteller

Ovidius (Publius Ovidius Naso) (43 v. Chr. – 17/18 n. Chr.), Dichter

Owen, John (ca. 1560 – 1622), englischer Epigrammatiker

Pacuvius, Marcus (220 – 130 v. Chr.), Tragiker

Palingenius, Marcellus (Pier Angelo Manzoli) (1. Hälfte 16. Jh.), Dichter

Palladius, Rutilius Taurus (4. Jh.), Agrarschriftsteller

Papinianus, Aemilius (um 200), Jurist

Paschasius Radbertus (ca. 790 – 860), westfränkischer Schriftsteller

Pauli, Johannes (ca. 1450 – ca. 1520), Autor eines Schwankbuchs

Paulinus von Aquileia (2. Hälfte 8. Jh.), Hymnendichter

Paulus, Iulius (1. Hälfte 3. Jh.), Jurist

Pergamenus, Nicolaus (Mitte 14. Jh.), unbekannt

Periandros (ca. 628 – 587), Tyrann von Korinth, einer der ›sieben Weisen‹

Persius (Aulus Persius Flaccus) (34 – 62), Satiriker

Petrarca, Francesco (1304 – 1374), italienischer Humanist

Petronius (Titus Petronius Arbiter) (? – 66), Satiriker

Petrus Alfonsi (1062 – ca. 1140), spanischer Schriftsteller

Petrus Chrysologus (ca. 380 – 450), Theologe

Petrus Damiani (ca. 1007 – 1072), italienischer Kirchenlehrer

Petrus Lombardus (1. Hälfte 12. Jh.), Scholastiker

Petrus Venerabilis (ca. 1092 – 1156), französischer Geistlicher

Phaedrus (ca. 15 v. Chr. – ca. 50 n. Chr.), Fabeldichter

Pico della Mirandola, Giovanni (1463 – 1494), italienischer Humanist

Pittakos von Lesbos (ca. 650 – 570), einer der ›sieben Weisen‹

Platon (427 – 347 v. Chr.), Philosoph

Plautus, Titus Maccius (ca. 250 – 184 v. Chr.), Komödiendichter

Plinius (Gaius Plinius Caecilius Secundus) (der Jüngere) (ca. 61/72 – ca. 113/114), Schriftsteller

Plinius maior (Gaius Plinius Secundus) (der Ältere) (23/24 – 79), Historiker

Plutarchos (ca. 46 – 120/125), griechischer Biograf

Politianus (Angelo Ambrogini Poliziano) (1454 – 1494), italienischer Humanist

Pompeius Maurus (5./6. Jh.), Grammatiker

Pomponius, Sextus (Mitte 2. Jh.), Jurist

Pontano, Giovanni (Pontanus, Joannes Jovianus) (1429 – 1503), Dramatiker

Poseidonios (ca. 135 – 51 v. Chr.), Philosoph, Historiker und Geograf

Priscianus (2. Hälfte 5. Jh. – 1. Hälfte 6. Jh.), Grammatiker

Propertius, Sextus (ca. 50 – nach 16 v. Chr.), Elegiker

Prosper Aquitanus (1. Hälfte 5. Jh.), Theologe

Protagoras aus Abdera (ca. 480 – 410), Rhetor, Begründer der Sophistik

Pseudo-Apuleius, pseudophilosophischer Traktat

Pseudo-Augustinus (5. Jh.), Traktat

Pseudo-Aurelius Victor (5. Jh.), Geschichtswerk

Pseudo-Bernardus Claraevallensis (13. Jh.), Abhandlung

Pseudo-Boethius (1. Hälfte 13. Jh.), Schulordnung

Pseudo-Cicero (1. Jh.), Schulübungen

Pseudo-Guillelmus de Conchis (12. Jh.), Ethik

Pseudo-Hegesippus (Mitte des 4. Jh.), Geschichtswerk

Pseudo-Isidorus (7. Jh.), Zitatensammlung

Pseudo-Ovidius (1. Jh.), Elegie

Pseudo-Publilius (ca. 7. Jh.), Spruchsammlung

Pseudo-Quintilianus (2. Jh.), Übungsreden

Pseudo-Seneca (1. Jh.) Drama (Octavia); (1. – 5. Jh.) diverse Spruchsammlungen

Pseudo-Vergil (1. Jh.), Elegie

Publilius Syrus (1. Jh. v. Chr.), Mimendichter

Pythagoras (ca. 570 – 500 v. Chr.), griechischer Philosoph

Quintilianus, Marcus Fabius (ca. 35 – ca. 100), Rhetoriker

Rabelais, François (ca. 1494 – 1553), französischer Dichter

Rainaldus Vizeliazensis (12. Jh.), Kleriker

Ratherius Veronensis (ca. 890 – 974), Theologe

Ricardus de Bury (1287 – 1345), englischer Theologe

Robertus Grosseteste (1175 – 1253), englischer Philosoph

Rufinus Antiochensis grammaticus (5. Jh.), Grammatiker

Rupertus Tuitensis (ca. 1070 – ca. 1130), Kleriker

Ruricius Lemovicensis (447 – 507), Geistlicher

Rusca, Marcus Pinarius (2. Jh. v. Chr.), römischer Politiker

Rutilius Lupus, Publius (1. Jh.), Rhetoriker

Sallustius (Gaius Sallustius Crispus) (86 – 34 v. Chr.), Geschichtsschreiber

Salvianus aus Marseille (ca. 400 – nach 480), Schriftsteller

Sambucus, Joannes (1531 – 1584), deutscher Humanist

Sanchez, Franciscus (ca. 1550 – 1623), Philosoph

Saxo grammaticus (ca. 1150 – ca. 1220), Geschichtsschreiber

Scaligerus, Iosephus (1540 – 1609), französischer Philologe

Schopenhauer, Arthur (1788 – 1860), Philosoph

Scotus Eriugena, Johannes (ca. 825 – ca. 877), irischer Theologe

Sedulius Scotus (Mitte 9. Jh.), irischer Dichter

Seneca maior, Lucius Annaeus (der Ältere) (ca. 55 v. Chr. – ca. 39 n. Chr.), Rhetoriker

Seneca, Lucius Annaeus (der Jüngere) (ca. 4 v. Chr. – 65 n. Chr.), Stoiker

Servius (ca. 370 – 420), Grammatiker

Sextos (Ende 2. Jh.), unbekannter griechischer Schriftsteller

Sidonius Apollinaris, Gaius Sollius Modestus (ca. 430 – ca. 479), gallischer Schriftsteller

Silius Italicus, Tiberius Catius Asconius (ca. 35 – ca. 100), Epiker

Simonides aus Keos (556 – 468 v. Chr.), griechischer Lyriker

Sokrates (470 – 399 v. Chr.), Inbegriff des griechischen Philosophen

Solon (ca. 640 – 560 v. Chr.), athenischer Politiker und Philosoph, einer der ›sieben Weisen‹

Spinoza, Baruch de (1632 – 1677), niederländischer Philosoph

Statius, Publius Papinius (ca. 40 – ca. 96), Dichter

Suetonius (Gaius Suetonius Tranquillus) (ca. 70 – ca. 140), Biograf

Sulpicia (2. Hälfte 1. Jh. v. Chr.), Elegikerin

Symmachus, Quintus Aurelius (ca. 345 – 402), Redner und Politiker

Tacitus, Publius? Cornelius (ca. 55 – ca. 120), Historiker

Terentianus Maurus (Ende 2. Jh.), Grammatiker

Terentius (Publius Terentius Afer) (185 (195?) – 159 v. Chr.), Komödiendichter

Terentius Clemens (Mitte 2. Jh.), Jurist

Tertullianus, Quintus Septimius Florens (ca. 155/160 – ca. 225), Kirchenlehrer

Thales von Milet (ca. 624 – 546), Naturphilosoph, einer der ›sieben Weisen‹

Themistokles (ca. 524 – 459), athenischer Politiker, Sieger in der Schlacht von Salamis

Theodulfus Aurelianensis (ca. 760 – 821), Theologe

Theophrastos von Lesbos (ca. 371 – ca. 287 v. Chr.), griechischer Philosoph

Thomas a Kempis (eigentl. Thomas Hemerken von Kempen) (1379/80 – 1471), Mystiker

Thomas Morus (1477 – 1535), englischer Politiker und Humanist

Thomas von Aquin (1225 – 1274), Kirchenlehrer

Thrasea (Publius Fannius Thrasea Paetus) (1. Jh.), römischer Politiker

Tibullus, Albius (ca. 50 – 18/17 v. Chr.), Elegiker

Tryphoninus, Sextus Claudius (um 200), Jurist

Tünger, Augustin (1455 – nach 1486), Schriftsteller

Turpilius, Sextus (2. Jh. v. Chr.), Komödiendichter

Ulpianus, Domitius (um 200), Jurist

Valerius Flaccus (Gaius Valerius Flaccus Setinus Balbus) (? – ca. 90), Epiker

Valerius Maximus (1. Hälfte 1. Jh.), Schriftsteller

Varro, Marcus Terentius (116 – 27 v. Chr.), Universalgelehrter

Vegetius (Flavius Vegetius Renatus) (ca. 400), Fachschriftsteller

Velleius Paterculus, Gaius (ca. 20 v. Chr. – nach 30 n. Chr.), Politiker und Geschichtsschreiber

Vergilius (Publius Vergilius Maro) (70 – 19 v. Chr.), Dichter

Victorinus, Gaius Marius (4. Jh.), Grammatiker

Vida, Marco Girolamo (1485 – 1566), Humanist

Vitalis Blesensis (1. Hälfte 12. Jh.), Komödiendichter

Vitruvius (Marcus Vitruvius Pollio) (Ende 1. Jh. v. Chr.), Architekt

Walter Map (ca. 1140 – 1201), englischer Geistlicher und Schriftsteller

Walther von Châtillon (ca. 1135 – ca. 1200), Dichter

Walther, Hans (20. Jh.), Philologe

Wander, Karl Friedrich Wilhelm (1803 – 1879), Philologe

Werner, Jakob (1861 – 1944), Philologe

Wipo (2. Hälfte 11. Jh.), Schriftsteller

Wolff, Christian (1679 – 1754), Philosoph

Zenon von Kition (ca. 335 – 262 v. Chr.), griechischer Philosoph, Begründer der Stoa

Zincgreff, Julius Wilhelm (1591 – 1635), Schriftsteller

B. Anonyme Werke

Aetna (Mitte 1. Jh.), Lehrgedicht über die Theorie des Vulkanismus

Anthologia Latina 1 *(ed. Riese)*, Sammlung lateinischer Gedichte des 1. – 6. Jh.

Auctoritates Aristotelis *u. a.* (1325), Florilegium von Merksätzen

Breviarium advocatorum (Brüssel 1829), Rechtsregeln

Carmina Burana (12. – 13. Jh.), Codex mittelalterlicher Gedichte aus dem Kloster Benediktbeuren

Codex Bernensis 568 (12. Jh.), Elegie

Codex iuris canonici (1918 ff.), Gesetzbuch der katholischen Kirche

Codex Iustinianus (529), Sammlung von Kaisergesetzen im Corpus Iuris Civilis

Codex Theodosianus (438), Sammlung von kaiserlichen Gesetzen

Collectio canonum (9. Jh.), kirchenrechtliche Vorschriften

Concilium Vaticanum II (1962 – 1965), Konzilsakten

Consolatio ad Liviam (Ende 1. Jh.), Trostschrift

Consuetudines (12. Jh.), Agenda für Mönche

Copa (Appendix Vergiliana, 1. Jh.), Gedicht auf eine Schankwirtin

Corpus Inscriptionum Latinarum (1863 ff.), Sammlung lateinischer Inschriften

Corpus Iuris Canonici, Sammlung des katholischen Kirchenrechts (1918 vom *Codex iuris canonici* abgelöst), bestehend aus *Decretum magistri Gratiani*, *Decretalia Gregorii* und *Liber Sextus*

Corpus Iuris Civilis (529 ff.), Gesetzgebungswerk des Kaisers Iustinianus, bestehend aus *Digesta*, *Institutiones*, *Codex Iustitianus* und *Novellae*

Decretalia Gregorii, benannt nach Gregorius IX. (Papst von 1227 – 1241), (Teil des *Corpus Iuris Canonici*)

Decretum magistri Gratiani (ca. 1140), benannt nach dem Theologen Gratianus (ca. 1090 – 1155), (später erster Teil des *Corpus Iuris Canonici*)

Defensor Locogiacensis, Liber scintillarum (8. Jh.), Lebensregeln

Digesta (533), Sammlung juristischer Gutachten im Corpus Iuris Civilis

Disticha Catonis (3. Jh.), moralisierende Spruchsammlung

Ecbasis cuiusdam captivi (ca. 1045), Tierepos

Epitome Ulpiani (4. Jh.), Rechtsregeln

Etymachia (14. Jh.), Abriss der Todsünden und der ihnen entsprechenden Tugenden

Florilegium Frisingense (8. Jh.), Verhaltensregeln

Gesta Romanorum (13. Jh.), erbauliche Erzählungen

Historiae Augustae Scriptores (Ende 4. Jh.), Kaiserbiografien

Liber aphorismorum Hippocratis (11. Jh. aus dem Arabischen), medizinische Ratschläge

Liber miraculorum (10. Jh.), Sammlung wundersamer Geschichten

Liber Sextus Decretalium, päpstliche Rechtserlasse (Teil des Corpus Iuris Canonici)

Monosticha Catonis (3. Jh.), moralisierende Spruchsammlung

Panegyrici Latini (4. Jh.), Sammlung von Lob- und Festreden

Panfilus (12. Jh.), mittelalterliche Komödie

Polythecon (14. Jh.), Kompilation von Lebensregeln

Priapea (2. Jh.), Gedichte auf den Fruchtbarkeitsgott Priapos

Querolus (4./5. Jh.), Komödie

Quid suum virtutis (11. Jh.), Lehrdichtung

Rapularius (15. Jh.), mittelalterliches Epos

Regimen sanitatis Salernitanum (12. Jh.), medizinisches Kompendium in Versen

Rhetorica ad Herennium (ca. 85 v. Chr.), rhetoriscches Lehrbuch

Ruodlieb (um 1050), Ritterroman

Sententiae Catonis (3. Jh.), 1. Teil der Spruchsammlung *Disticha Catonis*

Sententiae Varronis (2. Jh.), Spruchsammlung

Summa decretorum Rufini, Exzerpt aus dem *Decretum magistri Gratiani*

Vulgata (406), Bibelübersetzung in der Überarbeitung von Hieronymus

Ysopet Latinus (Ende 13. Jh.), Fabeldichtung

Stichwortregister

Die Zitatbereiche (A–Z) sind in größerer Schrift gehalten, die in der Inhaltsübersicht (S. 9–12) aufgeführten Begriffe mit ihren zugehörigen Stellen jeweils in Fettdruck wiedergegeben.